Susanne G

Beck'sches Examinatorium Öffentliches Recht

Herausgegeben von
Prof. Dr. Dr. Udo Di Fabio

Allgemeines Verwaltungsrecht
Mit Kommunalrecht

und Bezügen zum Verwaltungsprozessrecht sowie zum Staatshaftungsrecht

von

Dr. Achim Seidel
Dr. Ekkehart Reimer
Privatdozent Dr. Markus Möstl

Verlag C. H. Beck München 2003

Verlag C.H. Beck im Internet:
beck.de

ISBN 3 406 50782 4

Wilhelmstraße 9, 80801 München
Druck und Bindung: Druckerei C.H. Beck Nördlingen
(Adresse wie Verlag)
Satz: Uhl + Massopust GmbH, Aalen

Gedruckt auf säurefreiem, alterungsbeständigem Papier
(hergestellt aus chlorfrei gebleichtem Zellstoff)

Vorwort

Die Reihe „Beck'sches Examinatorium Öffentliches Recht" möchte die Vorzüge eines Klausurenkurses mit einer examensrelevanten Wissensvermittlung verbinden: Examinatorium in der Form und der Anschauung des Falles. Wer die Fälle des Beck'schen Examinatoriums zuerst eigenständig löst und sodann den abgedruckten Lösungsweg „nachdenkt", schließlich die Leitentscheidungen und ausgewählten Literaturhinweise liest, erarbeitet sich ein solides Fundament für das Examen. Die Reihe ist didaktisch aufbereitet, die Fälle sind in der akademischen Lehre erprobt. Die Lösungswege folgen dem Klausurschema, vertiefende Hinweise sind grafisch hervorgehoben. Die Zahl der Fälle und das Niveau der Lösungen sind nicht auf den allzu eiligen Leser zugeschnitten, sondern auf Studenten mit dem Ziel des Prädikatsexamens. Einige der Fallbearbeitungen übersteigen deshalb den Umfang einer Examensklausur. Dadurch deckt das Fallrepetitorium mit einer Vielzahl examenstypischer und aktueller Probleme den prüfungsrelevanten Stoff ab. Wer die falltypische juristische Argumentation durch die sorgfältige Bearbeitung der Fälle noch einmal übt, wird auch auf neue Konstellationen und unbekannte Klausurprobleme methodisch vorbereitet sein.

Der vorliegende Band umfasst das Allgemeine Verwaltungsrecht und das Kommunalrecht, bezieht aber auch staatshaftungsrechtliche Fragen ein. Der zweite Band dieser Reihe behandelt das Polizei- und Sicherheitsrecht (Gefahrenabwehr) sowie das Baurecht. Gemeinsam decken beide Bände außerdem zentrale Probleme des Verwaltungsprozessrechts ab. Europarechtliche Einflüsse auf das deutsche Verwaltungsrecht werden hervorgehoben. Weitere Bände der Reihe (insbesondere für das Verfassungsrecht und für ausgewählte Schwerpunktbereiche des öffentlichen Rechts) sind in Vorbereitung.

Die hier bearbeiteten Fälle sind von den Verfassern – überwiegend Habilitanden – im Rahmen examensvorbereitender Lehrveranstaltungen an der Ludwig-Maximilians-Universität München mit großem Erfolg besprochen worden. Sofern Rechtsfragen am Maßstab des Landesrechts bearbeitet werden – insbesondere im Kommunalrecht unvermeidlich –, stellen die Falllösungen zwar auf die bayerische Rechtslage ab, die Grundprobleme sind aber in allen Ländern gleich gelagert. Auch durch exemplarische Fußnotenverweise auf vergleichbare oder divergierende Regelungen in anderen Bundesländern eignet sich das Buch bundesweit zur Examensvorbereitung.

München, im Februar 2003 *Udo Di Fabio*

Inhaltsübersicht

Abkürzungsverzeichnis

a.A.	andere(r) Ansicht
a.a.O.	am angegebenen Ort
AbfAlG	Abfallwirtschafts- und Altlastengesetz für Mecklenburg-Vorpommern
AbfG	Abfallgesetz
ABl.EG	Amtsblatt der Europäischen Gemeinschaften
Abs.	Absatz
a.E.	am Ende
a.F.	alte Fassung
AF	Amsterdamer Fassung
AG	Amtsgericht / Aktiengesellschaft
AGVwGO	Gesetz zur Ausführung der Verwaltungsgerichtsordnung
AllgVwR	Allgemeines Verwaltungsrecht
ALR	Allgemeines Landrecht für die Preußischen Staaten von 1794
Alt.	Alternative
Anm.	Anmerkung
Art.	Artikel
AtG	Atomgesetz
Aufl.	Auflage
BauGB	Baugesetzbuch
BauNVO	Baunutzungsverordnung
BauO NW	Bauordnung für das Land Nordrhein-Westfalen
BauR	Baurecht (Zeitschrift)
Bay	Bayern, bayerisch
BayAbfG	Bayerisches Abfallgesetz
BayBO	Bayerische Bauordnung
BayGO	Gemeindeordnung für den Freistaat Bayern
BayHO	Bayerische Haushaltsordnung
BayImSchG	Bayerisches Immissionsschutzgesetz
BayKiG	Bayerisches Kindergartengesetz
BayNatSchG	Gesetz über den Schutz der Natur, die Pflege der Landschaft und die Erholung in der freien Natur (Bayern)
BayObLG	Bayerisches Oberstes Landesgericht
BayStrWG	Bayerisches Straßen- und Wegegesetz
BayVBl.	Bayerische Verwaltungsblätter
BayVerfGH	Bayerischer Verfassungsgerichtshof
BayVerwGHE	Entscheidungen des Bayerischen Verwaltungsgerichtshofs (amtliche Sammlung)
BayVGH	Bayerischer Verwaltungsgerichtshof
BayVwVfG	Bayerisches Verwaltungsverfahrensgesetz
Bbg.	Brandenburg, brandenburgisch
BbgAbfG	Brandenburgisches Abfallgesetz
BbgVerf	Verfassung des Landes Brandenburg
Bd.	Band
Begr.	Begründer
BerlVerfGH	Berliner Verfassungsgerichtshof
BezO	Bezirksordnung für den Freistaat Bayern
BFH	Bundesfinanzhof
BFStrG	Bundesfernstraßengesetz

BGB	Bürgerliches Gesetzbuch
BGBl.	Bundesgesetzblatt
BGH	Bundesgerichtshof
BGHZ	Entscheidungen des BGH in Zivilsachen (amtliche Sammlung)
BImSchG	Bundes-Immissionsschutzgesetz
BImSchV	Verordnung zur Durchführung des Bundes-Immissionsschutzgesetzes
BNatSchG	Bundesnaturschutzgesetz
BremStGH	Bremischer Staatsgerichtshof
BRS	Baurechtssammlung
BT-Drs.	Bundestagsdrucksache
BV	Verfassung des Freistaates Bayern
BVerfG	Bundesverfassungsgericht
BVerfGE	Entscheidungen des Bundesverfassungsgerichts (amtliche Sammlung)
BVerfGG	Bundesverfassungsgerichtsgesetz
BVerwG	Bundesverwaltungsgericht
BVerwGE	Entscheidungen des Bundesverwaltungsgerichts (amtliche Sammlung)
bzgl.	bezüglich
bzw.	beziehungsweise
DAR	Deutsches Autorecht (Zeitschrift)
DB	Der Betrieb (Zeitschrift)
dB(A)	Dezibel (A-bewertet)
ders.	derselbe
d.h.	das heißt
DIN	Deutsches Institut für Normung
DJT	Deutscher Juristentag
DM	Deutsche Mark
DÖV	Die öffentliche Verwaltung (Zeitschrift)
DVBl.	Deutsches Verwaltungsblatt (Zeitschrift)
€	Euro
EG	Europäische Gemeinschaft
EGV	Vertrag zur Gründung der Europäischen Gemeinschaft
Einl.	Einleitung
EU	Europäische Union
EuGH	Europäischer Gerichtshof
EuGHE	Entscheidungen des Europäischen Gerichtshofs (amtliche Sammlung)
EuGRZ	Europäische Grundrechte-Zeitschrift
EuZW	Europäische Zeitschrift für Wirtschaftsrecht
e.V.	eingetragener Verein
f.	folgende(r) (Seite/Paragraph)
FAG	Gesetz über Fernmeldeanlagen
gem.	gemäß
GenTG	Gentechnikgesetz
GewArch	Gewerbearchiv (Zeitschrift)
GewO	Gewerbeordnung
GG	Grundgesetz
ggf.	gegebenenfalls
GK-BImSchG	Gemeinschaftskommentar zum Bundes-Immissionsschutzgesetz
GLKrWG	Gemeinde- und Landkreiswahlgesetz
GmbH	Gesellschaft mit beschränkter Haftung

GmbHG .... Gesetz betreffend die Gesellschaften mit beschränkter Haftung
GO Bbg .... Gemeindeordnung für das Land Brandenburg
GO BW .... Gemeindeordnung für Baden-Württemberg
GO LSA .... Gemeindeordnung für das Land Sachsen-Anhalt
GO NW .... Gemeindeordnung für das Land Nordrhein-Westfalen
GO Rh-Pf .... Gemeindeordnung (Rheinland-Pfalz)
GTK NW .... Gesetz über Tageseinrichtungen für Kinder (Nordrhein-Westfalen)
GVBl. .... Gesetz- und Verordnungsblatt
GVG .... Gerichtsverfassungsgesetz
HessVGH .... Hessischer Verwaltungsgerichtshof (Kassel)
HGO .... Hessische Gemeindeordnung
HGrG .... Haushaltsgrundsätzegesetz
h.L. .... herrschende Lehre
h.M. .... herrschende Meinung
Hrsg. .... Herausgeber
HS .... Halbsatz
HV .... Hessische Verfassung
i.d.R. .... in der Regel
i.d.S. .... in dem/diesem Sinne
i.E. .... im Ergebnis
i.H.v. .... in Höhe von
i.S.v. .... im Sinne von
i.V.m. .... in Verbindung mit
JA .... Juristische Arbeitsblätter (Zeitschrift)
Jura .... Juristische Ausbildung (Zeitschrift)
JuS .... Juristische Schulung (Zeitschrift)
JZ .... Juristenzeitung (Zeitschrift)
KAG .... Kommunalabgabengesetz
KG .... Kammergericht; Kommanditgesellschaft
KiG BW .... Kindergartengesetz für Baden-Württemberg
Kl. .... Kläger(in)
KommZG .... Gesetz über die kommunale Zusammenarbeit
krit. .... kritisch
KrW-/AbfG .... Kreislaufwirtschafts- und Abfallgesetz
KStZ .... Kommunale Steuer-Zeitung
KSVG Saarl. .... Kommunalselbstverwaltungsgesetz (Saarland)
KV MV .... Kommunalverfassung für das Land Mecklenburg-Vorpommern
KWBG .... Gesetz über kommunale Wahlbeamte (Bayern)
LAbfG NW .... Abfallgesetz für das Land Nordrhein-Westfalen
LAI .... Länderausschuss für Immissionsschutz
LBO BW .... Landesbauordnung für Baden-Württemberg
LG .... Landgericht
Lit. .... Literatur
lit. .... littera (Buchstabe)
LKrO .... Landkreisordnung (für den Freistaat Bayern)
LuftVG .... Luftverkehrsgesetz
LV .... Landesverfassung
LVerf BW .... Verfassung des Landes Baden-Württemberg
LWG NW .... Landeswassergesetz Nordrhein-Westfalen
m. .... Meter
m.a.W. .... mit anderen Worten

MF	Maastrichter Fassung
m.w.N.	mit weiteren Nachweisen
NdsGO	Niedersächsische Gemeindeordnung
n.F.	neue Fassung
NJW	Neue Juristische Wochenschrift (Zeitschrift)
Nr.	Nummer
Nrn.	Nummern
NStrG	Niedersächsisches Straßengesetz
NVwZ	Neue Zeitschrift für Verwaltungsrecht
NVwZ-RR	Neue Zeitschrift für Verwaltungsrecht, Rechtsprechungsreport
NW	Nordrhein-Westfalen, nordrhein-westfälisch
NWVBl.	Nordrhein-Westfälische Verwaltungsblätter (Zeitschrift)
NZV	Neue Zeitschrift für Verkehrsrecht
o.ä.	oder ähnlich
o.g.	oben genannte(r, s)
OLG	Oberlandesgericht
ÖPNV	Öffentlicher Personennahverkehr
OVG	Oberverwaltungsgericht
PAG	Gesetz über die Aufgaben und Befugnisse der Bayerischen Staatlichen Polizei (Polizeiaufgabengesetz)
PartG	Parteiengesetz
qm	Quadratmeter
resp.	respektive
Rh-Pf	Rheinland-Pfalz, rheinland-pfälzisch
RL	Richtlinie
Rn.	Randnummer(n)
Rspr.	Rechtsprechung
S.	Satz/Seite
SächsABG	Sächsisches Abfallwirtschafts- und Bodenschutzgesetz
SächsGemO	Gemeindeordnung für den Freistaat Sachsen
sc	scilicet
SchlHGO	Gemeindeordnung für Schleswig-Holstein
s.o.	siehe oben
sog.	sogenannte(r, s)
StGB	Strafgesetzbuch
StrWG NW	Straßen- und Wegegesetz des Landes Nordrhein-Westfalen
s.u.	siehe unten
TA	Technische Anleitung (Lärm bzw. Luft)
ThAbfAG	Thüringer Abfallwirtschafts- und Altlastengesetz
ThürKO	Thüringer Kommunalordnung
TKG	Telekommunikationsgesetz
u.	und
u.a.	unter anderem
UAbs.	Unterabsatz
UPR	Umwelt- und Planungsrecht (Zeitschrift)
u.U.	unter Umständen
UWG	Gesetz gegen den unlauteren Wettbewerb
VA	Verwaltungsakt
VDI	Verein Deutscher Ingenieure
Verf LSA	Verfassung des Landes Sachsen-Anhalt
Verf MV	Verfassung des Landes Mecklenburg-Vorpommern
Verf NW	Verfassung des Landes Nordrhein-Westfalen
VerfG	Verfassungsgericht
VerfGHG	Gesetz über den Bayerischen Verfassungsgerichtshof

VerfThür . . . . Verfassung des Freistaats Thüringen
VerwArch . . . . Verwaltungsarchiv (Zeitschrift)
VerwRspr. . . . . Verwaltungsrechtsprechung in Deutschland
VG . . . . Verwaltungsgericht
VGH . . . . Verwaltungsgerichtshof
vgl. . . . . vergleiche
VO . . . . Verordnung
VVDStRL . . . . Veröffentlichungen der Vereinigung der Deutschen Staatsrechtslehrer
VwGO . . . . Verwaltungsgerichtsordnung
VwGOÄndG . . . . Gesetz zur Änderung der VwGO
VwVfG . . . . Verwaltungsverfahrensgesetz
VwZVG . . . . Bayerisches Verwaltungszustellungs- und Vollstreckungsgesetz
WG BW . . . . Wassergesetz für Baden-Württemberg
WHG . . . . Wasserhaushaltsgesetz
WohnGG . . . . Wohngeldgesetz
z. B. . . . . zum Beispiel
ZfBR . . . . Zeitschrift für deutsches und internationales Baurecht
Ziff. . . . . Ziffer
ZPO . . . . Zivilprozessordnung
ZRP . . . . Zeitschrift für Rechtspolitik
z.T. . . . . zum Teil

Literaturauswahl

Übergreifende verwaltungsrechtliche Literatur:

Becker, Ulrich / Heckmann, Dirk / Kempen, Bernhard / Manssen, Gerrit: Öffentliches Recht in Bayern, 2. Aufl., 2001
Knemeyer, Franz-Ludwig: Bayerisches Verwaltungsrecht, 4. Aufl., 1995
Schmidt-Aßmann, Eberhard (Hrsg.): Besonderes Verwaltungsrecht, 11. Aufl., 1999
Schwerdtfeger, Gunther: Öffentliches Recht in der Fallbearbeitung, 11. Aufl., 2003
Vogel, Klaus: Der Verwaltungsrechtsfall, 8. Aufl., 1980

Allgemeines Verwaltungsrecht:

Erichsen, Hans-Uwe / Ehlers, Dirk (Hrsg.): Allgemeines Verwaltungsrecht, 12. Aufl., 2002
Hendler, Reinhard: Allgemeines Verwaltungsrecht, 2. Aufl., 1998
Knack, Hans Joachim (Begr.): Verwaltungsverfahrensgesetz, Kommentar, 7. Aufl., 2000
Kopp, Ferdinand O. / Ramsauer, Ulrich: Verwaltungsverfahrensgesetz, 7. Aufl., 2000
Maurer, Hartmut: Allgemeines Verwaltungsrecht, 14. Aufl., 2002
Stelkens, Paul / Bonk, Heinz Joachim / Sachs, Michael: Verwaltungsverfahrensgesetz, Kommentar, 6. Aufl., 2001
Ule, Carl Hermann / Laubinger, Hans-Werner: Verwaltungsverfahrensrecht, 4. Aufl., 1995
Wolff, Hans J. / Bachof, Otto / Stober, Rolf: Verwaltungsrecht, Bd. 1, 11. Aufl., 1999
Wolff, Hans J. / Bachof, Otto / Stober, Rolf: Verwaltungsrecht, Bd. 2, 6. Aufl., 2000
Zuleeg, Manfred: Fälle zum Allgemeinen Verwaltungsrecht, 3. Aufl., 2001

Kommunalrecht:

Bauer, Martin / Böhle, Thomas / Masson, Christoph / Samper, Rudolf: Bayerische Kommunalgesetze, München, Stand: September 2002
Erlenkämper, Friedel: Entwicklungen im Kommunalrecht, NVwZ 1998, S. 354ff.
Hölzl, Josef / Hien, Eckart / Huber, Thomas: Gemeindeordnung mit Verwaltungsgemeinschaftsordnung, Landkreisordnung und Bezirksordnung für den Freistaat Bayern, Stand: Juli 2002
Knemeyer, Franz-Ludwig: Bayerisches Kommunalrecht, 10. Aufl., 2000
Lissack, Gernot: Bayerisches Kommunalrecht, 2. Aufl., 2001
Widtmann, Julius / Grasser, Walter (Begr.): Bayerische Gemeindeordnung, Stand: Januar 2002

Staatshaftungsrecht:

Ossenbühl, Fritz: Staatshaftungsrecht, 5. Aufl., 1998
Schlick, Wolfgang / Rinne, Eberhard: Die Rechtsprechung des BGH zum Staatshaftungsrecht, NVwZ 1997, S. 1065 ff. und 1171 ff.
Windthorst, Kai / Sproll, Hans-Dieter: Staatshaftungsrecht, JuS 1995, S. 791ff., 892ff., 992ff., 1080ff. sowie JuS 1996, S. 125ff., 219ff., 313ff.

Verwaltungsprozessrecht:

Eyermann, Erich (Begr.): Verwaltungsgerichtsordnung, 11. Aufl., 2000
Finkelnburg, Klaus / Jank, Klaus Peter: Vorläufiger Rechtsschutz im Verwaltungsstreitverfahren, 4. Aufl., 1998
Hufen, Friedhelm: Verwaltungsprozessrecht, 5. Aufl., 2003
Kopp, Ferdinand O. / Schenke, Wolf-Rüdiger: Verwaltungsgerichtsordnung, 13. Aufl., 2003
Schenke, Wolf-Rüdiger: Verwaltungsprozessrecht, 8. Aufl., 2002
Schmitt Glaeser, Walter / Horn, Hans-Detlef: Verwaltungsprozessrecht, 15. Aufl., 2000
Stern, Klaus: Verwaltungsprozessuale Probleme in der öffentlich-rechtlichen Arbeit, 8. Aufl., 2000

Europarecht:

Herdegen, Matthias: Europarecht, 3. Aufl., 2001
Lecheler, Helmut: Einführung in das Europarecht, 2000
Oppermann, Thomas: Europarecht, 2. Aufl., 1999
Streinz, Rudolf: Europarecht, 5. Aufl., 2001

Fall 1: Steine statt Brot (Möstl/Reimer)

Sachverhalt

A ist Eigentümer und Bewohner eines Einfamilienhauses in der kreisfreien Stadt S. Das Dach dieses Hauses ist derart baufällig, dass bei Sturm und Wind bereits mehrfach Dachziegel auf den Gehsteig vor dem Haus gestürzt sind. Die Stadt S hatte A deswegen bereits – wenngleich erfolglos – gebeten, eine Instandsetzung des Daches vornehmen zu lassen, von einer entsprechenden bauaufsichtlichen Anordnung jedoch bislang abgesehen.

Kürzlich hat A in einiger Entfernung von seinem Haus ein Gebäude erworben, in dem seit jeher eine Gaststätte betrieben wurde. A möchte die Gaststätte fortführen. Die erforderliche Gaststättenerlaubnis will die Stadt S indes nicht ohne weiteres aussprechen, obwohl alle Voraussetzungen für eine Erteilung gegeben sind. Die Stadt S sieht in dem Antrag des A auf Erteilung einer Gaststättenerlaubnis vielmehr eine günstige Gelegenheit, nunmehr auch die Instandsetzung des Daches anzuordnen. Die Stadt rechnet sich aus, dass A die Instandsetzungsanordnung im Interesse der von ihm begehrten Gaststättenerlaubnis letztlich hinnehmen werde. Die Stadt S verbindet die Gaststättenerlaubnis daher mit der „Auflage", dass A das Dach seines Einfamilienhauses innerhalb eines Jahres in Stand setzt. In der Begründung weist die Stadt darauf hin, dass die Gaststättenerlaubnis nach Art. 49 Abs. 2 Nr. 2 BayVwVfG widerrufen werden könne, wenn A der Auflage nicht nachkomme.

A will dieses „Junktim" zwischen Gaststättenerlaubnis und Instandsetzungsanordnung nicht hinnehmen. Er legt deshalb Widerspruch ein, der abschlägig beschieden wird. Daraufhin erhebt A Klage, mit der er die Aufhebung der ihn belastenden Auflage begehrt.

Vermerk für die Bearbeiter: Hat die Klage Aussicht auf Erfolg?

Abwandlung
Den Widerspruch des A weist die zuständige Regierung zurück. Sie hält nicht nur die Anordnung zur Instandsetzung des Daches aufrecht, sondern hebt darüber hinaus die erteilte Gaststättengenehmigung auf. A bittet Rechtsanwalt R zu prüfen, ob diese Entscheidung rechtmäßig ist. Von R will er auch wissen, wie er seine Rechte ggf. gerichtlich geltend machen kann. Ihn interessiert dabei besonders, gegen wen er Klage erheben muss, um seine Rechte durchsetzen.

Lösung

A. Ausgangsfall

Die Klage hat Erfolg, wenn sie zulässig und begründet ist.

I. Zulässigkeit der Klage

1. Verwaltungsrechtsweg (§ 40 Abs. 1 Satz 1 VwGO)

Zum Aufbau: Die Behandlung des § 40 VwGO innerhalb der Zulässigkeitsprüfung ist nicht unumstritten. Seit Einfügung des § 17a GVG im Jahre 1991 kommt es bei fehlerhaft gewähltem Verwaltungsrechtsweg nicht mehr zur Abweisung der Klage als unzulässig; vielmehr kommt es von Amts wegen zu einer Verweisung auf einen anderen Rechtsweg (§ 173 VwGO, § 17a Abs. 2 GVG). Vermehrt wird deshalb empfohlen, die Frage des Verwaltungsrechtswegs – in Abkehr vom traditionellen Prüfungsaufbau – aus der Zulässigkeitsprüfung herauszunehmen und in eine selbständige Prüfungsstufe auszugliedern, die der eigentlichen Zulässigkeitsprüfung voranzustellen ist. Alternativ wird, um einen dreistufigen Prüfungsaufbau zu vermeiden, angeregt, den gesamten ursprünglichen Prüfungskomplex „Zulässigkeit" (einschließlich § 40 VwGO) nunmehr als „Sachentscheidungsvoraussetzungen" zu titulieren (obwohl die Rechtswegfrage bei automatischer Verweisung streng genommen auch keine „Sachentscheidungsvoraussetzung" mehr ist). Gleiches wie für den Rechtsweg hat auch für die Prüfungspunkte der örtlichen und sachlichen Zuständigkeit des Gerichts zu gelten, für die nach § 83 Satz 1 VwGO die Verweisungsvorschrift des § 17a Abs. 2 GVG entsprechend gilt[1].

Aus folgenden Gründen ist es nach hier vertretener Ansicht vorzugswürdig, trotz der geschilderten Bedenken am klassischen Prüfungsaufbau (Verwaltungsrechtsweg als Teil der Zulässigkeitsprüfung) festzuhalten:

- § 17a Abs. 2 GVG spricht nach wie vor von einem *„unzulässig[en]"* Rechtsweg. Aus dem Wegfall einer Pflicht zur Abweisung der Klage ableiten zu wollen, dass die Rechtswegfrage nicht mehr zum Problemkreis „Zulässigkeit der Klage" gehört, schießt über das Ziel hinaus. Ebenso wäre es falsch zu sagen, aus der Tatsache, dass die Rechtswegfrage allenfalls zu einer Verweisung führt und deshalb für den Erfolg der Klage letztlich nicht mehr ausschlaggebend ist, folge, dass die Rechtswegfrage in einem Gutachten zu den Erfolgsaussichten der Klage überhaupt nicht mehr zu prüfen sei. Der bleibende Grund dafür, dass die Frage des zulässigen Rechtswegs für die Prüfung der Zulässigkeit der Klage unverzichtbar ist, besteht darin, dass die Klärung des richtigen Rechtswegs eine notwendige Vorjustierung der einschlägigen Prozessordnung leistet und so die weitere Zulässigkeitsprüfung nach den Regeln der VwGO überhaupt erst möglich macht. Allein schon diese Unverzichtbarkeit der Klärung des Rechtswegs für die Zulässigkeitsprüfung rechtfertigt es, sie als legitimen Bestandteil der Zulässigkeitsprüfung aufzufassen. Dass es zu keiner Abweisung der Klage kommen kann, steht nicht entgegen: Auch der Prüfungspunkt der „richtigen Klageart" beispielsweise, der unstreitig als Bestandteil der Zulässigkeitsprüfung angesehen wird, dient seinerseits allein der Ermittlung der besonderen Sachurteilsvoraussetzungen der jeweiligen Klage, d.h. der Vorjustierung der weiteren Zulässigkeitsprüfung. Er kann

[1] So: *Hufen,* Verwaltungsprozessrecht, § 10, Rn. 1.

für sich genommen jedoch niemals zur Abweisung der Klage als unzulässig führen, da für jedes Klagebegehren, für das die Generalklausel des § 40 VwGO den Verwaltungsrechtsweg eröffnet, auch eine passende Klageart zur Verfügung stehen muss.

- „Zulässigkeit" kann und sollte als Inbegriff aller Sachentscheidungsvoraussetzungen *in bezug auf das angerufene Gericht* verstanden werden[2]. In bezug auf das angerufene Verwaltungsgericht aber ist die Eröffnung des Verwaltungsrechtswegs sehr wohl Sachentscheidungs- und in diesem Sinne auch Zulässigkeitsvoraussetzung, denn nur bei Eröffnung des Verwaltungsrechtswegs kann es zu einer Sachentscheidung *durch das Verwaltungsgericht* kommen. Vor dem Verwaltungsgericht ist und bleibt eine Klage, die auf einen anderen Rechtsweg gehört, *unzulässig*; allein die Fehlerfolgen haben sich geändert: Es kommt nicht mehr zu einer Abweisung als unzulässig, sondern zu einer Verweisung auf den richtigen Rechtsweg.

In der Klausursituation wäre es allerdings falsch, sich an diesem Punkt allzu lang aufzuhalten. Vertretbar sind beide Ansichten. Der Bearbeiter sollte sich (vorbehaltlich einer bestimmten örtlichen Übung) mit allenfalls kurzer Begründung einem Prüfungsaufbau anschließen (z. B.: *Die Eröffnung des Verwaltungsrechtswegs bleibt trotz § 17a Abs. 2 GVG Sachurteils- und insofern auch Zulässigkeitsvoraussetzung einer Klage vor den Verwaltungsgerichten. Der Verwaltungsrechtsweg ist nach § 40 Abs. 1 VwGO zulässig, wenn*...).

Da sowohl der Streit um die gaststättenrechtliche Genehmigung als auch der Streit um die bauaufsichtlichen Anordnungen öffentlich-rechtlicher Natur sind, es sich aber nicht um verfassungsrechtliche Streitigkeiten handelt und auch keine Sonderzuweisung eingreift, ist der Verwaltungsrechtsweg eröffnet.

2. Statthafte Klageart (§ 42 Abs. 1 VwGO)

Mit seiner Klage begehrt A die „Aufhebung" der ihn belastenden Anordnung zur Erneuerung des Daches. Das legt eine Auslegung seines Klageantrags als Antrag auf Erhebung einer **Anfechtungsklage** nahe; Klagegegenstand könnte isoliert die als „Auflage" bezeichnete Anordnung sein, das Dach des Einfamilienhauses zu erneuern.

Unter welchen Voraussetzungen eine solche isolierte Anfechtung einer solchen Zusatzanordnung zulässig ist (und wann der Bürger sich andererseits im Wege der **Verpflichtungsklage** um einen von der unliebsamen Nebenbestimmung freien Grund-VA bemühen muss), ist im Einzelnen umstritten.

a) Liegt eine Nebenbestimmung vor?

Auf der Ebene der juristischen Obersätze ist zunächst zu entscheiden, ob ein Fall des Art. 36 BayVwVfG[3] vorliegt. Dabei ist die Kombination eines Grund-VA und einer Nebenbestimmung (Fälle des Art. 36 BayVwVfG) abzugrenzen

- erstens: von der sog. **modifizierten Gewährung,** d.h. dem Erlass eines einheitlichen (homogenen, monolithischen) VAs, der inhaltlich von dem ursprünglich beantragten VA abweicht;
- zweitens: vom **Erlass zweier selbstständiger VAe**, die unverbunden nebeneinander stehen;
- drittens: von einem bloß deklaratorischen **Hinweis auf die Rechtslage.**

aa) Abgrenzung zur modifizierten Gewährung

Eine modifizierte Gewährung liegt vor, wenn die Verwaltung den Gegenstand des Antrages qualitativ oder quantitativ abändert, also ein aliud oder ein minus genehmigt (Faustformel: Die Verwaltung sagt „nein, aber ...").

[2] *Kopp/Schenke*, VwGO, § 40, Rn. 2; *Schenke*, Verwaltungsprozessrecht, Rn. 62.
[3] Entspricht § 36 VwVfG des Bundes und der anderen Länder.

Zur Vertiefung: Die **quantitativ modifizierte Gewährung** ist leicht als solche zu erkennen.

Beispiele:

- Baugenehmigung: statt eines viergeschossigen Hauses wird nur ein Haus mit drei Geschossen genehmigt[4];
- Subventionsrecht: statt einer Investitionszulage in Höhe von € 100.000 wird nur eine Zulage in Höhe von € 50.000 gewährt.

Die **qualitativ modifizierte Gewährung** bereitet dagegen oft Schwierigkeiten. Insbesondere die Grenzen zur Auflage sind fließend und lassen sich nur durch wertende Entscheidungen ziehen. Die qualitativ modifizierte Gewährung ist in der verwaltungsgerichtlichen Rechtsprechung beispielsweise in folgenden Fällen angenommen worden[5]:

- Baugenehmigung: statt Walmdach wird nur ein Flachdach genehmigt;
- Baugenehmigung: das Vorhaben wird statt als Warenautomat (24-Stunden-Betrieb) lediglich als Laden (mit Bindung an die gesetzlichen Ladenschlusszeiten) genehmigt[6];
- Baugenehmigung wird „mit der Maßgabe“ erteilt, dass die Stellplatzpflicht durch Geldzahlung abzulösen ist[7];
- Anschluss- und Benutzungszwang: statt der beantragten Genehmigung zur Entwässerung eines Grundstücks in Rohre in der A-Straße genehmigt die Gemeinde die Entwässerung in Rohre in der B-Straße[8];
- immissionsschutzrechtliche Genehmigung: eine Lackier- und Trockenanlage wird unter Beifügung von Lärmgrenzwerten genehmigt[9].

Namentlich die Entscheidung zum letzten Beispiel (eine ältere Entscheidung des *BayVGH*) ist problematisch. Das zeigt eine neue Entscheidung des *VG Berlin*[10], nach der die Festlegung einer Mietobergrenze im Rahmen der Erteilung einer sanierungsrechtlichen Genehmigung nach § 172 Abs. 4 BauGB als Auflage, nicht als Inhaltsbestimmung (in der Entscheidung unscharf als „modifizierte Auflage“ bezeichnet) anzusehen ist. Ob eine Genehmigung im Einzelfall zu einer Wesensänderung des Vorhabens zwingt, erweist sich damit als eine kaum operationalisierbare Wertungsfrage.

Faustformeln für Zweifelsfälle: Wenn anzunehmen ist, dass sich die Verwaltung durch die besondere Anordnung einen insofern eigenständig vollstreckbaren Anspruch verschaffen wollte, liegt eine Nebenbestimmung (in Form der Auflage), keine modifizierte Gewährung vor. Ist dagegen anzunehmen, dass die Verwaltung bei Nichterfüllung der besonderen Anordnung den Gebrauch der Grundgenehmigung verhindern können will, kommt eine modifizierte Gewährung in Betracht[11].

Im vorliegenden Fall ist jedenfalls kein „Minus“ gegenüber der ursprünglich beantragten gaststättenrechtlichen Genehmigung gewährt worden. In Betracht kommt also allenfalls eine qualitativ modifizierte Gewährung. Allerdings bildet der erlassene Bescheid keine homogene (monolithische) Regelung. Schon das spricht gegen die Annahme einer modifizierten Gewährung. Entscheidend ist aber, dass dem A exakt das genehmigt worden ist,

[4] *Wolff/Bachof/Stober*, Verwaltungsrecht Bd. 2, § 47 II 5, Rn. 11.

[5] Aufzählung nach *Wolff/Bachof/Stober*, Verwaltungsrecht Bd. 2, § 47 II 5, Rn. 11. – Der dort zusätzlich angeführte Verweis auf eine Entscheidung des Bundesverwaltungsgerichts zur gaststättenrechtlichen Genehmigung einer Gaststätte „mit der Maßgabe, dass die Vorführung pornographischer Filme unterbleibt“ (*BVerwGE* 71, 34 = BayVBl. 1985, 568), ist allerdings ein Fehlzitat. In dem der Entscheidung zugrundeliegenden Fall war nämlich keinerlei Genehmigung erteilt worden. Für einen solchen Fall ist völlig unstreitig, dass nur eine reine Verpflichtungsklage auf Erteilung einer gaststättenrechtlichen Erlaubnis in Betracht kommt. Die Frage der Rechtsnatur einer möglichen „Maßgabe“ stellt sich hier also gar nicht.

[6] *BayVGH* BayVBl. 1994, 566ff.

[7] *OVG Berlin* NVwZ 1997, 1005.

[8] *VGH Mannheim* VGHBw-Ls. 1992, Beilage 5, B6 (= juris Dok.-Nr. MWRE105039200).

[9] *BayVGH* BayVBl. 1985, 149ff.

[10] *VG Berlin* Grundeigentum 2002, 407ff.

[11] *OVG Münster* NVwZ 2000, 1319f.

was er beantragt hat (die gaststättenrechtliche Genehmigung). Die Anordnung zur Erneuerung des Daches des Einfamilienhauses ändert daran nichts; sie betrifft einen anderen Regelungsgegenstand. Damit liegt hier keine modifizierte Gewährung vor.

bb) Abgrenzung zu zwei selbstständigen Verwaltungsakten

Die Regelungen sind als zwei selbstständige VAe anzusehen, wenn die Verwaltung den Erlass eines VA lediglich zum Anlass nimmt, auch einen zweiten VA zu erlassen, der einen anderen Sachverhalt betrifft und den sie ohnehin hätte erlassen können, und wenn außerdem nicht gewollt ist, dass der eine VA vom anderen abhängt (Faustformel: „Ja. Und unabhängig davon…").

> **Zur Vertiefung:** Auch die Auflage i.S.v. Art. 36 Abs. 2 Nr. 4 BayVwVfG ist ein eigener VA. Sie unterscheidet sich aber von der hier erörterten Konstellation zweier selbstständiger Verwaltungsakte gerade durch ihre Unselbstständigkeit (Tatbestandsmerkmal „verbunden" in Art. 36 Abs. 2 BayVwVfG).

Wegen der unterschiedlichen Regelungsgegenstände (die gaststättenrechtliche Genehmigung betrifft nur das Vorhaben „Gaststätte", die Anordnung zur Erneuerung des Daches dagegen nur das Einfamilienhaus) ist diese Variante hier in der Tat nicht restlos auszuschließen. Nimmt man zwei selbstständige VAe an, so ist gegen die Erneuerungsanordnung – die einen belastenden VA i.S.v. Art. 35 Satz 1 BayVwVfG darstellt – in jedem Fall die Anfechtungsklage gegeben.

Der Sachverhalt legt allerdings die Existenz eines inneren Bezuges zwischen beiden Regelungen nahe. Hätte A keinen Antrag auf eine gaststättenrechtliche Erlaubnis gestellt, so wäre es wohl auch nicht zur Erneuerungsanordnung gekommen. Auch die Wortwahl „Auflage" verdeutlicht, dass A für den Fall, dass er von der erteilten gaststättenrechtlichen Genehmigung – wider Erwarten – doch keinen Gebrauch macht, auch nicht zur Erneuerung des Daches des Einfamilienhauses verpflichtet sein soll (Faustformel: „Ja, aber…"). Vor allem aber verweist die Behörde ausdrücklich auf Art. 49 Abs. 2 Nr. 2 BayVwVfG und kündigt an, die gaststättenrechtliche Erlaubnis zu widerrufen, wenn die Instandsetzungsanordnung nicht erfüllt wird. Damit bringt sie den Konnex zwischen beiden Regelungen zum Ausdruck. Alles das spricht gegen die Annahme zweier unabhängiger Verwaltungsakte.

cc) Abgrenzung zu einem deklaratorischen Hinweis auf die Rechtslage

Das Bauordnungsrecht verpflichtet zwar den Eigentümer und die sonst dinglich Verfügungsberechtigten zur Instandhaltung und ggf. Instandsetzung von baulichen Anlagen (Art. 3 Abs. 1 Satz 1 BayBO[12]). Jedenfalls dann, wenn diese gesetzliche Pflicht durch ein auf den Einzelfall bezogenes behördliches Handeln konkretisiert werden kann (vgl. etwa Art. 60 Abs. 5 BayBO[13]), ist im Zweifel anzunehmen, dass die Behörde ihre Instandsetzungsaufforderung auch durchsetzen will. Dazu müsste die Aufforderung mit Regelungscharakter ausgestattet sein. Auch die Bezeichnung der Aufforderung als „Auflage" spricht dafür, dass die Behörde ihrer Aufforderung konstitutive Wirkung beimessen will und darin nicht bloß einen Hinweis auf die Rechtslage sieht.

dd) Zwischenergebnis

Damit liegen weder eine modifizierte Gewährung noch zwei selbstständige Verwaltungsakte vor. Da hier der erlassene VA unterschiedliche Regelungsgehalte in sich vereinigt, von denen einer als Hauptregelung anzusehen ist und der andere eine – nicht beantragte – Nebenregelung enthält, die eine selbstständige Beschwer begründet, bilden diese Anordnungen einen **Verwaltungsakt mit Nebenbestimmung** i.S.v. Art. 36 BayVwVfG.

[12] § 16 Abs. 1 LBO BW, §§ 3 Abs. 1, 19 Abs. 1 BauO NW.
[13] § 47 Abs. 1 Satz 2 LBO BW, § 61 Abs. 1 und 2 BauO NW.

b) Selbstständige Anfechtbarkeit von Nebenbestimmungen?
Liegt nach dieser ersten Abschichtung eine Nebenbestimmung i.S.v. Art. 36 BayVwVfG vor, so stellt sich als Kern des Problems die Frage nach der selbstständigen Anfechtbarkeit der Nebenbestimmung.

> **Zum Aufbau:** Im Folgenden werden zunächst – pauschal für alle Arten von Nebenbestimmungen – die rechtlichen Obersätze für die selbstständige Anfechtbarkeit entwickelt. Das ist nicht zwingend. Ebenso gut lässt sich mit der Qualifikation der konkreten Nebenbestimmung beginnen; die Frage, ob diese Nebenbestimmung im konkreten Fall selbstständig anfechtbar ist, ist dann erst anschließend anzusprechen.

aa) Traditionelle Ansicht: Maßgeblichkeit des Wortlauts des Art. 36 Abs. 2 BayVwVfG
Die früher h.M. stellte darauf ab, welche Art von Nebenbestimmung vorlag, und unterschied nach dem Wortlaut des Art. 36 Abs. 2 BayVwVfG: Die in den Nrn. 1 bis 3 genannten Nebenbestimmungen (Befristung, Bedingung, Widerrufsvorbehalt) seien integraler Bestandteil des Grund-VA; das ergebe sich aus der Formulierung „erlassen werden mit“. Sie seien nicht selbstständig anfechtbar. Dagegen zeige die Formulierung „verbunden werden mit“, dass die in Nrn. 4 und 5 genannten Nebenbestimmungen (Auflage, Auflagenvorbehalt) gewissermaßen von außen neben den Grund-VA träten. Sie seien daher selbstständig anfechtbar.

bb) Neuere Auffassung: Selbstständige Anfechtbarkeit als Regelfall
Nach neuerer Auffassung des *BVerwG* sind dagegen grundsätzlich alle Nebenbestimmungen (also insbesondere auch Befristung, Bedingung und Widerrufsvorbehalt) selbstständig anfechtbar. Voraussetzung sei aber stets, dass der Grund-VA teilbar ist, d.h. auch ohne die Nebenbestimmung rechtmäßigerweise fortbestehen kann[14].

cc) Differenzierung zwischen gebundenen VAen und Ermessens-VAen
Teilweise wird die selbstständige Anfechtbarkeit von Ermessensverwaltungsakten mit dem Argument verneint, der Behörde dürfe kein (Rest-)VA aufgedrängt werden, den sie so nicht gewollt und bei ihrer Interessenabwägung deshalb auch nicht in Reinform berücksichtigt habe. Durch die isolierte Aufhebung der Nebenbestimmung komme es hier zu einem Ungleichgewicht der ermessensleitenden Gesichtspunkte[15]. Lediglich dann, wenn (bei objektivierter Betrachtung) anzunehmen ist, dass die Behörde auch ohne die Nebenbestimmung keine andere Entscheidung in der Hauptsache getroffen hätte, sei auch bei Ermessens-VAen eine isolierte Anfechtung der Nebenbestimmung zulässig[16].

dd) Genereller Ausschluss der Anfechtungsklage
Gelegentlich findet sich schließlich die These, Nebenbestimmungen seien niemals selbstständig anfechtbar. Vielmehr sei der Wegfall einer unliebsamen Nebenbestimmung immer nur durch Anfechtungsklage auf Erlass eines nebenbestimmungsfreien VA durchzusetzen[17].

ee) Stellungnahme
Das entscheidende Argument der traditionellen Auffassung – die Dichotomie in Art. 36 Abs. 2 BayVwVfG – enthält in Wahrheit keine Aussage über die selbstständige Anfecht-

---

[14] *BVerwGE* 60, 269ff. (Aufnahme eines Krankenhauses in den Krankenhausbedarfsplan unter Vorbehalt); *BVerwG* NVwZ 1984, 366f. = BayVBl. 1984, 372f. (Errichtung einer Abstellhalle unter der Auflage, dass eine dahinter verlaufende oberirdische Pipeline zu ummanteln ist); *BVerwGE* 112, 221 = NVwZ 2002, 429 (Auflagenvorbehalt im Planfeststellungsbeschluss); *BVerwG* DVBl. 2001, 813ff. (Recht einer Montessorischule, jahrgangsübergreifende Klassen zu bilden).
[15] So v.a. *Maurer,* Allgemeines Verwaltungsrecht, § 12, Rn. 28; ebenso früher das *BVerwG*, vgl. v.a. *BVerwGE* 55, 135 (138).
[16] *Maurer* a.a.O.
[17] *Fehn,* DÖV 1988, 202ff.; *Stadie,* DVBl. 1991, 613ff.

barkeit der Nebenbestimmung, sondern ist lediglich im Vorfeld dieser Frage anzusiedeln. Denn die Unterscheidung „erlassen werden mit"/„verbunden werden mit" hat zunächst nur für die (ontologische) Frage Bedeutung, ob die Nebenbestimmung selber ein VA ist (wie die Auflage nach h.M.) oder nur als Teil des in Art. 36 ausdrücklich genannten (Grund-)VA anzusehen ist. Darin liegt zwar eine Vorentscheidung für die Frage der selbstständigen Anfechtbarkeit; mehr als eine Indizwirkung kommt dieser Vorentscheidung aber nicht zu.

Überzeugender und letztlich entscheidend ist das Argument, auf das sich die neuere Auffassung stützen kann: Sie wird mit dem Wortlaut des § 113 Abs. 1 Satz 1 VwGO begründet. Diese Vorschrift ordnet die Aufhebung des angegriffenen VA an, „soweit" dieser rechtswidrig ist und den Klägern in seinen Rechten verletzt. Daraus ergibt sich, dass auch ein an sich begünstigender VA mit der Anfechtungsklage angegriffen werden kann, „soweit" einzelne Regelungssplitter aus diesem VA rechtswidrig sind und den Adressaten in seinen Rechten verletzen. Daher kommt es gerade nicht darauf an, ob diese Regelungssplitter ihrerseits als (kleine) VAe oder als integrale Bestandteile des (Grund-)VAs anzusehen sind.

Die Tendenz, dass grundsätzlich alle Nebenbestimmungen selbstständig anfechtbar sind, trägt auch dem Gebot effektiven Rechtsschutzes (Art. 19 Abs. 4 GG, Grundrechte, Rechtsstaatsprinzip) am besten Rechnung. Denn anders als dem Verpflichtungswiderspruch und der Verpflichtungsklage kommt der isolierten Anfechtung nach § 80 Abs. 1 VwGO grundsätzlich Suspensiveffekt zu. Der Adressat des Verwaltungsakts hat daher das Recht, bis zum Eintritt der formellen Bestandskraft/Rechtskraft von dem erlassenen VA „in Reinform" (also ohne die belastende Nebenbestimmung) Gebrauch zu machen.

c) Art der Nebenbestimmung im vorliegenden Fall

> **Zum Aufbau:** Wegen der Indizwirkung, die der Dichotomie in Art. 36 Abs. 2 BayVwVfG nach dem oben Gesagten aber immer noch zukommt, empfiehlt sich auch weiterhin eine Einordnung der Nebenbestimmung zu einer der in Art. 36 Abs. 2 BayVwVfG genannten Arten.

Im vorliegenden Fall kommt neben einer Bedingung (Art. 36 Abs. 2 Nr. 2 BayVwVfG) eine Auflage (Art. 36 Abs. 2 Nr. 4 BayVwVfG) in Betracht. Beide Nebenbestimmungen werden nach der traditionellen *Savigny*'schen Formel voneinander abgegrenzt:

„Die Bedingung (...) suspendiert, zwingt aber nicht;
der Modus (= die Auflage) zwingt, suspendiert aber nicht."[18]

Bei der **Bedingung** ist der Grund-VA (hier: die gaststättenrechtliche Genehmigung) schwebend unwirksam, bis das Ereignis, das Gegenstand der Bedingung ist, eingetreten ist. A dürfte also, wenn eine Bedingung vorliegt, erst dann mit dem Betrieb der Gaststätte beginnen, wenn zuvor das Dach des Einfamilienhauses erneuert worden wäre. Wenn er seine Gaststätte eröffnet, ohne das Dach des Einfamilienhauses erneuert zu haben, ist der Betrieb der Gaststätte formell rechtswidrig (es liegt keine wirksame gaststättenrechtliche Genehmigung vor); die Verwaltung kann aber die Erneuerung des Daches des Einfamilienhauses nicht erzwingen.

Dagegen fehlt bei der **Auflage** die zeitliche Stufenfolge. Dafür kann die Verwaltung die Erneuerung des Daches des Einfamilienhauses erzwingen (die Erneuerungsanordnung

[18] *Savigny*, System des heutigen römischen Rechts III, 1840, S. 231; hier zitiert nach *Wolff/Bachof/Stober*, Verwaltungsrecht Bd. 2, § 47 II 4, Rn. 9. Problematisch daher das Urt. des *VG Berlin* v. 6.11.2001, 21 A 397.01, wonach die Nebenbestimmung einer ausländerrechtlichen Aufenthaltsbewilligung („Auflagen: Nur gültig zum Studium an der ... Fachrichtung ...") entgegen dem eigentlichen Behördenwillen als Auflage und nicht als Bedingung anzusehen sein soll.

nach Maßgabe des BayVwZVG vollstrecken), sobald A von seiner gaststättenrechtlichen Genehmigung Gebrauch gemacht hat.

Im vorliegenden Fall liegt in der Bezeichnung der Nebenbestimmung als „Auflage" ein erstes Indiz (mehr nicht) für die Auflage i.S.v. Art. 36 Abs. 2 Nr. 4 BayVwVfG.

Zur Vertiefung: Erhöhte Bedeutung kann der Bezeichnung einer Nebenbestimmung allerdings dann zukommen, wenn der Zusammenhang ergibt, dass die Behörde den Ausdruck im technischen Sinne verwenden wollte. Das gilt insbesondere, wenn in einem Bescheid ausdrücklich zwischen Auflagen und Bedingungen unterschieden wird. In diesem Fall bedarf das Abweichen von der gewählten Bezeichnung gewichtiger Gründe[19].

Gewichtiger als dieser formelle Gesichtspunkt sind aber die materiellen Argumente: Es fehlen alle Hinweise darauf, dass die Aufnahme des Gaststättenbetriebs erst dann erlaubt sein soll, wenn die Dacherneuerung abgeschlossen ist. Weiter ist – bei lebensnaher Auslegung – anzunehmen, dass die Behörde sich wünscht, die Anordnung zur Erneuerung des Daches selbstständig vollstrecken zu können. Das ergibt sich daraus, dass die Behörde ein Interesse daran hat, dass das Dach erneuert wird. Sie hat dagegen kein Interesse daran, dass die Gaststätte nicht eröffnet wird. Sie hat aber ein Interesse daran, dass die „Auflage" erfüllt wird. Hier zeigt insbesondere der ausdrückliche Hinweis auf Art. 49 Abs. 2 Nr. 2 BayVwVfG (Möglichkeit eines Widerrufs der Gaststättenerlaubnis bei Nichterfüllung der Auflage), dass die Behörde ein Druckmittel in der Hand behalten möchte, um den Vollzug der Instandsetzungsanordnung durchzusetzen. Danach liegt hier eine Auflage vor. Das indiziert die selbstständige Anfechtbarkeit der Nebenbestimmung.

d) Teilbarkeit des VA

Eine selbstständige Anfechtbarkeit der Auflage scheidet aber für den Fall aus, dass der verbleibende (Grund-)VA ohne diese Auflage nicht mehr erlassen werden dürfte (rechtswidrig wäre) oder sinnvollerweise nicht mehr erlassen werden sollte (sinnwidrig wäre)[20].

Gerade das Kriterium der Rechtmäßigkeit des Grund-VA ist aber eines von zwei alternativen Tatbestandsmerkmalen des Art. 36 Abs. 1 BayVwVfG. Es entscheidet also auch über die materielle Rechtmäßigkeit der Nebenbestimmung, die eine Frage der Begründetheit ist. Damit an dieser Stelle die Begründetheit der Klage nicht vorweggenommen wird, darf im Rahmen der Zulässigkeit allenfalls eine kursorische Prüfung angestellt werden[21]. Danach ist die selbstständige Anfechtbarkeit der Auflage nur dann ausgeschlossen, wenn der verbleibende Grund-VA **offensichtlich rechtswidrig** ist. Das ist hier aber nicht ersichtlich. Im Gegenteil ist sehr fraglich, ob die gaststättenrechtliche Genehmigung (wegen Art. 12 Abs. 1 GG ein gebundener VA) überhaupt mit einer Auflage verbunden werden kann, die der Sache nach ein gänzlich anderes Vorhaben und Gebäude (das Einfamilienhaus) betrifft.

e) Zwischenergebnis

Damit ist die Auflage hier selbstständig anfechtbar. Die Anfechtungsklage (§ 42 Abs. 1 VwGO) ist die statthafte Klageart.

Zur Vertiefung: Die Statthaftigkeit der Anfechtungsklage schließt die Statthaftigkeit einer Verpflichtungsklage nicht notwendig aus. Nach neuester Rechtsprechung des *BVerwG* soll der Betroffene anstelle der Anfechtungsklage eine Verpflichtungsklage erheben können, wenn ihm diese einen – im Vergleich zur Anfechtungsklage – weiter gehenden Rechtsschutz verschafft[22].

---

[19] *BVerwGE* 29, 261 (265); *BGH* DVBl 2001, 809; *Stelkens/Bonk/Sachs*, VwVfG, § 36, Rn. 29 m. Fn. 121 f.
[20] Vgl. zuletzt *BVerwG* NVwZ 2001, 429 m.w.N.
[21] *BVerwG* NVwZ 2001, 429 m.w.N.; *OVG Berlin* NVwZ 2001, 1059 (m. Anm. *Tietzsch*, NVwZ 2002, 435 ff.).
[22] *BVerwG* DVBl. 2001, 813 ff.

Der Entscheidung lag der Fall einer bayerischen Montessori-Schule zugrunde. Die Schulgründung wurde unter Widerrufsvorbehalt genehmigt. Der Widerrufsvorbehalt sollte für den Fall eingreifen, dass „aus Schülermangel" jahrgangsübergreifende Klassen gebildet werden müssen. Der Schulträger wollte sich aber die Möglichkeit offen halten, ohne Not (nämlich gerade aus pädagogischen Gründen) jahrgangsübergreifende Klassen zu bilden. Hier betraf der Widerrufsvorbehalt nur eine bestimmte Situation (Zusammenlegung aus Schülermangel), es war aber zu befürchten, dass die Behörde dem Schulträger für eine ähnliche Situation (Zusammenlegung aus pädagogischen Gründen) ebenfalls Schwierigkeiten bereiten würde. Diese Gefahr begründet nach Ansicht des *BVerwG* die Statthaftigkeit der Verpflichtungsklage (auf Erteilung einer „astreinen" Genehmigung; zw.).

3. Klagebefugnis (§ 42 Abs. 2 VwGO)

A müsste geltend machen können, durch die Auflage in eigenen Rechten verletzt zu sein (§ 42 Abs. 2 VwGO). Da die Auflage – bei der hier gebotenen isolierten Betrachtung – eine für A nachteilige Regelung enthält und auch an A adressiert ist, liegen die Voraussetzungen für die Klagebefugnis hier unproblematisch vor.

4. Widerspruchsverfahren (§§ 68 ff. VwGO)

Das nach § 68 Abs. 1 VwGO erforderliche Vorverfahren ist erfolglos durchgeführt worden.

5. Klagefrist

Nach § 74 Abs. 1 VwGO muss A seine Anfechtungsklage innerhalb eines Monats nach Bekanntgabe (hier in Form der **Zustellung:** §§ 73 Abs. 3 Satz 1 und 2 VwGO i. V. m. §§ 1 ff. VwZG; deklaratorisch auch: Art. 1 Abs. 1 Satz 2 BayVwZVG) des Widerspruchsbescheids erheben.

6. Form

Die Klage ist schriftlich oder zur Niederschrift beim zuständigen Verwaltungsgericht zu erheben (§§ 81 Abs. 1, 83, 45, 52 Nr. 1 VwGO, zur örtlichen Zuständigkeit näher Art. 1 Abs. 2 BayAGVwGO und die Parallelvorschriften anderer Bundesländer[23]). Die Klageschrift muss inhaltlich den Anforderungen des § 82 VwGO entsprechen.

7. Beteiligungs- und Prozessfähigkeit

Der A ist ebenso wie die beklagte kreisfreie Stadt S nach § 61 Nr. 1 VwGO beteiligungsfähig. Die beklagte Stadt S wird nach § 62 Abs. 3 VwGO i.Vm. Art. 38 Abs. 1, Art. 34 Abs. 1 Satz 2 BayGO durch ihren Oberbürgermeister vertreten.

II. Begründetheit der Klage

Die isoliert gegen die Auflage gerichtete Anfechtungsklage des A ist begründet,

- wenn sie sich gegen den richtigen Beklagten richtet (unten 1.),
- wenn die angegriffene Auflage nach Maßgabe aller möglichen Befugnisnormen formell oder materiell rechtswidrig ist oder wenn ihr der erforderliche Sachzusammenhang zum Haupt-VA fehlt (unten 2.–5.),

[23] § 1 Abs. 2 AGVwGO BW, § 1 Abs. 2 HessAGVwGO, § 1 AGVwGO NW.

- wenn die Auflage vom Haupt-VA materiell abtrennbar ist (unten 6.) und
- wenn die Auflage den A in seinen Rechten verletzt (unten 7.).

1. Passivlegitimation

Da die angefochtene Auflage von der Stadt S erlassen wurde, ist diese richtige Beklagte (§ 78 Abs. 1 Nr. 1 VwGO).

2. Art. 36 Abs. 1 Fall 1 BayVwVfG i.V.m. § 5 Abs. 1 GastG

Da eine gaststättenrechtliche Genehmigung wegen Art. 12 Abs. 1, 14 Abs. 1 GG ein gebundener Verwaltungsakt ist (vgl. § 4 Abs. 1 GastG), kann sie nur unter den strengen Voraussetzungen des Art. 36 Abs. 1 BayVwVfG mit einer Auflage verbunden werden. Nach Art. 36 Abs. 1 Fall 1 BayVwVfG wäre eine Auflage zulässig, wenn sie spezialgesetzlich vorgesehen wäre. In Betracht kommt zunächst der Auflagenvorbehalt des § 5 GastG.

a) Formelle Rechtmäßigkeit der Auflage

aa) Zuständigkeit
Zuständig für den Erlass der Auflage ist die Behörde, die auch zum Erlass des Grundverwaltungsakts (hier: der gaststättenrechtlichen Genehmigung) berufen ist. Gaststättenrechtliche Genehmigungen (§ 2 Abs. 1 GastG) erteilt die Kreisverwaltungsbehörde (§ 1 Abs. 1 Satz 1 BayGastV), in Bayern grundsätzlich das Landratsamt als Staatsbehörde (Art. 37 Abs. 1 Satz 2 BayLKrO).

Gerade für kreisfreie Städte (aber auch für Große Kreisstädte und andere leistungsfähige kreisangehörige Gemeinden: § 1 Abs. 2 BayGastV i.V.m. Art. 59 Abs. 2 BayBO) gilt aber eine Ausnahme. Nach Art. 9 Abs. 1 BayGO nehmen die kreisfreien Städte im übertragenen Wirkungskreis die Aufgaben der Landratsämter als Kreisverwaltungsbehörden wahr. Vorliegend war daher die kreisfreie Stadt S für den Erlass der Auflage zuständig.

bb) Verfahren, Form
Im Hinblick auf die Instandsetzungsanordnung ist eine Anhörung des A unterblieben. Da kein Fall des Art. 28 Abs. 2 oder 3 BayVwVfG vorliegt, ist darin ein Verstoß gegen Art. 28 Abs. 1 BayVwVfG zu sehen. Dieser Verstoß ist aber durch die Äußerungsmöglichkeit, die A im Widerspruchsverfahren hatte, geheilt (Art. 45 Abs. 1 Nr. 3 BayVwVfG)[24]. Mangels entgegenstehender Anhaltspunkte im Sachverhalt ist davon auszugehen, dass der Bescheid im übrigen formell rechtmäßig ist.

b) Materielle Rechtmäßigkeit der Auflage
Allerdings lässt der Sachverhalt nicht erkennen, dass von dem Dach des Einfamilienhauses spezifische Gefahren für die Besucher (§ 5 Abs. 1 Nr. 1 GastG) oder die Beschäftigten (§ 5 Abs. 1 Nr. 2 GastG) der Gaststätte ausgehen. Das Einfamilienhaus befindet sich „in einiger Entfernung" von der Gaststätte. Materieller Adressat der Instandsetzungsanordnung ist A damit auch nicht in seiner Eigenschaft als Gastwirt, sondern – weil es sich um Gefahren für die Allgemeinheit handelt – in seiner Eigenschaft als Eigentümer des Einfamilienhauses. Insofern bestehen zumindest erhebliche Zweifel daran, ob die Voraussetzungen des § 5 Abs. 1 GastG erfüllt sind.

3. Art. 36 Abs. 1 Fall 1 BayVwVfG i.V.m. Art. 60 Abs. 5 BayBO

Nach dem oben (A.I.2.) Gesagten ist aber auch daran zu denken, dass die Erneuerungsanordnung sich als Auflage auf Art. 36 Abs. 1 Fall 1 BayVwVfG i.V.m. speziellen Normen

[24] Zur benachbarten Problematik einer Heilung fehlerhafter Verwaltungsakte im verwaltungsgerichtlichen Verfahren *Brischke,* DVBl. 2002, 429ff.

des Bauordnungsrechts stützen könnte. In Betracht kommt die spezielle baupolizeiliche Befugnisnorm des Art. 60 Abs. 5 BayBO[25].

> **Zum Aufbau:** Gedanklich setzt dieser Prüfungspunkt voraus, dass Art. 36 Abs. 1 Fall 1 BayVwVfG nicht verlangt, dass die Nebenbestimmung auch *als Nebenbestimmung* zugelassen werden muss. Vielmehr wird Art. 36 Abs. 1 Fall 1 BayVwVfG so gelesen, dass jede spezialgesetzliche Befugnisnorm genügt. Für die erste Auffassung spricht die Entstehungsgeschichte des Art. 36 Abs. 1 BayVwVfG. Für die zweite Auffassung spricht aber der Gesichtspunkt größerer Flexibilität des Verwaltungshandelns. Einer sachfremden Verknüpfung unterschiedlicher Regelungsgegenstände kann durch eine sachgerechte Auslegung des Art. 36 Abs. 3 BayVwVfG angemessen begegnet werden (dazu unten 5.).

a) Formelle Rechtmäßigkeit der Auflage

aa) Zuständigkeit

Auch hier gilt: Zuständig für den Erlass der Auflage ist die Behörde, die zum Erlass des Grundverwaltungsakts (hier: der gaststättenrechtlichen Genehmigung) berufen ist, also grundsätzlich das Landratsamt als Staatsbehörde, hier aber die kreisfreie Stadt S selber (Art. 9 Abs. 1 Satz 1 BayGO; s.o. A.II.2.a.aa.). Auf die spezifische Zuständigkeit der kreisfreien Stadt als untere Bauaufsichtsbehörde (Art. 61 Abs. 1 i.V.m. Art. 59 Abs. 1 Satz 1 BayBO und Art. 9 Abs. 1 Satz 1 BayGO) kommt es danach nicht an.

bb) Verfahren, Form

Mangels entgegenstehender Anhaltspunkte im Sachverhalt ist wiederum davon auszugehen, dass der Bescheid keine beachtlichen Verfahrens- und Formfehler aufweist.

b) Materielle Rechtmäßigkeit der Auflage

Die Instandsetzungsanordnung entspricht auch materiell den Vorgaben der Art. 36 Abs. 1 Fall 1 BayVwVfG i.V.m. Art. 60 Abs. 5 BayBO[26]. Nach dieser Vorschrift sind nachträgliche Anordnungen bezüglich bestandsgeschützter Anlagen zur Abwehr von erheblichen Gefahren für Leben und Gesundheit zulässig. Eine derartige erhebliche Gefahr liegt bei herabfallenden Dachziegeln vor.

4. Art. 36 Abs. 1 Fall 2 BayVwVfG (Sicherstellung der Erfüllung der gesetzlichen Voraussetzungen der gaststättenrechtlichen Genehmigung)

Alternativ könnte eine Auflage auch dann erlassen werden, wenn dies zur Erfüllung der gesetzlichen Voraussetzungen der gaststättenrechtlichen Genehmigung erforderlich wäre (Art. 36 Abs. 1, Fall 2 BayVwVfG). Daran fehlt es hier. Die gaststättenrechtliche Genehmigung wäre auch ohne die Anordnung einer Erneuerung des Daches des Einfamilienhauses rechtmäßig, denn der Gesetzgeber knüpft die Erteilung der gaststättenrechtlichen Erlaubnis nicht an die bauordnungsrechtliche Zulässigkeit oder die faktische Sicherheit des weiteren räumlichen Umfeldes der Gaststätte.

5. Sachnähe von Haupt-VA und Auflage (Art. 36 Abs. 3 BayVwVfG)

Die Rechtmäßigkeit einer Auflage scheitert jedoch daran, dass bei einer isolierten Anfechtungsklage gegen Nebenbestimmungen die Anforderungen des Art. 36 Abs. 3 BayVwVfG zu beachten sind. Nach der Vorschrift genügt es zwar, wenn die Nebenbestimmung dem Zweck des (Haupt-)Verwaltungsakts nicht zuwiderläuft. Die Rechtsprechung leitet aus dieser Formel aber das allgemeine Gebot eines sachlichen Zusammenhangs zwischen

---

[25] § 47 Abs. 1 Satz 2 LBO BW, § 61 Abs. 1 und 2 BauO NW.
[26] § 47 Abs. 1 Satz 2 LBO BW, § 61 Abs. 1 und 2 BauO NW.

Hauptregelung und Nebenbestimmung ab. Ein derartiger Sachzusammenhang fehlt im vorliegenden Fall. Aus diesem Grund durfte die gaststättenrechtliche Genehmigung nicht mit der (einen viel weiteren und damit letztlich anderen Sachverhalt betreffenden) bauordnungsrechtlichen Instandsetzungsanordnung verbunden werden.

6. Teilbarkeit des Grund-VA

Die Anfechtungsklage gegen eine rechtswidrige Nebenbestimmung hat aber nach der Rechtsprechung des *BVerwG* nur dann Erfolg, wenn der Grund-VA teilbar ist, d.h. wenn er auch ohne diese Nebenbestimmung „sinnvoller- und rechtmäßigerweise bestehen bleiben könnte“[27]. Mit anderen Worten: Selbst wenn die Auflage – wie hier – rechtswidrig ist, könnte die Anfechtungsklage unbegründet sein.

Nach dem oben (4.) Gesagten ist die gaststättenrechtliche Genehmigung im vorliegenden Fall aber gerade auch ohne die Anordnung zur Erneuerung des Daches des Einfamilienhauses rechtmäßig. Ihr isolierter („astreiner“) Erlass ist auch sinnvoll. Damit ist der Grund-VA teilbar. Mithin kann die Stadt S die Erneuerungsanordnung nicht als Auflage erlassen.

Die Anordnung zur Erneuerung des Daches des Einfamilienhauses *als Auflage* ist somit unter jedem denkbaren Gesichtspunkt rechtswidrig.

7. Verletzung des A in eigenen Rechten

A ist Adressat der Anordnung zur Erneuerung des Daches des Einfamilienhauses. Diese Anordnung verlangt von ihm – objektiv rechtswidrig – ein bestimmtes Tun. Art. 12 Abs. 1 GG ist verletzt, soweit die Gaststättenerlaubnis nicht von der Auflage der Instandsetzung eines gänzlich anderen Gebäudes abhängig gemacht werden durfte. Art. 14 Abs. 1 GG ist verletzt, soweit die Instandsetzung jedenfalls nicht als Nebenbestimmung zur Gaststättenerlaubnis angeordnet werden durfte.

III. Ergebnis

Da die Anfechtungsklage des A zulässig und begründet ist, hat sie Aussicht auf Erfolg.

Zur Vertiefung: Gute Bearbeiter könnten noch überlegen, ob aus der Rechtswidrigkeit der Instandsetzungsanordnung *als Nebenbestimmung* wirklich ein vollständiger Aufhebungsanspruch bezüglich der Nebenbestimmung folgt. Die Besonderheit des Falles liegt darin, dass beide Regelungen (Gaststättenerlaubnis, Instandsetzungsanordnung) je für sich genommen rechtmäßig sind. In Betracht kommt deshalb, dass das Verwaltungsgericht den Verwaltungsakt nur insoweit (§ 113 Abs. 1 Satz 1 VwGO!) aufhebt, als die Instandsetzungsanordnung eine *Nebenbestimmung* zur Gaststättenerlaubnis darstellt. Möglicherweise könnte sich das Verwaltungsgericht darauf beschränken, lediglich die *Konnexität* beider Regelungen aufzulösen, beide Regelungen in der Sache aber als je eigenständigen Verwaltungsakt bestehen zu lassen.

Mit einem derartigen Ausspruch würde das Gericht indes über das Klagebegehren hinausgehen und somit gegen § 88 VwGO verstoßen. Denn als Nebenbestimmung ist die Instandsetzungsanordnung stets vom Bestand und der Inanspruchnahme des Hauptverwaltungsakts (der Gaststättenerlaubnis) abhängig. Wenn die Instandsetzungsanordnung in den Rang eines selbstständigen Verwaltungsakts erhoben würde, würde diese Abhängigkeit gerade gelöst. Die Instandsetzungsanordnung würde dadurch mit höherer Wirksamkeit ausgestattet als zuvor. Die Anfechtungsklage darf indes nur zu einer

[27] *BVerwG* NVwZ 2001, 429; ebenso *OVG Berlin* NVwZ 2001, 1059; vgl. bereits oben A.I.2.d.

Aufhebung oder Teilaufhebung des angegriffenen Verwaltungsakts, aber gerade nicht zu einer Verstärkung des Verwaltungsakts führen.

B. Abwandlung

Zum Aufbau: Verlangt ist nicht die gutachterliche Prüfung der Erfolgsaussichten eines Rechtsbehelfs, d. h. seiner Zulässigkeit und Begründetheit (in dieser Reihenfolge). Das Gutachten des Rechtsanwalts R soll vielmehr im Ausgangspunkt die Rechtmäßigkeit des Bescheids der Widerspruchsbehörde und erst sodann die Frage der prozessualen Durchsetzung der Rechte des A prüfen. Es bietet sich daher zunächst die Prüfung der materiellen Rechtslage und dann der Zulässigkeit etwaiger Rechtsbehelfe an.

I. Rechtmäßigkeit des Bescheids der Widerspruchsbehörde

Zum Aufbau: Die Frage der Rechtmäßigkeit des Bescheids der Widerspruchsbehörde kann nicht in einem Zuge geprüft werden, sondern ist für die beiden unterschiedlichen Regelungsgegenstände dieses Bescheids (Aufrechterhaltung der Auflage – Aufhebung der Gaststättenerlaubnis) getrennt zu behandeln.

1. Soweit die Auflage aufrechterhalten wird

Die Auflage ist materiell rechtswidrig[28]. Sie musste daher von der Widerspruchsbehörde aufgehoben werden. Soweit die Widerspruchsentscheidung die Auflage aufrechterhält, ist sie folglich rechtswidrig.

Zur Vertiefung: Hinzu kommt, dass die Rechtswirkungen einer Auflage vom Hauptverwaltungsakt abhängig sind[29], so dass nicht der Hauptverwaltungsakt (die Gaststättenerlaubnis) aufgehoben werden, die Auflage aber bestehen bleiben kann.

2. Soweit die Gaststättenerlaubnis aufgehoben wird

Soweit die Entscheidung der Widerspruchsbehörde die Gaststättenerlaubnis aufhebt, die im Ausgangsbescheid zugesprochen worden war, trifft sie gegenüber dem Ausgangsbescheid eine verbösernde Regelung und wirft daher die Frage nach der Zulässigkeit der reformatio in peius im Widerspruchsverfahren[30] auf. Hinsichtlich der Frage der reformatio in peius sind in einer ersten grundlegenden Weichenstellung zwei verschiedene Fallgruppen zu unterscheiden:

a) Die Verböserung hält sich im Rahmen des Verfahrensgegenstandes
Standardfall der reformatio in peius (nur dieser Fall sollte streng genommen überhaupt als „reformatio in peius" bezeichnet werden) sind solche Konstellationen, in denen die Widerspruchsbehörde hinsichtlich des durch Widerspruch angegriffenen Regelungsgegenstandes zwar eine verbösernde Regelung trifft, sich aber doch voll und ganz im Rahmen des Verfahrensgegenstandes und der ihr durch den Devolutiveffekt des Widerspruchs eingeräumten Sachentscheidungsbefugnis[31] hält, indem ihre (verbösernde) Sachentscheidung genau jenen Regelungsgegenstand betrifft, auf den sich bereits der angegriffene Ausgangsbescheid bezogen hat.

---

[28] Oben A.II.
[29] *Stelkens/Stelkens*, in: Stelkens/Bonk/Sachs, VwVfG, § 36, Rn. 32, 34.
[30] Hierzu zusammenfassend z. B. *Schenke*, Verwaltungsprozessrecht, Rn. 687 ff.; *Schmitt Glaeser/Horn*, Verwaltungsprozessrecht, Rn. 219 ff.
[31] Dazu: *Rennert*, in: Eyermann, VwGO, § 68, Rn. 12, 16.

> **Zum Verständnis:** Dies wäre z.B. der Fall, wenn statt der ursprünglich angeordneten nicht näher bestimmten Instandsetzung des Daches nunmehr eine ganz bestimmte – kostspielige – Art oder Maßnahme der Instandsetzung angeordnet würde. Eine derartige Regelung wäre zwar verbösernd, beträfe aber doch den gleichen Regelungsgegenstand wie die Ausgangsentscheidung: Beseitigung der von dem Dach ausgehenden Gefahr durch seine Instandsetzung.

Soweit sich die Widerspruchsbehörde im Rahmen des Verfahrensgegenstandes und Devolutiveffekts und somit im Rahmen der ihr durch die VwGO selbst eingeräumten Sachentscheidungsbefugnis[32] (d.h. der ihr durch die VwGO zugewiesenen Zuständigkeit zur Entscheidung in der Sache anstelle der Ausgangsbehörde) hält, ist eines zumindest klar: dass die Widerspruchsbehörde nämlich für diese gegenständlich im Rahmen ihrer Sachentscheidungsbefugnis liegende (wenn auch inhaltlich verbösernde) Regelung zuständig ist, die formelle Rechtmäßigkeit der Widerspruchsentscheidung also jedenfalls gegeben ist[33].

Hiervon zu trennen ist die Frage, ob die Widerspruchsbehörde auch materiellrechtlich befugt ist, von der ihr durch die VwGO eingeräumten Entscheidungszuständigkeit in der Weise Gebrauch zu machen, dass sie eine verbösernde Entscheidung trifft.

Weitgehende Einigkeit besteht darin, dass jedenfalls die VwGO selbst keine Aussage zu dieser materiellen Verböserungsbefugnis trifft[34]. Zwar mögen die Vorschriften der §§ 88, 129, 141 S. 1 VwGO und die Rechtsschutzfunktion des Widerspruchs es nahelegen, dass die Widerspruchsbehörde auf eine Entscheidung darüber, ob die vom Widerspruchsführer erstrebte Verbesserung gegenüber dem Ausgangsbescheid berechtigt ist oder nicht, beschränkt, nicht aber befugt sein soll, eine für ihn ungünstigere Entscheidung zu fällen. Andererseits bringt etwa § 79 Abs. 2 VwGO klar zum Ausdruck, dass die VwGO mit der Möglichkeit einer zusätzlichen Beschwer durch den Widerspruchsbescheid rechnet; auch hat die VwGO das Widerspruchsverfahren nicht allein als Instrument des Rechtsschutzes, sondern auch der Selbstkontrolle der Verwaltung ausgestaltet. Die Frage ob in der Sache eine verbösernde Regelung getroffen werden darf, soll sich vielmehr nach dem jeweils einschlägigen materiellen Recht richten: Soweit es um die Sachentscheidung selbst geht, ist dies das jeweils einschlägige Fachrecht (Baurecht, Gaststättenrecht etc.); soweit darüber hinaus der besondere Aspekt zu berücksichtigen ist, dass die Widerspruchsentscheidung eine gegenüber dem Ausgangsbescheid verbösernde Regelung trifft, sollen (mangels spezieller Regelungen) die Vorschriften der Art. 48ff. BayVwVfG maßgeblich sein. Die Rechtsprechung hat allerdings klargestellt, dass die nach diesen Normen zu berücksichtigende Vertrauensschutzposition des Widerspruchsführers nicht hoch zu veranschlagen ist. Ein schutzwürdiges Vertrauen darauf, dass ein Verwaltungsakt bestehen bleibt, den man selbst angegriffen hat, kann es regelmäßig nicht geben (Rechtsgedanke des Art. 50 BayVwVfG)[35].

Die sich im Rahmen des Devolutiveffekts haltende reformatio in peius ist daher im Ergebnis in weitem Umfang zulässig.

b) Die Verböserung sprengt den Verfahrensgegenstand

Von vornherein Anderes gilt in solchen Fällen (der zweiten Fallgruppe), in denen sich die Widerspruchsbehörde nicht im Rahmen des Verfahrensgegenstandes und der ihr kraft Devolutiveffekts eingeräumten Sachentscheidungsbefugnis hält, sondern *aus Anlass* der Widerspruchsentscheidung zusätzlich eine neue, eigenständige oder eine sonst den Verfahrensgegenstand sprengende Sachentscheidung trifft[36].

---

[32] *Rennert*, in: Eyermann, VwGO, § 68, Rn. 12.

[33] Auf ein ungeschriebenes Selbsteintrittsrecht der Widerspruchsbehörde braucht insoweit nach hier vertretener Auffassung nicht abgestellt werden (**a.A.**: *Schenke*, Verwaltungsprozessrecht, Rn. 693).

[34] So auch die Leitlinie der Rspr. (*BVerwGE* 51, 310).

[35] *BVerwG* DVBl. 1996, 1318.

[36] *BVerwGE* 65, 313 (319); *Kopp/Schenke*, VwGO, § 68, Rn. 10, 12; *Schenke*, Verwaltungsprozessrecht, Rn. 689; *Rennert*, in: Eyermann, VwGO, § 68, Rn. 13.

Hier ist, im Vorfeld der Frage nach der materiellen Verböserungsbefugnis, schon zweifelhaft, ob die Widerspruchsbehörde zum Erlass dieser den Verfahrensgegenstand verlassenden Sachentscheidung überhaupt zuständig war. Jedenfalls aus der VwGO und der im Rahmen des Devolutiveffekts eingeräumten Sachentscheidungsbefugnis kann sich diese Zuständigkeit nicht ergeben. Nur also, soweit die Widerspruchsbehörde eine anderweitige, nach Maßgabe des allgemeinen Organisationsrechts bestehende Zuständigkeit geltend machen kann, kann eine den Verfahrensgegenstand verlassende Verböserung zulässig sein. Dies ist insbesondere dann der Fall, wenn Ausgangs- und Widerspruchsbehörde identisch sind, anderenfalls auch dann, wenn der Widerspruchsbehörde gegenüber der Ausgangsbehörde ein Selbsteintrittsrecht zusteht. Nicht hingegen genügt indes, wie im Verhältnis von Widerspruchs- und Ausgangsbehörde häufig der Fall, ein bloßes fachaufsichtliches Weisungsrecht, erst recht nicht die Stellung als Rechtsaufsichtsbehörde[37].

c) Anwendung auf den vorliegenden Fall
Der vorliegende Fall (die Aufhebung der Gaststättenerlaubnis) unterfällt der soeben behandelten zweiten Fallgruppe b). Der Widerspruch des A nämlich war auf die Anfechtung der Auflage beschränkt; ein solcher „Teil"-Widerspruch muss bei Nebenbestimmungen – analog zur isolierten Anfechtung vor Gericht – als zulässig angesehen werden[38]. Die Gaststättenerlaubnis selbst war demnach überhaupt nicht mehr Verfahrensgegenstand. Die Behörde darf einen Teilwiderspruch aber nicht zum Anlass nehmen, nunmehr die ganze Entscheidung, auch soweit sie gar nicht Verfahrensgegenstand ist, zu revidieren[39].

Wenn die Aufhebung der Gaststättenerlaubnis somit nicht mehr von der Entscheidungskompetenz als Widerspruchsbehörde gedeckt war, kann sie nur dann (formell) rechtmäßig sein, wenn der Regierung eine anderweitige selbstständige Entscheidungszuständigkeit zusteht. Eine derartige Zuständigkeit ist aber nicht ersichtlich. Insbesondere kann die Regierung gegenüber der Stadt S kein Selbsteintrittsrecht beanspruchen (dieses besteht nämlich nur in der hierarchischen Staatsverwaltung [Art. 3a BayVwVfG], nicht aber in der Kommunalaufsicht[40]), bloße (aufsichtliche) Weisungsbefugnisse reichen – wie ausgeführt – dagegen nicht.

Da die Erteilung der Gaststättenerlaubnis überdies rechtmäßig war und ein Widerrufsgrund (Art. 49 BayVwVfG) nicht ersichtlich ist, muss die Aufhebung der Gaststättenerlaubnis auch als materiell rechtswidrig eingestuft werden.

Der Bescheid der Regierung ist demnach in vollem Umfang, d.h. sowohl soweit er die Auflage aufrechterhält, als auch soweit er die Gaststättenerlaubnis widerruft, rechtswidrig.

II. Prozessuale Geltendmachung

Zu prüfen ist, wie diese Rechtswidrigkeit prozessual geltend zu machen ist. Das Rechtsschutzbegehren des A zielt dahin, dass erstens die rechtswidrige Widerspruchsentscheidung und zweitens auch die durch die Widerspruchsentscheidung aufrechterhaltene Auflage der Dach-Instandsetzung aufgehoben wird, so dass A in einer nicht durch Nebenbestimmungen beschränkten Weise von der ihm erteilten Gaststättenerlaubnis Gebrauch machen kann. Fraglich ist, ob eine hierauf gerichtete Verwaltungsklage zulässig wäre.

---

37 *Rennert*, in: Eyermann, VwGO, § 68, Rn. 13, 16. *Kopp/Schenke*, VwGO, § 68, Rn. 10b (der das Selbsteintrittsrecht allerdings sogar für den Fall der nicht verfahrenssprengenden Verböserung verlangt).

38 *Kopp/Schenke*, VwGO, § 69, Rn. 3.

39 *Geis*, in: Sodan/Ziekow (Hrsg.), Nomos-Kommentar zur VwGO, § 68, Rn. 90; *Schenke*, Verwaltungsprozessrecht, Rn. 689.

40 *Knemeyer*, Bayerisches Verwaltungsrecht, S. 27.

1. Verwaltungsrechtsweg, § 40 Abs. 1 Satz 1 VwGO

Der Verwaltungsrechtsweg ist eröffnet (vgl. A.I.1.).

2. Statthaftigkeit der Klage

Zu prüfen ist die für das Rechtsschutzbegehren des A richtige Klageart.

a) Keine Verpflichtungsklage
Der Umstand, dass die Widerspruchsentscheidung nicht nur die Auflage aufrechterhalten, sondern auch noch die Gaststättenerlaubnis aufgehoben hat, könnte zu der falschen Annahme verleiten, die Verpflichtungsklage (§ 42 Abs. 1 VwGO), gerichtet auf Erteilung einer Gaststättenerlaubnis, sei im Fall die richtige Klageart – mit dem Argument etwa, der Ausgangsbescheid „in Gestalt" des Widerspruchsentscheids (analog § 79 Abs. 1 Nr. 1 VwGO) habe die Gaststättenerlaubnis letztlich versagt, so dass eine Versagungsgegenklage zu erheben sei. Eine derartige Vorgehensweise würde den A indes zu Unrecht so stellen, als sei ihm von Anfang an (schon im Ausgangsbescheid) die Gaststättenerlaubnis versagt worden. So war es jedoch gerade nicht. Dem A war vielmehr eine Gaststättenerlaubnis erteilt worden und diese war in ihrer Wirksamkeit durch den gegen die Auflage gerichteten Teilwiderspruch auch in keiner Weise beeinträchtigt oder gefährdet; A hatte insoweit eine gesicherte (allein unter dem für alle VAe geltenden allgemeinen Vorbehalt der Widerruflichkeit nach Art. 49 BayVwVfG stehende) Rechtsposition inne, von der er auch bereits – durch Betrieb der Gaststätte – Gebrauch machen konnte. Wenn nun die Widerspruchsbehörde die Widerspruchsentscheidung über ihren Verfahrensgegenstand hinaus zum Anlass nahm, dem A diese Rechtsposition (rechtswidrig) wieder zu entziehen, so wird deutlich, dass das Rechtsschutzbegehren des A nicht auf Erteilung einer von vornherein versagten Gaststättenerlaubnis zielt, sondern auf Anfechtung und Aufhebung der nachträglichen Entziehung einer bereits innegehabten Rechtsposition (neben der weiterhin erstrebten und isoliert erstrebbaren Aufhebung der aufrechterhaltenen Auflage). Es ist demnach durchwegs ein Anfechtungsbegehren – und kein Verpflichtungsbegehren, das A geltend macht. Allein die Anfechtungsklage kann die Interessen des A auch insofern wahren, als nur sie aufschiebende Wirkung (§ 80 Abs. 1 Satz 1 VwGO) besitzt und dem A auf diese Weise die Möglichkeit eröffnet, während des Rechtsstreits über die Rechtmäßigkeit der Aufhebung der Gaststättenerlaubnis weiterhin von dieser Gebrauch zu machen.

b) Worauf ist die Anfechtungsklage gerichtet?
Wenn demnach für die geltend gemachten Anfechtungsbegehren die Anfechtungsklage (§ 42 Abs. 1 VwGO) einschlägig ist, so ist damit die Frage der Statthaftigkeit der Klage noch nicht vollständig beantwortet. Zu klären bleibt, worauf genau die Anfechtungsklage(n) zu richten ist (sind). Dies ist eine Frage des § 79 VwGO, der mit seinen Regelungen über den (zulässigen) Gegenstand der Anfechtungsklage Voraussetzungen für die Statthaftigkeit der Klage normiert[41].

Grundsätzlich denkbar und sinnvoll sind im vorliegenden zwei verschiedene Fassungen der Klageantrags/der Klageanträge:

aa) Einheitsklage, § 79 Abs. 1 Nr. 1 VwGO (ein Klagegegner)
Erstens die Anfechtungsklage gegen den Ausgangsbescheid (dies ist hier allein die isoliert angefochtene Auflage) in Gestalt des Widerspruchsbescheids (der die Auflage aufrechterhält und zudem dadurch verbösert, dass er auch noch die Gaststättenerlaubnis aufhebt): § 79 Abs. 1 Nr. 1 VwGO. Voraussetzung hierfür ist freilich, dass die den Verfahrensgegenstand sprengende „Verböserung" noch als „Gestalt" des Ausgangsbescheids angesehen werden kann[42]. Klagegegner wäre insoweit – allein – die Stadt S als Trägerin der Behörde, die den Ausgangsbescheid erlassen hat (§ 78 Abs. 1 Nr. 1 VwGO).

[41] So zu Recht *Kopp/Schenke*, VwGO, § 79, Rn. 1a; str.
[42] Dagegen z.B. *Happ*, in: Eyermann, VwGO, § 79, Rn. 10.

bb) Zwei Anfechtungsklagen (zwei Klagegegner)
Zweitens die isolierte Anfechtungsklage gegen den Widerspruchsbescheid, soweit dieser eine zusätzliche Beschwer (hier die Aufhebung der Gaststättenerlaubnis) enthält: § 79 Abs. 2 VwGO[43]. Klagegegner wäre insoweit der Freistaat Bayern als Träger der Widerspruchsbehörde (§§ 79 Abs. 2 Satz 3 i.V.m. 78 Abs. 2 VwGO)

und zusätzlich (da ja auch noch die aufrechterhaltene Auflage angegriffen werden muss)

eine Anfechtungsklage gegen den Ausgangsbescheid (Auflage) in Gestalt des Widerspruchsbescheids (d.h. der Aufrechterhaltung der Auflage; die verfahrenssprengende „Verböserung" dagegen wird nach dieser Sichtweise nicht als „Gestalt" der Auflage angesehen): § 79 Abs. 1 Nr. 1 VwGO[44]. Klagegegner wäre insoweit die Stadt S (§ 78 Abs. 1 Nr. 1 VwGO)[45].

cc) Erörterung
Diesen beiden Alternativen liegen zwei grundlegend verschiedene Konzeptionen zum Verhältnis von Klagen nach § 79 Abs. 1 Nr. 1 und nach § 79 Abs. 2 VwGO zugrunde:

Nach einer Ansicht[46] ist das gesamte Widerspruchsverfahren und jeglicher Inhalt des Widerspruchsbescheids „Gestalt" des Ausgangs-VA (auch soweit er den Verfahrensgegenstand des Widerspruchsverfahrens sprengt und insofern rechtswidrig ist). Folglich besteht bei zusätzlicher Beschwer immer ein Wahlrecht zwischen einer Einheitsklage nach § 79 Abs. 1 Nr. 1 und einer isolierten Anfechtung nach § 79 Abs. 2 VwGO (Argument: „kann" in Abs. 2). Da allerdings der Gegenstand einer isolierten Anfechtung voll und ganz auch von der Einheitsklage umfasst ist, ist es ausgeschlossen, Einheitsklage und isolierte Anfechtung kumulativ anhängig zu machen (entgegenstehende Rechtshängigkeit: Insoweit wird Streitgegenstandsidentität und – wegen „Mitverklagtseins" des Freistaats bei der gegen die Stadt gerichteten Einheitsklage – auch Parteiidentität angenommen[47]). Vollen Rechtsschutz erhält A, wenn er Einheitsklage gegen den Ausgangsbescheid (die Auflage) in Gestalt des verbösernden Widerspruchsbescheids gegen die Stadt S erhebt (s.o. Lösung aa.).

Nach anderer Ansicht[48] sind bestimmte Erscheinungsformen zusätzlicher Beschwer (z.B. Verfahrensfehler, aber auch – wie hier – das Verlassen des Verfahrensgegenstandes) keine „Gestalt" des Ausgangs-VA. Möglich ist nur eine isolierte Anfechtung nach § 79 Abs. 2 VwGO gegen den Freistaat. Zusätzlich ist ggf. eine Einheitsklage nach § 79 Abs. 1 Nr. 1 VwGO gegen die Stadt zu erheben, die diese Aspekte der zusätzlichen Beschwer jedoch ausklammert. Da zwischen beiden Klagen keine sachliche Überschneidung besteht, gibt es auch kein Rechtshängigkeitsproblem, das einer kumulativen Geltendmachung entgegenstünde. Diese Sichtweise führt zur Lösung bb.

Für die letztgenannte Ansicht spricht mit Sicherheit, dass sie sich um eine saubere Abgrenzung von § 79 Abs. 1 Nr. 1 VwGO und § 79 Abs. 2 VwGO bemüht. Andererseits erschwert sie den Rechtsschutz des A, der zwei Klagen gegen zwei unterschiedliche Beklagte erheben muss, und führt hierbei unweigerlich zu prozessualen Komplikationen, insbeson-

[43] Vorausgesetzt ist freilich, dass die den Verfahrensgegenstand sprengende „Verböserung" überhaupt noch als „Widerspruchsentscheidung", nicht aber als ein völlig eigenständiger Ausgangs-VA angesehen wird (so wohl *BayVGH* BayVBl. 1973, 554f.).

[44] So *Happ*, in: Eyermann, VwGO, § 79, Rn. 29.

[45] Im Ergebnis ähnlich wäre auch die Lösung einer Klage gegen die Stadt S nach § 79 Abs. 1 Nr. 1 betreffend die Auflage in Gestalt ihrer Aufrechterhaltung und einer Klage gegen den Freistaat Bayern betreffend die nicht als Widerspruchsentscheidung, sondern als Erst-VA verstandene Aufhebung der Gaststättenerlaubnis.

[46] *BayVGH* BayVBl. 1990, 370f.; in diese Richtung – z.T. mit gewissen Abweichungen – auch: *BVerwGE* 13, 195; *BVerwG* Buchholz 237.6 § 37 NdsLBG Nr. 2; *BayVGH* BayVBl. 1987, 757; BayVBl. 1989, 622; *Redeker/v. Oertzen*, VwGO, § 79, Rn. 8; *Kopp/Schenke*, VwGO, § 79, Rn. 2, 5, 11; *Kopp*, JuS 1994, 742ff.; *Seibert*, BayVBl. 1983, 174f.; *Detterbeck*, Streitgegenstand und Entscheidungswirkungen im Öffentlichen Recht, 1995, S. 174ff.

[47] *BayVGH* BayVBl. 1990, 370.

[48] *BVerwG* Buchholz 310 § 79 Nr. 13; *BVerwG* Buchholz 310 § 79 Nr. 18; *VGH Mannheim* NVwZ 1990, 1085; NVwZ-RR 1997, 447, *BayVGH* BayVBl. 1998, 502; *Jäde*, BayVBl. 1990, 696; *Jäde*, Verwaltungsverfahren, Widerspruchsverfahren, Verwaltungsprozeß, 4. Aufl. 2001, Rn. 156ff.; *Happ*, in: Eyermann, VwGO, § 79, Rn. 29.

dere aufgrund des misslichen Umstands, dass diese beiden Klagen, obwohl sie doch sachlich in engstem Zusammenhang stehen, wegen der unterschiedlichen Beklagten nicht im Wege objektiver Klagehäufung (§ 44 VwGO) geltend gemacht werden können, sondern getrennt verfolgt werden müssen[49]. Für die erstgenannte Ansicht (oben aa.) spricht vor allem der Wortlaut des Abs. 2 („*kann*" – nicht „*muss*" alleiniger Gegenstand sein), der darauf hindeutet, dass alles, was im Wege isolierter Anfechtung des Widerspruchsbescheids angreifbar ist, auch mit der umfassenderen Einheitsklage gerügt werden kann. Schließlich spricht auch der bloße Umstand, dass die Entscheidung der Widerspruchsentscheidung den Verfahrensgegenstand des Widerspruchs sprengt und deswegen in der Sache rechtswidrig ist, für sich genommen noch nicht dagegen, diese Entscheidung im Interesse möglichst einfachen Rechtsschutzes als – freilich rechtswidrige – „Widerspruchsentscheidung" und „Gestalt" des Ausgangsbescheids i.S.v. § 79 Abs. 1 Nr. 1 VwGO anzusehen.

Vorzugswürdig erscheint daher die Lösung einer allein gegen die Stadt S gerichteten Anfechtungsklage gegen den Ausgangsbescheid (die Auflage – isoliert) in Gestalt des verbösernden Widerspruchsbescheids (oben aa.). Dass die Stadt S insoweit für die Fehler der Widerspruchsbehörde einstehen muss, ist eine Konsequenz, die § 79 Abs. 1 Nr. 1 VwGO grundsätzlich in Kauf nimmt.

3. Sonstige Zulässigkeitsvoraussetzungen

A ist als ein in seinen Grundrechten aus Art. 12 Abs. 1 GG (bzgl. der Aufhebung der Gaststättenerlaubnis) und Art. 14 Abs. 1 GG (bzgl. der Instandsetzungsanordnung) berührter Adressat eines belastenden Verwaltungsakts klagebefugt (§ 42 Abs. 2 VwGO). Die Klagefrist des § 74 Abs. 1 Satz 1 VwGO ist einzuhalten.

Eine auf Aufhebung des Widerspruchsbescheids und der im Ausgangsbescheid ausgesprochenen Auflage gerichtete Klage wäre demnach zulässig. Nach dem unter I. Ausgeführten wäre sie auch begründet.

Rechtsprechungsvorlagen: *BVerwG,* NVwZ 2001, 429 m.w.N.; *OVG Berlin,* NVwZ 2001, 1059 m. Anm. *Tietzsch,* NVwZ 2002, 435ff.; *BayVGH* BayVBl. 1990, 370 m. Anm. *Jäde*, BayVBl. 1990, 696.

Leseempfehlung: *Schenke,* Verwaltungsprozessrecht, Rn. 287ff., Rn. 687ff.; *Jäde,* Verwaltungsverfahren, Widerspruchsverfahren, Verwaltungsprozeß, 4. Aufl. (2001), Rn. 156ff.; *Brüning,* Ist die Rechtsprechung zur isolierten Anfechtung von Nebenbestimmung wieder vorhersehbar?, NVwZ 2002, 1089.

[49] *Detterbeck,* Streitgegenstand und Entscheidungswirkungen im öffentlichen Recht, S. 177ff.

Fall 2: Der lange Arm der Kommission (Seidel)

Sachverhalt (fiktiv)

Die deutsche Profit-GmbH (P) mit Sitz in Bayern ist Verlegerin der Zeitschrift „Profit in Europa“, einem Fachblatt, das sich europaweit an Manager und mittelständische Unternehmen richtet. Diese Zeitschrift erscheint seit 1994, hat sich aber bislang auf dem Markt nicht hinreichend durchsetzen können. Andererseits wird dem Fachblatt von fachkundiger Seite ob seiner wissenschaftlich fundierten Recherchen und seiner überregionalen Ausrichtung eine positive Entwicklung prognostiziert, wenn es gelänge, durch zusätzliche Investitionen das Kaufinteresse auch auf die Nachbarländer zu erstrecken. Da erforderliche Werbemaßnahmen den gegenwärtigen Etat der P sprengen würden, beantragt sie beim Bayerischen Ministerium für Wirtschaft ein langfristig rückzahlbares, zinsvergünstigtes Darlehen i.H.v. 10.000.000,– DM zur Finanzierung einer internationalen Werbekampagne.

Da der aktuelle Landeshaushaltsplan für derartige Fälle entsprechende Mittel vorsieht und auch einschlägige Subventionsrichtlinien in Form von Verwaltungsvorschriften in diesen Fällen eine Darlehensvergabe an P erfassen, bewilligt das Ministerium mit Subventionsbescheid vom 10.01.1996 ein Darlehen zu den entsprechenden Konditionen. Im Anschluss werden entsprechende Darlehensverträge geschlossen und die Kreditsumme ausbezahlt. Eine vorherige Unterrichtung der Kommission nach Art. 93 Abs. 3 EGV (Maastrichter Fassung = MF) / Art. 88 Abs. 3 EGV (Amsterdamer Fassung = AF) unterblieb dabei.

Die EG-Kommission leitet das Verfahren gem. Art. 93 Abs. 2 UAbs. 1 EGV (MF) / Art. 88 Abs. 2 UAbs. 1 EGV (AF) ein und stellt durch Entscheidung vom 12.04.1997 gegenüber der Bundesrepublik Deutschland fest, dass die der P bewilligte Beihilfe unzulässig sei: Ihre Gewährung stelle einerseits einen formellen Verstoß gegen Art. 93 Abs. 3 EGV (MF) / Art. 88 Abs. 3 EGV (AF) dar. Zum anderen sei die Beihilfe mit dem Gemeinsamen Markt i.S.v. Art. 92 EGV (MF) / Art. 87 EGV (AF) unvereinbar. Im gleichen Bescheid fordert die Kommission die Bundesrepublik Deutschland auf, die Beihilfe sofort zurückzufordern.

Diese Entscheidung wird sowohl der Bundesrepublik als auch der P am 15.04.1997 zugestellt und zudem im Amtsblatt der Europäischen Gemeinschaft bekannt gemacht. Die P, die das erhaltene Darlehen bereits in gesamter Höhe in das vorgesehene Werbeprojekt investiert hat, erfährt hierüber entgegen ihrem bisherigen (nicht auf grober Fahrlässigkeit beruhenden) guten Glauben erstmals, dass Zweifel an der Rechtmäßigkeit der Darlehensvergabe bestehen. Rechtliche Schritte hiergegen nach Art. 173 EGV (MF) / Art. 230 EGV (AF) wurden ihrerseits (und auch seitens der Bundesrepublik Deutschland) aber unterlassen.

Im Anschluss unterlässt es das Wirtschaftsministerium zunächst noch, den Subventionsbescheid zurückzunehmen, weil nach Ansicht der zuständigen Sachbearbeiter einer Aufhebung zwingende Vorschriften des deutschen Verwaltungsverfahrensrechts entgegenstünden. Über Monate kommt es zu einem Schriftwechsel zwischen der Bundesrepublik Deutschland und dem Freistaat Bayern einerseits und der EG-Kommission andererseits, um der ausgesprochenen Verpflichtung zur Rückforderung der Subventionierung ggf. zu entgehen. Die Kommission bleibt bei ihrem Standpunkt und droht schließlich im November 1999 mit einem Vertragsverletzungsverfahren nach Art. 93 Abs. 2 UAbs. 2 EGV i.V.m. Art. 169 EGV (MF) / Art. 88 Abs. 2 UAbs. 2 EGV i.V.m. Art. 226 EGV (AF).

Mit Bescheid vom 7. Dezember 1999 hebt das Wirtschaftsministerium schließlich den

Bewilligungsbescheid vom 10.1.1996 nach Anhörung der P auf. In der Begründung führt das Wirtschaftsministerium aus, dass es im Hinblick auf den seitens der Kommission angeprangerten Verstoß gegen das gemeinschaftsrechtliche Beihilfenrecht und die hiermit verbundene Aufforderung zur Subventionsrücknahme keine Handlungsalternative gebe. Ferner sei der Bescheid nicht nur aus europarechtlicher Perspektive, sondern mangels gesetzlicher Grundlage auch aus Gründen des innerstaatlichen Rechts als rechtswidrig anzusehen.

Dieser Bescheid, der eine ordnungsgemäße Rechtsbehelfsbelehrung enthält, wird P am 10. Dezember 1999 zugestellt. P beauftragt daraufhin Rechtsanwalt R mit der Prüfung rechtlicher Schritte. R sieht in der Aufhebung eine subjektive Rechtsverletzung der P. Unabhängig von der Rechtmäßigkeit oder Rechtswidrigkeit der Subventionsbewilligung stehe ihr Vertrauensschutz zu. Zudem sei die Rücknahmefrist abgelaufen. R soll daher mit dem Ziel der Kassation des Aufhebungsbescheides vom 7. Dezember Klage beim Verwaltungsgericht erheben. Am Montag, den 10. Januar 2000 setzt R eine Klageschrift auf, die er noch um 22.00 Uhr desselben Tages als unterschriebenes Telefax an das zuständige Verwaltungsgericht sendet. Darin beantragt er die Aufhebung des Aufhebungsbescheides vom 7. Dezember 1999. Die Klage ist gegen den Freistaat Bayern gerichtet. Infolge eines technischen Defekts des Telefaxgerätes des Verwaltungsgerichts druckt das Gerät nur „blanke“ Blätter aus, was für den Absender, bei dem die Meldung „Übertragung OK“ erscheint, nicht ersichtlich ist. Aufgrund des Sendeberichts benachrichtigt der beim Verwaltungsgericht beschäftigte Angestellte den R noch am Morgen des 11. Januar 2000. R wiederholt daraufhin die Sendung noch am selben Tag, diesmal erfolgreich.

Vermerk für die Bearbeiter: Beurteilen Sie in einem umfassenden Rechtsgutachten, das auf alle aufgeworfenen Problemfragen eingeht, die Erfolgsaussichten der Klage der P!

Hinweis zur Bearbeitung: Gehen Sie davon aus, dass für Pressesubventionierungen der vorliegenden Art weder im Bundesrecht, noch im bayerischen Landesrecht eine entsprechende spezielle gesetzliche Ermächtigungsgrundlage vorhanden ist!

Lösung

Die Klage der P hat Aussicht auf Erfolg, wenn sie zulässig und begründet ist.

A. Zulässigkeit

I. Verwaltungsrechtsweg

Der Verwaltungsrechtsweg richtet sich mangels gesetzlicher Sonderregelung nach § 40 Abs. 1 Satz 1 VwGO, sofern die hier vorliegende Streitigkeit (die jedenfalls nicht verfassungsrechtlicher Natur ist) als öffentlich-rechtlich zu qualifizieren ist. Hierfür müsste sich der Streitgegenstand, hier also die Frage der Rechtmäßigkeit der Aufhebung einer Subventionsbewilligung, nach öffentlichem Recht richten. Dies ist der Fall (weil nämlich Art. 48, 49 BayVwVfG einschlägig sind), wenn bereits die Subventionsbewilligung nach Maßgabe des öffentlichen Rechts erfolgte. Denn Bewilligung und Aufhebung als deren Kehrseite entstammen notwendigerweise demselben Regime.

Die Einordnung der Subventionsbewilligung nach öffentlichem Recht bereitet Schwierigkeiten, weil die Subvention selbst in Form eines zivilrechtlichen Darlehens vergeben wurde. Insofern könnte es sich im Ganzen um eine privatrechtliche Streitigkeit handeln, die nach § 13 GVG vor den ordentlichen Gerichten ausgefochten werden müsste. Hier ist zu differenzieren. Neben der Benutzung öffentlicher Einrichtungen[1] kommt der sog. *Zweistufentheorie* auch für das Subventionswesen Bedeutung zu.[2] Bei der Subventionsvergabe geht es auf der ersten Stufe um die rein öffentlich-rechtlich zu beurteilende Frage, ob der Einzelne die betreffende Förderung überhaupt erhält. Da der Staat hier nicht als Bank auftritt, um schlicht über die Zinseinnahme Geld zu verdienen, sondern weil er öffentliche Zwecke verfolgt (Wirtschaftsförderung), handelt er auf Ebene der Leistungsverwaltung. Im Abwicklungsverhältnis (zweite Stufe) kann das Subventionsverhältnis privatrechtlich ausgestaltet sein, also auf typischen BGB-Vertragsformen wie Bürgschafts- oder Darlehensvertrag beruhen.[3]

> **Zur Vertiefung:** Etwas anderes gilt bei einem sog. verlorenen Zuschuss (= staatliche Leistung, die nicht zurückgezahlt werden muss). Hierzu unten Fall 3.

Vorliegend erfolgte die Subventionierung durch Subventionsbescheid (Grundverhältnis auf erster Stufe, auf der über das „Ob" der Leistung entschieden wurde) und durch privatrechtlichen Darlehensvertrag (Abwicklungsverhältnis, betr. das „Wie" der Subventionierung). Nach dem Ansatz der Zweistufentheorie ist für eine Rechtsstreitigkeit, deren Streitgegenstand die erste Stufe betrifft, gem. § 40 Abs. 1 Satz 1 VwGO als öffentlich-rechtliche Streitigkeit der Verwaltungsrechtsweg eröffnet, während Rechtsfragen hinsichtlich der Leistungsabwicklung (2. Stufe) im Falle einer privatrechtlichen Ausgestaltung des Leistungsverhältnisses nach § 13 GVG im ordentlichen Rechtsweg auszufechten sind. Die hier zu begutachtende Frage betrifft die Rechtmäßigkeit der Aufhebung des Subventionsbescheides, also der Rückgängigmachung der Entscheidung über das „Ob" der Leistungsgewährung. Diese Streitfrage ist – das Grundverhältnis (erste Stufe) betreffend – dem

[1] Hierzu unten *Fall 11*.

[2] *Hendler*, Allgemeines Verwaltungsrecht, 2. Aufl. 1998, Rn. 496; *Zuleeg*, Fälle zum Allgemeinen Verwaltungsrecht, S. 216 ff.

öffentlichen Recht zuzuordnen. Es handelt sich folglich um eine öffentlich-rechtliche Streitigkeit. Da diese auch nicht verfassungsrechtlicher Art ist, ist der Verwaltungsrechtsweg nach § 40 Abs. 1 Satz 1 VwGO eröffnet.

II. Statthafte Klageart

Die Anfechtungsklage gem. § 42 Abs. 1, 1. Alt. VwGO ist statthafte Klageart, wenn die Aufhebungsentscheidung einen belastenden Verwaltungsakt darstellt. Hier kann mit der sog. Kehrseitentheorie[4] argumentiert werden: Da die Gewährung der Subvention (also die Grundentscheidung über das „Ob" der Leistung, die hier aufgehoben wurde) eine Maßnahme einer Behörde auf dem Gebiet des öffentlichen Rechts (s.o. sub I.) mit dem Inhalt einer Einzelfallregelung mit Außenwirkung darstellt und folglich den VA-Begriff i.S.v. Art. 35 Satz 1 BayVwVfG erfüllt, gilt Gleiches auch für die Aufhebung dieses Bescheides als actus contrarius. Die VA-Qualität kann darüber hinaus direkt anhand der Eigenart der Aufhebungsentscheidung begründet werden. Schließlich wird hierbei hoheitlich-einseitig für den Einzelfall eine Rechtsfolge ausgesprochen, nämlich der Entzug der zunächst gewährten Begünstigung. Der Aufhebungsbescheid ist für P zudem belastend (Entzug einer Begünstigung, Folgewirkungen gem. Art. 49a BayVwVfG). Die Anfechtungsklage ist demnach statthafte Klageart.

Zum Verständnis: Eine Verpflichtungsklage mit dem Antrag, den Freistaat Bayern zum Wiedererlass eines entsprechenden Subventionsbescheides zu verurteilen, wäre mangels Rechtsschutzbedürfnisses unzulässig. Die Anfechtungsklage stellt den einfacheren Weg für P dar, sein Interesse durchzusetzen, denn bei erfolgreicher Anfechtungsklage wird der Aufhebungsbescheid kassiert und der ursprüngliche Bewilligungsbescheid lebt wieder auf! Ein erfolgreiches Verpflichtungsurteil müsste durch einen Bescheid seitens der Behörde noch umgesetzt werden. Zudem müsste ein solches Urteil bei renitenter Weigerung der Behörde ggf. noch vollstreckt werden, vgl. §§ 167ff. VwGO.

III. Klagebefugnis

Gem. § 42 Abs. 2 VwGO muss P geltend machen können, in einem eigenen subjektiven Recht verletzt zu sein. Nach der Möglichkeitstheorie darf hiernach eine subjektive Rechtsverletzung des P nicht von vornherein auszuschließen sein. Als Adressat eines belastenden Verwaltungsakts kann sich P vorliegend auf die sog. Adressatentheorie[5] berufen, wonach bei belastenden Maßnahmen zumindest eine Verletzung der allgemeinen Handlungsfreiheit aus Art. 2 Abs. 1 GG als möglich erscheint. Alternativ ist die Klage auch mit dem Verlust eines „öffentlich-rechtlichen Besitzstandes" zu begründen, der als subjektiv-rechtliche Position der P vormals durch Verwaltungsakt (Subventionsbescheid) eingeräumt wurde und deren möglicherweise rechtswidrige Entziehung deswegen mit einer denkbaren Verletzung eines eigenen Rechts der P einhergeht.[6]

[3] *OVG Saarlouis* DVBl. 1972, 616; *Busch*, JuS 1992, 563 (564).
[4] *Schütz/Dibelius*, Jura 1998, 427 (430).
[5] *BVerwG* NJW 1988, 2752 (2753); *Kopp/Schenke*, VwGO, § 42, Rn. 69; *Schmitt Glaeser/Horn*, Verwaltungsprozessrecht, Rn. 146. Krit. in vorliegenden Fallgestaltungen: *Schütz/Dibelius*, Jura 1998, 427 (430), die die Aufhebung einer gewährten Subvention ebenso wie ihre Gewährung als außerhalb des grundrechtsrelevanten Bereiches liegend bewerten.
[6] So *Schütz/Dibelius*, Jura 1998, 427 (430).

IV. Vorverfahren

Der angefochtene Aufhebungsbescheid ist vorliegend vom bayerischen Wirtschaftsministerium, also von einer obersten Landesbehörde, erlassen worden. Nach § 68 Abs. 1 Satz 2 Nr. 1 VwGO bedarf es deshalb keines Widerspruchsverfahrens (ein dennoch eingelegter Widerspruch wäre sogar unstatthaft, also unzulässig[7]).

V. Beteiligten- und Prozessfähigkeit

P ist gemäß § 13 Abs. 1 GmbHG juristische Person. Gem. § 61 Nr. 1 VwGO ist sie damit als Klägerin beteiligtenfähig. Gem. § 62 Abs. 3 VwGO können die Geschäftsführer als vertretungsberechtigte Organe gem. § 35 GmbHG für P Klage erheben.

VI. Ordnungsgemäße Klageerhebung

1. Form

Eine Klageerhebung per Telefax entspricht dem Sinn und Zweck des Schriftformerfordernisses in § 81 Abs. 1 Satz 1 VwGO, nämlich dem hinreichenden Nachweis der Ernsthaftigkeit der Rechtsmitteleinlegung sowie der Identifizierung von Rechtsmittelführer und dessen Prozessbevollmächtigten. Ferner stellt ein Telefax ein mittlerweile herkömmliches Kommunikationsmedium dar, das im modernen Verkehr als fernschriftliche Nachricht faktisch in vielen Bereichen den typischen Briefwechsel ersetzt hat. Die Möglichkeit der Klageerhebung mittels Fernkopie ist daher heute allgemein anerkannt und wird als schriftlich i.S.v. § 81 Abs. 1 VwGO gewertet.[8] Die Klage wurde daher formgerecht erhoben.

2. Frist

Fraglich ist, ob A fristgemäß Klage erhoben hat. Nach § 74 Abs. 1 S. 2 VwGO beträgt die Klagefrist einen Monat und beginnt mit der Bekanntgabe des VA. Nach § 57 Abs. 2 VwGO, § 222 Abs. 1 ZPO, § 187 Abs. 1 BGB begann die Frist am 11. Dezember 1999 und endete gem. § 57 Abs. 2 VwGO, § 222 Abs. 1 ZPO, § 188 Abs. 2 BGB am Montag, den 10. Januar 2000. An diesem Tag hatte Rechtsanwalt R zwar das FAX aufgegeben, dieses ist jedoch nicht bei Gericht eingegangen. Das Empfangsgerät hatte infolge eines technischen Defekts nur leere Blätter ausgedruckt. Mangels Zugang wurde daher die Klage nicht am 10. Januar 2000 erhoben. Damit ist zunächst von Verfristung auszugehen. Die Wiederholung am nächsten Tag würde nur dann ausreichen, wenn das VG dem A Wiedereinsetzung in den vorigen Stand gem. § 60 Abs. 1, Abs. 2 S. 3 und 4 VwGO zu gewähren hat.[9] Genau dies fordert das *BVerfG* mit Recht in den Fällen, in denen der Sendeversuch aus Gründen fehlschlägt, die in der Sphäre des Gerichts liegen:

> *„Wird die Übermittlung fristwahrender Schriftsätze per Telefax durch ein Gericht eröffnet, so dürfen die aus den technischen Gegebenheiten dieses Kommunikationsmittels herrührenden besonderen Risiken – wie insbesondere Störungen des Empfangsgeräts – nicht auf den Nutzer dieses Mediums abgewälzt werden, sondern liegen in der Sphäre des Gerichts. Der Nutzer hat mit der Wahl eines anerkannten Übermittlungsmediums, der ordnungsgemäßen Nutzung eines funktionsfähigen Sendegerätes und der korrekten Eingabe der Empfängernummer das seinerseits Erforderliche zur*

[7] *Kopp/Schenke*, VwGO, § 68, Rn. 16.
[8] *BVerwGE* 81, 32 (34); *Stern*, Verwaltungsprozessuale Probleme, Rn. 404.
[9] Zur möglichen Wiedereinsetzung im Widerspruchsverfahren – dort im Falle eines Krankenhausaufenthaltes: *Lösungsskizze zur Aufgabe 7 der Ersten Juristischen Staatsprüfung 2000/1*, BayVBl. 2002, 188 (189).

Fristwahrung getan, wenn er so rechtzeitig mit der Übermittlung beginnt, dass unter normalen Umständen mit ihrem Abschluss bis 24.00 Uhr zu rechnen ist.“[10]

Diese Voraussetzungen sind im Fall erfüllt. Deshalb kann P (ggf. über R) einen entsprechenden Antrag auf Wiedereinsetzung stellen. Nach § 60 Abs. 2 Satz 4 VwGO *kann* (d. h. grundsätzlich Ermessen) das Gericht aber auch ohne Antrag die Wiedereinsetzung gewähren, wenn die versäumte Rechtshandlung bereits im Rahmen der Zwei-Wochen-Frist des § 60 Abs. 2 Satz 1 VwGO nachgeholt wurde. Das *Bundesverfassungsgericht* nimmt in grundrechtsfreundlicher Auslegung sogar eine Ermessensreduzierung, d. h. eine Pflicht des Gerichts zur Gewährung der Wiedereinsetzung ohne besonderen Antrag an, wenn die Verzögerung wie hier eindeutig der gerichtlichen Sphäre zuzuordnen ist.[11] Alles andere wäre nach dem *BVerfG* mit dem Grundrecht auf effektiven Rechtsschutz unvereinbar, den das *BVerfG* in der zitierten Entscheidung in Art. 2 Abs. 1 GG i.V.m. dem Rechtsstaatsprinzip verankert, das aber im Falle der Geltendmachung einer Rechtsverletzung durch die öffentliche Gewalt in Art. 19 Abs. 4 GG zu verorten ist. Geht man davon aus, dass das Gericht seiner Pflicht zur Gewährung der Wiedereinsetzung nachkommt, ist die Klage der P nicht als verfristet anzusehen.

Zur Vertiefung: Nach BFH NJW 1999, 2919 f. genügt (im Einklang mit der wohl herrschenden Ansicht) die Unterzeichnung einer Klageschrift mittels Paraphe nicht den formalen Anforderungen der Klageschrift, weil hierdurch nicht die Identität des Unterzeichnenden hinreichend erfasst werde. Der Anspruch auf ein faires Verfahren erfordere es jedoch, „dem Rechtssuchenden die Möglichkeit der Wiedereinsetzung in den vorigen Stand zu eröffnen, wenn glaubhaft und unwidersprochen vorgetragen wird, diese Art der Unterzeichnung sei im Geschäftsverkehr, bei Behörden und in Gerichtsverfahren jahrelang unbeanstandet verwendet worden.“

VII. Zwischenergebnis

Die auf Kassation der Aufhebungsentscheidung gerichtete Anfechtungsklage ist zulässig.

B. Begründetheit

Die Anfechtungsklage ist begründet, wenn sie sich gegen den richtigen Beklagten richtet (§ 78 VwGO) und der angefochtene Aufhebungsbescheid rechtswidrig ist sowie P in subjektiven Rechten verletzt (§ 113 Abs. 1 Satz 1 VwGO).

I. Passivlegitimation

Der angefochtene Aufhebungsbescheid wurde vom Bayerischen Ministerium für Wirtschaft erlassen, also von einer Behörde des Freistaats. Nach dem Rechtsträgerprinzip gem. § 78 Abs. 1 Nr. 1 VwGO ist daher der Freistaat Bayern richtiger Beklagter.

[10] *BVerfG* NJW 1996, 2857 – Leitsatz 1. Zu weiteren Einzelheiten *Henneke*, NJW 1998, 2958 f.
[11] So ausdrücklich *BVerfG* NJW 1996, 2857 (2858).

II. Rechtswidrigkeit und subjektive Rechtsverletzung – Art. 48 BayVwVfG als Rechtmäßigkeitsmaßstab für die Aufhebungsentscheidung

Die Frage, ob der Aufhebungsbescheid des Wirtschaftsministeriums rechtmäßig ist, richtet sich zunächst danach, ob für diese Aufhebung eine gesetzliche Ermächtigungsgrundlage besteht. Schließlich bedeutet die Aufhebung für die P eine belastende Maßnahme, die zumindest ihre Rechte aus Art. 2 Abs. 1 GG tangiert (Adressatentheorie), sodass schon in eingriffsrechtlicher Hinsicht (rechtsstaatlicher Gesetzesvorbehalt, Art. 20 Abs. 3 GG) eine gesetzliche Grundlage zu fordern ist. Mangels spezialgesetzlicher Regelungen im bayerischen Haushaltsrecht[12] kommen insofern als Ermächtigungsgrundlagen Art. 48 oder 49 BayVwVfG in Betracht. Art. 48 BayVwVfG ist Ermächtigungsgrundlage, wenn der aufzuhebende Verwaltungsakt (also der Subventionsbewilligungsbescheid) als *rechtswidrig* zu qualifizieren ist.

An der *formellen Rechtmäßigkeit* des Aufhebungsbescheides bestehen vorliegend keine Zweifel. Insbesondere wurde laut Sachverhaltsangaben P angehört, Art. 28 BayVwVfG. Sachlich zuständig für die Rücknahme ist mangels Sonderregelung das Bayerische Ministerium für Wirtschaft als die Fachbehörde, die den Verwaltungsakt erlassen hat.[13] Die relevanten Probleme liegen vorliegend im Bereich der *materiellen Rechtmäßigkeit.*

Zur Vertiefung: Zum Problem der örtlichen und sachlichen Zuständigkeit für die Rücknahmeentscheidung, wenn der aufzuhebende Verwaltungsakt von einer unzuständigen Behörde erlassen wurde: *BVerwG* NJW 2000, 1512 (1513).

Zum Verständnis: Von der Aufhebung nach Art. 48 BayVwVfG ist die Abhilfe gem. § 72 VwGO zu unterscheiden. Es handelt sich um zwei unterschiedliche Ermächtigungsgrundlagen mit divergierenden Voraussetzungen und unterschiedlichen Rechtsfolgen (die Abhilfeentscheidung ist gebundene Entscheidung, die Rücknahme steht grundsätzlich im Ermessen der Behörde). Die Abhilfe ist nach § 72 VwGO einschlägige Ermächtigungsgrundlage für die Aufhebung eines begünstigenden Verwaltungsakts, wenn der Widerspruch eines Drittbetroffenen (z.B. Widerspruch des Nachbarn gegen eine den Bauherrn begünstigende Baugenehmigung) zulässig und begründet ist. Auf die Rücknahmevorschriften ist dann nicht einzugehen. Andererseits ist bei einer Aufhebung des Verwaltungsakts anlässlich eines Drittwiderspruchs nicht § 72 VwGO, sondern Art. 48 BayVwVfG Aufhebungsgrundlage, wenn die Behörde den Verwaltungsakt nicht wegen widerspruchsbezogenen Gründen aufhebt, etwa weil sie selbst wegen mangelnder Widerspruchsbefugnis von der Unzulässigkeit des Widerspruchs ausgeht. Ggf. ist die Aufhebungsentscheidung auslegungsfähig, ob eine Rücknahme- oder eine Abhilfeentscheidung getroffen wurde. Je nach dem Ergebnis ist – z.B. bei einer Anfechtung der Aufhebungsentscheidung durch den VA-Begünstigten – auf § 72 VwGO oder Art. 48 BayVwVfG als Ermächtigungsgrundlage zu rekurrieren.[14] Anderes gilt freilich, wenn die Behörde rechtsirrig von den Voraussetzungen des § 72 VwGO ausgeht resp. den Widerspruch eines sich betroffen fühlenden Dritten fehlerhaft als zulässig und begründet ansieht. Könnte in einem solchen Fall zwar grundsätzlich die Aufhebung z.B. wegen objektiver Rechtswidrigkeit des Ausgangsbescheides mit Art. 48 BayVwVfG begründet werden, so kann jedenfalls nach einer neueren Entscheidung des Bundesverwaltungsgerichts[15] die Abhilfeentscheidung weder durch Umdeutung nach Art. 47 BayVwVfG noch durch Nachschieben von Ermessenserwägungen nach § 114 Satz 2 VwGO in eine

[12] Die frühere Streitfrage, ob die Widerrufsspezialregelung nach § 44a BayHO a.F. auch den Rekurs auf Art. 48 VwVfG hinsichtlich der Aufhebung rechtswidriger Subventionsbescheide ausschließt, stellt sich nach Aufhebung dieser Regelung heute nicht mehr.

[13] *Schütz/Dibelius*, Jura 1998, 427 (431).

[14] Hierzu mit weiteren Nachweisen: *Seidel*, Bauplanungs- und Bauordnungsrecht, 1999, S. 112ff. (im Zusammenhang mit der Frage der Entbehrlichkeit des Vorverfahrens nach § 68 Abs. 1 Satz 2 VwGO).

[15] *BVerwG* BayVBl. 2000, 118 (119).

Rücknahmeentscheidung umgestaltet werden, weil sich solches verbietet, wenn hierüber eine gebundene Entscheidung (Abhilfe) in eine Ermessensentscheidung (Rücknahme) umgewandelt werden würde.

1. Rechtswidrigkeit des Subventionsbescheides aus Sicht des innerstaatlichen Verwaltungsrechts – Geltung des Grundsatzes vom Vorbehalt des Gesetzes

Aus rein innerstaatlicher Sicht könnte der Subventionsbescheid rechtswidrig sein, wenn er seinerseits einer gesetzlichen Grundlage bedürfte und der entsprechende Titel in dem als förmlichen Gesetz erlassenen Haushaltsplan dem nicht gerecht würde.

a) Der Grundsatzstreit bzgl. des Erfordernisses einer gesetzlichen Ermächtigung bzgl. Subventionen im Allgemeinen

Der Grundsatz vom Vorbehalt des Gesetzes gilt uneingeschränkt aus rechtsstaatlichen Gründen im Fall von staatlichen Maßnahmen, die belastend wirken, also in Grundrechte eingreifen.[16] Rechtsstaatlichkeit bedeutet Herrschaft des Gesetzes, zumindest im Fall eines Freiheitseingriffs muss die Exekutive im Gesetz ihre Schranken finden und der Bürger im Vorhinein die Möglichkeit und Reichweite einer Grundrechtsbeschränkung ablesen können. Dieser rechtsstaatliche Eingriffsvorbehalt wird dogmatisch entweder in der Zusammenschau aller grundrechtlicher Gesetzesvorbehalte (z.B. Art. 2 Abs. 2 Satz 3 GG)[17] oder in Art. 20 Abs. 3 GG[18] verortet oder aber als Rechtssatz des Verfassungsgewohnheitsrechts[19] angesehen. Inwiefern der Grundsatz vom Vorbehalt des Gesetzes auch im Rahmen der Leistungsverwaltung resp. im Rahmen sog. Subventionsverhältnisse gilt, ist umstritten.[20] Ausgangspunkt der Überlegungen ist dabei die dogmatische Herleitung des Gesetzesvorbehalts aus grundrechtlichen und rechtstaatlichen Margen sowie aus dem Demokratieprinzip.

aa) Lehre vom Totalvorbehalt

Eine in der Literatur vertretene Meinung verlangt generell für alle Arten von Subventionen ein spezielles ermächtigendes Gesetz im Außenverhältnis zum Subventionsempfänger, dessen Anforderungen die entsprechende Ausweisung von Mitteln im Haushaltsplan als bloßem parlamentarischen Innenrecht (vgl. Art. 78 BV, Art. 3 BayHO) nicht genüge.[21] Ein gewichtiger Meinungsstrang begründet den Totalvorbehalt unmittelbar mit dem Demokratieprinzip des Art. 20 Abs. 2 GG. Das Parlament habe als Volksvertretung im Vergleich zur Exekutive eine direktere demokratische Legitimation und deswegen im parlamentarischen Regierungssystem die grundsätzliche Entscheidungskompetenz. Hieraus ergebe sich in Abkehr vom monarchischem Prinzip des 19. Jahrhunderts eine verfassungsrechtliche Kompetenzvermutung zugunsten des Parlaments, das allen anderen Staatsorganen übergeordnet sei, sodass auch im Bereich der Leistungsverwaltung andere Staatsorgane (insbesondere exekutive Funktionsträger) überhaupt nur eine Handlungsbefugnis innehaben, wenn dies durch eine konkrete gesetzgeberische Ermächtigung abgedeckt sei.[22] Andere argumentieren zur Begründung eines Totalvorbehalts verstärkt aus rechtsstaatlicher oder grundrechtlicher Perspektive: Die Vorenthaltung einer staatlichen Leistung könne den Bürger im gewährenden Sozialstaat u.U. nicht weniger gravierend treffen als ein Frei-

---

[16] Zu diesem allgemeinen rechtsstaatlichen Eingriffsvorbehalt auch: *BVerwGE* 90, 112 (122), m.w.N.; *Erichsen*, Jura 1995, 550 (552).

[17] So etwa: *Vogel*, VVDStRL 24 (1966), 125 (151, 156).

[18] Z.B. *Pietzcker*, JuS 1979, 710 (712).

[19] Z.B. *Jesch*, Gesetz und Verwaltung, 1960, S. 35.

[20] Zum Streitstand: *Starck*, Der Gesetzesbegriff des Grundgesetzes, 1970, S. 283f.; *Maurer*, Allgemeines Verwaltungsrecht, § 6, Rn. 13ff.; *Gusy*, Subventionsrecht (Teil 1), JA 1991, 286 (289); *Stober*, GewArch 1993, 136ff. und 187ff.; *Oldiges*, NJW 1984, 1927ff.; *Jarass*, NVwZ 1984, 473ff.

[21] So etwa *Maurer*, Allgemeines Verwaltungsrecht, Rn. 14.

[22] So z.B. *Jesch*, Gesetz und Verwaltung, 1960, S. 171ff., 175ff.

heitseingriff.[23] Zudem bestehe die Gefahr, dass der leistende Staat nach Gutsherrenart und damit willkürlich handelt. Schließlich könne die Leistungsverwaltung nicht mit hinreichender Deutlichkeit von der Eingriffverwaltung getrennt werden: Zumindest bei Subventionen im Wirtschaftsbereich bestehe die abstrakte Gefahr von Wettbewerbsverzerrungen zu Lasten eines nicht subventionierten Konkurrenten.[24] Außerdem seien selbst beim Subventionierten grundrechtsrelevante Fernwirkungen denkbar[25], wie z.B. Ziellenkung der Behörde durch Vergabebedingungen und eine hiermit verbundene Subventionskontrolle auf zweckentsprechende Mittelverwendung. Wenn auch ggf. dem demokratischen Aspekt durch eine haushaltsrechtliche Bereitstellung im Haushaltsplan Genüge getan ist, so entspreche dies jedoch hiernach nicht den rechtsstaatlichen und grundrechtlichen Vorgaben, die an den Grundsatz vom Vorbehalt des Gesetzes zu stellen sind.[26] Auf eine klare und verbindliche gesetzliche Regelung der Leistungsvergabe könne allenfalls bei überraschend auftretenden Notfällen (Naturkatastrophen, konjunkturelle Krisen) verzichtet werden. Ansonsten müsse auch hier die Macht der Exekutive – insbesondere auch zur Verhinderung willkürlicher Leistungsvergaben (Art. 3 Abs. 1 GG) – durch Gesetz begrenzt werden und die Rechtmäßigkeit ihres Handelns hieran messbar sein. Dem Haushaltsgesetz komme dabei im Verhältnis Staat – Bürger keine ermächtigende Wirkung zu: Es hat ausschließlich Regelungswirkung im Verhältnis zwischen Parlament und Exekutive.[27] Die bloße Bereitstellung der Mittel im Haushaltsgesetz stelle deshalb keine ausreichende gesetzliche Grundlage dar. Die Subventionsvergabe wäre hiernach als rechtswidrig zu bewerten.

bb) Die haushaltsrechtliche Bereitstellung als ausreichende Legitimationsgrundlage

Nach der Rspr.[28] und der wohl überwiegenden Literatur[29] genügt als ausreichende Legitimitätsgrundlage für eine Subventionierung im Grundsatz eine bloß haushaltsrechtliche Mittelbereitstellung (bzgl. des generellen „Ob" der Leistungsvergabe) im Haushaltsplan. Dadurch werde – trotz mangelnder Außenwirkung des Haushaltsgesetzes – dem parlamentarischen Prinzip hinreichend Rechnung getragen. Das Primat des Parlaments als unmittelbar demokratisch legitimiertes Staatsorgan im parlamentarischen Regierungssystem werde durch das Budgetrecht hinreichend gesichert. Demgegenüber brauche das „Wie" der Leistungsvergabe nicht im Einzelnen geregelt zu werden; hier habe die Exekutive, sofern sie zu entsprechenden Ausgaben durch das Haushaltsgesetz ermächtigt worden ist, einen am Maßstab des Demokratieprinzips unbedenklichen Handlungsspielraum. Diese Sicht kann auch mit grundrechtlichen und rechtsstaatlichen Erwägungen hingenommen werden: Im Hinblick auf belastende Fernwirkungen auf Seiten des Subventionsempfängers ist zu bedenken, dass dieser die Förderung beantragt[30], sie insgesamt auch mit den hiermit verbundenen Verpflichtungen akzeptiert hat und insoweit außerhalb des grundrechtlich geschützten Bereichs steht. Nicht jede mittelbare Wettbewerbsbeeinflussung durch den Staat führt zudem eine Grundrechtbeeinträchtigung von Konkurrenten herbei.[31] Forderte man für jede Art von Subventionierungen ein materielles Gesetz, so wäre der Verwaltung im Leistungsbereich die Flexibilität genommen[32], auch der Bürger hätte kaum eine Chance, flexibel Leistungen erhalten zu können. Der Gefahr willkürlichen Handelns steht die unmittelbare Bindung der Exekutive an den Gleichheitssatz (Art. 3 Abs. 1 GG) entgegen. Der

[23] *Maurer*, a.a.O., Rn. 14 mit Beispielsfall.
[24] Vgl. die Nachweise bei *Stober*, GewArch 1993, 136 (143), dort in Fn. 113.
[25] Vgl. die Nachweise bei *Stober*, GewArch 1993, 136 (142) sowie *Oldiges*, NJW 1984, 1927 (1928).
[26] *Maurer*, a.a.O.
[27] Die Exekutive wird durch das Haushaltsgesetz zu entsprechenden Ausgaben ermächtigt, vgl. Art. 78 BV (Art. 110 GG) sowie Art. 3 bayerische Haushaltsordnung. Mangels Außenwirkung ist das Haushaltsgesetz nur formelles, nicht aber materielles Gesetz: *BVerfGE* 38, 121 (125ff.); *Schmidt-Bleibtreu/Klein*, GG, 9. Aufl. 1999, Art. 110, Rn. 4.
[28] *BVerwGE* 6, 282 (287f.); 48, 305 (308); 90, 112 (126); *OVG Münster* DVBl. 1990, 161.
[29] *Busch*, JuS 1992, 563 (564); vgl. auch die Nachweise bei *Jarass*, NVwZ 1984, 473 (474).
[30] *Stober*, GewArch 1993, 136 (142), m.w.N.
[31] Hierzu im einzelnen *Stober*, GewArch. 1993, 136 (143).
[32] *Jarass*, NVwZ 1994, 473 (474), m.w.N.

leistende Verwaltungsträger hat selbst dafür zu sorgen, dass jedermann, der sich in vergleichbarer Lage befindet, auf Antrag eine entsprechende Begünstigung erhält. In der Praxis wird dies – wie auch im vorliegenden Fall – durch (selbstbindende) Verwaltungsvorschriften sichergestellt. Danach bedarf es im Grundsatz keiner speziellen gesetzlichen Regelung zur Rechtfertigung einer Subventionierung. Der Grundsatz vom Vorbehalt des Gesetzes gilt hiernach also hinsichtlich des demokratischen Elements in abgeschwächter Form, als das Haushaltsgesetz als geeignete Legitimationsgrundlage anzusehen ist. Darüber hinaus bedarf es nach diesem Ansatz im Grundsatz keiner materiell-gesetzlichen Regelung, die im Verhältnis zum Subventionsempfänger die Voraussetzungen regelt, unter denen die Leistung gewährt werden kann oder gewährt werden muss.[33] Nach diesen Margen wäre am Maßstab des Grundsatzes vom Vorbehalt des Gesetzes die Rechtmäßigkeit der Subventionierung nicht zu beanstanden.

b) Die Besonderheit des Falles im Hinblick auf die von Art. 5 Abs. 1 Satz 2 GG mitumfasste Institutsgarantie der freien Presse

Unabhängig von dem unter a) beschriebenen Ausgangsstreit könnte sich vorliegend das Erfordernis einer speziellen Ermächtigungsgrundlage jedenfalls aufgrund der besonderen Umstände des Falles ergeben. Besondere Vorgaben unter dem Gesichtspunkt des Demokratieprinzips können sich aus der *Wesentlichkeitstheorie*[34] ergeben, in deren Anwendungsbereich auf eine materielle (und ggf. sogar formellgesetzliche) Grundlage nicht verzichtet werden kann. Zur Konkretisierung der ansonsten konturlos bleibenden Wesentlichkeit ist dabei vor allem auf den Gedanken der Grundrechtsrelevanz abzustellen. Ein praxisrelevantes Beispiel stellt – wie hier – die *Pressesubvention* dar: Hier sind die Auswirkungen auf die durch Art. 5 Abs. 1 GG geschützte Pressefreiheit zu berücksichtigen.[35] Über ein staatsgerichtetes Abwehrrecht hinaus enthält Art. 5 Abs. 1 S. 2 GG auch eine objektivrechtliche Institutsgarantie der „freien Presse". Es handelt sich dabei um die verfassungsrechtliche Absicherung eines grundlegenden Elements der freiheitlich-demokratischen Rechtsordnung, die zur Abwehr staatlicher Einflussnahme in den Prozess der Meinungsbildung das subjektive Grundrecht mit zusätzlichen objektiven Sicherheiten und Garantien umgibt. Die Gewährleistung einer freien Presse ist unabdingbare Voraussetzung für die Verwirklichung des in Art. 20 Abs. 1 und 2 GG niedergelegten Demokratieprinzips und Wesenselement eines freiheitlich-demokratischen Staates; insbesondere über die Pressefreiheit wird ein offener Meinungsbildungsprozess im Volk und vom Volk zu den Staatsorganen garantiert.[36] Dieser Verfassungsgarantie würde es widersprechen, die Presse ganz oder auch nur teilweise von Staatsseite zu steuern und so das Bild einer freien Presse substantiell zu ändern. Dem Staat ist es daher grundsätzlich verwehrt, in die geistige und wirtschaftliche Konkurrenz der sich im gesellschaftlichen Raum frei bildenden Presseunternehmen einzugreifen. Vor diesem Hintergrund ist es bereits gut vertretbar, direkte und gezielte Subventionen an einzelne Presseunternehmen generell als mit der in Art. 5 Abs. 1 S. 2 GG garantierten Pressefreiheit unvereinbar anzusehen, unabhängig von der Frage einer gesetzlichen Grundlage.[37] Im Hinblick auf die überragende Bedeutung einer unabhängigen Presse für die Entfaltung der freiheitlichen Demokratie ist aber in jedem Fall durch hinreichend präzise normative Regelungen sicherzustellen, dass jede Art von Einflussnahme des Staates auf den Prozess der öffentlichen Meinungsbildung unmöglich wird.[38] Unter Anwendung der Wesentlichkeitstheorie wird man sogar für den grund-

[33] Zusammenfassend: *Busch*, JuS 1992, 563 (564).

[34] Allgemein vgl. *BVerfGE* 49, 89 (126); 58, 267 (268); 80, 124 (132); 82, 209 (224); zur Kritik als „Leerformel" o.ä. vgl. *Stober*, GewArch. 1993, 136 (145), m.w.N.

[35] *OVG Berlin* NJW 1975, 1938 ff. Vgl. insofern auch: *BVerfGE* 80, 124 (132); *OLG Frankfurt* NVwZ 1993, 706 (707); *Detterbeck*, JuS 1991, 670 (671).

[36] Vgl. z.B. *BVerfGE* 35, 202 (221). Für die Meinungsfreiheit: *BVerfGE* 7, 198 (208); 42, 163 (169).

[37] So angedeutet, i.E. aber offengelassen bei *OVG Berlin* NJW 1975, 1938 (1939); vgl. auch *BVerfGE* 80, 124 (133 ff.).

[38] *OVG Berlin* NJW 1975, 1938 (1940); ebenso *OLG Frankfurt* NVwZ 1993, 706 (707); hierzu auch *Püttner*, JuS 1995, 1069 ff.

rechtssensiblen Bereich der Pressefreiheit und ihrer konstitutiven Bedeutung für die Demokratie ein förmliches Parlamentsgesetz fordern müssen.[39] Der Umstand, dass sich die Presse als Empfängerin der Subvention womöglich freiwillig in die Gefahr begibt, ihre Unabhängigkeit vom Staat zu verlieren, rechtfertigt den Verzicht auf eine gesetzliche Ermächtigungsgrundlage nicht, weil die Pressefreiheit insbesondere aufgrund ihrer Bedeutung für den demokratischen Meinungsbildungsprozess zu den unverzichtbaren Grundrechten gehört.[40]

c) Zwischenergebnis

Unabhängig von dem unter a) beschriebenen Grundsatzstreit bedurfte es damit vorliegend jedenfalls aufgrund der Vorgaben des Art. 5 Abs. 1 S. 2 GG einer materiell-gesetzlichen Grundlage für die Pressesubventionierung der vorliegenden Art. Weil eine solche Ermächtigungsgrundlage fehlt, ist der ursprüngliche Subventionsbescheid bereits aus innerstaatlichen Rechtsgrundsätzen als rechtswidrig einzustufen.

2. Rechtswidrigkeit aus gemeinschaftsrechtlicher Sicht

Zur Vertiefung: Die folgenden Ausführungen zur Rechtswidrigkeit aus gemeinschaftsrechtlicher Sicht beruhen (ebenso wie zu Art. 48 Abs. 2 und 4 BayVwVfG) auf der Vorlageentscheidung *EuGH* NJW 1998, 47 = EuZW 1997, 276 sowie der anschließenden Entscheidungen *BVerwG* NJW 1998, 3728 und *BVerfG* NJW 2000, 2015.[41]

Die Rechtswidrigkeit des Subventionsbescheides als tatbestandliche Voraussetzung für die Anwendbarkeit des Art. 48 BayVwVfG als Ermächtigungsgrundlage für die Aufhebung kann sich darüber hinaus auch aus einem Verstoß gegen höherrangiges Gemeinschaftsrecht ergeben. Dabei ist insbesondere auch dann auf die nationale Rechtsvorschrift des § 48 VwVfG/Art. 48 BayVwVfG abzustellen, wenn sich die Rechtswidrigkeit des Subventionsbescheides aus gemeinschaftsrechtlicher Sicht ergibt, denn auch die Rücknahme gemeinschaftsrechtswidriger Verwaltungsakte ist wegen Fehlens einer umfassenden gemeinschaftsrechtlichen Rücknahmeregelung im Grundsatz nach nationalem Recht zu beurteilen.[42] Im Hinblick auf Art. 92, 93 EGV (MF) / Art. 87, 88 EGV (AF) könnte der Subventionsbescheid sowohl aus formellen wie auch aus materiellen Gründen rechtswidrig sein.[43]

a) Formelle Rechtswidrigkeit

Nach der Systematik der Art. 92, 93 EGV (MF) / Art. 87, 88 EGV (AF) wacht die EG-Kommission darüber, dass keine mit dem Gemeinsamen Markt unvereinbaren Beihilfen durch die Mitgliedstaaten ausgeschüttet werden. Zu diesem Zweck ist die Kommission nach Art. 93 Abs. 3 EGV (MF) / Art. 88 Abs. 3 EGV (AF) über jede beabsichtigte Beihilfe zu informieren. Die Beihilfe darf gem. Art. 93 Abs. 3 S. 3 EGV (MF) / Art. 88 Abs. 3 S. 3 EGV (AF) erst ausgeschüttet werden, wenn die Kommission durch eine entsprechende Entscheidung „grünes Licht" gegeben hat. Unter „Beihilfen" i.d.S. sind zumindest alle positi-

---

[39] *OVG Berlin* NJW 1975, 1938 (1940). Vgl. insofern auch: *OLG Frankfurt* NVwZ 1993, 706 (707); *Detterbeck*, JuS 1991, 670 (671). S. auch *BVerfGE* 80, 124 (132).

[40] *OLG Frankfurt* NVwZ 1993, 706 (707), m.w.N.

[41] Hierzu aus der Lit.: *Suerbaum*, VerwArch. 91 (2000), 169ff.; *Gündisch*, NVwZ 2000, 1125f.; *Scholz*, DÖV 1998, 261ff.; *ders./Hoffmann*, ZRP 1998, 295 (299f.); *Winkler*, DÖV 1999, 148ff.; *Frowein*, DÖV 1998, 806ff.; *Fischer*, JuS 1999, 749ff.; *Kamann/Selmayr*, JuS 1998, 148ff.; *Richter*, DÖV 1995, 846ff.; *Schütz/Dibelius*, Jura 1998, 427ff. Siehe auch die Fallgestaltung nach *Zuleeg*, Fälle zum Allgemeinen Verwaltungsrecht, S. 118ff.

[42] Vgl. *BVerwG* NVwZ 1987, 44; NJW 1993, 2764; EuZW 1995, 314 (316); NJW 1998, 3728 (3729); *VGH Mannheim* NVwZ 1998, 87 (88).

[43] Zur Differenzierung zwischen „formeller" und „materieller" Gemeinschaftswidrigkeit: *Suerbaum*, VerwArch. 91 (2000), 169 (182ff.); *Fischer*, JuS 1999, 749 (750); *Richter*, DÖV 1995, 846 (848f.).

ven Zuwendungen an ein Unternehmen zu verstehen, die in der Regel seine Marktposition verbessern.[44] Dies ist bzgl. eines Darlehens zum Zwecke einer internationalen Werbekampagne, insbesondere wegen dessen günstiger Konditionen (langfristig rückzahlbar, günstige Zinsen) zu bejahen. Die Notifizierungspflicht gilt dabei für alle Arten von Beihilfen. Hinsichtlich der Vereinbarkeit mit dem Gemeinsamen Markt kommt es nicht auf das Prüfergebnis des Mitgliedstaates an, denn diese Entscheidung liegt ja gerade in der Kompetenz der Kommission.[45] Da entgegen Art. 93 Abs. 3 EGV (MF) / Art. 88 Abs. 3 EGV (AF) die Kommission weder rechtzeitig benachrichtigt, noch eine abschließende Kommissionsentscheidung abgewartet wurde, ist der Subventionsbescheid formell rechtswidrig.

Zum Verständnis: Angesichts der „dienenden Rolle" des Notifizierungsverfahrens – das die Kommission erst in die Lage versetzen soll, über die materielle Gemeinschaftskonformität der Beihilfe zu entscheiden – ist allerdings nicht unumstritten, ob bei Unterlassung diese bloß formelle Gemeinschaftswidrigkeit wirklich für eine Rückabwicklung einer Subvention/Beihilfe nach Art. 48 BayVwVfG ausreicht.[46] Denn unumstrittenermaßen kann die Kommission (wie auch im Fall) auch von sich aus in die Prüfung eintreten. Diese Frage muss jedoch nicht entschieden werden, wenn auch von materieller Gemeinschaftswidrigkeit (vgl. im Folgenden Prüfung b) auszugehen ist. Denn zumindest dann wäre von Rechtswidrigkeit i.S.v. Art. 48 BayVwVfG auch in europarechtlicher Hinsicht auszugehen.

b) Materielle Rechtswidrigkeit

Der Subventionsbescheid ist materiell rechtswidrig, wenn das bewilligte Darlehen gem. Art. 92, 93 Abs. 2 UAbs. 1 EGV (MF) / Art. 87, 88 Abs. 2 UAbs. 1 EGV (AF) mit dem Gemeinsamen Markt unvereinbar ist. Art. 92 EGV bestimmt zunächst die materiellen Voraussetzungen, wann eine Beihilfe als gemeinschaftswidrig anzusehen ist. Es gilt dabei, staatliche Beihilfemaßnahmen zu verhindern, die zu einer Wettbewerbsverfälschung auf dem Gemeinsamen Markt führen können, d.h. die ein Unternehmen auf Kosten der europaweiten Konkurrenz einen Vorteil erlangen lässt, der dem Unternehmen aus eigener Kraft so nicht zugänglich wäre. Gesetzestechnisch stellt Art. 92 EGV (MF) / Art. 87 EGV (AF) dabei in Abs. 1 ein grundsätzliches Verbot auf. Abs. 2 enthält Ausnahmetatbestände; Abs. 3 hingegen reglementiert Befreiungstatbestände, die der Kommission Ermessen einräumen („können angesehen werden").

Gerade wegen des Ermessensspielraums der Kommission nach Art. 92 Abs. 3 EGV (MF) / Art. 87 Abs. 3 EGV (AF) ist Art. 92 EGV (MF) / Art. 87 EGV (AF) insgesamt der Charakter einer unmittelbar anwendbaren Norm des Primärrechts abzusprechen.[47] Diese Maßstäbe bedürfen vielmehr noch der weiteren Konkretisierung. Einem nationalen Gericht oder einer nationalen Behörde, die über die Rechtswidrigkeit oder die Rechtmäßigkeit einer Beihilfe zu entscheiden hat, ist es also verwehrt, unmittelbar auf Art. 92 EGV (MF) / Art. 87 EGV (AF) als Rechtmäßigkeitsmaßstab abzustellen. Damit ist materieller Rechtmäßigkeitsmaßstab für die Beihilfegewährung letztlich die konkretisierende Kommissionsentscheidung nach Art. 93 Abs. 2 UAbs. 1 EGV (MF) / Art. 88 Abs. 2 UAbs. 1 EGV (AF). Diese Entscheidung hat sowohl einen feststellenden Teil mit Tatbestandswirkung[48] (Unvereinbarkeit der Beihilfe mit dem Gemeinsamen Markt) als auch einen gestaltenden Teil (Verpflichtung des verstoßenden Mitgliedstaates auf Rückabwicklung).

[44] Vgl. *Trautwein*, BayVBl. 1996, 230 m.w.N.
[45] *Von Wallenberg*, in: Grabitz/Hilf (Hrsg.), Kommentar zur Europäischen Union, Stand: Januar 2000, zu Art. 88 EGV (Amsterdamer Fassung), Rn. 29.
[46] Bejahend *Erichsen/Buchwald*, Jura 1995, 84 (89). Zum Streitstand: *Suerbaum*, VerwArch. 91 (2000), 169 (182 f.).
[47] Es handelt sich nicht um eine sog. „rechtlich vollkommene Norm", vgl. *EuGHE* 1963, 1 ff. (van Gend & Loos); 1966, 257 ff. (Lütticke); *Fischer*, JuS 1999, 749 (750); *Richter*, DÖV 1995, 846 (848), m.w.N.
[48] Vgl. zusammenfassend *Suerbaum*, VerwArch. 91 (2000), 169 (184).

Hier hat die Kommission am 12.4.1997 entschieden, dass die Darlehensgewährung mit dem Gemeinsamen Markt unvereinbar ist. Diese Feststellung ist gem. Art. 189 Abs. 4 EGV (MF) / Art. 249 Abs. 4 EGV (AF) sowohl für die Bundesrepublik Deutschland, als auch für die P bindend. Um diese Bindungswirkung zu verhindern, hätte P gem. Art. 173 Abs. 4 EGV (MF) / Art. 230 Abs. 4 EGV (AF) Nichtigkeitsklage erheben müssen. Wegen Fristablaufs nach Art. 173 Abs. 5 EGV (MF) / Art. 230 Abs. 5 EGV (AF) ist die Kommissionsentscheidung vom 12.4.1997 daher mittlerweile bestandskräftig geworden. Damit folgt die materielle Rechtswidrigkeit des Subventionsbescheides allein aus der Kommissionsentscheidung vom 12.04.1997. Nach Eintritt der Bestandskraft der Kommissionsentscheidung kann deren Gültigkeit weder vom Mitgliedstaat noch vom Beihilfeempfänger in Frage gestellt werden. Ob die Kommission damit rechtsfehlerfrei auf Basis von Art. 92 EGV (MF) / Art. 87 EGV (AF) entschieden hat – also ob etwa tatsächlich eine wettbewerbsverfälschende Beihilfe vorliegt (und diese auch i.S.v. Art. 92 Abs. 1 EGV (MF) / Art. 87 Abs. 1 EGV (AF) den Handel zwischen den Mitgliedstaaten beeinträchtigt) oder nicht oder ob ein Ausnahme- oder Befreiungstatbestand nach Abs. 2 und/oder 3 verkannt wurde –, ist damit irrelevant. Die bestandskräftige Feststellung der Gemeinschaftswidrigkeit durch die Kommission ist nach Art. 189 S. 4 EGV (MF) / Art. 249 Abs. 4 EGV (AF) sowohl für das bayerische Wirtschaftsministerium als auch für P als Klägerin bindend.[49] Folglich ist der Subventionsbescheid auch aus gemeinschaftsrechtlicher Sicht rechtswidrig, und zwar sowohl aus formellen (s.o.), als auch aus materiellen Gründen.

3. Art. 48 Abs. 2 und Abs. 4 BayVwVfG als Rücknahmeschranke

Da somit der Subventionsbescheid aus verschiedenen Gründen rechtswidrig ist, richtet sich die Rechtmäßigkeit seiner Aufhebung mangels Eingreifens speziellerer Aufhebungsvorschriften nach Art. 48 BayVwVfG. Rücknahmeschranken, die den rechtsstaatlichen Vertrauensschutzgedanken konkretisieren, enthalten vor allem Art. 48 Abs. 2 und 4 BayVwVfG (siehe im folgenden sub 4. und 6.). Diese Regelungen sind vorliegend nicht gemäß Art. 50 BayVwVfG obsolet, weil es sich beim Subventionsbescheid nicht um einen begünstigenden VA mit belastender Drittwirkung handelt. Denn wenn auch dieser gemeinschaftswidrig ist und insofern Interessen der EG-Kommission berührt sind, so ist letztere doch nicht wie ein außerhalb des Staates stehender Bürger als „Dritte" in diesem Sinne anzusehen.[50]

4. Vertrauensschutz nach Art. 48 Abs. 2 BayVwVfG als tatbestandliche Rücknahmeschranke

Als Verwaltungsakt, der eine einmalige Geldleistung gewährt, ist der Subventionsbescheid grundsätzlich nur unter den einschränkenden Voraussetzungen des Art. 48 Abs. 2 BayVwVfG rücknehmbar. Hiernach scheidet eine Rücknahme aus, wenn P als Subventionsempfängerin auf die Rechtsbeständigkeit des Bewilligungsbescheides vertraut hat und dieses Vertrauen auch als schutzwürdig einzustufen ist. Laut Sachverhalt hat P auf die Rechtsbeständigkeit der Darlehensvergabe vertraut. Für die Schutzwürdigkeit dieses Vertrauens kommt es nach der Grundaussage des Art. 48 Abs. 2 S. 1 BayVwVfG auf eine Abwägung zwischen dem Bestandsinteresse des Subventionsbegünstigten einerseits und dem öffentlichen Interesse an einer Rücknahme andererseits an. Sätze 2 und 3 des Art. 48 Abs. 2 BayVwVfG normieren Regelbeispiele, wonach der Rechtsanwender bei deren Einschlägigkeit grundsätzlich davon ausgehen darf, dass sein tatsächliches Vertrauen schutzwürdig (S. 2) oder nicht schutzwürdig (S. 3) ist. Regelbeispiele aus dem Negativkatalog des Art. 48 Abs. 2 S. 3 Nr. 1 – 3 BayVwVfG sind nicht einschlägig. Insbesondere beruhte laut Sachverhaltshinweis der Glaube an die Rechtmäßigkeit des Darlehensbescheides nicht auf

[49] *EuGH* EuZW 1994, 250f.; *BVerwG* NJW 1993, 2764; EuZW 1995, 314 (318); NJW 1998, 3728 (3730).
[50] *BVerwG* EuZW 1995, 314 (316); *Schütz/Dibelius*, Jura 1998, 427 (431).

grober Fahrlässigkeit. Nach der positiven Umschreibung in Art. 48 Abs. 2 S. 2 BayVwVfG wäre das Vertrauen vielmehr umgekehrt als schutzwürdig einzustufen, da die P den gewährten Darlehensbetrag bereits vollständig in die Werbekampagne investiert und damit verbraucht hat.

Aus innerstaatlicher Sicht wäre damit an sich von Schutzwürdigkeit des Vertrauens der P auszugehen, denn Sätze 2 und 3 des Art. 48 Abs. 2 BayVwVfG konkretisieren die Grundaussage des Art. 48 Abs. 2 Satz 1 BayVwVfG grundsätzlich dahin, dass bei Leistungsverbrauch und bei Nichteingreifen einer Alternative nach Art. 48 Abs. 2 S. 3 BayVwVfG das Bestandsinteresse des Begünstigten gegenüber dem öffentlichen Interesse an der Rücknahme (das sich – rein innerstaatlich – grundsätzlich auf fiskalische Aspekte und auf das Interesse an der Gesetzmäßigkeit der Verwaltung, Art. 20 Abs. 3 GG, beschränkt) überwiegt.[51]

Es könnte jedoch sein, dass sich bei Berücksichtigung gemeinschaftsrechtlicher Vorgaben ein anderes Ergebnis ergibt. Generell wird gegen derartige Überlegungen allerdings eingewendet, dass Art. 48 Abs. 2 BayVwVfG Ausfluss des Vertrauensschutzgedankens sei, dem über Art. 20 Abs. 3 GG und dem hierin zum Ausdruck kommenden Rechtsstaatsprinzip Verfassungsrang zukomme. Da das Europarecht keine eigenen Aufhebungsregeln kennt, müsse es die nationalen Eingriffsgrundlagen mit ihren beschränkenden Vorgaben aus rechtsstaatlichen Gründen akzeptieren. Gemeinschaftsrecht könne nicht etwa kraft eines ungeschriebenen Effektivitätsgrundsatzes das nationale Verwaltungsrecht gänzlich aushebeln oder so zurechtstutzen, dass nur noch das von einer Eingriffsnorm übrig bleibt, was aus Sicht des Europarechts zu einem passenden Ergebnis zu verhelfen vermag.[52] Gegenüber solchen, rechtsstaatlich motivierten Einwendungen ist aber zu bedenken, dass das nationale Recht, sofern es Auslegungsspielräume belässt, einer *europarechtsfreundlichen bzw. gemeinschaftsrechtskonformen Auslegung*[53] offen steht, um Widersprüche mit dem – auch über Art. 24 bzw. (heute) Art. 23 GG vorrangigen – Gemeinschaftsrecht zu vermeiden. Ausgangspunkt der Überlegungen ist, dass Art. 48 Abs. 2 Sätze 2 und 3 BayVwVfG nur Regelbeispiele enthalten, die eine allgemeine Abwägung nach Art. 48 Abs. 2 S. 1 BayVwVfG nicht ausschließen, wenn sich im Einzelfall ein besonders zu berücksichtigendes, gesteigertes öffentliches Rücknahmeinteresse ergibt; Art. 48 Abs. 2 Sätze 2 und 3 BayVwVfG sind also nicht abschließend hinsichtlich der Konkretisierung der Schutzwürdigkeit des Vertrauens.[54] Ein anderes Ergebnis kann gerade auch aufgrund europarechtlicher Direktiven der Art. 92, 93 EGV (MF) / Art. 87, 88 EGV (AF) begründet sein: Gerade im Gesetzesvollzug ist das Gemeinschaftsrecht vom mitgliedstaatlichem Vollzug und damit auch vom mitgliedstaatlichen Verfahrensrecht abhängig, hier bezogen auf Art. 48 BayVwVfG, da das Gemeinschaftsrecht keine Regelung über die Aufhebung gemeinschaftswidriger Akte kennt. Damit ergibt sich auf Gesetzesvollzugsebene ein Spannungsverhältnis zwischen nationalem Recht (das hier Vertrauensschutzgesichtspunkte besonders berücksichtigt) und Gemeinschaftsrecht (das hier gem. Art. 93 Abs. 2 EGV (MF) / Art. 88 Abs. 2 EGV (AF) – auf Basis der getroffenen Kommissionsentscheidung – die Rückabwicklung vom Mitgliedstaat verlangt).

Damit wird der Begriff des öffentlichen Interesses an einer Rücknahme i.S.v. Art. 48 Abs. 2 S. 1 BayVwVfG gemeinschaftsrechtlich „aufgeladen“[55]: Es geht insofern nicht mehr nur um fiskalische Interessen oder um das Interesse an der Gesetzmäßigkeit der Verwaltung, sondern darüber hinaus auch um das Interesse an der Durchsetzung der gemeinschaftsrechtlichen Wettbewerbsordnung. Das öffentliche Rücknahmeinteresse erhält damit im

---

[51] So auch noch i.E. *BVerwG* NVwZ 1987, 44 (45) trotz § 9 Abs. 2 Satz 1 Beihilfen-VO-Magermilch.

[52] *Scholz*, DÖV 1998, 261ff.; *ders./Hoffmann*, ZRP 1998, 295 (299f.) in massiver Kritik zur Alcan-Entscheidung *EuGH* NJW 1998, 47ff.

[53] Vgl. *Suerbaum*, VerwArch. 91 (2000), 169 (191). Allgemein auch: *Koenig*, DVBl. 1998, 581 (585).

[54] *BVerwG* NJW 1993, 2764 (2765); EuZW 1995, 314 (317); NJW 1998, 3728 (3730); *VGH Mannheim* NVwZ 1998, 87 (88).

[55] Grundlegend *BVerwG* NJW 1993, 2764 (2765); hierzu auch: *Kamann/Selmayr*, JuS 1998, 148 (149); *Fischer*, JuS 1999, 749 (750).

Gegensatz zu rein innerstaatlichen Sachverhalten eine verstärkte Position in der nach Art. 48 Abs. 2 S. 1 BayVwVfG vorzunehmenden Abwägung, die die Regelaussagen der Sätze 2 und 3 des Art. 48 Abs. 2 BayVwVfG in Frage stellt. Im Rahmen der nach Art. 48 Abs. 2 S. 1 BayVwVfG vorzunehmenden Abwägung kommt es dabei zur Überlagerung des nationalen Verfahrensrechts durch den aus dem Grundsatz der Gemeinschaftstreue (Art. 5 EGV[MF] / Art. 10 EGV [AF]) abzuleitenden sog. gemeinschaftsrechtlichen Effektivitätsgrundsatz *(effet utile)*.[56] Hiernach darf die Anwendung des nationalen Rechts nicht die Tragweite und die Wirksamkeit des Gemeinschaftsrechts beeinträchtigen. Das nationale Recht muss vielmehr so angewendet werden, dass die gemeinschaftsrechtlich vorgeschriebene Rückwirkung staatlicher Beihilfen nicht praktisch unmöglich wird und dass das Gemeinschaftsinteresse voll berücksichtigt wird.[57] Dem würde die „blinde" Anwendung der Sätze 2 und 3 des Art. 48 Abs. 2 BayVwVfG nicht gerecht. Insbesondere weil der Nachweis der Bösgläubigkeit nach Art. 48 Abs. 2 S. 3 BayVwVfG selten gelingt, würde das Gemeinschaftsinteresse an der Wahrung der im EGV niedergelegten Wettbewerbsordnung und an der Erfüllung der in Art. 93 Abs. 3 EGV (MF) / Art. 88 Abs. 3 EGV (AF) niedergelegten Notifizierungspflicht erheblich beeinträchtigt.

Aufgrund dieser Überlegungen vermag sich in derartigen Konstellationen das (verstärkte) öffentliche Interesse an der Rücknahme grundsätzlich gegenüber dem privaten Interesse des Begünstigten durchzusetzen, selbst wenn keine Bösgläubigkeit vorliegt, aber die staatliche Beihilfe – wie hier – ohne Beachtung des in Art. 93 Abs. 3 EGV (MF) / Art. 88 Abs. 3 EGV (AF) zwingend vorgeschriebenen Notifikationsverfahrens und damit an der Kontrolle der Kommission vorbei geleistet wurde. Damit entfällt zwar auch aus gemeinschaftsrechtlicher Sicht nicht jeder Vertrauensschutz; eine sichere Grundlage für ein Vertrauen auf die Rechtsbeständigkeit der Beihilfe besteht aber nur, wenn das Verfahren nach Art. 93 Abs. 3 EGV (MF) / Art. 88 Abs. 3 EGV (AF) eingehalten worden ist: Weil es einem sorgfältigen Unternehmer regelmäßig möglich ist, sich zu vergewissern, ob diese Voraussetzungen eingehalten worden sind, tritt dessen Vertrauensschutzinteresse gegenüber dem gesteigerten öffentlichen Rücknahmeinteresse regelmäßig zurück, wenn die Subventionierung eben ohne die Kontrolle der Kommission nach Art. 93 EGV (MF) / Art. 88 EGV (AF) ausgeschüttet wurde. Im Grundsatz gilt also in diesen Fällen, dass die Abwägung nach Art. 48 Abs. 2 S. 1 BayVwVfG zugunsten des öffentlichen Rücknahmeinteresses ausfällt, weil es mangels Einhaltung des Notifikationsverfahrens an einer sicheren Vertrauensgrundlage des Begünstigten fehlt.[58] Vorrang des Vertrauensschutzes des Begünstigten ist dann nur bei besonderen, außergewöhnlichen Umständen denkbar.[59] Abgesehen davon, dass im Sachverhalt keine Anhaltspunkte hierfür ersichtlich sind, ist die Annahme solcher Umstände vorliegend schon deshalb abzulehnen, weil P ihre Fachzeitschrift europaweit verlegt und damit von ihr als international agierendem Unternehmen erwartet werden konnte, die gemeinschaftsrechtliche Bedenklichkeit der Darlehensgewährung zu erkennen.[60]

5. Zwischenergebnis

Nach gemeinschaftsfreundlicher Auslegung des Art. 48 Abs. 2 S. 1 BayVwVfG (ausgerichtet am Grundsatz des effet utile) steht der hier verankerte Vertrauensschutz einer Rücknahme des Subventionsbescheides tatbestandlich nicht im Wege.

---

[56] Insbesondere im Rahmen von Rücknahmeentscheidungen nach § 48 VwVfG: *EuGHE* 1983, 2633ff. (Milchkontor); *EuGH* EuZW 1997, 276 (277) – Alcan; *BVerwG* NJW 1993, 2764 (2765); EuZW 1995, 314 (318) sowie NJW 1998, 3728 (3730) – Alcan.

[57] *BVerwG* NJW 1993, 2764 (2765); EuZW 1995, 314 (317); NJW 1998, 3728 (3730).

[58] *BVerwG* NJW 1993, 2764 (2765); EuZW 1995, 314 (317); NJW 1998, 3728 (3730); *VGH Mannheim* NVwZ 1998, 87 (88).

[59] *EuGH* NVwZ 1990, 1161 Tz. 16; *BVerwG* EuZW 1995, 314 (318); NJW 1998, 3728 (3730).

[60] In entsprechender Argumentation *BVerwG* NJW 1993, 2764 (2765); EuZW 1995, 314 (317f.); NJW 1998, 3728 (3730).

6. Art. 48 Abs. 4 BayVwVfG als zeitliche Rücknahmeschranke

Der Rücknahme könnte unter tatbestandlichen Gesichtspunkten Art. 48 Abs. 4 BayVwVfG entgegenstehen.

a) Fristbeginn und Fristende nach rein innerstaatlichen Margen

Vorliegend beruht die Rechtswidrigkeit des Subventionsbescheides nicht auf einem Tatsachenirrtum der Behörde (etwa dergestalt, dass irrtümlich bei der Subventionsvergabe ein falscher Sachverhalt angenommen wurde), sondern auf Rechtsirrtümern: Bei voller Sachverhaltserfassung ging die Behörde davon aus, die Subvention auch ohne Gesetz und ohne Einhaltung des Notifizierungsverfahrens leisten zu dürfen.

Zum Teil wird Art. 48 Abs. 4 BayVwVfG auf die Fälle reiner Rechtsirrtümer überhaupt nicht angewendet.[61] Art. 48 Abs. 4 BayVwVfG beziehe sich als Ausnahmevorschrift allein auf die Unkenntnis von *Tatsachen* und damit nur auf solche Fallkonstellationen, in denen die Behörde nachträglich erfährt, ihre Entscheidung auf einen falschen Sachverhalt gestützt zu haben, wobei der tatsächliche Sachverhalt die getroffene Entscheidung nicht trägt. Bei bloßen Rechtsirrtümern sei hingegen Art. 48 Abs. 4 BayVwVfG nicht anwendbar. In diesen Fällen laufe überhaupt keine Rücknahmefrist. Auf Basis dieser Ansicht stünde Art. 48 Abs. 4 BayVwVfG daher schon aus diesem Grund einer Rücknahme nicht entgegen.

Die ganz h.A. lässt aber gerade die Rücknahme bei reinen Rechtsirrtümern zu Recht nicht unbegrenzt zu und wendet Art. 48 Abs. 4 BayVwVfG an.[62] Hiernach regelt Art. 48 Abs. 4 BayVwVfG auch die Fälle, in denen die Behörde bei voller Kenntnis des entscheidungserheblichen Sachverhalts unrichtig entschieden hat, dann aber nachträglich den Rechtsirrtum erkennt. Für diese Ansicht dürfte die Ratio des Art. 48 Abs. 4 BayVwVfG sprechen, der schließlich zugunsten des Betroffenen nach einem bestimmten Zeitablauf Rechtssicherheit gewährleisten will. Außerdem spricht der Wortlaut des Art. 48 Abs. 4 zwar von Tatsachen, aber von solchen, „welche die Rücknahme (...) rechtfertigen." Hierunter sind sowohl Sachverhalts- wie auch Rechtsirrtümer subsumierbar.[63] Bezüglich dieser Auffassung haben sich jedoch für die Frage des konkreten Fristbeginns zwei Varianten entwickelt:

aa) Art. 48 Abs. 4 BayVwVfG als Entscheidungsfrist

Nach der Rspr. des *BVerwG* stellt Art. 48 Abs. 4 BayVwVfG wie auch die entsprechende bundesrechtliche Regelung eine Entscheidungsfrist dar; d.h. für den Beginn des Laufs der Jahresfrist sind zwei Komponenten erforderlich, nämlich nicht nur die Kenntnis der Rechtswidrigkeit, sondern auch die sog. Entscheidungsreife, d.h. der Zeitpunkt, in dem der Behörde alle für die Rücknahme erheblichen Tatsachen bekannt sind.[64] Hier kommt es also darauf an, dass auch die für die Ermessenserwägungen erheblichen Tatsachen vollständig ermittelt sind[65], die Behörde damit aufgrund ihrer Erkenntnisbasis in der Lage ist, die Rücknahmeentscheidung zu treffen.

bb) Art. 48 Abs. 4 BayVwVfG als Bearbeitungsfrist

Die Literatur kritisiert z.T. den obigen Ansatz der Rspr., weil danach der Jahresfrist praktisch jede Bedeutung genommen würde: Die Behörde hätte es ja dann durch Aufnahme weiterer Ermittlungen bzgl. der Ermessenstatsachenbasis in der Hand, den Fristbeginn eigenmächtig aufzuschieben; ein Ergebnis, das der von Art. 48 Abs. 4 BayVwVfG geschützten Rechtssicherheit[66] abträglich wäre. Art. 48 Abs. 4 BayVwVfG müsse daher als

[61] So etwa *OVG Koblenz* NVwZ 1984, 735; NVwZ 1988, 448 (449).
[62] Grundlegend: *BVerwG* NJW 1985, 819 ff. = *BVerwGE* 70, 356 ff.
[63] Vgl. *BVerwG* NJW 1985, 819 (820); *Suerbaum*, VerwArch. 91 (2000), 169 (194).
[64] Auch insofern grundlegend *BVerwG* NJW 1985, 819 (820 f.) = *BVerwGE* 70, 356 (362). Ebenso: *BVerwG* NJW 1993, 2764 (2766); NJW 2000, 1512 (1514); EuZW 1995, 314 (316); NVwZ 2002, 485; *VGH Mannheim* NVwZ 1998, 87 (89).
[65] *BVerwG* NJW 1993, 2764 (2766); EuZW 1995, 314 (316); NVwZ 2002, 485.
[66] Zur Bedeutung der Rücknahmefrist als Vorschrift im Interesse der Rechtssicherheit auch *BVerwG* EuZW 1995, 314 (317); NJW 2000, 1512 (1514).

Bearbeitungsfrist gewertet werden, d.h. sie beginnt bereits in dem Zeitpunkt zu laufen, in dem die Behörde von der Rechtswidrigkeit Kenntnis erlangt.[67]

cc) Umsetzung auf den Fall

Im vorliegenden Fall könnte aber die Besonderheit bestehen, dass durch die bestandskräftige Kommissionsentscheidung vom 12.04.1997 das Rücknahmeermessen auf Null reduziert worden ist und die Behörde damit zur Rücknahme verpflichtet war. Wäre dies zu bejahen, so wären weitere Ermittlungen im Hinblick auf die Rücknahmefrage obsolet. Auch nach der großzügigen Ansicht der Rechtsprechung wäre dann spätestens ab Kenntnis des Wirtschaftsministeriums von dieser Entscheidung (Mitte 1997) von Entscheidungsreife[68] auszugehen, sodass jedenfalls Mitte 1998 die Rücknahmefrist abgelaufen wäre.

An sich eröffnet Art. 48 Abs. 1 BayVwVfG zugunsten der Behörde Ermessen. Sie hat also die Entscheidungsalternative, ob sie von der Rücknahmemöglichkeit Gebrauch machen will oder nicht. In der vorliegenden Fallkonstellation wird jedoch aufgrund gemeinschaftsfreundlicher Auslegung über den Effektivitätsgrundsatz von einer Ermessensreduzierung auf Null ausgegangen: Als Auslöser für die Ermessensreduzierung wird dabei die (bestandskräftige) Entscheidung der Kommission nach Art. 93 Abs. 2 EGV (MF) / Art. 88 Abs. 2 EGV (AF) angesehen, die die Verpflichtung des Mitgliedstaates zur diesbezüglichen Aufhebung ausspricht.[69] Der Sache nach beschränkt sich die Rolle der zurücknehmenden nationalen Behörde auf die Durchführung der Entscheidung der Kommission.[70] Sofern die tatbestandlichen Rücknahmevoraussetzungen gegeben sind, ist die Behörde daher aus gemeinschaftsrechtlicher Sicht zur Rücknahme rechtlich verpflichtet; jede Entscheidungsbegründung negativer Art wäre im Hinblick auf die konträre Kommissionsentscheidung ermessensfehlerhaft.

Spätestens mit Bestandskraft[71] der Kommissionsentscheidung vom 12.4.1997, d.h. mit Ablauf der Zweimonatsfrist des Art. 173 Abs. 5 EGV (MF) / Art. 230 Abs. 5 EGV (AF), stand also für das Wirtschaftsministerium fest, dass einerseits die gewährte Subventionierung rechtswidrig und andererseits auch aufgrund der Vorgabe der Kommission der Subventionsbescheid zurückzunehmen war. Aufgrund der Ermessensreduzierung bedurfte es daher ab dem Erlass oder spätestens ab der Bestandskraft der Kommissionsentscheidung (also ab dem 15.06.1996) keiner weiteren behördlichen Aufklärung mehr, etwa bzgl. Tatsachen im Hinblick auf eine ordnungsgemäße Ermessensausübung. Damit standen für das Bayerische Ministerium für Wirtschaft als zuständiger Behörde für die Rücknahme[72] spätestens ab dem 15.06.1997 alle Tatsachen, die für eine Rücknahmeentscheidung relevant sind, fest.[73] Damit begann – auch nach der engsten „Entscheidungsfristvariante" – allerspätestens am 15.06.1997 die Jahresfrist zu laufen und war demgemäß bereits Mitte Juni

---

[67] *Maurer*, Allgemeines Verwaltungsrecht, § 11, Rn. 35a. Die Gefahr, dass im Falle der Deutung als Entscheidungsfrist die Behörde die Aufhebungsfrist durch Verfahrensverzögerung hinausschieben kann, wird auch in *BVerwG* NVwZ 2002, 485 erkannt. Das Gericht verweist darauf, dass je nach den Umständen des Einzelfalls die Behörde ihre Aufhebungsbefugnis verwirken kann.

[68] Siehe vorher sub aa).

[69] *EuGH* EuZW 1997, 276 (278); *BVerwG* NJW 1993, 2764 (2765f.); EuZW 1995, 314 (319); *VGH Mannheim* NVwZ 1998, 87 (90); *Fischer*, JuS 1999, 749 (753); *Schütz/Dibelius*, Jura 1998, 427 (435); *Suerbaum*, VerwArch. 91 (2000), 169 (185).

[70] *EuGH* EuZW 1997, 276 (278).

[71] *Suerbaum*, VerwArch. 91 (2000), 169 (194). Alternativ wird z.T breits auf den früheren Zeitpunkt der Bekanntgabe der Kommissionsentscheidung abgestellt, vgl. die Nachweise zum Streitstand bei *Kamann/Selmayr*, JuS 1998, 148 (151) sowie *Schütz/Dibelius*, Jura 1998, 427 (431).

[72] Vgl. insofern aber den Sonderfall nach *VGH Mannheim* NVwZ 1998, 87 (88).

[73] Vgl. *BVerwG* EuZW 1995, 314 (316f.). Ähnlich *VGH Mannheim* NVwZ 1998, 87 (89). Es erscheint insoweit nicht gänzlich unvertretbar, den Fristbeginn nach Art. 48 Abs. 4 BayVwVfG erst mit einer Entscheidung im Vertragsverletzungsverfahren nach Art. 169 EGV (MF) / Art. 226 EGV (AF) anzusetzen, als etwa Fragen bzgl. der absoluten Unmöglichkeit, die Kommissionsentscheidung auszuführen, erst durch ein entsprechendes EuGH-Urteil ausgeräumt werden könnten, vgl. die Literaturverweise in *BVerwG* EuZW 1995, 314 (316). Wer hierauf abstellt, kann in behördenfreundlicher Auslegung des Art. 48 Abs. 4 BayVwVfG vertretbar auch zu dem Ergebnis kommen, dass mangels Vertragsverletzungverfahren vor dem *EuGH* die Frist vorliegend noch gar nicht zu laufen begonnen hat.

1998 abgelaufen. Damit stünde nach rein innerstaatlichen Rechtsgrundsätzen an sich Art. 48 Abs. 4 BayVwVfG der Rücknahme der Subventionsentscheidung entgegen.

b) Modifizierungen des Art. 48 Abs. 4 BayVwVfG durch effet-utile-Überlegungen
Es könnte jedoch sein, dass die Anwendung der Frist des Art. 48 Abs. 2 BayVwVfG zum Ergebnis hätte, dass dadurch die gemeinschaftsrechtlich geforderte Rückforderung praktisch unmöglich würde. Der gemeinschaftsrechtliche effet-utile-Grundsatz könnte insofern auch den an sich zwingenden Art. 48 Abs. 4 BayVwVfG überlagern und insofern modifizieren.[74] Derartige Überlegungen wurden von den Vorinstanzen zu *BVerwG* EuZW 1995, 314 ff. verworfen. Angesichts des klaren Wortlauts, der der Auslegung keinen normativen Spielraum überlasse, sei § 48 Abs. 4 BayVwVfG (wie auch die landesrechtlichen Regelungen wie hier Art. 48 Abs. 4 BayVwVfG) im Gegensatz zu Abs. 2 der Norm der gemeinschaftskonformen Auslegung nicht zugänglich. Da das Gemeinschaftsrecht auch keine derogierenden Vorschriften kennt, sondern gerade umgekehrt bzgl. der Rücknahme auf nationale Vorschriften angewiesen sei, könne es auch über die Lehre vom Anwendungsvorrang des Gemeinschaftsrechts nicht zu einer Verdrängung der Jahresfrist des Art. 48 Abs. 4 BayVwVfG kommen.[75] Zudem richtet sich die Kommissionsentscheidung nur an den Mitgliedstaat, nicht aber an den Bürger des Mitgliedstaats, der sich weiterhin zu seinen Gunsten auf gesetzliche Rücknahmefristen berufen können müsse. Insofern mag zwar der Bundesrepublik Deutschland nach Art. 93 Abs. 2 i.V.m. Art. 5 EGV (MF) / Art. 88 Abs. 2 i.V.m. Art. 10 EGV (AF) eine Vertragsverletzung bei Nichtrücknahme vorzuwerfen sein mit der Folge, dass eine Klage der Kommission nach Art. 169 EGV (MF) / Art. 226 EGV (AF) gegen die Bundesrepublik Deutschland begründet wäre. Rein innerstaatlich sind jedoch dann die Voraussetzungen der gesetzlichen Ermächtigung des Art. 48 BayVwVfG für eine (belastend wirkende) Rücknahme nicht gegeben. Eine Rücknahme scheidet hiernach wegen Fristablaufs tatbestandlich aus.

Anders nunmehr der *EuGH*[76] auf Vorlagefrage des *BVerwG*[77]: Der *EuGH* stellt insofern den Bezug zu den effet-utile-Überlegungen zu § 48 Abs. 2 VwVfG / Art. 48 Abs. 2 BayVwVfG her: Berechtigten Vertrauensschutz gebe es hier wie dort nur, wenn das Notifikationsverfahren des Art. 93 EGV eingehalten worden ist. Schließlich sei Art. 48 Abs. 4 BayVwVfG ebenso wie Art. 48 Abs. 2 BayVwVfG Ausdruck der Rechtssicherheit und stehe damit im Zusammenhang mit Vertrauensschutzerwägungen. Scheitere aber der Vertrauensschutz des Absatzes 2 am Effektivitätsgrundsatz, so könne auch Art. 48 Abs. 4 BayVwVfG trotz Fristablauf keine Rücknahmeschranke sein. Die zuständige Behörde müsse die gemeinschaftsrechtswidrige Subvention selbst dann noch zurücknehmen, wenn sie die nach nationalem Recht im Interesse der Rechtssicherheit dafür bestehende Ausschlussfrist hat verstreichen lassen. Flankierend führt der *EuGH* aus, dass gerade der Gedanke der Rechtssicherheit vorliegend nicht passe: Aufgrund der Kommissionsentscheidung (Ermessensreduzierung!) stand fest, dass die Behörde auch innerstaatlich den Subventionsbescheid zurücknehmen muss. Der Empfänger sei daher ab diesem Zeitpunkt nicht mehr im Ungewissen geblieben, sondern erhielt durch die Kommissionsentscheidung die verbriefte Rechtssicherheit, dass die erhaltene Leistung nicht von Bestand sein wird. Die Situation könne damit nicht mit derjenigen gleichgesetzt werden, in der ein Wirtschaftsteilnehmer nicht weiß, ob die zuständige Behörde eine Rücknahmeentscheidung treffe, und in der der Grundsatz der Rechtssicherheit verlange, dass diese Ungewissheit nach Ablauf einer bestimmten Frist beendet wird. Damit gibt der *EuGH* nunmehr die Vorgabe, dass aufgrund gemeinschaftsrechtlicher Grundsätze (effet utile) eine nationale Rücknahmefrist zumindest dann einer Rücknahme nicht entgegenstehen kann, wenn das Noti-

[74] So die Vorlagefrage in *BVerwG* EuZW 1995, 314 ff.
[75] *OVG Koblenz* JZ 1992, 1084 (1087) = EuZW 1992, 349 (352); *VG Mainz* EuZW 1990, 389 (392); *Pache*, NVwZ 1994, 318 (325); *Erichsen/Buchwald*, Jura 1995, 84 (89).
[76] *EuGH* EuZW 1997, 276 ff.
[77] *BVerwG* EuZW 1995, 314 ff.

fikationsverfahren des Art. 93 Abs. 3 EGV (MF) / Art. 88 Abs. 3 EGV (AF) nicht eingehalten worden ist und die Kommission per Entscheidung nach Art. 93 Abs. 2 EGV (MF) / Art. 88 Abs. 2 EGV (AF) den Mitgliedstaat zur Rückabwicklung verpflichtet hat. Im Ergebnis ist hiernach für Fristenregelungen wie Art. 48 Abs. 4 BayVwVfG nur dann Raum, wenn trotz unterlassenen Notifikationsverfahrens ausnahmsweise ein schutzwürdiges Vertrauen des Empfängers zu bejahen ist, was aber im vorliegenden Fall mangels besonderer Umstände zu verneinen ist.[78]

Damit stellt nach den Margen des *EuGH* Art. 48 Abs. 4 BayVwVfG kein Rücknahmehindernis dar. Aus dem Gemeinschaftsrecht (insbesondere der feststellenden Kommissionsentscheidung) folgt dann eine Pflicht zur Rücknahme der Subventionsbewilligung, die auch nicht durch eine entgegenstehende nationale Fristenregelung unterlaufen werden darf. Daraus ist zu folgern, dass Art. 48 Abs. 4 BayVwVfG auf den vorliegenden Sachverhalt aufgrund kollidierenden Gemeinschaftsrechts überhaupt nicht angewendet werden darf. Die dogmatische Begründung, die der *EuGH* letztlich schuldig bleibt, ist jedoch wegen Fehlens europarechtlicher Rücknahmevorschriften, die direkten Anwendungsvorrang beanspruchen würden, nicht eindeutig. Eine europarechtskonforme Auslegung in gleicher Argumentation wie im Fall des Art. 48 Abs. 2 BayVwVfG scheidet aus, weil Art. 48 Abs. 4 BayVwVfG zwar der Rechtssicherheit und damit dem Vertrauensschutz dient, andererseits aber die Jahresfrist generell anordnet, *„ohne das Vorliegen eines schutzwürdigen Vertrauens als tatbestandliche Anwendungsvoraussetzung zu formulieren.“*[79] Art. 92, 93 EGV (MF) / Art. 87, 88 EGV (AF) einerseits und Art. 48 Abs. 4 BayVwVfG kollidieren nur indirekt. Der effet-utile-Grundsatz ist Auslegungs- und Rechtsanwendungsgrundsatz, vermag nicht aber aus sich selbst heraus, d. h. ohne wirklich kollidierende Gemeinschaftsrechtsnorm, einen Anwendungsvorrang zu beanspruchen.[80] Modelle, die die Nichtanwendbarkeit der mitgliedstaatlichen Rücknahmefrist mit gemeinschaftsrechtsfreundlicher Auslegung begründen[81], die in der Sache auf eine anwendungsbezogene Reduktion gegen den ausdrücklichen Gesetzeswortlaut hinausläuft, wirken methodisch wenig plausibel. Als denkbarer Weg zur Begründung der Unanwendbarkeit des Art. 48 Abs. 4 BayVwVfG verbleibt, auf die Kollision mit der Kommissionsentscheidung abzustellen, die die materielle Gemeinschaftswidrigkeit der Beihilfe bindend festgestellt sowie die Rückabwicklung zwingend angeordnet hat und die als Rechtsakt der Gemeinschaft Anwendungsvorrang vor dem nationalen Recht beansprucht. In dieser Deutung geht dann die unmittelbar im innerstaatlichen Recht geltende Kommissionsentscheidung vom 12. April 1996 als dem innerstaatlichen Recht der Mitgliedstaaten vor, d. h. beansprucht Vorrang vor der Anwendung des Art. 48 Abs. 4 BayVwVfG.[82] Folgt man mit dieser Begründung der Ansicht des *EuGH* und nunmehr auch des *BVerwG*[83], steht Art. 48 Abs. 4 BayVwVfG vorliegend der Rücknahme tatbestandlich nicht entgegen.

7. Kein Ermessensfehler auf Rechtsfolgenseite

An sich steht die Rücknahme im Ermessen der Behörde, Art. 48 Abs. 1 BayVwVfG. Da sich das Ministerium laut Bescheid verpflichtet sah, den Subventionsbescheid zurückzunehmen, läge an sich ein Ermessensfehler in Form des Ermessensnichtgebrauchs vor. Hier gilt aber aufgrund der vorliegenden Ermessensreduzierung (siehe vorher sub 6 a cc)) etwas anderes. Das Ministerium war tatsächlich zur Rücknahme verpflichtet. Der Aufhebungsbescheid ist daher nicht mit einem Ermessensfehler behaftet und damit auch insoweit nicht rechtswidrig.

---

[78] Siehe bereits oben sub 4. (gemeinschaftskonforme Auslegung des Art. 48 Abs. 2 BayVwVfG). Speziell im Hinblick auf § 48 Abs. 4 VwVfG (Bund): *BVerwG* NJW 1998, 3728 (3730).

[79] *Suerbaum*, VerwArch. 91 (2000), 169 (196).

[80] Vgl. die kritische Auseinandersetzung bei *Suerbaum*, VerwArch. 91 (2000), 169 (194).

[81] *Kamann/Selmayr*, JuS 1998, 148 (150).

[82] So *Fischer*, JuS 1999, 749 (750).

[83] *BVerwG* NJW 1998, 3728 (3729).

8. Kein Verstoß gegen allgemeine Rechtsgrundsätze / Treu und Glauben

Unter dem Gesichtspunkt von Treu und Glauben (Rechtsgedanke § 242 BGB) schließen weder der Verwirkungsgesichtspunkt (langes Zuwarten der Behörde mit der Rücknahme) noch das Verbot unzulässiger Rechtsausübung wegen überwiegender Verantwortlichkeit des Wirtschaftsministeriums für die Rechtswidrigkeit der Subventionierung (wegen Unterlassung des Notifikationsverfahrens)[84] die Rücknahme aus.[85] Verwirkung scheitert am sog. Umstandsmoment[86]: Die Verzögerung der Rücknahme war dadurch bedingt, dass die Bundesrepublik Deutschland mit der EG-Kommission zu verhandeln suchte, um hierüber der Verpflichtung zur Rückforderung zu entgehen. Es liegen damit keine besonderen vertrauensbegründenden Umstände vor, die die erst spätere Rücknahme und Rückforderung gerade gegenüber der subventionsbegünstigten P als Verstoß gegen Treu und Glauben erscheinen lassen[87]; die Verzögerung lag sogar eher im Interesse der P, von einer Rückzahlung möglichst verschont zu bleiben.[88] Auch ansonsten scheidet hinsichtlich einer gegebenenfalls überwiegenden Verantwortlichkeit des Wirtschaftsministeriums für die Rechtswidrigkeit eine Berufungsmöglichkeit der P auf die Grundsätze von Treu und Glauben letztlich aus denselben Gründen wie im Zusammenhang mit Art. 48 Abs. 2 und 4 BayVwVfG aus: Die Berufung auf Treu und Glauben setzt einen Vertrauenstatbestand auf Seiten der P voraus, d.h. P muss berechtigterweise darauf vertraut haben dürfen, dass der Subventionsbescheid nicht zurückgenommen werde. Nach Ansicht des *EuGH* ist dies schon deshalb zu verneinen, weil das Notifizierungsverfahren nicht eingehalten wurde und die P als sorgfältige Unternehmerin daher mit der – von der Kommission zu initiierenden – Rücknahme zu rechnen hatte.[89] Außerdem ist zu bedenken, dass durch die unterlassene Anmeldung seitens des Ministeriums nicht die Verpflichtung der Kommission zur materiellen Prüfung i.S.v. Art. 92 EGV (MF) / Art. 87 EGV (AF) aufgehoben wurde. Sofern die Kommission – wie vorliegend – für den Mitgliedstaat bindend die materielle Gemeinschaftswidrigkeit wegen Verstoßes gegen den Gemeinsamen Markt feststellt, wird der Verstoß des Subventionsgebers nicht für die Kommissionsentscheidung kausal![90] Insofern trifft das Ministerium auch in tatsächlicher Hinsicht keine Mitverantwortung für die materielle Rechtswidrigkeit in gemeinschaftsrechtlicher Hinsicht, sodass insofern die Rücknahme auch nicht treuwidrig sein kann.

Endergebnis

Folgt man dem *EuGH* insbesondere hinsichtlich Art. 48 Abs. 4 BayVwVfG, ist das Wirtschaftsministerium des Landes A zur Rücknahme des Subventionsbescheides berechtigt und wegen Ermessensreduzierung hierzu sogar rechtlich verpflichtet. Die Rücknahmeentscheidung war damit rechtmäßig, die Anfechtungsklage ist folglich unbegründet und hat keine Erfolgsaussichten.

Zur Vertiefung: Bei der Rückforderung der Subvention stellt sich die Frage, inwiefern sich P gem. Art. 49a Abs. 2 BayVwVfG i.V.m. § 818 Abs. 3 BGB auf den Wegfall der Bereicherung berufen kann. Dies dürfte für P in der vorliegenden Fallgestaltung schon deshalb außer Betracht fallen, weil die Werbeleistung als wirtschaftliches Äquivalent weiterhin im Vermögen der P verbleibt. Im übrigen ist nach dem EuGH in Fällen der vorliegenden Art der Rekurs auf Art. 49a Abs. 2 Satz 1 BayVwVfG i.V.m. § 818 Abs. 3 BGB schon aufgrund entsprechender Erwägungen wie zu Art. 48 Abs. 2 und Abs. 4 BayVw-

[84] Vgl. insofern die Vorlagefrage gem. *BVerwG* EuZW 1995, 314 (319) bzw. die Überlegungen bei *VGH Mannheim* NVwZ 1998, 87 (90).
[85] Hierzu *EuGH* EuZW 1997, 276 (278); *BVerwG* NJW 1998, 3728 (3731).
[86] Allgemein hierzu: *Bauer*, Die Verwaltung 1990, 211 (215f.).
[87] *BVerwG* EuZW 1995, 314 (319).
[88] *VGH Mannheim* NVwZ 1998, 87 (90).
[89] *EuGH* EuZW 1997, 276 (278); *BVerwG* NJW 1998, 3728 (3731).
[90] Zu diesem Begründungsansatz: *VGH Mannheim* NVwZ 1998, 87 (90). Krit. insofern *Fischer*, JuS 1999, 749 (753).

VfG ausgeschlossen, weil ansonsten die gemeinschaftlich gebotene Rückforderung praktisch unmöglich gemacht würde (effet utile). Soweit ein beihilfebegünstigtes Unternehmen auf die Ordnungsmäßigkeit der Beihilfe wegen unterlassenem Notifizierungsverfahren nicht vertrauen darf, scheidet eine Berufungsmöglichkeit auf den Wegfall der Bereicherung wegen Vorrangs des Gemeinschaftsrechts aus.[91] Nach dem *BVerwG* (in Umsetzung der Vorgaben des EuGH) schließt daher „das Gemeinschaftsrecht eine Berufung auf den Wegfall der Bereicherung aus, wenn – wie hier – eine rechtswidrig gewährte Beihilfe durch bestandskräftige Entscheidung der Kommission für mit dem Gemeinsamen Markt unvereinbar erklärt und ihre Rückforderung angeordnet worden ist."[92] Das *BVerwG* folgt daher dem Gedanken des sog. Anwendungsvorrangs, geht also von der Unanwendbarkeit von Art. 49a Abs. 2 Satz 1 BayVwVfG i.V.m. § 818 Abs. 3 BGB aus, sofern die Berufung auf den Bereicherungswegfall im Widerspruch zur Kommissionsentscheidung und insofern zu höherrangigem Gemeinschaftsrecht steht. Als Alternativlösung käme freilich auch eine gemeinschaftsfreundliche Auslegung der Einschränkungsklausel des Art. 49a Abs. 2 Satz 2 BayVwVfG in Betracht.[93]

Rechtsprechungsvorlagen: *OVG Berlin* NJW 1975, 1939 – Pressesubventionen; *EuGH* EuZW 1997, 276 (= NJW 1998, 47); *BVerwG* EuZW 1995, 314; NJW 1998, 3728; *BVerfG* NJW 2000, 2015 – Alcan

Leseempfehlung: *Fischer,* Gemeinschaftsrechtliche Beihilfekontrolle und nationales Verwaltungsverfahrensrecht – NVwZ 1998, 87, JuS 1999, 749; *Kamann/Selmayr,* Der praktische Fall Europarecht: „Europäisierter" Vertrauensschutz, JuS 1998, 148; *Scholz,* Zum Verhältnis von europäischem Gemeinschaftsrecht und nationalem Verwaltungsverfahrensrecht, DÖV 1998, 261; *Schütz/Dibelius,* Die verkonsumierte Subvention, Jura 1998, 427

[91] *EuGH* EuZW 1997, 276 (279).
[92] *BVerwG* NJW 1998, 3728(3731).
[93] So *Schütz/Dibelius*, Jura 1998, 427 (436).

Fall 3: Das verfehlte Subventionsziel (Seidel)

Sachverhalt (fiktiv)

Arnold (A) betreibt am Chiemsee eine Produktionsstätte für Ruderboote. A möchte seine Produktion erheblich erweitern. Zu den bereits vorhandenen 50 Arbeitsplätzen sollen 100 weitere geschaffen werden, wovon zumindest 40 mit behinderten Personen besetzt werden sollen. Die Gesamtinvestitionen sollen sich auf ca. 2.500.000,– € belaufen. Auf seinen Antrag erhält A im Mai 2001 einen Bewilligungsbescheid des Bayerischen Ministeriums für Wirtschaft, worin ihm ein nicht zurückzuzahlender einmaliger Zuschuss in Höhe von 1.000.000,– € aus öffentlichen Haushaltsmitteln des Freistaats Bayern zum Zwecke der Förderung von Behindertenarbeitsplätzen zugeteilt wird. Die Summe wird A noch im gleichen Monat überwiesen. Der Subventionsbescheid determiniert als Zuwendungszweck: „Erweiterung der Produktionsanlage des A für Ruderboote; Schaffung von 40 Arbeitsplätzen für behinderte Arbeitnehmer". Inhaltlich wird in dem Bescheid Bezug genommen auf sog. Subventionsvergaberichtlinien, die dem A vorher bekannt gegeben worden sind und von diesem akzeptiert wurden. Es handelt sich dabei um Verwaltungsvorschriften des Wirtschaftsministeriums für die zuständigen Sachbearbeiter, die nicht nur die Voraussetzungen der Subventionsvergabe, sondern auch Abwicklungseinzelheiten regeln. Das Notifizierungsverfahren nach Art. 87, 88 EGV (Amsterdamer Fassung) wurde ordnungsgemäß durchgeführt; die EG-Kommission hat die staatliche Beihilfe an A als mit dem Gemeinsamen Markt vereinbar deklariert. Eine besondere Ermächtigungsgrundlage für die Zuwendung besteht nicht, im Haushaltsgesetz des Freistaats Bayern für das Jahr 2001 waren aber entsprechende Mittel zur Wirtschafts- und Behindertenförderung bereitgestellt worden.

A ändert seine Wirtschaftsplanung und investiert das vom Freistaat erhaltene Geld in ein Kiosk mit Stehcafé. Als der zuständige Sachbearbeiter im Wirtschaftsministerium Anfang Oktober 2002 hiervon erfährt, konfrontiert er A mit einem möglichen Widerruf des Bewilligungsbescheides wegen zweckfremder Nutzung. A weist darauf hin, dass er in diesem Fall wegen mangelnder Liquidität sein gerade erst eröffnetes Geschäft schließen müsste. Durch Bescheid vom 11. Oktober 2002 widerruft das Ministerium den Subventionsbescheid unter Berufung auf Art. 49 BayVwVfG mit Wirkung für die Vergangenheit. In der Begründung wird ohne nähere Abwägung des Für und Wider ausgeführt, dass der Widerruf erfolgte, weil keine außergewöhnlichen Umstände ersichtlich seien, die für eine andere Entscheidung sprächen.

Vermerk für die Bearbeiter: In einem Gutachten ist die Frage zu beantworten, ob eine auf Kassation des Widerrufsbescheides abzielende sowie form- und fristgerecht beim zuständigen Verwaltungsgericht eingelegte Anfechtungsklage des A Aussicht auf Erfolg hat!

Abwandlung:

In Nr. 3 der Subventionsvergaberichtlinien ist der Verwendungszweck der Subvention näher umschrieben. Hiernach wird eine Subvention zweckfremd auch dann verwendet, *„wenn bewegliche und unbewegliche Sachen, die mit Hilfe des Zuschusses beschafft worden sind, vor Ablauf von drei Jahren nach Auszahlung des Zuschusses einer anderen als der mit dem Zuschuss bezweckten Verwendung zugeführt werden."* Zusätzlich besteht eine Anzeigepflicht des Zuschussempfängers, wenn er vor Ablauf der Dreijahresfrist den Betrieb ganz oder teilweise einstellt oder auf Dritte überträgt. Aus den Unterlagen resp. dem Schriftwechsel zwischen A und dem Ministerium ist ersichtlich, dass die Schaffung und Erhaltung neuer Dauerarbeitsplätze für Behinderte im Vordergrund der Subventionsentscheidung stand. Anders als im Ausgangsfall hat A zunächst tatsächlich den erhaltenen Zuschuss in die betriebliche Erweiterung seiner Ruderbootproduktionsstätte investiert und gemäß seinem ursprünglichen Vorhaben u.a. 40 behinderte Arbeitnehmer angestellt. Nachdem aufgrund einer wirtschaftlichen Flaute das Unternehmen des A im Jahre 2002 erhebliche Betriebsverluste erfahren hat und A genötigt war, fast sein gesamtes Personal zu entlassen, sieht sich A im Oktober 2002 als einzig sinnvolle ökonomische Alternative gezwungen, sein Werk endgültig zu schließen. Wie im Ausgangsfall widerruft daraufhin das Ministerium den Subventionsbescheid mit Wirkung für die Vergangenheit. In der Begründung heißt es wörtlich: „*Aufgrund der vorzeitigen Stilllegung des Betriebes ist der im Jahr 2001 bewilligte Zuschuss keiner zweckentsprechenden Verwendung zugeführt worden. Hierfür hätte der Betrieb mit einer erhöhten Beschäftigtenzahl von (insbesondere behinderten) Arbeitnehmern mindestens drei Jahre aufrecht erhalten werden müssen. Außergewöhnliche Umstände des Einzelfalls, die eine andere Entscheidung rechtfertigten, sind nicht ersichtlich.*“ Vermerk für die Bearbeiter: Ändert sich insofern etwas an der Beurteilung der Erfolgsaussichten einer Anfechtungsklage des A im Vergleich zum Ausgangsfall?

Vertiefungsfrage: Ändert sich etwas für die Fallbearbeitung in Variante 2, wenn die Behörde im bereits anhängigen Anfechtungsprozess detaillierte Ermessenserwägungen, die trotz der außergewöhnlichen Umstände für den Widerruf sprechen – etwa hinsichtlich der angespannten Haushaltslage des Freistaats Bayern oder des Bedarfs des Geldes für anderweitige Förderungen von Behindertenarbeitsplätzen –, als Begründung ihrer Entscheidung nachschiebt? Welches prozessuale Verhalten ist dem A für diesen Fall zu raten?

Lösung

Die verwaltungsgerichtliche Klage des A hat Aussicht auf Erfolg, wenn sie zulässig und begründet ist.

A. Zulässigkeit der Klage (Ausgangsfall)

I. Verwaltungsrechtsweg

Entscheidend für die Einschlägigkeit des Verwaltungsrechtswegs nach § 40 Abs. 1 Satz 1 VwGO ist, ob die vorliegende Streitigkeit als öffentlich-rechtlich zu qualifizieren ist. Vom Streitgegenstand her geht es um die Frage der Rechtmäßigkeit der Aufhebung einer Subventionsbewilligung. Dieser Streitgegenstand richtet sich nach öffentlichem Recht (nämlich nach Art. 49 BayVwVfG), wenn bereits die Subventionsbewilligung nach Maßgabe des öffentlichen Rechts erfolgte; denn dann entstammen Bewilligung und Aufhebung als actus contrarius notwendigerweise demselben Regime. Hier handelt es sich um einen nicht zurückzuzahlenden (sog. „verlorenen") Zuschuss, auf den die Zweistufentheorie[1] nicht passt: Der Staat darf aus haushaltsrechtlicher Sicht (vgl. Art. 23 der BayHO) keine Gelder verschenken, die Vergabe erfolgt hier ausschließlich zur Verfolgung eines bestimmten öffentlichen Interesses. Ein Schenkungsvertrag als einzig denkbares zivilrechtliches Abwicklungsverhältnis passt daher für verlorene Zuschüsse nicht. Die Rechtsprechung geht deshalb für diese Fälle von einem einstufigen öffentlich-rechtlichen Verhältnis aus, d.h. die Auszahlung stellt kein eigenständiges Abwicklungsverhältnis dar, sondern ist bloße Erfüllung des Subventionsbescheides.[2] In einem solchen Fall erfolgt die Leistungsvergabe ebenso wie deren Aufhebung per se einstufig nach öffentlichem Recht. Der Verwaltungsrechtsweg ist gem. § 40 Abs. 1 Satz 1 VwGO eröffnet.

II. Klageart, Klagebefugnis und Vorverfahren

Statthafte Klageart ist die Anfechtungsklage (§ 42 Abs. 1, 1. Alt. VwGO), weil sich der von A angegriffene Widerruf als belastender Verwaltungsakt darstellt. A als Begünstigter des Subventionsbescheides und Adressat des Widerrufs ist auch klagebefugt, § 42 Abs. 2 VwGO. Angriffsobjekt ist ein Verwaltungsakt einer obersten Landesbehörde. Eines Vorverfahren bedarf es daher nicht, § 68 Abs. 1 Satz 2 Nr. 1 VwGO. Für die gutachterliche Prüfung wird insofern auf die Zulässigkeitsprüfung zu *Fall 2* verwiesen.

Zwischenergebnis
Da A laut Sachverhaltsangaben seine Klage form- und fristgerecht erhebt, ist die Anfechtungsklage mit dem Ziel der Kassation des Widerrufsbescheids zulässig.

---

[1] Hierzu bereits oben *Fall 2*.

[2] *Stern*, Verwaltungsprozessuale Probleme, Rn. 91; *Maurer*, Allgemeines Verwaltungsrecht, § 17, Rn. 29; *BVerwG* NJW 1969, 809; *VGH Mannheim* NJW 1978, 2050.

B. Begründetheit

Die Anfechtungsklage ist begründet, wenn sie sich gegen den richtigen Beklagten richtet (§ 78 VwGO) und der angefochtene Aufhebungsbescheid rechtswidrig ist sowie den A in subjektiven Rechten verletzt (§ 113 Abs. 1 Satz 1 VwGO).

I. Passivlegitimation

Der angefochtene Aufhebungsbescheid wurde vom Bayerischen Ministerium für Wirtschaft erlassen, also von einer Behörde des Freistaats. Nach dem Rechtsträgerprinzip gem. § 78 Abs. 1 Nr. 1 VwGO ist daher der Freistaat Bayern richtiger Beklagter.

II. Art. 49 BayVwVfG als Ermächtigungsgrundlage

Für den Aufhebungsbescheid kommen mangels speziellerer Regelung – Art. 44a BayHO ist durch § 2 des Gesetzes vom 26. Juli 1997 (GVBl. S. 348) aufgehoben worden – Art. 48 und 49 BayVwVfG als Ermächtigungsgrundlagen in Betracht. Laut Sachverhalt hat die Behörde den Subventionsbescheid ausdrücklich *widerrufen* und hinsichtlich der Begründung (zweckwidrige Verwendung) in der Sache auf den Widerrufsgrund des Art. 49 Abs. 2a Nr. 1 BayVwVfG abgestellt.

Allerdings verlangt der Wortlaut des Art. 49 BayVwVfG, dass der aufzuhebende Verwaltungsakt (hier der Subventionsbescheid) rechtmäßig ist. Stellt man auf die Totalvorbehaltslehre ab[3], wäre die Subvention aber rechtswidrig, weil es vorliegend an einer materiell-gesetzlichen Regelung fehlt. Die überwiegende Ansicht lässt hingegen die haushaltsrechtliche Bereitstellung entsprechender Mittel als parlamentarische Grundentscheidung über das generelle „Ob" der Leistung als hinreichende Legitimationsgrundlage ausreichen *(zum Streitstand und zur gutachterlichen Darstellung vgl. oben Fall 2)*. Nach dieser Ansicht ist der ursprüngliche Subventionsbescheid als rechtmäßig zu qualifizieren, sodass an der Heranziehung des Art. 49 BayVwVfG als Ermächtigungsgrundlage für eine Aufhebungsentscheidung vorbehaltlich seiner weiteren Tatbestandsmerkmale keine grundlegenden Zweifel bestehen. Letztlich kann aber eine Streitentscheidung hinsichtlich der Rechtmäßigkeit des ursprünglichen Subventionsbescheids offen bleiben. Selbst wenn nach der Lehre vom Totalvorbehalt von der Rechtswidrigkeit des Bescheides ausgegangen wird, verbleibt im Gutachten nach überwiegender und überzeugender Ansicht Raum für eine analoge Anwendung des Art. 49 BayVwVfG: Sofern sogar ein rechtmäßiger VA nach Art. 49 BayVwVfG aufgehoben werden kann, so muss dies erst recht für die Aufhebung eines rechtswidrigen und daher weniger schützenswerten VA gelten.[4] Es bedarf also in jedem Falle nicht des Umwegs über eine Umdeutung der Widerrufs- in eine Rücknahmeentscheidung gem. Art. 48 BayVwVfG i.V.m. Art. 47 BayVwVfG. Entscheidend ist somit, ob nach Maßgabe des Art. 49 BayVwVfG die Aufhebungsentscheidung formell und materiell rechtmäßig war.

1. Formelle Rechtmäßigkeit des Widerrufs

An der formellen Rechtmäßigkeit des Widerrufsbescheides ist vorliegend nicht zu zweifeln, insbesondere ist A nach Art. 28 BayVwVfG angehört worden.

Beachte: Gem. Art. 45 Abs. 1 Nr. 3 und Abs. 2 BayVwVfG kann ein Anhörungsmangel noch bis zum Abschluss des verwaltungsgerichtlichen Verfahrens geheilt werden. Nach

---

[3] Hierzu oben *Fall 2*.

[4] *BVerwG* NVwZ 1987, 498 (499); *BayVGH* NJW 1986, 1564 (1567); *Meyer*, in: Knack (Begr.), VwVfG, § 48, Rn. 33; *Kopp/Ramsauer*, VwVfG, § 48, Rn. 19 sowie § 49, Rn. 5; *Maurer*, Allgemeines Verwaltungsrecht, § 11, Rn. 19. A.A.: *OVG Münster* NVwZ 1988, 942 (943).

§ 94 Satz 2 VwGO kann das angerufene Gericht zu Heilungszwecken das Gerichtsverfahren aussetzen.[5]

2. Materielle Rechtmäßigkeit

a) Tatbestandliche Voraussetzungen des Art. 49 BayVwVfG für einen Widerruf mit Wirkung für die Vergangenheit

aa) Widerrufsgrund gem. Art. 49 Abs. 2a Satz 1 Nr. 1 BayVwVfG
Das Ministerium hat den Widerruf mit Wirkung für die Vergangenheit erklärt, um hierüber dem bereits gezahlten Zuschuss rückwirkend den Rechtsgrund zu entziehen, d.h. um letztlich die volle Rückzahlung gem. Art. 49a Abs. 1 Satz 1 BayVwVfG beanspruchen zu können. Es kommt daher darauf an, ob Art. 49 Abs. 2a BayVwVfG[6] als Ermächtigungsgrundlage für einen Widerruf mit Wirkung für die Vergangenheit inhaltlich einschlägig ist. Hier hat A jedenfalls eindeutig die erhaltene Leistung nicht für den im Verwaltungsakt bestimmten Zweck verwendet. Es liegt damit ein Widerrufsgrund gem. Art. 49 Abs. 2a Nr. 1 BayVwVfG vor.

bb) Widerrufsfrist, Art. 49 Abs. 2a Satz 2 Nr. 1 i.V.m. Art. 48 Abs. 4 BayVwVfG
Der Widerruf unterliegt der Jahresfrist gem. Art. 49 Abs. 2a Satz 2 i.V.m. Art. 48 Abs. 4 BayVwVfG. Diese beginnt nach der Mindermeinung (Bearbeitungsfrist) mit der Kenntnis der Behörde von den Gründen, die zum Widerruf berechtigen, nach der herrschenden Ansicht mit der (regelmäßig erst späteren) Erfassung aller tatsächlichen Umstände, die für die Ermessensbetätigung ggf. von Relevanz sind (Entscheidungsfrist).[7] Da hier der Widerruf noch im Oktober 2002 erfolgte, also noch im selben Monat, in dem der Behörde der Widerrufsgrund bekannt wurde, ist vorliegend die Aufhebung nach allen Ansichten rechtzeitig erfolgt.

b) Keine Ermessensfehler
Der Widerruf gem. Art. 49 BayVwVfG steht im Ermessen der Behörde. Trotz eines bestehenden Zweckmäßigkeitsspielraums, handelt es sich hierbei um rechtlich gebundenes Ermessen. Gem. Art. 40 BayVwVfG kann also eine Entscheidung ermessensfehlerhaft und damit rechtswidrig sein, selbst wenn die tatbestandlichen Voraussetzungen der Ermächtigungsnorm gegeben sind. Korrespondierend bestimmt hierzu die prozessuale Norm des § 114 Satz 1 VwGO (letztlich als Konsequenz aus Art. 19 Abs. 4 GG), dass das angerufene Verwaltungsgericht die Entscheidung zwar nicht auf Zweckmäßigkeit zu überprüfen hat, wohl aber auf sog. Ermessensfehler.

Zur Vertiefung: Nach der Ermessensfehlerlehre[8] wird differenziert: (1) Ermessensausfall (Ermessensunterschreitung, Ermessensnichtgebrauch): Die Behörde hat ihr Ermessen überhaupt nicht ausgeübt (z.B. weil sie verkannt hat, dass ihr ein Entscheidungsspielraum zusteht) oder aber die Ermessenserwägungen sind defizitär (die Behörde hat wesentliche Erwägungen unberücksichtigt gelassen). (2) Ermessensüberschreitung: Die Behörde wählt eine gesetzlich nicht zulässige Rechtsfolge. Ermessensgrenzen können schon ausdrücklich normativ vorgegeben sein, etwa im Falle eines formulierten Ermessensrahmens (z.B. Gebührensätze). Ermessensgrenzen können sich aber auch aus höherrangigen Rechtsvorschriften (z.B. aus Grundrechten und dem Grundsatz der Verhältnismäßigkeit) ergeben. (3) Ermessensfehlgebrauch: Die Behörde stützt ihr Handeln auf sachfremde Erwägungen, die mit dem Zweck der Ermessensvorschrift oder mit dem ein-

[5] Hierzu, insbesondere zur Verfassungsmäßigkeit des Art. 45 Abs. 2 BayVwVfG: *Häußler*, BayVBl. 1999, 616 ff.
[6] Art. 49 Abs. 2a BayVwVfG entspricht inhaltlich dem § 49 Abs. 3 des VwVfG des Bundes.
[7] Zum Streitstand s. bereits oben *Fall 2*. Speziell im Fall des Widerrufs: *BayVGH* BayVBl. 2003, 153 (154).
[8] Z.B.: *Zuleeg*, Fälle zum Allgemeinen Verwaltungsrecht, 3. Aufl. 2001, S. 81 ff.; *Schwerdtfeger*, Öffentliches Recht, Rn. 84 ff.; *Maurer*, Allgemeines Verwaltungsrecht, § 7, Rn. 19 ff.

schlägigen Fachrecht im Übrigen nicht vereinbar sind. Daneben werden hierzu auch formelle Begründungsmängel gerechnet (widersprüchliche Argumentation; Widersprüche zu den Gesetzen der Logik; Nichtberücksichtigung wesentlicher Aspekte; der Ermessenserwägung liegen unzutreffende, unvollständige oder nicht sachgerecht ermittelte Tatsachen zugrunde).

Vorliegend ist an einen *Ermessensausfall (Ermessensnichtgebrauch)* bzw. an eine *Ermessensunterschreitung* zu denken. Das Ministerium hat jedenfalls nicht wirklich dezidierte Ermessenserwägungen im Sinne eines Für und Wider angestellt, sondern den Subventionsbescheid schlicht deswegen aufgehoben, weil keine außergewöhnlichen Umstände ersichtlich waren, die ausnahmsweise eine andere Entscheidung möglich erscheinen lassen. Hiernach liegt zwar eine (zumindest andeutungsweise) sachliche Auseinandersetzung und damit kein gänzlicher Ermessensausfall vor, andererseits scheint viel für eine Ermessensunterschreitung zu sprechen.

Etwas anderes würde jedoch gelten, wenn für die hier gegebene Widerrufsentscheidung die Grundsätze des sog. „gelenkten“ bzw. „intendierten“ Ermessens einschlägig wären. Beim intendierten Ermessen zeichnet das Gesetz die grundsätzliche Richtung der Ermessensbetätigung vor, d.h. kraft Gesetzesauslegung steht dem Gesetz – i.E. einer Soll-Vorschrift vergleichbar – ein bestimmtes Entscheidungsergebnis näher, mit der Folge, dass es für eine Ermessensentscheidung, die zu diesem Regelergebnis führt und die demgemäß die Einschlägigkeit einer Ausnahme ablehnt, keiner wirklichen Abwägung des „Für und Wider“ und einer entsprechend dezidierten Begründung bedarf. Liegt im Fall intendierten Ermessens ein vom Regelfall abweichender Sachverhalt nicht vor, versteht sich das Ergebnis der Abwägung von selbst. Die Entscheidung könnte in diese Richtung auch ohne jegliche Begründung ergehen. Die Entscheidung muss dann nicht mit einer die Ermessensausübung nachweisenden Begründung versehen werden.[9] In einem solchen Fall ist nur dann von einem rechtsfehlerhaften Gebrauch des Ermessens auszugehen, wenn außergewöhnliche Umstände des Falles bekannt geworden oder erkennbar sind, die eine andere Entscheidung möglich erscheinen lassen.

Im vorliegenden Fall ergibt sich die Geltung der Grundsätze des intendierten Ermessens aus dem Zusammenspiel zwischen Art. 49 BayVwVfG und dem Landeshaushaltsrecht: Nach Art. 7 Abs. 1 BayHO i.V.m. § 6 Abs. 1 HGrG sind bei Ausführung des Haushaltsplans die Grundsätze der Wirtschaftlichkeit und Sparsamkeit zu beachten. Art. 23 BayHO stellt klar, dass der Staat öffentliche Haushaltsmittel nicht verschenkt, sondern darauf zu achten hat, dass diese für einen im öffentlichen Interesse liegenden Zweck eingesetzt werden. *„Diese Haushaltsgrundsätze überwiegen im Allgemeinen das Interesse des Begünstigten, den Zuschuss behalten zu dürfen, und verbieten einen großzügigen Verzicht auf den Widerruf von Subventionen.“*[10] Aus diesem Grund steht das Fachrecht im Falle einer zweckwidrig verwendeten Subvention der Entscheidung für den Widerruf näher als einem Absehen hiervon. Aus den Argumenten des A ergeben sich keine Umstände, auf die das Ministerium als individuelle Besonderheiten des Falles hätte eingehen müssen. Denn der Umstand, dass A das vom Staat erhaltene Geld, um seiner Rückzahlungspflicht gem. Art. 49a Abs. 1 Satz 1 BayVwVfG genügen zu können, aus dem Projekt herausziehen muss, für das er es zweckwidrig verwendet hat, stellt für sich gesehen keine besondere Härte dar. Damit war das Ministerium, ohne sich dem Verdikt eines Ermessensfehlers auszusetzen, berechtigt, ohne tiefere Abwägung den Erlass des Widerrufsbescheides schlicht damit zu begründen, dass keine außergewöhnlichen Umstände des Einzelfalls für die Aufrechterhaltung des Subventionsbescheides sprechen. Ein rechtswidriger Ermessensausfall ist hierin nicht zu sehen.

[9] *BVerwGE* 72, 1 (6); 91, 82 (90); *BVerwG* NJW 1998, 2233 (2234); *BayVGH* BayVBl. 2003, 153; *Kopp/Ramsauer*, VwVfG, § 39, Rn. 29.
[10] *BVerwG* NJW 1998, 2233 (2234); *BayVGH* BayVBl. 2003, 153f.

Ergebnis zum Ausgangsfall:
Die Widerrufsentscheidung ist rechtmäßig, die Anfechtungsklage des A daher unbegründet.

C. Abwandlung

Die Anfechtungsklage ist wie im Ausgangsfall zulässig. Im Rahmen der Begründetheit ist der Freistaat Bayern richtiger Beklagter. In Abweichung zum Ausgangsfall ist jedoch fraglich, ob ein Widerrufsgrund vorliegt und (bejahendenfalls) das Widerrufsermessen ordnungsgemäß ausgeübt wurde.

I. Widerrufsgrund gem. Art. 49 Abs. 2a Satz 1 Nr. 1 BayVwVfG

Es ist zu untersuchen, ob die bloße Betriebsstilllegung ein Jahr nach Erhalt des Zuschusses aufgrund ökonomischer Zwänge der aktuellen Marktlage als zweckwidrige Verwendung i.S.v. Art. 49 Abs. 2a Nr. 1 BayVwVfG anzusehen ist. Der Zweck der Subvention ist dem Subventionsbescheid ausdrücklich oder kraft Auslegung zu entnehmen. Zweckwidrige Verwendung wäre hier denkbar, wenn der Subventionsbescheid dahingehend auszulegen wäre, dass die Bootsproduktion mit den 100 neu geschaffenen Arbeitsplätzen (auch für behinderte Arbeitnehmer) für zumindest drei Jahre aufrechterhalten bleiben sollte.

Indizien hierfür können sich womöglich aus den Subventionsrichtlinien ergeben, die zum Gegenstand der Subventionsbewilligung gemacht worden sind. Hier war im Bescheid selbst die Produktionserweiterung sowie die Schaffung neuer Arbeitsplätze als Zuwendungszweck festgesetzt worden. Inhaltlich wird der Zweck durch Nr. 3 der zugrundeliegenden Subventionsvergaberichtlinien weiter einengt. Hiernach wird eine Subvention auch dann zweckfremd verwendet, *„wenn bewegliche und unbewegliche Sachen, die mit Hilfe des Zuschusses beschafft worden sind, vor Ablauf von drei Jahren nach Auszahlung des Zuschusses einer anderen als der mit dem Zuschuss bezweckten Verwendung zugeführt werden."* Es ist nunmehr Auslegungsfrage (Maßstab: objektiver Empfängerhorizont entsprechend §§ 133, 157 BGB), ob eine vorzeitige Betriebsstilllegung aufgrund ökonomischer Zwänge eine Zweckentfremdung in diesem Sinne darstellt. Dies ist in der Rechtsprechung der Oberverwaltungsgerichte umstritten.

Gegen eine Zweckentfremdung[11] und damit gegen den Widerrufsgrund des Art. 49 Abs. 2a Nr. 1 BayVwVfG spricht, dass A den Zuschuss zunächst zweckentsprechend verwendet hat und später lediglich seinen Betrieb aus wirtschaftlichen Zwängen eingestellt hat, ohne die mit dem Zuschuss erworbenen Maschinen oder sonstigen Inventarstücke einer neuen, aktiven Verwendung außerhalb des Zuschusszweckes zugeführt zu haben. Eine rechtliche Bindung, die Produktion tatsächlich für eine bestimmte Mindestzeit aufrecht zu erhalten, ist jedenfalls vom unmittelbaren Wortlaut des Bewilligungsbescheids i.V. mit Nr. 3 der Subventionsvergaberichtlinien nicht abgedeckt. Gegen eine zweckwidrige Verwendung sprechen nach Ansicht des *OVG Koblenz* auch Überlegungen einer sachgerechten Risikoverteilung zwischen der Leistungsverwaltung und dem Subventionsempfänger: Denn der Staat verschenkt keine Subventionen, sondern er verfolgt hiermit Ziele im öffentlichen Interesse (Wirtschaftsförderung in der Region, Sicherung von Arbeitsplätzen, ggf. zukunftsgerichtet auch Steuereinnahmen, vgl. Art. 23 BayHO). Macht sich der Staat wirtschaftliche Abläufe zunutze, indem er Wirtschaftssubjekte durch Geldbeträge zu bestimmten Verhaltensweisen veranlasst, von denen er sich ein Erreichen seiner strukturpolitischen Förderziele verspricht, so sei es sachgerecht, dass er auch an den Risiken teilhat, die dem wirtschaftlichen Prozess eigen sind (z.B. den Risiken einer allgemeinen wirtschaftlichen Flaute). Folgt man diesem Meinungsstrang, ist der Widerruf schon mangels Tatbestandsvoraussetzungen des Art. 49 BayVwVfG rechtswidrig.

[11] So – mit der folgenden Argumentation – *OVG Koblenz* NJW 1981, 882 ff.

Allerdings ist unter Beleuchtung von Sinn und Zweck der Nr. 3 der Subventionsvergaberichtlinien auch eine andere, der Sachlage näher stehende und folglich vorzugswürdige Auslegung des Subventionsbescheides denkbar.[12] Die Subventionierung war vornehmlich auf die Schaffung neuer Dauerarbeitsplätze, u.a. für Behinderte, gerichtet. Nach dem Inhalt des Subventionsverhältnisses – so wie er sich aus den gesamten Umständen ergibt – war Zuwendungszweck also nicht nur die *Errichtung* bzw. die *Erweiterung* der Produktionsstätte, sondern auch die Aufnahme des Betriebes und dessen Aufrechterhaltung für eine gewisse Dauer, in Anlehnung an Nr. 3 der Subventionsrichtlinien für drei Jahre. Nr. 3 der Vergaberichtlinien ist hiernach so zu verstehen, dass die zweckentsprechende Verwendung für mindestens drei Jahre nach Auszahlung des Zuschusses aufrechterhalten bleiben sollte. Hierfür spricht auch die in den Subventionsvergaberichtlinien enthaltene Anzeigepflicht hinsichtlich einer Betriebsstilllegung oder Betriebsübertragung. Überlegungen der vorher dargestellten Gegenansicht zur Risikoverteilung sind demnach Umstände, die zwar nicht ohne jede Relevanz sind, die aber erst auf Ermessensebene zum Tragen kommen können. Hiernach stellt also die Stilllegung des Betriebes vor Ablauf der Dreijahresfrist im weiteren Sinne eine andere als mit dem Zuschuss bezweckte Verwendung dar. Nach diesem vorzugswürdigen Ansatz hat A den mit dem Subventionsbescheid verfolgten Zweck verfehlt und erfüllt damit den Widerrufstatbestand gem. Art. 49 Abs. 2a Satz 1 Nr. 1 BayVwVfG. Da auch die Widerrufsfrist nach Art. 49 Abs. 2a Satz 2 i.V.m. Art. 48 Abs. 4 BayVwVfG wie im Ausgangsfall eingehalten ist, liegen die Tatbestandsvoraussetzungen für einen Widerruf nach Art. 49 BayVwVfG folglich vor.

II. Ermessensfehler

Nach den Grundsätzen des intendierten Ermessens (siehe Ausgangsfall sub B II 2 b) würde die vom Ministerium gegebene Begründung an sich den Erfordernissen des Art. 40 BayVwVfG genügen. Etwas anderes würde aber gelten, wenn im vorliegenden Einzelfall außergewöhnliche Umstände vorliegen, die eine andere Entscheidung als möglich erscheinen lassen und deshalb von der Behörde eine Ermessensentscheidung nach herkömmlichen Grundsätzen zu fordern ist. Die Entscheidung wäre dann ermessensfehlerhaft, wenn solche besonderen Umstände von der Behörde nicht im Sinne eines Für und Wider erwogen worden wären.[13] An dieser Stelle sind nunmehr die Überlegungen einer sachgerechten Risikoverteilung zwischen dem subventionierenden, öffentliche Zwecke verfolgenden Staat und dem subventionierten Leistungsempfänger zu berücksichtigen.[14] Die Umstände des Einzelfalls, dass nämlich der Freistaat Bayern durch Subventionierung des A diesen zur Erreichung strukturpolitischer Ziele instrumentalisiert hat und dass A aufgrund einer allgemeinen wirtschaftlichen Flaute an der Zweckverwirklichung gehindert war, er also die Stilllegung nicht zu vertreten hat, begründen neben der Überlegung, dass die Subvention immerhin teilweise ihren Zweck erfüllt hat, individuelle Besonderheiten, die das Ministerium hätten veranlassen müssen, auf sie näher, d.h. abwägend einzugehen. Es wäre insofern durchaus eine andere Entscheidung als die Aufhebung des Bewilligungsbescheides denkbar gewesen. Da das Ministerium hierauf nicht eingegangen ist, ist der Widerruf als ermessensfehlerhaft und damit als rechtswidrig einzuordnen.

Ergebnis zur Abwandlung:
Der Widerruf ist wegen Ermessensfehlers als rechtswidrig zu bewerten. Gleichzeitig liegt eine subjektive Rechtsverletzung vor, die entweder mit der Adressatentheorie (Art. 2 Abs. 1 GG) oder mit dem rechtswidrigen Entzug einer durch Verwaltungsakt eingeräumten subjektiv-rechtlichen Rechtsposition begründet werden kann. Damit ist die Anfechtungsklage zunächst begründet und hätte gute Erfolgsaussichten.

---

[12] So – mit der folgenden Argumentation – *OVG Lüneburg* NVwZ 1985, 120f.
[13] *BVerwG* NJW 1998, 2233 (2234).
[14] *OVG Lüneburg* NVwZ 1985, 120f.

D. Vertiefungsfrage

I. Erfolgsaussichten der Anfechtungsklage unter Einbeziehung der im Prozess nachgeschobenen Ermessenserwägungen

Hier lassen die im Verwaltungsgerichtsprozess ergänzend vorgetragenen Begründungen die Ermessensentscheidung der Sache nach als rechtmäßig erscheinen. Es geht damit um die Frage, inwiefern die Behörde noch im Gerichtsverfahren ihre Argumentation ergänzen kann. Ein solches *Nachschieben von Gründen* ist, soweit es um tatbestandliche Voraussetzungen geht, die jedenfalls schon bei Erlass des Verwaltungsakts vorlagen[15], letztlich nichts anderes als ein Hinweis auf die tatsächliche Sachlage. Die Praxis und überwiegende Literatur verweisen daher hinsichtlich der grundsätzlichen Zulässigkeit eines Nachschiebens von Gründen auf den Untersuchungsgrundsatz gem. § 86 VwGO, der das Gericht ohnehin und unabhängig vom Tatsachenvortrag der Beteiligten zur umfassenden Sachverhaltserforschung zwingt, um auf Basis der eigenverantwortlich ermittelten Sachlage in die rechtliche Würdigung einzusteigen.[16] Das Nachschieben von Gründen wurde von der Rechtsprechung bislang allgemein unter den Vorbehalt gestellt, dass es hierüber nicht zu einer Wesensveränderung des angefochtenen Verwaltungsakts kommt. Eine solche Wesensveränderung wurde aber typischerweise angenommen, wenn wesentlich neue Ermessenserwägungen vorgebracht wurden.[17] Demgegenüber wird nunmehr durch den (durch das 6. VwGO-ÄndG[18]) eingefügten § 114 Satz 2 VwGO bestätigt, dass grundsätzlich auch Ermessenserwägungen noch im verwaltungsgerichtlichen Verfahren ergänzt werden können.

Zum Verständnis: § 114 Satz 2 VwGO kann dogmatisch nur im Rückblick auf die frühere Rechtsprechung verstanden werden: Das Bundesverwaltungsgericht vermied es bereits vor Einführung des § 114 Satz 2 VwGO, selbst bei Wesensänderung blind der Anfechtungsklage ohne Berücksichtigung der nachgeschobenen Gründe stattzugeben, sondern ging neue, prozessuale Wege[19]: Durch das wesensverändernde Nachschieben von Gründen, insbesondere von Ermessenserwägungen, wurde der bisher angefochtene Verwaltungsakt als konkludent aufgehoben und durch einen gänzlich neuen Verwaltungsakt ersetzt angesehen. Es wurde deshalb ein Fall der Erledigung der ursprünglichen Klage angenommen. Neben der Möglichkeit der Fortsetzungsfeststellungsklage bzw. der Erledigungserklärung (§ 161 Abs. 2 VwGO, s.u.) wurde dem Kläger als Alternative auch die Möglichkeit einer sachdienlichen Klageänderung (§ 91 VwGO) dahingehend eingeräumt, sich nunmehr – unter Entbehrlichkeit eines neuen Vorverfahrens – gegen den neuen Verwaltungsakt zu wenden.

Die dogmatische Einordnung des § 114 Satz 2 VwGO ist unter Berücksichtigung der bisherigen Rechtsprechung (vgl. den voranstehenden Exkurs) nicht unumstritten. Die vom

[15] Insofern berührt das Nachschieben von Gründen auch die Frage, welcher Zeitpunkt für die gerichtliche Entscheidung maßgeblich ist. Letzterer richtet sich nach dem jeweils einschlägigen materiellen Recht, das im Zweifel auszulegen ist, *BVerwG* NVwZ 1988, 260 (261); *BayVGH* BayVBl. 1992, 211; NVwZ 1996, 284 (285). Als Faustregel kann dabei von dem Grundsatz ausgegangen werden, dass es im Rahmen der Anfechtungsklage auf den Zeitpunkt der letzten Verwaltungsentscheidung [*BVerwGE* 34, 155 (158); *BVerwG* NJW 1993, 1729 (1730); NVwZ 1988, 260 (261); NVwZ 1993, 1184 (1185); NVwZ 1998, 1179; *BayVGH* NVwZ 1996, 284 (285)] und im Rahmen der Verpflichtungsklage auf den Zeitpunkt der letzten mündlichen Verhandlung [*BVerwGE* 29, 304 (305 f.); 41, 227 (230 ff.); 74, 115 (118); *BVerwG* DVBl. 1990, 44 (45); NJW 1990, 2700 (2701); *OVG Hamburg* NJW 1997, 3111 f.] ankommt.

[16] *BVerwGE* 1, 12 (13 f.); 1, 311 (312 f.); 10, 202 (204); 64, 356 (357 f.); *Dolderer*, DÖV 1999, 104 (106 f.); *Sachs*, in: Stelkens/Bonk/Sachs u. a., VwVfG, § 45, Rn. 48; *Schmitt Glaeser/Horn*, Verwaltungsprozessrecht, Rn. 531.

[17] Einen Überblick zur bisherigen Rechtslage (bis zur Einführung des § 114 Satz 2 VwGO) gibt insofern *Sachs*, in: Stelkens/Bonk/Sachs u. a., VwVfG, § 45, Rn. 53 sowie *R.P Schenke*, JuS 2000, 230 ff., mit zahlreichen weiteren Nachweisen.

[18] Gesetz vom 1.11.1996, BGBl. I, S. 1626, Nr. 18.

[19] *BVerwGE* 85, 163 (165 ff.).

Wortlaut naheliegende Annahme, dass eine ursprünglich ermessensfehlerhafte Maßnahme bei Vorliegen der Voraussetzungen des § 114 Satz 2 VwGO für materiell rechtmäßig erklärt wird und § 114 Satz 2 VwGO damit Gestaltungswirkung hinsichtlich des materiellen Rechts zukommt[20], ist im Hinblick auf kompetenzrechtliche Überlegungen problematisch.[21] Denn das bundesrechtliche Prozessrecht der VwGO kann insbesondere in den häufigen Fällen, in denen das materielle Recht durch Materien geprägt ist, die der ausschließlichen Gesetzgebungskompetenz der Länder unterliegen, keine Auswirkungen auf die materielle Rechtslage haben. Richtigerweise können § 114 Satz 2 VwGO daher nur prozessrechtliche Auswirkungen zugeschrieben werden.[22] Das *Bundesverwaltungsgericht* geht dabei nunmehr davon aus, dass zunächst dem einschlägigen materiellen Recht zu entnehmen ist, ob in materieller Hinsicht eine Heilung materieller Begründungsdefizite zulässig ist, wovon für den Regelfall auszugehen sei.[23] § 114 Satz 2 VwGO kommt dann erst auf prozessrechtlicher Seite zum Zuge, nämlich bei der Frage, in welchem Rahmen aus rein prozessrechtlicher Sicht nachträgliche Ermessenserwägungen in den Rechtsstreit eingeführt werden können. § 114 Satz 2 VwGO geht jedenfalls davon aus, dass der Prozess sich hierdurch nicht erledigt und folglich ohne eine (konkludent zu unterstellende) Klageänderung des Klägers automatisch fortzuführen ist.

Das *Bundesverwaltungsgericht* nimmt dabei an, dass § 114 Satz 2 VwGO die gesetzliche Wertung enthalte, dass ein bloßes Ergänzen von Ermessenserwägungen prozessrechtlich nicht zu einer Änderung des Streitgegenstandes und damit die Aufrechterhaltung des Prozesses nicht zu einer Klageänderung führe (der Ermessens-Verwaltungsakt bleibt prozessrechtlich derselbe).[24] Hiergegen spricht, dass bei einer Ermessensentscheidung typischerweise die Begründung den eigentlichen Charakter der Verwaltungsentscheidung ausmacht.[25] Überzeugender erscheint daher der dogmatische Ansatz der Literatur, die bei der nunmehr von § 114 Satz 2 VwGO erfassten Ergänzung von Ermessenserwägungen weiterhin von einem Streitgegenstandswechsel wegen Wesensveränderung ausgeht und diese Spezialnorm als gesetzlich statuierte Klageänderung[26] bzw. als gesetzlich geregelten Sonderfall einer sonst unzulässigen Klageänderung durch den Beklagten[27] ansieht. In dieser Deutung führt die Anwendung des § 114 Satz 2 VwGO dazu, dass nunmehr die Behörde durch nachgeschobene Ermessenserwägungen dem Kläger, der gemäß der Grundregel des § 91 VwGO an sich Herr über Klageänderungen ist, einen neuen Streitgegenstand aufdrängen kann. Die vorgenannten Ansätze divergieren hinsichtlich der prozessrechtlichen Dogmatik, im praktischen Ergebnis laufen sie aber auf dasselbe hinaus: Soweit das materielle Recht einer Ergänzung von Ermessenserwägungen nicht entgegensteht, stellt auch das Prozessrecht für die Berücksichtigung von ergänzenden Ermessenserwägungen keine verfahrensmäßigen Hürden auf. Liegen die tatbestandlichen Voraussetzungen des § 114 Satz 2 VwGO vor, hat das angerufene Verwaltungsgericht im Rahmen der Prüfung von Ermessensfehlern (Art. 40 BayVwVfG, § 114 Satz 1 VwGO) die nachgeschobenen Ermessenserwägungen in die Rechtmäßigkeitsbeurteilung mit einzubeziehen.

Jedoch ist nach § 114 Satz 2 VwGO das Nachschieben von Ermessenserwägungen nicht

---

[20] In diese Richtung: *Lotz*, BayVBl. 1997, 257 (264); wohl auch *Redeker*, NJW 1997, 625 (627f.).

[21] *Pöcker/Barthelmann*, DVBl. 2002, 668 (670); *Berkemann*, DVBl. 1998, 446 (449); *W.-R. Schenke*, NJW 1997, 81 (88ff.).

[22] *BVerwGE* 106, 351 (364f.); *Kopp/Schenke*, VwGO, § 113, Rn. 72; *W.-R. Schenke*, NJW 1997, 81 (90); *Dolderer*, DÖV 1999, 104 (107).

[23] Sofern das materielle Recht nichts anderes bestimmt, hat der *„Betroffene nur einen Anspruch darauf, nicht durch einen rechtswidrigen, weil ermessensfehlerhaften Verwaltungsakt in seinen Rechten verletzt zu werden, nicht aber darauf, dass die Behörde einen Rechtsmangel nicht behebt."* *BVerwGE* 106, 351 (365).

[24] *BVerwGE* 106, 351 (364), hierzu auch die Besprechung bei *R.P Schenke*, JuS 2000, 230ff.

[25] S. auch *Pöcker/Barthelmann*, DVBl. 2002, 668ff., nach denen die Interpretation des Bundesverwaltungsgerichts § 114 Satz 2 VwGO in der Sache zur materiellen Heilungsvorschrift erhebe.

[26] *Kopp/Schenke*, VwGO, § 113, Rn. 72; *W.-R. Schenke*, NJW 1997, 81 (90); *Pöcker/Barthelmann*, DVBl. 2002, 668 (671f.).

[27] *Dolderer*, DÖV 1999, 104 (107).

grenzenlos möglich, sondern unterliegt Schranken.[28] Durch nachgeschobene Ermessenserwägungen darf ein Verwaltungsakt, der ursprünglich als gebundene Entscheidung erlassen wurde, nunmehr nicht auf eine Ermessens-Rechtsgrundlage gestützt werden (keine Umwandlung einer gebundenen Entscheidung in eine Ermessensentscheidung). Es müssen *zusätzliche Ermessenserwägungen* nachgeschoben werden, d. h. es müssen vorher überhaupt Ermessenserwägungen angestellt worden sein, auch wenn diese womöglich fehlerhaft resp. defizitär waren. Ein bisher gänzlicher Ermessensnichtgebrauch kann nicht „geheilt" werden. Darüber hinaus sind nur *Ergänzungen* von Ermessenserwägungen, nicht aber ein gänzlicher *Austausch* der Begründung von § 114 Satz 2 VwGO abgedeckt.[29]

Das *Bundesverwaltungsgericht* sieht in einer Einzelfallentscheidung aus dem Jahr 1998 für Konstellationen der vorliegenden Art einen Paradefall der Ergänzungsmöglichkeit nach § 114 Satz 2 VwGO.[30] Da auch unter Berücksichtigung der Grundsätze des intendierten Ermessens bereits vor der nachgeschobenen Begründung immerhin eine andeutungsweise, wenn auch nicht ausreichende Ermessensentscheidung getroffen wurde, kann das Ministerium seine Ermessenserwägungen ergänzen und damit der Begründetheit der Anfechtungsklage nachträglich den Boden entziehen.

II. Prozessuale Möglichkeiten des A

Da der Widerruf unter Berücksichtigung der nachträglichen Erwägungen als rechtmäßig zu bewerten ist und die ursprüngliche Klage damit durch ein nachträgliches Ereignis unbegründet geworden ist, müsste es zu einem klageabweisenden Urteil kommen, nach welchem A auch zur Tragung der Kosten des Rechtsstreits zu verurteilen wäre, § 154 Abs. 1 VwGO. Eine Kostentragungspflicht träfe A im Ergebnis auch, wenn er (die nachträgliche Unbegründetheit erkennend) die Klage zurücknimmt, §§ 92, 155 Abs. 2 VwGO. A kann nur dann vermeiden, auf Kosten des Rechtsstreits sitzen zu bleiben, wenn er den Rechtsstreit für erledigt erklärt.[31]

Im Falle übereinstimmender Erledigungserklärung *beider* Parteien endet die Rechtshängigkeit der Klage eo ipso. Das Gericht trifft eine Kostenentscheidung nach § 161 Abs. 2 VwGO unter Billigkeitsgesichtspunkten. Dabei kommt es grundsätzlich darauf an, wer die Kosten hätte tragen müssen, wenn sich die Hauptsache nicht erledigt hätte.[32] Das wäre hier der Freistaat als Beklagter, denn bis zum Zeitpunkt des Nachschiebens der Ermessenserwägungen wäre die Anfechtungsklage des A begründet gewesen.

Stimmt der beklagte Freistaat der Erledigung hingegen nicht zu, ist die Kostenregelung des § 161 Abs. 2 VwGO unanwendbar. Die einseitige Erledigterklärung des Klägers wird als privilegierte Klageänderung (unter Rekurs auf § 173 VwGO i.V.m. § 264 Nr. 2 oder 3 ZPO) angesehen. Der geänderte Antrag (die Erledigterklärung) wird als Antrag i.S.v. § 43 VwGO ausgelegt, gerichtet auf die Feststellung, dass der Rechtsstreit erledigt ist. Nach überwiegender Ansicht ergibt sich das Feststellungsinteresse allein aus der prozessrechtlichen Überlegung, dass der Kläger, der die Erledigung nicht zu verantworten hat, nur so ein klageabweisendes Urteil (Kostenfolge § 154 Abs. 1 VwGO!) verhindern kann. Stellt das Gericht auf diese Klageänderung antragsgemäß die Erledigung fest, richtet sich die

---

[28] Zum Folgenden: *Schmitt Glaeser/Horn*, Verwaltungsprozessrecht, Rn. 535; vgl. auch *Dolderer*, DÖV 1999, 104 (109). Werden Ermessenserwägungen entgegen diesen Grundsätzen nachgeschoben, liegen sie außerhalb des Tatbestands des § 114 Satz 2 VwGO, sodass insofern die Grundsätze der bisherigen Rechtsprechung [*BVerwGE* 85, 163 (165 ff.)] gelten dürften.

[29] *BVerwGE* 106, 351 (365); *W.R. Schenke*, Verwaltungsprozessrecht, Rn. 817-819; *Kopp/Schenke*, VwGO, § 113, Rn. 72.

[30] *BVerwG* NJW 1998, 2233 (2234). Nach dieser Entscheidung ist eine Ergänzung von Ermessenserwägungen – und keine Nachholung der Ermessensbegründung außerhalb des Tatbestandes von § 114 Satz 2 VwGO – sogar dann anzunehmen, wenn der Ausgangsbescheid nach den Regeln des intendierten Ermessens schlicht die Regelfolge ausspricht, ohne jegliche weitere Begründung zu enthalten.

[31] Krit. hierzu hingegen *Pöcker/Barthelmann*, DVBl. 2002, 668 (672 f.).

[32] *Kopp/Schenke*, VwGO, § 161, Rn. 16.

Kostenentscheidung nach den allgemeinen Regelungen (§§ 154, 155). Weil der Beklagte Freistaat insoweit unterlegen ist, muss er dann auch im Fall der einseitigen Erledigungserklärung letztlich die Kosten tragen (§ 154 Abs. 1 VwGO).[33]

Rechtsprechungsvorlagen: *BVerwGE* 106, 351; *BVerwG* NJW 1998, 2233; *OVG Lüneburg* NVwZ 1985, 120; *OVG Koblenz* NJW 1981, 882

Leseempfehlung: *Dolderer*, Die neu eingeführte „Ergänzung von Ermessenserwägungen" im Verwaltungsprozess, DÖV 1999, 104; *Schenke*, „Reform ohne Ende" – Das Sechste Gesetz zur Änderung der Verwaltungsgerichtsordnung und anderer Gesetze (6. VwGOÄndG), NJW 1997, 81; *Schenke, R.P.*, Das Nachschieben von Ermessenserwägungen – *BVerwGE* 106, 351, JuS 2000, 230; *Pöcker/Barthelmann*, Der missglückte § 114 Satz 2 VwGO, DVBl. 2002, 668

[33] Im Einzelnen vgl. *Kopp/Schenke*, VwGO, § 161, Rn. 20ff.

Fall 4: Land unter! (Möstl/Reimer)

Sachverhalt

Erika Eibinger ist Eigentümerin eines 1996 mit einem Einfamilienhaus bebauten Grundstücks in der Gemeinde Gerbrunn (Unterfranken). Das Grundstück liegt zwischen ausgedehnten Weinbergen und dem kleinen B-Bach. Für dieses Gebiet war ein Bebauungsplan erlassen worden, den der Bayerische Verwaltungsgerichtshof allerdings im Jahr 1997 für nichtig erklärt hat, da bei der Ausweisung des Baugebietes im Überschwemmungsgebiet des B-Baches die erforderliche Abwägung mit den Belangen der künftigen Bewohner unterblieben war.

Im Sommer 2002 kam es zu heftigen Niederschlägen, wie sie in dem betroffenen Gebiet statistisch alle drei Jahre zu erwarten sind. Die Weinberge konnten die Niederschlagsmengen nicht aufnehmen; daher floss Wasser in das Baugebiet. Wegen des zu geringen Fassungsvermögens der Kanalisation kam es zu einer Überschwemmung, die im Hause der E beträchtlichen Schaden anrichtete.

Im Herbst 2002 wendet E sich schriftlich an die Gemeinde, legt den Sachverhalt dar und bittet die Gemeinde darum, für den Schaden aufzukommen. Die Gemeinde weist dieses Ansinnen ab. E möchte daher nun gerichtlich gegen die Gemeinde vorgehen.

Abwandlung
Die Gemeinde entschließt sich zu einer kurzfristigen Erweiterung der Kanalisation. Nach Vorankündigungen in der örtlichen Lokalpresse, aber ohne vorherige Anhörung betroffener Geschäftsleute veranlasst die zuständige Straßenbaubehörde die Verlegung zusätzlicher Rohre durch die A-Straße. Dadurch wird der Straßenverkehr für den Monat September 2002 eingeschränkt. Infolgedessen erleidet das Bekleidungshaus Beklamot-GmbH, ein kleiner Familienbetrieb, im September 2002 Umsatzeinbußen von 50%. Dadurch gerät das Unternehmen vorübergehend in die Verlustzone; nur wegen des guten Weihnachtsgeschäfts ergibt sich ein ausgeglichenes Jahresergebnis. Der Geschäftsführer der B-GmbH möchte nun ebenfalls gerichtlich gegen die Gemeinde vorgehen.

Vermerk für die Bearbeiter: Haben Klagen der E und der B-GmbH Aussicht auf Erfolg?

Lösung

A. Ausgangsfall: Klage der E

I. Zulässigkeit

Für Klagen aus staatshaftungsrechtlichen Ansprüchen ist grundsätzlich der Rechtsweg zu den ordentlichen Gerichten eröffnet (§ 40 Abs. 2 Satz 1 Halbs. 1 VwGO, im Hinblick auf § 839 BGB: § 40 Abs. 2 Satz 1 Halbs. 1 VwGO i.V.m. Art. 34 Satz 3 GG). Auch die Einfügung des § 40 Abs. 2 Satz 1 Halbs. 2 m.W.v. 1.1.2002[1] dürfte nichts daran geändert haben, dass die gewohnheitsrechtlich anerkannten Ansprüche aus enteignungsgleichem oder enteignendem Eingriff weiterhin vor den ordentlichen Gerichten geltend gemacht werden können. Diese Vorschrift dürfte sich nur auf gesetzlich normierte **präventive** (die Rechtmäßigkeit der Primärmaßnahme **ex ante** wahrende) Ausgleichsbestimmungen zur Wahrung der Verhältnismäßigkeit im Rahmen des Art. 14 Abs. 1 Satz 2 GG beziehen (ausgleichspflichtige Inhalts- und Schrankenbestimmungen), **nicht** aber auf die allein **ex post,** d. h. erst **nach Eintritt** des schädigenden Ereignisses greifenden Haftungsansprüche, für die weiterhin durchgehend der ordentliche Rechtsweg eröffnet sein soll[2].

> Die Gesetzesbegründung lässt erkennen, dass auch eine **rechtsgutsbezogene Lösung** möglich wäre, die alle Streitigkeiten über vermögensrechtliche Ansprüche (also alle Ansprüche aus einem Eingriff in Art. 14 Abs. 1 GG) bei den Verwaltungsgerichten ansiedelt und die klassische Zuweisung auf den ordentlichen Rechtsweg demnach auf diejenigen Streitigkeiten beschränkt, die die Aufopferung von Leib und Leben betrifft[3].
>
> Für die hier vertretene Ansicht spricht aber, dass sie alle in Zusammenhang mit der Rechtmäßigkeit der **Primärmaßnahme** zu behandelnden Ausgleichsfragen bei den Verwaltungsgerichten, alle nach Schadenseintritt entstehenden Haftungsfragen (die lediglich den **Sekundärrechtsschutz** betreffen) dagegen bei den ordentlichen Gerichten bündelt. Etwas anderes ergibt sich auch nicht aus der Entscheidung des *BVerfG* zum rheinland-pfälzischen Denkmalschutzgesetz[4], auf die sich die Gesetzesbegründung beruft: Denn dort wird lediglich eine einheitliche Entscheidung über die Primärmaßnahme und eine verhältnismäßigkeitswahrende Ausgleichspflicht verlangt. Die Entscheidung betrifft aber gerade nicht den Rechtsweg für den Sekundärrechtsschutz.

Im Übrigen weist die Prüfung der Sachurteilsvoraussetzungen keine Besonderheiten auf. Sachlich zuständig ist das Landgericht (§ 23 i.V.m. § 71 Abs. 2 Nr. 2 GVG).

II. Begründetheit

Die Klage wäre begründet, wenn der E ein Anspruch auf Schadenersatz oder Entschädigung zustünde.

[1] Gesetz zur Bereinigung des Rechtsmittelrechts im Verwaltungsprozess (RmBereinVpG) v. 20.12.2001, BGBl. I 2001, 3987.
[2] In diese Richtung auch *Schenke*, Verwaltungsprozessrecht, Rn. 145.
[3] BR-Drs. 600/00; vgl. hierzu auch die Lösung zu *Fall 5* (Zulässigkeit des Hilfsantrags).
[4] *BVerfGE* 100, 226.

1. Spezialgesetzliche Entschädigungsansprüche (§§ 39ff. BauGB)

§ 39 BauGB schützt das Vertrauen in den Fortbestand rechtswirksamer Bebauungspläne. Im vorliegenden Fall ist der Bebauungsplan aber vom *VGH* im Verfahren nach § 47 VwGO für nichtig erklärt worden. Daher fehlt es an einem wirksamen Bauleitplan. Ein Entschädigungsanspruch nach § 39 BauGB scheidet mithin aus. Auch ein Fall der Entschädigung wegen bestimmter Festsetzungen im Bebauungsplan (§§ 40ff. BauGB) liegt nicht vor.

2. Amtshaftungsanspruch (§ 839 BGB i.V.m. Art. 34 GG)

a) wegen fehlerhafter Bauleitplanung

aa) Beamter im haftungsrechtlichen Sinne
Die zur Bauleitplanung berufenen natürlichen Personen müssten in Ausübung eines öffentlichen Amtes gehandelt haben, also „Amtsträger" oder „Beamte im haftungsrechtlichen Sinne" gewesen sein. Hier ist vieles umstritten (vgl. die nachfolgenden Hinweise).

Rechtsform des Handelns als Filter. Vorab lässt sich sagen, dass unter „Ausübung eines öffentlichen Amtes" jedenfalls die hoheitlich-obrigkeitliche Verwaltung (Erlass von VAen, Einsatz von Befehls- und Zwangsgewalt) und das schlicht-hoheitliche Handeln (insbesondere: Leistungsverwaltung wie Straßenbau, Errichtung und Betrieb öffentlicher Einrichtungen wie z.B. der kommunalen Kanalisation) zu verstehen sind. Ebenso ist unstreitig, dass das fiskalische und das erwerbswirtschaftliche Handeln des Staates kein amtliches Handeln i.S.d. § 839 BGB sind.

Zur Vertiefung: Umstritten ist dagegen, ob das Handeln unter dem Regime des Verwaltungsprivatrechts sich als „Ausübung eines öffentlichen Amtes" darstellen kann. Die Rspr. und die h.L. verneinen das kategorisch (unechte Ausnahmen i.R.d. Zwei-Stufen-Theorie für das Ob einer Vergabe und die Auswahlentscheidung). Demgegenüber wird in einem Teil der Literatur – namentlich von *Ossenbühl* – die Auffassung vertreten, es solle nicht starr auf die Handlungsform (Zivilrecht) ankommen; vielmehr sei nach materiellen Kriterien zu differenzieren. Entscheidend seien der **Aufgabencharakter** und der **Funktionszusammenhang** der zu erfüllenden hoheitlichen Aufgabe.

Beamte im haftungsrechtlichen Sinne sind auch

(1) **Beliehene,** d.h. natürliche oder juristische Personen des Privatrechts, denen durch ein Gesetz oder aufgrund eines Gesetzes bestimmte hoheitliche Aufgaben und Befugnisse zur selbstständigen Wahrnehmung im eigenen Namen übertragen worden sind. Sie üben im Rahmen ihrer Beleihung Hoheitsgewalt aus. Hierzu gehören insbesondere[5]:

- **TÜV-Sachverständige** (Hinweis auf Getriebeschaden-Fall: OLG Bremen v. 21.10. 1998, NZV 1999, 166);
- **Luftfahrzeugführer** (§ 29 Abs. 3 LuftVG) und **Schiffskapitäne** (§ 75 Abs. 1, 101, 106 SeemannsG);
- **Feld-, Forst- und Fischereiaufseher** (Waldgesetze etc. der Länder);
- **Deutsche Post AG** bei der Ausführung von Postzustellungsaufträgen (§ 16 PostG);
- **Tierärzte,** die nach § 2 Abs. 2 Nr. 2 ViehseuchenG zugezogen werden;
- **Amtsärzte; Vertrauensärzte der Sozialversicherungsträger; vom Versorgungsamt beauftragte Vertragsärzte; polizeilich beauftragte Blutentnahme-Ärzte;**
- staatlich anerkannte **Privatschulen** bei Versetzungsentscheidungen, Prüfungsentscheidungen und der Erteilung von Abschlusszeugnissen;

[5] Aufzählung nach *Ossenbühl,* Staatshaftungsrecht, 5. Aufl. 1998, S. 15f.

- **Geistliche und pastorale Mitarbeiter der Kirche** bei der Erteilung von Religionsunterricht an staatlichen und kommunalen Schulen (Art. 7 Abs. 3 GG);
- die **Beschäftigungsdienststellen für Zivildienstleistende** (§ 4 ZDG);
- **Mitglieder einer freiwilligen Feuerwehr;**
- **Bezirksschornsteinfegermeister** bei bestimmten hoheitlichen Tätigkeiten wie Bauabnahme, Feuerstättenschau und im Rahmen des BImSchG.

Keine Beliehene sind dagegen

- **gerichtlich bestellte Sachverständige,** da sie als Private tätig werden sollen und lediglich eine staatsbürgerliche Pflicht erfüllen[6];
- **Vormund, Pfleger;**
- **Testamentsvollstrecker,** Nachlassverwalter, Nachlasspfleger;
- **Insolvenzverwalter.**

(2) **Verwaltungshelfer,** d.h. natürliche Personen, die dem Staat und den kommunalen Gebietskörperschaften in abhängiger Position bei der Wahrnehmung ihrer Funktionen behilflich sind, ohne förmlich beliehen zu sein. Verwaltungshelfer nehmen keine gewichtigen Kompetenzen wahr, sondern erfüllen lediglich „gelegentlich anfallende ergänzende Hilfsfunktionen“[7]. Beispiele:

- Schülerlotsen; Ordnungsschüler; Schüler, der beim Schulturnen Hilfestellung leistet;
- Eltern, die einen Schulausflug begleiten;
- hinzugezogene Ärzte eines Zivilkrankenhauses bei der Heilbehandlung eines Soldaten oder Gefangenen.

(3) **Für den Staat tätige Privatunternehmer?** Umstritten sind die abstrakten Kriterien für eine Anwendbarkeit des § 839 auf selbstständige Unternehmer. Nach der traditionellen **Werkzeugtheorie** (vom *BGH* für die Fälle schädigender Straßenbauarbeiten und fehlerhafter Wartung von Ampelanlagen entwickelt) sollte entscheidend sein, ob der Unternehmer lediglich als verlängerter Arm der Verwaltung anzusehen ist, so dass man eine Ingerenz der Gebietskörperschaft für sein Handeln annehmen kann.

Kritik: Der Geschädigte kann nur schlecht erkennen, gegen wen er seinen Haftungsanspruch richten soll, weil er nicht weiß, wo sich die Willensbildung vollzieht und wie stark der nach außen auftretende Unternehmer im Innenverhältnis an Weisungen der Behörde gebunden ist. Außerdem wäre es der Behörde nach der Werkzeugtheorie ein Leichtes, sich ihrer Haftungsverantwortung dadurch zu entledigen, dass sie die Privatunternehmer weisungsfrei stellt. –

Nach **neuerer Rechtsprechung** zu den Abschleppfällen stellt der *BGH* in **Anlehnung an § 278 BGB** im Wege einer dynamischen Betrachtung darauf ab[8],

- ob der hoheitliche Charakter der Aufgabe in den Vordergrund tritt (Charakter der Aufgabe),
- wie eng die Verbindung zwischen der übertragenen Tätigkeit und der von der Behörde zu erfüllenden hoheitlichen Aufgabe ist (Sachnähe),
- wie begrenzt der Entscheidungsspielraum des Unternehmers ist (Einbindung in den behördlichen Pflichtenkreis).

Der Staat kann sich also nicht durch eine „Flucht ins Privatrecht“ im Wege einer externen Vergabe staatlicher Hoheitstätigkeit der (Staats-)Haftung entziehen.

[6] *BGHZ* 59, 310 (311ff.).
[7] *Ossenbühl,* Staatshaftungsrecht, S. 18.
[8] *BGHZ* 121, 161; vgl. die Nachweise bei *Ossenbühl,* Staatshaftungsrecht, S. 22 (Fn. 63).

In der **Literatur** findet sich die Ansicht, der Staat solle umgekehrt aber auch keinem strengerem Regime unterworfen sein als ein privater Dritter, wenn der Staat eine Tätigkeit ausübt, die nicht in den engen Bereich des hoheitlichen Handelns fällt.

- **Beispiel:** Wenn dem privaten Bauarbeiter beim Bau eines städtischen Altersheims ein Stein aus der Hand fällt, soll der geschädigte Passant sich hier nicht an den städtischen Bauherrn halten können – denn auch ein privater Bauherr wäre dem Passanten gegenüber nicht schadenersatzpflichtig[9].

Maßgeblich solle daher sein, ob der Hoheitsträger dem Einzelnen mit spezifisch staatlicher Macht entgegentritt, so dass dieser sich im Zustand „unentrinnbarer Inferiorität" befindet.

Der Kreis der Beamten im haftungsrechtlichen Sinne ist aber nicht auf den Verwaltungsvollzug als Kernbereich exekutivischer Handlungen begrenzt. Auch jede Art der Normgebung (hier: Erlass eines Bebauungsplans) bildet eine hoheitliche Tätigkeit[10]. Der Normgeber (hier: der Gemeinderat von Gerbrunn) ist damit als Kollegialorgan Beamter im haftungsrechtlichen Sinn.

bb) Verletzung einer Amtspflicht

Grundsätzlich sind alle Staatsgewalten zu rechtmäßigem Handeln verpflichtet (Art. 20 Abs. 3, 28 Abs. 1 GG). Hier kommt zunächst eine Anknüpfung an die fehlerhafte (gesetzeswidrige) Bauleitplanung in Betracht. In der rechtswidrigen Bauleitplanung liegt jedenfalls eine objektiv-rechtliche Pflichtverletzung.

cc) Drittschutz dieser Amtspflicht?

Zu einer Haftung der Gemeinde führt diese Verletzung einer Amtspflicht allerdings nur, soweit die betreffende Amtspflicht „einem Dritten gegenüber" besteht (§ 839 Abs. 1 S. 1 BGB), also drittschützend ist. Das Kriterium des Drittschutzes der Amtspflicht ist das maßgebliche Kriterium, mithilfe dessen die Risikosphären der öffentlichen Hand und des Geschädigten voneinander abgegrenzt werden.

Zur Frage des Drittschutzes hat der *BGH* allgemein ausgeführt:

> *„Für die Beantwortung der Frage, ob die Behörde Amtspflichten verletzt hat, die ihr gegenüber einem Dritten oblagen, kommt es auf den Zweck an, dem die Amtspflicht dient. Nur wenn sich aus den die Amtspflicht begründenden und sie umreißenden Bestimmungen sowie aus der besonderen Natur des Amtsgeschäfts ergibt, daß der Geschädigte zu dem Personenkreis zählt, dessen Belange nach dem Zweck und der rechtlichen Bestimmung des Amtsgeschäfts geschützt und gefördert werden sollen, besteht ihm gegenüber bei schuldhafter Pflichtverletzung eine Schadensersatzpflicht. Hingegen ist anderen Personen gegenüber, selbst wenn die Amtspflichtverletzung sich für sie mehr oder weniger nachteilig ausgewirkt hat, eine Ersatzpflicht nicht begründet. Es muß mithin eine besondere Beziehung zwischen der verletzten Amtspflicht und dem Geschädigten bestehen. Dabei muß eine Person, der gegenüber eine Amtspflicht zu erfüllen ist, nicht in allen Belangen immer als Dritter anzusehen sein. Vielmehr ist jeweils zu prüfen, ob gerade das im Einzelfall berührte Interesse nach dem Zweck und der rechtlichen Bestimmung des Amtsgeschäfts geschützt werden soll. Es kommt danach auf den Schutzzweck der Amtspflicht an (...). Dabei genügt es, daß die Amtspflicht neben der Erfüllung allgemeiner Interessen und öffentlicher Zwecke auch den Zweck verfolgt, die Interessen einzelner wahrzunehmen."*[11]

---

[9] *Ossenbühl*, Staatshaftungsrecht, S. 23f.
[10] *Ossenbühl*, Staatshaftungsrecht, S. 13.
[11] *BGHZ* 140, 380ff. = DÖV 1999, 740ff., unter Hinweis auf *BGHZ* 39, 358 (363); *BGHZ* 106, 323 (331); *BGHZ* 109, 163 (167f.); *BGHZ* 134, 268 (276); *BGHZ* 137, 11 (15); weitere Nachweise bei *Ossenbühl*, Staatshaftungsrecht, S. 65ff.

Problematisch im hiesigen Fall ist, dass eine Haftung für normatives Unrecht, nämlich für den fehlerhaften Bebauungsplan (der nach § 10 Abs. 1 BauGB ja als Satzung erlassen wird) begehrt wird. Eine Haftung für normatives Unrecht besteht nach ständiger Rechtspraxis indes grundsätzlich nicht, da beim Erlass abstrakt-genereller Normen regelmäßig allein der Allgemeinheit gegenüber bestehende Amtspflichten wahrgenommen werden. Auch die Bauleitplanung dient in erster Linie dem objektiven Interesse einer geordneten städtebaulichen Entwicklung (§ 1 Abs. 1 und Abs. 3 BauGB).

Andererseits ist ein Bebauungsplan, der sich auf die Planung eines überschaubaren Kreises von Grundstücken beschränkt, nicht in derselben Weise abstrakt-generell wie Normen im Allgemeinen; vielmehr kommt er einem regelmäßig von drittbezogenen Amtspflichten gekennzeichneten Einzelfallhandeln der Verwaltung schon recht nahe. Hinzu kommt, dass mittlerweile in der Rechtsprechung des *BVerwG* anerkannt ist, dass das Abwägungsgebot des § 1 Abs. 6 BauGB hinsichtlich solcher privater Belange, die abwägungserheblich sind, drittschützenden Charakter hat[12]. Von hier aus wäre es an sich ein folgerichtiger Schritt, dann, wenn das drittschützende Abwägungsgebot verletzt wurde, grundsätzlich auch eine haftungsauslösende Verletzung einer drittbezogenen Amtspflicht anzunehmen.

Zu bedenken ist allerdings, dass eine derartig umfassende Haftung für eine fehlerhafte Abwägung privater Belange (insbesondere wirtschaftlicher Art) bei der Bauleitplanung zu einer sehr weitreichenden Risikoverlagerung auf die Gemeinde führen würde und einen radikalen Bruch mit dem traditionellen Ausgangspunkt der BGH-Rechtsprechung bedeuten müsste, dass der Eigentümer das Risiko der wirtschaftlichen Nutzbarkeit seines Grundstücks grundsätzlich selber tragen muss[13]. Die Gemeinde will mit ihrem Bebauungsplan die Grundlagen für eine geordnete städtebauliche Entwicklung schaffen, nicht aber umfassend das wirtschaftliche Risiko der Grundstücksnutzung übernehmen. Das Kriterium der Drittbezogenheit der Amtspflicht dient der haftungsrechtlichen Abgrenzung von Risikosphären, und es ist keineswegs zwingend, dass diese haftungsrechtliche Abgrenzung in vollem Maße den auf andere Fragestellungen bezogenen Wertungen des materiellen Rechts folgen müsste: Es ist eine Sache, dass ein Dritter einen Bebauungsplan wegen Verstoßes gegen das drittschützende Abwägungsgebot nach § 47 Abs. 2 VwGO angreifen kann; es ist indes eine andere Frage, ob insoweit auch eine volle Haftungsübernahme für alle möglichen Abwägungsfehler anzunehmen ist.

Der *BGH* hat in dem so umrissenen Problemfeld eine mittlere, eher restriktive Linie eingeschlagen. Ihr Kerngedanke lässt sich so zusammenfassen, dass die Gemeinde keineswegs umfassend für das Vertrauen in die Richtigkeit des Bebauungsplanes, sehr wohl aber für das Vertrauen in die Ungefährlichkeit des Bebauungsplanes haftet[14]. Die Haftung bleibt auf die allen Behörden obliegende allgemeine Polizeipflicht, für die Bürger keine gefährlichen Zustände zu schaffen und damit auf das auch verfassungsrechtlich (grundrechtliche Schutzpflichten) geforderte Mindestmaß beschränkt. Allein ein Verstoß gegen die in § 1 Abs. 5 Nr. 1 BauGB normierten Anforderungen an gesunde und sichere Wohn- und Arbeitsverhältnisse, nicht aber der Verstoß gegen das Gebot, auch sonstige erhebliche private (insbesondere wirtschaftliche) Belange zu berücksichtigen, soll demnach eine Haftung auslösen.

Ein haftungsauslösender Verstoß gegen drittbezogene Amtspflichten besteht nach dieser Rechtsprechung allein insoweit, als die Sicherheit der Wohn- und Arbeitsbevölkerung vor solchen Umwelt- und Gesundheitsgefahren nicht gewährleistet ist, die vom Grund und Boden des Baugebiets selbst ausgehen, vom Geschädigten nicht vorhersehbar waren und auch planerisch nicht bewältigt werden können (Hauptbeispiel: Altlastenfälle[15]).

Daraus ergibt sich eine signifikante Einschränkung des **persönlichen Schutzbereiches:** Von § 1 Abs. 5 Satz 2 Nr. 1 BauGB sind nur die Eigentümer/Erwerber des Grundstücks

---

12 *BVerwG* DVBl. 1999, 100.
13 *Raeschke-Kessler*, NJW 1993, 2275 (2276).
14 *Ossenbühl*, DÖV 1992, 761 (768f.).
15 *BGHZ* 106, 323; *Stangl*, JuS 1993, 280.

geschützt, die auf dem unbewohnbaren Grundstück wohnen wollen. Gleiches gilt für Bauträger, die gewöhnlich für die Bewohnbarkeit einzustehen haben. Dagegen wird kein Drittschutz für Nachbarn, Banken oder Spekulanten gewährt, die reine Vermögensinteressen wahrnehmen.

Für die **erfassten Schäden** geht der **sachliche Schutzbereich** auch nach der Rspr. über die reinen Gesundheitsschäden hinaus; er umfasst auch Vermögensschäden, soweit im Vertrauen auf die Bewohnbarkeit der baulichen Anlagen Aufwendungen getätigt wurden oder es zu einem Nutzungsausfall kam. Der Schadenersatz ist in jedem Falle aber auf das negative Interesse begrenzt.

dd) Anwendung auf den vorliegenden Fall

Nach den Kriterien des *BGH* fehlt es am Drittschutz, da vom Boden (!) keine Gefahr ausgeht. Das Haus ist nicht unbewohnbar. Auch eine Gesundheitsgefahr ist fraglich, da das Problem der Überschwemmungen jedenfalls zu bewältigen ist. Selbst wenn man eine Gesundheitsgefahr annimmt, fehlt es an der Unvorhersehbarkeit dieser Gefahr. Außerdem könnte ihr mit planerischen Mitteln begegnet werden. Daher scheidet nach der Rechtsprechung ein Amtshaftungsanspruch unter Anknüpfung an die fehlerhafte Bauleitplanung aus.

b) wegen unzureichender Abwasserbeseitigung

Ein Amtshaftungsanspruch könnte sich nämlich in jedem Falle aus einem Verstoß der Gemeinde gegen ihre Pflicht zur Abwasserbeseitigung (Art. 41b BayWG[16]) ergeben.

aa) Beamter im haftungsrechtlichen Sinne

Die Abwasserbeseitigung gehört nach Art. 41b Abs. 1 BayWG zu den (schlicht-)hoheitlichen Pflichtaufgaben der Gemeinde im eigenen Wirkungskreis[17]. Damit handeln die zuständigen Gemeindeorgane auch hier „in Ausübung eines öffentlichen Amtes“ (s.o.).

bb) Verletzung einer Amtspflicht

Das Entwässerungssystem muss nach Art. 41a BayWG nicht nur Abwasser, sondern das gesamte nach den topographischen Verhältnissen anfallende Wasser aufnehmen können. Die Kanalisation muss nicht für seltene Katastrophen, wohl aber für statistisch häufige Regenfälle ausgelegt sein.

Zur Vertiefung: Nach einer Entscheidung des OLG Karlsruhe besteht keine Haftung einer Gemeinde, wenn die gemeindliche Kanalisation bei einem Jahrhunderthochwasser durch Niederschlagswasser bis zum Limit ausgelastet ist, so dass private Haushalte vorübergehend kein eigenes Abwasser mehr in die gemeindliche Kanalisation einleiten können. Kommt es hier zu einer Überschwemmung einer Souterrainwohnung wegen Rückstaus des Niederschlagswassers, soll die Gemeinde nicht haften (arg. Sozialbindung des Eigentums, Art. 14 Abs. 2 GG, hebt die Schwelle zur Annahme eines Sonderopfers signifikant an)[18].

cc) Drittschutz

Diese Pflicht obliegt der Gemeinde gerade auch den Bewohnern gegenüber. Anders als im Bereich der Bauleitplanung, bei der sich aus dem Gesichtspunkt der Haftung für normatives Unrecht Einschränkungen des Drittschutzes ergeben (s.o.), ist die drittschützende Wirkung hier – beim nicht-normativen Verwaltungshandeln – gerade nicht auf Gefährdungen für Leben oder Gesundheit beschränkt, sondern erfasst auch die mit Überschwemmungen typischerweise verbundenen Vermögensschäden[19].

---

16 § 45b WG BW; § 53 Abs. 1 LWG NW.
17 Für das Recht der anderen Bundesländer vgl. z.B. §. 2 Abs. 1 GO BW; § 2 GO NW; § 53 Abs. 1 LWG NW.
18 *OLG Karlsruhe* BWGZ 1996, 633ff.
19 *BGHZ* 140, 380ff. = DÖV 1999, 740ff., unter I.1.b.cc.(1).

dd) Verschulden
Ob ein Verschulden vorliegt, ist nach einem objektiven Sorgfaltsmaßstab zu entscheiden. Vorliegend gibt es an einer subjektiven Vorwerfbarkeit des Verhaltens der gemeindlichen Amtsträger kaum Zweifel: Denn Regenfälle wie die des Sommers 2002 treten statistisch alle drei Jahre auf; mit ihnen muss daher bei Anspannung durchschnittlicher gedanklicher Kräfte gerechnet werden. Mithin liegt das erforderliche Verschulden (§ 276 Abs. 1 Satz 1 BGB; hier in Form grober Fahrlässigkeit, § 276 Abs. 2 BGB) vor.

Zur Vertiefung: Haftungsausschluss im öffentlichen Recht.

Haftungsausschlussklauseln sind im öffentlichen Recht nach Rspr. und h.M. möglich, wenn folgende Voraussetzungen erfüllt sind:

- Haftungsbeschränkung muss in der Satzung niedergelegt sein;
- Haftungsausschluss beschränkt sich auf einfache und mittlere Fahrlässigkeit; der Ersatz von Schäden aus grob fahrlässigem und vorsätzlichem Handeln darf nicht ausgeschlossen sein (vgl. § 309 Nr. 7 lit. b BGB);
- Haftungsbeschränkung muss durch sachliche Gründe gerechtfertigt sein;
- Haftungsbeschränkung muss den Grundsätzen von Erforderlichkeit und Verhältnismäßigkeit i.e.S. entsprechen;
- Haftungsbeschränkung darf allgemein-fürsorgerischen Aufgaben der Verwaltung nicht zuwiderlaufen.

ee) Schaden
Nach dem Sachverhalt ist auch ein Schaden eingetreten.

ff) Kausalität
Er beruht (äquivalent-kausal; hier: hypothetische Kausalität) auf dem gemeindlichen Unterlassen der Bereitstellung einer ausreichend dimensionierten Entwässerungsanlage.

gg) Subsidiarität (§ 839 Abs. 1 Satz 2 BGB)
Zwar fällt den Amtsträgern wohl nur (grobe) Fahrlässigkeit zur Last (s.o.). Es ist aber nicht ersichtlich, dass E anderweitig Ersatz zu erlangen vermag. Daher greift die Subsidiaritätsklausel des § 839 Abs. 1 Satz 2 BGB im Ergebnis nicht ein.

hh) Ausschluss nach § 839 Abs. 3 BGB
Fraglich könnte aber sein, ob E den eingetretenen Schaden durch den Gebrauch eines Rechtsmittels hätte abwenden können. In Betracht wäre eine verwaltungsgerichtliche Leistungsklage auf Bereitstellung einer größer dimensionierten Entwässerungsanlage gekommen. Anspruchsgrundlage für diese Klage ist Art. 41b Abs. 1 BayWG. Ob der Anspruch im Ergebnis besteht – oder ob z. B. ein Ausschlussgrund nach Art. 41b Abs. 2 BayWG eingreift –, ist aber nach dem Sachverhalt nicht eindeutig zu entscheiden. Es ist insbesondere auch nicht durch die Kassation des Bebauungsplanes durch den *BayVGH* präjudiziert. Mangels näherer Hinweise im Sachverhalt ist daher davon auszugehen, dass der Amtshaftungsanspruch nicht nach § 839 Abs. 3 BGB ausgeschlossen ist.

ii) Zwischenergebnis
Daher steht der E ein Schadenersatzanspruch gegen die Gemeinde G zu.

3. Enteignungsgleicher Eingriff

Wegen der Rechtswidrigkeit des Verhaltens der Gemeinde kommt daneben eine Haftung aus enteignungsgleichem Eingriff in Betracht (Rechtsfolge: angemessene Entschädigung).

a) Rechtsgrundlage
Eine positivierte Anspruchsgrundlage fehlt. In Fortführung des klassischen Aufopferungsgedankens (vgl. Art. 74, 75 EinlPrALR; § 40 Abs. 2 Satz 1 VwGO) ist der Entschädi-

gungsanspruch aus enteignungsgleichem Eingriff aber gewohnheitsrechtlich (oder: „richterrechtlich“) anerkannt. Er kann auch auf Art. 14 Abs. 1 und 2 GG (grundrechtlicher Abwehranspruch; nicht: Enteignungsenschädigung i.S.d. Art. 14 Abs. 3 GG!) gestützt werden.

b) Eigentumsbeeinträchtigung
Die Haftung aus enteignungsgleichem Eingriff setzt zunächst eine Eigentumsbeeinträchtigung, d.h. einen faktischen Eingriff in eine durch Art. 14 Abs. 1 GG geschützte Rechtsposition voraus. Hier ist es zu Substanzschäden am Grundstück der E gekommen; damit liegt die erforderliche Eigentumsbeeinträchtigung vor.

c) Hoheitliche Maßnahme
Bei dem Bebauungsplan handelt es sich eindeutig um eine hoheitliche Maßnahme; die unzureichende Dimensionierung der Kanalisationsanlage ist dagegen ein (faktisches) Unterlassen der Gemeinde. Auch darin liegt eine „Maßnahme“ i.S.d. staatshaftungsrechtlichen Ansprüche wegen Eigentumsbeeinträchtigungen[20].

d) Unmittelbarkeit des Eingriffs
Fraglich ist aber, ob auch ein unmittelbarer Eingriff in das Eigentum der E vorliegt. Die Unmittelbarkeit dient dogmatisch als Kriterium zur Haftungsbegrenzung des Hoheitsträgers und zur Abgrenzung der Verantwortungs- und Zurechnungssphären zwischen Hoheitsträger und geschädigtem Bürger.

aa) Bebauungsplan als Eingriff?
Feststellen lässt sich zunächst, dass der Bebauungsplan nicht unmittelbar in bereits bestehende Rechte eingreift. Es ist nicht ersichtlich, dass E durch den Erlass des Bebauungsplans Rechtspositionen verliert, die sie im planlosen status quo ante innegehabt hätte.

bb) Unzureichende Abwasserbeseitigung als Eingriff?
Zweifelhaft ist aber auch, ob die unzureichende Abwasserbeseitigung sich als Eingriff darstellt. Nach dem oben Gesagten liegt hier allenfalls ein Eingriff durch Unterlassen vor. Nicht eine in der Abwasserbeseitigungsanlage angelegte Gefahr realisiert sich (ohne sie wäre der Schaden ja noch schlimmer), sondern eine in dem Ausbleiben einer positiven Daseinsvorsorgeleistung liegende Gefahr. Dem Bürger wird hier also nichts genommen; ihm wird lediglich etwas vorenthalten. Die daraus resultierende Eigentumsbeeinträchtigung wird von der Rechtsprechung als nur mittelbar auf die Maßnahme zurückzuführen angesehen.

e) Zwischenergebnis
Daher liegen die Voraussetzungen für eine Entschädigung aus enteignungsgleichem Eingriff hier nicht vor.

4. Öffentlich-rechtliche pVV

In Betracht kommt schließlich ein Anspruch aus der Verletzung von Nebenpflichten eines öffentlich-rechtlichen Schuldverhältnisses analog §§ 241 Abs. 2, 280 Abs 1 Satz 1 BGB.

Vorliegend scheidet ein Anspruch aus öffentlich-rechtlichem Schuldverhältnis zwischen dem Abwasseranlagenbetreiber und dem Anschlussteilnehmer nach der Rspr. allerdings schon deshalb aus, weil sich in dem vorliegenden Schaden der E keine spezifische Gefahr des konkreten Anschlusses realisiert.

Zur Vertiefung: Als öffentlich-rechtliche Schuldverhältnisse, im Rahmen derer ein Staatshaftungsanspruch denkbar ist, sind anerkannt:
- öffentlich-rechtliche Verwahrung;

[20] Vgl. *Ossenbühl*, Staatshaftungsrecht, S. 238f., m.w.N. aus der Rspr.

- öffentlich-rechtliche Benutzungs- und Leistungsverhältnisse;
- Beamtenverhältnisse und sonstige personenbezogene Sonderverbindungen wie Wehr- und Zivildienstverhältnisse (auch von der Rspr. anerkannt), Schulverhältnis (str.), Strafgefangenenverhältnis (str.).

Speziell im Hinblick auf die Abwässerentsorgung ist eine Haftung in folgenden Fällen anerkannt worden:

- Lieferung verunreinigten Wassers;
- umgekehrt: Einspeisen verunreinigten Wassers durch einen Bürger mit der Folge, dass auch der Klärschlamm kontaminiert ist, so dass der Gemeinde ein Schaden entsteht;
- Rückstauschäden aufgrund einer nicht ordnungsgemäßen Anlage der städtischen Kanalisation.

5. Öffentlich-rechtlicher Folgenbeseitigungsanspruch

Der öffentlich-rechtliche Folgenbeseitigungsanspruch ist ein Wiederherstellungsanspruch, kein Entschädigungsanspruch[21]. Da eine Naturalrestitution der eingetretenen Eigentumsbeeinträchtigungen nicht begehrt wird (E möchte lediglich, dass die Gemeinde „für den Schaden aufkommt", d.h. eine Geldleistung erbringt) und wohl auch nicht mehr möglich ist, weil Hochwasserschäden üblicherweise rasch beseitigt werden, kommt eine Anwendung des öffentlich-rechtlichen Folgenbeseitigungsanspruches im vorliegenden Fall nicht in Betracht.

6. § 2 HPflG

Nach § 2 Abs. 1 Satz 1 HPflG (Sch 33) ist der Inhaber einer Rohrleitungsanlage einem anderen zum Ersatz des Schadens verpflichtet, den dieser durch eine Verletzung von Leben, körperlicher Unversehrtheit oder Eigentum durch eine Rohrleitungsanlage erleidet.

Diese Regelung ist auch im Staat-Bürger-Verhältnis (hier: Gemeinde-Bürger-Verhältnis) anwendbar. Sie ist aber tatbestandlich nicht einschlägig. Der Anspruch setzt nämlich seinem Wortlaut nach voraus, dass die schadenstiftende Flüssigkeit (hier: Wasser) *von der Rohrleitungsanlage ausgeht*. Daran fehlt es hier. Das schädigende Wasser geht nicht von der Kanalisation aus, sondern kommt von außen (Oberflächenwasser).

Etwas anderes würde gelten, wenn die Schäden im konkreten Fall nicht allein durch das Oberflächenwasser aus den Weinbergen, sondern zusätzlich auch durch Abwässer verursacht worden wären, die aus der Kanalisation austräten[22]. Dafür gibt es aber keinen Hinweis im Sachverhalt.

III. Ergebnis

Daher steht der E nach hier vertretener Ansicht allein ein Schadenersatzanspruch aus § 839 BGB zu. Ihre Klage ist mithin zulässig und begründet.

[21] *Ossenbühl*, Staatshaftungsrecht, S. 301.
[22] Vgl. *BGHZ* 140, 380ff. = DÖV 1999, 740ff.

B. Abwandlung: Klage der B-GmbH

I. Zulässigkeit

Wiederum ist der Rechtsweg zu den ordentlichen Gerichten eröffnet (§ 40 Abs. 2 Satz 1 VwGO, im Hinblick auf § 839 BGB: § 40 Abs. 2 Satz 1 VwGO i.V.m. Art. 34 Satz 3 GG). Dies gilt auch für den spezialgesetzlichen Staatshaftungsanspruch aus Art. 17 Abs. 3 BayStrWG[23].

Die einzige Besonderheit bei der Zulässigkeit liegt im Bereich der Prozessfähigkeit der GmbH; die Gesellschaft wird durch den Geschäftsführer als Organ vertreten (§ 35 GmbHG).

II. Begründetheit

Die Klage der B-GmbH gegen die Gemeinde wäre begründet, wenn der B-GmbH der geltend gemachte Zahlungsanspruch gegen die Gemeinde zustünde[24].

Hinweis: Eine Klage des Geschäftsführers im eigenen Namen kommt dagegen nicht in Betracht. Denn es ist schon nicht ersichtlich, inwieweit der Geschäftsführer einen Schaden erlitten haben könnte. Selbst für den Fall, dass der Geschäftsführer zugleich Gesellschafter der GmbH wäre, gälte nichts anderes (Abschirmwirkung der juristischen Person).

1. Spezialgesetzlicher Staatshaftungsanspruch aus Art. 17 Abs. 3 BayStrWG

In Betracht kommt zunächst ein Entschädigungsanspruch nach Art. 17 Abs. 3 Satz 1 BayStrWG. Ob sich dieser Anspruch im vorliegenden Fall überhaupt gegen die Gemeinde richten würde (vgl. Satz 2: Schuldner ist der, zu dessen Gunsten die Arbeiten im Straßenbereich erfolgen; letztlich sind dies die durch die Erweiterung der Kanalisation besser geschützten Anwohner), kann offen bleiben.

Ebenso kann dahinstehen, ob die Dauer eines Monats bereits als „längere Zeit" i.S.d. Art. 17 Abs. 3 Satz 1 BayStrWG anzusehen ist.

Denn jedenfalls lässt der vorliegende Fall nicht erkennen, dass es zu der nach Art. 17 Abs. 3 Satz 1 StrWG erforderlichen Gefährdung der wirtschaftlichen Existenz eines anliegenden Betriebes gekommen ist. Schon aus diesem Grund scheidet ein Entschädigungsanspruch nach Art. 17 Abs. 3 Satz 1 BayStrWG aus.

Hinweis: Das Merkmal der Existenzgefährdung ist eine spezialgesetzliche Konkretisierung der allgemeinen Anforderungen, die die Rechtsprechung zum enteignenden Eingriff an die sog. **Opfergrenze** stellt.

Nach der Rechtsprechung schließt das Scheitern des Anspruchs aus Art. 17 Abs. 3 BayStrWG aber nicht den Rückgriff auf die allgemeinen Anspruchsgrundlagen des Staatshaftungsrechts aus[25].

---

[23] *BayObLG* NJW 1975, 693.
[24] *OLG Koblenz* OLGR Koblenz 2000, 457ff. = MDR 2000, R 19.
[25] *BayObLG* NJW 1975, 693.

2. Amtshaftungsanspruch (§ 839 BGB i.V.m. Art. 34 GG)

Ein Amtshaftungsanspruch scheidet aus, wenn das Verhalten der Gemeinde rechtmäßig war. Abzustellen ist dabei nicht auf die Frage, ob in Rechtspositionen betroffener Anlieger nicht ohne Entschädigung eingegriffen werden darf (die Frage der Entschädigungspflicht betrifft die Rechtsfolge der hier vorgenommenen Prüfung, kann also nicht zugleich deren Tatbestandsmerkmal sein). Abzustellen ist vielmehr auf die Maßnahme „an sich", d.h. die Rechtmäßigkeit der Maßnahme unter Ausblendung ihrer Auswirkungen auf den konkreten Kläger.

Zweifel an der Rechtmäßigkeit der Straßenbaumaßnahmen „an sich" könnten sich im vorliegenden Fall ergeben, weil es vor Beginn der Bauarbeiten nicht zu einer Anhörung der Anlieger gekommen ist.

Allerdings kann Art. 28 Abs. 1 BayVwVfG nicht zu einer Anhörungspflicht führen, da die Vorschrift nach ihrem klaren Wortlaut nur für das dem Erlass eines VA vorausgehende Verwaltungsverfahren gilt; die Vorschrift beansprucht keine Geltung für schlicht-hoheitliches Handeln. Das bedeutet jedoch nicht, dass Bauarbeiten stets ohne vorherige Anhörung durchgeführt werden dürften. Vielmehr richtet sich die Anhörungspflicht danach, wie extensiv und intensiv in die Belange der Anwohner eingegriffen wird. Nach der Rechtsprechung[26] genügt aber bei kleineren Bauarbeiten wie Kanal- und Rohrverlegungsarbeiten eine einseitige Ankündigung in der örtlichen Presse. Nur bei Großprojekten (Beispiel: U-Bahn-Bau) ist eine Anhörung der Anlieger erforderlich. Daher war die Maßnahme im vorliegenden Fall nicht rechtswidrig. Ein Amtshaftungsanspruch scheidet mithin aus.

> **Zum Aufbau:** Neben § 839 ist regelmäßig zwar Raum für eine Prüfung allgemeiner deliktsrechtlicher Anspruchsgrundlagen; hier liegen deren Voraussetzungen aber schon mangels einer Rechtswidrigkeit nicht vor. Der hier in Betracht kommende Rückgriff auf die richterrechtlich entwickelte Figur des Eingriffs in einen eingerichteten und ausgeübten Gewerbebetrieb (§ 823 Abs. 1, „sonstiges Recht") ist ohnehin subsidiär gegenüber positivierten Haftungstatbeständen[27].

3. Enteignungsgleicher Eingriff

Aus denselben Gründen kommt auch ein enteignungsgleicher Eingriff nicht in Betracht.

4. Enteignender Eingriff

Da es sich in der Hauptsache um ein rechtmäßiges Verhalten der Gemeinde handelt, ist vielmehr der Anwendungsbereich des enteignenden Eingriffs eröffnet.

a) Rechtsgrundlage

Ebenso wie beim enteignungsgleichen Eingriff fehlt auch für den enteignenden Eingriff eine positivierte Anspruchsgrundlage. Auch hier gilt aber: In Fortführung des klassischen Aufopferungsgedankens (vgl. Art. 74, 75 EinlPrALR; § 40 Abs. 2 Satz 1 VwGO) ist der Entschädigungsanspruch gewohnheitsrechtlich (oder: „richterrechtlich") anerkannt. Er kann zudem auf den grundrechtlichen Abwehranspruch aus Art. 14 Abs. 1 und 2 GG gestützt werden.

b) Eigentumsbeeinträchtigung

Zwar ist hier nicht ersichtlich, dass es zu einem Substanzeingriff in das Eigentum i.S.v. § 903ff. BGB gekommen ist. Dem öffentlich-rechtlichen Eigentumsschutz, der sich an der

---

[26] *OLG Koblenz* (o. Fn. 24).

[27] *BGHZ* 36, 252 (256f.); 38, 200 (204); 45, 296 (307); *BGH* NJW 1971, 886; MDR 1974, 921; teilweise abweichend (Inzidentprüfung von § 823 Abs. 1 im Rahmen von § 839 BGB): *BGHZ* 69, 128 = DÖV 1977, 868.

Rechtsprechung zu Art. 14 GG orientieren muss, unterliegen aber auch anderweitige vermögenswerte Positionen, die sich – ebenso wie das zivilrechtliche Eigentum – zu einem Vermögensgegenstand verfestigt haben. Hierzu zählt insbesondere das Recht am eingerichteten und ausgeübten Gewerbebetrieb.

c) Hoheitliche Maßnahme (Eingriff)
Eine hoheitliche Maßnahme liegt jedenfalls vor. Wegen Art. 41b BayWG ist es unerheblich, ob die Gemeinde selber oder ein von ihr beauftragter privater Unternehmer handelt. In einer eigenen Tätigkeit der Gemeinde läge ein sog. **schlicht-hoheitliches Handeln**; ein privater Unternehmer, der die Gemeinde in einschlägigen Aufgaben unterstützt, ist nach der **Werkzeugtheorie** dann ebenfalls Beamter im haftungsrechtlichen Sinne.

d) Rechtmäßigkeit des Eingriffs
Der Rohrleitungsbau war in der Hauptsache rechtmäßig (s.o.).

e) Unmittelbarkeit des Eingriffs
Anders als oben lassen sich die Umsatz- und Gewinneinbrüche der B-GmbH auch als unmittelbare Folge der Bauarbeiten ansehen. Das ergibt sich aus ihrer sachlichen Nähe und der zeitlichen Koinzidenz. Durch Bauarbeiten und die mit ihnen einhergehenden Behinderungen insbes. von Fußgängern kommt es typischerweise zu einer Verringerung der Laufkundschaft. Daher lässt sich die Unmittelbarkeit des Eingriffs bejahen.

f) Keine Duldungspflicht
Fraglich ist aber, ob die B-GmbH nicht eine Duldungspflicht trifft (Gemeinwohlbindung des Eigentums, Art. 14 Abs. 2 GG). Die dabei anzulegenden Maßstäbe sind für alle staatshaftungsrechtlichen Anspruchsgrundlagen (§§ 823 Abs. 1 BGB, 839 Abs. 1 BGB, 906 Abs. 2 Satz 2 analog BGB; enteignender Eingriff) einheitlich festzusetzen[28]. Ob eine Duldungspflicht besteht, hängt einerseits von einer Abwägung der Interessen der Allgemeinheit und der wohlverstandenen positiven Interessen der Geschädigten ab, anderseits von den spezifischen Nachteilen, die sich für den Geschädigten ergeben.

Die Bauarbeiten, die die Errichtung einer leistungsfähigen Kanalisation mit sich bringt, sind üblicherweise von geringer Intensität. Die Straßenbauarbeiten schreiten regelmäßig – anders als z. B. bei der Errichtung eines Tunnels oder einer U-Bahn – zügig voran.

Die Bedeutung einer geordneten Entwässerung ist vergleichsweise hoch einzuschätzen. Zudem liegt die geordnete Entwässerung auch im Eigeninteresse der Anwohner des Bebauungsgebietes. Insofern gilt das gleiche wie für den Straßenbau als solchen; darin liegt zugleich ein weiterer Unterschied zum Tunnel- oder U-Bahn-Bau. Nach allem ergibt daher die Abwägung eine Duldungspflicht der B-GmbH.

g) Zwischenergebnis
Damit scheidet ein Anspruch aus enteignendem Eingriff im Ergebnis aus.

III. Ergebnis

Nach allem ist die Klage der B-GmbH zwar zulässig, aber in der Sache unter jedem denkbaren Gesichtspunkt unbegründet.

Rechtsprechungsvorlage: *BGH* DÖV 1999, 740; *BGH* NJW 1998, 1307; *OLG Koblenz*, OLGR Koblenz 2000, 457–459 = MDR 2000, R 19.

Leseempfehlung: Palandt/*Thomas*, 61. Aufl. 2002, § 839; *Ossenbühl*, Staatshaftung für Altlasten, DÖV 1992, 761; *Stangl*, Amtshaftung bei der Bauleitplanung auf Altlasten – *BGHZ* 106, 323; 108, 224; 109,380; *Raeschke-Kessler*, Amtshaftung, vertragliche Haftung und Störerausgleich bei Altlasten, NJW 1993, 2275; *Schmid*, Haftung für Überschwemmungsschäden, VersR 1995, 1269

[28] *OLG Koblenz* (o. Fn. 24)

Fall 5: Übermäßiger Straßenausbau (Seidel)

Sachverhalt (fiktiv)

Bauer Egon (E) ist Eigentümer eines landwirtschaftlich genutzten Grundstücks in der bayerischen Gemeinde G. Das 20.000 qm große Grundstück grenzt auf einer Länge von 150 m unmittelbar an eine Gemeindestraße. Nach Abschluss von Baumaßnahmen an dieser Straße, die die G zwischen dem 11. und dem 16. Oktober 2002 vornahm, stellt sich heraus, dass die neu geschaffene Entwässerungseinrichtung durchschnittlich etwa 0,6 bis 0,8 m über die Grenze zum Grundstück des E gebaut wurde. Der verantwortliche Sachbearbeiter der Gemeindeverwaltung hatte dem bauausführenden Unternehmen fahrlässig falsche Ausführungspläne zur Verfügung gestellt, die an sich bereits zur Vernichtung vorgesehen waren. Der insgesamt 100 qm ausmachende Überbau ist weder von einem Planfeststellungsbeschluss bzw. einer Plangenehmigung noch von einem Bebauungsplan (vgl. § 9 Abs. 1 Nr. 11 BauGB) abgedeckt. Ein Enteignungsverfahren hat demgemäß nicht stattgefunden. In der schriftlichen Widmungsverfügung der Gemeindestraße sind die vom Überbau betroffenen Grundstücksteile des E nicht aufgeführt.

Als E am 18. Oktober 2002 von einer dreiwöchigen Auslandsreise zurückkehrt und nunmehr den Überbau registriert, protestiert er sofort und verlangt Wiederherstellung des früheren Zustandes in Form der Entfernung des Überbaus. Die Gemeinde weist das Begehren des E mit folgenden Argumenten ab: Unabhängig davon, dass zur Zeit in Gemeindeverwaltung und Gemeinderat über Möglichkeiten der „Heilung" des Zustandes durch nachträgliche Bauleitplanung und nachträgliches Enteignungsverfahren diskutiert werde, könne dem Beseitigungsbegehren jedenfalls nicht stattgegeben werden, weil der Aufwand für die Wiederherstellung des früheren Zustandes außer Verhältnis zum wirklichen Wiederherstellungsinteresse des E stehe.

E erhebt Anfang 2003 vor dem örtlich zuständigen Verwaltungsgericht Klage gegen G und beantragt,

(1) die G zu verurteilen, den früheren Zustand durch Beseitigung des Überbaus wiederherzustellen,

(2) hilfsweise die G zu verurteilen, an ihn einen an der Höhe der Entfernungskosten orientierten Geldbetrag i.H.v. 12.500,– € zu zahlen.

Vermerk für die Bearbeiter: In einem Rechtsgutachten sind die Erfolgsaussichten dieser Klageanträge zu beurteilen! Dabei ist auf alle aufgeworfenen Rechtsfragen einzugehen! Gehen Sie dabei von folgenden Fakten aus: Der örtliche Verkehrswert pro Quadratmeter landwirtschaftlich genutzte Grundstücksfläche ist in G grundsätzlich mit 2,50 € zu veranschlagen (mit einem Aufschlag für Kleinparzellen von ca. 50 – 60%). Weil die Beseitigung des Überbaus nur durch Gesamtverlegung der Rohrleitungen auf einer Länge von 150 m möglich ist und während der mehrwöchigen Umbauarbeiten die Straße permanent entwässert werden muss, wären die Wiederherstellungskosten mit 12.500,– € zu beziffern. Zudem würde hierdurch der Straßenverkehr erheblich beeinträchtigt werden. Schließlich ist davon auszugehen, dass das bauausführende Unternehmen auf die von der Gemeinde überlassenen Pläne vertrauen durfte und daher am Überbau kein Verschulden trifft.

Lösung

A. Prozessuale Situation / Zulässigkeit der Eventualklagehäufung

Die hier von E gewählte eventuale Klagehäufung durch Stellung eines Hauptantrags (Ziel: Wiederherstellung durch Beseitigung des Überbaus) und eines Hilfsantrags (Ziel: Geldentschädigung) ist aufgrund des bestehenden rechtlichen und tatsächlichen Zusammenhangs (Sanktionierung eines ggf. rechtswidrigen Eingriffs in das Eigentum des E) nach § 44 VwGO zulässig.[1] Die Eventualstellung der Anträge hat zur Folge, dass sich das Gericht und damit auch die rechtliche Begutachtung zunächst mit den Erfolgsaussichten des Hauptantrags zu beschäftigen hat. Erst wenn der Hauptantrag wegen Unzulässigkeit oder Unbegründetheit scheitern sollte, hat sich das Gericht mit dem Hilfsantrag auseinander zu setzen.

B. Erfolgsaussichten der Klage im Hauptantrag

Die auf Verurteilung zur Beseitigung des Überbaus gerichtete Klage im Hauptantrag hat Erfolg, wenn sie zulässig und begründet ist.

I. Zulässigkeit des Hauptantrags

1. Verwaltungsrechtsweg

Sofern E einen sog. Folgenbeseitigungsanspruch geltend macht, handelt es sich um einen öffentlich-rechtlichen Anspruch. Der Streitgegenstand ist dann öffentlich-rechtlicher Natur i.S.v. § 40 Abs. 1 Satz 1 VwGO. Allerdings ist zu bedenken, dass als Abwehranspruch auch der zivilrechtliche § 1004 BGB in Betracht käme, der nach § 13 GVG im ordentlichen Rechtsweg einzuklagen wäre. Für die Abgrenzung gilt: Es geht thematisch um einen öffentlich-rechtlichen Abwehranspruch und nicht um § 1004 BGB, wenn das Verhalten der Gemeinde G, dessen Folgen E beseitigt wissen will, seinerseits als öffentlich-rechtlich zu qualifizieren wäre. G handelte vorliegend in ihrer Eigenschaft als Straßenbaulastträgerin, also in öffentlich-rechtlichen Funktionen, Art. 9, 46, 47, 72 BayStrWG. Das private Bauunternehmen fungiert insofern als verlängerter Arm der G, die als Bauherrin die Entscheidung zum Umbau getroffen hat und den eingeschalteten Unternehmer mittels der überlassenen Ausführungspläne steuert. Mithin ist G beim Straßenausbau und damit auch bei Überbau des E-Grundstücks öffentlich-rechtlich tätig geworden.[2] Diesen öffentlich-rechtlichen Charakter teilt folglich auch ein hiergegen gerichteter Beseitigungsanspruch. Sonderzuweisungen an einen anderen Rechtsweg sind vorliegend nicht einschlägig: Art. 14 Abs. 3 Satz 4 GG scheitert schon deswegen, weil E keine geldwerte Enteignungsentschädigung, sondern Wiederherstellung begehrt; zudem wurde im Sinne des formalisierten Enteignungsbegriffs[3] kein Eigentum des E final entzogen, sodass auch der Tatbestand einer Enteignung nicht vorliegt. Art. 34 Satz 3 GG greift nur bei auf Schadensersatz ausgerichteten Amtshaftungsansprüchen und § 40 Abs. 2 Satz 1 VwGO nur bei auf Geldleistung gerichteten Aufopferungsansprüchen. Der Folgenbeseitigungsanspruch ist aber kein Schadensersatz- oder Entschädigungsanspruch, sondern auf tatsächliche

[1] *Hufen*, Verwaltungsprozessrecht, § 13, Rn. 18; *Schmitt Glaeser/Horn*, Verwaltungsprozessrecht, Rn. 398.
[2] *BayVGH* BayVBl. 1999, 561 (562) = NVwZ 1999, 1237.
[3] S.u. C II 2 a.

Wiederherstellung gerichtet. Mangels Sonderzuweisung und mangels verfassungsrechtlicher Natur des Streitverhältnisses ist daher bei Geltendmachung eines Folgenbeseitigungsanspruchs gem. § 40 Abs. 1 Satz 1 VwGO der Verwaltungsrechtsweg eröffnet.[4]

2. Statthafte Klageart

E begehrt Wiederherstellung durch faktisches Handeln, nämlich die Beseitigung des Überbaus. Sein Interesse ist also auf Durchführung schlicht-hoheitlichen Handelns gerichtet. E ficht also weder einen belastenden Verwaltungsakt an, noch begehrt er den Erlass eines begünstigenden Verwaltungsakts. Als statthafte Klagearten scheiden damit Anfechtungs- und Verpflichtungsklage nach § 42 Abs. 1 VwGO aus. Richtige Klageart ist damit die allgemeine Leistungsklage. Diese ist in der VwGO zwar nicht ausdrücklich als statthafte Klageart aufgeführt, allerdings wird sie in einigen Vorschriften als selbstverständlich vorausgesetzt, z.B. §§ 43 Abs. 2, 111, 113 Abs. 4, 191 Abs. 1 VwGO. Zudem ergibt sich ihre Statthaftigkeit letztlich in Konsequenz aus der Rechtsschutzgarantie des Art. 19 Abs. 4 GG sowie aus § 40 Abs. 1 Satz 1 VwGO, der den Verwaltungsrechtsweg für *alle* öffentlich-rechtlichen Streitigkeiten als eröffnet erklärt und damit nicht von einem Numerus clausus der expressis verbis geregelten Klagearten ausgeht.[5]

3. Klagebefugnis, § 42 Abs. 2 VwGO analog

Weil die Popularklage dem ansonsten subjektiv-rechtlich ausgerichteten Verwaltungsrechtsschutz widerspricht, wird § 42 Abs. 2 VwGO auf die allgemeine Leistungsklage entsprechend angewendet.[6] N muss daher einen Sachverhalt vortragen können, aus dem sich möglicherweise die Verletzung eines ihm zustehenden subjektiven Rechts ergibt. Hier ist nicht von vornherein auszuschließen, dass aufgrund rechtswidrigen Zugriffs der G auf das Eigentum des E (Art. 14 GG, Art. 103 BV) ein Anspruch auf Folgenbeseitigung besteht. E ist daher klagebefugt.

4. Sonstige Zulässigkeitsvoraussetzungen

Von den sonstigen Zulässigkeitsvoraussetzungen ist auszugehen. Insbesondere fehlt der Leistungsklage nicht das Rechtsschutzbedürfnis. Denn E hat zunächst ohne Erfolg sein Begehren auf Beseitigung des Überbaus bei G vorgetragen und entsprechend beantragt. Fristen nach §§ 70, 74 VwGO finden auf die allgemeine Leistungsklage ebenso wenig (entsprechende) Anwendung wie die Vorschriften über das Widerspruchsverfahren nach §§ 68ff. VwGO.[7]

Zwischenergebnis:
Die Klage ist im Hauptantrag zulässig.

II. Begründetheit des Hauptantrags

Der Hauptantrag des E ist begründet, wenn er von G die Wiederherstellung des ursprünglichen Zustandes beanspruchen kann. Mangels einschlägiger Spezialvorschrift kommt als

[4] So die ganz herrschende Ansicht, u.a.: *BVerwG* NVwZ 1983, 472; *VGH Kassel* NVwZ 1982, 565; *Ossenbühl*, Staatshaftungsrecht, S. 334; *Maurer*, Allgemeines Verwaltungsrecht, § 30, Rn. 19; *Sproll*, JuS 1996, 219 (224); *Franckenstein*, NVwZ 1999, 158 (159); zumindest implizit auch zu schließen aus: *BVerwGE* 82, 24ff.; 94, 100ff.; *OVG Münster* NVwZ 1994, 795f.; *BayVGH* BayVBl. 1990, 627ff.; NJW 1996, 3163; BayVBl. 1999, 561ff. = NVwZ 1999, 1237f.; *VGH Mannheim* NVwZ-RR 1994, 7f.

[5] Generell zur allgemeinen Leistungsklage: *Steiner*, JuS 1984, 853ff.; *BayVGH* BayVBl. 1976, 753 (754); vgl. auch *Stern*, Verwaltungsprozessuale Probleme, Rn. 185.

[6] *Schmitt Glaeser/Horn*, Verwaltungsprozessrecht, Rn. 387 sowie *Hufen*, Verwaltungsprozessrecht, § 17, Rn. 13, jeweils mit zahlreichen Rechtsprechungsnachweisen.

[7] *Hufen*, Verwaltungsprozessrecht, § 17, Rn. 15f.

Anspruchsgrundlage des E gegen G auf Wiederherstellung des früheren Zustandes, d.h. auf Beseitigung des Überbaus, der allgemeine Folgenbeseitigungsanspruch in Betracht. Anspruchsgegner und damit richtiger Beklagter ist die verursachende Gemeinde G als rechtsfähige Körperschaft des öffentlichen Rechts (Art. 1 BayGO, § 78 Abs. 1 Nr. 1 VwGO).[8]

1. Dogmatische Ableitung des Folgenbeseitigungsanspruchs

Der Folgenbeseitigungsanspruch wurde von Rechtswissenschaft und Rechtsprechung zunächst als sog. Vollzugsfolgenbeseitigungsanspruch[9], d.h. als Anspruch auf Beseitigung andauernder Folgen eines wegen Rechtswidrigkeit kassierten oder zurückgenommenen Verwaltungsakts, entwickelt. Insofern wird die Existenz eines Folgenbeseitigungsanspruch auch prozessual von § 113 Abs. 1 Sätze 2 und 3 VwGO vorausgesetzt.[10] Der Folgenbeseitigungsanspruch wird aber heute nicht mehr hierauf begrenzt, sondern ist als sog. allgemeiner oder weitergehender Folgenbeseitigungsanspruch auch einschlägig hinsichtlich der verursachten Wirkungen sonstigen (schlichten, faktischen) rechtswidrigen Verwaltungshandelns.[11] Die dogmatische Grundlage ist umstritten, rekurriert wird neben Art. 19 Abs. 4 GG, allgemeinen Gerechtigkeitserwägungen sowie § 113 Abs. 1 S. 2 VwGO vor allem auf die Freiheitsgewährung der Grundrechte (also in ihrer Abwehrfunktion, bei rechtswidriger Inanspruchnahme privater Grundstücke vor allem Art. 14 GG), das Gesetzmäßigkeitsprinzip aus Art. 20 Abs. 3 GG, eine Analogie zu §§ 12, 862, 1004 BGB oder auf einen mehrfaktoriellen Ansatz, der alle oder zumindest mehrere der vorgenannten Begründungselemente verbindet.[12] Der Folgenbeseitigungsanspruch stellt heute jedenfalls ein allgemein anerkanntes Rechtsinstitut des allgemeinen Verwaltungsrechts dar.[13] Weil es sich letztlich um eine richterrechtlich entwickelte, gewohnheitsrechtliche Anspruchsgrundlage handelt[14], über deren tatbestandliche Voraussetzungen im Wesentlichen Einigkeit besteht[15], muss der Streit über die dogmatische Herleitung hier nicht entschieden werden.[16]

2. Tatbestand des Folgenbeseitigungsanspruchs

Die Voraussetzungen des Folgenbeseitigungsanspruch setzen sich aus positiven Tatbestandsvoraussetzungen und ergänzend aus (im einzelnen z.T. umstrittenen) einengenden Merkmalen zusammen. Unstreitig verlangt der Folgenbeseitigungsanspruch einen hoheitlichen Eingriff in ein subjektives Recht des Betroffenen (a). Hierdurch muss für den Betroffenen ein rechtswidriger Zustand entstanden sein, der noch andauert (b).[17] Unter diesen Voraussetzungen kann der Betroffene nicht Schadensersatz (§ 249 BGB), sondern Beseitigung der Folgen des rechtswidrigen Verwaltungshandelns verlangen. Der ein-

[8] Vgl. auch *Ossenbühl*, Staatshaftungsrecht, S. 324.

[9] *Maurer*, Allgemeines Verwaltungsrecht, § 30, Rn. 3; *Schoch*, VerwArch 79 (1988), 1 (15), m.w.N.

[10] *Maurer*, Allgemeines Verwaltungsrecht, § 30, Rn. 4.

[11] *BayVGH* BayVBl. 1990, 627 (628); *VGH Kassel* NVwZ 1982, 565. Denn insbesondere im Hinblick auf die dogmatische Ableitung aus der grundrechtlichen Freiheitsgewährung und Art. 20 Abs. 3 GG ist es irrelevant, ob die Rechtsbeeinträchtigung durch einen Verwaltungsakt oder durch faktisches Handeln hervorgerufen wird.

[12] Zusammenfassend zu den verschiedenen Ansätzen: *BVerwG* DÖV 1971, 857 (858); *BayVGH* NVwZ 1999, 1237; *Brugger*, JuS 1999, 625 (627ff.); *Schenke*, JuS 1990, 370 (371f.); *Schoch*, VerwArch. 79 (1988), 1 (15ff.); *Sproll*, JuS 1996, 219 (220f.); *Maurer*, Allgemeines Verwaltungsrecht, § 30, Rn. 5; *Ossenbühl*, Staatshaftungsrecht, S. 293ff. Herrschend dürfte heute eine Ableitung aus der Verbindung grundrechtlicher und rechtsstaatlicher Elemente sein: *BVerwGE* 94, 100 (103); *Erbguth*, JuS 2000, 336 (337).

[13] *BVerwGE* 69, 366 (368); *BayVGH* BayVBl. 1990, 627 (628); *Brugger*, JuS 1999, 625.

[14] So: *BVerwGE* 94, 100 (103); *BayVGH* NVwZ 1999, 1237.

[15] *Brugger*, JuS 1999, 625 (627).

[16] So auch die dogmatischen Grundlagen letztlich offenlassend: *BVerwGE* 94, 100 (103); *BayVGH* NVwZ 1999, 1237.

[17] *BVerwGE* 94, 100 (104); *BayVGH* BayVBl. 1999, 561 (562) = NVwZ 1999, 1237; *OVG Münster* NVwZ 1994, 795; *VGH Mannheim* NVwZ-RR 1994, 7 (8); *VGH Kassel* NVwZ 1982, 565; *Ossenbühl*, Staatshaftungsrecht, S. 307; *Maurer*, Allgemeines Verwaltungsrecht, § 30, Rn. 7; *Sproll*, JuS 1996, 219 (221f.); *Brugger*, JuS 1999, 625.

greifende Rechtsträger als Anspruchsgegner – hier die Gemeinde G als Trägerin der Straßenbaulast einer Gemeindestraße, Art. 9, 47 BayStrWG – muss den Status quo ante wiederherstellen.[18] Dem können aber Hindernisse faktischer oder wertender Art entgegenstehen. Hier setzen eingrenzende Tatbestandsmerkmale an[19]: Unumstritten ausgeschlossen ist die Beanspruchung der Wiederherstellung im engeren Sinne, wenn diese dem Anspruchsgegner aus tatsächlichen oder rechtlichen Gründen unmöglich ist (c). Darüber hinaus geht die überwiegende Ansicht auch von einem Ausschluss des Wiederherstellungsanspruches aus, wenn die Beseitigung dem Anspruchsgegner bei wertender Betrachtung unzumutbar ist (d).

a) Hoheitlicher Eingriff in eine Rechtsposition des E

Die Gemeinde hat auf das Grundstück des E zurückgegriffen, indem sie als Trägerin der Straßenbaulast durch Vorgabe falscher Ausführungspläne eine Gemeindestraße im Wege des Umbaus teilweise auf das Grundstück des E verlegen ließ. Es liegt damit ein Eingriff in das Eigentumsrecht des E aus Art. 14 GG bzw. Art. 103 BV vor.[20] Diese Maßnahme erging im Zusammenhang mit der Eigenschaft der G als Straßenbaulastträgerin für eine Gemeindestraße, also in Wahrnehmung von Verwaltungsfunktionen.[21] Aufgrund des öffentlich-rechtlichen Charakters handelt es sich damit auch um einen hoheitlichen Eingriff.

b) Rechtswidriger Zustand, der noch andauert

Durch den hoheitlichen Eingriff muss ein rechtswidriger Zustand geschaffen worden sein, der noch andauert.

aa) Duldungspflicht kraft Enteignung oder vorzeitiger Besitzeinweisung nach Maßgabe eines Bebauungsplans, einer Planfeststellung oder einer Plangenehmigung

Der Zugriff auf ein Grundstück für die Inanspruchnahme als Straßenkörper ist zunächst nur rechtlich zulässig, wenn nach Maßgabe eines Bebauungsplans (§ 9 Abs. 1 Nr. 11 BauGB), eines Planfeststellungsbeschlusses (Art. 36 BayStrWG) oder einer sog. Plangenehmigung (Art. 38 Abs. 2 BayStrWG) ein (bestandskräftiger oder sofort vollziehbarer) Enteignungsbeschluss (Art. 40 BayStrWG i.V.m. Art. 31 BayEG) oder – in Eilfällen – eine sog. vorzeitige Besitzeinweisung (Art. 39 BayEG) ergangen ist.[22] Im vorliegenden Fall ist derzeit keine Planungsgrundlage für den bestehenden Lauf der Straßenentwässerungsanlage auf dem Grundstück des E vorhanden, geschweige denn ein Enteignungsverfahren eingeleitet worden. Insofern ist der Eingriff in das Eigentum des E nicht legalisiert.

bb) Duldungspflicht kraft Widmung

Die Rechtswidrigkeit des Zustands kann aufgrund eines eine Duldungspflicht begründenden Verwaltungsakts (anfänglich oder nachträglich) entfallen. Eine derartige Legalisierung ist in Fällen der Inanspruchnahme fremden Grundes für Straßenzwecke vor allem durch den Widmungsakt nach Art. 6 BayStrWG denkbar.[23] Denn die Widmung hat sachenrechtliche Wirkung und führt dazu, dass der Eigentümer die widmungsbezogene Nutzung nicht mehr untersagen kann, weil durch die Widmung für die Nutzung der Straße ein bestimmter Inhalt des Gemeingebrauchs festgelegt wurde.[24] Da auch die Straßenentwässerungsanlage nach Art. 2 Nr. 1 lit. a) BayStrWG zum Straßenkörper gehört und damit Be-

[18] *BVerwGE* 94, 100 (119); *Ossenbühl*, Staatshaftungsrecht, S. 301f.; *Maurer*, Allgemeines Verwaltungsrecht, § 30, Rn. 1 und 11; *Brugger*, JuS 1999, 625 (626); *Sproll*, JuS 1996, 219 (220, 223f.).

[19] *Brugger*, JuS 1999, 625; *Maurer*, Allgemeines Verwaltungsrecht, § 30, Rn. 14ff.

[20] Ebenso für die Fälle des Überbaus von Straßenbestandteilen auf Privatgrundstücke: *VGH Kassel* NVwZ 1982, 565; *BayVGH* BayVBl. 1990, 627 (628); BayVBl. 1999, 561 (562) = NVwZ 1999, 1237; *OVG Münster* NVwZ 1994, 795; *VGH Mannheim* NVwZ-RR 1994, 7 (8).

[21] *BayVGH* BayVBl. 1999, 561 (562) = NVwZ 1999, 1237.

[22] Vgl. auch *VGH Kassel* NVwZ 1982, 565.

[23] *BayVGH* BayVBl. 1999, 561 (562); *Sproll*, JuS 1996, 219 (222).

[24] *BVerwGE* 94, 100 (109), in Abgrenzung zu den Fallgestaltungen, in denen lediglich das anliegende Grundstück aufgrund Lärmimmissionen betroffen ist. In letzterem Sinne hat die rein straßenrechtliche Widmung keine Legalisierungswirkung, vgl. im einzelnen *BVerwGE* 94, 100 (109ff.).

standteil der Straße ist, resultiert aus der Widmung die Pflicht des betroffenen Eigentümers zur Duldung des Zugriffs auf das Eigentum, sofern der Widmungsakt tatsächlich das in Anspruch genommene Grundstück erfasst. Letzteres ist aber zu verneinen, weil die bestehende Widmung hinsichtlich der Gemeindestraße die Flurnummer des betroffenen Grundstücks des E nicht ausdrücklich aufführt.[25] Das Grundstück des E ist also durch die bislang bestehende Widmung nicht dahin belastet worden, dass eine Inanspruchnahme für Straßenbestandteile zu dulden wäre.

cc) Duldungspflicht kraft entsprechender Anwendung des § 912 BGB

Die umstrittene Frage der entsprechenden Anwendbarkeit des § 912 BGB (zu duldender Überbau) auf den öffentlich-rechtlichen Folgenbeseitigungsanspruch[26] muss nicht entschieden werden, da E jedenfalls sofort nach der Grenzüberschreitung Widerspruch erhoben hat.[27]

dd) Keine Duldungspflicht bei nur möglicher (künftiger) Legalisierung des Zustandes – Grenze: unzulässige Rechtsausübung

Nach gegenwärtiger Sachlage besteht daher keine (aktuelle) Duldungspflicht. Eine eventuelle Möglichkeit der Legalisierung durch nachträgliche Planung (Bebauungsplan, Planfeststellung oder Plangenehmigung) mit anschließender Enteignung oder durch nachträgliche Widmung beseitigt die aktuelle Rechtswidrigkeit jedenfalls nicht.[28] Der Gesichtspunkt einer zukünftig möglichen Legalisierung kann allenfalls nach restriktiven Maßstäben unter dem Gesichtspunkt der unzulässigen Rechtsausübung relevant werden. So würde die Berufung auf den Folgenbeseitigungsanspruch als Wahrnehmung einer bloß formalen Rechtsposition gegen Treu und Glauben (Rechtsgedanke § 242 BGB) verstoßen, wenn auf Basis einer hinreichend gesicherten Prognose mit der kurzfristigen Herbeiführung rechtmäßiger Zustände zu rechnen ist, wenn also m.a.W. die Legalisierung unmittelbar bevorsteht.[29] Hiervon kann für den zu begutachtenden Fall tatsächlich nicht die Rede sein, da derzeit allenfalls über Möglichkeiten nachträglicher Bauleitplanung und nachträglicher Enteignungsverfahren diskutiert wird. Die bloße Möglichkeit der Beseitigung des rechtswidrigen Zustands durch Erlass einer legalisierenden Maßnahme genügt für die Einrede unzulässiger Rechtsausübung nicht.[30] Das bloße Erwägen einer nachträglichen Planung und einer hierauf aufbauenden nachträglichen Enteignung oder Besitzeinweisung lässt als unsichere Tatsachenbasis das Abwehrbegehren des E nicht als treuwidrig erscheinen, zumal Planungsmaßnahmen (Bebauungsplan, Planfeststellung oder Plangenehmigung) und hieran anschließende Enteignungsverfahren erfahrungsgemäß einen großen Zeitrahmen in Anspruch nehmen und auch vom Planungsbetroffenen im Wege der Anfechtungsklage oder des Normenkontrollantrags nach § 47 VwGO gerichtlich angegriffen werden können.[31] Deswegen kann insofern zumindest nicht von der baldigen Herstellung rechtmäßiger Zustände gesprochen werden. Auch für eine anstehende Neuwidmung unter Einschluss der betroffenen Grundstücksteile des E bestehen keine Hinweise, zumal auch ein solcher Widmungsakt ohne Entgegenkommen des E an den Rechtmäßigkeitsvoraussetzungen des Art. 6 Abs. 3 BayStrWG scheitern würde und sich folglich der Anfechtbarkeit aussetzte.

[25] *BayVGH* BayVBl. 1990, 627; BayVBl. 1997, 372; BayVBl. 1999, 561 (562).

[26] Vgl. *BayVGH* BayVBl. 1990, 627 (628); BayVBl. 1999, 561 (562) = NVwZ 1999, 1237.

[27] Ebenso *BayVGH* a.a.O.

[28] *VGH Mannheim* NVwZ-RR 1994, 7 (8); *Ossenbühl*, Staatshaftungsrecht, S. 317; *Maurer*, Allgemeines Verwaltungsrecht, § 30, Rn. 15; *Sproll*, JuS 1996, 219 (223). A.A. noch *BayVGH* DÖV 1978, 766ff., wonach ein Folgenbeseitigungsanspruch mangels „Spruchreife“ noch nicht gegeben sei, wenn ein rechtmäßiger Zustand noch geschaffen werden kann.

[29] *BVerwGE* 94, 100 (111); *VGH Mannheim* NVwZ-RR 1994, 7 (8); *BayVGH* BayVBl. 1990, 627 (628); NJW 1996, 3163; *Maurer*, Allgemeines Verwaltungsrecht, § 30, Rn. 15; *Sproll*, JuS 1996, 219 (223).

[30] *VGH Mannheim* NVwZ-RR 1994, 7 (8).

[31] *VGH Mannheim* NVwZ-RR 1994, 7 (8).

Zum Verständnis: Der beklagte Rechtsträger ist in Fällen, in denen die nachträgliche Legalisierung möglich ist, nicht völlig schutzlos. Er kann die zur Legalisierung nötigen Rechtsakte herbeiführen und den nachträglich rechtmäßig gewordenen Zustand durch Erhebung der Vollstreckungsgegenklage gem. § 167 VwGO i.V.m. § 767 Abs. 1 und 2 ZPO geltend machen![32]

c) Möglichkeit der Folgenbeseitigung

Unstreitige Tatbestandsvoraussetzung des auf Wiederherstellung in natura gerichteten Folgenbeseitigungsanspruchs ist, dass die Wiederherstellung des früheren Zustands dem Anspruchsgegner tatsächlich und rechtlich möglich ist.[33] Insofern bestehen keine Probleme. Der G ist es durchaus möglich, die Baumaßnahmen wieder rückgängig zu machen und bei erneuter Erstellung der Entwässerungsanlage dafür Sorge zu tragen, dass sich der Straßenkörper (Art. 2 Abs. 1 BayStrWG) nicht auf das Grundstück des E erstreckt. Hindernisse faktischer oder juristischer Art bestehen diesbezüglich nicht.

d) Zumutbarkeit der Folgenbeseitigung

Daneben gehen Rechtsprechung und wohl überwiegende Literatur von einem Anspruchsausschluss aus, wenn die Wiederherstellung des ursprünglichen Zustandes für den störenden Hoheitsträger als Antragsgegner unzumutbar ist.[34] Maßgeblich wird dabei zur Begründung dieser Einschränkung auf den Grundsatz der Verhältnismäßigkeit verwiesen.[35] In der Literatur wird hiergegen kritisch angemerkt, dass das Verhältnismäßigkeitsprinzip als Ausdruck des Rechtsstaatsprinzips zur Begrenzung staatlicher Machtausübung führen soll und damit als Instrument der Grundrechtssicherung fungiert. Rechtsstaatliche Elemente können aber nicht umgekehrt grundrechtliche Abwehransprüche (wie den Folgenbeseitigungsanspruch) verkürzen.[36] Insoweit wäre es durchaus vertretbar, diesem einschränkenden Merkmal als Frucht ergebnisorientierter Überlegungen[37] die Gefolgschaft zu verweigern und von der Einschlägigkeit des Folgenbeseitigungsanspruchs auszugehen. Der in erster Linie geltend gemachte Anspruch auf Beseitigung des Überbaus wäre dann gegeben.

Zum Aufbau: Auf den Hilfsantrag wäre in diesem Fall aber zumindest im Wege eines Hilfsgutachtens – etwa bei Unterstellung des Anspruchsausschlusses wegen Unzumutbarkeit – einzugehen.

Allerdings ist zu bedenken, dass der Folgenbeseitigungsanspruch als ungeschriebenes Rechtsinstitut im Ganzen Produkt richterlicher Rechtsfortbildung und insofern einschränkender Auslegung nicht von vornherein entzogen ist. Das Kriterium der Unzumutbarkeit als Einschränkung des Folgenbeseitigungsanspruchs lässt sich dogmatisch aufrechterhalten – und insofern auch sinnvoll einsetzen –, wenn man es nicht als Ausprägung des Verhältnismäßigkeitsgrundsatzes, sondern in Parallelität zum zivilrechtlichen Abwehranspruch aus § 1004 BGB[38] als Ausfluss des Verbots rechtsmissbräuchlichen Verhal-

[32] *BVerwGE* 94, 100 (111); *VGH Mannheim* NVwZ-RR 1994, 7 (8); *Ossenbühl*, Staatshaftungsrecht, S. 317.

[33] *Sproll*, JuS 1996, 219 (221); *Maurer*, Allgemeines Verwaltungsrecht, § 30, Rn. 14; *Ossenbühl*, Staatshaftungsrecht, S. 318ff. Insbesondere zu sog. Drittbeteiligungsfällen am Beispiel des öffentlichen Baunachbarrechts: *Seidel*, Bauplanungs- und Bauordnungsrecht, 1999, S. 66ff.

[34] *BVerwGE* 94, 100 (113f.) = NVwZ 1994, 275 (279); *BayVGH* BayVBl. 1999, 561 (562) = NVwZ 1999, 1237 (1238); *OVG Münster* NVwZ 1994, 795; NVwZ-RR 1997, 618; *OVG Berlin* NVwZ 1992, 901 (902); *Sproll*, JuS 1996, 219 (222); *Maurer*, Allgemeines Verwaltungsrecht, § 30, Rn. 14; *Ossenbühl*, Staatshaftungsrecht, S. 321f.

[35] *OVG Münster* NVwZ 1994, 795; *Sproll*, JuS 1996, 219 (223); *Ossenbühl*, Staatshaftungsrecht, S. 322.

[36] *Seidel*, Nachbarschutz, Rn. 992; *Erbguth*, JuS 2000, 336 (337f.); *Schoch*, VerwArch. 79 (1988), 1 (51); *Fiedler*, NVwZ 1986, 969 (976).

[37] *Schoch*, Jura 1993, 478 (485); *ders.*, VerwArch. 79 (1988), 1 (51). Hierzu auch *Erbguth*, JuS 2000, 336 (337).

[38] Hierzu: *BGHZ* 62, 388 (391); *BGH* NJW 1979, 1409 (1410).

tens nach dem Rechtsgedanken des § 251 Abs. 2 Satz 1 BGB oder des allgemeinen Schikaneverbots (§ 242 BGB) versteht.[39] Auch der *Bayerische Verwaltungsgerichtshof* geht nunmehr ausdrücklich davon aus, dass sich das Wiederherstellungsverlangen bei unverhältnismäßigem, vernünftigerweise nicht mehr zumutbarem Wiederherstellungsaufwand als rechtsmissbräuchlich erweisen kann.[40]

Das *Bundesverwaltungsgericht* betont unter Hervorhebung des verfassungsrechtlichen Anspruchs auf effektiven Rechts- und Grundrechtsschutz, dass der Zumutbarkeitsgedanke nicht im Allgemeinen dazu führen dürfe, einen an sich gegebenen Anspruch auf Folgenbeseitigung auszuschließen.[41] Die Gerichte haben damit hinsichtlich des Anspruchsausschlusses wegen „Unverhältnismäßigkeit" Zurückhaltung zu üben.[42] Von Unzumutbarkeit ist nur in besonders gelagerten Ausnahmefällen auszugehen, in denen der zu prognostizierende Beseitigungsaufwand in einem krassen Missverhältnis zu dem mit der Beseitigung verbundenen Nutzen des Anspruchstellers steht.[43]

Zum Verständnis: Im Fall BayVBl. 1999, 561ff. = NVwZ 1999, 1237 nahm der *BayVGH* Unzumutbarkeit der Folgenbeseitigung wegen Überbaus eines Privatgrundstücks mit einer Randsteinzeile an, weil die sich an der Einfahrt befindliche Randsteinzeile die Nutzung des klägerischen Grundstücks nicht ernsthaft beeinträchtigte. Da in dieser Fallgestaltung aber der Beseitigungsaufwand lediglich 800,– DM betrug, sind m.E. ernsthafte Zweifel angebracht, ob tatsächlich die vorgenannten strengen Kriterien des Anspruchsausschlusses wegen Unzumutbarkeit erfüllt sind.[44]

Die vorgenannten Maßstäbe sind auf die vorliegende Fallgestaltung im Einklang mit dem *OVG Münster* wie folgt zu übertragen[45]: Maßgeblich sind für die Frage des Ausschlusses des Folgenbeseitigungsanspruchs wegen Unzumutbarkeit der Beseitigungsmaßnahme die Umstände des Einzelfalls, insbesondere ist das Interesse des E an der Wiederherstellung des ursprünglichen Zustandes den mit der Beseitigung verbundenen Belastungen der G und der Allgemeinheit gegenüberzustellen. Dabei ist auch das Maß eines eventuellen Verschuldens des hoheitlichen Störers (hier der G) zu berücksichtigen. Auf den Fall bezogen nimmt dabei der Überbau nur einen verschwindend geringen Teil des Gesamtgrundstücks ein (100 qm von insgesamt 20.000 qm). Bei einem Quadratmeterpreis von 2,50 € schlägt bei E neben einem geringen Ernteausfall nur ein Verkehrswertverlust von 250,– € zu Buche. Dem stehen Wiederherstellungskosten gegenüber, die die G in Höhe von 12.500,– € treffen würden, weil die Wiederherstellung nur durch Gesamtverlegung der Rohrleitungen auf einer Länge von 150 m möglich ist. Zudem wäre wegen mehrwöchiger Bauarbeiten der Straßenverkehr stark behindert, sodass auch Allgemeininteressen durch entsprechende Wiederherstellungsmaßnahmen betroffen wären. Insofern ist die Wertung gerechtfertigt, dass die Belastungen der G und der Allgemeinheit zum Wiederherstellungsnutzen auf Seiten des E in krassem Missverhältnis stehen. Auch ist der G bzw. dem verantwortlichen Sachbearbeiter nur Fahrlässigkeit, nicht aber Vorsatz vorzuwerfen. Vorliegend handelt es sich um einen Ausnahmefall, in dem die Wiederherstellung des ursprünglichen Zustandes für G unzumutbar ist. Ein Anspruch auf Folgenbeseitigung im engeren Sinne, also auf Beseitigung des Überbaus, kommt damit nicht in Betracht.

[39] *Seidel*, Öffentlich-rechtlicher und privatrechtlicher Nachbarschutz, 2000, Rn. 992; *Erbguth*, JuS 2000, 336 (338).
[40] *BayVGH* BayVBl. 1999, 561 (563) = NVwZ 1999, 1237 (1238).
[41] *BVerwGE* 94, 100 (114): *„Faktische Macht darf sich gegenüber dem Bürger nicht deshalb durchsetzen, weil sie vollzogen wurde, sondern weil sie von der Rechtsordnung hierzu legitimiert ist."*
[42] *BVerwGE* 94, 100 (115).
[43] *Seidel*, Nachbarschutz, Rn. 992.
[44] Kritisch insofern auch *Erbguth* JuS 2000, 336 (338).
[45] *OVG Münster* NVwZ 1994, 795.

Zwischenergebnis:
Der Hauptantrag ist zwar zulässig, mangels Zumutbarkeit der Wiederherstellungsmaßnahme setzt er sich aber dem Vorwurf der Rechtsmissbräuchlichkeit aus und ist folglich unbegründet. Es ist daher im Folgenden auf die Erfolgsaussichten des gestellten Hilfsantrags einzugehen.

Zum Verständnis: Wer vertretbar den Anspruchsausschluss wegen Unzumutbarkeit ablehnt, ist an sich mit der materiellen Prüfung zu Ende, weil sich E mit seinem Primäranliegen durchsetzt. Da aber nach dem Bearbeitervermerk auf alle aufgeworfenen Rechtsfragen einzugehen ist, wäre auf die (im folgenden einzugehende) Frage einer ersatzweisen Entschädigung zumindest hilfsweise – d.h. bei dann unterstelltem Anspruchsausschluss mangels Zumutbarkeit – einzugehen.

C. Erfolgsaussichten des Hilfsantrags

Der Hilfsantrag müsste zulässig und begründet sein.

I. Zulässigkeit des Hilfsantrags

1. Verwaltungsrechtsweg / Generelle Existenz eines Folgenentschädigungsanspruchs unter Ableitung aus dem allgemeinen Folgenbeseitigungsanspruch

Im Hilfsantrag verlangt G Kompensation in Geld für den wegen Unzumutbarkeit ausgeschlossenen Anspruch auf Wiederherstellung. Der Sache nach kämen insofern ein Anspruch aus sog. enteignungsgleichem Eingriff sowie ein deliktischer Schadensersatzanspruch in Form des sog. Amtshaftungsanspruchs nach § 839 BGB i.V.m. Art. 34 GG in Betracht. Für diese beiden Anspruchsnormen sind aber Sonderzuweisungen an den ordentlichen Rechtsweg vorgesehen: Für den Anspruch aus enteignungsgleichem Eingriff ist zwar aufgrund der Abkopplung dieses Instituts von Art. 14 Abs. 3 GG[46] nicht Art. 14 Abs. 3 Satz 4 GG einschlägig, da es sich aber um einen sog. gewohnheitsrechtlichen Aufopferungsanspruch handelt, greift insofern § 40 Abs. 2 Satz 1 (1. Halbsatz) VwGO ein.[47] Amtshaftungsansprüche sind nach der ausdrücklichen Sonderzuweisung in § 40 Abs. 2 VwGO i.V.m. Art. 34 Satz 3 GG ebenso im Zivilrechtsweg geltend zu machen, bei sachlicher Zuständigkeit des Landgerichts gem. §§ 71 Abs. 2 Nr. 2, 23 GVG.[48]

Zum Verständnis: Es erscheint angesichts der Einführung von § 40 Abs. 2 Satz 1 2. Halbsatz VwGO nicht gänzlich unvertretbar, zukünftig für die Geltendmachung von Ansprüchen aus enteignungsgleichem und enteignendem Eingriff den Verwaltungsrechtsweg als eröffnet zu sehen, zumal die Gesetzesbegründung davon ausgeht, dass von der Ausnahmeregelung des § 40 Abs. 2 Satz 1 1. Halbsatz VwGO in Zukunft nur noch klassische Tatbestände der Aufopferung von Leib und Leben erfasst sein sollen.[49] Andererseits zielt die Neuregelung darauf ab, den Rechtsweg für Ausgleichsansprüche im Rahmen der Inhaltsbestimmung des Eigentums gem. Art. 14 Abs. 1 Satz 2 GG zu klären.[50]

[46] Im einzelnen unten II 2.
[47] *BGH* NJW 1984, 1876 (1877); NJW 1993, 1700 (1701); *Ossenbühl*, Staatshaftungsrecht, S. 268; *Maurer*, Allgemeines Verwaltungsrecht, § 27, Rn. 116. A.A. *Schwerdtfeger*, JuS 1983, 104 (110), der auf § 48 Abs. 6 VwVfG a.F. abstellt.
[48] *Maurer*, Allgemeines Verwaltungsrecht, § 26, Rn. 47.
[49] BT-Drs. 14/7474, S. 14.
[50] *Seibert*, NVwZ 2002, 265 (270); *Kuhla/Hüttenbrink*, DVBl. 2002, 85.

Die Neuregelung betrifft mithin Entschädigungsansprüche im Zusammenhang mit sog. ausgleichspflichtigen Inhaltsbestimmungen, deren verfassungsrechtliche Zulässigkeit ohnehin durch das *BVerfG* stark eingeschränkt worden ist.[51] Auf Ansprüche aus enteignungsgleichem und enteignendem Eingriff dürfte die Neuregelung nicht anwendbar sein, da diese Ansprüche auf Aufopferungsgewohnheitsrecht beruhen, nicht aber auf dem Gedanken einer normierten, aber nach Art. 14 Abs. 1 Satz 2 GG erforderlichen Entschädigung, die einen Eigentumseingriff einem Verhältnismäßigkeitsausgleich zuführen soll.[52] Ist man anderer Ansicht, wären die folgenden Erwägungen entweder ergänzend im Rahmen der Prüfung des Verwaltungsrechtswegs zu diskutieren, spätestens jedoch im Rahmen der Begründetheit, da in einem Rechtsgutachten alle denkbaren Anspruchsgrundlagen anzusprechen sind.

Denkbar ist aber auch, dass als dogmatischer Anknüpfungspunkt eines Anspruchs auf Geldentschädigung der allgemeine Folgenbeseitigungsanspruch selbst in abgewandelter Form fungiert, der von den o.g. Sonderzuweisungsnormen nicht erfasst wäre. Als Surrogat des ausgeschlossenen Wiederherstellungsanspruchs und damit als modifizierte Form des Folgenbeseitigungsanspruchs kommt hiernach ein Entschädigungsanspruch des E gegen G in entsprechender Anwendung des § 251 Abs. 2 Satz 1 BGB in Betracht. Ein solcher Anspruch kann jedoch nur dann den Verwaltungsrechtsweg eröffnen, wenn er überhaupt Bestandteil der deutschen Rechtsordnung ist. Für einen derartigen *Folgenentschädigungsanspruch*, der davon ausgeht, dass der primär auf Wiederherstellung gerichtete Folgenbeseitigungsanspruch bei Einschlägigkeit der einschränkenden Tatbestandsmerkmale der Unmöglichkeit und Unzumutbarkeit nicht *gänzlich* ausgeschlossen ist, sondern automatisch in einen Geldleistungsanspruch umschlägt, machen sich seit Jahrzehnten Teile der Literatur stark.[53]

a) Traditioneller Meinungsstrang

Die bislang wohl herrschende Ansicht steht dem kritisch gegenüber und lehnt einen derartigen, aus dem Folgenbeseitigungsanspruch entwickelten Fortwirkungs- oder Surrogatsanspruch entsprechend § 251 Abs. 2 Satz 1 BGB ab.[54] Ebenso verweigerte das *OVG Münster* für eine Fallgestaltung, die dem vorliegenden Sachverhalt vergleichbar ist, einem aus dem öffentlich-rechtlichen Folgenbeseitigungsanspruch abgeleiteten, auf Geldleistung gerichteten Folgenentschädigungsanspruch die Anerkennung. Ein solcher sei nicht Bestandteil der Rechtsordnung.[55] § 251 BGB sei auf Schadensersatzansprüche, nicht aber auf den Beseitigungsanspruch zugeschnitten; seine Erstreckung auf den auf Wiederherstellung des Status quo ante gerichteten Folgenbeseitigungsanspruch führe zu einem Bruch mit dem bisherigen Verständnis dieses Instituts.[56] Ein Bedürfnis für eine Analogie zu § 251 Abs. 2 BGB bestehe mangels Rechtslücke nicht, weil diese Fallgestaltungen entschädigungsrechtlich vom Amtshaftungsanspruch sowie von dem richterrechtlich geprägten Aufopferungsanspruch wegen enteignungsgleichen Eingriffs abgedeckt seien.[57] Bei Anerkennung einer

[51] *BVerfGE* 100, 226 (239ff.); hierzu *Seidel*, ZG 2002, 131ff.; zur bislang umstrittenen Rechtswegfrage vor der Einführung des § 40 Abs. 2 Satz 1 2. Halbsatz VwGO: *Seidel*, a.a.O. S. 143 (dort Fn. 64); *Seibert*, NVwZ 2002, 265 (270).

[52] Auch *Maurer* bleibt in seiner neuesten Auflage seines „Allgemeinen Verwaltungsrechts" (14. Aufl. 2002, § 27, Rn. 116) bei der Anwendung des ersten Halbsatzes von § 40 Abs. 2 Satz 1 VwGO, ohne eine mögliche Anwendbarkeit von Halbsatz 2 auch nur anzusprechen.

[53] Z.B. *Weyreuther*, Gutachten B zum 47. Deutschen Juristentag, S. 139ff.; *Haueisen*, DVBl. 1973, 739 (743); *Redeker*, DÖV 1987, 194 (198, hier auch unter Rekurs auf den sozialrechtlichen Herstellungsanspruch); *Franckenstein*, NVwZ 1999, 158f.; *Erbguth*, JuS 2000, 336ff.; vgl. auch *Wolff/Bachof/Stober*, Verwaltungsrecht, Bd. 2, § 52, Rn. 31f.

[54] *Schenke*, JuS 1990, 370 (376f.); *Maurer*, Allgemeines Verwaltungsrecht, § 30, Rn. 17; *Hendler*, Allgemeines Verwaltungsrecht, Rn. 870.

[55] *OVG Münster* NVwZ 1994, 795f.

[56] *Schenke*, JuS 1990, 370 (376).

[57] *OVG Münster* NVwZ 1994, 795 (796); *Schenke*, JuS 1990, 370 (376); *Maurer*, Allgemeines Verwaltungsrecht, § 30, Rn. 6 und 17; *Hendler*, Allgemeines Verwaltungsrecht, Rn. 870.

Geldentschädigung analog § 251 Abs. 2 Satz 1 BGB drohe eine Umgehung des § 40 Abs. 2 VwGO, der solche Ansprüche gerade im ordentlichen Rechtsweg geprüft wissen will. Wer anderes behaupte, maße sich die Rolle eines Ersatzgesetzgebers an, um aus rein rechtspolitischen, insbesondere ergebnisbezogenen Gründen eine Rechtslage herbeizuführen, für die an sich das Parlament zuständig wäre.[58] Nach diesem (traditionellen) Meinungsstrang existiert in der deutschen Rechtsordnung ein Folgenentschädigungsanspruch neben dem Anspruch aus enteignungsgleichem Eingriff oder dem Amtshaftungsanspruch nicht. Es fehlt hiernach an einem Anknüpfungspunkt für einen denkbaren Anspruch, der nach § 40 Abs. 1 Satz 1 VwGO im Verwaltungsrechtsweg zu prüfen wäre. Da es somit allein beim enteignungsleichen Eingriff und der Amtshaftung als einzig denkbaren Grundlagen eines Geldanspruchs bliebe, wäre der Verwaltungsrechtsweg unter keinem Gesichtspunkt eröffnet. Folge: Das angerufene Verwaltungsgericht dürfte zwar den Hilfsantrag nicht wegen Unzulässigkeit verwerfen, hätte aber von Amts wegen den Rechtsstreit hinsichtlich des Hilfsantrags nach Anhörung der Beteiligten gem. § 173 VwGO, § 17a Abs. 2 GVG an das zuständige Gericht der ordentlichen Gerichtsbarkeit zu verweisen.[59]

b) Weiterentwicklung des Folgenbeseitigungsanspruchs zum Folgenentschädigungsanspruch

Demgegenüber steht die Rechtsprechung des *Bundesverwaltungsgerichts* einem aus dem Folgenbeseitigungsanspruch weiterentwickelten Folgenentschädigungsanspruch analog § 251 Abs. 2 Satz 1 BGB nicht generell ablehnend gegenüber. Für den Spezialfall der Berücksichtigung des Mitverschuldens des Anspruchstellers entsprechend § 254 BGB hat es bereits auf die Konstruktion zurückgegriffen, wenn die Wiederherstellungsmaßnahme – wie regelmäßig – ihrer Natur nach unteilbar ist[60] und damit einzelne Beseitigungsbeiträge nicht quotenmäßig auf Anspruchsteller und Anspruchgegner verteilt werden können.

> **Zur Vertiefung:** Die Rechtsprechung des Bundesverwaltungsgerichts agierte in *BVerwG* DÖV 1971, 857 (859) zunächst nach dem „Alles-oder-nichts-Prinzip": Bei einer „ins Gewicht fallenden" Mitverschuldensquote sollte hiernach jegliche Anspruchsposition entfallen, während ansonsten der Anspruch auf Folgenbeseitigung einschränkungslos gegeben sein sollte. In *BVerwGE* 82, 24 (26 ff.) ging das Gericht unter Aufgabe der früheren Ansicht unter Rekurs auf den Rechtsgedanken aus § 251 Abs. 1 BGB von einer bloßen Ausgleichspflicht des hoheitlichen Störers als modifizierte Form des Folgenbeseitigungsanspruchs aus, der nach Maßgabe des § 254 BGB quotenmäßig zu kürzen sei. Das Gericht sah sich also gezwungen, bei gebotener Berücksichtigung eines Mitverschuldensanteils des Anspruchstellers, aber bestehender Unmöglichkeit der Quotelung des Primäranspruchs den Wiederherstellungsanspruch als solchen als unerfüllbar anzusehen und statt dessen auf einen Geldanspruch als Surrogat abzustellen.[61]

Darüber hinaus lässt das *Bundesverwaltungsgericht* aber bislang offen, ob bei fehlender Möglichkeit/Zumutbarkeit der an sich gebotenen Wiederherstellungsmaßnahme im Allgemeinen von einem derartigen Surrogatanspruch auszugehen ist.[62] Diesen letzten Schritt geht aber nunmehr in einer neueren Entscheidung der *Bayerische Verwaltungsgerichtshof*, indem er unter Rekurs auf den Rechtsgedanken des § 251 Abs. 2 Satz 1 BGB den *„Folgenentschädigungsanspruch"* als allgemeinen Fortwirkungsanspruch und damit als Surrogat eines wegen Unzumutbarkeit der Wiederherstellungsmaßnahme ausgeschlossenen Folgen-

[58] *Schenke*, JuS 1990, 370 (376).
[59] So im Ergebnis *OVG Münster* NVwZ 1994, 795 f.
[60] Etwa wenn es um die Wiederherstellung durch Entfernung eines rechtwidrigen Straßenkörpers oder durch ordnungsgemäße Befestigung des Straßenkörpers geht.
[61] Zu dieser Konstruktion auch: *BayVGH* BayVBl. 1990, 627 (628); *Ossenbühl*, Staatshaftungsrecht, S. 322 ff.; *Franckenstein*, NVwZ 1999, 158; *Erbguth*, JuS 2000, 336; *Maurer*, Allgemeines Verwaltungsrecht, § 30, Rn. 18; kritisch: *Schenke*, JuS 1990, 370 ff.
[62] *BVerwGE* 82, 24 (29); 94, 100 (117).

beseitigungsanspruchs anerkennt.[63] Hiernach gilt also: Immer dann, wenn das Primärbegehren des Folgenbeseitigungsanspruchs auf Wiederherstellung des ursprünglichen Zustandes wegen Unzumutbarkeit (konsequenterweise wohl auch bei Unmöglichkeit) scheitert, ist dem Betroffenen für die weiter bestehende Beeinträchtigung seiner Rechtsposition eine Geldentschädigung zuzuerkennen. Es handelt sich insofern nicht um einen eigenständigen staatshaftungsrechtlichen Anspruch aus dem Aufopferungsgedanken, sondern um einen modifizierten Folgenbeseitigungsanspruch, der sich ausnahmsweise in einen Anspruch auf Zahlung eines Ausgleichsbetrags umwandelt.[64]

Zur Vertiefung: Das Bundesverwaltungsgericht hat bereits in der Sirenenentscheidung – *BVerwGE* 79, 254 (262 f.) – anstelle eines (wegen nicht möglicher Verlegung einer Feueralarmsirene als Störungsquelle) ausgeschlossenen Abwehranspruchs auf einen Ausgleichsanspruch als Surrogat erkannt, dort allerdings unter entsprechender Anwendung der §§ 906 Abs. 2 Satz 2 BGB, 74 Abs. 2 Satz 3 VwVfG, 17 Abs. 4 BFStrG a.F. und § 42 BImSchG. Es handelt sich hierbei jedoch nicht um einen schlichten Entschädigungsanspruch, sondern um einen – der Folgenbeseitigung näheren – zweckgebundenen Geldausgleich für Maßnahmen des passiven Schallschutzes.[65] Nach *BayVGH* NVwZ-RR 1992, 233 (235) als Folgeentscheidung zu *BVerwGE* 79, 254 ff. ist der Anspruch nicht in Form einer Pauschalabgeltung zu leisten, „sondern nur als spezifischer, zweckgebundener Auslagenersatz im Umfang der tatsächlich anfallenden Nachrüstungskosten für die von zusätzlichen Schalldämmungsmaßnahmen betroffenen Fenster." Der beklagte Hoheitsträger kann den Anspruch hiernach durch Übernahme der Einbaukosten erfüllen.

Diese Fortentwicklung des Folgenbeseitigungsrechts ist letztlich zu begrüßen: Auch wenn nach der Argumentation der Gegenansicht das geschriebene Recht einen derartigen Ausgleichsanspruch nicht kennt, so ist doch zu bedenken, dass auch der (ausgeschlossene) Anspruch auf Folgenbeseitigung als solcher in der geschriebenen Rechtsordnung bislang nicht ausgeformt ist.[66] Die Umwandlung des Anspruchs auf Folgenbeseitigung in einen Geldzahlungsanspruch lässt sich insbesondere auch mit der grundrechtlichen Fundierung des Folgenbeseitigungsanspruchs begründen: Das grundrechtliche Abwehrrecht schützt den Grundrechtsträger gegen rechtswidrige Eingriffe des Staates, indem es im Falle einer geschehenen Verletzung Wiedergutmachung verspricht. Stößt die an sich geschuldete Wiederherstellungsmaßnahme an rechtliche oder faktische Grenzen, so beinhaltet das grundrechtliche Abwehrrecht zumindest einen Anspruch auf Werterhaltung.[67] Insofern entspricht ein aus dem Folgenbeseitigungsanspruch entwickelter Folgenentschädigungsanspruch auch dem Gedanken des effektiven Grundrechtsschutzes.[68] Wenn man den Ausschluss des Anspruchs auf Wiederherstellung wegen Unzumutbarkeit nicht mehr auf den rechtsstaatlichen Grundsatz der Verhältnismäßigkeit sondern auf den Gedanken des Rechtsmissbrauchs unter Heranziehung des Rechtsgedankens aus § 251 Abs. 2 Satz 1 BGB stützt, so ist es konsequent, wenn man auch von der in § 251 Abs. 2 Satz 1 BGB vorgesehenen weiteren, positiven Rechtsfolge als Surrogat des entfallenden Primäranspruchs ausgeht.[69]

---

[63] *BayVGH* BayVBl. 1999, 561 (562) = NVwZ 1999, 1237 (1238). Zustimmend in der Literatur: *Erbguth*, JuS 2000, 336 ff.; *Seidel*, Nachbarschutz, Rn. 992 und 1003a.

[64] *BayVGH* BayVBl. 1999, 561 (562) = NVwZ 1999, 1237 (1238).

[65] Ebenso bezüglich der Lärmbelastung durch den Betrieb eines Schienenwegs: *OVG Bremen* NVwZ-RR 1993, 468 (472).

[66] So in der o.g. Einzelfallentscheidung zur entsprechenden Anwendung der §§ 251 Abs. 2, 254 BGB beim Mitverschulden des Anspruchstellers: *BVerwGE* 82, 24 (28).

[67] *Franckenstein*, NVwZ 1999, 158 unter Verweis auf *Weyreuther*, Gutachten B zum 47. DJT, S. 150.

[68] *Franckenstein*, NVwZ 1999, 158 unter Verweis auf *Redeker*, DÖV 1987, 194 (198).

[69] In diese Richtung: *Erbguth*, JuS 2000, 336 (338). Entsprechendes gilt im übrigen im Zivilrecht, wenn der Beseitigungsanspruch aus § 1004 BGB wegen Unzumutbarkeit der Beseitigungsmaßnahme ausnahmsweise ausgeschlossen ist, vgl. *Seidel*, Nachbarschutz, Rn. 860, m.w.N.

Zwischenergebnis nach diesem vorzugswürdigen Ansatz:
Als Fortentwicklungsanspruch des Folgenbeseitigungsanspruchs bzw. als verlängerter oder umgewandelter Folgenbeseitigungsanspruch existiert ein Folgenentschädigungsanspruch, der einschlägig ist, wenn der auf Wiederherstellung gerichtete Primäranspruch wegen Unmöglichkeit oder Unzumutbarkeit der Störungsbeseitigung ausgeschlossen ist. Ebenso wie der Folgenbeseitigungsanspruch selbst ist dieser Folgenentschädigungsanspruch gemäß § 40 Abs. 1 Satz VwGO im Verwaltungsrechtsweg geltend zu machen.[70] Da demzufolge der Verwaltungsrechtsweg unter diesem Aspekt eröffnet ist, entscheidet das angerufene Verwaltungsgericht den Rechtsstreit umfassend unter allen in Betracht kommenden rechtlichen Gesichtspunkten, § 173 VwGO, § 17 Abs. 2 GVG, sog. rechtswegüberschreitende Sachkompetenz bei einheitlichem prozessualem Anspruch. Insofern kann daher im Rahmen der Begründetheit auch der Anspruch aus enteignungsgleichem Eingriff in die gutachterliche Prüfung einbezogen werden. Die Ausschlussnorm des § 17 Abs. 2 Satz 2 GVG gilt insofern nicht, da der Anspruch aus enteignungsgleichem Eingriff kein Entschädigungsanspruch aus Enteignung (Art. 14 Abs. 3 Satz 4 GG), sondern Aufopferungsanspruch kraft Gewohnheitsrechts ist.[71] Anderes gilt aber für den Amtshaftungsanspruch. Dieser kann aufgrund des Vorbehalts in § 17 Abs. 2 Satz 2 GVG zugunsten des höherrangigen Art. 34 Satz 3 GG nicht im Verwaltungsrechtsweg mitgeprüft werden.

2. Sonstige Zulässigkeitsvoraussetzungen

Auch hinsichtlich des Hilfsantrages ist die **allgemeine Leistungsklage** statthafte Klageart, da die Auszahlung der begehrten Summe faktisches Handeln darstellt. Die **Klagebefugnis** ergibt sich aus gleichen Gründen wie oben: Aufgrund des rechtswidrigen Eingriffs in das Eigentumsrecht des E ist nicht von vornherein ausgeschlossen, dass der an sich gegebene Folgenbeseitigungsanspruch aufgrund der Unzumutbarkeit der Beseitigungsmaßnahme in einen Folgenentschädigungsanspruch umschlägt. Auch im übrigen kann auf die Zulässigkeitsprüfung des Hauptantrages verwiesen werden.

II. Begründetheit des Hilfsantrages

Der Hilfsantrag ist begründet, wenn E wegen des Ausschlusses des Anspruchs auf Beseitigung des Überbaus einen Anspruch auf Geldzahlung in der geltend gemachten Höhe hat. Neben einem Anspruch auf Folgenentschädigung entsprechend § 251 Abs. 2 Satz 1 BGB (1) ist über § 173 VwGO i.V.m. § 17 Abs. 2 Satz 1 GVG auch ein Anspruch aus enteignungsgleichem Eingriff (2) zu prüfen. Demgegenüber hat die Prüfung eines Amtshaftungsanspruchs wegen § 173 VwGO i.V.m. § 17 Abs. 2 Satz 2 GVG im Verwaltungsrechtsweg zu unterbleiben (vgl. insofern aber die hilfsgutachterliche Prüfung unten sub III.)

1. Folgenentschädigungsanspruch entsprechend § 251 Abs. 2 Satz 1 BGB

Geht man mit der oben dargestellten Ansicht von der Existenz eines Folgenentschädigungsanspruchs analog § 251 Abs. 2 Satz 1 BGB aus, so sind vorliegend dessen Anspruchsvoraussetzungen gegeben, weil der primäre, an sich einschlägige Anspruch auf Folgenbeseitigung an der Unzumutbarkeit der Wiederherstellungsmaßnahme scheitert. Sonstige Voraussetzungen – etwa Verschulden der Anspruchsgegnerin G – setzt der Anspruch dem Grunde nach nicht voraus. Die Höhe der Entschädigung analog § 251 Abs. 2 Satz 1 BGB errechnet sich nicht aus den geltend gemachten Beseitigungskosten (12.500,– €), sondern nach dem Wertinteresse. Maßgeblich ist somit der Wiederbeschaffungswert, regelmäßig also der Verkehrswert. Bei einem Überbau von 100 qm und einem

[70] *Franckenstein*, NVwZ 1999, 158 (159). Der Sache nach auch: *BayVGH* BayVBl. 1999, 561 (562) = NVwZ 1999, 1237 (1238f.); *Erbguth*, JuS 2000, 336ff.
[71] Im Detail unten II 2.

Grundstückspreis von 2,50 € pro Quadratmeter landwirtschaftlich genutzter Fläche in G beträgt dieser 250,– €. Unter Berücksichtigung des Umstandes, dass auf dem Markt für kleinere Flächen regelmäßig ein höherer Preis bezahlt wird, erscheint daher ein Entschädigungsbetrag i.H.v. 400,– € angemessen.[72]

Zum Verständnis: Für das Gericht wäre damit die Prüfung beendet, im Gutachten ist aber auf weitere Anspruchsgrundlagen – hier auf den Anspruch aus enteignungsgleichem Eingriff – einzugehen.

2. Anspruch aus enteignungsgleichem Eingriff

Sofern der Folgenbeseitigungsanspruch – hier als Folgenentschädigungsanspruch – den Charakter eines Sekundäranspruchs hat, kommt in Konkurrenz hierzu auch ein Anspruch aus enteignungsgleichem Eingriff in Betracht. Auch wenn Folgenentschädigungsanspruch und Anspruch aus enteignungsgleichem Eingriff insofern auf dasselbe Ziel hinauslaufen und dadurch Folgenbeseitigung und Aufopferungsentschädigung faktisch verschmelzen, ist hiermit kein Ausschluss des einen durch den anderen Anspruch verbunden. Nach § 173 VwGO i.V.m. § 17 Abs. 2 GVG sind vielmehr beide Anspruchsgrundlagen einschlägig und daher auch beide zu prüfen.[73]

a) Dogmatische Grundlagen / Fortgeltung des Instituts des enteignungsgleichen Eingriffs auch nach dem Nassauskiesungsbeschluss

Die frühere Rechtsprechung des *BGH* stellte zur Begründung eines Anspruchs aus enteignungsgleichem Eingriff auf die entsprechende Anwendung des Art. 14 Abs. 3 GG ab.[74] Inhalts- und Schrankenbestimmung einerseits und Enteignung andererseits wurden als lediglich graduelle Abstufungen eines Eigentumseingriffs angesehen, deren Grenze ab einer bestimmten Zumutbarkeitsschwelle (Sonderopfer) zu ziehen war.[75] Mit der Überlegung, dass eine rechtswidrige Eigentumsbeschränkung niemandem zugemutet werden könne, wurde automatisch bei rechtswidriger Inhalts- und Schrankenbestimmung ein Sonderopfer und damit ein der Enteignung gleichzusetzender enteignungsgleicher Eingriff angenommen[76] – die Überlegung lautete: Wenn bei rechtmäßiger Enteignung eine Enteignungsentschädigung zu leisten ist, so müsse dies erst recht für rechtswidrige Maßnahmen gelten. Dem Rückgriff auf Art. 14 Abs. 3 GG setzte der sog. Nassauskiesungsbeschluss des *Bundesverfassungsgerichts*[77] ein Ende. Rechtswidrige Enteignungen sind hiernach primär abzuwehren. Ein Wahlrecht zwischen Entschädigung (Dulde und liquidiere!) und Abwehr (etwa durch Anfechtung der rechtswidrigen Enteignungsverfügung) ist ausgeschlossen.[78] Art. 19 Abs. 4 GG, § 40 VwGO garantieren dem Betroffenen den Rechtsweg auf Abwehr rechtswidriger Enteignungen; diese Rechtsschutzgarantie hat demgemäß grundsätzlich Vorrang vor einer Entschädigung. Im übrigen soll nach Sinn und Zweck des Art. 14 Abs. 3 Satz 2 GG eine Entschädigung nur nach Maßgabe einer Entschädigungsnorm gewährt werden. Art. 14 Abs. 3 Satz 2 GG hat nicht nur grundrechtssichernde Wirkung (die einem Erst-Recht-Schluss der älteren Rspr. nicht entgegenstünde) sondern auch Warnfunktion gegenüber dem Gesetzgeber und schützt insofern auch die Haushaltsprärogative des Parlaments.[79] Die prozessuale Norm des Art. 14 Abs. 3 Satz 4 GG ermächtigt die ordentlichen

---

[72] Auf diesem Weg nach Maßgabe einer Schätzung gem. § 173 VwGO i.V.m. § 287 Abs. 1 ZPO: *BayVGH* BayVBl. 1999, 561 (563) = NVwZ 1999, 1237 (1238).

[73] *Ossenbühl*, Staatshaftungsrecht, S. 333f.

[74] Siehe die Rechtsprechungsnachweise bei *Maurer*, Allgemeines Verwaltungsrecht, § 27, Rn. 20.

[75] Der *Bundesgerichthof* umschrieb diese Zumutbarkeitsgrenze mit dem Begriff des „Sonderopfers" – *BGHZ* 6, 270 (280) –, während das *Bundesverwaltungsgericht* – vgl. *BVerwGE* 7, 297 (299); 11, 68 (75) – zur Abgrenzung auf „Schwere und Tragweite" der Grundrechtsbetroffenheit abstellte.

[76] *BGHZ* 32, 208ff.

[77] *BVerfGE* 58, 300ff.

[78] *BVerfGE* 58, 300 (324).

[79] *Ehlers*, VVDStRL 51 (1992), 211 (233).

Gerichte nur zur Entscheidung über die Höhe der Entschädigung. Das ordentliche Gericht darf aber keine Enteignungsentschädigung zusprechen, für die es an einer Anspruchsgrundlage fehlt, die wiederum Art. 14 Abs. 3 Satz 2 GG gerade voraussetzt. Eine Enteignungsentschädigung darf also nicht zugesprochen werden, wenn es keine gesetzliche Grundlage gibt.

Für den enteignungsgleichen Eingriff ist daher unmittelbar nach der Nassauskiesungsentscheidung in der Literatur teilweise die Schlussfolgerung gezogen worden, dass dieser Rechtsfigur der dogmatische Boden entzogen worden sei.[80] Eine derartige Betrachtung verkennt jedoch, dass in der Nassauskiesungsentscheidung eine – mittlerweile wohl weitgehend akzeptierte – Neubestimmung des Enteignungsbegriffs erfolgte und sich die Aussagen des Nassauskiesungsbeschlusses auf diesen sog. formalisierten Enteignungsbegriff begrenzen. Nach der Systematik der Absätze 1 und 3 des Art. 14 GG sind Inhalts- und Schrankenbestimmungen einerseits und Enteignungen andererseits strikt zu trennen. Sie unterscheiden sich nicht bloß graduell, sondern stehen in einem echten Aliud-Verhältnis zueinander. Materielle Abgrenzungsversuche nach Art der Sonderopfertheorie sind daher fehl am Platze. Es kommt vielmehr auf eine rein formale Abgrenzung, d.h. auf Form und Zielrichtung an: Enteignung ist nur ein echter Entzug der durch die Inhaltsbestimmung vermittelten Eigentumsposition, also grundsätzlich nur der zielgerichtete staatliche Zugriff auf eine bestehende Eigentumsposition, der auf dessen Entziehung gerichtet ist.[81]

Die Aussagen des *Bundesverfassungsgerichts* zum Ausschluss eines Entschädigungsanspruches bei mangelndem Entschädigungsgesetz bezogen sich insofern nur auf den dort herausgearbeiteten engen, formalen Enteignungsbegriff. Alle übrigen denkbaren Entschädigungsansprüche außerhalb des Anwendungsbereiches des Art. 14 Abs. 3 GG sind vom Nassauskiesungsbeschluss nicht unmittelbar betroffen. Nur wenn es also um den gezielten Entzug einer Eigentumsposition geht, etwa um die Rechtsübertragung eines Grundstücks in das Eigentum des Staates zur Verwirklichung eines öffentlichen Zweckes, sind nach den Aussagen des *Bundesverfassungsgerichts* Entschädigungsansprüche ohne Entschädigungsregelungen ausgeschlossen. Diese Überlegung veranlasste den *Bundesgerichtshof*, am Rechtsinstitut des enteignungsgleichen Eingriffs festzuhalten, allerdings unter Aufgabe des Rekurses auf Art. 14 Abs. 3 GG (analog) als dogmatische Grundlage. Der *BGH* sieht die dogmatische Stütze nunmehr im allgemeinen Aufopferungsgedanken der §§ 74, 75 Einl. ALR, deren Aussagen Gewohnheitsrecht geworden seien.[82] Für dieses Ergebnis sprechen auch praktische Gründe: Gerade bei belastenden Maßnahmen, die zwar keine formale Enteignung darstellen, für den Betroffenen faktisch aber ebenso belastend wirken, treten häufig Schäden ein, die vorher nicht rechtzeitig durch Abwehrklage zu vermeiden sind. Gerade in solchen Fällen besteht ein Bedürfnis, einen Ausgleich zu gewähren, in Abgrenzung zu den Tatbestandsvoraussetzungen des Amtshaftungsanspruchs auch bei schuldlosen Eingriffen. Den vom *Bundesverfassungsgericht* herausgearbeiteten grundsätzlichen Gedanken des Vorrangs der Abwehr einer rechtswidrigen Maßnahme gegenüber der (wahlweisen) Entschädigung greift der *BGH* dabei auf Ebene des haftungsausfüllenden Tatbestands über die Anwendung des § 254 BGB auf.[83] Diese Konstruktion unter Festhalten am Institut des enteignungsgleichen Eingriffs wird auch vom *Bundesverfassungsgericht* anerkannt.[84] Sofern es sich bei der gerügten Eigentumsbelastung, für

[80] *Sendler*, DVBl. 1982, 812 (816); *Scholz*, NVwZ 1982, 337 (347).

[81] *BVerfGE* 58, 300 (330ff.); 70, 191 (199f.); 100, 226 (240); *BVerwGE* 84, 361 (366f.); *BVerwG* NJW 1997, 887 (889f.); *Ossenbühl*, in: Festschrift für Karl Heinrich Friauf, 1997, S. 391 (392); *Schoch*, Jura 1989, 113 (118f.).

[82] Zum Fortbestand des Instituts des enteignungsgleichen Eingriffs: *BGHZ* 90, 17 (29ff.); 117, 240 (252); *BGH* NJW 1984, 1169 (1171f.); NJW 1984, 1876 (1877); NJW 1984, 2516; NJW 1988, 478 (479); NJW 1990, 3260 (3261); *Stern*, Verwaltungsprozessuale Probleme, Rn. 123f. Zur Weitergeltung des verwandten Instituts des enteignenden Eingriffs: *BGHZ* 91, 20 (26ff.); 117, 240 (252); 122, 76ff.; 97, 114ff.; 97, 361ff.; *BGH* NJW 1984, 1876ff.; NJW 1986, 991; NVwZ 1989, 285; NJW 1995, 1823. Aus der Literatur: *Ossenbühl*, Staatshaftungsrecht, S. 224ff., 270ff.

[83] Siehe im Folgenden sub c.

[84] *BVerfG* NJW 1992, 36 (37). Vgl. auch *Maurer*, Allgemeines Verwaltungsrecht, § 27, Rn. 36.

welche eine Entschädigung begehrt wird, nicht um eine zielgerichtete Enteignung im Sinne des modernen, formalen Enteignungsbegriffs handelt, sind daher weiterhin Ansprüche aus gewohnheitsrechtlicher Ableitung der Grundsätze des enteignungsgleichen Eingriffs möglich.

b) Positive Anspruchsvoraussetzungen

Ein Anspruch aus enteignungsgleichem Eingriff besteht, wenn durch eine hoheitliche Maßnahme unmittelbar eine eigentumsrechtlich geschützte Rechtsposition des Anspruchstellers beeinträchtigt wurde und dieser Eingriff als rechtswidrig zu qualifizieren ist.[85] Diese Anspruchsvoraussetzungen sind bereits im Rahmen der Prüfung des Folgenbeseitigungsanspruchs geklärt worden: Die G hat im Zusammenhang mit der hoheitlichen Tätigkeit des Straßenausbaus unmittelbar auf das Grundeigentum des E zugegriffen, ohne dass diese Maßnahme vorher oder nachträglich durch eine gesetzliche Regelung abgedeckt war oder in sonstiger Weise legalisiert wurde.

c) Vorrang des Primärrechtsschutzes als einschränkende Anspruchsvoraussetzung über § 254 BGB analog

Ein freies Wahlrecht zwischen Abwehr einer rechtswidrigen Eigentumsbeeinträchtigung und deren Duldung unter Forderung einer finanziellen Abgeltung ist dem geltenden Recht fremd (s.o.). Im Rahmen des enteignungsgleichen Eingriffs ist dies über die entsprechende Heranziehung des § 254 BGB zu berücksichtigen.[86] Soweit dem Anspruchsteller eine zumutbare Möglichkeit eines Rechtsschutzes gegen die rechtswidrige Beeinträchtigung zur Verfügung stand und der Betroffene die Einlegung des Rechtsbehelfs vorwerfbar versäumt hat, ist der Entschädigungsanspruch insoweit ausgeschlossen. Im Einzelfall kommt es daher maßgeblich darauf an, ob dem Betroffenen vorgeworfen werden kann, die Eigentumsstörung nicht rechtzeitig durch verwaltungsgerichtliche Rechtsmittel abgewehrt zu haben. Das ist nach obiger Prüfung des Hauptantrags zu verneinen: Das Versäumen einer Unterlassungsklage kann dem auf Auslandsreise befindlichen E nicht vorgeworfen werden, da er mit einem rechtswidrigen Überbau durch G nicht im Vorhinein rechnen musste. Im übrigen hat er sich zunächst gegen den Überbau als solchen gewehrt und insofern bereits erfolglos im Hauptantrag Primärrechtsschutz in Form des Wiederherstellungsbegehrens gesucht. Andere Möglichkeiten hatte E nicht. Ein Anspruch aus enteignungsgleichem Eingriff ist daher auch nicht in entsprechender Anwendung des § 254 BGB ausgeschlossen.

d) Entschädigungshöhe

Als Rechtsfolge kann E Entschädigung verlangen. Anders als beim Schadensersatz begrenzt sich die Entschädigung auf den Ersatz des durch den Eingriff in das Eigentum entstandenen Vermögensverlustes, also regelmäßig auf den Wertersatz.[87] Insofern kann auf die Berechnung oben zum Folgenentschädigungsanspruch verwiesen werden. 400,– €, und nicht die Wiederherstellungskosten i.H.v. 12.500,– € entsprechen dem entzogenen Wert.

Ergebnis:

Die im Hauptantrag zulässige Klage ist unbegründet. Der Hilfsantrag ist nicht nur zulässig, sondern auch teilweise (i.H.v. 400,– €) begründet.

III. Hilfsgutachten: Amtshaftungsanspruch gem. § 839 BGB, Art. 34 GG

Das angerufene Verwaltungsgericht dürfte sich wegen § 17 Abs. 2 Satz 2 GVG mit einem Amtshaftungsanspruch gem. § 839 BGB nicht beschäftigen. Hierauf darf daher nur im

[85] Z.B.: *Maurer*, Allgemeines Verwaltungsrecht, § 27, Rn. 88.

[86] *BGHZ* 90, 17 (31ff.); 91, 20 (24); 110, 12 (14ff.); *BVerwG* NVwZ 1986, 76 (78); NJW 1990, 898. *Maurer*, Allgemeines Verwaltungsrecht, § 27, Rn. 99. Nach A.A. soll hingegen § 839 Abs. 3 BGB entsprechend heranzuziehen sein: *Engelhardt*, NVwZ 1985, 621 (628).

[87] *Maurer*, Allgemeines Verwaltungsgericht, § 27, Rn. 65ff.

Wege des Hilfgutachtens eingegangen werden. Zwischen Folgenbeseitigungsanspruch und Amtshaftungsanspruch besteht kein Ausschlussverhältnis. Dies gilt auch für den Fall, dass die Folgenbeseitigung ausnahmsweise auf Geldersatz gerichtet ist.[88] Damit ist ein Amtshaftungsanspruch auch nicht durch die Einschlägigkeit des Folgenentschädigungsanspruchs als Fortwirkungsanspruch des Folgenbeseitigungsanspruchs ausgeschlossen. Des Weiteren können Entschädigungsansprüche aus enteignungsgleichem Eingriff und Schadensersatzansprüche aus Amtshaftung nebeneinander geltend gemacht werden.[89]

Im Gegensatz zu § 839 Abs. 1 BGB, der ursprünglich nur den Beamten im statusrechtlichen, also beamtenrechtlichen Sinn im Visier hatte, erweitert Art. 34 GG den Anwendungsbereich der Amtshaftung auf jede Ausübung eines anvertrauten öffentlichen Amtes. Als haftungsauslösendes Handeln kommt daher jegliches hoheitliches Handeln in Betracht, unabhängig vom Status des ausführenden Organs (so genannter Beamter im haftungsrechtlichen Sinn).[90] Im vorliegenden Fall ist an das Handeln des Gemeindebediensteten anzuknüpfen, der die fehlerhaften Flurpläne als Grundlage der Bauausführung ausgab. Da der Ausbau der Gemeindestraße als hoheitliches Handeln einzustufen ist (s.o. Prüfung des Folgenbeseitigungsanspruchs), handelte dieser Bedienstete in Ausübung eines ihm anvertrauten öffentlichen Amtes.

Der handelnde Gemeindebedienstete müsste anlässlich seiner Amtsführung eine Amtspflichtverletzung begangen haben. Bezüglich der Arten denkbarer Amtspflichten hat sich in der Praxis eine umfangreiche Kasuistik entwickelt.[91] Allgemein besteht die Amtspflicht, Aufgaben so zu erledigen, dass absolut geschützte Rechtspositionen Dritter i.S.v. § 823 Abs. 1 BGB nicht verletzt werden.[92] Hier ist zu bedenken, dass das Fehlverhalten des Gemeindebediensteten letztlich zu einer rechtswidrigen Eigentumsbeeinträchtigung des E geführt hat. Diese Amtspflicht bestand auch gegenüber dem E als Inhaber der verletzten Eigentumsposition. Nach den Sachverhaltsangaben handelte der gemeindliche Sachbearbeiter fahrlässig. Durch die Amtspflichtverletzung ist es letztlich zum Überbau und damit zur Schädigung des E, die in einem Wertverlust i.H.v. 400,– € beziffert werden kann, gekommen. Für eine Ersatzpflicht eines Dritten bestehen keine Hinweise (§ 839 Abs. 1 Satz 2 BGB). Dem E ist nicht vorzuwerfen, es fahrlässig unterlassen zu haben, den Schaden durch Gebrauch eines Rechtsmittels abzuwenden (§ 839 Abs. 3 BGB). Es besteht daher auch unter dem Gesichtspunkt der Amtshaftung ein Schadensersatzanspruch des E i.H.v. 400,– €. Passivlegitimiert ist die Gemeinde G als Rechtsträger, der dem handelnden Gemeindebediensteten als Anstellungskörperschaft das Amt anvertraut hat.[93]

Zur Vertiefung: Bezüglich der Verjährung des Amtshaftungsanspruchs gelten nunmehr die allgemeinen Verjährungsvorschriften gem. §§ 194ff. BGB n.F. (vor der Schuldrechtsreform galt § 852 BGB a.F.).[94]

Rechtsprechungsvorlagen: *OVG Münster* NVwZ 1994, 795; *BayVGH* NVwZ 1999, 1237 = BayVBl. 1999, 561

Leseempfehlung: *Brugger*, Gestalt und Begründung des Folgenbeseitigungsanspruchs, JuS 1999, 625; *Erbguth*, Vom Folgenbeseitigungsanspruch zum Folgenentschädigungsanspruch? – *BayVGH*, NVwZ 1999, 1237, JuS 2000, 336 (337); *Franckenstein*, Der Folgenentschädigungsanspruch – in der verwaltungsgerichtlichen Praxis nur noch eine Frage der Zeit?, NVwZ 1999, 158; *Sproll*, Staatshaftungsrecht. 4. Teil: Der Folgenbeseitigungsanspruch, JuS 1996, 219

---

88 *Ossenbühl*, Staatshaftungsrecht, S. 332.
89 *BGHZ* 13, 88 (94ff.); *Maurer*, Allgemeines Verwaltungsrecht, § 27, Rn. 104.
90 Zur Problematik: *Schlick/Rinne*, NVwZ 1997, 1065f.
91 *Thomas*, in: Palandt, BGB, § 839, Rn. 32ff.
92 *Maurer*, Allgemeines Verwaltungsrecht, § 26, Rn. 21.
93 Vgl. *Maurer*, Allgemeines Verwaltungsrecht, § 26, Rn. 40ff.
94 Hierzu: *Lässig*, NVwZ 2002, 304ff.; *Kellner*, NVwZ 2002, 395ff.

Fall 6: Die abfallrechtliche Gesetzesänderung (Seidel)

Sachverhalt (fiktiv)

Der K-GmbH (K) wurde im Januar 1993 für ihren Standort in einer oberbayerischen Gemeinde nach § 7 Abs. 2 AbfG a.F. (in der Fassung vom 27. August 1986 [BGBl. I S. 1410ff.]) eine Genehmigung zur Errichtung und zum Betrieb einer Anlage zur thermischen Behandlung zur Abfallbeseitigung seitens der Regierung von Oberbayern erteilt. Der Genehmigung für die Abfallentsorgungsanlage war eine Auflage beigefügt, die die Klägerin verpflichtete, eine der Höhe nach angemessene Sicherheitsleistung in Höhe von 100.000,– DM durch Bankbürgschaft beizubringen. Diese Auflage war auf § 8 Abs. 2 AbfG (in der Fassung vom 27. August 1986) gestützt, der folgenden Wortlaut hatte: *„Die zuständige Behörde kann in der Planfeststellung oder in der Genehmigung verlangen, dass der Inhaber einer Abfallentsorgungsanlage für die Rekultivierung sowie zur Verhinderung oder Beseitigung von Beeinträchtigungen des Wohls der Allgemeinheit nach Stilllegung der Anlage Sicherheit leistet.“* Die K hat gegen diese belastende Auflage, der eine ordnungsgemäße Rechtsbehelfsbelehrung beigefügt war, in den folgenden Monaten weder Widerspruch eingelegt noch Anfechtungsklage erhoben.

Durch Art. 6 des Investitionserleichterungs- und Wohnbaulandgesetzes vom 22. April 1993 (BGBl. I S. 466ff.), das nach seinem Art. 16 am 1. Mai 1993 in Kraft trat, wurden §§ 7 und 8 AbfG geändert. Danach bedürfen nur noch Deponien einer speziell abfallrechtlichen Genehmigung oder Planfeststellung (§ 7 Abs. 2 und 3 AbfG). Für sonstige Abfallanlagen (und damit auch für die Anlage der K) bestimmte der geänderte § 7 Abs. 1 AbfG nunmehr: *„Die Errichtung und der Betrieb von ortsfesten Abfallentsorgungsanlagen zur Lagerung oder Behandlung von Abfällen sowie die wesentliche Änderung einer solchen Anlage oder ihres Betriebes bedürfen der Genehmigung nach den Vorschriften des Bundes-Immissionsschutzgesetzes; einer weiteren Zulassung nach diesem Gesetz bedarf es nicht.“* § 8 Abs. 2 AbfG erfuhr durch Art. 6 des Gesetzes insofern eine Änderung, als das Wort „Abfallentsorgungsanlagen“ durch das Wort „Deponien“ ersetzt wurde.*

Von diesen Änderungen des Abfallrechts erhält die Geschäftsführung der K erst aufgrund eines umfassenden Beratungsgesprächs mit einem Rechtsanwalt am 31. August 1995 positive Kenntnis. Weil die K bislang die Sicherheitsleistung noch nicht erbracht hat und sie angesichts der Änderungen des Abfallgesetzes auch nicht mehr erbringen will, beantragt sie am 3. November 1995 unter Berufung auf Art. 51 Abs. 1 Nr. 1 BayVwVfG bei der örtlich zuständigen Regierung von Oberbayern, das Verfahren wiederaufzugreifen und die Auflage zur Erbringung der Sicherheitsleistung aufzuheben. Die Behörde lehnt dies ab. Wörtlich wird dies wie folgt begründet: *„Genehmigung und Auflage sind bestandskräftig. Die Anwendung des Art. 51 Abs. 1 Nr. 1 BayVwVfG ist aufgrund der Wertungen des § 67 Abs. 7 BImSchG ausgeschlossen. Weil auch kein sonstiger Wiederaufgreifensgrund gem. Art. 51 Abs. 1 Nr. 1 BayVwVfG ersichtlich ist, kann keine andere Entscheidung ergehen.“* Dieser Bescheid wird mit einer Rechtsbehelfsbelehrung im Sinne von § 58 VwGO versehen.

K legt daraufhin zunächst fristgerecht, aber erfolglos Widerspruch ein und erhebt sodann fristgerecht Klage beim örtlich zuständigen Verwaltungsgericht. Sie beantragt hier, den Freistaat Bayern zu verurteilen, das Verfahren wieder aufzugreifen und die auf die

* **Hinweis:** Das AbfG ist mittlerweile durch das Ende 1996 in Kraft getretene KrW-/AbfG abgelöst worden; in §§ 31, 32 KrW-/AbfG finden sich Bestimmungen, die den §§ 7, 8 AbfG in der geänderten Fassung des Investitionserleichterungs- und Wohnbaulandgesetzes im Wesentlichen entsprechen.

Sicherheitsleistung bezogene Auflage aufzuheben. Am 18. März 1997 verurteilt das Verwaltungsgericht den Freistaat Bayern (unter Klageabweisung im übrigen) zur erneuten Bescheidung des Antrags der K auf Aufhebung der Auflage. Das Urteil wird der K am 25. März 1997 zugestellt, die noch in derselben Woche einen Antrag auf Zulassung der Berufung stellt. Durch Beschluss vom 8. Juli 1997 lässt der Bayerische Verwaltungsgerichtshof die Berufung unter Rekurs auf § 124 Abs. 2 Nrn. 1 und 2 VwGO zu. Nachdem dieser Beschluss der K am 9. Juli 1997 zugestellt wurde, reicht diese am 1. August 1997 einen Schriftsatz beim Verwaltungsgerichtshof ein, in dem sie beantragt, das Urteil des Verwaltungsgerichts vom 18. März 1997 abzuändern und den beklagten Freistaat zu verpflichten, die im Genehmigungsbescheid vom Januar 1993 enthaltene Auflage zur Erbringung der Sicherheitsleistung aufzuheben. In dieser Begründungsschrift macht sie sowohl einen Anspruch auf Wiederaufgreifen des Verfahrens wegen nachträglich geänderter Rechtslage als auch einen Anspruch auf Aufhebung der belastenden Auflage geltend, was sie im Einzelnen detailliert begründet.

Vermerk für die Bearbeiter:
Beurteilen Sie in einem Gutachten die Erfolgsaussichten der Berufung der K! Dabei ist auf alle Rechtsfragen (ggf. in einem Hilfsgutachten) einzugehen! Es ist davon auszugehen, (1) dass die Regierung von Oberbayern gem. § 67 Abs. 7 Satz 1 BImSchG i.V.m. Art. 1 Abs. 1 lit. a) BayImSchG sowohl für die Frage des Wiederaufgreifens des Verfahrens (Art. 51 BayVwVfG) als auch für die Entscheidung über die Aufhebung der belastenden Auflage sachlich zuständig ist und (2) dass der im Jahr 2001 neu eingeführte § 12 Abs. 1 Satz 2 BImSchG bereits als Maßstabsnorm im Berufungsverfahren Anwendung findet (insofern Abweichung vom Originalfall *OVG Münster* NVwZ 2000, 89).

Abwandlung:
Was gilt, wenn (wie im Originalfall *OVG Münster* NVwZ 2000, 89) die letzte mündliche Verhandlung im Berufungsverfahren vor Juli 2001 stattfindet bzw. stattgefunden hat und deshalb der neue § 12 Abs. 1 Satz 2 BImSchG noch nicht als rechtliche Maßstabsnorm herangezogen werden kann?

Lösung

Die Berufung der K hat Aussicht auf Erfolg, wenn sie zulässig und begründet ist.

A. Zulässigkeit der Berufung[1]

I. Verwaltungsrechtsweg, § 173 VwGO i.V.m. § 17a Abs. 5 GVG

Nach § 173 VwGO i.V.m. § 17a Abs. 5 GVG wird die Eröffnung des Verwaltungsrechtswegs als denkbare Sachurteilsvoraussetzung für das Berufungsurteil nicht geprüft.[2]

II. Statthaftigkeit der Berufung

Die Berufung richtet sich gegen ein Endurteil des Verwaltungsgerichts (§ 107 VwGO), es liegt daher nach § 124 Abs. 1 VwGO ein prinzipiell statthafter Berufungsgegenstand vor. Die Berufung ist zudem nach heutiger Rechtslage nur noch statthaft, wenn sie entweder vom VG im erstinstanzlichen Urteil selbst oder aber auf gesonderten Antrag vom OVG/*VGH* zugelassen worden ist, § 124 Abs. 1 VwGO. Hier erfolgte eine Zulassung durch den *BayVGH* (vgl. § 184 VwGO i.V.mit Art. 1 Abs. 1 BayAGVwGO) im Verfahren nach § 124a Abs. 4 – 6 VwGO.

III. Formelle Anforderungen

Gem. § 124a Abs. 5 Satz 5 VwGO bedarf es nach erfolgter Berufungszulassung durch das OVG / den *VGH* keiner gesonderten Einlegung der Berufung mehr. Der Berufungskläger (hier die K) hat aber gemäß § 124a Abs. 6 Satz 3 i.V. mit Abs. 3 Sätze 3 – 5 VwGO eine Berufungsbegründung beim nach §§ 124ff., 184 VwGO i.V.m. Art. 1 Abs. 1 AGVwGO zuständigen Bayerischen Verwaltungsgerichtshof einzureichen, die einen bestimmten Antrag enthält und die Berufungsgründe im einzelnen anführt. Diesen Anforderungen hat die K entsprochen. Ebenfalls hat sie die Begründungsfrist gemäß § 124a Abs. 6 Satz 1 VwGO eingehalten.

IV. Beschwer als ungeschriebene Zulässigkeitsvoraussetzung

Die Berufung ist (wie jedes Rechtsmittel) nur zulässig, wenn der Berufungskläger durch das angefochtene Urteil belastet (= beschwert) ist. Ist der Kläger oder der Beklagte Berufungskläger, so genügt eine sog. formelle Beschwer.[3] K ist mit seiner erstinstanzlichen Klage nicht voll durchgedrungen, da der Freistaat nicht zur Aufhebung der Auflage, sondern nur

[1] Achtung: §§ 124, 124a VwGO sind durch Gesetz vom 20.12.2001 (BGBl. I S. 3987) einer Novellierung zugeführt worden. An sich wäre für die hier bereits 1997 eingelegte Berufung die alte Gesetzesfassung maßgeblich. Aus didaktischen Gründen wird hier auf die aktuelle Fassung abgestellt, zumal sich im rechtlichen Ergebnis hierdurch nichts ändert.

[2] *Hufen*, Verwaltungsprozessrecht, § 40, Rn. 4.

[3] *„Der Kläger ist (...) beschwert, wenn seine Klage teilweise oder ganz abgewiesen, der Beklagte, wenn er ganz oder teilweise verurteilt worden ist.“ Schmitt Glaeser/Horn*, Verwaltungsprozessrecht, Rn. 463. Anderes gilt für das Rechtsmittel eines Beigeladenen; hier ist materielle Beschwer erforderlich, *Schmitt Glaeser/Horn*, a.a.O.

(unter Klageabweisung im übrigen) zur Neubescheidung verpflichtet wurde. Eine ausreichend formelle Beschwer liegt also vor.

Zwischenergebnis:
Weil die K als GmbH nach § 61 Nr. 1 VwGO i.V.m. § 13 Abs. 1 GmbHG beteiligtenfähig (= parteifähig) ist, sind auch die übrigen Voraussetzungen für die Zulässigkeit der Berufung gegeben. Allerdings muss sich die K als juristische Person gem. § 62 Abs. 3 VwGO vertreten lassen (zur organschaftlichen Vertretung durch die Geschäftsführer: § 35 GmbHG).

B. Begründetheit der Berufung

Die Berufung der K ist begründet, wenn das angegriffene Urteil des Verwaltungsgerichts aus prozessrechtlichen oder materiellrechtlichen Gründen fehlerhaft ist und K als Klägerin hierdurch eine Rechtsverletzung erlitten hat.[4] Maßgeblich ist demnach aus Sicht der K, ob das Verwaltungsgericht zu Unrecht die Klage als nur teilweise begründet angesehen hat. Nach § 128 VwGO prüft der Verwaltungsgerichtshof als Berufungsgericht den Streitfall im Rahmen der Berufungsanträge im gleichen Umfang wie das Verwaltungsgericht. Es geht also nicht wie im Revisionsverfahren – vgl. dort §§ 137, 138 VwGO – um die Überprüfung einzelner gerügter Rechtsfehler, sondern es wird letztlich im vollen Umfang der gestellte Klageantrag in rechtlicher und tatsächlicher Hinsicht erneut geprüft. Es kommt also darauf an, ob und in welchem Umfang die Ausgangsklage der K zulässig (I) und begründet (II) war und ob und inwiefern durch eine womöglich unrichtige Entscheidung des erstinstanzlichen Gerichts die K als Klägerin in ihren Rechten verletzt wurde (III).

I. Zulässigkeit der (erstinstanzlichen) Klage der K

1. Verwaltungsrechtsweg

Die Eröffnung des Verwaltungsrechtswegs wird im Berufungsverfahren nicht mehr geprüft, § 17a Abs. 5 GVG (s.o.).

2. Statthafte Klageart

Obwohl es der K vom Ziel her um die Aufhebung einer belastenden Auflage geht, die im Grundsatz der isolierten Anfechtbarkeit unterliegt, handelt es sich vorliegend – wie schon die Formulierung des Antrags zeigt – nicht um eine Anfechtungsklage. Denn diese wäre aufgrund der Bestandskraft der Auflage (Verfristung gem. § 70 VwGO) unzulässig. In Betracht kommt aber eine Verpflichtungsklage nach § 42 Abs. 1 2. Alt. VwGO, gerichtet auf die Verpflichtung zum Wiederaufgreifen des Verfahrens und zur Aufhebung der Sicherheitsleistungsauflage.

Zum Verständnis: Im Falle eines bestandskräftigen Verwaltungsakts, dessen Aufhebung oder Änderung der Betroffene von der Behörde begehrt, ergibt sich eine klare Zweistufigkeit des Verfahrens[5]: Die Behörde hat in einem ersten Verfahrensschritt zu entscheiden, ob sie das Verfahren überhaupt wiederaufgreift (hierzu kann ggf. § 51 VwVfG /

[4] *Hufen*, Verwaltungsprozessrecht, § 40, Rn. 15; *Schmitt Glaeser/Horn*, Verwaltungsprozessrecht, Rn. 469; *Kopp/Schenke*, VwGO, Vor § 124, Rn. 59.

[5] *Eckertz*, in: Festschrift für Gerd Roellecke, 1997, S. 79 (82); *Erichsen/Ebber*, Jura 1997, 424 f.; *Maurer*, Allgemeines Verwaltungsrecht, § 11, Rn. 56; *Ule/Laubinger*, Verwaltungsverfahrensrecht, § 65, Rn. 7; *Meyer*, in: Knack (Begr.), VwVfG, § 51, Rn. 9.

Art. 51 BayVwVfG verpflichten). Nimmt die Behörde das Verfahren wieder auf, schließt sich in einem zweiten Schritt die sog. Sachentscheidung (auch sog. Zweitbescheid[6]) an. Hier hat die Behörde nun zu regeln, ob sie den an sich bestandskräftigen Verwaltungsakt entweder bestätigt oder aber ändert. Im Hinblick auf Rechtsschutzmöglichkeiten – insbesondere die statthafte Klageart – ist daher stets auseinander zu halten, auf welcher Stufe der Streit im Einzelfall liegt. Insofern sind folgende Konstellationen möglich: (1) Denkbar ist, dass die Behörde sowohl das Verfahren wiederaufgreift und den Verwaltungsakt (hier die Auflage) gemäß dem Fernziel des Antragstellers aufhebt oder ändert. Das Verfahren endet mit einem stattgebenden, sog. positiven Zweitbescheid. Dieser „kann die Aufhebung des den Antragsteller belastenden Ausgangs-VA enthalten, darüber hinaus aber auch den Erlass eines den Antragsteller begünstigenden VA, der von der Behörde in Gestalt des Ausgangs-VA ganz oder teilweise abgelehnt worden war."[7] Rechtsschutzfragen stellen sich hier praktisch nicht. (2) Des weiteren ist möglich, dass die Behörde zwar positiv über die Frage des Wiederaufgreifens entscheidet, d.h. in die erneute Sachprüfung eintritt, im Ergebnis aber abschlägig entscheidet, also den Verwaltungsakt mit gleichem Inhalt bestätigt. Dann endet das Verfahren mit einem negativen Zweitbescheid. In materiell- und verfahrensrechtlicher Hinsicht ersetzt dieser Zweitbescheid den bestandskräftigen Erstbescheid. Das hat zur Konsequenz, dass nunmehr ein ganz neuer Verwaltungsakt vorliegt, gegen den – mit neuen Fristen, §§ 70, 74 VwGO – dieselben Rechtsbehelfe statthaft sind wie gegen den Ausgangsbescheid. Eine erneute Sachentscheidung eröffnet also den Verwaltungsrechtsweg wieder.[8] D.h.: Die Bestätigung eines belastenden Verwaltungsakts durch negative Sachentscheidung eröffnet (unter den sonstigen Zulässigkeitsvoraussetzungen) die Möglichkeit von Anfechtungswiderspruch und Anfechtungsklage, die Bestätigung der Versagung eines beantragten begünstigenden Verwaltungsakts eröffnet die Möglichkeit von Verpflichtungswiderspruch und Verpflichtungsklage. (3) Verweigert die Behörde bereits das Wiederaufgreifen als solches (etwa weil sie die Voraussetzungen des § 51 VwVfG / Art. 51 BayVwVfG verneint), so spricht man von einer sog. wiederholenden Verfügung.[9] Hiermit soll ausgedrückt werden, dass die Behörde maßgeblich wegen der Bestandskraft der früher getroffenen Entscheidung schon den Einstieg in eine erneute Sachprüfung ablehnt. Es handelt sich damit zwar um einen (rein verfahrensrechtlichen) Verwaltungsakt (es wird ja in verfahrensrechtlicher Hinsicht etwas geregelt, nämlich die Ablehnung des Wiederaufgreifens)[10], dieser enthält aber keine neue Sachentscheidung wie in den Fallgestaltungen sub (1) und (2). Die herkömmlichen Rechtsschutzmöglichkeiten gegen die Sachentscheidung bleiben damit (zunächst) wegen Bestandskraft verschlossen.

Im vorliegenden Fall kann es um einen negativen Zweitbescheid (positive Entscheidung über das Wiederaufgreifen des Verfahrens aber negative Entscheidung in der Sache) oder aber um eine wiederholende Verfügung im Sinne der letztgenannten Fallgruppe sub (3) gehen. Hat sich die Behörde nicht eindeutig geäußert und ist die Abgrenzung zwischen negativem Zweitbescheid und wiederholender Verfügung zweifelhaft, so bedarf es der Auslegung. Der Bescheid ist regelmäßig als wiederholende Verfügung zu interpretieren, wenn die Behörde – wie hier – in der Begründung maßgeblich auf das bestandskräftig abgeschlossene Verwaltungsverfahren verweist. Denn hiermit macht die Behörde deutlich, dass sie für eine nochmalige Sachprüfung keine Veranlassung sieht. Der Bescheid ist damit als wiederholende Verfügung auszulegen. Der Umstand, dass dem Bescheid eine Rechtsbe-

[6] Zur Terminologie: *Maurer*, Allgemeines Verwaltungsrecht, § 11, Rn. 56; *Stern*, Verwaltungsprozessuale Probleme, Rn. 235ff.

[7] *Erichsen/Ebber*, Jura 1997, 424 (430).

[8] *BVerwGE* 44, 333 (334); *Erichsen/Ebber*, Jura 1997, 424 (431).

[9] *BVerwG* NVwZ 2002, 482f.; *Wolff/Bachof/Stober*, Verwaltungsrecht, Band 2, Rn. 125; *Maurer*, Allgemeines Verwaltungsrecht, § 11, Rn. 56; *Erichsen/Ebber*, Jura 1997, 424 (430).

[10] *BVerwGE* 44, 333 (335); *Maurer*, Allgemeines Verwaltungsrecht, § 11, Rn. 56; *Wolff/Bachof/Stober*, Verwaltungsrecht, Band 2, Rn. 125, m.w.N.

helfsbelehrung beigefügt ist, ist kein Indiz für eine erneute Sachentscheidung, denn auch die wiederholende Verfügung ist ein Verwaltungsakt (s.o.), der § 58 VwGO unterfällt.[11] Es macht daher für K Sinn, mit ihrem Rechtsbehelf sowohl das Wiederaufgreifen des Verfahrens als auch eine positive Sachentscheidung zu erstreiten zu suchen. K zielt mit seinem Antrag darauf ab, *(erstens)* dass die Behörde trotz Bestandskraft sich dafür entscheidet, nochmals in die Sachprüfung einzutreten (= Wiederaufgreifen des Verfahrens), und *(zweitens)* dass die Behörde nach erneuter Sachprüfung zu dem Ergebnis kommt, die belastende Auflage zugunsten der K aufzuheben. Für die Frage der Statthaftigkeit der Klage ist aber zu bedenken, dass es dem Kläger um stufenmäßig zueinander stehende behördliche Entscheidungen, also um zwei verschiedene, aufeinander aufbauende Ziele geht. Denn eine Verurteilung zu einer für K positiven Sachentscheidung (Aufhebung der Sicherheitsleistungsauflage) setzt an sich voraus, dass sich die Behörde zunächst überhaupt positiv für einen Eintritt in die erneute Sachprüfung (= Wiederaufgreifen) entschieden hat.

Zum Verständnis: Bei isolierter Betrachtung kommt für K in Betracht, in einem ersten Schritt mit einer verwaltungsgerichtlichen Klage zu beantragen, den Klagegegner zu verpflichten, das Verfahren wiederaufzugreifen (also in eine erneute Sachprüfung einzutreten). Eine solche, auf Wiederaufgreifen gerichtete Klage stellt nach wohl überwiegender Ansicht eine Verpflichtungsklage dar[12], weil der Entscheidung über den erneuten Eintritt in die Sachprüfung (auch unter Berücksichtigung der Wertungen aus Art. 51 BayVwVfG) eine eigenständige Regelungswirkung nach außen zukommt. Nach a.A. fehlt der Wiederaufgreifensentscheidung als solche eine selbstständige nach außen gerichtete Rechtswirkung, da das gesamte Verfahren auf die danach zu treffende Sachprüfung zugeschnitten sei und damit erst der hierauf ergehende (positive oder negative) Zweitbescheid als endgültige Regelung VA-Qualität habe. Nach diesem Ansatz wäre mangels VA-Qualität statthafte Klageart mit dem Ziel der isolierten Verurteilung zum Wiederaufgreifen die allgemeine Leistungsklage.[13] Ist diese erste Klage erfolgreich, kann die erneute Sachentscheidung abgewartet werden. Fällt diese für K ungünstig aus, kann er eine zweite verwaltungsgerichtliche Klage anschließen. Wäre also etwa in der vorliegenden Fallgestaltung eine isolierte (Verpflichtungs- oder allgemeine Leistungs-) Klage auf Wiederaufgreifen des Verfahrens erfolgreich und käme die Behörde nach erneuter Sachprüfung zu einem negativen Zweitbescheid (d.h. Aufrechterhaltung der belastenden Auflage), so stünde hiergegen die (isolierte) Anfechtungsklage zur Verfügung (s.o.).

Problematisch für den vorliegenden Fall ist aber, dass K gemäß seines Antrags nicht zunächst isoliert die Verpflichtung zum Wiederaufgreifen erstreiten will, sondern direkt uno actu auch die Verpflichtung der Behörde zum Erlass eines positiven Zweitbescheides, nämlich zur Aufhebung der belastenden Auflage. Ob eine derartige (prozessual einstufige) Verpflichtungsklage gem. § 42 Abs. 1 2. Alt. VwGO mit dem Ziel, die Behörde – aufgrund inzident zu prüfender Verpflichtung zum Wiederaufgreifen – zum Erlass eines positiven Zweitbescheides zu verpflichten, statthaft ist, ist umstritten. Ein Teil der Literatur wendet hiergegen ein, dass Art. 51 Abs. 1 BayVwVfG der Behörde nicht nur die Entscheidungskompetenz über das Wiederaufgreifen, sondern im Falle der positiven Entscheidung hierüber auch hinsichtlich Aufhebung und Änderung einräumt. Nach Gewaltenteilungsgrundsätzen könne eine gerichtliche Kontrolle über eine Sachentscheidung (Zweitbescheid) erst dann einsetzen, wenn eine (notfalls im ersten Schritt isoliert gerichtlich erstrittene) Entscheidung über das Wiederaufgreifen getroffen wurde und hierauf ein (den Kläger erneut belastender) Zweitbescheid ergangen ist bzw. wenn dieser nach Margen des § 75 VwGO nicht innerhalb angemessener Frist erfolgt. Es sei den Verwaltungsgerichten aber verwehrt, eine Sachentscheidung in Form eines Verpflichtungsurteils selbst zu treffen, auch wenn sich

[11] *BVerwG* NVwZ 2002, 482f.
[12] *Sachs*, in: Stelkens/Bonk/Sachs u.a., VwVfG, § 51, Rn. 69; *Kopp/Ramsauer*, VwVfG, § 51, Rn. 53.
[13] *Erichsen/Ebber*, Jura 1997, 424 (431).

die zunächst hierfür zuständige Behörde womöglich fälschlicherweise für nicht verpflichtet gehalten hat, das Verfahren als solches wiederaufzugreifen und es demgemäß abgelehnt hat, überhaupt in eine erneute Sachprüfung einzusteigen.[14]

Zum Aufbau: Folgt man diesem Ansatz, so ist zunächst nur eine verwaltungsgerichtliche Klage (je nach bevorzugter Argumentation als Verpflichtungsklage oder allgemeine Leistungsklage) statthaft, mit dem Ziel, den Klagegegner zum Wiederaufgreifen des Verfahrens als solchem zu verurteilen. In dieser Hinsicht ist der Klageantrag der K dann nach § 88 VwGO zu verstehen. Die sich (auf zweiter Stufe) anschließende Frage einer Verpflichtung der Behörde zur positiven Sachentscheidung (= Aufhebung der belastenden Verfügung) ist dann im Anschluss an die vorgenannte Prüfung in Form eines Hilfsgutachtens zu beantworten.

Gegen den vorgenannten Lösungsansatz spricht die Prozessökonomie, denn hierdurch wird eine zweite Klage herausgefordert, wenn als Ergebnis des wiederaufgegriffenen Verfahrens die an sich von Anfang an begehrte Sachentscheidung dann nicht so wie vom Kläger erwünscht getroffen wird. Zwischen der Entscheidung über das Wiederaufgreifen und der Zweitentscheidung bestehen zudem inhaltliche Zusammenhänge. Das Rechtsschutzinteresse des Betroffenen ist von vornherein in der Sache auf die für ihn positive Sachentscheidung gerichtet. Es ist daher der Rechtsprechung und einem Großteil der Literatur zu folgen, die eine Verpflichtungsklage unmittelbar gerichtet auf die Verpflichtung des Klagegegners zum Wiederaufgreifen *und zur positiven Sachentscheidung* (hier zur Aufhebung der belastenden Verfügung/Auflage) als statthaft ansehen.[15] Die von K insofern erhobene Klage ist somit als Verpflichtungsklage vollumfänglich statthaft. K kann sogleich eine Verpflichtungsklage mit dem Ziel erheben, den Beklagten zum Erlass einer positiven Sachentscheidung (Aufhebung der belastenden Auflage) zu verpflichten. Im Rahmen dieser Verpflichtungsklage hat das Verwaltungsgericht die Frage, ob das Verfahren nach Art. 51 BayVwVfG wieder aufzunehmen ist, inzident als Vorfrage zu prüfen.[16]

3. Klagebefugnis, § 42 Abs. 2 VwGO

Die Auflage zur Erbringung einer Sicherheitsleistung durch Bankbürgschaft belastet K und greift damit zumindest in deren Rechte aus Art. 2 Abs. 1 GG ein. Da im vorliegenden Fall nicht ausgeschlossen ist, dass zugunsten der K die Voraussetzungen des Art. 51 BayVwVfG erfüllt sind, erscheint ein subjektiver Anspruch der K auf Wiederaufgreifen des Verfahrens und damit auch ein subjektiver Anspruch auf Aufhebung der Auflage (aus Art. 51 BayVwVfG ggf. i.V.m. Art. 49 BayVwVfG) als möglich. K ist demnach gem. § 42 Abs. 2 VwGO klagebefugt.

4. Sonstige Zulässigkeitsvoraussetzungen

Nach den Sachverhaltsangaben hat K zunächst erfolglos Widerspruch eingelegt (§§ 68ff. VwGO). Es ist auch davon auszugehen, dass sich die gem. § 61 Nr. 1 VwGO i.V.m. § 13 Abs. 1 GmbHG beteiligtenfähige K im erstinstanzlichen Verfahren ordnungsgemäß nach § 62 Abs. 3 VwGO i.V.m. § 35 GmbHG hat vertreten lassen. Ansonsten bestehen an der Zulässigkeit der Verpflichtungsklage (insbesondere hinsichtlich Form und Frist) keine Bedenken.

[14] *Erichsen/Ebber*, Jura 1997, 424 (431); *Sachs*, in: Stelkens/Bonk/Sachs u.a., VwVfG, § 51, Rn. 72.

[15] So: *BVerwG* NJW 1982, 2204 (2205) – Verpflichtungsklage auf Erteilung eines Vertriebenenausweises nach bestandskräftiger Ablehnung: *„Hat sich die Behörde geweigert, das Verfahren wiederaufzugreifen, so führt die Klage mit dem Ziel der Aufhebung oder Änderung des unanfechtbaren Verwaltungsakts zur abschließenden Entscheidung im gerichtlichen Verfahren.“* Der Sache nach ebenso für die vorliegende Fallgestaltung: *OVG Münster* NVwZ 2000, 89 (91). Aus der Lit.: *Schwabe*, JZ 1985, 545 (554); *Kopp/Ramsauer*, VwVfG, § 51, Rn. 53.

[16] Vgl. insbesondere den Prüfungsgang bei *OVG Münster* NVwZ 2000, 89ff.

Zwischenergebnis:
Die auf Verurteilung zum Wiederaufgreifen und zur Aufhebung der Auflage gerichtete Verpflichtungsklage ist zulässig.

II. Begründetheit der (erstinstanzlichen) Klage der K

Die erstinstanzliche Verpflichtungsklage ist gem. §§ 78 Abs. 1 Nr. 1, 113 Abs. 5 Satz 1 VwGO vollumfänglich begründet, wenn (1) der verklagte Freistaat Bayern passivlegitimiert ist, (2) als wesentliche Vorfrage eines möglichen Anspruchs auf positive Sachentscheidung ein Anspruch der K auf Wiederaufgreifen des Verfahrens gem. Art. 51 BayVwVfG besteht und (3) K einen Anspruch auf positiven Zweitbescheid in Form der Aufhebung der belastenden Auflage hat.

1. Passivlegitimation

In der gegebenen Fallgestaltung hat die Regierung von Oberbayern den Antrag der K auf Wiederaufgreifen des Verfahrens und auf Aufhebung der Auflage abgelehnt. Es handelte also ein Organ des Freistaats Bayern. Nach dem Rechtsträgerprinzip des § 78 Abs. 1 Nr. 1 VwGO ist damit der Freistaat Bayern richtiger Beklagter.

2. Anspruch auf Wiederaufgreifen des Verfahrens

Die Behörde ist zum Wiederaufgreifen des Verfahrens verpflichtet, wenn der hierauf gerichtete Antrag der K nach Art. 51 BayVwVfG zulässig und begründet ist.

a) Zulässigkeit des Antrags nach Art. 51 BayVwVfG
Der hier positiv von K an die Regierung von Oberbayern gestellte Antrag muss bestimmte formelle Erfordernisse erfüllen, um zulässig zu sein (d.h. damit überhaupt in die sachliche Prüfung hinsichtlich des Vorliegens eines Wiederaufgreifensgrundes eingetreten werden darf).[17]

aa) Antrag an die sachlich zuständige Behörde
Über das Wiederaufgreifen ist nach Art. 51 BayVwVfG selbst bei Vorliegen eines Wiederaufgreifensgrundes zwingend nur auf Antrag zu entscheiden, wobei der Antrag an die für die Wiederaufgreifensentscheidung zuständige Behörde zu richten ist. Einen solchen Antrag hat K vorliegend an die Regierung von Oberbayern gestellt. Unabhängig davon, welche Behörde nach altem Recht für die Erteilung der ursprünglich abfallrechtlichen Genehmigung zuständig war und diese Genehmigung inklusive der hier angegriffenen Auflage erteilt hat, ist jedenfalls (vgl. den Bearbeitervermerk[18]) davon auszugehen, dass die hier von K angesprochene Regierung von Oberbayern gem. § 67 Abs. 7 Satz 1 BImSchG i.V.m. Art. 1 Abs. 1 lit. a) BayImSchG für die Wiederaufgreifensentscheidung nach Art. 51 BayVwVfG sachlich zuständig ist.

bb) Vorliegen eines unanfechtbaren Verwaltungsakts
Nach Art. 51 Abs. 1 BayVwVfG muss die angerufene Behörde nur dann über einen Antrag auf Wiederaufgreifen des Verfahrens entscheiden, wenn es um die Aufhebung oder Änderung *„eines unanfechtbaren Verwaltungsakts"* geht. Nach den Sachverhaltsvorgaben hat K gegen die nach § 113 Abs. 1 Satz 1 VwGO auch isoliert anfechtbare belastende Auflage innerhalb der Fristen nach §§ 70, 74 VwGO weder Widerspruch noch Anfechtungsklage erhoben. Die beanstandete Auflage ist damit bestandskräftig geworden.

---

[17] Eine Prüfungsübersicht findet sich z.B. bei *Ule/Laubinger*, Verwaltungsverfahrensrecht, § 65, Rn. 10ff.

[18] Es wird aus Art. 51 Abs. 4 BayVwVfG geschlossen, dass (auch hinsichtlich der sachlichen Zuständigkeit) grundsätzlich die Behörde für das Wiederaufgreifen und die neue Sachentscheidung zuständig ist, die im Zeitpunkt des Wiederaufgreifens für den erstmaligen Erlass eines solchen Verwaltungsakts zuständig wäre, *Kopp/Ramsauer*, VwVfG, § 51, Rn. 49.

cc) Antragsbefugnis / Beschwer

K muss als Antragsteller beschwert (belastet) sein, nur dann ist er antragsbefugt.[19] K erleidet weiterhin einen konkreten Rechtsnachteil, weil sie die an sie adressierte Auflage zur Erbringung einer belastenden Sicherheitsleistung verpflichtet und diese Verpflichtung auch selbstständig vollstreckbar ist (Art. 18 VwZVG).

dd) Geltendmachung eines Wiederaufgreifensgrundes nach Art. 51 Abs. 1 BayVwVfG

K macht hier eine nachträgliche Änderung der Rechtslage zu ihren Gunsten, und damit einen Wiederaufgreifensgrund gem. Art. 51 Abs. 1 Nr. 1 BayVwVfG geltend. Ein solcher Wiederaufgreifensgrund ist jedenfalls nicht von vornherein ausgeschlossen.[20] Dies genügt für ein Geltendmachen auf Zulässigkeitsebene.

Zur Vertiefung: Die Rechtsprechung stellt an die Zulässigkeit des Antrags auf Wiederaufgreifen des Verfahrens keine einheitlichen Anforderungen. Insbesondere bei nachträglichen Beweismitteln im Sinne von Art. 51 Abs. 1 Nr. 2 BayVwVfG führt das Bundesverwaltungsgericht schon auf Zulässigkeitsebene eine echte Schlüssigkeitsprüfung durch und begrenzt die Prüfung der Begründetheit des Wiederaufgreifensantrags auf den Nachweis, dass das neue Beweismittel tatsächlich eine für den Betroffenen günstigere Entscheidung herbeigeführt hätte.[21] Auch hinsichtlich Art. 51 Abs. 1 Nr. 1 BayVwVfG wird z.T. bereits auf Ebene der Zulässigkeit des Wiederaufgreifensantrags der schlüssige Vortrag verlangt, dass die nachträgliche Änderung der Sach- oder Rechtslage geeignet ist, sich zugunsten des Antragstellers auszuwirken.[22] Die Literatur kritisiert dies zu Recht und verweist darauf, dass die Zulässigkeitsvoraussetzungen des Antrags im Wesentlichen in Art. 51 Abs. 2 und 3 BayVwVfG normiert sind und damit in systematischer Hinsicht die inhaltliche Prüfung des Wiederaufgreifensgrundes im Ganzen erst im Rahmen der Begründetheit zu untersuchen ist.[23]

ee) Antragsfrist, Art. 51 Abs. 3 BayVwVfG

Gemäß Art. 51 Abs. 3 BayVwVfG muss – beginnend mit dem Zeitpunkt der Kenntnisnahme vom geltend gemachten Wiederaufgreifensgrund – der Antrag binnen drei Monaten gestellt werden (Fristberechnung über Art. 31 BayVwVfG). Nach den Sachverhaltsangaben hat die K erst Ende August 1995 anlässlich eines Rechtsberatungsgespräches von den hier relevanten Änderungen des Abfallrechts erfahren und damit positive Kenntnis von dem sodann Anfang November 1995 geltend gemachten Wiederaufgreifensgrund erhalten. Die Dreimonatsfrist des Art. 51 Abs. 3 BayVwVfG ist damit gewahrt.[24]

ff) Unverschuldetes Unterlassen der Geltendmachung im früheren Verfahren, Art. 51 Abs. 2 BayVwVfG

Der Antrag ist gem. Art. 51 Abs. 2 BayVwVfG unzulässig, wenn K es grob fahrlässig unterlassen hat, den Wiederaufgreifensgrund im früheren Verfahren, insbesondere durch Rechtsbehelf, geltend zu machen. Dies ist K nicht vorzuwerfen. Denn die hier relevante Rechtsänderung trat erst am 1. Mai 1993 in Kraft, während die ursprünglich abfallrechtliche Genehmigung bereits im Januar 1993 erteilt wurde. Demgemäß war die hier angegriffene Nebenbestimmung bereits erlassen und sogar bestandskräftig, bevor der geltend gemachte Grund für das Wiederaufgreifen existent war.

Der Antrag auf Wiederaufgreifen des Verfahrens ist damit zulässig.

[19] *Erichsen/Ebber*, Jura 1997, 424 (425).
[20] Nach *Kopp/Ramsauer*, VwVfG, § 51, Rn. 14, gilt insofern § 42 Abs. 2 VwGO analog.
[21] *BVerwG* NJW 1982, 2204; weitere Nachweise bei *Erichsen/Ebber*, Jura 1997, 424 (425).
[22] *OVG Münster* NVwZ 1986, 51 (52).
[23] *Erichsen/Ebber*, Jura 1997, 424 (425).
[24] Vgl. auch *OVG Münster* NVwZ 2000, 89 (90).

b) Begründetheit des Antrags nach Art. 51 BayVwVfG

Der Antrag auf Wiederaufgreifen des Verfahrens ist gem. Art. 51 Abs. 1 BayVwVfG begründet, wenn der geltend gemachte Grund gem. Art. 51 Abs. 1 Nr. 1 BayVwVfG tatsächlich besteht.

Zur Vertiefung: Einem Wiederaufgreifensgrund und damit der Begründetheit eines Antrags nach Art. 51 BayVwVfG steht es nach überwiegender Ansicht nicht entgegen, dass über den Verwaltungsakt bereits rechtskräftig durch Urteil entschieden wurde.[25] Rechtskräftige Urteile binden die Beteiligten nur, soweit derselbe Streitgegenstand betroffen ist. Dies ist aber dann, wenn der Betroffene das Wiederaufgreifen des Verfahrens wegen eines Grundes gem. Art. 51 BayVwVfG und deswegen eine erneute (positive) Sachentscheidung begehrt, nicht der Fall: Art. 51 Abs. 1 BayVwVfG gibt dem Betroffenen im Falle eines Wiederaufgreifensgrundes einen über den früheren Streitgegenstand hinausgehenden selbstständigen Anspruch darüber, erneut in die Sachprüfung einzutreten (um ggf. daraufhin eine neue Sachentscheidung zu treffen). Art. 51 BayVwVfG beinhaltet eine normative Abwägungsentscheidung darüber, wann die Behörde unter Berücksichtigung der Grundsätze der Rechtssicherheit und der grundsätzlichen Rechtsbeständigkeit in Bestandskraft oder Rechtskraft erwachsener Akte der öffentlichen Gewalt sowie des gleichwertigen Grundsatzes der materialen Gerechtigkeit zum Wiederaufgreifen verpflichtet ist. Weil also im Rahmen von Art. 51 Abs. 1 BayVwVfG es zunächst um den bislang noch nicht in der vorherigen gerichtlichen Entscheidung thematisierten Anspruch auf Wiederaufgreifen geht, geht es nicht um Rechtsfragen, die bereits den rechtskräftig entschiedenen Streitgegenstand des früheren Urteils betrafen. Konsequenterweise steht einer auf einen Wiederaufgreifensgrund gestützten verwaltungsgerichtlichen Klage auf Aufhebung oder Änderung des an sich bestandskräftigen Verwaltungsakts dann auch nicht die gem. § 121 VwGO bestehende Rechtskraft des Urteils entgegen, das den damals angefochtenen Verwaltungsakt bzw. die Versagung des damals beantragten Verwaltungsakts bestätigte.[26] Der Bürger bedarf hier angesichts Art. 19 Abs. 4 GG des Rechtsschutzes, wenn das Wiederaufgreifen und ein Zweitbescheid abgelehnt wird, obwohl er nach Wiederaufgreifensrecht einen Anspruch hierauf hat. In der Klausur wäre diese Problematik bereits auf der Ebene der Zulässigkeit der Klage abzuhandeln.

aa) Unanwendbarkeit des Art. 51 Abs. 1 Nr. 1 BayVwVfG wegen Verdrängung durch spezielleres Fachrecht?

Der Wiederaufgreifensgrund wegen geänderter Sach- oder Rechtslage steht jedoch – ähnlich wie die Widerrufsgründe nach Art. 49 Abs. 2 Nrn. 3 und 4 BayVwVfG – unter dem Vorbehalt, dass das materielle Recht nichts anders bestimmt resp. nicht vom Fortbestand des Verwaltungsakts auch bei späterer Änderung der Sach- und Rechtslage ausgeht. Aufgrund materiellen Rechts ist ein Wiederaufgreifensgrund nach Art. 51 Abs. 1 Nr. 1 BayVwVfG sowie § 51 Abs. 1 Nr. 1 VwVfG von vornherein nicht einschlägig, wenn sich die durch den Verwaltungsakt (hier: durch die Auflage) gesetzte Rechtsfolge nach dem anzuwendenden und gegenüber dem BayVwVfG spezielleren materiellen Fachrecht *ausschließlich* auf der Grundlage der Sach- und Rechtslage im Erlasszeitpunkt bemessen soll, d. h. die einschlägigen Rechtsnormen von der strikten Irrelevanz nachträglicher Änderungen der Sach- und Rechtslage ausgehen.[27]

Zum Verständnis: Dies soll im Zweifel zumindest bei bereits vollzogenen Verwaltungsakten ohne Dauerwirkung gelten, also bei belastenden Verwaltungsakten, „deren Regelungsgehalt sich in der Setzung einer einmaligen Rechtsfolge erschöpft und infolge Voll-

[25] *BVerwGE* 70, 110ff.; *BVerwGE* 95, 86 (88f.).
[26] *BVerwG* NJW 1990, 199f.; *BayVGH* BayVBl. 1996, 147f.
[27] *Erichsen/Ebber*, Jura 1997, 424 (425).

zugs gegenstandslos geworden sind."[28] Ein weiteres Beispiel findet sich bei *BayVGH* BayVBl. 1995, 23: Dem Kl. wurde die Fahrerlaubnis durch die Verwaltungsbehörde bestandskräftig entzogen. Nach einigen Monaten beantragte der Kl. das Wiederaufgreifen nach Maßgabe von Art. 51 Abs. 1 Nr. 1 BayVwVfG, weil im Gegensatz zum Entscheidungszeitpunkt nunmehr seine Fahrtüchtigkeit wieder bestehe, wie er im übrigen durch ärztliche Atteste nachzuweisen vermöge. Nach dem *BayVGH* ist Art. 51 Abs. 1 Nr. 1 BayVwVfG hier unanwendbar, weil die Regelungen des Straßenverkehrsrechts[29] spezielle Verfahren vorsehen, wenn nach vorausgegangener Entziehung der Fahrerlaubnis diese neu erteilt werden soll. Diese Regelungen dürfen nicht über den allgemeineren Art. 51 Abs. 1 Nr. 1 BayVwVfG unterlaufen werden.

Das *VG Köln*[30] ging für die vorliegende Fallgestaltung davon aus, dass das materielle Recht eine Berücksichtigung der nachträglichen Änderung der Rechtslage verbiete und dass schon deswegen Art. 51 Abs. 1 Nr. 1 BayVwVfG (dort bezogen auf die vergleichbare Norm Nordrhein-Westfalens) nicht einschlägig sei. Dies ergebe sich vor allem aus § 67 Abs. 7 BImSchG: Die Regelung lasse die ursprünglich abfallrechtlichen Genehmigungen nunmehr als immissionsschutzrechtliche Regelungen im Ganzen – also auch hinsichtlich belastender abfallrechtlicher Nebenbestimmungen – weitergelten.

Demgegenüber ist das *OVG Münster*[31] zu Recht anderer Ansicht. Die Sicherungsauflage trägt den Charakter eines Dauerverwaltungsakts, d.h. es besteht ein Rechtsverhältnis, das sich ständig aktualisiert. Es geht nicht nur um die einmalige Erfüllung in Form der Beibringung der Bankbürgschaftserklärung, sondern die Bürgschaft ist auch aufrecht zu erhalten, denn sie dient der dauerhaften Sicherung später zu erfüllender Rekultivierungspflichten des Betreibers. Materiell betrachtet geht es also darum, dass die Bankbürgschaft für den gesamten Zeitraum von ihrer Beibringung bis zur Betriebseinstellung die genannten Nachbetriebspflichten des Anlagenbetreibers sichert. Es handelt sich daher um einen typischen Fall, in dem das Fachrecht für die Anwendung des Art. 51 Abs. 1 Nr. 1 BayVwVfG offen ist.[32] § 67 Abs. 7 Satz 1 BImSchG dient entgegen den Ausführungen des *VG Köln* allein dem Bestandsschutz des Betreibers, d.h. es geht dieser Vorschrift allein darum, *„dass der Betreiber einer genehmigten Anlage keiner neuen Genehmigung nach dem Bundes-Immissionsschutzgesetz bedarf, die Anlage vielmehr als danach zugelassen gilt."*[33] Art. 51 BayVwVfG wird daher nicht durch spezielleres Fachrecht verdrängt. Das Bestehen eines Wiederaufgreifensgrundes hängt daher von den Tatbestandsvoraussetzungen des Art. 51 Abs. 1 Nr. 1 BayVwVfG ab.

bb) Tatbestand des Art. 51 Abs. 1 Nr. 1 BayVwVfG

Die Verpflichtung zur Erbringung der Sicherheitsauflage konnte zum Zeitpunkt des Erlasses auf die alten abfallrechtlichen Vorschriften (§ 8 Abs. 2 AbfG in der Fassung vom 27. August 1986) gestützt werden. Nach der im Zeitpunkt der mündlichen Verhandlung geltenden Rechtslage wäre der Rekurs auf abfallrechtliche Vorschriften nicht mehr möglich: § 8 Abs. 2 AbfG in der Fassung vom 27. August 1986 steht heute nicht mehr als Ermächtigungsgrundlage zur Verfügung, weil mit Inkrafttreten des geänderten Abfallrechts am 1. Mai 1993 Abfallentsorgungsanlagen mit Ausnahme der Deponien lediglich einer immissionsschutzrechtlichen Genehmigung bedürfen und zudem die geänderte Regelung nach § 8 Abs. 2 AbfG in der Fassung des Art. 6 des Investitionserleichterungs- und Wohnbaulandgesetz vom 22. April 1993 ausdrücklich auf solche Anlagen keine Anwendung mehr findet.[34] Gleiches gilt nach Ablösung des AbfG nach Maßgabe der nunmehr aktuellen Regelungen der §§ 31 Abs. 2, 32 Abs. 3 KrW-/AbfG.

[28] *Erichsen/Ebber*, Jura 1997, 424 (426).

[29] Damals nach Maßgabe von § 15c StVZO a.F.; heute gilt hier die FahrerlaubnisVO v. 18.8.1998, vgl. Schönfelder-Ergänzungsband Nr. 35d.

[30] *VG Köln* NVwZ 1997, 820 (822) – Vorinstanz zu *OVG Münster* NVwZ 2000, 89ff.

[31] *OVG Münster* NVwZ 2000, 89f.

[32] Siehe auch: *Ule/Laubinger*, Verwaltungsverfahrensrecht, § 65, Rn. 17; *Erichsen/Ebber*, Jura 1997, 424 (426).

[33] *OVG Münster* NVwZ 2000, 89 (90).

[34] *OVG Münster* NVwZ 2000, 89; insofern auch *VG Köln* NVwZ 1997, 820 (821f.).

Die der Auflage zugrunde liegende Rechtslage muss sich schließlich *zugunsten* der K geändert haben. Der Wegfall der Ermächtigungsgrundlage des § 8 Abs. 2 AbfG in der Fassung vom 27. August 1986 muss sich m.a.W. für Anlagen der vorliegenden Art positiv ausgewirkt haben. Das wäre zu verneinen, wenn eine hier von der Behörde im Genehmigungsbescheid als Auflage festgesetzte Sicherheitsleistung auch von den Vorschriften des BImSchG abgedeckt wäre. Nach dem Bearbeiterhinweis ist von der Einschlägigkeit des im Jahr 2001 neu eingeführten § 12 Abs. 1 Satz 2 BImSchG auszugehen. Danach ist eine Auflage zur Erbringung einer Sicherheitsleistung, wie sie im Jahr 1993 gegenüber K ergangen ist, auch als Nebenbestimmung einer sich nach dem BImSchG richtenden Anlagengenehmigung rechtlich zulässig. Die aktuelle Rechtslage hätte sich dann nicht zugunsten der K geändert. Es läge kein Wiederaufgreifensgrund gem. Art. 51 Abs. 1 Nr. 1 BayVwVfG vor. Da auch sonstige Alternativen gemäß Art. 51 Abs. 1 Nrn. 2 und 3 BayVwVfG nicht zur Debatte stehen, scheidet ein zwingender Wiederaufgreifensgrund aus.

Zum Verständnis: Diese Ausgangslage ergibt sich auch, wenn man dem *VG Köln* folgt und die Anwendbarkeit des Art. 51 Abs. 1 Nr. 1 BayVwVfG schon wegen spezielleren Fachrechts am Maßstab von § 67 Abs. 7 BImSchG verneint.

Zur Vertiefung: Zu sonstigen Problemen rund um den **Wiederaufgreifensgrund des Art. 51 Abs. 1 Nr. 1 BayVwVfG:** *BVerwGE* 95, 86 (89); *BVerwG* NVwZ 1995, 1097f.; *BayVGH* BayVBl. 1996, 147 (148) – kein zwingender Wiederaufgreifensgrund bei bloßer Änderung der Rechtsprechung.[35] **Zum Wiederaufgreifensgrund nach Art. 51 Abs. 1 Nr. 2 BayVwVfG:** *BVerwGE* 95, 86 (90); *BVerwGE* 70, 110 (113); *BVerwG* NJW 1982, 220 – Neue Beweismittel sind nicht nur solche, die in früheren Verfahren noch nicht existierten, sondern auch solche, die zwar schon vorhanden waren, aber schuldlos nicht rechtzeitig vorgebracht werden konnten. *BVerwGE* 95, 86 (90); *BVerwG* NJW 1990, 199 (200) – Einschränkungen gelten bei Sachverständigengutachten als „neue Beweismittel", diese müssen ihrerseits auf neuen Tatsachen beruhen. **Zu Art. 51 Abs. 1 Nr. 3 BayVwVfG:** *BVerwGE* 95, 86 (91).

Wird die Einschlägigkeit eines zwingenden Wiederaufgreifensgrundes gem. Art. 51 Abs. 1 BayVwVfG oder § 51 Abs. 1 VwVfG verneint, ist die Begutachtung allerdings noch nicht am Ende. Das Zwischenergebnis lautet dann zunächst, dass kein strikter Anspruch der K auf Wiederaufgreifen nach Art. 51 Abs. 1 BayVwVfG besteht. Es ist dann aber an ein sog. *Wiederaufgreifen im weiteren Sinne* zu denken, d.h. an ein Wiederaufgreifen nach den allgemeineren Art. 51 Abs. 5 i.V. mit Art. 48 Abs. 1, 49 Abs. 1 BayVwVfG.[36] Der Verweis in Art. 51 Abs. 5 BayVwVfG stellt klar, dass es der Behörde unabhängig vom Vorliegen eines strikten Widerrufsgrundes nach ihrem Ermessen frei steht, von sich aus auch bestandskräftig gewordene Verwaltungsakte (oder isoliert abtrennbare Nebenbestimmungen) nach den materiellen Vorgaben der Art. 48 Abs. 1, 49 Abs. 1 BayVwVfG zu prüfen und ggf. aufzuheben. Im Fall stünde es also im Ermessen der Behörde, zunächst nach Art. 22 Satz 1 BayVwVfG ein Aufhebungsverfahren einzuleiten und sodann die an sich rechtmäßige belastende Nebenbestimmung nach Art. 49 Abs. 1 BayVwVfG zu widerrufen. Geht es dabei um den Widerruf (oder im Falle der Rechtswidrigkeit um die Rücknahme) eines den Kläger belastenden Verwaltungsakts (hier Auflage), so korrespondiert der von der Behörde zu treffenden Ermessensentscheidung nach Art. 22 Satz 1, 49 Abs. 1 (48 Abs. 1) BayVwVfG ein Anspruch des von der Belastung Betroffenen (hier der K) auf ermessensfehlerfreie Entscheidung.[37] Im Fall

---

[35] Hierzu auch unten *Fall 10*.

[36] So die Lösung bei *VG Köln* NVwZ 1997, 820 (822f.); allgemein hierzu: *BVerwGE* 95, 86 (92ff.); *BVerwG* NVwZ 1985, 265; *BayVGH* BayVBl. 1996, 147 (148); *Erichsen/Ebber*, Jura 1997, 424 (432f.); *Maurer*, Allgemeines Verwaltungsrecht, § 11, Rn. 62ff.; *Sachs*, in: Stelkens/Bonk/Sachs u.a., VwVfG, § 51, Rn. 13ff.; *Meyer*, in: Knack (Begr.), VwVfG, § 51, Rn. 15ff. Der Sache nach bereits *BVerwGE* 44, 333 (336ff.). Aus kritischer Perspektive: *Selmer*, JuS 1987, 363 (364ff.).

[37] *Maurer*, Allgemeines Verwaltungsrecht, § 11, Rn. 63. Vgl. *BVerwGE* 95, 86 (92ff.).

einer ermessensfehlerhaften Ablehnung des Antrags auf Widerruf ist dann die ursprüngliche Klage teilweise begründet, mangels Spruchreife ist jedoch ein Bescheidungsurteil nach § 113 Abs. 5 Satz 2 VwGO zu tenorieren.[38] In der hier zu begutachtenden Fallgestaltung lehnte die Behörde ein Wiederaufgreifen und eine Aufhebung ausschließlich mit der Begründung ab, dass kein Wiederaufgreifensgrund nach Art. 51 Abs. 1 BayVwVfG bestehe. Darüber hinaus ging sie davon aus, dass sich in einem solchen Fall ein Wiederaufgreifen und eine Aufhebung der Auflage verbieten. Der Behörde war damit die Möglichkeit der Ermessensaufhebung nach den allgemeinen Regeln (Art. 51 Abs. 5 i.V.m. Art. 49 Abs. 1 BayVwVfG) nicht bewusst. Es liegt insofern Ermessensnichtgebrauch vor.[39] In diesem Fall ist die erhobene Verpflichtungsklage teilweise begründet. Mangels Spruchreife war daher der Freistaat Bayern zu verurteilen, den Antrag der K auf Aufhebung der belastenden Auflage zur Erbringung einer Sicherheitsleistung erneut zu bescheiden.[40] Genau dies entspricht aber in der vorliegenden Fallgestaltung dem Urteilstenor der erstinstanzlichen Entscheidung. Geht man davon aus, dass die Begründung des Urteils auf diesen Ermessensfehler abstellt und hiervon das Bescheidungsurteil getragen wird, steht der K ein weitergehender Anspruch, als ihr durch das erstinstanzliche Urteil zugesprochen wurde, nicht zu. Die Berufung ist dann mangels Rechtsverletzung der K durch das erstinstanzliche Urteil unbegründet. Eine Änderung des erstinstanzlichen Urteils nach § 129 VwGO scheidet aus.

Zur Vertiefung: In Ausnahmefällen kommt am Maßstab von §§ (Art.) 51 Abs. 5, 48 Abs. 1, 49 Abs. 1 (Bay)VwVfG eine Ermessensreduzierung auf Null in Betracht. Eine Ermessensreduzierung zugunsten des Betroffenen ist nur anzunehmen, wenn die Behörde in gleichgelagerten Fällen das Verfahren wiederaufgegriffen hat (Selbstbindung der Verwaltung, Art. 3 Abs. 1 GG) oder aber wenn Umstände ersichtlich sind, die die Aufrechterhaltung des Erstbescheides als schlechthin unerträglich respektive als Verstoß gegen die guten Sitten oder Treu und Glauben erscheinen lassen.[41] Die höchstrichterliche Rechtsprechung hat diese strikten Voraussetzungen bislang stets verneint und insbesondere betont, dass auch etwa die bloße Rechtswidrigkeit des Erstbescheides als solche hierfür nicht genügt.

C. Abwandlung

Wenn für die Entscheidung im Berufungsverfahren auf den neuen § 12 Abs. 1 Satz 2 BImSchG nicht zurückgegriffen werden kann, weil die mündliche Verhandlung vor Juli 2001 stattgefunden hat (so die Ausgangslage für den vom *OVG Münster* entschiedenen Originalfall[42]), könnte die zulässige (s.o.) Berufung im Gegensatz zum Ausgangsfall begründet sein.

I. Zulässigkeit und Begründetheit der erstinstanzlichen Klage

In der Konstellation der Abwandlung ist die zulässige Verpflichtungsklage (s.o.) womöglich begründet, weil gegenüber dem passivlegitimierten Freistaat Bayern (s.o.) nicht nur ein Anspruch auf Wiederaufgreifen des Verfahrens gem. Art. 51 Abs. 1 Nr. 1 BayVwVfG besteht (hierzu im Folgenden sub 1.), sondern K auch einen für sie positiven Zweitbescheid, d.h. Aufhebung der Auflage, verlangen kann (hierzu unten sub 2.).

[38] So i.E. die Lösung bei *VG Köln* NVwZ 1997, 820ff.
[39] *Maurer*, Allgemeines Verwaltungsrecht, § 7, Rn. 21.
[40] *Schwabe*, JZ 1985, 545 (549).
[41] *BVerwGE* 44, 333 (336); 95, 86 (92); *BVerwG* NVwZ 1985, 265; *BayVGH* BayVBl. 1996, 147 (148); *Maurer*, Allgemeines Verwaltungsrecht, § 11, Rn. 65.
[42] *OVG Münster* NVwZ 2000, 89.

1. Anspruch auf Wiederaufgreifen gem. Art. 51 Abs. 1 Nr. 1 BayVwVfG

Auf das alte Abfallrecht oder das aktuelle KrW-/AbfG kann die Auflage nicht mehr gestützt werden (s.o). Auch das Immissionsschutzrecht hält keine Ermächtigungsgrundlage bereit: Nach dem *OVG Münster* kommt der Rekurs auf §§ 12 Abs. 1 Satz 1, 5 Abs. 3 BImSchG nicht in Betracht, weil das Immissionsschutzrecht mit § 8a Abs. 2 Satz 3 BImSchG Sonderregelungen für Sicherheitsleistungen getroffen hat.[43] Eine hier der K auferlegte Sicherheitsauflage wäre daher im Gegensatz zum Ausgangsfall nach der maßgeblichen Rechtslage bis zum Juli 2001, d.h. vor Einführung des heute geltenden § 12 Abs. 1 Satz 2 BImSchG, nicht von den Vorschriften des BImSchG oder des allgemeinen Verwaltungsrechts abgedeckt. Damit hat sich unter Zugrundelegung des maßgeblichen Zeitpunkt der mündlichen Verhandlung im Berufungsverfahren hinsichtlich der Sicherheitsleistung die zugrunde liegende Rechtslage zugunsten der K geändert. Es besteht damit ein Wiederaufgreifensgrund gem. Art. 51 Abs. 1 Nr. 1 BayVwVfG, d.h. der Antrag auf Wiederaufgreifen des Verfahrens ist in der Situation der Fallabwandlung nicht nur zulässig (s.o.), sondern auch begründet. Die Behörde ist verpflichtet, das Verfahren wiederaufzugreifen, d.h. ein erneutes Verfahren zu eröffnen, in dem entschieden wird, ob die Auflage aufzuheben ist.

2. Entscheidung in der Sache: Hat K einen Anspruch auf positiven Zweitbescheid in Form der Aufhebung der belastenden Auflage?

Mit der Annahme des Wiederaufgreifensgrundes steht zunächst nur fest, dass der beklagte Freistaat das Verfahren erneut aufgreifen muss. Fraglich und umstritten ist nunmehr, an welchen rechtlichen Maßstäben sich die zu treffende Sachentscheidung (positiver oder negativer Zweitbescheid) messen lassen muss. Eine Ansicht zieht insofern Art. 51 Abs. 5 BayVwVfG heran und greift hierüber auf Art. 48, 49 BayVwVfG zurück (im Fall auf Art. 49 Abs. 1 BayVwVfG, da es um die Aufhebung einer an sich rechtmäßigen Auflage geht). Danach steht die zu treffende Sachentscheidung immer im Ermessen der Behörde. Der Betroffene hat also selbst bei Einschlägigkeit eines Wiederaufgreifensgrundes vorbehaltlich des Ausnahmefalls einer Ermessensreduzierung lediglich einen Anspruch auf ermessensfehlerfreie Entscheidung über die Aufhebung oder Änderung des Verwaltungsakts.[44] Nach diesem Ansatz hat zwar die Behörde den Anspruch der K auf ermessensfehlerfreie Bescheidung ihres Antrags verletzt, weil sie bereits das Vorliegen eines Wiederaufgreifensgrundes verneint und damit jegliche Befassung über die Frage der Aufhebung zu Unrecht verweigert hat. Allerdings ist dann eine Verpflichtungsklage auf Verurteilung zur Aufhebung wegen verbleibenden Ermessens mangels Spruchreife nicht im vollen Umfang, sondern nur teilweise begründet. Nach § 113 Abs. 5 Satz 2 VwGO kann dann nur ein Bescheidungsurteil, d.h. eine Verpflichtung zur Neubescheidung des Antrags erstritten werden. Genau dahingehend tenorierte aber das erstinstanzliche Urteil, sodass K nach diesem Meinungsstrang bei Unterstellung einer entsprechenden Urteilsbegründung keine Rechtsverletzung durch die Vorinstanz erlitten hätte. Die Berufung wäre hiernach also unbegründet, weil der K genau das, was ihr zusteht (Anspruch auf erneute, diesmal ermessensfehlerfreie Bescheidung), auch zugesprochen wurde.

Dem vorgenannten Ansatz ist zu entgegnen, dass Art. 51 BayVwVfG dann keinen wirklich eigenen Regelungsgehalt hätte. Denn gem. Art. 51 Abs. 5 i.V. mit Art. 48 Abs. 1, 49 Abs. 1 BayVwVfG hat der Betroffene im Falle der Einschlägigkeit der Voraussetzungen

[43] Solange im Zusammenhang mit der Nachbetriebspflicht in § 5 Abs. 3 BImSchG keine ausdrückliche Ermächtigung zur Auferlegung einer Sicherheitsleistung normiert ist, ist für den Bereich der immissionsschutzrechtlichen Nachsorgepflicht dieses Instrument nicht zugelassen. Denn die ausdrückliche Regelung von Sicherheitsleistungen in Sondervorschriften zeigt, *„dass der Gesetzgeber diesem Instrument ein erheblich belastendes Gewicht beimisst und es lediglich nach seiner Entscheidung besonders bedeutsamen Fallgestaltungen zuweisen will."* *OVG Münster* NVwZ 2000, 89 (90).

[44] *Wolff/Bachof/Stober*, Verwaltungsrecht, Band 2, Rn. 118; im Grundsatz auch *Maurer*, Allgemeines Verwaltungsrecht, § 11, Rn. 61, mit Ausnahmen hinsichtlich des hier einschlägigen Art. 51 Abs. 1 Nr. 1 BayVwVfG sowie in großzügiger Handhabung einer Ermessensreduzierung.

nach Art. 48 Abs. 1, 49 Abs. 1 BayVwVfG ohnehin einen Anspruch auf ermessensfehlerfreie Entscheidung über die Aufhebung eines bestandskräftigen Verwaltungsakts.[45] Es wäre wenig verständlich, wenn der Betroffene über Art. 51 Abs. 1 BayVwVfG zwar verlangen könnte, dass die Behörde den Verwaltungsakt erneut sachlich überprüft, aber in der Sache ausnahmslos auf ein Recht auf ermessensfehlerfreie Entscheidung begrenzt wäre. Zudem spricht auch der Wortlaut eher gegen einen Rückgriff auf §§/Art. 48, 49 (Bay)VwVfG, da die Passage „bleiben unberührt" andeutet, dass die Aufhebung nach §§/Art. 48, 49 (Bay)VwVfG *daneben* möglich bleibt, sich dann aber nach anderen Kriterien richtet.[46] Nach vorzugswürdiger Ansicht begrenzt sich die Bedeutung des Verweises in Art. 51 Abs. 5 BayVwVfG (§ 51 Abs. 5 VwVfG) daher darauf, dass es der Behörde für den Fall, dass Art. 51 Abs. 1 BayVwVfG nicht einschlägig ist, dennoch nicht verwehrt ist, nach den allgemeinen Vorschriften den Verwaltungsakt aufzuheben oder zu ändern. Ist hingegen ein Wiederaufgreifensantrag nach Art. 51 BayVwVfG zulässig und begründet, so hat sich die neue Sachentscheidung (positiver oder negativer Zweitbescheid) ausschließlich am materiellen Recht zu orientieren, nach dem sich die Rechtmäßigkeit des Erstbescheides bestimmt. Ist hier der Behörde kein Ermessen eingeräumt, so ist sie in ihrer Aufhebungs- bzw. Änderungsentscheidung gebunden. Ermessen hinsichtlich der Aufhebung oder Änderung des Verwaltungsakts steht der Behörde somit nur zu, wenn dies das einschlägige materielle Recht vorsieht.[47] Geht es dem Betroffen etwa um den Erlass eines ursprünglich bestandskräftig abgelehnten begünstigenden Verwaltungsakts (z.B. Genehmigung o.ä.), so hat er hierauf nach zu erfolgender Wiederaufgreifung des Verfahrens einen strikten Anspruch, wenn die (nunmehr) zugrundeliegende materielle Anspruchsnorm von der Behörde eine gebundene Entscheidung verlangt und die tatbestandlichen Voraussetzungen für den Erlass gegeben sind.[48] Nur für den Fall, dass sich nach den einschlägigen materiellrechtlichen Normen des Fachrechts das subjektive Recht des Betroffenen auf einen Anspruch auf ermessensfehlerfreie Entscheidung begrenzt, kann bloße Neubescheidung verlangt werden. Geht es – wie im vorliegenden Fall – um die Aufhebung eines (subjektive Rechte des Betroffenen tangierenden) belastenden Verwaltungsakts (hier Auflage), der (die) nach der (nunmehr) anzuwendenden materiellen Rechtslage rechtswidrig wäre, so ist dieser (diese) zwingend aufzuheben. Ist also m.a.W. wie in der zu begutachtenden Fallkonstellation aufgrund der Berücksichtigung der veränderten Rechtslage (Art. 51 Abs. 1 Nr. 1 BayVwVfG) eine Ermächtigungsgrundlage für die streitige, belastende Auflage zu Erbringung einer Sicherheitsleistung nicht mehr gegeben, so ist die Behörde zur Aufhebung verpflichtet[49], weil sie nach nunmehr geltender Rechtslage eine entsprechende Auflage nicht erteilen dürfte.

Zum Verständnis: Für die Grundkonstellation, dass der Betroffene aufgrund einer relevanten nachträglichen Änderung der Sach- oder Rechtslage die Aufhebung eines belastenden Verwaltungsakts begehrt, kann also zusammengefasst werden: Es ist das materielle Recht maßgebend, dass seither maßgebend ist, d.h. die Behörde muss den belastenden Verwaltungsakt aufheben, wenn dieser nach der neuen Sach- oder Rechtslage keineswegs erlassen werden dürfte.[50] Dieses Ergebnis entspricht auch der Fallgestaltung, in der sich die Behörde zwar zunächst auf erster Stufe für ein Wiederaufgreifen des Verfahrens entschließt, dann aber eine negative Sachentscheidung trifft. In diesem Fall ist von einem negativen Zweitbescheid auszugehen, der als erneuter belastender Verwaltungsakt wiederum (mit neu laufenden Fristen) mit Anfechtungswider-

[45] S.o. Ausgangsfall.

[46] *Erichsen/Ebber*, Jura 1997, 424 (429).

[47] *BVerwG* NJW 1982, 2204 (2205); *OVG Münster* NVwZ 2000, 89 (91); *Ule/Laubinger*, Verwaltungsverfahrensrecht, § 65, Rn. 30; *Sachs*, in: Stelkens/Bonk/Sachs u.a., VwVfG, § 51, Rn. 30ff.; *Meyer*, in: Knack (Begr.), VwVfG, § 51, Rn. 19ff.; *Kopp*, VwVfG, § 51, Rn. 41; *Erichsen/Ebber*, Jura 1997, 424 (429); *Schwabe*, JZ 1985, 545 (552); *Selmer*, JuS 1987, 363 (367).

[48] *BVerwG* NJW 1982, 2204 (2205) – Vertriebenenausweis.

[49] *OVG Münster* NVwZ 2000, 89 (90).

[50] *Ule/Laubinger*, Verwaltungsverfahrensrecht, § 65, Rn. 31.

spruch und Anfechtungsklage angegriffen werden kann (s.o. B I 2, Fallgruppe [2]). In diesem Fall würde das Gericht ohne weiteres die nach jetziger Rechtslage zu beurteilende Auflage kassieren.[51] Für den Fall, dass der Betroffene zusammen mit dem Wiederaufgreifensantrag nach Art. 51 Abs. 1 Nr. 1 BayVwVfG die Aufhebung eines belastenden Verwaltungsakts begehrt, bleibt für eine Ermessensentscheidung nur Raum, wenn nach der geänderten Rechtslage der Erlass des belastenden Verwaltungsakts nicht mehr wie nach alter Rechtslage zwingend ist, sondern (bei Einschlägigkeit aller Tatbestandsmerkmale) nunmehr in das Ermessen der Behörde gestellt ist.

Die Verpflichtungsklage der K, gerichtet auf Wiederaufgreifen des Verfahrens und Aufhebung der belastenden Auflage zur Erbringung der Sicherheitsleistung, ist damit vollumfänglich begründet.

II. Rechtsverletzung der K durch das erstinstanzliche Urteil des Verwaltungsgerichts

Das erstinstanzliche Bescheidungsurteil bleibt dahinter zurück. Dieses Urteil ist materiell fehlerhaft, weil es dem Antrag der K nicht in vollem Umfang entsprochen hat. Insofern hat K durch das erstinstanzliche Urteil, das ihrer Klage nicht vollumfänglich stattgab, eine Rechtsverletzung erfahren. Damit ist die Berufung der K in vollem Umfang begründet.

D. Ergebnis

Die Berufung der K ist nicht nur zulässig, sondern auch begründet. Das Berufungsgericht (*BayVGH*) wird das erstinstanzliche Urteil des Verwaltungsgerichts abändern (vgl. § 129 VwGO) und den beklagten Freistaat verpflichten, die dem Genehmigungsbescheid beigefügte Auflage zur Erbringung einer Sicherheitsleistung aufzuheben.[52]

Rechtsprechungsvorlagen: *OVG Münster* NVwZ 2000, 89; *VG Köln* NVwZ 1997, 820

Leseempfehlung: *Erichsen/Ebber*, Das Wiederaufgreifen unanfechtbar abgeschlossener Verwaltungsverfahren gemäß § 51 BayVwVfG, Jura 1997, 424

[51] Vgl. auch *Erichsen/Ebber*, Jura 1997, 424 (433).
[52] So i.E. auch *OVG Münster* NVwZ 2000, 89 (90).

Fall 7: Die erkaufte Bauleitplanung (Seidel)

Sachverhalt

Die bayerische Stadt S hat im Jahr 1992 einen rechtsverbindlichen Bebauungsplan „Schöner Wohnen" erlassen. Das betroffene Baugebiet ist als allgemeines Wohngebiet ausgewiesen. Die Eigentümer des beplanten Gebiets sind nach Herstellung der Erschließungsanlagen (§ 133 Abs. 2 BauGB) bis zur 10%-Grenze gem. § 129 Abs. 1 Satz 3 BauGB für den gesamten Erschließungsaufwand im Geltungsbereich des Planes aufgekommen. Kunigunde (K) ist Eigentümerin eines Grundstücks in S mit der Fl. Nr. XY. Das Grundstück grenzt an den Geltungsbereich des Bebauungsplans „Schöner Wohnen", liegt aber selbst im unbeplanten Außenbereich (§ 35 BauGB). Im Jahr 1999 beantragt K bei der Stadt, das vorgenannte Grundstück in den Geltungsbereich des genannten Bebauungsplans einzubeziehen, weil sie es mit einem Einfamilienhaus bebauen wollte.

Im Stadtrat ist man sich im Grundsatz über die Erweiterung des Geltungsbereichs des Bebauungsplans einig. Allerdings empfinden es die Stadtratsmitglieder als grob ungerecht, wenn die K durch Anschluss an den bereits bestehenden Bebauungsplan einen kostenlosen Erschließungsvorteil im Nachhinein erhielte, während die sonstigen Eigentümer im Baugebiet im Zusammenhang mit dem damaligen Erlass des Bebauungsplans zu erheblichen Erschließungsbeiträgen herangezogen wurden. Als Bestandteil des Planaufstellungsbeschlusses, der zur Einbeziehung des K-Grundstücks in den Geltungsbereich des bestehenden Bebauungsplans „Schöner Wohnen" führen soll, beschließt der Stadtrat daher, dass die K über eine vertragliche Vereinbarung zu verpflichten ist, einen Ausgleichsbetrag zu einem gemeinnützigen Zweck an die Stadt S zu entrichten. K und S schließen in Umsetzung dieses Beschlusses am 18. Mai 2000 einen schriftlichen Vertrag, in dem es u.a. heißt:

„2. Der Stadtrat hat in der Sitzung am 14.12.1999 beschlossen, den Geltungsbereich des Bebauungsplans „Schöner Wohnen" auf das Grundstück Fl. Nr. XY zu erweitern. Die Verwaltung wurde angewiesen, das Bebauungsplanänderungsverfahren erst dann in Gang zu setzen, wenn Frau K einen Betrag von 14.500,– DM als nicht zweckgebundene Zuwendung an die Stadt S bezahlt hat. Der Betrag entspricht demjenigen, der sich ergeben hätte, wenn das Grundstück Fl. Nr. XY mit dem seinerzeit für das Baugebiet festgesetzten Straßenerschließungsbeitrag belastet worden wäre.

3. S verwendet den in Nr. 2 festgesetzten Betrag zur Errichtung eines neuen öffentlichen Kinderspielplatzes in der Schillerstraße in S."

Nach Zahlung der 14.500,– DM erweitert S im ordnungsgemäßen Verfahren den Geltungsbereich des Bebauungsplans auf das Grundstück der K. Noch während des Planungsverfahrens erhält die K nach den bauplanungsrechtlichen Maßstäben des § 33 BauGB eine Baugenehmigung, in deren Umsetzung sie ein Wohnhaus errichtet und dies schließlich Anfang Mai 2002 bezieht. Im Juni 2002 behauptet eine befreundete Jurastudentin gegenüber K, dass die vertragliche Vereinbarung vom 18. Mai 2000 unwirksam sei. Hoheitsrechte könne man nicht kaufen. Daraufhin wendet sich K an die Stadt und fordert die Rückzahlung der 14.500,– DM (7.250 €). Die S entgegnet, Verträge über die Übernahme von Erschließungskosten seien nichts Ungewöhnliches, insbesondere dürfe K gegenüber den sonstigen Eigentümern von Grundstücken im Plangebiet nicht übervorteilt werden. Im übrigen berufe sie sich auf den Wegfall der Bereicherung, weil der von dem Betrag neu errichtete Kinderspielplatz von Unbekannten gänzlich zerstört worden sei. Letztlich sei das Rückzahlungsverlangen jedenfalls rechtsmissbräuchlich, weil die K die von ihr gewünschte Leistung (nämlich im Ergebnis ein Baurecht) erhalten habe, die sie aber selbst nicht mehr an die S zurückgeben könne.

K erhebt gegen die S Klage beim örtlich zuständigen Verwaltungsgericht, mit der sie beantragt, die S zu verurteilen, an sie 14.500,– DM (7.250,– €) nebst 5% Zinsen seit Rechtshängigkeit zu bezahlen.

Vermerk für die Bearbeiter: In einem Gutachten, das auf alle aufgeworfenen Fragen eingeht, sind die Erfolgsaussichten dieser Klage zu beurteilen! Dabei ist von folgenden Fakten auszugehen: Wäre das Grundstück bereits in den ursprünglichen Geltungsbereich des Bebauungsplans (1992) einbezogen worden, so hätte K damals nach Abzug des Gemeindeanteils (§ 129 Abs. 1 Satz 3 BauGB) 14.500,– DM als Erschließungsbeitrag zahlen müssen. Es ist ferner zu unterstellen, dass der Stadt S infolge des Planänderungsverfahrens 2000 (Einbeziehung des K-Grundstücks in den Bebauungsplan) keine weiteren Aufwendungen (insbesondere für Erschließungsmaßnahmen) entstanden sind.

Lösung

Die verwaltungsgerichtliche Klage hat Aussicht auf Erfolg, wenn sie zulässig und begründet ist.

A. Zulässigkeit

I. Verwaltungsrechtsweg, § 40 Abs. 1 Satz 1 VwGO

Mangels sondergesetzlicher Zuweisung richtet sich die Abgrenzung zwischen ordentlichem Rechtsweg und Verwaltungsrechtsweg nach den Generalklauseln (§ 40 Abs. 1 Satz 1 VwGO bzw. § 13 GVG). Für die Eröffnung des Verwaltungsrechtswegs müsste eine öffentlich-rechtliche Streitigkeit vorliegen, d.h. der Streitgegenstand (Anspruch auf Rückzahlung der 14.500,– DM bzw. 7.250,– €) müsste dem öffentlichen Recht zuzuordnen sein. Dies ist hier fraglich, weil es der K um die Rückabwicklung eines für nichtig gehaltenen Vertrages geht. Handelte es sich um einen privatrechtlichen Vertrag, so ginge es um Ansprüche nach §§ 812ff. BGB und der Streitgegenstand richtete sich nach Privatrecht. Anderes gilt hingegen, wenn die Vereinbarung zwischen K und S als öffentlich-rechtlicher Vertrag i.S.v. Art. 54 BayVwVfG einzuordnen wäre. In diesem Fall wäre auch das Leistungsverhältnis zwischen K und S als öffentlich-rechtlich zu qualifizieren.[1] Fragen der Rückabwicklung richteten sich dann nicht nach den privatrechtlichen §§ 812ff. BGB, sondern nach dem sog. öffentlich-rechtlichen Erstattungsanspruch: Der Erstattungsanspruch teilt als actus contrarius die Rechtsnatur der (fehlgeschlagenen) Leistungsbeziehung.[2] Entscheidend ist daher im vorliegenden Fall, ob es sich bei der Vereinbarung vom 18. Mai 2000 um einen öffentlich-rechtlichen Vertrag handelt.

Ein öffentlich-rechtlicher Vertrag kann umschrieben werden als eine vertraglich vereinbarte Regelung auf dem Gebiet des öffentlichen Rechts. Vorliegend wurde zwischen K und S eine vertragliche Regelung dahingehend getroffen, dass die Zahlung eines Geldbetrages in Höhe von 14.500,– DM Bedingung für die Änderung des Bebauungsplans sein sollte. Die S sollte hiernach zwar nicht zu einer bestimmten Bauleitplanung verpflichtet werden, die K insofern also keinen vertraglichen Rechtsanspruch erhalten. Der Fortgang der Planung wurde aber als Geschäftsgrundlage für die Zahlung des Betrages gesehen. Nach erfolgter (nicht obligatorischer) Einbeziehung des K-Grundstücks in den Bebauungsplan sollte die Vereinbarung vom Mai 2000 Rechtsgrund für das Einbehalten der 14.500,– DM sein. Insofern liegt eine vertragliche Regelung vor. Dieser Vertrag ist öffentlich-rechtlicher Natur, wenn die vorgenannte Regelung auf dem Gebiet des öffentlichen Rechts erfolgt. M.a.W.: Die Vereinbarung muss sich nach Gegenstand und Zweck auf einen Sachbereich beziehen, der nach öffentlichem Recht zu beurteilen ist.[3] Das ist bei Verträgen, die eine an sich „neutrale" Zahlungspflicht des Bürgers als Gegenstand enthalten, regelmäßig nicht ohne Schwierigkeiten zu beantworten. Sofern die Vereinbarung keiner spezialgesetzlichen Regelung unterfällt, ist für die Bestimmung der Rechtsnatur des Vertrages auf den Zweck der zu erbringenden Leistungsverpflichtungen und auf den Gesamtcharakter des Vertrags sowie auf den Sachzusammenhang des Regelungsgegenstandes abzustellen.[4]

[1] *BVerwG* NVwZ 2000, 1285 (1286); *Stern*, Verwaltungsprozessuale Probleme, Rn. 93.

[2] *BVerwGE* 55, 337 (339); 89, 7 (9); *BVerwG* NJW 1980, 2538; *BVerwG* NVwZ 2000, 1285 (1286); *BayVGH* BayVBl. 2000, 595 (596); *VGH Mannheim* NVwZ 1991, 583; *Schoch*, Jura 1994, 82 (87); *Wolff/Bachof/Stober*, Verwaltungsrecht, Bd. 2, § 55, Rn. 25.

[3] *BVerwGE* 42, 331 (332ff.); 92, 56 (58); 96, 326 (329f.); *BVerwG* NVwZ 2000, 1285 (1286); *Grziwotz*, JuS 1998, 807 (809).

[4] *Maurer*, Allgemeines Verwaltungsrecht, § 14, Rn. 11; *Stern*, Verwaltungsprozessuale Probleme, Rn. 93.

Von einem öffentlich-rechtlichen Vertrag wäre jedenfalls auszugehen, wenn es sich bei der Regelung um einen Erschließungsvertrag i.S.v. § 124 BauGB handelte. Ein solcher Vertrag hat öffentlich-rechtlichen Charakter, weil er dem Vollzug öffentlich-rechtlicher Vorschriften dient, nämlich der §§ 129ff. BauGB. Hierum geht es jedoch nicht, weil der zu zahlende Betrag von den Vertragsparteien nicht als Abgeltung des Erschließungsaufwandes, der bereits von den Eigentümern der Grundstücke im bisherigen Baugebiet getragen wurde, betrachtet wird. Auch ein städtebaulicher Vertrag[5] nach § 11 Abs. 1 Nr. 3 BauGB scheidet aus: Die von K zu erbringende Leistung wird im Vertrag ausdrücklich als nicht zweckgebunden bezeichnet und soll letztlich für Gemeinwohlzwecke (Kinderspielplatz) eingesetzt werden, es geht mithin nicht darum, dass K Kosten oder sonstige Aufwendungen übernehmen soll, die der S für städtebauliche Maßnahmen entstehen.[6]

Der öffentlich-rechtliche Charakter ist daher nach allgemeinen Kriterien nach dem Gesamtcharakter des Vertrages zu bestimmen resp. danach, ob die Vertragsregelung in einem engen Sachzusammenhang zu einer öffentlich-rechtlichen Regelung steht. Insofern ergibt sich der öffentlich-rechtliche Charakter der Vereinbarung aus dem engen Zusammenhang zwischen der Zahlungspflicht der K und der Fortführung des Planungsverfahrens. Es besteht ein kausales Band zwischen der Zahlung und der öffentlich-rechtlich einzuordnenden Bauleitplanung. Ein hinreichender Sachzusammenhang zu einer öffentlich-rechtlichen Regelung ist daher zu bejahen. *„Die erklärte Bereitschaft (...), das Bauleitplanverfahren nach Eingang der Geldzahlung fortzuführen, ist ausreichend, um die Vereinbarung öffentlich-rechtlich zu prägen.“*[7] Da somit die Vereinbarung vom 18. Mai 2000 als öffentlich-rechtlicher Vertrag zu bewerten ist, ist auch der hier streitgegenständliche Rückabwicklungsanspruch dem öffentlichen Recht zuzuordnen (öffentlich-rechtlicher Erstattungsanspruch). Weil auch mangels doppelter Verfassungsunmittelbarkeit keine verfassungsrechtliche Streitigkeit vorliegt, ist nach § 40 Abs. 1 Satz 1 VwGO der Verwaltungsrechtsweg eröffnet.

II. Statthafte Klageart

Es geht vom Ziel her weder um die Kassation eines belastenden, noch um den begehrten Erlass eines begünstigenden Verwaltungsakts. K erstrebt vielmehr die Verurteilung der S zu einem realen Handeln, nämlich zur Rückzahlung der 14.500,– DM (7.250,– €). Statthafte Klageart ist damit die allgemeine Leistungsklage[8], die zwar nicht expressis verbis in der VwGO normiert ist, jedoch an verschiedenen Stellen vorausgesetzt wird und deren Existenz sich letztlich zwangsläufig aus Art. 19 Abs. 4 GG und § 40 Abs. 1 Satz 1 VwGO ergibt.

III. Klagebefugnis, § 42 Abs. 2 VwGO analog

Es ist nicht ausgeschlossen, dass im vorliegenden Fall aufgrund der möglichen Nichtigkeit der Vereinbarung vom 18. Mai 2000 ein öffentlich-rechtlicher Erstattungsanspruch besteht. K ist damit analog § 42 Abs. 2 VwGO klagebefugt.[9]

Zwischenergebnis:
Da besondere Klagefristen (wie auch die Notwendigkeit eines Vorverfahrens) für die allgemeine Leistungsklage entfallen und an sonstigen Sachurteilsvoraussetzungen keine Zweifel bestehen, ist eine allgemeine Leistungsklage der K mit dem hier gestellten Antrag zulässig.

---

[5] Hierzu z.B. *Grziwotz*, JuS 1998, 1113ff.

[6] *BVerwG* NVwZ 2000, 1285 (1287).

[7] *BVerwG* NVwZ 2000, 1285 (1286) unter Rekurs auf *BVerwGE* 42, 331 (333).

[8] So ausdrücklich für den Fall der Geltendmachung eines öffentlich-rechtlichen Erstattungsanspruchs wegen nichtigen Verwaltungsvertrages: *VGH Mannheim* NVwZ 1991, 583.

[9] Zur analogen Anwendung des § 42 Abs. 2 VwGO auf die allgemeine Leistungsklage: *VGH Mannheim* NVwZ 1991, 583.

B. Begründetheit der Klage der K

Die Klage der K ist begründet, wenn sie sich gegen den richtigen Klagegegner richtet und der geltend gemachte Rückzahlungsanspruch besteht.

I. Passivlegitimation

Entsprechend § 78 Abs. 1 Nr. 1 VwGO ist richtiger Klagegegner der Rechtsträger, dem als möglichem Anspruchsgegner des öffentlich-rechtlichen Erstattungsanspruchs die Zahlung geleistet wurde. Dies ist die Stadt S, die laut Klageantrag von K verklagt wurde.

II. Bestehen eines öffentlich-rechtlichen Erstattungsanspruchs

Die Begründetheit der Klage hängt letztlich davon ab, ob der öffentlich-rechtliche Erstattungsanspruch auf Rückzahlung der 14.500,– DM (7.250,– €) nebst 5% Zinsen seit Rechtshängigkeit tatsächlich besteht.

1. Dogmatische Grundlagen

Sofern keine kodifizierten Bereicherungs- und Erstattungsansprüche des öffentlichen Rechts[10] einschlägig sind, greift als Anspruchsgrundlage der allgemeine öffentlich-rechtliche Erstattungsanspruch.[11] Auch wenn eine gewisse Vergleichbarkeit hinsichtlich der Anspruchsvoraussetzungen und Rechtsfolgen zu §§ 812ff. BGB besteht, so ist der öffentlich-rechtliche Erstattungsanspruch von bürgerlich-rechtlichen Kondiktionsansprüchen abzukoppeln und als eigenständiges Rechtsinstitut des öffentlichen Rechts anzusehen.[12] Das gilt auch im Falle der Rückabwicklung eines nichtigen öffentlich-rechtlichen Vertrages.[13] Als Grundlage wird zumeist der Grundsatz der Gesetzmäßigkeit der Verwaltung genannt (Art. 20 Abs. 3 GG).[14] Der öffentlich-rechtliche Erstattungsanspruch ist mittlerweile gewohnheitsrechtlich anerkannt.[15]

2. Tatbestandsvoraussetzungen

Unabhängig von dieser dogmatischen Streitfrage besteht Einigkeit über die Anspruchsvoraussetzungen, die jedenfalls praktisch an §§ 812ff. BGB ausgerichtet sind: Im Rahmen einer öffentlich-rechtlichen Beziehung muss eine unmittelbare Vermögensverschiebung mit Entreicherung auf der Anspruchsteller- und Bereicherung auf der Anspruchsgegnerseite stattgefunden haben, ohne dass hierfür ein Rechtsgrund besteht.[16]

---

[10] Hierzu im Überblick: *Ossenbühl*, Staatshaftungsrecht, S. 419ff.; *Schoch*, Jura 1994, 82 (83f.); zu denken ist etwa an Art. 49a BayVwVfG.

[11] Hierzu: *Ossenbühl*, NVwZ 1991, 513ff.; *ders.*, Staatshaftungsrecht, S. 414ff.; *Schoch*, Jura 1994, 82ff.; *Maurer*, Allgemeines Verwaltungsrecht, § 29, Rn. 20ff.; *Wolff/Bachof/Stober*, Verwaltungsrecht, Band 2, § 55, Rn. 19ff.

[12] *BVerwGE* 71, 85 (88); *OVG Koblenz*, DVBl. 1992, 785 (787).

[13] Siehe: *BVerwGE* 89, 7ff.; *BVerwG* NVwZ 2000, 1285ff.; *OVG Koblenz*, DVBl. 1992, 785 (786); *VGH Mannheim* NVwZ 1991, 583; *BayVGH* BayVBl. 2000, 595 (596); *Grziwotz*, JuS 1998, 902 (905); *Maurer*, Allgemeines Verwaltungsrecht, § 14, Rn. 46. Nach anderer Ansicht soll im Spezialfall der Rückabwicklung eines nichtigen öffentlich-rechtlichen Vertrages über die Verweisungsnorm des Art. 62 Satz 2 BayVwVfG auf §§ 812ff. BGB abzustellen, vgl. *BVerwG* NJW 1980, 2538ff.

[14] *BVerwGE* 48, 279 (286); 71, 85 (88f.); *BayVGH* BayVBl. 2000, 595 (596).

[15] *BVerwGE* 71, 85 (88).

[16] *VGH Mannheim* NVwZ 1991, 583; *Maurer*, Allgemeines Verwaltungsrecht, § 29, Rn. 23f.; *Schoch*, Jura 1994, 82 (86f.); *Ossenbühl*, NVwZ 1991, 513.

Zur Vertiefung: Ein öffentlich-rechtlicher Erstattungsanspruch kann auch seitens des Staates gegenüber dem Bürger geltend gemacht werden.[17] Eine neuere Entscheidung des Bayerischen Verwaltungsgerichtshofs (mit Examensrelevanz) betrifft etwa die Rückforderung einer auf Basis des sog. Vertragsnaturschutzes geleisteten Subvention, die nicht zweckentsprechend verwendet wurde.[18] Im Rahmen der Zulässigkeit der Leistungsklage gegen den Empfänger ist dabei im Falle der Rückabwicklung eines öffentlich-rechtlichen Vertrages beim Prüfungspunkt „Rechtsschutzbedürfnis" zu diskutieren, dass zumindest im Regelfall als einfachere Alternative für die Durchsetzung des Erstattungsanspruchs nicht die Möglichkeit eines Verwaltungsakts (Leistungsbescheid) besteht, sofern nicht ausnahmsweise eine gesetzliche Grundlage hierfür besteht (Stichwort: „Waffengleichheit", wenn sich der Staat im Wege der Handlung durch Vertrag mit dem Bürger auf die gleiche Ebene stellt).[19]

a) Vermögensverschiebung im Rahmen einer öffentlich-rechtlichen Beziehung

Dass es sich um die Rückabwicklung im Rahmen einer öffentlich-rechtlichen Leistungsbeziehung handelt, ist bereits oben sub A I. geklärt worden. Es kam auch über die Zahlung der 14.500,– DM von K an S zu einer unmittelbaren Vermögensverschiebung in Form einer Leistung (Leistungszweck war die Erfüllung des öffentlich-rechtlichen Vertrages).

b) Rechtsgrundlosigkeit – Nichtigkeit des Vertrages gem. Art. 59 Abs. 2 Nr. 4 BayVwVfG

Diese Leistung müsste schließlich ohne Rechtsgrund erfolgt sein. Als Rechtsgrund kommt der am 18. Mai 2000 geschlossene öffentlich-rechtliche Vertrag in Betracht. Dafür muss dieser aber als Ausdruck einer public-private-partnership[20] rechtswirksam sein.[21] Nach der Wertung der Art. 54ff. BayVwVfG ist der öffentlich-rechtliche Vertrag eine heute ausdrücklich anerkannte verwaltungsrechtliche Handlungsform. Wenn nicht ausnahmsweise dem Fachrecht ein Vertragsformverbot zu entnehmen ist[22] (wofür in der hier zu begutachtenden Fallkonstellation nichts spricht), ist daher aus dem Umstand, dass der Staat nicht einseitig hoheitliche Maßnahmen erlässt, sondern sie mit dem Betroffenen vertraglich aushandelt, nichts einzuwenden. Allerdings darf auch ein nach Art. 54ff. BayVwVfG prinzipiell zulässiger öffentlich-rechtlicher Vertrag nicht aus formellen (Art. 57, 58 BayVwVfG) oder materiellen (Art. 59 BayVwVfG) Gründen unwirksam sein. Nach den Sachverhaltsvorgaben ist die Vereinbarung gemäß Art. 57 BayVwVfG schriftlich geschlossen worden. Da der Anwendungsbereich des Art. 58 BayVwVfG nicht zur Debatte steht und ein besonderes sondergesetzliches Formerfordernis nicht einschlägig ist, ist der Vertrag gem. Art. 57, 59 Abs. 1 BayVwVfG i.V.m. 125 BGB in formeller Hinsicht nicht zu beanstanden.[23]

In materieller Hinsicht stellt Art. 59 BayVwVfG Tatbestände auf, nach denen die Verträge aufgrund ihres Inhalts, also aus materiellen Gründen, nichtig und deshalb unwirksam sein können. Nach der Systematik des Art. 59 BayVwVfG führt nicht jeder rechtswidrige Inhalt eines öffentlich-rechtlichen Vertrages zu seiner Nichtigkeit.[24] Vorbehaltlich eines Nichtigkeitsgrundes nach Art. 59 BayVwVfG wird damit – selbst bei Rechtsverstößen – dem Prinzip der Vertragsverbindlichkeit (pacta sunt servanda) auch im öffentlichen

[17] *Maurer*, Allgemeines Verwaltungsrecht, § 29, Rn. 20; *Schoch*, Jura 1994, 82 (85); *Ossenbühl*, NVwZ 1991, 513 (514); *ders.*, Staatshaftungsrecht, S. 418.

[18] *BayVGH* BayVBl. 2000, 595ff.

[19] *BayVGH* BayVBl. 2000, 595 (596), m.w.N.; *Ossenbühl*, NVwZ 1991, 513 (521); *ders.*, Staatshaftungsrecht, S. 437; *Maurer*, Allgemeines Verwaltungsrecht, § 10, Rn. 6f.; *Wolff/Bachof/Stober*, Verwaltungsrecht, Band 2, § 54, Rn. 49.

[20] *Wolff/Bachof/Stober*, Verwaltungsrecht, Band 2, § 54, Rn. 2 d. Zum „Siegeszug" kooperativer Handlungsformen auch *Grziwotz*, JuS 1998, 807.

[21] Vgl. *Schoch*, Jura 1994, 82 (87); *Erichsen*, Jura 1994, 47 (51).

[22] Hierzu: *Kunig*, DVBl. 1992, 1193 (1195f.); *Erichsen*, Jura 1994, 47 (50f.); *Maurer*, Allgemeines Verwaltungsrecht, § 14, Rn. 26f.; *Wolff/Bachof/Stober*, Verwaltungsrecht, Band 2, § 54, Rn. 6ff.

[23] Vgl. hierzu *BVerwGE* 96, 326 (331).

[24] *BVerwGE* 89, 7 (10). Das ist im Hinblick auf den Grundsatz der Gesetzmäßigkeit der Verwaltung (Art. 20 Abs. 3 GG) nicht unproblematisch: *Maurer*, a.a.O., § 14, Rn. 47ff.

Recht zum Einzug verholfen.[25] Für die Frage der Nichtigkeit des Vertrages aus materiellen Gründen kommt es also darauf an, ob einer der Tatbestände des Art. 59 Abs. 1 oder 2 BayVwVfG erfüllt ist. In Betracht kommt im zu begutachtenden Fall der Nichtigkeitsgrund nach Art. 59 Abs. 2 Nr. 4 BayVwVfG. Hiernach ist ein Vertrag im Sinn des Art. 54 Satz 2 BayVwVfG nichtig, wenn sich die Behörde eine nach Art. 56 BayVwVfG unzulässige Gegenleistung versprechen lässt.

aa) Vertrag im Sinn des Art. 54 Satz 2 BayVwVfG

Der Anwendungsbereich des gesamten Art. 59 Abs. 2 Nrn. 1 – 4 BayVwVfG beschränkt sich auf sog. subordinationsrechtliche Verträge nach Art. 54 Satz 2 BayVwVfG. Art. 54 Satz 2 BayVwVfG erfasst über seinen Wortlaut hinaus nicht nur Verträge, deren Gegenstand sonst durch Verwaltungsakt geregelt werden könnte, sondern alle Arten von Vereinbarungen in Bezug auf Rechtsbereiche, in denen sich Bürger und Behörde allgemein wie bei dem Erlass eines Verwaltungsakts in einem Über- und Unterordnungsverhältnis gegenüberstehen.[26] Hier geht es um ein Planänderungsverfahren und damit um ein Verfahren, in dem die K auf hoheitliche Gestaltungsbefugnisse der S angewiesen ist. Es handelt sich daher um den Unterfall eines subordinationsrechtlichen Vertrages gemäß Art. 54 Satz 2 BayVwVfG.[27] Der Anwendungsbereich des Art. 59 Abs. 2 BayVwVfG ist damit eröffnet.

bb) Anwendbarkeit der Art. 56, 59 Abs. 2 Nr. 4 BayVwVfG auf sog. „hinkende" Austauschverträge

In dem Vertrag müsste sich die Behörde eine nach Art. 56 BayVwVfG unzulässige Gegenleistung versprochen lassen haben. Voraussetzung für die Anwendung dieser Regelung ist jedoch, dass es sich bei der vorliegenden Vereinbarung tatsächlich um einen Austauschvertrag i.S.v. Art. 56 Abs. 1 Satz 1 BayVwVfG handelt. Ein Austauschvertrag ist an sich dadurch gekennzeichnet, dass sich die Vertragpartner beiderseitig zur Erbringung von (synallagmatischen) Leistungen verpflichten. Dies ist hier – wie bereits oben sub A. I. angedeutet – nicht der Fall: Ein echter Rechtsanspruch der K und damit eine wirkliche Verpflichtung der S zu einer bestimmten Bauleitplanung sollte nicht begründet werden.

Zum Verständnis: Ein echter Austauschvertrag, nach dem sich die Gemeinde/Stadt zu einer bestimmten Bauleitplanung verpflichtet, wäre nichtig. In diesem Fall ergibt sich die Unwirksamkeit des Vertrages schon aus Art. 59 Abs. 1 BayVwVfG i.V.m. § 134 BGB, § 2 Abs. 3 2. Halbsatz BauGB bzw. aus einem gesetzlichen Vertragsformverbot direkt aus § 2 Abs. 3 BauGB. Dahinter steht die Überlegung, dass durch eine vertragliche Regelung weder das Planungsermessen nach § 1 Abs. 6 BauGB verkürzt, noch die Verfahrensvorschriften gem. §§ 3, 4 BauGB umgangen werden dürfen.[28]

Die Leistung der Gemeinde in Form der Bauleitplanung sollte lediglich Bedingung oder Geschäftsgrundlage für die vertraglich vereinbarte Zahlungspflicht des Bürgers (hier der Zahlung der K i.H.v. 14.500,– DM), nicht aber Inhalt einer vertraglichen Leistungspflicht sein. Es handelt sich um ein sog. *„hinkendes Austauschverhältnis"*.[29] In teleologischer Betrachtung der Art. 59 Abs. 2 Nr. 4 i.V.m. Art. 56 BayVwVfG, die speziell die Gegenleistung des Bürgers in Betracht nehmen, macht es aber keinen wesentlichen Unterschied, ob die Behörde als Vertragspartner zu einer Leistung wirklich verpflichtet ist oder ob die in Aussicht gestellte behördliche Leistung nur als Bedingung oder Geschäftsgrundlage für den

[25] Dieses Prinzip wird insbesondere über Art. 59 Abs. 1 BayVwVfG i.V.m. § 134 BGB im Falle schwerwiegender Gesetzesverstöße relativiert: *BVerwGE* 98, 58 (63); insbesondere zu Diskrepanzen zwischen öffentlich-rechtlichem Vertrag und europäischem Gemeinschaftsrecht: *Erichsen*, Jura 1994, 47 (50).

[26] *BVerwG* NVwZ 2000, 1285 (1286); *BayVGH* NVwZ 1990, 979 (981); *VGH Mannheim* NVwZ 1991, 583 (584); *Grziwotz*, JuS 1998, 807 (810).

[27] So auch i.E. *BVerwG* NVwZ 2000, 1285 (1286).

[28] Hierzu: *BVerwG* NJW 1980, 2538 f.; *Looman*, NJW 1996, 1439 f.

[29] *BVerwG* NVwZ 2000, 1285 (1286 f.); *Maurer*, Allgemeines Verwaltungsrecht, § 14, Rn. 17; *Grziwotz*, JuS 1998, 807 (809).

Abschluss des Vertrages formuliert ist. Auch für die zuletzt genannte Konstellation entspricht es der gesetzlichen Wertung und der dahinter stehenden rechtsstaatlichen Zielsetzung, unzulässige Gegenleistungen des Bürgers zu unterbinden. Art. 59 Abs. 2 Nr. 4 i.V.m. Art. 56 BayVwVfG finden daher auch auf hinkende Austauschverträge – sei es direkt im Wege erweiternder Auslegung, sei es entsprechend – Anwendung.[30]

cc) Anforderungen des Art. 56 BayVwVfG an die Gegenleistung
Nach Art. 56 Abs. 1 Satz 1 BayVwVfG muss die Gegenleistung des Bürgers für einen bestimmten Zweck im Vertrag vereinbart sein und der Behörde als Vertragspartner zur Erfüllung ihrer öffentlichen Aufgaben dienen. Die Zahlung des K wird zwar in Nr. 2 der Vereinbarung vom Mai 2000 als „nicht zweckgebundene Zuwendung an die Stadt S" bezeichnet, dennoch geht aus den Gesamtumständen wie auch aus Nr. 2 der Vereinbarung hervor, dass es sich um einen Billigkeitsausgleich für nicht anfallende Erschließungskosten handelt. Die nach Art. 56 Abs. 1 Satz 1 BayVwVfG bestehenden Anforderungen an die Bestimmtheit des Zwecks der von K zu erbringenden Gegenleistung sind also gewahrt.[31] Weil die Leistung der K auch für die Errichtung eines neuen öffentlichen Kinderspielplatzes verwendet werden sollte (und auch tatsächlich wurde), dient die Zahlung der gemeindlichen Daseinsvorsorge und damit auch der Erfüllung öffentlicher Aufgaben.[32]

Der Vertrag könnte aber insofern dem Nichtigkeitsgrund nach Art. 59 Abs. 2 Nr. 4 BayVwVfG unterfallen, als die Gegenleistung der K womöglich wegen Verstoßes gegen Art. 56 Abs. 1 Satz 2 BayVwVfG unzulässig ist, weil sie nicht im sachlichen Zusammenhang mit der Leistung der Gemeinde/Stadt steht (sog. Koppelungsverbot). Der hier nicht einschlägige Art. 56 Abs. 2 BayVwVfG stellt nur einen Spezialfall des Koppelungsverbots dar, der sonstige Fälle eines fehlenden hinreichenden Zusammenhangs zwischen Leistung und Gegenleistung nicht ausschließt. Für die Frage, ob die Leistungspflicht der K in Höhe von 14.500,– DM mit dem von der S in Aussicht gestellten Fortführen des Planänderungsverfahrens im sachlichen Zusammenhang steht oder nicht, ist zunächst vom konkreten Inhalt und von den Begleitumständen auszugehen. Hiernach gilt im Grundsatz, dass *„hoheitliche Entscheidungen ohne entsprechende gesetzliche Ermächtigung nicht von wirtschaftlichen Gegenleistungen abhängig gemacht werden dürfen, es sei denn, erst die Gegenleistung würde ein der Entscheidung entgegenstehendes rechtliches Hindernis beseitigen (...).*"[33] Das Koppelungsverbot will also einen „Verkauf von Hoheitsakten" verhindern.[34] Insofern kann ein sachlicher Zusammenhang zwischen Leistung der Behörde und Gegenleistung des Bürgers auch dann entfallen, wenn die von der Behörde (bzw. hier von der Stadt S) in Aussicht gestellte Leistung einem ganz anderen Bereich zuzuordnen ist als das öffentliche Interesse, zu dessen Gunsten der Bürger seine Gegenleistung erbringen soll, insbesondere wenn also der Bürger eine Zahlung zugunsten einer letztlich beliebigen öffentlichen Aufgabe leisten soll.[35]

Insofern müsste zwischen der in Aussicht gestellten Planänderung (Einbeziehung des K-Grundstücks in den Bebauungsplan „Schöner Wohnen") und der Zahlung der K ein wirklich planungsrechtlicher Zusammenhang zu erkennen sein. Die Errichtung von Kinderspielplätzen (Zweck der Zuwendung gem. Nr. 3 der Vereinbarung vom 18. Mai 2000) stellt keine bauplanungsrechtliche Aufgabe der K dar. Dies ist weder Voraussetzung noch Folgelast des klägerischen Bauvorhabens.[36] Immerhin könnte aber der sachliche Zu-

[30] *BVerwGE* 96, 326 (330); *BVerwG* NVwZ 2000, 1285 (1287); *BayVGH* NVwZ 1990, 979 (981); *VGH Mannheim* NVwZ 1991, 583 (584); *OVG Koblenz* DVBl. 1992, 785 (786).
[31] *BVerwG* NVwZ 2000, 1285 (1287).
[32] *BVerwG* NVwZ 2000, 1285 (1287).
[33] *BVerwG* NVwZ 2000, 1285 (1287). Hierzu auch: *Looman*, NJW 1996, 1439 (1440); *Grziwotz*, JuS 1998, 902 (905).
[34] *BVerwGE* 42, 331 (339f.); *BVerwG* NVwZ 1994, 485; NVwZ 2000, 1285 (1287); *VGH Mannheim* NVwZ 1991, 583 (584); *Looman*, NJW 1996, 1439 (1440).
[35] *BVerwG* NVwZ 2000, 1285 (1287).
[36] *BVerwG* NVwZ 2000, 1285 (1287).

sammenhang zwischen Leistung und Gegenleistung „gerettet" werden, wenn man Überlegungen der Gleichbehandlung mit anderen Grundeigentümern im Plangebiet einbezieht.[37] Denn in der Tat erhielte Grundstückseigentümerin K durch die nachträgliche Einbeziehung ihres Grundstücks in den Geltungsbereich des Bebauungsplans den Erschließungsvorteil kostenlos, obwohl alle anderen Eigentümer die gesamten Erschließungskosten bis zur 10%-Grenze (Gemeindeanteil) gem. § 129 Abs. 1 Satz 3 BauGB kollektiv tragen mussten und auch getragen haben. Dennoch ist das Leistungsversprechen der K in Bezug auf die in Aussicht gestellte Planerweiterung sachfremd: Die Erschließungsbeitragspflicht entsteht gem. § 133 Abs. 2 Satz 1 BauGB bereits mit der endgültigen Herstellung der Erschließungsanlagen. Diese Kosten sind aber bereits von den sonstigen Eigentümern von Grundstücken im Plangebiet abgedeckt worden. Als die Beitragspflicht entstand, unterlag das Grundstück der K sowie K als Eigentümerin desselben nicht der Beitragspflicht gem. §§ 131 Abs. 1, 133, 134 BauGB.[38]

Damit ist zwar in der Tat festzustellen, dass der Anteil jedes Eigentümers am Erschließungsaufwand prozentual niedriger ausgefallen wäre, wenn das Grundstück der K bereits damals zum Plangebiet gehört hätte und sich K damit am Erschließungsaufwand beteiligt hätte. Dennoch resultiert hieraus keine am Gleichbehandlungsgrundsatz orientierte Rechtfertigung für die von K abverlangte Gegenleistung gerade in planerischer Hinsicht. Der Gedanke der Abgabengerechtigkeit mag passen und damit ein Zusammenhang nach Art. 56 Abs. 1 Satz 2 BayVwVfG noch bejaht werden können, wenn eine Zahlungspflicht *zugunsten der Grundstückseigentümer* im bisherigen Geltungsbereich des Bebauungsplans vereinbart worden wäre, um deren erhöhten Kostenanteil zu kompensieren.[39] Sofern aber die Zahlungspflicht unmittelbar an die Gemeinde geleistet wird, damit diese Aufgaben finanzieren kann, die mit der Planerweiterung resp. der Abdeckung von tatsächlich angefallenen Erschließungskosten nichts gemein haben, fehlt ein sachlicher Zusammenhang i.S.v. Art. 56 Abs. 1 Satz 2 BayVwVfG. Denn gerade weil keine zusätzlichen Erschließungskosten durch die Einbeziehung des K-Grundstücks in den Bebauungsplan angefallen sind und weil auch das damalige Herausfallen des Außenbereichsgrundstücks der K aus der Beitragspflicht den 10%-igen Eigenanteil der Gemeinde am Gesamterschließungsaufwand unberührt lässt, besteht kein nachvollziehbarer Grund, warum gerade die Gemeinde von einer Zahlung begünstigt werden soll. Insbesondere lässt sich eine derartige Zahlungspflicht auch aus Billigkeitserwägungen nicht mit dem System des Erschließungsbeitragsrechts rechtfertigen.[40]

Die Zahlungsleistung der K in Höhe von 14.500,– DM hat keinerlei bauplanungsrechtlichen Bezug. Es liegt damit – ebenso wie etwa im Fall der vertraglich vereinbarten Zahlung eines isolierten Planungswertausgleichs (als Gegenleistung für die Werterhöhung z.B. als Bauland ausgewiesener Flächen)[41] – ein Verstoß gegen das Koppelungsverbot vor. Mangels sachlichen Zusammenhangs zwischen dieser Zahlung der K und dem von S in Aussicht gestellten Fortführen des Planänderungsverfahrens hat sich die S von K eine nach Art. 56 Abs. 1 Satz 2 BayVwVfG unzulässige Gegenleistung versprechen lassen. Der öffentlich-rechtliche Vertrag vom 18. Mai 2000 ist folglich gemäß Art. 59 Abs. 2 Nr. 4 BayVwVfG nichtig. Die Leistung der 14.500,– DM von K an S ist damit ohne Rechtsgrund erfolgt.

c) Wegfall der Bereicherung?

In Betracht kommt ein Bereicherungswegfall, weil die S das Geld wie vorgesehen in die Neuerrichtung des Kinderspielplatzes gesteckt hat, dieser Kinderspielplatz aber mittlerweile zerstört worden ist. § 818 Abs. 3 BGB gilt nicht analog, weil – s.o. – dem öffentlich-

[37] Ein solches Ergebnis wäre bei entsprechender Argumentation im Einklang mit der nicht veröffentlichten Entscheidung des *Bayerischen Verwaltungsgerichtshofs* als Vorinstanz zu *BVerwG* NVwZ 2000, 1285 ff. (vgl. insbes. 1288) durchaus vertretbar.

[38] *BVerwG* NVwZ 2000, 1285 (1288).

[39] Vgl. die Überlegungen bei *BVerwG* NVwZ 2000, 1285 (1288).

[40] *BVerwG* NVwZ 2000, 1285 (1288).

[41] *Huber*, DÖV 1999, 173 (181 f.).

rechtlichen Erstattungsanspruch eigenständige Rechtsnatur zukommt. Die Möglichkeit der Berufung auf den Wegfall der Bereicherung richtet sich im öffentlichen Recht nach anderen Grundsätzen resp. nach einer Gesamtabwägung, in deren Rahmen insbesondere die konfligierenden Interessen des rechtsstaatlich geprägten Vertrauensschutzes und des Grundsatzes der Gesetzmäßigkeit der Verwaltung (Art. 20 Abs. 3 GG) eine maßgebliche Rolle als Abwägungsfaktoren spielen.[42] Während in Orientierung am Rechtsgedanken des Art. 48 Abs. 2 BayVwVfG im Fall der Geltendmachung eines Erstattungsanspruchs des Staates gegenüber dem Bürger die Berufung auf den Wegfall der Bereicherung denkbar ist, wenn das Interesse des Bürgers am Fortbestand der Vermögensverschiebung (etwa aus Vertrauensgesichtspunkten) gegenüber dem öffentlichen Interesse an der Rückerstattung überwiegt[43], scheidet diese Möglichkeit in der umgekehrten Konstellation für den Staat und seine Einrichtungen aus. Denn bei einer Inanspruchnahme der öffentlichen Hand durch einen Bürger muss stets dem Grundsatz der Gesetzmäßigkeit (Art. 20 Abs. 3 GG) Vorrang eingeräumt werden. Der Staat und seine Einrichtungen sind mithin grundsätzlich verpflichtet, rechtsgrundlose Vermögensverschiebungen rückgängig zu machen, der Entreicherungseinwand steht hier ausnahmslos nicht zur Debatte.[44] S kann sich gegenüber K nicht auf den Wegfall der Bereicherung berufen.

d) Unzulässige Rechtsausübung?

Ggf. steht der Geltendmachung des öffentlich-rechtlichen Erstattungsanspruchs der Einwand unzulässiger Rechtsausübung entgegen. Immerhin ist zu bedenken, dass K ihren Erstattungsanspruch zu einem Zeitpunkt geltend macht, in dem sie bereits die gewünschte Leistung (Einbeziehung ihres Grundstücks in den Bebauungsplan; Ermöglichung des Baus eines mittlerweile bestandsgeschützten Wohnhauses) erhalten hat, ohne dass sie diese gegenständlich zurückgeben könnte. In der Literatur wird z.T. recht pauschal angenommen, dass die Rückforderung rechtsmissbräuchlich ist, *„wenn die Gegenleistung nicht mehr zurückgewährt oder nicht mehr ausgeglichen werden kann."*[45]

Dem tritt nunmehr in dieser Absolutheit das *Bundesverwaltungsgericht* zu Recht entgegen. Der vorgenannte Umstand allein kann nicht für den Vorwurf eines Rechtsmissbrauchs genügen. Es ist zu bedenken, dass ansonsten die gesetzlich angeordnete Sanktion der Nichtigkeit des Vertrages in einer Vielzahl von Fällen rechtlich wirkungslos bleiben würde. Die Stadt S könnte sich über diese Einrede einen Vermögensvorteil erhalten, den sie nach der einschlägigen Rechtslage nicht über das Instrument des öffentlich-rechtlichen Vertrages verlangen und behalten dürfte. Die Wertung des Art. 59 Abs. 2 Nr. 4 BayVwVfG und damit der Grundsatz vom Vorrang des Gesetzes (Art. 20 Abs. 3 GG) würden letztlich über eine ausufernde Einschränkung nach Treu und Glauben konterkariert.[46] Der Grundsatz von Treu und Glauben steht dem Erstattungsanspruch daher nicht entgegen. Diese Einrede hat sich auf absolute Ausnahmefälle zu beschränken.[47] Hiervon wäre ggf. auszugehen, wenn K sich planmäßig auf den Abschluss eines Vertrages eingelassen hätte und schon im Zeitpunkt des Vertragsschlusses die Absicht gehabt hätte, nach Realisierung des Bauwunsches die geleistete Zahlung zurückzufordern. Auch wäre an eine Treuwidrigkeit zu denken, wenn K im Zusammenhang mit dem Ersterlass des Bebauungsplans zunächst auf die Nichteinbeziehung ihres Grundstücks in den Geltungsbereich hingewirkt hätte, um im Wege einer späteren Planerweiterung den bereits ursprünglich vorhandenen Bauwunsch zu realisieren und dabei die Entrichtung von Erschließungsbeiträgen zu er-

[42] Grundlegend: *BVerwGE* 71, 85 (89ff.); aus der Lit. z.B. *Schoch*, Jura 1994, 82 (88).

[43] *BVerwGE* 71, 85 (89ff.); 89, 345 (353); *BayVGH* BayVBl. 2000, 595 (596); *Schoch*, Jura 1994, 82 (88); *Ossenbühl*, NVwZ 1991, 513 (520f.); *ders.*, Staatshaftungsrecht, S. 432ff.; kritisch hierzu *Maurer*, Allgemeines Verwaltungsrecht, § 29, Rn. 28.

[44] *BVerwGE* 71, 85 (89); *Schoch*, Jura 1994, 82 (88); *Ossenbühl*, NVwZ 1991, 513 (520f.); *ders.*, Staatshaftungsrecht, S. 435; *Maurer*, Allgemeines Verwaltungsrecht, § 29, Rn. 26. Aus diesem Grund gilt auch etwa § 814 BGB nicht zugunsten der Behörde: *Grziwotz*, JuS 1998, 902 (905), m.w.N.

[45] *Maurer*, Allgemeines Verwaltungsrecht, § 14, Rn. 46.

[46] *BVerwG* NVwZ 2000, 1285 (1288).

[47] *BVerwG* NVwZ 2000, 1285 (1288), unter Rekurs auf *VGH Mannheim* NVwZ 1991, 583 (587f.).

sparen.[48] Für Vorwürfe dieser Art gibt aber der Sachverhalt keine Anhaltspunkte. Es besteht daher ein öffentlich-rechtlicher Erstattungsanspruch der K gegen S in Höhe der geleisteten 14.500,– DM (7.250,– €).[49]

III. Nebenanspruch auf Prozesszinsen

Ein Anspruch hinsichtlich Prozesszinsen in Höhe von jährlich 5% seit Klageerhebung ergibt sich aus §§ 291, 288 Abs. 1 Satz 2 BGB n.F.[50]

Rechtsprechungsvorlage: *BVerwG* NVwZ 2000, 1285

Leseempfehlung: *Erichsen*, Die Nichtigkeit und Unwirksamkeit verwaltungsrechtlicher Verträge, Jura 1994, 47; *Grziwotz*, Einführung in die Vertragsgestaltung im Öffentlichen Recht, JuS 1998, 807, 902 und 1113; *Ossenbühl*, Der öffentlichrechtliche Erstattungsanspruch, NVwZ 1991, 513; *Schoch*, Der öffentlichrechtliche Erstattungsanspruch, Jura 1994, 82

---

[48] Zu diesem Beispiel *BVerwG* NVwZ 2000, 1285 (1289).

[49] Der öffentlich-rechtliche Erstattungsanspruch unterliegt grundsätzlich (vorbehaltlich einer Sonderregelung) der 30-jährigen Verjährungsfrist entsprechend § 195 BGB a.F.: *Schoch*, Jura 1994, 82 (90); *Ossenbühl*, NVwZ 1991, 513 (521); *ders.*, Staatshaftungsrecht, S. 435. Nunmehr dürften §§ 195, 199 BGB n.F. analog gelten: *Kellner*, NVwZ 2002, 395 ff.

[50] Zur Rechtslage vor der Schuldrechtsreform (4%-ige Verzinsung seit Rechtshängigkeit: *BVerwGE* 71, 85 (93); *BVerwG* NVwZ 2000, 1285 (1288); *OVG Koblenz*, DVBl. 1992, 785 (787). Zur Verjährung von Ansprüchen aus einem öffentlich-rechtlichen Vertrag nach der Schuldrechtsreform (§ 62 Satz 2 VwVfG bzw. Art. 62 Satz 2 BayVwVfG i.V. mit §§ 195 ff. BGB n.F.: *Geis*, NVwZ 2002, 385 ff.

Fall 8: Verspätete Richtlinienumsetzung (Seidel)

Sachverhalt (fiktiv)

Die am 30. Mai 1994 erlassene EG-Richtlinie 94/19/EG (ABl.EG Nr. L 135, S. 5) verpflichtet die Mitgliedstaaten der Europäischen Union, für Banken ein Einlagensicherungssystem mit Zwangsteilnahme einzuführen. Nach Art. 3 und 7 dieser Einlagensicherungs-Richtlinie darf ein Kreditinstitut nur dann Einlagen annehmen, wenn es einem Einlagensicherungssystem angeschlossen ist, das die Rückzahlung der Einlagen inklusive der vertraglich vereinbarten Verzinsung an die Anleger bis zu einem Betrag von 20.000 ECU (= ca. 40.000,–DM bzw. 20.000,– €) im Falle der Insolvenz (Entschädigungsfall) garantiert. Die Mitgliedstaaten sind nach den genannten Vorschriften berechtigt, den Entschädigungsbetrag auf 90% der (verzinsten) Einlagen des Anlegers zu beschränken. Die Richtlinie überlässt den Mitgliedstaaten auch hinsichtlich der Modalitäten einen Umsetzungsspielraum (in Betracht kommt z.B. die Form einer privaten oder staatlichen Pflichtversicherung oder einer selbstregulativen Sicherungseinrichtung der Kreditinstitute nach Art eines Verbandssystems). Art. 14 der Einlagensicherungs-Richtlinie lautet: *„Die Mitgliedstaaten setzen die Rechts- und Verwaltungsvorschriften, die erforderlich sind, um dieser Richtlinie nachzukommen, vor dem 1.7.1995 in Kraft.“* Gemäß der amtlichen Begründung dient die Richtlinie der Förderung der harmonischen Entwicklung der Kreditinstitute in der Gemeinschaft (durch Angleichung von Beschränkungen, die faktische Auswirkungen auf die Niederlassungs- und die Dienstleistungsfreiheit haben könnten) und gleichzeitig der Stabilisierung des Bankensystems, um den Schutz der Sparer zu erhöhen.

Die Bundesrepublik Deutschland hält die Einlagensicherungs-Richtlinie u.a. wegen Verstoßes gegen das Prinzip der begrenzten Einzelermächtigung für nichtig, weil die in der Richtlinie angegebene primärrechtliche Kompetenzgrundlage (Art. 57 Abs. 2 EGV [Maastrichter Fassung], heute Art. 47 Abs. 2 EGV [Amsterdamer Fassung]) ihrer Meinung nach die Richtlinie nicht trägt. Sie setzt daher zunächst die Umsetzung der Richtlinie aus und reicht am 18. August 1994 Nichtigkeitsklage beim *EuGH* ein, die durch Urteil vom 13. Mai 1997 abgewiesen wird (vgl. *EuGH* EuZW 1997, 436ff.). Erst in Reaktion auf diese EuGH-Entscheidung wird im Bund ein entsprechendes Gesetzgebungsverfahren zur Umsetzung der Richtlinie in Gang gesetzt, das schließlich zum Erlass des „Gesetzes zur Umsetzung der EG-Einlagensicherungsrichtlinie und der EG-Anlegerentschädigungsrichtlinie“ vom 16. Juli 1998 (BGBl. I S. 1842) führt, das mit Wirkung vom 1. August 1998 in Kraft tritt. Das Einlagensicherungs- und Entschädigungsgesetz (Art. 1 des „Gesetzes zur Umsetzung der EG-Einlagensicherungsrichtlinie und der EG-Anlegerentschädigungsrichtlinie“) verpflichtet nunmehr Kreditinstitute, die erhaltenen Einlagen durch Zugehörigkeit zu einer Entschädigungseinrichtung zu sichern. Die vorgesehene Entschädigungseinrichtung besteht aus einem Fond, an dem sich die Kreditinstitute, sofern sie Einlagen annehmen, finanziell beteiligen müssen. Dieser Fond wird als nicht rechtsfähiges Sondervermögen vom Bund verwaltet, der im Falle der Zahlungsunfähigkeit des beteiligten Kreditinstituts den Anleger hieraus nach den Mindestvorgaben der Einlagensicherungs-Richtlinie (s.o.) zu befriedigen hat.

Klaus (K) hatte bei der privaten B-Bank AG (B) im August 1995 einen Betrag von ca. 32.000,– DM zu einem Zinssatz von 7,25% festgesetzt. Die B gehörte keinem (bis dato in Deutschland freiwilligen) Einlagensicherungssystem an. Entgegen der gesetzlichen Verpflichtung des damaligen § 23a KWG wurde K seitens der B nicht förmlich über die fehlende Mitgliedschaft der B in einer Einlagensicherungseinrichtung belehrt. Anfang

1998 fällt die B in Konkurs. Bis dahin ist aufgrund der Verzinsung ein Guthaben des K bei der B in Höhe von 34.000,– DM angelaufen. Es ist davon auszugehen, dass K im Konkursverfahren aufgrund vorrangiger Gläubiger letztlich vollkommen leer ausgehen wird. K verlangt nunmehr von der Bundesrepublik Deutschland, die es pflichtwidrig unterlassen habe, die Einlagensicherungs-Richtlinie rechtzeitig umzusetzen, Erstattung dieser 34.000,– DM (17.000,– €). Er argumentiert: Wäre die Einlagensicherungs-Richtlinie rechtzeitig bis Ende Juni 1995 umgesetzt worden, so wäre er aus dem später geschaffenen Entschädigungsfond des Bundes befriedigt worden.

Der Anwalt der in Anspruch genommenen Bundesrepublik Deutschland entgegnet, dass weder eine Haftung aufgrund unmittelbarer Rechtswirkung der Richtlinie noch ein Amtshaftungsanspruch in Betracht komme, weil der Staat für sog. legislatives Unrecht nicht einstehen müsse. Im Übrigen sei die Umsetzungsfrist zu kurz bemessen. Letztlich könne der Bundesrepublik auch kein Vorwurf hinsichtlich der verspäteten Umsetzung gemacht werden, weil ein Mitgliedstaat nach unverzüglich erhobener Nichtigkeitsklage beim *EuGH* das Recht haben müsse, die Umsetzung einer für unwirksam gehaltenen Richtlinie so lange auszusetzen, bis der angerufene *EuGH* über die Wirksamkeit der angegriffenen Norm des sekundären Gemeinschaftsrechts entschieden habe.

Vermerk für die Bearbeiter: In einem umfassenden Gutachten, das auf alle aufgeworfenen Rechtsargumente einzugehen hat, ist zu klären, ob der geltend gemachte Zahlungsanspruch des K gegen die Bundesrepublik Deutschland besteht!

Lösung

A. Anspruch auf Deckung der verzinsten Einlage kraft unmittelbarer Wirkung der EG-Richtlinie 94/19/EG

In der Regel kann sich unmittelbar aus einer Richtlinie kein Anspruch des Bürgers (hier K) gegen einen Mitgliedstaat (hier die Bundesrepublik Deutschland) ergeben. Denn anders als der Verordnung nach Art. 189 Abs. 2 EGV a.F. (Maastrichter Fassung) / Art. 249 Abs. 2 EGV n.F. (Amsterdamer Fassung) kommt der Richtlinie nach Art. 189 Abs. 3 EGV a.F. / Art. 249 Abs. 3 EGV n.F. grundsätzlich keine sog. unmittelbare Wirkung zu. Richtlinien sind nämlich ausschließlich an den Mitgliedstaat adressiert und verpflichten diesen nach Art. 189 Abs. 3 i.V.m. Art. 5 EGV a.F. / Art. 249 Abs. 3 i.V.m. Art. 10 EGV n.F., die in der Richtlinie enthaltenen Vorgaben in nationales Recht umzusetzen. Nach der primärrechtlich vorgegebenen Rechtsnatur ist also nicht die Richtlinie selbst für innerstaatliche Rechtsbeziehungen unmittelbar anwendbar, sondern erst der nationale Umsetzungsakt. Der *EuGH* erkennt aber in engen Grenzen auch eine sog. unmittelbare Wirkung von Richtlinien an.[1]

Zur Vertiefung: „Nach ständiger Rechtsprechung kann ein Mitgliedstaat, der die in einer Richtlinie vorgeschriebenen Durchführungsmaßnahmen nicht fristgemäß erlassen hat, dem einzelnen nicht entgegenhalten, dass er die aus dieser Richtlinie erwachsenen Verpflichtungen nicht erfüllt hat. Demnach kann sich der einzelne mangels fristgemäß erlassener Durchführungsmaßnahmen auf Bestimmungen einer Richtlinie, die inhaltlich als unbedingt und hinreichend genau erscheinen, gegenüber allen innerstaatlichen, nicht richtlinienkonformen Vorschriften berufen; der einzelne kann sich auf diese Bestimmungen auch berufen, soweit sie Rechte festlegen, die dem Staat gegenüber geltend gemacht werden."[2] Der EuGH begründet derartige Ausnahmefälle mit dem Gedanken des „effet utile", dem Grundsatz von Treu und Glauben (venire contra factum proprium) sowie der allgemeinen Loyalitätspflicht aus Art. 10 EGV (früher Art. 5 EGV), wonach es geboten ist, zur effizienten Sanktionierung dem Mitgliedstaat die Berufungsmöglichkeit auf die Nichtumsetzung zu versagen, weil er ja selber durch Erlass von Umsetzungsregelungen eine entsprechende Rechtslage herbeizuführen hatte, und schließlich mit der Notwendigkeit des Schutzes subjektiver Rechte zugunsten des Bürgers, die in Richtlinien gewährleistet sein können. Die nicht rechtzeitige oder nicht hinreichende Umsetzung durch den Mitgliedstaat kann dann also nicht bloß durch die Kommission im Wege einer Aufsichtsklage nach Art. 226, 227 EGV (früher: Art. 169, 170 EGV)[3] sanktioniert werden, sondern die Richtlinie kann – wie eine EG-Verordnung oder eine bereits die EG-Richtlinie umsetzende nationale gesetzliche Regelung – ausnahmsweise zur Regelung eines streitigen Sachverhaltes herangezogen werden.

Ein solcher Ausnahmefall soll – zumindest für den Fall, dass die Richtlinie Rechtsverhältnisse zwischen Staat und Bürger regelt und sich im Staat-Bürger-Verhältnis zugunsten des Bürgers und zu Lasten des Staates auswirkt – nach den luxemburger Vorgaben anzuneh-

[1] Grundlegend *EuGHE* 1982, 53ff. – Becker (Umsatzsteuerfreiheit von Kreditvermittlungsgeschäften). Siehe auch den Prüfungsansatz bei *EuGHE* 1991, I-5357 (TZ 10ff.) – Francovich sowie *BGH* DVBl. 2001, 474 (475f.); hierzu auch: *Herdegen*, Europarecht, Rn. 183ff.; *Lecheler*, Einführung in das Europarecht, S. 133f.; *Oppermann*, Europarecht, Rn. 556; *Streinz*, Europarecht, Rn. 394ff.

[2] *EuGHE* 1991, I-5357 (TZ 11).

[3] Z.B. *EuGHE* 1991, I – 2567ff. – unzureichende Umsetzung einer Richtlinie durch Verwaltungsvorschrift (TA Luft).

men sein, wenn die Umsetzungsfrist abgelaufen ist und die Richtlinie vom Mitgliedstaat entweder gar nicht oder nicht hinreichend in nationales Recht transformiert wurde und die nicht umgesetzte Richtlinie self-executing-Charakter aufweist, also so detailliert formuliert ist, dass sich aus ihr ohne weiteres ganz konkrete Rechte und Pflichten ableiten lassen. Damit die letztgenannte Voraussetzung erfüllt ist, darf die Richtlinie weder mit einem Vorbehalt versehen sein, noch darf dem Mitgliedstaat ein Umsetzungsspielraum verbleiben, in dessen Rahmen er besondere Kriterien für die angestrebte Rechtsfolge oder Ausnahmetatbestände regeln kann. Die Richtlinienregelung, auf deren unmittelbare Wirkung es ankommt, muss inhaltlich so bestimmt sein, dass allein aufgrund der Richtlinienvorgabe ohne weiteres klar ist, welchen konkreten Inhalt das von ihr vermittelte Recht hat und wer konkret aus der Regelung berechtigt und verpflichtet wird.

Zur Vertiefung: Die genannten Voraussetzungen betreffen nach weithin unumstrittener Ansicht den Fall, dass sich ein Bürger gegenüber dem vertragswidrig handelnden Mitgliedstaat auf die unmittelbare Wirkung einer Richtlinie zu eigenen Gunsten beruft. Hier passt der oben herausgearbeitete Sanktionscharakter. Ob und inwiefern auch eine sog. horizontale Direktwirkung im Verhältnis der Bürger untereinander anzunehmen ist, ist sehr umstritten.[4]

Im vorliegenden Fall ist die einschlägige Richtlinie zwar nicht rechtzeitig von der Bundesrepublik Deutschland als Mitgliedstaat umgesetzt worden. Die Einlagensicherungs-Richtlinie erfüllt aber nicht die besonderen Anforderungen einer self-executing-Norm. Denn der Mitgliedstaat hat bei der Umsetzung in nationales Recht einen Gestaltungsspielraum. Die mangelnde inhaltliche Bestimmtheit wäre bereits hinsichtlich des Inhalts der Garantie in Frage zu stellen. Denn die Mitgliedstaaten können den Entschädigungsbetrag auf 90% der (verzinsten) Einlagen des Anlegers beschränken. Hier erscheint zwar immerhin die Argumentation möglich, das inhaltliche Ziel der Richtlinie als hinreichend bestimmt und so den Haftungsbetrag als unbedingt vorgegeben zu sehen, der die zu schaffende Garantieeinrichtung am wenigsten belastet.[5] Im Ergebnis scheitert die unmittelbare Anwendbarkeit der Richtlinie aber jedenfalls an der mangelnden Bestimmtheit des Schuldners. Denn der Mitgliedstaat kann bei der Umsetzung der primärrechtlichen Vorgaben – wie später dann in Deutschland geschehen – einen Garantiefond schaffen, der vom Staat (als möglichem Anspruchsgegner im Insolvenzfall) verwaltet wird. In Betracht kommt aber auch eine private oder staatliche Pflichtversicherung bzw. eine Sicherungseinrichtung der Kreditinstitute nach Art eines Verbandsystems. Wer letztlich Träger der Garantieeinrichtung und damit Zahlungsschuldner sein soll, liegt in der Wahl der nationalen Gesetzgeber.[6] Die Richtlinie bestimmt damit nicht abschließend, wer Schuldner im Fall der Zahlungsunfähigkeit des Kreditinstituts sein soll. Im Ganzen erscheint daher die Richtlinie nicht derart inhaltlich unbedingt und hinreichend genau, dass von einer unmittelbaren Wirkung ausgegangen werden kann. Allein der Umstand, dass der Staat die Richtlinie nicht fristgerecht umgesetzt hat, macht ihn nicht stets zum Primärschuldner der sich aus der Richtlinie ergebenden Leistungspflicht. Denkt man an die Möglichkeit der Umsetzung in Form eines privaten Versicherungssystems, scheidet – unabhängig davon, dass dann der hier in Anspruch genommene Staat von vornherein nicht Anspruchsgegner wäre – die unmittelbare Wirkung der Einlagensicherungs-Richtlinie zudem aus, wenn man mit der wohl herrschenden Ansicht die sog horizontale Wirkung in reinen Privatrechtsbeziehungen ablehnt (siehe den obigen Exkurs).

[4] Zum Streitstand: *Herdegen*, Europarecht, Rn. 185; *Lecheler*, Einführung in das Europarecht, S. 134; *Oppermann*, Europarecht, Rn. 558ff.; *Streinz*, Europarecht, Rn. 399.
[5] Vgl. insofern auch *EuGHE* 1991, I-5357 (TZ 19).
[6] Vgl. auch *EuGHE* 1991, I-5357 (TZ 23ff.) – Francovich.

Zwischenergebnis:
Ein Zahlungsanspruch gegen die Bundesrepublik Deutschland unmittelbar aus der Richtlinie selbst scheidet aus.

B. Schadensersatzanspruch gegen die umsetzungspflichtige Bundesrepublik Deutschland

In Betracht kommt aber ein Schadensersatzanspruch des K gegen die Bundesrepublik Deutschland wegen nicht rechtzeitiger Richtlinienumsetzung, also wegen Unterlassung einer gebotenen Gesetzgebungstätigkeit.

I. Amtshaftungsanspruch nach rein innerstaatlichen Margen, Art. 839 BGB i.V.m. Art. 34 GG

1. Hoheitliches Handeln als schadensauslösendes Ereignis (Ausüben eines öffentlichen Amtes)

Über Art. 34 GG knüpft die Amtshaftung an ein Handeln eines sog. Beamten im haftungsrechtlichen Sinn an.[7] Auch der Gesetzgeber, personifiziert in der Gesamtheit der Parlamentsabgeordneten, handelt hoheitlich im Sinne des Amtshaftungsrechts.[8] Da dem Legislativorgan vorliegend ein pflichtwidriges Unterlassen vorgeworfen wird, ist auch ein hinreichender Bezug zwischen schädigendem Ereignis und hoheitlichem Handeln („in Ausübung") zu bejahen.

2. Amtspflichtverletzung

Für den Tatbestand des § 839 BGB bedarf es einer Amtspflichtverletzung.

Zur Vertiefung: Rechtsprechung und Literatur haben hierzu eine umfangreiche Kasuistik entwickelt, zusammenfassend: *Schlick/Rinne*, NVwZ 1997, 1065 (1067); neuere Entscheidungen: *BGH* DVBl. 2002, 265ff. – Amtshaftung für eine rechtswidrige Baugenehmigung (Vertrauensschaden des Bauherrn und Mitverschulden); *BGH* BayVBl. 2002, 376f. – Verzögerung der Bearbeitung einer Bauvoranfrage; *BGH* BayVBl. 2002, 56f. – verzögerte Behandlung eines Baugesuchs, wenn der Bauherr gegen eine Zurückstellung (§ 15 BauGB) mit aufschiebender Wirkung (§ 80 Abs. 1 VwGO) Widerspruch eingelegt hat; *BGH* NVwZ 2002, 373ff. – Amtshaftung wegen falscher Auskunft des Bürgermeisters.[9]

In Betracht kommt hier die Verletzung der Amtspflicht zu rechtmäßigem Staatshandeln. Ein Unterlassen – hier das Versäumnis der rechtzeitigen Umsetzung einer EG-Richtlinie durch den Gesetzgeber – stellt eine Amtspflichtverletzung dar, wenn eine Pflicht zum Tätigwerden bestand.[10] Hier traf die Bundesrepublik Deutschland (resp. den Bundesgesetzgeber) nach Art. 189 Abs. 3 i.V.m. Art. 5 EGV a.F. / Art. 249 Abs. 3 i.V.m. Art. 10 EGV n.F. die Rechtspflicht, die (nach den rechtskräftigen Feststellungen des *EuGH* wirksame) Einlagensicherungs-Richtlinie fristgemäß bis spätestens 30. Juni 1995 in nationales Recht

[7] *Maurer*, Allgemeines Verwaltungsrecht, § 26, Rn. 12ff.; *Ossenbühl*, Staatshaftungsrecht, S. 12ff.
[8] *Maurer*, Allgemeines Verwaltungsrecht, § 26, Rn. 13.
[9] Zusammenfassend: *Schlick/Rinne*, NVwZ 1997, 1065 (1067). Zur Amtshaftung wegen Altlastenüberplanung: *Seidel*, Bauplanungs- und Bauordnungsrecht, 1999, Fall 13, S. 241ff., mit zahlreichen Rechtsprechungsnachweisen.
[10] Allgemein *Maurer*, Allgemeines Verwaltungsrecht, § 26, Rn. 22.

umzusetzen. Dem kam die Bundesrepublik Deutschland erst verspätet mit Wirkung zum 1. August 1998 nach. Es liegt daher in objektiver Hinsicht wegen Verstoßes gegen eine gemeinschaftsrechtliche Umsetzungspflicht eine Amtspflichtverletzung vor.

3. Drittbezogenheit der Amtspflicht

Amtshaftungsrechtlich relevant ist gem. § 839 Abs. 1 BGB nur die Verletzung gerade einer *einem Dritten gegenüber obliegenden Amtspflicht*. Es kommt darauf an, ob und inwieweit der Schutz der Interessen des Geschädigten bezweckt ist. Es ist dreistufig zu prüfen[11]: (1) Die zur Debatte stehende verletzte Amtspflicht muss überhaupt Drittwirkung haben, d.h. sie darf nicht nur im Allgemeininteresse bestehen, sondern muss von ihrem Ziel her zumindest auch auf Individualschutz ausgerichtet sein; (2) der Anspruchsteller muss zu dem von der Amtspflicht geschützten Personenkreis zählen; (3) das geltend gemachte Interesse muss in sachlicher Hinsicht vom Schutzbereich der Amtspflicht abgedeckt sein.

Ob im Zusammenhang mit dem Erlass von Rechtsnormen und damit insbesondere auch im Zusammenhang mit dem Unterlassen einer gebotenen Normgebung überhaupt drittbezogene Amtspflichten bestehen können, ist angesichts der in der Rechtsprechung entwickelten Dogmatik zum sog. *legislativen (normativen) Unrecht* fraglich.[12] Hiernach sind im Grundsatz – Ausnahmen gelten für Maßnahme- und Einzelfallgesetze sowie für den maßnahmegesetzartigen Bebauungsplan[13] – Pflichten, die im Zusammenhang mit der Rechtsetzung bestehen, nicht drittschützend, weil der Gesetzgeber durch den Erlass von Rechtsnormen typischerweise Regelungen schafft, die nicht im Interesse einzelner, sondern gerade im Interesse der Allgemeinheit, also gerade im Interesse eines nicht abgrenzbaren Personenkreises erlassen werden.[14] Eine gute Begründungszusammenfassung gibt im Zusammenhang mit der Frage eines wegen Verstoßes gegen Gemeinschaftsrechtsvorgaben pflichtwidrigen gesetzgeberischen Tätigwerdens der *BGH* in seiner Brasserie-du-pêcheur-Entscheidung aus dem Jahr 1996[15]:

> *„Amtspflichten der öffentlichen Amtsträger dienen in erster Linie dem Interesse der Allgemeinheit an einem geordneten Gemeinwesen. Soweit sich die Amtspflichten darin erschöpfen, diesem Allgemeininteresse zu dienen und noch keine besonderen Beziehungen zwischen diesen Amtspflichten und bestimmten Personen oder Personengruppen bestehen, kommen bei der Verletzung solcher Amtspflichten Schadensersatzansprüche für außenstehende Dritte nicht in Betracht. Um derartige Amtspflichten handelt es sich im allgemeinen bei den Pflichten, die für die dafür Verantwortlichen im Rahmen der Gesetzgebungsaufgaben bestehen. Gesetze und Verordnungen enthalten durchweg generelle und abstrakte Regeln, und dementsprechend nimmt der Gesetzgeber (...) in der Regel ausschließlich Aufgaben gegenüber der Allgemeinheit wahr, denen die Richtung auf bestimmte Personen und Personenkreise fehlt. Nur (...) in Ausnahmefällen, etwa bei sogenannten Maßnahme- oder Einzelfallgesetzen, kann etwas anderes in Betracht kommen und können Belange bestimmter einzelner unmittelbar berührt werden, sodass sie als „Dritte" i.S.d. § 839 BGB angesehen werden (...)."*

[11] *Maurer*, Allgemeines Verwaltungsrecht, § 26, Rn. 19; ebenso: *Schlick/Rinne*, NVwZ 1997, 1065 (1072). Im Zusammenhang mit der Amtshaftung wegen fehlerhafter Bauleitplanung (Altlasten): *BGHZ* 106, 323 (331); *Seidel*, Bauplanungs- und Bauordnungsrecht, 1999, S. 246f.

[12] Hierzu: *Ossenbühl*, Staatshaftungsrecht, S. 103ff.; *Maurer*, Allgemeines Verwaltungsrecht, § 26, Rn. 51ff.

[13] *Seidel*, Bauplanungs- und Bauordnungsrecht, S. 247ff., m.w.N.

[14] Siehe z.B. *Schlick/Rinne*, NVwZ 1997, 1065 (1072); *Detterbeck*, VerwArch. 85 (1994), 159 (163ff.). Krit. *Maurer*, Allgemeines Verwaltungsrecht, § 26, Rn. 51.

[15] *BGH* NJW 1997, 123 (124) m.w.N. – dort im Zusammenhang mit der Problematik um den gemeinschaftsrechtlichen Amtshaftungsanspruch.

Da demnach im Zusammenhang mit dem Normerlass grundsätzlich nur nicht individualschützende Amtspflichten gegenüber der Allgemeinheit bestehen, scheidet ein Amtshaftungsanspruch zumindest nach rein innerstaatlichen Margen aus.

II. Gemeinschaftsrechtlicher Haftungsanspruch

Nach dem bisherigen Ergebnis bliebe die Nichtumsetzung von (nicht unmittelbar wirkenden) Richtlinien für die Mitgliedstaaten ohne Sanktionsfolge. Dies hat den *EuGH* (im Wege diverser Vorabentscheidungsverfahren nach Art. 177 EGV a.F. / Art. 234 EGV n.F.) veranlasst, einen gemeinschaftsrechtlich begründeten Staatshaftungsanspruch abzuleiten.[16]

1. Tatbestandsvoraussetzungen und dogmatische Begründung des gemeinschaftsrechtlichen Staatshaftungsanspruchs gegen den einzelnen Mitgliedstaat

Ein solcher gemeinschaftsrechtlich vorgegebener Staatshaftungsanspruch besteht nicht nur für den Fall der nicht rechtzeitigen Umsetzung von EG-Richtlinien, sondern auch bei sonstigen Verletzungen von Gemeinschaftsrecht durch einen Mitgliedstaat[17], wenn (a) der Mitgliedstaat gegen eine Gemeinschaftsrechtsnorm verstößt, die (zumindest auch) bezweckt, dem Einzelnen Rechte zu verleihen, und der Verstoß hinreichend qualifiziert ist sowie (b) zwischen dem Gemeinschaftsrechtsverstoß des Mitgliedstaats und dem beim Betroffenen eingetretenen Schaden ein unmittelbarer (Kausal-) Zusammenhang besteht.[18] Der *EuGH* begründet diese richterliche Rechtsfortbildung mit verschiedenen Argumenten. Zum einen wird der Gedanke des „effet utile" herangezogen[19]: Die volle Wirksamkeit der Richtlinien stünde in Frage, wenn die Mitgliedstaaten die Umsetzung unterlassen könnten, ohne eine Sanktion fürchten zu müssen. Insbesondere wären die Rechte des Einzelnen, die das Gemeinschaftsrecht auch individualrechtlich gewährleistet, ohne einen solchen sekundärrechtlichen Haftungsanspruch nicht effektiv geschützt. Die Möglichkeit einer Entschädigung ist vor allem dann unerlässlich, wenn die volle Wirkung der gemeinschaftsrechtlichen Bestimmungen wie im vorliegenden Fall davon abhängt, dass der Staat tätig wird (Richtlinienumsetzung!) und der Einzelne deshalb im Falle einer Untätigkeit des Staates die ihm durch das Gemeinschaftsrecht zuerkannten Rechte vor den nationalen Gerichten nicht geltend machen kann. Auch wird die allgemeine Loyalitätspflicht aus Art. 10 EGV (Art. 5 EGV a.F.) zur dogmatischen Stütze herangezogen[20]: Wenn die Mitgliedstaaten verpflichtet sind, alle geeigneten Maßnahmen zur Erfüllung ihrer Verpflichtungen aus dem Gemeinschaftsrecht zu treffen, dann ist es nur konsequent auch für die Folgen eines

---

[16] *EuGHE* 1991, I-5357 ff. (TZ 28 ff.) – Francovich; *EuGH* NJW 1996, 1267 ff. – Brasserie du pêcheur; *EuGH* NJW 1996, 3141 ff. – Dillenkofer (Pauschalreise-RL); aus der Rechtsprechung der ordentlichen Gerichte: *BGH* NJW 1997, 123 ff. – Brasserie du pêcheur; *BGH* DVBl. 2001, 474 ff. – Fleischuntersuchungsgebühren; *LG Bonn* NJW 1994, 2489 ff. – Dillenkofer (Vorlagebeschluss); *LG Bonn* NJW 2000, 815 ff. (den vorliegenden Sachverhalt betreffend); *LG Aachen* NVwZ 1998, 547 f. – verspätete Umsetzung von Immissionsschutz- Richtlinien. Aus der Literatur: *Cornils*, Der gemeinschaftsrechtliche Staatshaftungsanspruch, 1995; *Ossenbühl*, Staatshaftungsrecht, S. 492 ff.; *Maurer*, Allgemeines Verwaltungsrecht, § 31, Rn. 5 ff.; *Kluth*, in: *Wolff/Bachof/Stober*, Verwaltungsrecht, Bd. 2, 6. Aufl. 2000, § 70; *Streinz*, Europarecht, Rn. 374a ff. und 410 ff.; *Herdegen*, Europarecht, Rn. 232 ff.; *Lecheler*, Einführung in das Europarecht, S. 176 ff.; *Oppermann*, Europarecht, Rn. 177 f.; *Gratias*, NJW 2000, 786 ff.; *Jarass*, NJW 1994, 881 ff.; *v. Danwitz*, DVBl. 1997, 1 ff.; *Ehlers*, JZ 1996, 776 ff.; *Bröhmer*, JuS 1997, 117 ff.; *Reich*, EuZW 1996, 709 ff.; *Saenger*, JuS 1997, 865 ff.; *Hailbronner*, JZ 1992, 284 ff.; *Nettesheim*, DÖV 1992, 999 ff.; *Hermes*, Die Verwaltung 31 (1998), 371 ff.; *Detterbeck*, VerwArch. 85 (1994), 159 ff.; *Schlösser*, Jura 1996, 322 ff.

[17] Eine andere Konstellation war etwa bei den Entscheidungen *EuGH* NJW 1996, 1267 ff. sowie *BGH* NJW 1997, 123 ff. (Brasserie du pêcheur) betroffen: Hier ging es um die Frage der Haftung eines Mitgliedstaates wegen eines gesetzgeberischen Verstoßes gegen die Grundfreiheit aus Art. 30 EGV a.F. (Art. 28 EGV n.F.).

[18] *EuGH* NJW 1996, 1267 (1269 f.); NJW 1996, 3141 (3142); *BGH* NJW 1997, 123 (124 f.); DVBl. 2001, 474 (475); *LG Bonn* NJW 2000, 815 (816).

[19] *EuGHE* 1991, I-5357 ff. (TZ 33 f.); *EuGH* NJW 1996, 1267 (1268 f.); siehe auch: *BGH* DVBl. 2001, 474 (475).

[20] *EuGHE* 1991, I-5357 ff. (TZ 36 f.f.); *EuGH* NJW 1996, 1267 (1269).

Verstoßes hiergegen einstehen zu müssen. Letztlich erfolgt die Ableitung des gemeinschaftsrechtlichen Staatshaftungsanspruchs unter zusätzlichem Rekurs auf den Rechtsgedanken des Art. 288 Abs. 2 EGV n.F. (Art. 215 Abs. 2 EGV a.F.), der zwar an sich für die Haftung der Gemeinschaft selbst konzipiert ist, jedoch auch auf gemeinsame allgemeine Rechtsgrundsätze auf Basis der Rechtsordnungen der Mitgliedstaaten verweist.[21]

Gewisse Schwierigkeiten bereitet jedoch die Implementierung der gemeinschaftsrechtlichen Staatshaftung in das System der mitgliedstaatlichen Staatshaftung. Nach einem Ansatz handelt es sich um einen eigenständigen, primärrechtlich begründeten Schadensersatzanspruch kraft richterlicher Rechtsfortbildung des *EuGH*. Das nationale deutsche Recht bietet hiernach auch über die Amtshaftung keine Anspruchsgrundlage, der Anspruch wegen eines Gemeinschaftsrechtsverstoßes des nationalen Gesetzgebers als Sonderform der Haftung für legislatives Unrecht ist hiernach im Gemeinschaftsrecht selbst begründet.[22] Nach anderer Ansicht handelt es sich bei den vom *EuGH* herausgearbeiteten Grundsätzen zu der gemeinschaftsrechtlichen Staatshaftung der Mitgliedstaaten lediglich um Vorgaben für die Ausformung und ggf. für die Anwendung nationaler staatshaftungsrechtlicher Anspruchsgrundlagen, die auf Rechtsanwendungsebene gemeinschaftskonform „anzupassen" sind. Es gibt nach diesem Ansatz keinen unmittelbar im Gemeinschaftsrecht begründeten Anspruch des Einzelnen gegen den Mitgliedstaat auf Schadensersatz. Ein solcher Anspruch könne sich nur im Rahmen des nationalen Haftungsrechts ergeben, also nach Amtshaftungsgrundsätzen gem. Art. 34 GG, § 839 BGB. Die nationale Anspruchsgrundlage ist aber nach der Idee des „effet utile" gemäß den Vorgaben des *EuGH* zur Staatshaftung wegen Gemeinschaftsrechtsverstoßes gemeinschaftskonform anzuwenden. Als Anspruchsgrundlage fungiert dann Art. 189 Abs. 3 EGV a.F. bzw. Art. 249 Abs. 3 EGV n.F. i.V.m. § 839 BGB, Art. 34 GG.[23]

Der Streitstand spielt im Ergebnis keine Rolle, da über die tatbestandlichen Voraussetzungen einer gemeinschaftsrechtlich gebotenen Haftung jedenfalls weitgehend Einigkeit besteht.[24] Während es sich bei den nachfolgend zu prüfenden Haftungsvoraussetzungen für die erstgenannte Ansicht um die eigentlichen Tatbestandsvoraussetzungen des gemeinschaftsrechtlich begründeten Staatshaftungsanspruchs handelt, geht es beim zweiten Ansatz darum, dass diese vom *EuGH* vorgegebenen Haftungsvoraussetzungen bei Anwendung der nationalen Haftungsnormen (§ 839 BGB, Art. 34 GG) tatbestandlich zu integrieren sind und insofern womöglich den Haftungstatbestand inhaltlich modifizieren (insbesondere bei der Frage der Drittrichtung der verletzten Amtspflicht sowie hinsichtlich des Verschuldens[25]). Auch im Hinblick auf weitere rechtliche Folgen wie etwa das Mitverschulden (§ 254 BGB) oder die prozessuale Geltendmachung (§§ 40 Abs. 2 VwGO, 71 Abs. 2 GVG, Art. 34 GG) bestehen im Ergebnis keine Unterschiede, da auch der Ansatz, der die gemeinschaftsrechtliche Staatshaftung als eigene dogmatische Rechtsfigur des Primärrechts ansieht und in ihrer Anspruchsgrundlage von § 839 BGB, Art. 34 GG ab-

---

[21] *EuGH* NJW 1996, 1267 (1268f.); vgl. auch *BGH* NJW 1997, 123 (124). Zur Haftung der Gemeinschaft im unmittelbaren Anwendungsbereich dieser Vorschrift: *EuGH* NVwZ 1992, 1077ff. – Mulder.

[22] In diese Richtung: *BGH* NJW 1997, 123f. – Brasserie du pêcheur; *BGH* DVBl. 2001, 474 (475) – Fleischuntersuchungsgebühren; aus der Literatur: *Cornils*, Der gemeinschaftsrechtliche Staatshaftungsanspruch, S. 122; *Ossenbühl*, Festschrift Everling, S. 1031 (1037); *Saenger*, JuS 1997, 865 (869); *Detterbeck*, VerwArch. 85 (1994), 159 (184); *Kluth*, in: *Wolff/Bachof/Stober*, Verwaltungsrecht, Bd. 2, § 70, Rn. 7. Für diesen Ansatz sprechen Passagen im grundlegenden Francovich-Urteil, wonach sich der Entschädigungsanspruch als ein *„Grundsatz des Gemeinschaftsrechts"* darstellt, *„der unmittelbar im Gemeinschaftsrecht begründet ist."* *EuGHE* 1991, I-5357 (TZ 37 und 41). In diese Richtung auch *EuGH* NJW 1996, 1267 (1270): *„vorbehaltlich des Entschädigungsanspruchs, der (..) seine Grundlage unmittelbar im Gemeinschaftsrecht findet (...)."*

[23] *LG Bonn* NJW 1994, 2489 (2490); NJW 2000, 815 (816); aus der Literatur: *Lecheler*, Einführung in das Europarecht, S. 178ff.; *Ehlers*, JZ 1996, 776 (778); *Streinz*, EuZW 1993, 599; *Nettesheim*, DÖV 1992, 999 (1000 und 1004). Auch dieser Ansatz kann Passagen des Francovich-Urteils zu Begründung heranziehen, wonach lediglich von gemeinschaftsrechtlich gebotener Staatshaftung die Rede ist und wonach das im Einzelfall angerufene mitgliedstaatliche Gericht sicherzustellen hat, dass Schadensersatz „im Rahmen des nationalen Haftungsrechts" geleistet wird, vgl. *EuGHE* 1991, I-5357 (TZ 38 und 45).

[24] *Kluth*, in: *Wolff/Bachof/Stober*, Verwaltungsrecht, Bd. 2, § 70, Rn. 7; *Herdegen*, Europarecht, Rn. 232.

[25] Hierzu unten sub c).

koppelt, jedenfalls ergänzend auf das nationale Recht zurückgreift, soweit dessen Anwendung nicht den Grundsätzen des „effet utile" zuwiderläuft resp. den gemeinschaftsrechtlich geforderten bzw. begründeten Haftungsanspruch praktisch unmöglich macht oder übermäßig erschwert.[26] Da es somit im Ergebnis nicht auf die dogmatische Rechtsgrundlage ankommt, kann der vorgenannte Streit auf sich beruhen. Es sind demnach im folgenden die Haftungsvoraussetzungen des gemeinschaftsrechtlichen Staatshaftungsanspruchs zu prüfen.

a) Qualifizierter Verstoß gegen eine Gemeinschaftsrechtsnorm, die bezweckt, dem einzelnen Rechte zu verleihen

aa) Die Einlagensicherungs-Richtlinie und ihr subjektiv-rechtlicher Charakter

Der zu diskutierende Gemeinschaftsrechtsverstoß muss eine Norm betreffen, die bezweckt, dem Einzelnen (hier dem K) Rechte zu verleihen. Im Falle einer nicht fristgemäßen oder nicht hinreichenden Umsetzung von Richtlinien bedeutet dies: Das durch die Richtlinie vorgeschriebene Umsetzungsziel muss (auch) die Verleihung von Rechten an Einzelne beinhalten[27], wobei der Inhalt der zu verleihenden subjektiven Rechte auf Grundlage der Richtlinie zu bestimmen sein muss.[28]

Die Umsetzung der Art. 3 und 7 der Einlagensicherungs-Richtlinie soll dazu führen, dass der einzelne Bankkunde, der an ein Kreditinstitut eine Einlage geleistet hat, einen individuellen Anspruch gegen das Einlagensicherungssystem erhalten soll. Schon insofern zielt die Richtlinie teleologisch darauf ab, dass dem Bankkunden konkrete subjektive Rechte (Anspruchspositionen) verliehen werden. Dieses Ergebnis wird durch die Begründungserwägungen bestätigt, denn hier wird hervorgehoben, dass es nicht nur zugunsten des gemeinsamen Marktes um Harmonisierung von Dienstleistungs- und Niederlassungsbeschränkungen, sondern zumindest auch um den Schutz der Sparer geht. Es geht den Art. 3 und 7 der Einlagensicherungs-Richtlinie damit zumindest auch um Verbraucherschutz, also um das Ziel, dass über deren Umsetzung in nationales Recht konkrete subjektive Rechte an Bankkunden und somit auch an K verliehen werden.[29] Dabei ist der materielle Inhalt des durch die Richtlinie eingeräumten materiellen Rechts auch hinreichend konkret.[30] Denn der Mindestinhalt wird als klare Zielvorgabe formuliert: Es geht um die Pflicht des Mitgliedstaats zur Verschaffung eines individuellen Zahlungsanspruchs gegenüber einem Einlagensicherungssystem bis zu einem Betrag von 20.000,– ECU (= ca. 40.000,– DM bzw. 20.000,– €), wobei der Entschädigungsbetrag zumindest 90% der (verzinsten) Einlagen des Anlegers ausmachen muss. Dieser durch die Richtlinie gewährleistete Anspruch lässt sich also aus dem Richtlinientext inhaltlich genau beziffern, ohne dass es weiterer Konkretisierungen durch die Umsetzungsgesetzgebung bedürfte.

bb) Verstoß gegen die subjektiv-rechtliche Gemeinschaftsrechtsnorm

Die Bundesrepublik muss tatsächlich gegen die Pflicht zur rechtzeitigen Umsetzung und damit gegen Art. 3, 7, 14 der Einlagensicherungs-Richtlinie i.V.m. Art. 5, 189 Abs. 3 EGV a.F. / Art. 10, 249 Abs. 3 EGV n.F. verstoßen haben. Die Umsetzungsfrist war gem. Art. 14 der Richtlinie bereits mit Ende des 30. Juni 1995 abgelaufen. Nach den Richtlinienvorgaben erfolgte die Umsetzung damit nicht rechtzeitig. Dennoch könnte ein wirklicher Rechtsverstoß im Sinne einer objektiven Pflichtwidrigkeit der Bundesrepublik Deutschland zu verneinen sein, weil möglicherweise – wie die in Anspruch genommene Bundesrepublik vorträgt – die Umsetzungsfrist von nur einem Jahr zu knapp bemessen war. Insofern ist

[26] *EuGH* NJW 1996, 1267 (1270f.); *BGH* NJW 1997, 123 (124). Hierzu: *v. Danwitz*, DVBl. 1997, 1 (6f.); *Böhm*, JZ 1997, 53 (59); *Saenger*, JuS 1997, 865 (869).

[27] *EuGHE* 1991, I-5357 (TZ 44); *EuGH* NJW 1996, 3141 (3143).

[28] *LG Bonn* NJW 2000, 815 (816).

[29] *LG Bonn* NJW 2000, 815 (816 f,), unter Hervorhebung, dass auch bei Art. 57 Abs. 2 EGV a.F. (heute Art. 47 Abs. 2 EGV) als Kompetenzgrundlage nicht ausgeschlossen ist, dass hierauf gestütztes Sekundärrecht neben Harmonisierungszielen auch Verbraucherschutz bezweckt. Vgl. insofern auch *EuGH* NJW 1996, 3141 (3143).

[30] Zu dieser Einschränkung *EuGH* NJW 1996, 3141 (3143).

aber zu bedenken, dass für den Fall, dass sich eine Frist als objektiv zu kurz bemessen erweist, für den Mitgliedstaat die Möglichkeit besteht, die geeigneten Schritte auf Gemeinschaftsebene zu unternehmen, um das zuständige Gemeinschaftsorgan (rglm. der Rat ggf. im Zusammenspiel mit dem Parlament) zu der notwendigen Verlängerung der Frist zu bewegen. Denn bei wirklich objektiv zu kurz bemessener Frist werden auch die anderen Mitgliedstaaten mit der rechtzeitigen Umsetzung Schwierigkeiten haben und im Wege eines Konsenses zur Verlängerung bereit sein. Ansonsten können rein mitgliedstaatsbezogene Probleme nicht die Nichtbeachtung von Umsetzungsfristen rechtfertigen. Gerade wegen der allgemeinen Loyalitätspflicht (Art. 10 EGV n.F. / Art. 5 EGV a.F.) verbietet es sich, dass sich ein Mitgliedstaat rechtfertigend auf Bestimmungen, Übungen oder Umstände seiner internen Rechtsordnung gegenüber einer versäumten Umsetzungsfrist beruft.[31]

Ein Wegfall der Umsetzungspflicht kommt allerdings aufgrund der Besonderheit in Betracht, dass die Bundesrepublik Deutschland die Richtlinie für unwirksam hielt und deswegen bereits kurz nach ihrem Erlass und auch noch innerhalb der Umsetzungsfrist Nichtigkeitsklage vor dem *EuGH* (Art. 173 EGV a.F. / Art. 230 EGV n.F.) erhoben hat. Die Überlegung lautet, ob einen Mitgliedstaat möglicherweise keine Pflicht zur Umsetzung trifft, bis der *EuGH* auf einen zulässigen Antrag über die Gültigkeit der Sekundärrechtsnorm entschieden hat. Hiergegen spricht jedoch, dass Klagen vor dem *EuGH* nach Art. 185 EGV a.F. / Art. 242 EGV n.F. nicht per se aufschiebende Wirkung zukommt. Da der *EuGH* auch nicht von sich aus nach Art. 185 Satz 2 EGV a.F. / Art. 242 Satz 2 EGV n.F. eine vorläufige Regelung getroffen hat und schlussendlich zu dem Ergebnis kam, dass die Richtlinie nicht unwirksam ist, ließ die Erhebung der Nichtigkeitsklage durch die Bundesrepublik Deutschland die Verpflichtung zur Umsetzung der Richtlinie nicht entfallen.[32]

In Betracht käme noch allenfalls, dass der Bundesrepublik Deutschland die rechtzeitige Umsetzung der Richtlinie für die Zeit, in der das Verfahren beim *EuGH* anhängig war, nicht zumutbar war. Insofern könnte an eine objektive Entlastung vom Vorwurf eines Gemeinschaftsrechtsverstoßes gedacht werden. Dem ist aber zu entgegnen, dass die Bundesrepublik keinerlei alternative Schritte unternommen hat, um aus ihrer zeitlichen Bedrängnis herauszukommen. Die Bundesrepublik hätte zum einen beim *EuGH* den Erlass einer einstweiligen Anordnung beantragen können (Art. 186 EGV a.F. / Art. 243 EGV n.F.). Andererseits gilt bei knapp werdender Umsetzungszeit wegen eines laufenden Gerichtsverfahrens nichts anderes als auch sonst bei als zu kurz empfundenen Umsetzungsfristen: Selbst bei berechtigten Schwierigkeiten mit der fristgerechten Umsetzung der Richtlinie besteht eben der einzige mit dem Gemeinschaftsrecht zu vereinbarende Weg darin, *„die geeigneten Schritte auf Gemeinschaftsebene zu unternehmen, um das zuständige Gemeinschaftsorgan zu der notwendigen Verlängerung der Frist zu veranlassen."*[33] Zumindest weil die Bundesrepublik Deutschland derartige Schritte nicht unternommen hat, genügte die bloße Erhebung der Nichtigkeitsklage nicht, um sie von der Pflicht zur fristgerechten Umsetzung der Richtlinie zu befreien.

cc) Hinreichend qualifizierter Gemeinschaftsrechtsverstoß

Gerade aus der Heranziehung des Rechtsgedankens aus Art. 288 Abs. 2 EGV n.F. (Art. 215 Abs. 2 EGV a.F.) ergibt sich nach der Rechtsprechung des *EuGH* eine Begrenzung der Haftung. Die Haftung des Mitgliedstaates muss sich nach ähnlichen Grundsätzen richten wie die Haftung der Gemeinschaft selbst. Weil sich die Gemeinschaftshaftung nach § 215 Abs. 2 EGV a.F. bzw. Art. 288 Abs. 2 EGV n.F. in der Ausformung der EuGH-Rechtsprechung auf hinreichend qualifizierte, d.h. offenkundige und erhebliche Rechtsverletzungen begrenzt, muss Entsprechendes für die gemeinschaftsrechtliche Haftung der Mitgliedstaaten wegen Gemeinschaftsrechtsverstößen gelten. Auch die Haftung des Mitgliedstaats wegen eines Gemeinschaftsrechtsverstoßes steht unter dem Vorbehalt, dass der Verstoß hinrei-

[31] *EuGH* NJW 1996, 3141 (3143).
[32] *LG Bonn* NJW 2000, 815 (817).
[33] *LG Bonn* NJW 2000, 815 (817) unter Rekurs auf *EuGH* NJW 1996, 3141 ff.

chend qualifiziert, d.h. offenkundig und erheblich ist.[34] Diese vom angerufenen nationalen Gericht in eigener Zuständigkeit zu prüfende Voraussetzung[35] führt vor allem dort zu Haftungsbegrenzungen, wo dem Mitgliedstaat im Einzelfall ein weites Ermessen verbleibt.[36] Andererseits ist ein qualifizierter Verstoß um so eher anzunehmen, je enger das gesetzgeberische Ermessen ist. Ein derart qualifizierter Gemeinschaftsrechtsverstoß ist für den Fall der Verletzung der Pflicht zur Umsetzung einer Richtlinie stets zu bejahen, weil mit Ablauf der Umsetzungsfrist das gesetzgeberische Ermessen über den *Zeitpunkt* der Umsetzung auf Null reduziert ist. Versäumt also ein Mitgliedstaat unter Verstoß gegen Art. 189 Abs. 3 EGV a.F. / Art. 249 Abs. 3 EGV n.F. die rechtzeitige Umsetzung innerhalb der in einer Richtlinie festgesetzten Frist, so überschreitet er per se – also immer – offenkundig und erheblich die Grenzen, die der Ausübung seiner Befugnisse gesetzt sind.[37] Nichts anderes gilt für den vorliegenden Sonderfall, bei dem sich der Mitgliedstaat rechtsirrtümlich im Hinblick auf die erhobene Nichtigkeitsklage zunächst nicht zur Umsetzung verpflichtet sah. *„Da die Nichtigkeitsklage nach der ausdrücklichen Regelung des Art. 185 EGV* (Art. 242 EGV n.F.) *keine aufschiebende Wirkung hat, durfte die Beklagte* (hier die Bundesrepublik Deutschland) *nicht davon ausgehen, dass sie zur Umsetzung der Richtlinie nicht verpflichtet war.*“[38] Ein qualifizierter Pflichtenverstoß liegt also vor.

b) Kausalität

Zwischen dem Pflichtenverstoß des Mitgliedstaats und dem Schaden des K muss ein unmittelbarer Zusammenhang bestehen. K hatte der B eine Einlage nach Ablauf der Umsetzungsfrist erbracht. Bei rechtzeitiger Umsetzung hätte die B einem Einlagensicherungssystem angehört bzw. hätte Einlagen nicht annehmen dürfen (also insofern ihre Tätigkeit einstellen müssen).[39]

Zum Verständnis: Im Originalfall hatte der Anleger zum Teil bereits vor Ablauf der Umsetzungsfrist Einlagen geleistet. Das LG Bonn[40] nahm dennoch einen ausreichenden Kausalzusammenhang zwischen nicht rechtzeitiger Umsetzung und Schaden des Anlegers an, weil nach Ansicht des Gerichts die einzelnen Richtlinienbestimmungen so auszulegen sind, dass alle Einlagen geschützt sind, die im Zeitpunkt des Ablaufs der Umsetzungsfrist als Guthaben auf dem Konto der Bank verfügbar waren (entscheidend ist damit nicht der Zeitpunkt der Einzahlung oder gar der Kontoeröffnung, sondern der Zeitpunkt des Eintritts des Entschädigungsfalls). Die Frage kann letztlich nur bei Lektüre des Volltextes der Richtlinie beantwortet werden. Hierunter hätte die Klarheit der Darstellung des Klausursachverhalts gelitten. Der hier vorliegende Fall wurde insofern vereinfacht, sodass es auf diese Streitfrage hier nicht ankommt.

c) Keine sonstigen Voraussetzungen für den haftungsbegründenden Tatbestand des gemeinschaftsrechtlichen Staatshaftungsanspruchs

Weiterer Haftungsvoraussetzungen bedarf es nicht. Insbesondere bedarf es keiner weiteren Wertung, ob der Mitgliedstaat den Verstoß vorwerfbar zu verantworten resp. zu ver-

[34] Hierzu: *EuGH* NJW 1996, 1267 (1269); NJW 1996, 3141 (3142); *BGH* DVBl. 2001, 474 (475); *LG Bonn* NJW 1994, 2489 (2492); NJW 2000, 815 (816); aus der Literatur: *Kluth*, in: *Wolff/Bachof/Stober*, Verwaltungsrecht, Bd. 2, § 70, Rn. 15ff.; *Bröhmer*, JuS 1997, 117 (121ff.); *Saenger*, JuS 1997, 865 (870); *Hermes*, Die Verwaltung 31 (1998), 371 (375f.).

[35] *EuGH* NJW 1996, 1267 (1269); NVwZ 2000, 303; *v. Danwitz*, DVBl. 1997, 1 (9).

[36] Grundlegend: *EuGH* NJW 1996, 1267 (1269). Vgl. auch *BGH* DVBl. 2001, 474 (475). Verneint wurde nach diesen Vorgaben ein qualifizierter Verstoß in diesem Sinne vom *BGH* im Fall Brasserie du pêcheur hinsichtlich des Zusatzstoffverbots bei Bier nach früherem deutschen Recht: *BGH* NJW 1997, 123 (125f.) – Verstoß des deutschen Gesetzgebers gegen den insoweit weder durch sekundäres Gemeinschaftsrecht noch durch eine bis dato gefestigte EuGH-Rechtsprechung konkretisierten Art. 30 EGV a.F. (heute Art. 28 EGV). Abweichend hierzu *Ehlers*, JZ 1996, 776 (780).

[37] *EuGH* NJW 1996, 1267 (1269); NJW 1996, 3141 (3142); *LG Bonn* NJW 2000, 815 (817f.).

[38] *LG Bonn* NJW 2000, 815 (818).

[39] *LG Bonn* NJW 2000, 815 (818).

[40] *LG Bonn* NJW 2000, 815 (818).

schulden hat.[41] Nach Ansicht des *EuGH* hat der Begriff des Verschuldens in den verschiedenen Rechtsordnungen der Mitgliedstaaten nicht den gleichen Inhalt. Die einheitliche Geltung des Schadensersatzanspruchs aus Gemeinschaftsrecht wäre bei einem von den verschiedenen nationalen Gerichten unterschiedlich gehandhabten Verschuldensbegriff gefährdet. Einschränkendes Haftungszurechnungskorrektiv ist aus gemeinschaftsrechtlicher Sicht ausschließlich das Merkmal der *Qualifiziertheit* des Pflichtenverstoßes (s.o.). Es liegen damit alle gemeinschaftsrechtlichen Voraussetzungen für eine Staatshaftung vor. Damit steht jedenfalls fest, dass die Bundesrepublik Deutschland dem Grunde nach Schadensersatz zu leisten hat.

2. Der zu ersetzende Schaden

Es ist dem K der Schaden zu ersetzen, der durch den Gemeinschaftsrechtsverstoß entstanden ist. K ist vermögensmäßig so zu stellen, wie er stünde, wenn die Richtlinie rechtzeitig umgesetzt worden wäre. K hätte seine Einlagen bei einer Bank erbracht, die an ein entsprechendes Sicherungssystem angeschlossen gewesen wäre. Ihm wäre dann im Entschädigungsfall (Insolvenz des Kreditinstituts) ein Rückzahlungsanspruch gegen das Sicherungssystem garantiert gewesen. Auszugehen ist bei der Schadensberechnung von der gezahlten Einlage zuzüglich der angefallenen Zinsen, denn diese sollen nach den Richtlinienvorgaben auch von der Entschädigungsgewährleistung umfasst sein. Das angesparte verzinste Guthaben des K bei der B betrug im Zeitpunkt des nach der Richtlinie relevanten Entschädigungsfalles 34.000,– DM (17.000,– €). Dieser Betrag liegt unterhalb der erstattungspflichtigen Höchstgrenze von 20.000,– ECU (ca. 40.000,– DM bzw. 20.000,– €). Allerdings ist zu berücksichtigen, dass die Bundesrepublik Deutschland nur dazu verpflichtet war, eine Mindestdeckung von 90% gesetzlich umzusetzen (wie auch bei der späteren Umsetzung in Art. 1, § 4 Abs. 2 EinlagensicherungsG geschehen). Daher ist von dem Gesamtbetrag von 34.000,– DM (17.000,– €) im Ergebnis ein Selbstbeteiligungsanteil des K von 10%, also 3.400,– DM (1.700,– €), abzuziehen.[42] Damit stehen dem Kläger als Schadensersatz gegen die Bundesrepublik Deutschland nur 30.600,– DM (15.300,– €) zu.

3. Anspruchskürzung wegen Mitverschuldens?

Es könnte daran gedacht werden, den Anspruch aufgrund eines Mitverschuldens des K in direkter oder entsprechender Anwendung des § 254 BGB zu kürzen. Nach der Rechtsprechung des *EuGH* kann der an sich zu leistende Schadensersatz eingeschränkt oder gar ausgeschlossen sein, wenn sich der Geschädigte nicht in angemessener Form um die Verhinderung des Schadenseintritts oder die Begrenzung des Schadensumfanges bemüht hat.[43] Anknüpfungspunkt für ein (wohl vertretbar anzunehmendes) Mitverschulden wäre, dass K sein Geld einer Bank anvertraut hat, die keinem (bis dahin freiwilligen) Einlagensicherungssystem angehörte. Der Kläger durfte aber davon ausgehen, dass die B zur Durchführung von Bankgeschäften zugelassen war und dementsprechend hinreichende Seriosität besaß. Außerdem widerspräche ein Mitverschuldensanteil dem Schutzzweck der Einlagensicherungs-Richtlinie, die den einzelnen ja gerade vor der Anlage seines Geldes bei einer nicht einem Einlagensicherungssystem angehörigen Kreditinstitut absolut schützen soll, ohne dass es auf die Kenntnis oder das Kennenmüssen des Anlegers hinsichtlich des Nichtanschlusses an ein Sicherungssystem ankommt. Letztlich ist auch zu beachten, dass K unter Verstoß gegen den damaligen § 23a KWG nicht förmlich über die fehlende Mitgliedschaft der B in einer Einlagensicherungseinrichtung belehrt wurde. Diese Norm soll sicherstellen, dass der Bankkunde ausdrücklich auf die besonderen Risiken hingewiesen und sich dieser

[41] *EuGH* NJW 1996, 1276 (1271); NJW 1996, 3141 (3142); *Kluth*, in: *Wolff/Bachof/Stober*, Verwaltungsrecht, Bd. 2, § 70, Rn. 21; *LG Bonn* NJW 2000, 815ff. geht auf die Verschuldensfrage überhaupt nicht mehr ein.

[42] So i.E. auch *LG Bonn* NJW 2000, 815 (818); kritisch zu diesem Abzug: *Gratias*, NJW 2000, 786 (787).

[43] *EuGH* NJW 1996, 1267 (1271); NJW 1996, 3141 (3144); *LG Bonn* NJW 2000, 815 (818).

bewusst wird. Der gesetzlichen Wertung entspricht es, dass eine Kenntnis des Bankkunden allenfalls dann anspruchsmindernd berücksichtigt werden darf, wenn er tatsächlich gemäß den strengen Vorgaben des § 23a KWG a.F. unterrichtet wurde. Ein anspruchsminderndes Mitverschulden kommt damit nicht in Betracht.[44]

Ergebnis:
K kann von der Bundesrepublik Deutschland wegen nicht rechtzeitiger Umsetzung der Einlagensicherungs-Richtlinie zwar nicht die vollen 34.000,– DM (17.000,– €), wohl aber einen Betrag in Höhe von 30.600,– DM (15.300,– €) als Schadensersatz aus gemeinschaftsrechtlich begründeter Staatshaftung bzw. nach Art. 189 Abs. 3 EGV a.F. / Art. 249 Abs. 3 EGV n.F. i.V.m. § 839 BGB, Art. 34 GG verlangen.

Zum Verständnis: Nach § 255 BGB kann K den Entschädigungsbetrag an sich nur Zug um Zug gegen Abtretung der Forderung gegen die Konkursmasse verlangen.[45] Da aber laut den hier einschlägigen Sachverhaltsvorgaben der K insofern ohnehin leer ausgeht, kann dieser Umstand in der Prüfung vernachlässigt werden.

Gemäß § 40 Abs. 2 VwGO, Art. 34 Satz 3 GG (in direkter oder entsprechender Anwendung) ist dieser Anspruch im ordentlichen Rechtsweg geltend zu machen. Gem. § 71 Abs. 2 Nr. 2 GVG ist das Landgericht sachlich zuständig.

Zur Vertiefung: Das Landgericht Bonn prüfte im dortigen Fall auf die Rüge des Klägers zudem einen Amtshaftungsanspruch wegen unterlassenen bzw. verspäteten Einschreitens des Bundesamtes für Kreditwesens an, verneinte diesen aber i.E.[46] Für eine derartige Prüfung gibt der hier zu begutachtende Fall keinen Anlass.

Rechtsprechungsvorlagen: *LG Bonn* NJW 2000, 815 (vereinfacht); siehe auch: *EuGHE* 1991, I-5357 – Francovich; *LG Bonn* NJW 1994, 2489 und *EuGH* NJW 1996, 3141 (Dillenkofer); *EuGH* NJW 1996, 1267 sowie *BGH* NJW 1997, 123 (Brasserie du pêcheur); *BGH* DVBl. 2001, 474 (Fleischuntersuchungsgebühren)

Leseempfehlung: *v. Danwitz*, Die gemeinschaftsrechtliche Staatshaftung der Mitgliedstaaten, DVBl. 1997, 1; *Ehlers*, Die Weiterentwicklung des Staatshaftungsrechts durch das europäische Gemeinschaftsrecht, JZ 1996, 776; *Saenger*, Staatshaftung wegen Verletzung europäischen Gemeinschaftsrechts, JuS 1997, 865; *Schlösser*, Sozialisierter Urlaubsträger, Jura 1996, 322

[44] So auch mit den vorgenannten Argumenten *LG Bonn* NJW 2000, 815 (818 f.).
[45] *LG Bonn* NJW 2000, 815 (818).
[46] Siehe *LG Bonn* NJW 2000, 815 (819 f.). kritisch *Gratias*, NJW 2000, 786 (787 f.).

Fall 9: Der störende Bolzplatz (Seidel)

Sachverhalt (fiktiv)

Norbert (N) hat im Jahr 1999 ein Wohngrundstück in der bayerischen Gemeinde G gekauft. Mittlerweile ist er als Eigentümer im Grundbuch eingetragen und wohnt dort mit seiner Familie. Das betroffene Gebiet ist im Bebauungsplan als „allgemeines Wohngebiet" ausgewiesen. Das Grundstück des N grenzt unmittelbar an einen (seinerseits innerhalb des genannten Wohngebiets gelegenen) 40 x 25 m großen Bolzplatz, der dort im Jahr 1997 bauordnungsrechtlich genehmigt und errichtet wurde. Der Platz ist mit (nunmehr teilweise zertretenem) Gras bewachsen, mit zwei Kleinfeldmetalltoren ausgestattet sowie von einem 4 m hohen Ballfangzaun umgeben. Er ist Eigentum der Gemeinde und steht gemäß der dort ausgehängten Benutzungsordnung und entsprechend der Baugenehmigung der Benutzung für Kinder und Jugendliche bis 16 Jahre zwischen 9.00 und 20.00 Uhr zur Verfügung. N beklagt aufgrund des Spielbetriebs eine Beeinträchtigung seiner Wohnruhe und verlangt von der Gemeinde den Abbau der Tore und des Fangzauns. Die Gemeinde G verweist auf die soziale Komponente, die Spiel- und Bolzplätzen als Ergänzung des Wohngebiets zukomme. Abwehransprüche des N seien auch deshalb ausgeschlossen, weil der Bolzplatz von einer mittlerweile bestandskräftigen Baugenehmigung abgedeckt sei. N erhebt daraufhin gegen die G Klage beim örtlich zuständigen Verwaltungsgericht mit dem Antrag, die G zu verurteilen, die Bolzplatzeinrichtungen (Tore und Fangzaun) zu beseitigen.

Vermerk für die Bearbeiter: In einem umfassenden Rechtsgutachten, ist folgende Frage zu beantworten: Wie sind die Erfolgsaussichten der Klage des N zu beurteilen, wenn sich im Prozess nachweisen lässt, dass der vom Bolzplatz ausgehende Spiellärm zu einer Lärmbelastung auf dem Grundstück des N führt, die tagsüber bis ca. 20.00 Uhr in Wirkpegeln von bis zu 75 dB(A) angegeben werden kann (wobei kurzzeitige Geräuschspitzen noch weit darüber liegen)?

Hinweise:
Gemäß Nr. 6.1 Lit. a) der Technischen Anleitung zum Schutz gegen Lärm (TA Lärm) vom 26. August 1998 betragen bezogen auf Gebiete, die vorwiegend dem Wohnen dienen, die Immissionsrichtwerte für den Beurteilungspegel für Immissionsorte außerhalb von Gebäuden 55 dB(A) tags (d.h. gem. Nr. 6.4 TA Lärm von 6.00 – 22.00 Uhr) und 40 dB(A) nachts (d.h. von 22.00 – 6.00 Uhr). Nr. 6.5 TA Lärm sieht einen grundsätzlichen Zuschlag von 6 dB für Tageszeiten mit erhöhter Empfindlichkeit (an Werktagen von 6.00 – 7.00 sowie von 20.00 – 22.00 Uhr, an Sonn- und Feiertagen von 6.00 – 9.00, 13.00 – 15.00 und 20.00 – 22.00 Uhr) vor. Nr. 6.7 TA Lärm bestimmt für Gemengelagen eine Mittelwertbildung. Nrn. 6.3 und 7.1 – 7.4 TA Lärm reglementieren besondere Regelungen für seltene Ereignisse, Notsituationen, tieffrequente Geräusche und Verkehrsgeräusche.

Nach § 1 Abs. 1 der Sportanlagenlärmschutzverordnung (18. BImSchV) vom 18. Juli 1991 ist deren Anwendungsbereich begrenzt auf die Errichtung, die Beschaffenheit und den Betrieb von Sportanlagen, soweit sie zum Zwecke der Sportausübung betrieben werden und einer Genehmigung nach § 4 des Bundes-Immissionsschutzgesetzes nicht bedürfen. § 2 der 18. BImSchV bestimmt Richtwerte nach ähnlichen Kriterien wie die TA Lärm, ebenso abgestuft nach unterschiedlichen Gebietsarten. Nach § 2 Abs. 1 der 18. BImSchV sind Sportanlagen so zu errichten und zu betreiben, dass die in den Absätzen 2 bis 4 genannten Immissionsrichtwerte nicht überschritten werden. So wird etwa durch § 2 Abs. 2 der 18. BImSchV für allgemeine Wohngebiete der Immissionsrichtwert tagsüber (gem. § 2 Abs. 5 der 18. BImSchV von 6.00 – 22.00 Uhr bzw. an Sonn- und Feiertagen von 7.00 – 22.00 Uhr) auf 55 dB(A), bzw. innerhalb bestimmter Ruhezeiten (gem. § 2 Abs. 5 der 18. BImSchV von 6.00 – 8.00 Uhr sowie von 20.00 – 22.00 Uhr, an Sonn- und Feiertagen von 7.00 bis 9.00, 13.00 – 15.00 und 20.00 – 22.00 Uhr) auf 50 dB(A) festgesetzt. § 5 Abs. 3 – 5 der 18. BImSchV reglementiert unter dem Gesichtspunkt der Sozialadäquanz sowie der Vorbelastung Privilegien für Anlagen für den Schul- und Hochschulsport, für Altanlagen und für sog. seltene Ereignisse.

Lösung

Die Klage des N hat Aussicht auf Erfolg, wenn sie zulässig und begründet ist.

Zum Verständnis: Rechtsschutz kommt vorliegend auf zweierlei Weise in Betracht.[1] N kann einerseits im dreipoligen Nachbarschaftsverhältnis zwischen Nachbarn (N), Störer (G) und der Genehmigungs- und Aufsichtsbehörde einen sog. Genehmigungsabwehranspruch (prozessual: Anfechtungsklage gegen den Rechtsträger der Behörde mit dem Ziel der Kassation der Genehmigung des Bolzplatzes) und im Anschluss oder parallel einen Schutzanspruch (etwa nach Maßgabe von Art. 82 BayBO) auf bauordnungsrechtliches Vorgehen zu Lasten der G geltend machen (prozessual isolierte Verpflichtungsklage oder Annexantrag gem. § 113 Abs. 1 Sätze 2 und 3 VwGO).[2] Daneben kommen aber auch Ansprüche direkt gegen den störenden Nachbarn (hier die Gemeinde G) in Betracht.[3] Im vorliegenden Fall scheiden Ansprüche im dreipolaren Nachbarschaftsverhältnis der vorgenannten Art aus, weil die Baugenehmigung als möglicher Gegenstand eines Genehmigungsabwehranspruchs bestandskräftig geworden ist und insofern Widerspruch und Anfechtungsklage mit dem Ziel der Kassation wegen Verfristung (§§ 70, 74 VwGO) bereits unzulässig wären. N ist daher vorliegend auf unmittelbare Abwehransprüche unmittelbar gegenüber der G selbst beschränkt.

A. Zulässigkeit einer Klage des N gegen die G

I. Verwaltungsrechtsweg

Der Verwaltungsrechtsweg ist nach § 40 Abs. 1 Satz 1 VwGO nur dann eröffnet, wenn es sich um eine öffentlich-rechtliche Streitigkeit handelt, der gegenüber G geltend gemachte Abwehranspruch hinsichtlich der vom Bolzplatz ausgehenden Geräuschimmissionen als Streitgegenstand also öffentlich-rechtlicher Natur ist. Zu bedenken ist insofern, dass Immissionsabwehransprüche gegen den Störer zunächst das Privatrecht vor allem in § 1004 BGB zur Verfügung stellt. Derartige zivilrechtliche Abwehransprüche sind nach § 13 GVG auf dem ordentlichen Rechtsweg geltend zu machen. Greift demgegenüber ein öffentlich-rechtlicher Unterlassungs- oder Folgenbeseitigungsanspruch ein, so handelt es sich um eine öffentlich-rechtliche Streitigkeit, die nach § 40 Abs. 1 Satz 1 VwGO vor den Verwaltungsgerichten auszutragen ist. Es ergibt sich also die Situation, dass der Rechtsweg von der Einschlägigkeit divergierender Anspruchsgrundlagen abhängig ist. In einer solchen Situation helfen die herkömmlichen Abgrenzungstheorien (Subordinations-, Subjekts- und Interessentheorie)[4] nicht weiter.

Für die Frage der Eröffnung des Verwaltungsrechts ist also hier entscheidend, ob die Frage nach dem Bestehen des geltend gemachten Abwehranspruchs am privatrechtlichen § 1004 BGB oder an öffentlich-rechtlichen Anspruchsgrundlagen zu messen ist. Letzteres ist der Fall, wenn die abzuwehrende Störung ihrerseits dem öffentlichen Recht zuzuordnen ist. Gerade bei Störungen, die vom Betrieb einer öffentlichen Einrichtung ausgehen,

[1] *Seidel*, Öffentlich-rechtlicher und privatrechtlicher Nachbarschutz, 2000, Rn. 6 ff. und 789.

[2] Im einzelnen hierzu: *Seidel*, Nachbarschutz, §§ 4 – 14, Rn. 72 – 788. So etwa in der Fallgestaltung nach *BayVGH* NVwZ-RR 1994, 246 ff. – Anfechtung einer Baugenehmigung für einen gemeindlichen Bolzplatz; hierzu auch *Seidel*, Bauplanungs- und Bauordnungsrecht, 1999, S. 151 ff.

[3] Zu diesem rein zweipoligen Nachbarrechtsverhältnis im Ganzen: *Seidel*, Nachbarschutz, Rn. 789 – 1010.

[4] Allgemein hierzu *Maurer*, Allgemeines Verwaltungsrecht, § 3, Rn. 14 ff.

bestehen insoweit Zuordnungsprobleme, denn Immissionen sind von ihrer Wirkung her gesehen als solche wertneutral und lassen sich folglich nicht ihrer Art nach dem privatrechtlichen oder öffentlich-rechtlichen Regime zuschreiben. Ferner ist zu bedenken, dass auch der Staat und seine Einrichtungen in den Formen des Privatrechts handeln können. Entscheidend ist, ob die abzuwehrende Störung in hinreichendem Sachzusammenhang mit öffentlich-rechtlicher Tätigkeit steht. Die Störung beruht vorliegend auf einem gemeindlichen Bolzplatz, den die Gemeinde ihren jugendlichen Einwohnern als (zumindest konkludent gewidmete) öffentliche Einrichtung[5] bereit gestellt hat. Solche Aufgaben werden jedenfalls im Zweifel öffentlich-rechtlich erledigt, wenn nicht ausnahmsweise der Wille zu Tage tritt, Verwaltungsaufgaben in privatrechtlicher Handlungsform zu erfüllen.[6] Sofern also nach dem grundsätzlichen Wahlrecht der Gemeinde das Benutzungsverhältnis einer gewidmeten öffentlichen Einrichtung nicht ausdrücklich privatrechtlich ausgestaltet ist – also durch Abschluss privatrechtlicher Verträge, ggf. auch in privatrechtlicher Organisationsform in Gestalt einer AG, GmbH o.ä. –, kann sich der gestörte Nachbar ausschließlich auf öffentlich-rechtliche Abwehransprüche stützen. Da im vorliegenden Fall keine Hinweise für eine privatrechtliche Ausgestaltung sprechen, sind die Lärmimmissionen und die Frage nach ihrer Abwehr nach öffentlichem Recht zu beurteilen. Der Streitgegenstand ist damit öffentlich-rechtlicher Natur. Die Streitigkeit ist auch nicht verfassungsrechtlicher Art. Mangels spezialgesetzlicher Sonderzuweisung an einen anderen Gerichtszweig ist daher der Verwaltungsrechtsweg nach § 40 Abs. 1 Satz 1 VwGO eröffnet.[7]

II. Statthafte Klageart

N begehrt die Abwehr von als störend empfundenen Lärmimmissionen. Das bloße Zurverfügungstellen eines Bolzplatzes als öffentliche Einrichtung hat keinen Regelungscharakter. Es geht also weder um die Abwehr eines belastenden Verwaltungsakts noch um den Erlass eines begünstigenden Verwaltungsakts, sondern nur um das zukunftsgerichtete Unterlassen von Störungen tatsächlicher Art. Anfechtungs- und Verpflichtungsklage gem. § 42 Abs. 1 VwGO scheiden daher aus. N begehrt vielmehr die Abwehr eines störenden schlichten Verwaltungshandelns. Statthafte Klageart ist daher die sog. allgemeine Leistungsklage, die zwar nicht ausdrücklich als statthafte Klageart aufgeführt, deren Existenz aber sowohl von diversen Vorschriften der VwGO (z.B. §§ 43 Abs. 2, 111, 113 Abs. 4 VwGO) als auch von Art. 19 Abs. 4 GG i.V. mit § 40 Abs. 1 Satz 1 VwGO vorausgesetzt wird.[8]

III. Klagebefugnis, § 42 Abs. 2 VwGO analog

Weil die Popularklage dem ansonsten subjektiv-rechtlich ausgerichteten Verwaltungsrechtsschutz widerspricht, wird nach vorzugswürdiger (und ganz herrschender) Ansicht § 42 Abs. 2 VwGO auf die allgemeine Leistungsklage entsprechend angewendet.[9] N muss daher einen Sachverhalt vortragen können, aus dem sich hinsichtlich der bestehenden Immissionslage möglicherweise die Verletzung eines ihm zustehenden subjektiven Rechts ergibt. Hier ist zum einen eine grundrechtliche Argumentation denkbar, zumal der öffentlich-rechtliche Abwehranspruch (zumindest auch) hier seine Grundlage findet[10]: Grund-

[5] Hierzu im Detail unten *Fall 11*.

[6] Zum Ganzen: *BVerwGE* 79, 254ff.; *Seidel*, Nachbarschutz, Rn. 794, mit zahlreichen Rechtsprechungsnachweisen. Speziell für Kinderspiel- und Bolzplatzlärm: *BVerwG* NJW 1992, 1779 (1780); *BayVGH* NVwZ 1993, 1006; *OVG Schleswig* NVwZ 1995, 1019.

[7] So i.E. speziell bei einer Abwehrklage gegen Bolzplatzlärm: *BayVGH* NVwZ 1993, 1006.

[8] S. hierzu ausführlich oben *Fälle 5* und *7*.

[9] *Schmitt Glaeser/Horn*, Verwaltungsprozessrecht, Rn. 387 sowie *Hufen*, Verwaltungsprozessrecht, § 17, Rn. 13, jeweils mit zahlreichen Rechtsprechungsnachweisen.

[10] S.u. B I 2 a).

rechtseingriffe sind auch durch faktisches Handeln denkbar. Es ist daher nicht auszuschließen, dass aufgrund der gegebenen Belastungssituation N in subjektiven Rechten aus Art. 2 Abs. 2 Satz 1 GG (körperliche Unversehrtheit) bzw. Art. 14 Abs. 1 GG (Eigentum) oder zumindest subsidiär aus Art. 2 Abs. 1 GG (allgemeine Handlungsfreiheit) verletzt ist. Darüber hinaus kann man den öffentlich-rechtlichen Immissionsabwehranspruch als richterrechtlich gewachsenes eigenständiges Rechtsinstitut ansehen, der – insbesondere bei dogmatischer Ableitung aus § 1004 BGB analog – aus sich heraus eigenständige subjektive Anspruchspositionen zu begründen vermag. M.a.W.: Eine subjektive Rechtsverletzung ist schon deshalb nicht von vornherein ausgeschlossen, weil G dem diesbezüglichen Verlangen des N und damit einem möglichen öffentlich-rechtlichen Abwehranspruch des N nicht nachkommt.

IV. Vorverfahren und Fristen

§§ 68ff. sowie § 74 VwGO sind allein auf Anfechtungs- und Verpflichtungsklage zugeschnitten. Ein erfolgloses Vorverfahren und die Einhaltung von Klagefristen sind daher bei der allgemeinen Leistungsklage keine Zulässigkeitsvoraussetzungen.[11] Als zeitliche Grenze unter dem Gesichtspunkt von Treu und Glauben kann allenfalls an eine Verwirkung des Klagerechts gedacht werden[12], wofür aber im vorliegenden Sachverhalt keine Anhaltspunkte sprechen.

V. Allgemeines Rechtsschutzbedürfnis

Im Regelfall hat der Kläger durch entsprechendes vorprozessuales Begehren beim Antragsgegner zu versuchen, sein Ziel auf diesem direktem Weg zu erreichen, ansonsten ist ihm grundsätzlich das Rechtsschutzinteresse abzusprechen.[13] Hier hat sich N zunächst mit G auseinandergesetzt und fruchtlos Abhilfe gefordert. Ein Rechtsschutzinteresse für eine klageweise Geltendmachung des Abwehranspruchs ist ihm daher nicht abzusprechen.

B. Begründetheit

Die allgemeine Leistungsklage des N ist begründet, wenn sie sich gegen den richtigen Beklagten richtet und der geltend gemachte Leistungsanspruch tatsächlich besteht. Entsprechend § 78 Abs. 1 Nr. 1 VwGO ist die Klage gegen die Gemeinde G als die Körperschaft zu richten, von deren Einrichtung die Störung ausgeht und die daher bei Erfüllung der Voraussetzungen des Abwehranspruchs als rechtsfähiger Verwaltungsträger passivlegitimiert ist.[14] Im übrigen ist die Begründetheit der Klage davon abhängig, ob auch nach den dogmatischen Grundlagen (im folgenden sub I.) und den sachlichen Voraussetzungen (im folgenden sub II.) ein öffentlich-rechtlicher Abwehranspruch gegen die G hinsichtlich der von dem Bolzplatz ausgehenden Lärmbelastung besteht und ob hiervon auch die von N begehrte Rechtsfolge gedeckt ist (im folgenden sub III.).

---

[11] *Schmitt Glaeser/Horn*, Verwaltungsprozessrecht, Rn. 389f.

[12] *BVerwG* NJW 1985, 1481 (1482); *Köckerbauer/Büllesbach*, JuS 1991, 373 (378f.); *Seidel*, Nachbarschutz, Rn. 997; *Schmitt Glaeser/Horn*, Verwaltungsprozessrecht, Rn. 390. Allgemein zur Verwirkung: *Seidel*, Nachbarschutz, Rn. 612ff., 859; *Bauer*, Die Verwaltung 1990, 211ff.

[13] *Schmitt Glaeser/Horn*, Verwaltungsprozessrecht, Rn. 392.

[14] *Schmitt Glaeser/Horn*, Verwaltungsprozessrecht, Rn. 393.

I. Dogmatische Grundlagen eines öffentlich-rechtlichen Immissionsabwehranspruchs

1. § 22 BImSchG als Anspruchsgrundlage eines Abwehranspruchs gegen störende Hoheitsträger?

Gegebenenfalls könnte ein öffentlich-rechtlicher Immissionsabwehranspruch unmittelbar in § 22 BImSchG verortet werden. Normalerweise regeln die §§ 22ff. BImSchG den Fall, dass die Behörde bei Feststellung eines Verstoßes gegen § 22 BImSchG durch einen (privaten) Betreiber einer nicht genehmigungsbedürftigen Anlage per Sonderordnungsrecht nach §§ 24, 25 BImSchG vorgehen kann. Zumindest expressis verbis ist also in §§ 22ff. BImSchG keine Unterlassungsanspruchsgrundlage enthalten, wenn ein Hoheitsträger selbst stört. Dennoch geht eine *Mindermeinung* in der Literatur[15] aufgrund des Schutznormcharakters der §§ 22ff. BImSchG von einem unmittelbar aus § 22ff. BImSchG ableitbaren Abwehranspruch gegenüber dem störenden Hoheitsträger aus, der eine nicht genehmigungsbedürftige Anlage i.S.d. § 22 BImSchG betreibt. Weil der hoheitliche Anlagenbetreiber (z.B. eine Gemeinde) selbst unmittelbar an Ordnungsrecht gebunden sei, sei er selbst der direkte Adressat der immissionsschutzrechtlichen Gebotsnormen.

Derartige Ansätze hat das *Bundesverwaltungsgericht*[16] zu Recht verworfen, weil hierdurch die in Wortlaut und Systematik der §§ 22ff. BImSchG angelegte Trennung zwischen Anlagenbetreiber, Überwachungsbehörde und Drittbetroffenem aufgehoben wird. Nach der Systematik beschränken sich die Rechtsfolgen eines Verstoßes gegen § 22 BImSchG grundsätzlich darauf, dass die zuständige Behörde Maßnahmen nach §§ 24, 25 BImSchG gegenüber einem Dritten treffen kann. §§ 22ff. BImSchG sind damit sonderordnungsrechtliche Vorschriften, die unmittelbar nur im Verhältnis zwischen Überwachungsbehörde und Störer gelten. Ein Dritter kann allenfalls im mehrpolaren Rechtsverhältnis zu Ordnungsbehörde und Störer subjektive Schutzansprüche stellen, d.h. Ansprüche auf ordnungsrechtliches Einschreiten zu Lasten des Störers. §§ 22ff. BImSchG regeln keine Anspruchsbeziehungen unmittelbar zwischen Störer und Gestörtem, zumal § 24 BImSchG als behördliche Eingriffsgrundlage eine bloße Ermessensnorm darstellt.[17] § 22 BImSchG kann daher richtigerweise keine Abwehransprüche im unmittelbaren Nachbarschaftsverhältnis zwischen Störer und Gestörtem begründen, auch dann nicht, wenn es sich um einen staatlichen Störer handelt.

2. Der allgemeine öffentlich-rechtliche Abwehranspruch als Unterlassungs- bzw. Folgenbeseitigungsanspruch

Das Bestehen eines öffentlich-rechtlichen Abwehranspruchs richtet sich deshalb nach den Grundsätzen des Allgemeinen Verwaltungsrechts, maßgeblich nach den Instituten des öffentlich-rechtlichen Unterlassungs- bzw. Folgenbeseitigungsanspruchs.

a) Dogmatische Grundlagen

Die Rechtsinstitute des öffentlich-rechtlichen Unterlassungs- und des Folgenbeseitigungsanspruchs gehen davon aus, dass der Staat rechtswidrige und daher vom Betroffenen nicht duldungspflichtige Eingriffe in subjektive Rechtspositionen künftig zu unterlassen und eingetretene Folgen eines bereits geschehenen rechtswidrigen Eingriffs zu beseitigen hat, sodass im Ergebnis Störungen zukunftsgerichtet unterbleiben. Die Anspruchsgrundlagen sind nicht ausdrücklich gesetzlich fixiert, ihre Existenz ist aber unbestritten. Zur dogmatischen Fundierung wird wohl überwiegend auf die Freiheitsgrundrechte (insbesondere

[15] *Seiler*, Die Rechtslage der nicht genehmigungsbedürftigen Anlagen im Sinne von §§ 22ff. Bundes-Immissionsschutzgesetz, 1985, S. 94ff.; ähnlich *Mampel*, Nachbarschutz, Rn. 385f.

[16] *BVerwGE* 79, 254 (257); zustimmend: *OVG Berlin* NVwZ-RR 1989, 125 (126); *BayVGH* NJW 1991, 2660 (2661); *OVG Lüneburg* NVwZ 1994, 713.

[17] Zu diesem Argument: *Köckerbauer/Büllesbach*, JuS 1991, 373 (375).

Art. 14 Abs. 1 oder Art. 2 Abs. 2 GG) rekurriert[18], daneben finden sich aber auch Ansätze, die das Rechtsstaatsprinzip[19] oder schlicht eine analoge Geltung der §§ 1004, 906 BGB[20] als Grundlagen heranziehen.[21] Letztlich kann man den öffentlich-rechtlichen Abwehranspruch in Form des Unterlassungs- oder Folgenbeseitigungsanspruchs auch als Institut richterrechtlicher Rechtsfortbildung ansehen.[22] Hinsichtlich der allgemeinen Akzeptanz lässt die Praxis die Rechtsgrundlage daher häufig offen.[23]

b) Abgrenzung zwischen öffentlich-rechtlichem Unterlassungsanspruch und Folgenbeseitigungsanspruch

Traditionell unterscheidet das Allgemeine Verwaltungsrecht zwischen dem allgemeinen öffentlich-rechtlichen Unterlassungsanspruch[24] und dem Folgenbeseitigungsanspruch.[25] Entscheidend ist dabei das Begehren des Anspruchstellers. Gerade bei der Abwehr von Belästigungen, die aus dem Betrieb einer Emissionsquelle herrühren, fällt die Abgrenzung regelmäßig schwer: Denkbar wäre hier, auf den öffentlich-rechtlichen Unterlassungsanspruch abzustellen, wenn man das Klagebegehren des N primär darin sieht, die Nutzung des Platzes als Bolzplatz für die Zukunft zu unterlassen, um hierüber zukunftsgerichtet – gleich wie – die Lärmbelastung zu unterbinden.[26] Im vorliegenden Fall spricht demgegenüber für die Einschlägigkeit des Folgenbeseitigungsanspruchs jedenfalls, dass es N vom Ziel her um die Beseitigung der Störungsquelle schlechthin, nämlich um die Entfernung des Bolzplatzes geht.[27] Eine genaue Abgrenzung dürfte sich auch aus dogmatischer Sicht erübrigen. Unterlassungs- und Folgenbeseitigungsanspruch sind Ausfluss desselben Rechtsinstituts. Sie beruhen auf denselben Grundlagen (Freiheitsgrundrechte, Rechtsstaatsprinzip und §§ 906, 1004 BGB analog) und laufen praktisch auf dasselbe Ziel hinauslaufen, nämlich auf einen beeinträchtigungsfreien Zustand.[28] Auch die Praxis verzichtet meist auf eine genaue Abgrenzung und spricht neutral vom öffentlich-rechtlichen Abwehranspruch bzw. Immissionsabwehranspruch.[29]

II. Anspruchsvoraussetzungen

Der Abwehranspruch besteht, wenn der Staat (oder eine staatliche Institution) durch ihm zurechenbares hoheitliches Handeln in ein subjektives Recht des Anspruchstellers rechtswidrig eingreift oder einzugreifen droht und keine besondere Duldungspflicht für die Belastungssituation besteht. Speziell in Bezug auf die Abwehr von hoheitlichen Immissionen

[18] *BayVGH* NVwZ 1998, 536; *OVG Bremen* NVwZ-RR 1993, 468 (470f.); *Dolderer*, UPR 1999, 326 (327); *Weyreuther*, Gutachten B zum 47. DJT, B 78ff.; *Ossenbühl*, Staatshaftungsrecht, S. 298f.; *Papier*, in: Erichsen/Ehlers (Hrsg.), Allgemeines Verwaltungsrecht, 5. Abschnitt, § 45, Rn. 9; *Maurer*, Allgemeines Verwaltungsrecht, § 30, Rn. 6.

[19] *VGH Kassel* NJW 1989, 1500.

[20] *OVG Lüneburg* NJW 1998, 2921 (2922); *BayVGH* NJW 1991, 2660; NVwZ 1997, 96; NVwZ 1998, 536; *OVG Koblenz* NVwZ 1990, 279.

[21] S. bereits oben *Fall 5*.

[22] *Sproll*, JuS 1996, 313 (319).

[23] Speziell bei Bolzplatzlärm: *OVG Schleswig* NVwZ 1995, 1019; *OVG Saarlouis* BRS 52, Nr. 232; vgl. auch: *BVerwGE* 79, 254 (257); *BVerwG* NJW 1989, 1291.

[24] *Laubinger*, VerwArch 80 (1989), 261ff.; *Köckerbauer/Büllesbach*, JuS 1991, 373 ff; *Sproll*, JuS 1996, 313ff.

[25] *Sproll*, JuS 1996, 219ff.

[26] Vgl. auch *Laubinger*, VerwArch 80 (1989), 261 (299).

[27] So geht auch etwa *VGH Kassel* NVwZ 1989, 1500 von einem Folgenbeseitigungsanspruch aus, sofern ein Betroffener, der sich durch eine Straßenbeleuchtung beeinträchtigt fühlt, deren Beseitigung fordert.

[28] *Ossenbühl*, Staatshaftungsrecht, S. 299; *Maurer*, Allgemeines Verwaltungsrecht, § 30, Rn. 6 und 13; *Köckerbauer/Büllesbach*, JuS 1991, 373 (379f.); *Köckerbauer/Büllesbach* JuS 1991, 373 (379).

[29] Speziell bei Bolzplatzlärm: *OVG Schleswig* NVwZ 1995, 1019; *OVG Saarlouis* BRS 52, Nr. 232. Allgemein: *BVerwGE* 79, 254 (256); *BVerwG* NJW 1989, 1291; NJW 1992, 1779 (1780); NVwZ 1991, 884; *OVG Schleswig* NVwZ 1995, 1019; *OVG Lüneburg* NVwZ 1994, 713; *BayVGH* NJW 1991, 2660; NJW 1997, 1181; NVwZ 1997, 96; NVwZ 1998, 536; NVwZ 1999, 87; *VGH Mannheim* NVwZ 1994, 920 (921); NVwZ 1999, 85; *OVG Koblenz* NVwZ 1990, 279; *OVG Münster* NVwZ 1994, 1018; *VG Arnsberg* NVwZ 1999, 450; *VG Frankfurt a.M.* NJW 1999, 1986.

setzt der Abwehranspruch voraus, „*dass der Bürger durch ein schlicht hoheitliches Verwaltungshandeln bzw. dessen zurechenbare Folgen, wie z. B. die von einer hoheitlich betriebenen Anlage oder Einrichtung ausgehenden Immissionen, in seinen geschützten Rechtsgütern rechtswidrig beeinträchtigt wird und er zur Duldung dieser Beeinträchtigung nicht verpflichtet ist.*"[30] Stellt man auf den Folgenbeseitigungsanspruch ab, ist zudem erforderlich, dass die begehrte Folgenbeseitigung dem Anspruchsgegner tatsächlich und rechtlich möglich sowie (str.) zumutbar ist.

1. Rechtswidriger Eingriff in ein subjektives Recht durch hoheitliches Handeln

Hier mag man darauf abstellen, dass Lärmbelastungen, die von einer öffentlichen Einrichtung ausgehen, dem Staat als Eingriff in Grundrechtspositionen (etwa Art. 2 Abs. 2 Satz 1, Art. 14 oder Art. 2 Abs. 1 GG) zuzurechnen sind, deren Rechtmäßigkeit oder Rechtswidrigkeit an rechtlichen Maßstäben wie etwa § 906 BGB analog oder § 22 BImSchG zu messen wäre.

Die verwaltungsgerichtliche Rechtsprechung vermeidet demgegenüber zumindest bei den einzelnen Tatbestandsmerkmalen den unmittelbaren Rekurs auf die Grundrechte und bestimmt die Frage eines Eingriffs in die subjektive Rechtssphäre des Immissionsbetroffenen und die diesbezügliche Rechtswidrigkeit durch Entlehnung der Anspruchsvoraussetzungen aus § 1004 BGB.[31] Sofern dem Anspruchsgegner die Belastung als Störer zurechenbar ist – wie hier der G, die den Bolzplatz der Benutzung durch Kinder und Jugendliche zur Verfügung gestellt hat und demgemäß typischer Bolzplatzlärm hiermit im Zusammenhang steht[32] –, ist für die Grenzziehung zwischen hinzunehmender Belastung einerseits und unzumutbarer und daher rechtswidriger Belastung andererseits auf die Wertungen von § 906 BGB und §§ 3 Abs. 1, 22 BImSchG abzustellen. Es handelt sich dabei um Maßstäbe mit gesetzlichen Zumutbarkeitsschwellen, die die Rechtsprechung in harmonisierender Gesetzesauslegung als identisch betrachtet.[33]

Nichts anderes gilt, wenn man zur Beurteilung der Zumutbarkeitsschwelle vorwiegend oder ergänzend auf bauplanungsrechtliche Aspekte zurückgreift[34]: Nach § 9 Abs. 1 Nr. 12 Abs. 5 Nr. 1a BauGB i.V.m. § 4 Abs. 2 Nr. 3 BauNVO sind Bolzplätze als Anlagen für soziale und sportliche Zwecke von ihrer Nutzungsart in allgemeinen Wohngebieten zwar grundsätzlich bauplanungsrechtlich zulässig und daher von der Nachbarschaft an sich hinzunehmen, es ist aber für den jeweiligen Einzelfall stets an das Korrektiv des bauplanungsrechtlichen Rücksichtnahmegebots[35] zu denken, das auch im Geltungsbereich eines qualifizierten Bebauungsplans über die Vorschrift des § 15 BauNVO Rechtmäßigkeitsmaßstab ist. Bei der konkreten Bestimmung des Maßes gebotener Rücksichtnahme gelten keine anderen Zumutbarkeitsmaßstäbe als im Immissionsschutzrecht, weil §§ 3 Abs. 1, 5 Abs. 1 und 22 Abs. 1 Nrn. 1 und 2 BImSchG als gesetzliche Ausprägung des Gebots der Rücksichtnahme zu werten sind.[36] Das Rücksichtnahmegebot wird insofern durch die gesetzlichen Wertungen des Immissionsschutzrechts ausgefüllt. Auch im Rahmen des bauplanungsrechtlichen Rücksichtnahmegebots ist daher § 3 Abs. 1 BImSchG als Maßstab heranzuziehen, d.h. die Schwelle der Rücksichtslosigkeit wird wie im

[30] *VG Arnsberg* NVwZ 1999, 450.
[31] *BVerwGE* 79, 254 (256 ff.).
[32] *BayVGH* NVwZ 1997, 96 verneint etwa die Zurechnung des Lärmverhaltens von Nutzern eines Jugendzentrums an den städtischen Träger, wenn die Störungen nicht mehr im unmittelbaren Zusammenhang mit der Benutzung der Einrichtung, sondern durch Verhalten im allgemeinen Straßenverkehr hervorgerufen werden.
[33] Speziell für Bolzplatzlärm: *OVG Schleswig* NVwZ 1995, 1019. Allgemein: *BVerwGE* 79, 254 (258 f.); 88, 210 (213); *BVerwG* NJW 1989, 1291; *OVG Schleswig* NVwZ 1995, 1019; *BayVGH* NJW 1991, 2660 (2661); NVwZ 1993, 1006; *VGH Mannheim* NVwZ 1994, 920 (921); *OVG Lüneburg* NVwZ 1994, 713; *VG Frankfurt a.M.* NJW 1999, 1986; *VG Hannover*, NVwZ-RR 1993, 474.
[34] Vgl. *BVerwG* NJW 1992, 1779 (1780); *OVG Saarlouis* BRS 52, Nr. 232; *VG Arnsberg* NVwZ 1999, 450.
[35] Hierzu allgemein: *Seidel*, Nachbarschutz, Rn.356 ff.
[36] *BVerwGE* 68, 58 (60); *BayVGH* BRS 56, Nr. 176; *Schlotterbeck*, NJW 1991, 2669 (2674).

Immissionsschutzrecht grundsätzlich bei sog. schädlichen Umwelteinwirkungen überschritten.[37]

Daher gilt vorliegend: Der Immissionsabwehranspruch besteht nicht erst bei einer tatsächlichen Gesundheitsbeschädigung des Betroffenen oder einer schweren und unerträglichen Eigentumsstörung, sondern bereits unterhalb dieser Grenzen.[38] Er ist grundsätzlich – vorbehaltlich besonderer Duldungspflichten – gegeben, wenn die vom Anspruchsgegner mitverursachte Immissionsbelastung die Zumutbarkeits- bzw. Erheblichkeitsgrenzen nach §§ 3 Abs. 1, 22 BImSchG übersteigt.[39] Es ist damit entscheidend, ob die Lärmgesamtsituation auf dem Grundstück des N ein Maß erreicht, das den Begriff *„schädliche Umwelteinwirkungen"* gem. § 3 Abs. 1 BImSchG ausfüllt. Da nicht festzustellen ist, ob tatsächlich „Gefahren" (im Sinne eines hinreichend wahrscheinlichen Schadenseintritts) für N gegeben sind, kommt es darauf an, ob die Immissionssituation auf dem N-Grundstück als *erhebliche Belästigung* anzusehen ist, wobei auf die Gesamtbelastung am Einwirkungsort abzustellen ist.[40] Die Belastung ist erheblich, wenn sie nach Maßgabe einer situationsbezogenen Gesamtwürdigung aller Umstände des Einzelfalls als *unzumutbar* einzustufen ist.[41] Es ist dabei ein objektiver Maßstab anzuwenden: Allgemein ist für die Frage der Zumutbarkeit oder Unzumutbarkeit auf das Empfinden eines von der ermittelten Belastungswirkung betroffenen, verständigen Durchschnittsmenschen abzustellen[42]; außergewöhnliche Sensibilitäten einzelner Individuen bleiben dabei grundsätzlich unberücksichtigt. Das an Belastung Zumutbare korreliert mit der bauplanungsrechtlichen Situation.[43] Über das Instrument der Bauleitplanung kann die Gemeinde also in gewissem Maß den Erheblichkeitsmaßstab mitdefinieren.[44] Besteht kein (wirksamer) Bebauungsplan, kommt es auf die Vorprägung durch die tatsächliche bauliche Nutzung des betroffenen Gebiets an.[45] In Grenz- oder Gemengelagen richtet sich die Zumutbarkeitsschwelle unter dem Gesichtspunkt der Vorbelastung nach einem Mittelwert, der nach der Ortsüblichkeit sowie den Umständen des Einzelfalles zu ermitteln ist und sich daher einer exakten mathematischen Bestimmung im Sinne eines arithmetischen Mittels entzieht.[46] Nach der Rechtsprechung spielt für die Beurteilung der Zumutbarkeitsschwelle (vor allem bei Lärm) auch die Sozialadäquanz eine Rolle, insbesondere wenn die Emissionsquelle einen besonderen Nut-

---

[37] Beispiele aus der Rechtsprechung: *BVerwGE* 68, 58 (59f.); *BVerwG* NVwZ 1983, 609 (610); NVwZ 1987, 884 (886); 1989, 666 (667); NVwZ 1996, 1001 (1002); GewArch 1999, 494; *OVG Berlin* BauR 1999, 1004 (1007); *OVG Münster* NVwZ 1999, 1360; *BayVGH* NVwZ 1998, 419; BauR 1997, 84 (86); BauR 1999, 152 (156); BauR 1999, 617 (619); BRS 56, Nr. 176 und 179; *VGH Mannheim* BRS 57, Nr. 222; NVwZ 1997, 401 (403); NVwZ 1999, 437; BauR 1998, 756 (757); *OVG Bautzen* BauR 1998, 1226 (1227); *OVG Lüneburg* NVwZ 1993, 1117 (1118); NVwZ 1995, 917 (918); *VGH Kassel* BauR 1996, 233 (234); *VG München* BauR 1998, 1209 (1210); *VG Arnsberg* NVwZ 1999, 450.

[38] *BVerwGE* 79, 254 (257); 88, 210 (213); *BayVGH* NJW 1991, 2660 (2661); *OVG Lüneburg* NVwZ 1994, 713; *Schlotterbeck*, NJW 1991, 2669 (2677).

[39] Speziell für den öffentlich-rechtlichen Abwehranspruch gegen Bolzplatzlärm: *BayVGH* NVwZ 1993, 1006f.; *OVG Schleswig* NVwZ 1995, 1019; *OVG Saarlouis* BRS 52, Nr. 232. Allgemein zur Zumutbarkeitsschwelle nach §§ 3 Abs. 1, 22 Abs. 1 BImSchG beim öffentlich-rechtlichen Immissionsabwehranspruch: *BVerwGE* 79, 254 (259); 88, 210 (213); *BVerwG* NVwZ 1995, 993; *BayVGH* NJW 1997, 1181; NVwZ 1999, 87f.; *VG Arnsberg* NVwZ 1999, 450; *VG Frankfurt a.M.* NJW 1999, 1986.

[40] Allgemein zur Bestimmung der Zumutbarkeits- bzw. Erheblichkeitsschwelle gem. § 3 Abs. 1 BImSchG: *Seidel*, Nachbarschutz, Rn. 502ff., 893ff. und 988.

[41] Speziell für die Bewertung von Bolzplatzlärm: *BayVGH* NVwZ 1993, 1006 (1007); *OVG Schleswig* NVwZ 1995, 1019. Allgemein: *BVerwGE* 50, 49 (55); 68, 62 (67); 69, 37 (43); 79, 254 (256); 81, 197 (199); 88, 210 (213); 90, 53 (56); *OVG Lüneburg* NVwZ 1999, 88 (89); *Jarass*, Bundes-Immissionsschutzgesetz, 4. Aufl. 1999, § 3, Rn. 32.

[42] *BVerwGE*; 68, 62 (67); *VGH Kassel* NVwZ-RR 1997, 404 (406).

[43] *OVG Lüneburg* NVwZ 1999, 88 (89); *VGH Mannheim* NVwZ 1997, 1014ff. Hierzu auch: Nr. 2.2.1.3 Abs. 4 TA Luft; Nr.6.1 TA Lärm; § 2 Abs. 2 der 18. BImSchV.

[44] *Bender/Sparwasser/Engel*, Umweltrecht, 4. Aufl. 2000, Kapitel 8, Rn. 103.

[45] *OVG Lüneburg* NVwZ 1999, 88 (89); *BayVGH* NVwZ 1999, 87; *OVG Münster* BauR 1999, 237 (239f.); *Jarass*, BImSchG, § 3, Rn. 42. Siehe auch: § 2 Abs. 6 Satz 2 18. BImSchV; Nr. 6.6 Satz 2 TA Lärm; Nr. 2.2.1.3 Abs. 4 4. Spiegelstrich TA Luft.

[46] *BVerwGE* 50, 49 (54f.); *BVerwG* NVwZ 1985, 186; *OVG Bremen* NVwZ-RR 1997, 165 (166); *Kutscheidt*, NVwZ 1999, 577 (578); *Schulze-Fielitz*, DVBl. 1999, 65 (68). Siehe auch *BGH* NJW 1995, 132 (133). Vgl. auch Nr. 6.7 TA Lärm.

zen für die Allgemeinheit bietet[47], ein Umstand der auch bei Bolzplätzen im Hinblick auf die Notwendigkeit des Spielens als Ergänzung der Wohnbebauung eine Rolle spielt.[48] Auch die Seltenheit einer Lärmbelastung kann unter diesem Blickwinkel die Erheblichkeitsschwelle bis zu einem gewissen Grad anheben.[49]

Eine Einzelfallbewertung am Maßstab der generalklauselartigen Begriffe „schädliche Umwelteinwirkungen" und „erhebliche Belästigung" könnte sich aber erübrigen, wenn auf Bewertungsmaßstäbe zurückgegriffen werden könnte, die die vorgenannten Zumutbarkeitsgrenzen konkretisieren. Von besonderer Relevanz sind diesbezüglich vor allem Grenzwertbestimmungen in Rechtsverordnungen (insbesondere in den BImSchVen), Verwaltungsvorschriften (TA Luft, TA Lärm, ministerielle Runderlässe) und technischen Normen staatlicher oder privater Provenienz (z.B. LAI-Richtlinien und LAI-Bewertungsmaßstäbe, DIN-Normen, VDI-Richtlinien).[50] In Betracht kommt vorliegend die Heranziehung der Maßstäbe der 18. BImSchV (Sportanlagenlärmschutzverordnung). Es handelt sich dabei um eine auf § 23 BImSchG basierende Rechtsverordnung, die vor allem die Anforderungen der Schutzpflicht aus §§ 22 i.V.m. 3 Abs. 1 BImSchG konkretisieren soll und insofern materielle Standards setzt, die die Erheblichkeits- und Zumutbarkeitsgrenze i.S.v. § 3 Abs. 1 BImSchG konturieren.[51] Da es sich bei Rechtsverordnungen um materielle Normen mit Außenwirkung handelt, vgl. Art. 80 Abs. 1 GG, sind diese konkretisierenden Standards für Anlagenbetreiber, die Überwachungsbehörde und im Streitfall für den Richter in jedem Falle verbindlich. Gerade mit der auf § 23 BImSchG basierenden Sportanlagenlärmschutzverordnung (18. BImSchV)[52] wollte der Verordnungsgeber im Sinne der Rechtssicherheit verbindliche Zumutbarkeitsgrenzen bestimmen, sodass in ihrem Anwendungsbereich jeglicher Rückgriff auf allgemeine Zumutbarkeitserwägungen nach §§ 3 Abs. 1, 22 BImSchG abgeschnitten ist. Sollte im vorliegenden Fall der Anwendungsbereich der 18. BImSchV eröffnet sein, würde sich die Zumutbarkeitsschwelle im Hinblick auf Lärmimmissionen ausschließlich hiernach richten, weil diese Verordnung verbindlich die Lärmschutzanforderungen konkretisiert, der Nachbar N also Überschreitungen dieser Werte generell nicht hinzunehmen braucht.[53]

Wäre die Sportanlagenlärmschutzverordnung auf einen Bolzplatz anwendbar, so wäre von der Erheblichkeit und damit von der Unzumutbarkeit der Lärmbelastung und damit von einer erheblichen Belästigung des N auszugehen, da die für allgemeine Wohngebiete relevanten Richtwerte dieser Verordnung auf dem Grundstück des N erheblich überschritten sind. Die Anwendung der Sportanlagenlärmschutzverordnung hängt davon ab, ob ein Bolzplatz unter den Begriff der Sportanlage in § 1 der 18. BImSchV subsumiert werden kann. Stellt man insofern auf die Zweckbestimmung eines Bolzplatzes ab, wo es neben der spielerischen insbesondere auch um die Entfaltung körperlicher und damit sportlicher Aktivität geht, erscheint dies durchaus vertretbar.[54] Der *BayVGH* tritt dem ebenso wie das *OVG Schleswig* entgegen[55]: Hiernach sind Bolzplätze nicht „zur Sportausübung be-

[47] *BVerwGE* 79, 254 (260) – Feueralarmsirene; *BVerwGE* 81, 197 – Sportplatz; *BVerwGE* 68, 62 (67f.); 163 (165) – jeweils Kirchenglocken; *BVerwG* NVwZ 1996, 1001 ff. – Wertstoffhof; *OVG Bremen* NVwZ-RR 1997, 165 (166) – Volksfeste und Jahrmärkte.

[48] *BVerwG* NJW 1992, 1779 (1780); *BayVGH* NVwZ 1993, 1006 (1007); NVwZ-RR 1994, 246 (247); *OVG Saarlouis* BRS 52, Nr. 232.

[49] *BayVGH* BauR 1999, 1450 (1451); NVwZ 1999, 555 (556); NJW 1998, 401 f.; *OVG Bremen* NVwZ-RR 1997, 165 (166). Insofern auch: Nr. 1.5 Anhang 18. BImSchV; Nrn. 6.3, 7.2 TA Lärm.

[50] Allgemein zur Heranziehung von Regelwerken mit Grenzwertbestimmungen zur Konkretisierung immissionsschutzrechtlicher Anforderungen: *Seidel*, Nachbarschutz, Rn. 509ff.

[51] *BVerwG* UPR 1995, 108; *VGH Mannheim* NJW 1990, 1930 (1931).

[52] 18. Verordnung zur Durchführung des Bundes-Immissionsschutzgesetzes (Sportanlagenlärmschutzverordnung – 18. BImSchV) vom 18.7.1991, BGBl. I S. 1588, 1790.

[53] *BVerwG* NVwZ 1995, 993; *VGH Mannheim* BRS 57, Nr. 222; *OVG Bremen*, NVwZ-RR 1997, 165; *VG Arnsberg* NVwZ 1999, 450.

[54] So *Spindler/Spindler*, NVwZ 1993, 225 (226). Nachweise zum Streitstand: *Ketteler*, NVwZ 2002, 1070 (1071).

[55] *BayVGH* NVwZ 1993, 1006 (1007); NVwZ-RR 1994, 246 (247); *OVG Schleswig* NVwZ 1995, 1019 (1020); für einen außerhalb von Schulsportveranstaltungen und Trainingseinheiten als Bolzplatz genutzten Sportplatz: *VG Arnsberg* NVwZ 1999, 450.

stimmt", vgl. § 1 Abs. 2 der 18. BImSchV; dies setze eine Betätigung auf der Anlage voraus, die dem Regelwerk einer bestimmten Sportart entspreche. Das Fußballspielen auf einem Bolzplatz der vorliegenden Art erfüllt diese Voraussetzungen aber gerade nicht, da dieser wegen seiner Ausmaße (40 m x 25 m) und der Ausstattung der Tore nicht den für einen offiziellen Fußballplatz geltenden Anforderungen entspricht und insofern für reguläre Wettkämpfe ungeeignet ist. Mangels Einschlägigkeit der 18. BImSchV ist daher für die Frage der Zumutbarkeit bzw. Abwehrbarkeit auf die allgemeinen Grundsätze nach §§ 3 Abs. 1, 22 Abs. 1 BImSchG abzustellen. Aber auch hier können ggf. Regelwerke mit Grenzwertbestimmungen als Konkretisierungshilfen herangezogen werden. Im vorliegenden Fall kann an die Vorgaben der TA Lärm als Maßstab gedacht werden.

Zur Vertiefung: Die TA Lärm hat zwar ebenso wie die TA Luft nur die Rechtsqualität einer Verwaltungsvorschrift, der im Allgemeinen die Außenverbindlichkeit fehlt. Gerade bei den genannten Technischen Anleitungen als Konkretisierungsmaßstäbe immissionsschutzrechtlicher Anforderungen ist aber die Ansicht im Vordringen, die derartigen Verwaltungsvorschriften eine ähnliche – auch für den Richter – verbindliche Wirkung zuspricht wie Rechtsverordnungen.[56] Die Rechtsprechung des Bundesverwaltungsgerichts sprach zwar zunächst nur von „antizipierten Sachverständigengutachten".[57] Hiernach handelt es sich bei den genannten Technischen Anleitungen nur um bloße Erkenntnisquellen für die Sachverhaltsermittlung, die allerdings kraft ihres naturwissenschaftlich fundierten Aussagegehaltes als geradezu optimal einzustufen seien, sodass das entscheidende Gericht in der Regel, wenn auch ohne rechtliche Bindungswirkung, deren Wertungen der Entscheidung zugrundelegen könne.[58] Die modernere Ansicht geht im Anschluss an die höchstrichterliche Rechtsprechung zum Atomrecht[59] noch einen Schritt weiter: Mit der Vorschrift des § 48 BImSchG erkennt der Gesetzgeber einen Gestaltungs- und Beurteilungsspielraum der Exekutive an, der eben über die in § 48 BImSchG gesetzlich vorgesehene Form auszufüllen ist. TA Luft und TA Lärm stellen hiernach „normkonkretisierende Verwaltungsvorschriften" mit Bindungswirkung für Rechtsanwender und Anlagenbetreiber dar.[60] Diese Bindungswirkung sei – im Einklang mit der Beurteilungsfehlerlehre[61] – freilich insofern beschränkt, als die in den Verwaltungsvorschriften getroffenen Wertungen mit den neueren Erkenntnissen der Wissenschaft und Technik noch übereinstimmen müssen. Neuere Entscheidungen des *BVerwG* zum Immissionsschutzrecht haben sich nunmehr dieser Konstruktion angeschlossen.[62] Für diesen Ansatz spricht – trotz aller verfassungsrechtlicher Bedenken bei Zuerkennung von Beurteilungsspielräumen im Hinblick auf Art. 19 Abs. 4 GG[63] – schon allein die Existenz des § 48 BImSchG als solche. Verwaltungsvorschriften der Bundesregierung im herkömmlichen Sinne wären nämlich schon nach Art. 84 Abs. 2 GG möglich. § 48 BImSchG muss demgemäß – gerade wenn man auch an die obligatorische Hinzuziehung sachverständigen Know-Hows nach §§ 48, 51 BImSchG denkt – darüber hinausgehende Bedeutung zukommen. Ferner ist wesentlich, dass sich die Aussagen der TA Luft und der TA Lärm nicht auf rein wissenschaftlich/technische Wissensvermittlung beschränken, sondern darüber hinaus Elemente politischer Bewertung enthalten, die über bloß empirische Betrachtung von Ursache-Wirkungs-Beziehungen hinausgehen. Gerade die

[56] Siehe zusammenfassend: *Seidel*, Nachbarschutz, Rn. 209ff.
[57] Vgl. *BVerwGE* 55, 250 (255).
[58] Vgl. auch *BVerwG* DVBl. 1988, 539f.; zur TA Lärm: *VGH Mannheim* GewArch 1984, 131 (132); *OVG Münster* DÖV 1984, 473f.; grundlegend: *Breuer*, DVBl. 1978, 28 (34ff.).
[59] Vgl. *BVerwGE* 72, 300 (316f.).
[60] *OVG Lüneburg* NVwZ 1985, 357; *OVG Münster* NVwZ 1991, 1200; *BayVGH* BayVBl. 1989, 530; NVwZ 1996, 284 (294); *VGH Mannheim* NVwZ 1995, 292 (294); *VG Neustadt* NVwZ 1992, 1008 (1012); aus der Literatur: *Di Fabio*, DVBl. 1992, 1338ff.; *Gerhardt*, NJW 1989, 2233ff.; *Hill*, NVwZ 1989, 401ff.; *Wahl*, NVwZ 1991, 409ff.; *Erbguth*, DVBl. 1989, 473ff.
[61] Vgl. *Maurer*, Allgemeines Verwaltungsrecht, § 7, Rn. 42ff.
[62] *BVerwG* BayVBl. 2002, 88 (89); NVwZ 1996, 498 (499); UPR 1995, 196.
[63] Vgl. *Maurer*, Allgemeines Verwaltungsrecht, § 7, Rn. 34, m.w.N.

Erheblichkeitsschwelle, die durch Technische Anleitungen konkretisiert werden soll, ist ein Beispiel typischer politischer Bewertung, die die TA Lärm und TA Luft deutlich von rein tatsachenbezogenen Sachverständigenaussagen abhebt.[64] Dies setzt aber einen Spielraum der Exekutive bei der Standardisierung voraus, der wiederum nur bei einer gewissen Bindungswirkung sowohl des Normunterworfenen wie auch des Richters Sinn macht. Wird damit letztlich der Beurteilungsspielraum anhand der Ermächtigung des § 48 BImSchG begründet, der ja gerade zum Erlass entsprechender, mit politisch-abwägenden Bedeutungsinhalten aufgeladenen Verwaltungsvorschriften berechtigt, so ist konsequenterweise davon auszugehen, dass dieser Beurteilungsspielraum nicht bei jeder Einzelfallentscheidung im Zusammenhang mit § 5 Abs. 1 BImSchG besteht, sondern allein an die generalisierende Konkretisierung durch Verwaltungsvorschriften nach den Vorgaben des § 48 BImSchG gebunden ist.[65] Es sollte daher besser von einem „Standardisierungsspielraum“[66] gesprochen werden.

Wenn auch die neue TA Lärm aus dem Jahr 1998 ihren Anwendungsbereich erheblich ausgedehnt hat, so gilt sie hier jedenfalls nicht unmittelbar, da sie in Nr. 1 Satz 2 lit. b) ausdrücklich (immissionsschutzrechtlich) nicht genehmigungsbedürftige Freizeitanlagen – und damit auch Bolzplätze – aus ihrem Anwendungsbereich ausschließt. Bei der damit an sich nach o.g. allgemeinen Kriterien vorzunehmenden Einzelfallbewertung können aber die Wertungen der TA Lärm sowie – aufgrund der Vergleichbarkeit der Geräuschart – die Wertungen der 18. BImSchV, auch wenn sie vom Anwendungsbereich nicht unmittelbar gelten, durchaus als Anhaltspunkte und Entscheidungshilfen fungieren. Gleiches gilt für die Berücksichtigung der LAI-Freizeitlärm-Richtlinie sowie der VDI Richtlinie 2058, die ähnliche Grenzwerte vorgeben.[67] Es verbietet sich dann allerdings eine schematische Anwendung der Richtwerte, die genannten Standardisierungen können lediglich als Produkt sachverständigen Know-Hows als Orientierungsmaßstab im Rahmen der einzelfallbezogenen Betrachtungsweise herangezogen werden.[68] Bei den Überlegungen sind insbesondere Aspekte der Sozialadäquanz zu berücksichtigen: Spiel- und Bolzplätze, die Kindern und Jugendlichen eines Wohngebiets dienen, sind als sozialadäquate Ergänzungen der Wohnbebauung[69] anzusehen und deswegen in allgemeinen Wohngebieten prinzipiell zulässig, § 4 Abs. 2 Nr. 3 BauNVO. Die allgemeine Lebensäußerung des Spielens muss also von den Bewohnern eines Wohngebiets selbst bei einem gewissen Lärmpegel hingenommen werden.

Selbst wenn man diese Kriterien im vorliegenden Fall berücksichtigt, so muss man doch festhalten, dass etwa die Werte der TA Lärm um immerhin 20 dB(A) und damit um fast 40% des hiernach in allgemeinen Wohngebieten zulässigen (Nr. 2.321 lit. d der TA Lärm: 55 dB(A) tagsüber in Gebieten, die vorwiegend dem Wohnen dienen) überschritten werden. Damit ist auch bei Berücksichtigung der Besonderheiten des Spiel- und Bolzlärms und seiner sozialen Bedeutung gerade in Wohngebieten davon auszugehen, dass das Maß dessen, was in einem allgemeinen Wohngebiet als noch vertretbar erscheint, erheblich überschritten ist.[70]

[64] *Koch*: in: Koch/Scheuing (Hrsg.), Gemeinschafts-Kommentar zum BImSchG, Loseblatt, Stand: Oktober 2001, § 48, Rn. 67; *Jarass*, NJW 1987, 1225 (1226); *Breuer*, in: Schmidt-Aßmann (Hrsg.), Besonderes Verwaltungsrecht, 10. Aufl. 1995, 5. Abschnitt, Rn. 181, m.w.N.

[65] So zu Recht: *Jarass*, NJW 1987, 1225 (1228); *ders.*, BImSchG, § 48, Rn. 12ff.; a.A. hingegen *VG Neustadt* NVwZ 1992, 1008 (1012), m.w.N., das der entscheidenden Behörde als solcher – über die Anwendung von TA Luft und TA Lärm hinaus – einen Beurteilungsspielraum allgemeiner Art zuerkennt.

[66] *Jarass*, BImSchG, § 48, Rn. 13; *ders.*, NJW 1987, 1225 (1229), m.w.N.

[67] Zusammenfassend: *Seidel*, Nachbarschutz, Rn. 521, 525f., m.w.N.; auch *Numberger*, NVwZ 2002, 1064 (1066ff.).

[68] *BVerwGE* 81, 197 (203); 88, 143 (149f.), *BVerwG* NVwZ 1996, 1001 (1002); *BayVGH* NVwZ 1993, 1006 (1007).

[69] *BVerwG* NJW 1992, 1779 (1780); *BayVGH* NVwZ 1993, 1006 (1007); NVwZ-RR 1994, 246 (247); der Sache nach auch *OVG Saarlouis* BRS 52, Nr. 232.

[70] So auch *BayVGH* NVwZ-RR 1994, 246 (247) bei vergleichbarer Sachlage.

Zwischenergebnis:
Die Lärmbelastung ist für N nach §§ 3 Abs. 1, 22 BImSchG als erheblich und daher unzumutbar zu bewerten. Nach diesen Maßstäben liegt ein rechtswidriger Eingriff in die Rechtssphäre des N vor.

2. Erhöhte Duldungspflicht kraft bestandskräftiger Baugenehmigung?

Im vorliegenden Fall könnte den N eine besondere Duldungspflicht aufgrund der (bestandskräftigen) Baugenehmigung treffen. Unzweifelhaft begründet die Baugenehmigung Feststellungswirkung hinsichtlich der Rechtmäßigkeit der geprüften öffentlich-rechtlichen Genehmigungsvoraussetzungen im Verhältnis zur Bauordnungsbehörde. Folge: Die Überwachungsbehörde muss eine errichtete Anlage so lange hinsichtlich der geprüften Genehmigungsvoraussetzungen als legal betrachten, als sie die Baugenehmigung nicht wegen nachträglich erkannter Rechtswidrigkeit aufhebt. Insbesondere darf sie, wenn Bauausführung und Nutzung mit der Genehmigung übereinstimmen, erst nach Rücknahme der Baugenehmigung Maßnahmen nach Art. 81, 82 BayBO (Baueinstellung, Baubeseitigung, Nutzungsuntersagung) treffen.[71] Fraglich ist demgegenüber, ob durch die Feststellungswirkung der Baugenehmigung auch öffentlich-rechtliche Abwehransprüche zwischen Betroffenem und hoheitlichem Störer ausgeschlossen werden, ob sich also m.a.W. der Störer auf eine Baugenehmigung berufen kann, die auch im Verhältnis zum Gestörten erhöhte Duldungspflichten begründet.[72] Für eine anspruchsausschließende Wirkung könnte sprechen, dass die Baugenehmigung über die Zulässigkeit eines Vorhabens in öffentlich-rechtlicher Hinsicht entscheidet und insofern auch über die Zumutbarkeit nach § 15 BauNVO (Rücksichtnahme) bzw. § 22 BImSchG eine positive Wertung und damit eine Aussage über die Vereinbarkeit mit diesen Maßstäben trifft.[73]

Zum Verständnis: Nach diesem Ansatz müsste N zunächst versuchen, die Kassation der die Duldungspflicht begründenden Genehmigung herbeizuführen. Wegen abgelaufener Fristen gem. §§ 70, 74 VwGO ist aber die Baugenehmigung bestandskräftig, eine Anfechtungsklage wäre also unzulässig und nicht erfolgsversprechend. Ein Wiederaufgreifen nach Art. 51 BayVwVfG[74] scheiterte an den Tatbestandsvoraussetzungen. Solange die Baugenehmigungsbehörde also nicht nach Ermessen von sich aus die wegen Verstoßes gegen das Rücksichtnahmegebot aus § 15 BauNVO rechtswidrige Baugenehmigung nach Art. 48 BayVwVfG aufhebt, bleibt nach diesem Ansatz die Duldungspflicht bestehen und der Immissionsabwehranspruch ausgeschlossen.

Gegen eine Anspruchspräklusion im unmittelbaren Verhältnis zwischen N und G spricht der Vergleich zum privatrechtlichen negatorischen Abwehranspruch im direkten Anwendungsbereich der §§ 1004, 906 BGB. Auch hier wird unter ähnlichen Erwägungen eine anspruchsausschließende Wirkung der schlichten Baugenehmigung diskutiert und von einer Mindermeinung propagiert.[75] Die herrschende Ansicht und die Rechtsprechungspraxis widerspricht dem zu Recht[76], nicht nur, weil die Baugenehmigung nach Art. 72 Abs. 4 BayBO „unbeschadet privater Rechte Dritter" erteilt wird[77], sondern maßgeblich in rechts-

[71] *Seidel*, Nachbarschutz, Rn. 258f., m.w.N.
[72] Die Frage aufwerfend, i.E. aber offenlassend: *BayVGH* NVwZ 1999, 87 (88); *Laubinger*, VerwArch 80 (1989), 261 (296).
[73] Vgl. *BayVGH* NVwZ 1987, 986 (987); *Sellner*, Immissionsschutzrecht und Industrieanlagen, 2. Aufl. 1988, Rn. 215; offenlassend: *Laubinger*, VerwArch 80 (1989), 261 (296).
[74] Hierzu oben *Fall* 6.
[75] *Schrödter*, Baugesetzbuch, 5. Aufl. 1992, § 31, Rn. 44ff.; *Dolderer*, DVBl. 1998, 19 (24).
[76] *BGH* NJW 1959, 2013 (2014); NJW 1983, 751f.; NJW 1999, 356 (358); *OLG Düsseldorf* MDR 1968, 496; *Seidel*, Nachbarschutz, Rn. 875; *von Mutius*, Jura 1989, 297 (308); *Papier*, in: Festschrift für Weyreuther, 1993, S. 291; *Peine*, JuS 1987, 169 (176); *ders.*, NJW 1990, 2442 (2445f.); *Kloepfer*, Umweltrecht, 2. Aufl. 1998, § 6, Rn. 18; *Roth*, in: Staudinger, Kommentar zum BGB, § 906, Rn. 33.
[77] Zu diesem Argument: *Papier*, in: Festschrift für Weyreuther, S. 291 (301); *Hagen*, NVwZ 1991, 817 (822).

systematischer Argumentation im Umkehrschluss zu § 14 BImSchG, § 11 WHG, § 75 Abs. 2 VwVfG, § 23 GenTG, § 11 LuftVG und § 7 Abs. 6 AtG. Die genannten Vorschriften sehen als Spezialregelungen unter besonderen Voraussetzungen einen Ausschluss von Abwehransprüchen vor. Hieraus ist zu schließen – und insoweit ist die Argumentation zu §§ 1004, 906 BGB auf öffentlich-rechtliche Abwehransprüche übertragbar –, dass eine Anspruchspräklusion nur dann eintreten soll, wenn das einschlägige Fachrecht dies ausdrücklich anordnet. Nähme man auch bei einer schlichten Baugenehmigung – deren zugrundeliegende Vorschriften der BayBO einen entsprechenden Anspruchsausschluss nicht vorsehen – eine den Abwehranspruch präkludierende Duldungspflicht an, so wäre insbesondere der – auch kraft vergleichbarer Interessenlage auf den öffentlich-rechtlichen Immissionsabwehranspruch entsprechend anwendbare[78] – § 14 BImSchG letztlich nur deklaratorischer Natur, weil die immissionsschutzrechtliche Genehmigung gem. § 6 Abs. 1 Nr. 2 i.V.m. § 13 BImSchG im Sinne einer Konzentrationswirkung die Baugenehmigung und ihre Wirkungen sowieso mit einschließt. Ein von der Baugenehmigung ausgehender Anspruchsausschluss würde dann aber auch zugunsten von Anlagen gelten, die im vereinfachten Verfahren nach § 19 BImSchG genehmigt worden sind, obwohl § 19 Abs. 2 BImSchG gerade die Nichtanwendung des § 14 BImSchG anordnet und damit klarstellt, dass in diesem Fall eine Anspruchspräklusion im Zweierverhältnis zwischen Gestörtem und Störer nicht eintreten soll. Damit geht die Gesetzessystematik nach §§ 14, 19 Abs. 2 BImSchG letztlich davon aus, dass eine Anspruchspräklusion kraft bloßer Baugenehmigung, die in jeder immissionsschutzrechtlichen Genehmigung enthalten ist, nicht eintritt.[79] Allein die Existenz einer Baugenehmigung führt damit nicht zur Begründung einer Duldungspflicht im unmittelbaren Verhältnis zwischen Betroffenem und hoheitlichem Störer und folglich nicht zu einem Ausschluss des öffentlich-rechtlichen Immissionsabwehranspruchs.[80]

Zwischenergebnis
Mangels Duldungspflicht besteht daher dem Grunde nach ein öffentlich-rechtlicher Abwehranspruch. Insbesondere kommt bei einem Abstellen auf den Folgenbeseitigungsanspruch kein Anspruchsausschluss unter dem Blickwinkel der Unmöglichkeit oder Unzumutbarkeit in Betracht. N kann daher von G verlangen, dass zukünftig eine Störung, die das nach § 3 Abs. 1 BImSchG zumutbare Maß überschreitet, unterbleibt.

III. Konkreter Inhalt des Abwehranspruchs

Wie beim (zivilrechtlichen) negatorischen Abwehranspruch im unmittelbaren Anwendungsbereich der §§ 1004, 906 BGB kann der Anspruchsteller/Kläger grundsätzlich nicht eine bestimmte Maßnahme zur Störungsunterlassung oder -beseitigung verlangen. Dem Anspruchsgegner – hier G – muss grundsätzlich die Wahl der Mittel zur Störungsunterbindung bzw. -beseitigung verbleiben. Grundsätzlich kann N demnach nur beanspruchen, dass die bestehende Störung – auf welche Weise auch immer – künftig unterbleibt bzw. auf ein nach § 3 Abs. 1 BImSchG bzw. nach § 906 BGB analog zumutbares Maß abgesenkt wird.[81] Entsprechend allgemein ist der Tenor der gerichtlichen Entscheidung zu formulieren. Nach diesen Grundsätzen hätte sich die Verurteilung der G an sich darauf zu begrenzen, die Nutzung des Bolzplatzes so zu gestalten, dass die hiervon ausgehende Lärmbelastung auf ein mit § 3 Abs. 1 BImSchG verträgliches Maß gesenkt wird – d.h.: in

[78] *Laubinger*, VerwArch 80 (1989), 261 (295); *Köckerbauer/Büllesbach*, JuS 1991, 373 (378).
[79] *Seidel*, Nachbarschutz, Rn. 875, 995.
[80] So auch *VGH Kassel* NVwZ-RR 1989, 177 – Bolzplatz; der Sache nach auch *VG Arnsberg* NVwZ 1999, 450.
[81] *BVerwGE* 79, 254 (263); *OVG Bremen* NVwZ-RR 1993, 468 (471f.); *VGH Mannheim* NVwZ 1994, 920 (921); *Köckerbauer/Büllesbach*, JuS 1991, 373 (378); *Seidel*, Nachbarschutz, Rn. 986. Zur entsprechenden Rechtslage im unmittelbaren Anwendungsbereich des negatorischen Abwehranspruchs (§§ 1004, 906 BGB) im Zivilrecht: *BGH* NJW 1977, 146; NJW 1993, 1656 (1657); *OLG Köln* NJW 1998, 763 (766); *LG Schweinfurt* NJW-RR 1997, 1104f.; *Seidel*, Nachbarschutz, Rn. 842ff.

Orientierung an Nrn. 6.1, 6.4 und 6.5 der TA Lärm sowie § 2 Abs. 2 und 5 der 18. BImSchV unter Einrechnung eines Sozialadäquanzzuschlages (Bolzplätze als Lebensäußerung des Spielens und damit als grundsätzlich sozialadäquate Ergänzung der Wohnbebauung[82]) auf tagsüber (6.00 – 22.00 Uhr) maximal etwa 58 – 60 dB(A) bzw. in Ruhephasen (an Werktagen: 6.00 – 8.00 und 20 – 22.00 Uhr; an Sonn- und Feiertagen: 6.00 – 9.00, 13.00 – 15.00 sowie 20.00 – 22.00) maximal ca. 53 – 55 dB(A).

Demgegenüber verlangt N hier die gesamte Einstellung der Nutzung als Bolzplatz, ja sogar den Abbruch der Tore und des Ballfangzauns und damit die totale Beseitigung der Emissionsquelle. Dies geht nach den vorgenannten Grundsätzen zu weit, sofern die Belastungswirkung durch Nutzungsbeschränkungen auf ein zu duldendes Maß beschränkt werden kann.[83] Anderes gilt freilich, wenn der von N begehrte Abbruch des Bolzplatzes die einzig mögliche Maßnahme ist, um seinem öffentlich-rechtlichen Immissionsabwehranspruch gerecht zu werden. Insofern ist hier zu bedenken, dass die Erheblichkeitsschwelle während der gesamten bislang zulässigen Nutzungszeit von 9.00 – 20.00 Uhr überschritten wird, folglich etwa eine rein zeitliche Nutzungsbeschränkung[84] als wirksames Mittel zur Störungseindämmung nicht in Betracht kommt. Auch die Anbringung eines Schildes, mit dem die spielenden Kinder aufgefordert werden, keinen Lärm oberhalb der o.g. Immissionswerte zu verursachen, dürfte wenig erfolgsversprechend sein. Mit einzelnen Obergerichtsentscheidungen zu vergleichbaren Sachverhalten ist daher davon auszugehen, dass nur die gesamte Beseitigung der Bolzplatzanlagen geeignet ist, den Anreiz zum Fußballspielen auf diesem Platz zu nehmen und damit die Entstehung schädlicher Umwelteinwirkung in Zukunft abzuwenden.[85] Auch die bloße Beseitigung der Tore allein wäre nicht ausreichend, weil allein die Ballfangwand in Verbindung mit der bestehenden zertretenen Grasnarbe den Eindruck eines Bolzplatzes hinterlässt und daher auf Kinder und Jugendliche wie eine weitere Einladung zum Bolzen wirkt.[86]

Rechtsprechungsvorlagen: *BVerwG* NJW 1992, 1779; *BayVGH* NVwZ 1993, 1006, *OVG Schleswig* NVwZ 1995, 1019; *OVG Saarlouis* BRS 52, Nr. 232

Leseempfehlung: *Köckerbauer/Büllesbach*, Der öffentlichrechtliche Unterlassungsanspruch, JuS 1991, 373; *Seidel*, Öffentlich-rechtlicher und privatrechtlicher Nachbarschutz, 2000; *Sproll*, Staatshaftungsrecht, 4. Teil. Der Folgenbeseitigungsanspruch, JuS 1996, 219; *ders.*, Staatshaftungsrecht, 5. Teil. Öffentlichrechtlicher Unterlassungsanspruch, JuS 1996, 313

---

[82] *BVerwG* NJW 1992, 1779 (1780); *BayVGH* NVwZ 1993, 1006 (1007); NVwZ-RR 1994, 246 (247); *OVG Saarlouis* BRS 52, Nr. 232.
[83] Am Beispiel eines Bolzplatzes: *OVG Saarlouis* BRS 52, Nr. 232.
[84] Vgl. *OVG Saarlouis* BRS 52, Nr. 232.
[85] *BayVGH* NVwZ 1993, 1006 f.; *OVG Schleswig* NVwZ 1995, 1019 (1021).
[86] *OVG Schleswig* NVwZ 1995, 1019 (1021).

Fall 10: Sonntäglicher Gebrauchtwagenmarkt (Möstl)

Sachverhalt

Seit 1995 führt A jeden Sonntag in der Gemeinde G einen Gebrauchtwagenmarkt für nichtgewerbliche Anbieter durch. Die Gemeinde G hat darin von Anfang an einen Verstoß gegen das Bayerische Feiertagsgesetz erblickt. Deshalb hat sie schon im Jahre 1995 dem A die Abhaltung des Gebrauchtwagenmarktes an Sonntagen durch eine sicherheitsrechtliche Verfügung untersagt. Die von A dagegen angestrengte Anfechtungsklage ist allerdings erfolgreich gewesen und hat zur Aufhebung der Verbotsverfügung geführt, da nach Ansicht des Gerichts von dem am Ortsrand und fern von Wohnbebauung stattfindenden Gebrauchtwagenmarkt keine erhebliche Ruhestörung ausging. Die Entscheidung ist rechtskräftig.

Im Jahre 2001 ergeht in einem Parallelverfahren, das einen vergleichbaren Gebrauchtwagenmarkt in der Nachbargemeinde N betrifft, ein Urteil des *BVerwG*, das Automärkte der vorliegenden Art für mit dem Wesen und der verfassungsrechtlichen Zweckbestimmung des Sonntags (Art. 140 GG i.V.m. 139 WRV) grundsätzlich unvereinbar erachtet und die entsprechende Verbotsverfügung der Nachbargemeinde deswegen aufrecht erhält. Nunmehr fühlt sich auch die Gemeinde G, die sich in ihrer Rechtsauffassung bestätigt sieht, aufgerufen, erneut gegen den sonntäglichen Gebrauchtwagenmarkt des A vorzugehen. Der Gemeinderat beschließt, eine nochmalige Untersagungsverfügung gegenüber A auszusprechen.

Der erste Bürgermeister der Gemeinde G hält diesen Beschluss für rechtswidrig. Seiner Meinung nach ist die Gemeinde weiterhin an die auf die Verbotsverfügung des Jahres 1995 hin ergangene Gerichtsentscheidung gebunden. Das Gericht habe damals in einer für die Gemeinde verbindlichen Weise festgestellt, dass ein Verbot des Marktes rechtswidrig sei. Für die Gemeinde verbiete es sich deswegen, die frühere Verbotsverfügung zu wiederholen. Ob das in dieser Weise verbindliche Urteil im Lichte späterer Rechtsprechung des *BVerwG* als sachlich richtig oder falsch erscheine, spiele hierfür keine Rolle. Er weigert sich daher, den Beschluss des Gemeinderats zu vollziehen.

Der Gemeinderat ist über dieses Vorgehen des ersten Bürgermeisters empört. Erstens könne die Rechtskraft des früheren Urteils durch ein Wiederaufgreifen des Verfahrens durchaus überwunden werden und müsse dies aus Gründen der Gesetzmäßigkeit der Verwaltung sogar. Es sei für einen Rechtsstaat unerträglich, dass auf der Basis der Rechtsprechung des *BVerwG* in ganz Deutschland keine sonntäglichen Gebrauchtwagenmärkte mehr stattfinden dürften und nur A aufgrund eines sachlich falschen Urteils das Recht haben solle, auf Dauer aus einem gesetzwidrigen Bruch der Sonntagsruhe Profit zu ziehen. So wie die Bestandskraft von Verwaltungsakten notfalls gegen Entschädigung überwunden werden könne, müssten auch der Rechtskraft von Urteilen Grenzen gesetzt sein. Der Beschluss, eine erneute Verbotsverfügung auszusprechen, sei daher rechtmäßig, so dass der Gemeinderat auch einen Anspruch auf Vollzug seines Beschlusses habe. Selbst aber wenn die Rechtsansicht des ersten Bürgermeisters richtig sein sollte, so habe dieser – zweitens – die Rechte des Gemeinderats zumindest dadurch verletzt, dass er dessen Beschluss schlichtweg nicht vollzogen habe, ohne darüber eine Entscheidung der Rechtsaufsichtsbehörde herbeizuführen.

Der Gemeinderat beauftragt Rechtsanwalt R zu prüfen, ob eine gegen das Vorgehen des Bürgermeisters gerichtete Klage des Gemeinderats Aussicht auf Erfolg hat. Dem Gemeinderat kommt es in erster Linie darauf an, dass der erste Bürgermeister den Beschluss des Gemeinderats nunmehr endlich vollzieht; zumindest aber müsse klargestellt werden, dass der Bürgermeister ohne Einschaltung der Rechtsaufsichtsbehörde zu einer Aussetzung des Vollzugs des Beschlusses nicht befugt gewesen sei. R wird gebeten, im Rahmen seines Gutachtens auch zu der nunmehr vom *BVerwG* geklärten, zuvor aber unterschiedlich beurteilten Frage, ob Gebrauchtwagenmärkte der von A veranstalteten Art mit dem Schutz des Sonntags vereinbar seien, noch einmal Stellung zu nehmen. Für die weitere Prüfung der Rechte der Gemeinde gegenüber A und des Rechtsverhältnisses zwischen Gemeinderat und erstem Bürgermeister solle R aber auf jeden Fall die Rechtsauffassung des *BVerwG* als maßgeblich zugrundelegen.

Vermerk für die Bearbeiter: Das Gutachten des R ist zu erstellen.

Lösung

A. Ermittlung der Klagebegehren

Die Prüfung der Erfolgsaussichten einer Klage des Gemeinderats setzt in einem ersten Schritt voraus, Klarheit über die vom Gemeinderat verfolgten und klageweise geltend zu machenden Begehren zu gewinnen. Zu unterscheiden sind hierbei zwei klägerische Begehren: In erster Linie will der Gemeinderat einen Anspruch auf Vollzug seines Beschlusses gegen den Bürgermeister geltend machen. Des weiteren aber will er auch festgestellt wissen, dass der Bürgermeister zumindest insofern rechtswidrig gehandelt hat, als er es unterlassen hat, die Entscheidung der Rechtsaufsichtsbehörde herbeizuführen. Diese beiden Begehren stehen zueinander in einem Verhältnis der Eventualität, d.h. in einem Verhältnis von Haupt- und Hilfsantrag: Erreicht der Gemeinderat eine Verpflichtung des Bürgermeisters, seinen Beschluss zu vollziehen, erübrigt sich die Frage nach einer Vorlage an die Rechtsaufsichtbehörde; nur soweit der Gemeinderat mit seiner Klage auf Vollzug seines Beschlusses nicht durchdringt, hat er ein Interesse an der Feststellung, dass es zumindest rechtswidrig war, dass der Bürgermeister keine Entscheidung der Rechtsaufsichtsbehörde herbeigeführt hat. Die in dem gemeinsamen Geltendmachen von Haupt- und Hilfsantrag liegende Eventualklagehäufung ist nach Maßgabe des § 44 VwGO zulässig; dass der Hilfsantrag an das Scheitern des Hauptantrags geknüpft wird, ist eine zulässige innerprozessuale Bedingung[1].

B. Hauptantrag: Klage auf Vollzug des Gemeinderatsbeschlusses

I. Zulässigkeit

1. Verwaltungsrechtsweg, § 40 Abs. 1 VwGO

Der Verwaltungsrechtsweg ist in allen öffentlich-rechtlichen Streitigkeiten nichtverfassungsrechtlicher Art zulässig. Das streitentscheidende Rechtsverhältnis zwischen den Gemeindeorganen Gemeinderat und erster Bürgermeister[2] wird von öffentlich-rechtlichen Normen der Gemeindeordnung beherrscht. Mittelbar sind für dieses Rechtsverhältnis ihrerseits öffentlich-rechtlich geregelte Fragen des Sicherheits- und Ordnungsrechts, des Feiertagsrechts, der Rechtskraft etc. von Bedeutung. Dass es sich bei dem Streit zwischen Gemeinderat und Bürgermeister um einen „Kommunalverfassungsstreit“[3] handelt, qualifiziert die Streitigkeit nicht als verfassungsrechtliche, da an dem Streit keine Verfassungsorgane beteiligt sind. Der Verwaltungsrechtsweg ist folglich zulässig.

2. Statthaftigkeit der Klage

Fraglich ist, welche Klageart im Fall die richtige ist. Der Kommunalverfassungsstreit wird von der h.M. nicht als eine eigenständige Klageart sui generis eingestuft, statthaft sind vielmehr – je nach einschlägigem Klagebegehren – die herkömmlichen Klagearten der

---

[1] *Kopp/Schenke*, VwGO, § 82, Rn. 8ff.

[2] Die Bezeichnungen variieren in den Ländern, z.B. Nordrhein-Westfalen: Rat und Bürgermeister. Das Bestehen etwaiger kollegialer Leitungsorgane ändert regelmäßig nichts daran, dass das streitentscheidende Rechtsverhältnis zwischen Rat und Bürgermeister besteht (vgl. § 63 HGO; § 65 NdsGO).

[3] Dazu: *Lissack*, Bayerisches Kommunalrecht, § 4, Rn. 142ff.

VwGO[4]. Da einerseits Kommunalverfassungsstreitigkeiten Beziehungen der Gemeindeorgane untereinander, d.h. regelmäßig reine Innenrechtsbeziehungen zum Gegenstand haben, und da andererseits Verwaltungsakte definitionsgemäß Außenwirkung voraussetzen (Art. 35 BayVwVfG), ist bei Kommunalverfassungsstreitigkeiten normalerweise nicht die Anfechtungs- oder die Verpflichtungsklage einschlägig, typisch sind statt dessen allgemeine Leistungsklagen oder Feststellungsklagen (ohne oder mit Kassationswirkung[5]). Folgerichtig kommt im hiesigen Fall in erster Linie eine allgemeine Leistungsklage, gerichtet auf Vollzug des Beschlusses des Gemeinderats, in Betracht.

Zu denken wäre ausnahmsweise aber auch an eine Verpflichtungsklage (§ 42 Abs. 1 VwGO). Der Vollzug, den der Gemeinderat vom Bürgermeister begehrt, läuft ja darauf hinaus, dass dieser die vom Gemeinderat beschlossene Verbotsverfügung dem A gegenüber ausspricht, ihm gegenüber also einen Verwaltungsakt erlässt. Gerichtet ist das Begehren des Gemeinderats – so könnte man schlussfolgern – also auf Erlass eines Verwaltungsakts, und einschlägig ist daher die Verpflichtungsklage[6]. Die Statthaftigkeit der Verpflichtungsklage kann auch nicht einfach mit dem Argument beiseite gewischt werden, die Verbotsverfügung sei zwar dem A gegenüber (im Außenverhältnis), nicht aber dem Gemeinderat gegenüber (im Innenverhältnis) ein Verwaltungsakt. Die Annahme derartiger Doppelnaturen ein und desselben Rechtsakts, insbesondere die Annahme eines „relativen" Verwaltungsakts ist nämlich nicht unumstritten; grundsätzlich vielmehr ist daran festzuhalten, dass die Klage auf Erlass eines VA gegenüber einem Dritten eine Verpflichtungsklage darstellt und dass es eine von der Klageart zu trennende und für sie unerhebliche Fragestellung ist, in welchem Verhältnis gerade der Kläger zu diesem Verwaltungsakt steht (z.B. Frage der Klagebefugnis)[7].

Fraglich ist allerdings, ob es wirklich richtig ist zu sagen, das klägerische Begehren sei „auf Erlass eines Verwaltungsakts" gerichtet. Gerichtet ist die Klage auf (faktischen) Vollzug eines Gemeinderatsbeschlusses ganz unabhängig von der Frage, ob dieser Vollzug (rechtlich) gegenüber Dritten letztlich im Erlass eines Verwaltungsaktes gipfelt oder nicht; dem Gemeinderat geht es um schlichte Beachtung der Bindungskraft seines Beschlusses ohne Rücksicht darauf, ob dieser spezielle Beschluss inhaltlich auf einen Verwaltungsakt, eine Norm oder einen Realakt gerichtet ist. Verdeutlichen lässt sich dies, wenn man das Klageziel von seiner Kehrseite her betrachtet: Die bisherige Weigerung des Bürgermeisters, den Gemeinderatsbeschluss zu vollziehen, stellt, da allein im Innenverhältnis angesiedelt, jedenfalls keinen VA dar. Wenn aber die Weigerung des Bürgermeisters keinen VA darstellt, dann kann richtig betrachtet auch der vom Gemeinderat klageweise begehrte actus contrarius dieser Weigerung nicht im Erlass eines Verwaltungsakts liegen (ganz abgesehen davon, dass eine Klage, die auf Erlass eines VA gerichtet wäre, dessen Ablehnung indes kein VA ist, eine eigentümliche Form einer „hinkenden" Versagungsgegenklage wäre, bei der beispielsweise fraglich wäre, ob die bei Versagungsgegenklagen zwingende Einlegung eines Widerspruchs gegen die keinen VA darstellende Weigerung des Bürgermeisters überhaupt zulässig wäre). Entscheidend dürfte letztlich sein, daß der A gegenüber ergehende Verwaltungsakt das Resultat einer Fülle von Realakten und Rechtshandlungen im Innenbereich der Gemeinde ist (Vorbereitung des Gemeinderatsbeschlusses, Gemeinderatsbeschluss, Vollzugshandlungen des Bürgermeisters wie z.B. Verfassen und Abschicken eines Schreibens an A). Der vom Bürgermeister begehrte Vollzug des Gemeinderatsbeschlusses ist ein Teil dieses Gesamtprozesses unterschiedlicher Handlungen, die letztlich zum Erlass eines VA gegenüber A führen. Klageziel ist vor diesem Hintergrund nicht der VA gegenüber A selbst, sondern dem vorgelagert die Verpflichtung des Bürgermeisters, diejenigen faktischen Vollzugshandlungen zu ergreifen, die auf seiner Seite für den Erlass eines VA

[4] Zur Klageart beim Kommunalverfassungsstreit: *Kopp/Schenke*, VwGO, Vorb § 40, Rn. 6 ff; *Lissack*, Bayerisches Kommunalrecht, § 4, Rn. 150ff.

[5] Der *BayVGH* erkennt Leistungsklagen mit kassatorischer Wirkung an: *BayVGH* BayVBl. 1976, 353f.

[6] So die Vorgehensweise bei *Knemeyer*, Bayerisches Verwaltungsrecht, S. 36.

[7] *Kopp/Schenke*, VwGO, § 42, Rn. 10; Anh § 42, Rn. 8ff.

gegenüber A erforderlich sind. Richtige Klageart ist deswegen die allgemeine Leistungsklage[8].

3. Klagebefugnis, § 42 Abs. 2 VwGO analog

Auch bei der allgemeinen Leistungsklage muss der Kläger entsprechend § 42 Abs. 2 VwGO geltend machen, durch die Ablehnung der begehrten Leistung in seinen Rechten verletzt zu sein; das Bestehen eines Anspruches auf die begehrte Leistung muss zumindest als möglich erscheinen. Im vorliegenden Fall kann diese Möglichkeit bejaht werden. Art. 36 Satz 1 BayGO statuiert, dass der Bürgermeister die Beschlüsse des Gemeinderats vollzieht, Art. 59 Abs. 2 BayGO regelt Voraussetzungen für eine Aussetzung des Vollzugs[9]. Mögen diese Normen auch nicht als Anspruchsnormen des Gemeinderats formuliert sein, so lassen sie doch erkennen, dass sie von einer regelmäßigen Vollzugspflicht des Bürgermeisters ausgehen; da sie überdies in den größeren Kontext von Normen eingebettet sind, die die Stellung und gegenseitigen Rechte und Pflichten der Gemeindeorgane regeln, lässt sich jedenfalls nicht ausschließen, dass aus ihnen ein Anspruch des Gemeinderats auf Vollzug seiner Beschlüsse abgeleitet werden kann.

4. Vorverfahren, Frist

Die allgemeine Leistungsklage kennt kein Vorverfahren und keine Klagefrist.

5. Beteiligtenfähigkeit

Die Beteiligtenfähigkeit des Gemeinderats folgt aus § 61 Nr.2 VwGO (und nicht aus § 61 Nr.1 VwGO), denn es geht um die Geltendmachung der Organrechte eines Kollegialorgans, nicht dagegen um die Rechte der Gemeinderatsmitglieder als natürliche Personen[10].

6. Allgemeines Rechtsschutzbedürfnis

Das Rechtsschutzbedürfnis für die Klage wird nicht dadurch in Frage gestellt, dass es dem Gemeindrat möglich wäre, in dem Streit mit dem Bürgermeister die Rechtsaufsichtsbehörde anzurufen[11]. Dies nämlich mag zwar ein einfacherer Weg sein als eine Klage, da indes kein Anspruch auf rechtsaufsichtliches Einschreiten besteht[12], wäre dieser Weg auch weniger effektiv und rechtsschutzintensiv als eine Klage.

Teilergebnis:
Die Klage wäre folglich im Hauptantrag zulässig.

II. Begründetheit

Die Klage ist begründet, wenn sie sich gegen den richtigen Beklagten richtet und der Gemeinderat einen Anspruch darauf hat, dass sein Beschluss durch den Bürgermeister vollzogen wird. Fraglich ist, ob der Bürgermeister selbst oder aber die Gemeinde G passivlegitimiert ist. Die im allgemeinen strittige Frage nach dem richtigen Beklagten beim Kommunalverfassungsstreit wird jedenfalls in der bayerischen Rechtspraxis dahingehend gelöst, dass in konsequenter Anwendung des auch auf allgemeine Leistungsklagen analog

[8] Davon geht auch die Kommentierung von Art. 36 BayGO, Rn. 4, in *Widtmann/Grasser*, Bayerische Gemeindeordnung, Stand 2001, aus.

[9] Entsprechende Regelungen existieren in anderen Landesgemeindeordnungen: z.B. § 60 Abs. 2 Satz 2 (Durchführungspflicht) und § 54 Abs. 2 (Beanstandungsrecht) GO NW für Nordrhein-Westfalen. Weitere Parallelnormen zu Art. 59 Abs. 2 BayGO: § 43 Abs. 2 GO BW, § 65 Abs. 1 GO Nds, § 52 Abs. 2 GO Sachs. etc.

[10] *Kopp/Schenke*, VwGO, § 61, Rn. 5, 11.

[11] *Widtmann/Grasser*, BayGO, Art. 36, Rn. 4.

[12] *Knemeyer*, Bayerisches Verwaltungsrecht, S. 35.

anwendbaren Rechtsträgerprinzips des § 78 Nr.1 VwGO nicht das handelnde Organ (d.h. der Bürgermeister), sondern sein Rechtsträger (d.h. die Gemeinde) als passivlegitimiert angesehen wird. Der Bürgermeister ist allerdings notwendig beizuladen (§ 65 Abs. 2 VwGO)[13].

Zu prüfen ist, ob der Gemeinderat einen Anspruch auf Vollzug seiner Beschlüsse durch den Bürgermeister hat.

1. Existenz und Grenzen des Anspruchs auf Vollzug von Gemeinderatsbeschlüssen

Nach Art. 36 Satz 1 BayGO[14] hat der Bürgermeister die Pflicht, die Beschlüsse des Gemeinderats zu vollziehen. Einhellig wird angenommen, dass dieser Pflicht auch ein entsprechendes Recht des Gemeinderats korrespondiert[15]. Dies ist auch richtig, denn mag Art. 36 Satz 1 BayGO auch nicht als Anspruch des Gemeinderats formuliert sein, so ist er doch in den größeren Kontext von Normen eingebunden, die die wechselseitigen Rechte und Pflichten von Gemeinderat und Bürgermeister regeln.

Der Anspruch auf Vollzug von Gemeinderatsbeschlüssen gilt allerdings nicht unbeschränkt:

Zu beachten ist erstens die prozedurale Grenze des Art. 59 Abs. 2 BayGO[16]. Nach dieser Norm hat der Bürgermeister das Recht und die Pflicht, den Vollzug von Beschlüssen, die er für rechtswidrig hält, auszusetzen und eine Entscheidung der Rechtsaufsichtsbehörde herbeizuführen. Geht der Bürgermeister in dieser Weise vor, so kann darin – und zwar unabhängig davon, ob der Beschluss tatsächlich rechtswidrig ist oder nicht – kein gerichtlich beanstandbarer Verstoß gegen Rechte des Gemeinderats erblickt werden[17]. Im Fall indes ist der Bürgermeister nicht nach Art. 59 Abs. 2 BayGO vorgegangen, da er den Vollzug ja verweigert hat, ohne die Entscheidung der Rechtsaufsichtsbehörde herbeizuführen. In einem solchen Fall steht einem durch Kommunalverfassungsstreit geltend zu machenden Anspruch des Gemeinderats auf Vollzug seines Beschlusses – auch das ist unstrittig[18] – nichts im Wege.

Darüber hinaus wird man aber auch noch eine materielle Grenze des Vollzugsanspruchs annehmen müssen: Ein derartiger Anspruch kann sich nur auf den Vollzug *rechtmäßiger* Beschlüsse des Gemeinderats beziehen, dem Gemeinderat kann dagegen kein Recht zugestanden werden, auch den Vollzug rechtswidriger Beschlüsse verlangen und gerichtlich durchsetzen zu können[19].

Zur Vertiefung: Es müßte als eine im Rechtsstaat – insbesondere im Blick auf das Prinzip der Gesetzmäßigkeit der Verwaltung (Art. 20 Abs. 3 GG) und die Rechtsprechungsaufgabe der Gerichte (Art. 92 GG) – bedenkliche Konsequenz angesehen werden, wenn die Gerichte, allein weil das Verfahren des Art. 59 Abs. 2 BayGO nicht beachtet wurde, den Bürgermeister zur Vornahme einer möglicherweise rechtswidrigen Handlung verurteilen müssten, ohne in der Lage zu sein, die materielle Rechtslage zu prüfen. Zumindest könnte eine derartige Konsequenz nur angenommen werden, wenn

[13] *Lissack*, Bayerisches Kommunalrecht, § 4, Rn. 170f.; nach a.A. wäre der Bürgermeister zu verklagen (so z.B. *Erichsen*, Kommunalrecht des Landes Nordrhein-Westfalen, 2. Aufl. 1997, S. 154; dort auch zur konsequenterweise im Rahmen der Zulässigkeit zu behandelnden Frage der Beteiligtenfähigkeit des Bürgermeisters).

[14] § 62 Abs. 2 Satz 2 GO NW oder sonstige Parallelnormen des Landesrechts.

[15] *Widtmann/Grasser*, BayGO, Art. 36, Rn. 4 a.

[16] Oder entsprechende Normen des Landesrechts (z.B. § 54 Abs. 2 GO NW, vgl. bereits Fn. 10). Diese Normen können im einzelnen von der bayerischen abweichen, z.B. wie § 54 Abs. 2 GO NW stärker formalisiert und prozedural ausdifferenziert sein (Begründungspflicht, erneute Beschlussfassung des Rates, aufschiebende Wirkung etc.). Auch bei § 54 Abs. 2 GO NW indes verhält sich der Bürgermeister – nach einer erneuten Beschlussfassung des Rates – nur dann rechtmäßig, wenn er die Entscheidung der Rechtsaufsichtsbehörde einholt. Tut er dies nicht, spricht nichts dagegen, wie hier einen Vollzugsanspruch des Rates anzunehmen.

[17] *Widtmann/Grasser*, BayGO, Art. 59, Rn. 13 c, d; *Bauer/Böhle/Masson/Samper*, Bayerische Kommunalgesetze, Stand 2001, Art. 59, Rn. 2.

[18] *Widtmann/Grasser*, BayGO, Art. 59, Rn. 13 d.

[19] So offenbar selbstverständlich vorausgesetzt bei *Knemeyer*, Bayerisches Verwaltungsrecht, S. 37f.

sie im Gesetz klar vorgezeichnet ist, was indes nicht der Fall ist. Verneint man einen Anspruch auf Vollzug rechtswidriger Beschlüsse, auch soweit der Bürgermeister das Verfahren des Art. 59 Abs. 2 BayGO nicht beachtet hat, liegt hierin auch kein Widerspruch zu der in Art. 59 Abs. 2 BayGO getroffenen Regelung. Vielmehr zielt der prozedurale Art. 59 Abs. 2 BayGO der Sache nach nicht anders als die hier angenommene materielle Grenze des Vollzugsanspruchs darauf ab, rechtswidrige Vollzugsakte zu verhindern. Außerdem bleibt es, auch wenn man einen Anspruch auf Vollzug rechtswidriger Beschlüsse ablehnt, ja dabei, dass der Bürgermeister jedenfalls dadurch die Rechte des Gemeinderats verletzt hat, dass er nicht nach Art. 59 Abs. 2 BayGO vorgegangen ist (vgl. dazu unten C.).

Zusammengefasst hat der Gemeinderat also jedenfalls einen Anspruch auf Einhaltung des in Art. 59 Abs. 2 BayGO geregelten Verfahrens. Einen darüber hinausgehenden unmittelbaren Anspruch auf Vollzug seines Beschlusses (im Falle der Nichtbeachtung von Art. 59 Abs. 2 BayGO) hat der Gemeinderat dagegen nur, soweit dieser Beschluss rechtmäßig ist.

Zu prüfen ist folglich, ob der Beschluss des Gemeinderats, eine erneute Untersagungsverfügung gegen A auszusprechen, rechtmäßig ist.

2. Rechtmäßigkeit der beschlossenen Untersagungsverfügung gegen A

Hinsichtlich der Frage der Rechtmäßigkeit der beschlossenen Untersagungsverfügung sind zwei Fragestellungen zu unterscheiden: zum einen die Frage, ob die Untersagungsverfügung an sich rechtmäßigerweise möglich ist, zum anderen die Frage, ob der grundsätzlich rechtmäßigerweise möglichen Untersagungsverfügung im vorliegenden Fall nicht die Rechtskraft des früheren Urteils entgegensteht.

a) Rechtmäßigkeit der Untersagungsverfügung an sich

Als Rechtsgrundlage für die Untersagungsverfügung gegenüber A kommen die Ermächtigungen des LStVG (insbesondere Art. 6, 7)[20] in Betracht.

Diese Eingriffsermächtigungen des allgemeinen Sicherheits- und Ordnungsrechts sind im Fall nicht etwa durch Regelungen des besonderen Sicherheits- und Ordnungsrechts verdrängt:

Das Bayerische Feiertagsgesetz (FTG)[21] sieht keine eigenen Befugnisse der Rechtsdurchsetzung vor, sondern wird nach den allgemeinen Vorschriften des Polizei- und Sicherheitsrechts durchgesetzt.

Nicht verdrängt sind die Art. 6, 7 LStVG i.V.m. den Regelungen des FTG durch die Regelungen der GewO. Bei dem von A veranstalteten Gebrauchtwagenmarkt für nichtgewerbliche Anbieter handelt es sich um einen nicht nach § 69 GewO festgesetzten und folglich den besonderen Bestimmungen der § 64ff. GewO unterliegenden Markt, sondern um einen Privatmarkt, der in vollem Umfang den Vorschriften des FTG unterliegt[22]. Einem Vorgehen der Gemeinde aufgrund des Bayerischen LStVG i.V.m. dem Bayerischen FTG ist dieser Privatmarkt auch nicht deswegen entzogen, weil, so sehr es sich um einen Markt für nichtgewerbliche Anbieter handelt, doch zumindest die Tätigkeit des Veranstalters A als gewerblich eingestuft werden muss. Als Gewerbetreibender kann A nämlich zwar die Gewerbefreiheit des § 1 GewO beanspruchen, die als bundesrechtliche Gewährleistung durch Landesrecht nicht eingeschränkt werden darf; es ist jedoch anerkannt, dass z.B. polizei- und sicherheitsrechtliche oder feiertagsrechtliche Beschränkungen, die allein die Art und Weise der Gewerbeausübung betreffen (wie z.B. die Regelung, wann ein Markt abgehal-

[20] Bzw. die jeweils einschlägigen allgemeinen ordnungsbehördlichen Befugnisse des Landesrechts, z.B. § 14 Abs. 1 OBG NW.
[21] Ebenso die Feiertagsgesetze der anderen Länder.
[22] *Schönleiter*: Landmann/Rohmer, Gewerbeordnung, Stand 2001, Vor § 64, Rn. 6 – 7a.

ten werden darf), die Gewährleistung des § 1 GewO nicht berühren und daher zulässig sind[23].

aa) Aufgabe und Befugnis

Ziel der in Aussicht genommenen Untersagungsverfügung ist die (präventive) Verhinderung von ordnungswidrigkeitsrechtlich bewehrten Verstößen gegen das FTG (Art. 2 Abs. 1, 7 Nr.1), nicht aber die (repressive) Ahndung bereits begangener Ordnungswidrigkeiten. Das gemeindliche Handeln ist damit auf die Abwehr von Gefahren für die öffentliche Sicherheit ausgerichtet. Der sicherheitsbehördliche Aufgabenraum des Art. 6 LStVG ist eröffnet. Die sicherheitsrechtliche Aufgabe fällt dabei angesichts der in Art. 6 LStVG angeordneten Mehrfachzuständigkeit jedenfalls auch in die Zuständigkeit der Gemeinde (ohne dass es für die Lösung des Falles darauf ankäme, ob diese Aufgabe im konkreten Fall zum eigenen [Art. 83 Abs. 2 BV: „örtliche Polizei"] oder übertragenen Wirkungskreis gehört)[24].

Die einschlägige Befugnisnorm ist Art. 7 Abs. 2 Nr.1 LStVG i.V.m. Art. 2 Abs. 1, Art. 7 Nr.1 FTG („Verhütung von Ordnungswidrigkeiten") [25]. Unterstellt man, dass der sonntägliche Gebrauchtwagenmarkt gegen Art. 2 Abs. 1 FTG verstößt und so eine Ordnungswidrigkeit nach Art. 7 Nr.1 FTG verwirklicht, sind die tatbestandlichen Voraussetzungen dieser Befugnisnorm erfüllt. Da der Markt seit Jahren veranstaltet wird, kann insbesondere von einer (auch im Rahmen des Art. 7 Abs. 2 Nr.1 LStVG zu fordernden[26]) hinreichenden Wahrscheinlichkeit der Begehung einer Ordnungswidrigkeit ausgegangen werden, aufgrund deren eine Gefahr für die öffentliche Sicherheit (in Gestalt der Unversehrtheit der Rechtsordnung) bejaht werden kann.

bb) Verstößt der Gebrauchtwagenmarkt gegen das FTG?

Voraussetzung der prinzipiell einschlägigen Befugnis des Art. 7 Abs. 2 Nr.1 LStVG ist jedoch, dass das Abhalten des Gebrauchtwagenmarkts durch A auch tatsächlich eine Ordnungswidrigkeit i.S.v. Art. 7 Nr.1 FTG darstellt. Entscheidend ist hierfür, ob der sonntägliche Gebrauchtwagenmarkt gegen das Verbot des Art. 2 Abs. 1 FTG verstößt oder nicht.

Nach Art. 2 Abs. 1 FTG sind an den Sonntagen – abgesehen von hier nicht einschlägigen Ausnahmen – „öffentlich bemerkbare Arbeiten, die geeignet sind, die Feiertagsruhe zu beeinträchtigen, verboten". Umgesetzt wird dadurch insbesondere die durch Art. 140 GG i.V.m. Art. 139 WRV ausgesprochene institutionelle Garantie, dass die Sonntage „als Tage der Arbeitsruhe und der seelischen Erhebung gesetzlich geschützt" bleiben (wortgleich Art. 147 BV), in deren Lichte Art. 2 Abs. 1 FTG auszulegen ist.

Noch recht unproblematisch zu bejahen ist die Frage, ob es sich bei dem Gebrauchtwagenmarkt um eine „öffentlich bemerkbare Arbeit"[27] handelt. „Arbeit" meint hier – sehr weit – jede zweckgerichtete Tätigkeit zur Befriedigung materieller oder geistiger Bedürfnisse, insbesondere wenn diese entgeltlich ist oder zum Erscheinungsbild des Alltags gehört. „Öffentlich bemerkbar" ist diese Arbeit, sobald sie akustisch oder optisch oder durch ihre Bestimmung für den Kundenverkehr als werktägliche Betätigung wahrgenommen werden kann und so die Sphäre des rein Privaten überschreitet. Bei einem öffentlich zugänglichen Gebrauchtwagenmarkt ist dies der Fall[28].

Die schwierigere Frage ist es, ob diese Arbeit die „Feiertagsruhe" stört[29].

[23] *Kahl*, in: Landmann/Rohmer, GewO, § 1, Rn. 17, 18.

[24] In Nordrhein-Westfalen ergibt sich die sachliche Zuständigkeit der Gemeinde aus § 5 Abs. 1 OBG NW.

[25] Bzw. die jeweilige allgemeine ordnungsbehördliche Befugnisnorm des Landesrechts i.V.m. den Bestimmungen des jeweiligen Landes-Feiertagsgesetzes, z.B. § 14 Abs. 1 OBG NW i.V.m. §§ 3, 11 Nr. 1 FTG NW. Die Bestimmungen der Landesfeiertagsgesetze sind mit den bayerischen weitgehend identisch, die folgenden Ausführungen können übertragen werden.

[26] *Gallwas/Mößle*, Bayerisches Polizei- und Sicherheitsrecht, 2. Aufl.1996, Rn. 313.

[27] Dazu: *Mattner*, Sonn- und Feiertagsrecht, 2. Aufl. 1991, S. 190ff.

[28] *BVerwGE* 79, 118 (126).

[29] Hierzu *BVerwGE* 79, 118 (126ff.) – Gebrauchtwagenmarkt; *BVerwGE* 90, 337 (342ff.) – Bräunungsstudio; zu diversen Märkten außerdem: *VG Hannover* GewArch 1995, 341; 1996, 25; *VGH Mannheim* GewArch 1996, 479; *VG Stuttgart* GewArch 1998, 115.

Zum Verständnis: Bei der Auslegung des Begriffs „Feiertagsruhe" ist es entscheidend, sich von der in Art. 140 GG i.V.m. Art. 139 WRV zum Ausdruck gekommenen verfassungsrechtlichen Zweckbestimmung des Sonntags leiten zu lassen und keinen falschen oder zu engen Begriff der „Ruhe" zugrundezulegen. Verfehlt wäre es von vornherein, „Feiertagsruhe" etwa mit dem Schutz gegen Lärm oder sonstige konkrete Beeinträchtigungen oder Belästigungen gleichzusetzen. Die laut Sachverhalt in dem auf die erste Verbotsverfügung gegen A hin ergangenen Urteil angeklungene Auffassung, der Gebrauchtwagenmarkt sei unbedenklich, weil er am Ortsrand und fernab von Wohnbebauung stattfindet, ist deswegen neben der Sache. Auch darf das Ziel der „Arbeitsruhe" in Art. 139 WRV nicht etwa im Sinne von Arbeitnehmerschutz missverstanden werden, so dass der Gebrauchtwagenmarkt, der ja ohne Angestellte auskommen dürfte, deswegen als unbedenklich erscheinen könnte. Ebensowenig geht es allein um den Schutz einer ungestörten Religionsausübung.

Der verfassungsrechtliche (Art. 140 GG i.V.m. Art. 139 WRV) und somit auch der gesetzliche Schutz des Sonntags als Tag der Arbeitsruhe und der seelischen Erhebung zielt – weitaus umfassender als die soeben dargestellten Fehlinterpretationen – darauf, dass das öffentliche Leben an Sonntagen soweit möglich seiner werktäglichen Elemente entkleidet und dadurch die Begehung dieser Tage als Nicht-Werktage ermöglicht werden soll. Die werktägliche Geschäftigkeit soll daher grundsätzlich ruhen; frei von den werktäglichen Zwängen soll der einzelne den Sonntag nach seinen individuellen Bedürfnissen allein oder in Gemeinschaft begehen können. Das Gefühl des einzelnen, dass es sich um verbindliche Ruhetage handelt, soll insbesondere durch die gewerbliche Tätigkeit anderer nicht beeinträchtigt werden.

Ausgehend von dieser Zweckbestimmung wird deutlich, dass alle typisch werktäglichen Lebensvorgänge grundsätzlich die Feiertagsruhe beeinträchtigen. Gewerbliche Tätigkeiten (wie die Veranstaltung eines Marktes durch A), aber auch die Anbahnung und der Abschluss von Geschäften durch Private (die privaten Kunden und Schausteller des Marktes) sind aber typisch werktägliche, d.h. von werktäglicher Geschäftigkeit geprägte Vorgänge.

Eine Ausnahme kann nur für solche gewerblichen Tätigkeiten und geschäftliche Aktivitäten gemacht werden, die aufgrund ihres besonderen Gegenstands gerade dazu dienen, die Zweckbestimmung des Sonntags als Tag der Arbeitsruhe und der seelischen Erhebung zu verwirklichen. Wann dies der Fall ist, darf nicht zu eng bemessen werden; so würde z.B. die Ansicht, nur einer religiös verstandenen seelischen Erhebung dienende Aktivitäten seien erlaubt, mit der religiösen Neutralität des Staates und der Freiheit des einzelnen, den Sonntag nach seinem individuellen Geschmack zu gestalten, in Konflikt geraten. Der Kreis zulässiger Tätigkeit darf aber auch nicht uferlos weit gezogen werden, etwa indem jegliches sozial erwünschte Verhalten als erlaubt angesehen wird. Erlaubt sind (für einen bestimmten Anbieter) gewerbliche Tätigkeiten vielmehr nur, soweit sie (insbesondere für den Kunden) zur Befriedigung spezifisch nicht-werktäglicher Bedürfnisse dienen. Typischerweise erlaubt sind daher Angebote der Freizeitgestaltung, wobei auch insoweit zu unterscheiden ist, ob es sich um Freizeit-Aktivitäten handelt, wie sie typischerweise auch am Feierabend vorgenommen werden und von werktäglicher Geschäftigkeit geprägt sind (z.B. Einkaufen) oder ob sie spezifisch nicht-werktäglichen Bedürfnissen dienen (z.B. Badeanlagen, Sportstätten).

Ein Gebrauchtwagenmarkt, aber auch sonstige private Märkte (z.B. Flohmärkte) sind vor diesem Hintergrund als Verstoß gegen die Feiertagsruhe gewertet worden[30]. Dass der Besuch von Märkten dem Freizeitbedürfnis vieler entsprechen mag, kann doch nicht darüber hinwegtäuschen, dass der Zweck des Marktes – Kauf und Verkauf – seinem Gesamtgepräge nach als eine typisch werktägliche Tätigkeit erscheint.

[30] *Schönleitner*, in: Landmann/Rohmer, GewO, Vor § 64, Rn. 7 a.

Ein Verstoß gegen das FTG, der die Befugnisnorm des Art. 7 Abs. 2 Nr.1 LStVG aktiviert, liegt also vor.

cc) Art. 8, 9 LStVG
A wird als Handlungsstörer in Anspruch genommen (Art. 9 Abs. 1 LStVG). Ein Verstoß gegen das Verhältnismäßigkeitsprinzip (Art. 8 LStVG) ist nicht ersichtlich[31].

Eine Untersagungsverfügung gegen den sonntäglichen Gebrauchtwagenmarkt ist demnach grundsätzlich möglich.

b) Rechtswidrigkeit der Untersagungsverfügung wegen entgegenstehender Rechtskraft
Zu prüfen ist allerdings, ob – ungeachtet der nach materiellem Recht eigentlich möglichen Untersagungsverfügung gegen A (vgl. a.) – die Untersagungsverfügung nicht deswegen rechtswidrig ist, weil die Gemeinde G nach den Vorschriften über die Rechtskraft (§ 121 VwGO) an das frühere Urteil gebunden ist, das eine gleichartige Untersagungsverfügung gegen A aus dem Jahre 1995 bereits einmal aufgehoben hat.

Nach § 121 VwGO binden rechtskräftige Urteile die Beteiligten, soweit über den Streit entschieden worden ist. Bei der Gemeinde G und dem Veranstalter A handelt es sich um die Beteiligten des früheren Rechtsstreits, so dass eine Bindung an das frühere Urteil in personeller Hinsicht möglich ist. Für den sachlichen Umfang der Rechtskraft ist entscheidend, inwieweit über den Streitgegenstand entschieden wurde. Fraglich ist demnach insbesondere, inwieweit die erfolgreiche Anfechtungsklage des A gegen die Verbotsverfügung des Jahres 1995 ihrem Streitgegenstand nach über den konkreten angefochtenen VA des Jahres 1995 hinaus auch bereits über die Frage entschieden hat, dass auch zukünftige Verwaltungsakte gleichen Inhalts rechtswidrig sind sowie den A in seinen Rechten verletzen und deswegen nicht mehr erlassen werden dürfen.

aa) Das Verwaltungsakt-Wiederholungsverbot
Die Rspr. und ganz hM nimmt in der Tat an, dass erfolgreiche Anfechtungsklagen auch über die Zulässigkeit zukünftiger Verwaltungsakte gleichen Inhalts mitentscheiden, so dass aus der Rechtskraft von Urteilen in erfolgreichen Anfechtungsprozessen ein sogenanntes *Verwaltungsakt-Wiederholungsverbot*[32] folgt – mit der Folge, dass im vorliegenden Fall die erfolgreiche Anfechtung der früheren Untersagungsverfügung in der Tat dazu führt, dass die Gemeinde daran gehindert ist, eine erneute Untersagungsverfügung auszusprechen.

Treibende Kraft hinter der Annahme eines aus der Rechtskraft (§ 121 VwGO) folgenden Verwaltungsakt-Wiederholungsverbots ist der Sinn und Zweck der materiellen Rechtskraft: Die Rechtskraft soll dem Rechtsfrieden dienen, durch sie soll der zwischen den Parteien bestehende Rechtsstreit möglichst endgültig beigelegt werden. Diese befriedenden Wirkungen aber würden völlig vereitelt, wenn die Behörde ein erfolgreiches Anfechtungsurteil jederzeit dadurch unterlaufen könnte, dass sie den erfolgreich angefochtenen Verwaltungsakt schlichtweg erneut erlässt[33].

Schwieriger und umstrittener als diese Argumentation aus dem Sinn und Zweck der Rechtskraft heraus ist es, wie das Verwaltungsakt-Wiederholungsverbot aus dem nach § 121 VwGO maßgeblichen Streitgegenstand der Anfechtungsklage heraus begründet werden kann. Wenn man als Streitgegenstand der Anfechtungsklage nämlich das Begehren der Aufhebung eines ganz bestimmten VA ansieht, ist nicht recht ersichtlich, wie auch ein zukünftiger (wenn auch gleichartiger) VA von diesem Streitgegenstand erfasst sein soll. Und dass etwa die Anfechtungsklage gegen einen späteren und diejenige gegen einen früheren

---

31 §§ 15ff. OBG NW.

32 *BVerwG* NVwZ 1993, 672 (=E 91, 256) m.Anm. *Maurer*, JZ 1993, 574; *Kopp/Schenke*, VwGO, § 121, Rn. 21; *Clausing*, in: Schoch/Schmidt-Aßmann/Pietzner (Hrsg.), Verwaltungsgerichtsordnung, Stand 2001, § 121, Rn. 59ff., 81ff.; *Kopp/Kopp*, NVwZ 1994, 1; *Detterbeck*, NVwZ 1994, 35; *Erfmeyer*, DVBl. 1997, 27.

33 *BVerwG* NVwZ 1993, 672 (673); *Clausing*, in: Schoch-Schmidt-Aßmann/Pietzner; § 121 VwGO, Rn. 59; *Detterbeck*, NVwZ 1994, 35 (36).

identischen VA nicht einen völlig identischen Streitgegenstand haben können, wird in der Tat daran ersichtlich, dass es, gerade wenn man ein Verwaltungakt-Wiederholungsverbot annimmt, ganz widersinnig wäre, wenn die spätere Klage deswegen als unzulässig abgewiesen werden müsste, weil über ihren Streitgegenstand durch das frühere Urteil (mit identischem Streitgegenstand) bereits entschieden ist; dann nämlich wäre es dem Betroffenen in gegen Art. 19 Abs. 4 GG verstoßender Weise unmöglich, das Verwaltungsakt-Wiederholungsverbot prozessual geltend zu machen[34]. Nötig ist es deswegen, den Streitgegenstand der Anfechtungsklage so zu bestimmen, dass er, obwohl er nicht mit dem Streitgegenstand einer späteren Anfechtungsklage identisch sein kann, doch insofern über den konkreten streitgegenständlichen VA hinausreicht, als das Anfechtungsurteil in für zukünftige Prozesse bindender Weise zugleich darüber mitentscheidet, dass auch der spätere Erlass eines identischen VA rechtswidrig ist. Die Literatur bietet hierfür verschiedene Konstruktionen an: Teilweise wird vertreten, der spezifische Streitgegenstand des Anfechtungsprozesses sei die Rechtsbehauptung des Klägers, dass ein Verwaltungsakt *dieser Art* rechtswidrig sei[35]. Eine andere Konstruktion geht dahin, dem stattgebenden Anfechtungsurteil komme im Blick auf zukünftige identische Verwaltungsakte eine *erweiterte Bindungs- und Rechtskraftwirkung* zu[36]. In überzeugender Weise wird schließlich darauf verwiesen, der Streitgegenstand der Anfechtungsklage könne jedenfalls nicht enger sein als der einer Fortsetzungsfeststellungsklage als einer „amputierten Anfechtungsklage"; wenn es aber der Fortsetzungsfeststellungsklage gerade darum gehe, die Rechtswidrigkeit des VA festzustellen, um dadurch eine Wiederholung dieses VA zu verhindern, müsse auch aus der Anfechtungsklage ein VA-Wiederholungsverbot folgen[37].

Nach allen genannten Ansichten steht das auf die Untersagungsverfügung des Jahres 1995 hin ergangene Urteil aufgrund seiner Rechtskraft folglich einer erneuten Untersagungsverfügung entgegen.

bb) Objektive Grenzen der Rechtskraft (Veränderung der Sach- und Rechtslage)
Die Reichweite der aus dem früheren Urteil folgenden Rechtskraftbindung kennt allerdings objektive Grenzen. So ist die Behörde insbesondere bei geänderter Sach- und Rechtslage durch das auf eine andere Sach- und Rechtslage bezogene frühere Urteil nicht daran gehindert, nunmehr erneut einen gleichlautenden VA zu erlassen (in der andersgelagerten Konstellation gerichtlich bestätigter VA kann gemäß Art. 51 Abs. 1 Nr.1 BayVwVfG bei geänderter Sach- und Rechtslage sogar ein Anspruch auf Wiederaufgreifen des Verfahrens und erneute Sachentscheidung bestehen).

Eine geänderte Sach- oder Rechtslage liegt im Fall indes nicht vor. So stellt insbesondere eine nachfolgende Änderung der Rechtsprechung keine relevante Änderung der Sach- und Rechtslage dar; sie ist nichts weiter als ein Wechsel der Anschauungen bei gleicher Sach- und Rechtslage. Einen derartigen Wechsel der Anschauungen aber nimmt die Rechtskraft in Kauf, genau dies ist ja Zweck ihrer befriedenden Wirkung, dass ohne Rücksicht auf die wechselnden Auffassungen ein für allemal über den Streitgegenstand entschieden wird. Dass infolge der Rechtskraft im Einzelfall auch ein sich im Lichte späterer höchstrichterlicher Rechtsprechung als unrichtig erweisendes Urteil maßgeblich bleibt, wird dabei als geringeres Übel angesehen als diejenige Rechtsunsicherheit, die ohne Rechtskraft bestehen würde[38].

Eine Änderung der Sachlage kann auch nicht mit dem Argument behauptet werden, die Untersagungsverfügung von 1995 habe sich zeitlich gesehen auf andere Marktsonntage bezogen als die jetzige. Die Untersagungsverfügung bezieht sich nämlich nicht auf einen ganz bestimmten, jeweils abgeschlossenen Sachverhalt (einen Einzelsonntag), sondern auf

[34] Vgl. *BVerfG* NVwZ 1989, 141.
[35] *Detterbeck*, NVwZ 1994, 35 (37f.)
[36] *Kopp/Kopp*, NVwZ 1994, 1 (2); *Erfmeyer*, DVBl. 1997, 27.
[37] *Kopp/Schenke*, VwGO, § 90, Rn. 8, § 121, Rn. 21.
[38] *BVerwG* NVwZ 1993, 672 (673).

alle zukünftigen sonntäglichen Märkte. Es ist demnach ein und derselbe, 1995 begonnene und noch immer andauernde polizeiwidrige Zustand, an den bereits die Untersagungsverfügung 1995 angeknüpft hat und an den auch die jetzt geplante Untersagungsverfügung anknüpft[39].

cc) Durchbrechung der Rechtskraftbindung, insbesondere aus Gründen der Gesetzmäßigkeit der Verwaltung?

Fraglich ist, ob es Möglichkeiten gibt, die nach dem bis hierher Gesagten bestehende Rechtskraftbindung, die die Gemeinde daran hindert, eine erneute Untersagung auszusprechen, zu durchbrechen.

Ein Grund für eine Wiederaufnahme des Verfahrens (§ 153 VwGO) ist nicht ersichtlich. Zu prüfen ist aber, ob es nicht eine aus dem VwVfG folgende Befugnis der Gemeinde gibt, über die Rechtskraft des Urteils hinwegzusehen.

In der Tat ist es in der vom hiesigen Fall verschiedenen Fallgruppe, dass ein VA vom Gericht bestätigt (und nicht wie hier aufgehoben) wurde, anerkannt, dass die Behörde unter Umständen – trotz rechtskräftiger Entscheidung – eine von dem Urteil abweichende Sachregelung treffen darf. So darf die Behörde z. B. einen gerichtlich bestätigten belastenden Verwaltungsakt unter den Voraussetzungen der Art./§§ 48, 49 VwVfG aufheben, und unter den Voraussetzungen des Art./§ 51 VwVfG ist sie sogar verpflichtet, das Verfahren trotz Rechtskraft wiederaufzugreifen und erneut zu entscheiden. Genau besehen allerdings stellen die genannten Fallgruppen keine auf dem VwVfG basierende Befugnis zur Durchbrechung der Rechtskraft dar. Sie sind vielmehr die selbstverständliche Folge einer Eigenart und immanenten Grenze der Rechtskraft selbst, der Eigenart nämlich, nur zugunsten, nicht aber zuungunsten der obsiegenden Partei zu wirken. Hat die Verwaltung also im Anfechtungsprozess obsiegt, ist es ihr im Blick auf die Rechtskraft unbenommen, von dem für sie günstigen Urteilsspruch keinen Gebrauch zu machen und den Verwaltungsakt ihrerseits aufzuheben. Hat dagegen der Bürger obsiegt (dies ist unser Fall), ist die Behörde hieran gebunden, solange der obsiegende Bürger hierauf beharrt[40].

Teile der Literatur fordern, auch darüber hinaus – insbesondere für die Fallgruppe erfolgreich angefochtener VAe – müsse es im Interesse der Gesetzmäßigkeit der Verwaltung (Art. 20 Abs. 3 GG) eine verwaltungsverfahrensrechtliche Befugnis der Verwaltung geben, unter bestimmten Voraussetzungen über die Rechtskraft des Anfechtungsurteils hinwegsehen und einen erneuten VA erlassen zu dürfen[41]. Mit im einzelnen unterschiedlichen Argumentationsgängen betonen sie, die zivilprozessuale Lösung der strikten Rechtskraftbindung dürfe nicht unbesehen auf die Verhältnisse des Verwaltungsprozesses übertragen werden, wo dem verfassungsrechtlich (im Rechtsstaatsprinzip, Art. 20 Abs. 3 GG) verankerten Grundsatz der Gesetzmäßigkeit der Verwaltung ein Gewicht zukomme, das dem der Rechtskraft zugrundeliegenden und seinerseits im Rechtsstaatsprinzip verankerten Prinzip der Rechtssicherheit durchaus auf gleichem Fuße gegenübertreten könne. Verwiesen wird auf die rechtsstaatlich bedenkliche Konsequenz eines Verwaltungsakt-Wiederholungsverbots, wenn die Verwaltung etwa in unserem Fall auf Dauer einen rechtswidrigen Zustand (den sonntäglichen Markt) dulden müsse, nur weil diesbezüglich ein sachlich falsches Urteil ergangen ist. Gefordert wird, das Anliegen der Rechtssicherheit müsse mit den Erfordernissen der Gesetzmäßigkeit der Verwaltung zu einem schonenden Ausgleich gebracht werden. Ein Instrument für einen derartigen Ausgleich wird in den Art./§§ 48 ff. VwVfG gesehen. Zu bedenken sei, dass das VwVfG in den Art./§§ 48 ff. für den Ausgleich von Rechtssicherheit auf der einen und den Erfordernissen der Gesetzmäßigkeit auf der anderen Seite einen modellhaften Ausgleich geschaffen habe, der wertungsmäßig auch auf den Konflikt zwischen Rechtskraft und Gesetzmäßigkeit passe. Angeregt wird daher eine

[39] *BVerwG* NVwZ 1993, 672 (673).
[40] *BVerwG* NVwZ 1993, 672 (674).
[41] *Maurer*, JZ 1993, 574 f.; *Kopp/Kopp*, NVwZ 1994, 1 (3 ff.); *Erfmeyer*, DVBl. 1997, 27 ff.

analoge Anwendung der Art./§§ 48ff. VwVfG (da bei erfolgreicher Anfechtungsklage ja kein bestandskräftiger VA inmitten steht, der nunmehr aufgehoben werden könnte, sondern der VA im Gegenteil bereits durch Urteil aufgehoben wurde, scheidet eine direkte Anwendung freilich aus). Dem in einem Anfechtungsprozess obsiegenden Bürger soll im Ergebnis auf diese Weise (nur) der gleiche Schutz zugesprochen werden wie demjenigen, der auf einen bestandskräftigen begünstigenden VA vertraut. Mit im einzelnen unterschiedlichen Ansätzen wird ein – entschädigungspflichtiger – Neuerlass des erfolgreich angefochtenen VA unter den Bedingungen entweder des Art./§ 48 VwVfG (weil das Urteil in der Sache falsch war, wertungsmäßig also wie ein rechtswidriger VA einzustufen sei) oder des Art./§ 49 Abs. 2 Nr. 5 VwVfG (weil die Rechtskraft einer Einordnung des Urteils als rechtswidrig entgegenstehe, das Urteil also zumindest den Schutz eines rechtmäßigen VA verdiene) für möglich gehalten.

Die dargelegten Überlegungen sind rechtspolitisch bedenkenswert, mit dem geltenden Recht lässt sich die Konstruktion einer Herabstufung der Rechtskraft von Urteilen (§ 121 VwGO) zu einer Art überwindbarer Bestandskraft wie bei Verwaltungsakten (Art./§§ 48ff. VwVfG) nach h.A. allerdings nicht vereinbaren[42]. Das Gesetz selbst hat das Spannungsverhältnis von Rechtssicherheit und Gesetzmäßigkeit in § 121 VwGO zugunsten der Rechtskraft aufgelöst. Es nimmt im Interesse der Verlässlichkeit des Rechts die Gefahr einzelner Urteile, die sich im Lichte späterer Rechtsprechungsänderungen als unrichtig erweisen und dennoch maßgeblich bleiben, bewusst in Kauf. Allenfalls insoweit mögen Ausnahmen denkbar sein, als im Einzelfall infolge der Rechtskraft schlechthin unerträgliche Zustände eintreten würden (vgl. im Zivilprozessrecht die Durchbrechung der Rechtskraft nach § 826 BGB), was im Fall allerdings kaum nachweisbar sein dürfte. Ein generelles Zurückweichen der Rechtskraft – wenn auch gegen Entschädigung – gegenüber den Interessen der Gesetzmäßigkeit kann dagegen nicht angenommen werden.

Die Gemeinde ist nach alledem daran gehindert, eine erneute Untersagungsverfügung gegen A auszusprechen.

Da der auf Erlass einer erneuten Untersagungsverfügung gerichtete Gemeinderatsbeschluss folglich rechtswidrig war, hat der Gemeinderat keinen Anspruch gegen den Bürgermeister auf Vollzug seines Beschlusses. Eine Klage wäre daher unbegründet.

Ergebnis zu B.:
Die Klage wäre im Hauptantrag zulässig, aber unbegründet.

C. Hilfsantrag: Klage auf Feststellung, dass es rechtswidrig war, den Gemeinderatsbeschluss nicht zu vollziehen, ohne eine Entscheidung der Rechtsaufsichtsbehörde herbeizuführen

Für den Fall, dass der Gemeinderat mit seinem Hauptantrag, der Verurteilung zum Vollzug, nicht durchdringt, begehrt er hilfsweise die Feststellung, dass es rechtswidrig war, dass der Bürgermeister den Gemeinderatsbeschluss nicht vollzogen hat, ohne eine Entscheidung der Rechtsaufsichtsbehörde herbeizuführen. Dieser Hilfsantrag kann zulässigerweise zusammen mit dem Hauptantrag geltend gemacht werden (§ 44 VwGO, vgl. bereits A.).

I. Zulässigkeit

Für die Zulässigkeit gilt weitgehend das zu B.I. Ausgeführte. Gesondert zu ermitteln ist hauptsächlich die richtige Klageart.

---

[42] *Clausing*, in: Schoch/Schmidt-Aßmann/Pietzner, § 121 VwGO, 82; *BVerwG* NVwZ 1993, 672ff.

Zu bedenken ist hierbei, dass der Gemeinderat für den Fall, dass das Gericht den Hauptantrag abweist, weil der Gemeinderatsbeschluß rechtswidrig ist, kein Interesse mehr daran haben dürfte, nunmehr noch eine Verpflichtung des Bürgermeisters zu erwirken, die Sache der Rechtsaufsichtsbehörde vorzulegen, da diese in der Sache ohnehin wie das Gericht zu entscheiden hätte. Das klägerische Begehren richtet sich vor diesem Hintergrund nicht mehr auf eine Leistung, die mit Leistungsklage zu verfolgen wäre (eine Verpflichtungsklage scheidet, da kein VA inmitten steht, ohnehin aus), vielmehr geht es in einer Konstellation, in der sich die Hauptsache (die Durchsetzung des Gemeinderatsbeschlusses) erledigt hat, nur mehr darum, gerade auch im Blick auf zukünftige vergleichbare Sachverhalte zu klären, ob die prozedurale Vorgehensweise des Bürgermeisters rechtmäßig war, den Beschluss schlichtweg nicht zu vollziehen, ohne die Sache der Rechtsaufsichtsbehörde vorzulegen.

In Betracht kommt daher eine Feststellungsklage (§ 43 VwGO), gerichtet auf Feststellung, dass es rechtswidrig war, nicht zu vollziehen, ohne eine Entscheidung der Rechtsaufsichtsbehörde herbeizuführen. Das durch die Bestimmungen des Art. 36 S.1, 59 Abs. 2 BayGO ausgestaltete Rechtsverhältnis zwischen Gemeinderat und Bürgermeister ist ein hinreichend konkretes Rechtsverhältnis i.S.v. § 43 Abs. 1 VwGO. Dass es sich um ein vergangenes (i.S.v. eine erledigte Sache betreffendes) Rechtsverhältnis handelt, schadet nicht[43]. Ein berechtigtes Feststellungsinteresse besteht bei auf erledigte Sachverhalte bezogenen Feststellungsklagen der vorliegenden Art unter den gleichen Voraussetzungen wie bei Fortsetzungsfeststellungklagen[44], im Fall kann insbesondere die Gefahr einer Wiederholung der streitgegenständlichen Vorgehensweise des Bürgermeisters bei vergleichbaren zukünftigen Konstellationen geltend gemacht werden. Eine Subsidiarität der Feststellungsklage i.S.v. § 43 Abs. 2 VwGO liegt im konkreten Fall nicht vor, weil sich insbesondere der ursprünglich denkbare Leistungsantrag gegen den Bürgermeister erledigt hat.

Die Klage wäre im Hilfsantrag daher zulässig.

II. Begründetheit

Die Klage ist gegen die Gemeinde zu richten (s.o. B.II. am Anfang). Sie ist begründet, denn nach der Regelung des Art. 59 Abs. 2 BayGO[45] ist es rechtswidrig, wenn der Bürgermeister dadurch einen Schwebezustand herbeiführt, dass er weder vollzieht noch eine Entscheidung der Rechtsaufsichtsbehörde herbeiführt. Nur soweit er die Rechtsaufsichtsbehörde anruft, ist er berechtigt, den Vollzug auszusetzen[46].

Ergebnis: Die Klage wäre im Hauptantrag zulässig, aber unbegründet, im Hilfsantrag zulässig und begründet.

Rechtsprechungsvorlage: *BVerwG* NVwZ 1993, 672 = *BVerwGE* 91, 256

Leseempfehlung: *Maurer*, Anmerkung, JZ 1993, 574; *Kopp/Kopp*, Grenzen der Rechtskraftwirkung von Urteilen aufgrund von Anfechtungsklagen, NVwZ 1994, 1; *Detterbeck*, Das Verwaltungsakt-Wiederholungsverbot, NVwZ 1994, 35

[43] *Kopp/Schenke*, § 43, Rn. 18.
[44] *Kopp/Schenke*, § 43, Rn. 25.
[45] Zur Rechtslage in anderen Ländern vgl. Fn. 16.
[46] *Widtmann/Grasser*, BayGO, Art. 59, Rn. 13 d.

Fall 11: Schaustellerüberangebot (Seidel)

Ausgangsfall (fiktiv)

In der bayerischen Stadt N findet alljährlich auf einem im Eigentum der N stehenden Platz ein Frühlingsfest statt. Dabei sind insbesondere auch Schausteller zu Unterhaltungszwecken, wie z. B. Fahrgeschäfte und Warenverlosungsgeschäfte, vertreten. Das Volksfest ist nicht nach §§ 60b Abs. 2, 69 GewO festgesetzt worden. Hinsichtlich der Stellplätze auf dem Festplatz werden zwischen N und den Anbietern Mietverträge geschlossen.

Der in N wohnende Albert (A) betreibt seit zwei Jahren ein Warenverlosungsgeschäft. Er beantragt rechtzeitig – noch vor Ende der Bewerbungsfrist am 1. Februar 2002 – bei der N die Zulassung zu dem vom 1. – 5. April 2002 stattfindenden Volksfest. N lehnt die Zulassung ab: Es seien zu viele Bewerber vorhanden, sodass wegen Kapazitätserschöpfung eine Auswahlentscheidung zu treffen sei. Um ein ausgewogenes Angebot zu gewährleisten, sei es daher erforderlich, die Anzahl der Verlosungsgeschäfte auf insgesamt vier zu beschränken. Im übrigen werde traditionsgemäß (wie auch in Zukunft) nach dem Grundsatz „bekannt und bewährt" verfahren. Von den insgesamt 20 Bewerbern aus dem Verlosungsgewerbe seien hiernach 13 Anbieter, die schon seit zwei Jahrzehnten auf dem Frühjahrsfest tätig gewesen seien, vor A zu berücksichtigen. Dem Schreiben ist eine ordnungsgemäße Rechtsbehelfsbelehrung beigefügt.

Der rechtzeitig innerhalb der Frist des § 70 Abs. 1 VwGO erhobene Widerspruch des A mit dem Ziel, die Zulassung doch noch rechtzeitig zu erreichen, ist Anfang April 2002 noch nicht entschieden. A erhebt daraufhin im September 2002 Klage gegen die Stadt N beim örtlich zuständigen Verwaltungsgericht und beantragt festzustellen, dass die Nichtzulassung rechtswidrig war. A trägt vor, dass er bei ordnungsgemäßen Auswahlkriterien aufgrund seines modernen Betriebes und attraktiven Warensortiments mit Sicherheit zugelassen worden wäre und er deshalb auch erwägt, im Zivilrechtsweg Amtshaftungsansprüche wegen entgangenen Gewinns für das Frühjahrsfest 2002 geltend zu machen. Zudem erklärt er, sich in den nächsten Jahren wieder beim Frühjahrsfest in N mit seinem Verlosungsgeschäft bewerben zu wollen.

Vermerk für die Bearbeiter: In einem Rechtsgutachten, das auf alle aufgeworfenen Rechtsargumente einzugehen hat, sind die Erfolgsaussichten der Klage des A zu beurteilen!

Abwandlung:
Im Jahre 2001 hatte der Stadtrat von N ein neues Organisationsmodell für das Volksfest beschlossen. In dessen Ausführung wird mit dem örtlichen Schaustellerverband (SV) – einem eingetragenen Verein, dem ortsansässige Geschäftsleute angehören – eine vertragliche Vereinbarung getroffen, wonach die Stadt N zwar Veranstalter und Träger des Volksfestes bleibt, der SV aber mit der Durchführung des Volksfestes betraut wird, insbesondere mit dem Abschluss privatrechtlicher Mietverträge mit den Bewerbern. Nach Maßgabe des Stadtratsbeschlusses sowie der Vereinbarung zwischen N und SV wird ein Arbeitsausschuss sowie ein Vergabeausschuss eingerichtet. Der Arbeitsausschuss setzt sich aus drei (stimmberechtigten) Vertretern der Stadt und vier (stimmberechtigten) Vertretern des SV zusammen. Seine Aufgabe besteht darin, jedes Jahr neue grundsätzliche Entscheidungen zu treffen, insbesondere über die Platzgestaltung und die grundsätzlichen Vergabebedingungen (etwa hinsichtlich Anzahl, Art und Ausmaß von Fahr- und

Warenverlosungsgeschäften). Der Vergabeausschuss besteht aus 16 stimmberechtigten Vertretern des SV und drei Vertretern der Stadt. Er soll die Aufgabe haben, in jedem Einzelfall über die Zulassungsanträge von Bewerbern eigenverantwortlich zu entscheiden. Im Vorfeld des Frühjahrsfest 2002 beschließt der Arbeitsausschuss eine Begrenzung der Ausmaße von Verlosungsgeschäften in der Frontlänge auf 16 m und in der Höhe auf 8 m.

Wie im Ausgangsfall bewirbt sich A bei N rechtzeitig um die Zulassung zum Frühjahrsfest 2002. Die Stadtverwaltung von N leitet die Antragsunterlagen des A an den Vergabeausschuss weiter. Dieser lehnt die Zulassung ab: Es seien zu viele Bewerber für Verlosungsgeschäfte vorhanden, sodass wegen Kapazitätserschöpfung eine Auswahlentscheidung zu treffen sei. A müsse dabei zurücktreten, weil das Verlosungsgeschäft des A die vom Arbeitsausschuss festgesetzten Höchstmaße geringfügig überschreitet. Der SV teilt dies dem A mit. Die Stadtverwaltung weist den A auf Anfrage darauf hin, dass nach der internen Organisation Arbeits- und Vergabeausschuss für die Vorgaben der Zulassung und die Zulassung selbst zuständig seien und sie deswegen an diesen Entscheidungen inhaltlich nichts ändern könne.

Vermerk für die Bearbeiter: A legt gegen die Ablehnung der Zulassung Widerspruch ein, der wie im Ausgangsfall vor Beginn des Frühjahrsfests noch nicht entschieden ist. Beurteilen Sie auch hier die Erfolgsaussichten einer verwaltungsgerichtlichen Klage mit entsprechendem Klageziel wie im Ausgangsfall!

Lösung

A. Ausgangsfall

Die Klage des A gegen die N hat Erfolg, wenn sie zulässig und begründet ist.

I. Zulässigkeit

1. Verwaltungsrechtsweg – Zweistufentheorie

Es müsste sich zunächst um eine öffentlich-rechtliche Streitigkeit handeln, d.h. der Streitgegenstand – hier die Frage der Rechtmäßigkeit der Ablehnung des A für das Volksfest – müsste dem öffentlichen Recht zuzuordnen sein. Die Ausgestaltung der Leistungsverhältnisse zwischen der N als Trägerin und Veranstalterin des Festes und den einzelnen Anbietern erfolgt durch Mietverträge. Die Verwaltung hat im Bereich der sog. Leistungsverwaltung nach vorzugswürdiger (und ganz herrschender) Ansicht aufgrund der im gemeindlichen Selbstverwaltungsrecht verankerten Organisationshoheit eine Wahlfreiheit, ob sie in öffentlich-rechtlichen Rechtsformen oder privatrechtlichen Formen handelt[1], sofern nicht zwingende Vorschriften ein Handeln in öffentlich-rechtlichen Handlungsformen gebieten (z.B. § 26 WohnGG – zwingend: Leistungsbescheid). Es gilt dann aber das sog. Verwaltungsprivatrecht, d.h. auch bei Handeln in privatrechtlichen Formen unterliegt der Staat und seine Einrichtungen zwingenden öffentlich-rechtlichen Bindungen, etwa kompetenziellen Regelungen und den Grundrechten.[2] Insbesondere kann sich über Art. 3 Abs. 1 GG ein Anspruch auf Gleichbehandlung ergeben.

Insofern liegt die Annahme nahe, dass auch für die Frage der Zulassung über entsprechende Überlegungen hinsichtlich eines Kontrahierungszwanges eine privatrechtliche Streitigkeit vorliegt, die nach § 13 GVG im ordentlichen Rechtsweg auszufechten wäre.[3] Der Rechtsstreit wäre dann an den Zivilrechtsweg zu verweisen (§ 173 VwGO, § 17a Abs. 2 GVG). Demgegenüber ist aber zu bedenken, dass die Veranstaltung eines Frühlingsfestes nicht reine erwerbswirtschaftliche Tätigkeit ist, sondern in Wahrnehmung öffentlicher Zwecke erfolgt. Thematisch geht es – ähnlich wie bei dem Betrieb einer Gemeindehalle, bei der Abwasser- und Abfallentsorgung, dem ÖPNV o.ä. – um Daseinsvorsorge, also um Aktivitäten auf dem Gebiet der Leistungsverwaltung. Auch wenn das Leistungsverhältnis zivilrechtlich ausgestaltet ist, ist gedanklich hiervon die (ggf. nur eine juristische Sekunde vorher ergehende) Zulassungsentscheidung abzugrenzen.

Nach der – insbesondere bei der Frage der Zulassung zu öffentlichen Einrichtungen und bei Subventionsrechtsverhältnissen maßgeblichen – sog. *Zweistufentheorie*[4] ergeht diese Entscheidung nach öffentlichem Recht und richtet sich vor allem nach den Anforderungen des fehlerfreien Ermessensgebrauchs gem. Art. 40 BayVwVfG i.V.m. Art. 3 Abs. 1 GG bzw. nach spezielleren gesetzlichen Regelungen wie z.B. § 5 PartG[5], § 70 GewO[6] oder

[1] Vgl. *OVG Münster* NJW 1976, 820 (821), m.w.N.; *Becker/Sichert*, JuS 2000, 144 (145); *März*, BayVBl. 1992, 97; hierzu zusammenfassend – auch aus kritischer Perspektive: v. *Danwitz*, JuS 1995, 1ff.

[2] *BVerwG* NVwZ 1991, 59 = BayVBl. 1991, 600 (601).

[3] In diese Richtung: *OVG Koblenz* NVwZ 1982, 379 (380); *Erichsen*, Jura 1986, 196 (199).

[4] *BVerwG* NJW 1990, 134 (135); NVwZ 1991, 59; *BayVGH* NVwZ 1999, 1122 (1123); *Stern*, Verwaltungsprozessuale Probleme, Rn. 83, 90ff.; *Schmitt Glaeser/Horn*, Verwaltungsprozessrecht, Rn. 46; *Hufen*, Verwaltungsprozessrecht, § 11, Rn. 43f. Hierzu schon oben *Fälle 2* und *3*.

[5] *BVerwGE* 32, 333 (334); *BVerwG* NJW 1990, 134ff.; *OVG Lüneburg* NJW 1985, 2347ff.

[6] *VGH Mannheim* NVwZ-RR 1992, 132ff.; *Becker/Sichert*, JuS 2000, 144 (145).

– wie hier – nach Art. 21 BayGO[7] (oder Art. 15 LKO, Art. 15 BezO). Wenn auch Zulassungsentscheidung und Ausgestaltungsverhältnis fließend ineinander übergehen und sich ggf. bei fehlerhafter oder gar kassierter Zulassungsentscheidung Anschlussprobleme hinsichtlich der Abwicklung des bereits abgeschlossenen zivilrechtlichen Ausgestaltungsvertrags ergeben[8], so sind hiernach doch in logischer Hinsicht zwei Stufen zu unterscheiden:

Die erste Stufe betrifft hiernach das „Ob" der Leistung (Wer erhält unter welchen Voraussetzungen die Zulassung, Subvention o.ä.). Auf dieser Ebene ergeht die Entscheidung auf dem Gebiet des öffentlichen Rechts. Streitigkeiten, die diese Stufe betreffen sind öffentlich-rechtlicher Natur und daher nach § 40 Abs. 1 Satz 1 VwGO im Verwaltungsrechtsweg auszutragen. Streitigkeiten über das „Wie" der Leistung – maßgeblich über Gegenleistung, Leistungsstörungen o.ä. – betreffen demgegenüber das Ausgestaltungsverhältnis, also die zweite Stufe. Soweit nach dem Grundsatz der Wahlfreiheit dieses Leistungsverhältnis privatrechtlich ausgestaltet wurde, gehören diesbezügliche Streitigkeiten gem. § 13 GVG vor die Zivilgerichte. Im vorliegenden Fall geht es um die Frage, ob die Versagung der Zulassung des A – gemessen an Art. 21 BayGO – rechtmäßig war. Der Streit betrifft die erste Stufe. Es handelt sich demnach um eine öffentlich-rechtliche Streitigkeit. Mangels verfassungsrechtlicher Natur und mangels gesetzlicher Sonderzuweisung an einen anderen Rechtsweg ist daher gem. § 40 Abs. 1 Satz 1 VwGO der Verwaltungsrechtsweg eröffnet.

Zum Aufbau: Es ist gut vertretbar, sich bereits auf dieser Ebene auf Art. 21 BayGO als Anspruchsgrundlage festzulegen und herauszuarbeiten, dass der städtische Festplatz bzw. das Volksfest als solches öffentliche Einrichtung i.d.S. ist. Es kann dann hervorgehoben werden, dass sich der Zugangsanspruch dann nach dieser öffentlich-rechtlichen Norm richtet und dass deswegen der Verwaltungsrechtsweg nach § 40 Abs. 1 Satz 1 VwGO eröffnet ist.[9]

Zur Vertiefung: Die Zweistufentheorie ist auch anwendbar bei sog. Organisationsprivatisierung, d.h. wenn die kommunale Körperschaft des öffentlichen Rechts ihre (gewidmete) Einrichtung (insbesondere im Bereich der Daseinsvorsorge) in privatrechtlicher Form (z.B. GmbH oder AG) betreibt. Eine Gemeinde kann sogar ein Unternehmen, an dem sie nur mit Anteilsminderheit oder gar nicht beteiligt ist, durch Widmung zur öffentlichen Einrichtung (zum Begriff unten) erheben, wenn diese Einrichtung „tatsächlich zu den von der Gemeinde verfolgten öffentlichen Zwecken zur Verfügung steht und wenn die Gemeinde die öffentliche Zweckbindung der Einrichtung nötigenfalls gegenüber der privatrechtlichen Betriebsgesellschaft durchzusetzen imstande ist."[10] Der öffentlich-rechtliche Zugangsanspruch – z.B. nach Art. 21 BayGO – ist dann darauf gerichtet, dass die widmende Gemeinde von ihrer Einflussnahmemöglichkeit gegenüber der privaten Gesellschaft Gebrauch macht, also durch Einwirkung auf die Betriebsgesellschaft dafür sorgt, dass dem Bewerber der Zugang zu der Einrichtung verschafft

[7] Bzw. den entsprechenden Vorschriften in anderen Bundesländern: *BVerwG* NVwZ 1991, 59 = BayVBl. 1991, 600 (601); *BayVGH* NVwZ 1999, 1122 (1123); *OVG Münster* DVBl. 1971, 218f.; NJW 1976, 820ff.; *VGH Mannheim* DÖV 1978, 569ff.; DVBl. 1981, 220ff.; *VGH Kassel* NJW 1987, 145ff.; *OVG Lüneburg* NJW 1985, 2347ff.

[8] So die Kritiker der Zweistufentheorie, die von einer einheitlich öffentlich-rechtlichen Ausgestaltung ausgehen (maßgeblich über die Konstruktion eines öffentlich-rechtlichen Vertrages): *Ossenbühl*, DVBl. 1973, 289 (291ff.); auch *Maurer*, Allgemeines Verwaltungsrecht, § 17, Rn. 14ff.

[9] So etwa: *OVG Münster* NJW 1976, 820 (821); *OVG Lüneburg* NJW 1985, 2347; *Lösunggsskizze zur Aufgabe 7 der Ersten Juristischen Staatsprüfung 1996/1*, BayVBl. 1998, 188.

[10] Speziell für ein Volksfest, dessen Ausrichtung die Gemeinde einem Privaten übertragen hat: *BayVGH* GewArch 1988, 245 (246). Allgemein: *BVerwG* NJW 1990, 134 (135); ebenso: *BVerwG* NVwZ 1991, 59. Zu dieser Einwirkungspflicht – auch unter dem Gesichtspunkt sachlich-inhaltlicher demokratischer Legitimation: *Püttner*, DVBl. 1975, 353ff.; *Spannowsky*, DVBl. 1992, 1072ff. Diesem Gedanken trägt maßgeblich auch die Entscheidung des Berliner Verfassungsgerichtshofs zur Teilprivatisierung der Berliner Wasserbetriebe Rechnung: *BerlVerfGH* NVwZ 2000, 794ff.

wird.[11] Dieser nach der Zweistufentheorie im Verwaltungsrechtsweg einzuklagende Einwirkungsanspruch besteht weiterhin gegenüber der widmenden kommunalen Körperschaft. Anderes gilt, wenn ein Anspruch auf Benutzung unmittelbar gegenüber der privaten Betriebsgesellschaft geltend gemacht wird. Soweit die private Betriebsgesellschaft nicht als Beliehene[12] mit echten öffentlich-rechtlichen Handlungs- oder Entscheidungsbefugnissen ausgestattet ist, geht es materiell um zivilrechtliche Fragen, auch wenn das Privatrecht hier über das sog. Verwaltungsprivatrecht (ggf. in Form der Begründung eines Kontrahierungszwangs nach Art. 3 Abs. 1 GG) ausgestaltet wird. Für derartige Ansprüche im Verhältnis zur privatrechtlichen Betreibergesellschaft ist dann nach § 13 GVG der ordentliche Rechtsweg gegeben.[13]

2. Statthafte Klageart

Ursprünglich begehrte A eine positive Zulassungsentscheidung von N. Als Maßnahme auf dem Gebiet des öffentlichen Rechts (erste Stufe, s.o.) mit außenwirksamem Regelungscharakter für den Einzelfall handelt es sich dabei um einen Verwaltungsakt i.S.v. § 35 Satz 1 VwVfG bzw. Art. 35 Satz 1 BayVwVfG. Ginge es A weiterhin um die Zulassung, begehrte er also den Erlass eines begünstigenden Verwaltungsakts, wäre die Verpflichtungsklage nach § 42 Abs. 1 2. Alt. VwGO statthafte Klageart.

Im vorliegenden Fall ist aber das Frühlingsfest 2002 bereits vorbei. Die Zulassung macht keinen Sinn mehr. Der abschlägige Zulassungsbescheid hat sich folglich erledigt. Nach Art. 43 Abs. 2 BayVwVfG ist ein erledigter Verwaltungsakt nicht mehr wirksam und kann daher den Betroffenen nicht mehr beschweren.[14] Einer Anfechtungsklage auf Kassierung eines belastenden Verwaltungsakts oder eine Verpflichtungsklage auf Erlass eines abgelehnten begünstigenden Verwaltungsakts oder zumindest Neubescheidung fehlt dann das Sachbescheidungsinteresse, weil ein Kassations- oder Verpflichtungsurteil dem Kläger keinen Vorteil mehr bringen würde. Im vorliegenden Fall wäre also eine Verpflichtungs- oder ggf. Neubescheidungsklage mangels Rechtsschutzinteresses unzulässig.

Laut Sachverhalt erstrebt A daher auch nicht die Zulassung selbst, sondern (lediglich) aus retrospektiver Sicht die Feststellung, dass die Ablehnung rechtswidrig war und ihn in subjektiven Rechten verletzte. Als statthafte Klageart kommt daher die zwar nicht ausdrücklich als Klageart mit eigenen Zulässigkeitsvoraussetzungen normierte, aber in § 113 Abs. 1 Satz 4 VwGO vorausgesetzte *Fortsetzungsfeststellungsklage*[15] in Betracht. Die Statthaftigkeit der Fortsetzungsfeststellungsklage ergibt sich letztlich auch aus dem Gedanken des effektiven Rechtsschutzes (Art. 19 Abs. 4 GG), der eine gerichtliche Befassung bei besonderem Rechtsschutzbedürfnis auch nach Erledigung erfordert. Zum Teil wird – ohne dass sich dadurch insbesondere hinsichtlich der Zulässigkeitsvoraussetzungen etwas ändern würde – die Fortsetzungsfeststellungsklage auch als allgemeine Feststellungsklage i.S.v. § 43 VwGO behandelt.[16]

§ 113 Abs. 1 Satz 4 VwGO geht hinsichtlich der Statthaftigkeit an sich von der Erledigung eines belastenden Verwaltungsakts in der Grundsituation der Anfechtungsklage aus. Zudem geht die Regelung von einer nach Klageerhebung eintretenden Erledigung aus, also von der Fallgestaltung, dass die Fortsetzungsfeststellungsklage nach Erledigungseintritt im

[11] *BVerwG* NJW 1990, 134 (135); NVwZ 1991, 59; *VGH Mannheim* DVBl. 1981, 220 (221); *VGH Kassel* DVBl. 1975, 913 (914). Vgl. auch *BayVGH* NVwZ 1999, 1122 (1123).

[12] Zum Begriff des Beliehenen: *Seidel*, Privater Sachverstand und staatliche Garantenstellung im Verwaltungsrecht, 2000, S. 25 ff., m.w.N.

[13] *BVerwG* NVwZ 1991, 59.

[14] *BVerwG* NVwZ 2000, 63.

[15] Beispiele: *BVerfG* NVwZ 1999, 523 ff. und 1105 ff. – erledigter Antrag auf Erteilung einer Baugenehmigung; *BVerwG* NVwZ 2000, 63 ff. – Beschlagnahme von Fotonegativen eines Journalisten durch die Polizei; *BayVGH* NVwZ 1999, 1122 (1123) – Zulassung eines Schaustellers zum Volksfest durch Privaten; *VGH Mannheim* NVwZ-RR 1992, 132 ff. – Ablehnung der Zulassung eines Marktbewerbers.

[16] So: *Wehr*, DVBl. 2001, 785 ff. Vgl. auch die Nachweise bei *BVerwG* NVwZ 2000, 63 (64).

Wege der Klageänderung nach § 91 VwGO zu verfolgen ist. Aufgrund der Ausstrahlungswirkung des Art. 19 Abs. 4 GG gilt § 113 Abs. 1 Satz 4 VwGO aber analog für die Situation der Verpflichtungsklage[17] sowie analog (und zwar sowohl für die Situation der Anfechtungs- als auch der Verpflichtungsklage) für den Fall der Erledigung vor Klageerhebung[18]. Die Fortsetzungsfeststellungsklage analog § 113 Abs. 1 Satz 4 VwGO ist daher statthafte Klageart.[19]

> **Zur Vertiefung:** Ist noch keine Erledigung eingetreten, ist zu diskutieren, welche Klageart(en) der Betroffene zu wählen hat, um den Konkurrenten zu verdrängen und um selbst den Zuschlag zu erhalten. Hier spricht viel dafür, dass er die Vergabe zugunsten des Konkurrenten anfechten *und* Verpflichtungsklage auf Zuschlag (bzw. auf ermessensfehlerfreie Entscheidung) parallel erheben muss (sehr str.!). Je nach Argumentation kann hinsichtlich des Begehrens der Kassation der Vergabeentscheidung zugunsten des Konkurrenten ein zusätzlicher Anfechtungswiderspruch entbehrlich sein. Diese Problemfragen waren Gegenstand des bayerischen Staatsexamens im Jahr 1996.[20] Dieser Fall sollte zur Vertiefung unbedingt durchgearbeitet werden! Zu den verfassungsrechtlichen Anforderungen an den von den Gerichten zu leistenden Rechtsschutz s. *BVerfG* NJW 2002, 3691 f. – Vergabe von Standplätzen auf Jahrmärkten (dort: einstweiliger Rechtsschutz).

3. Klagebefugnis

Nach allgemeiner Ansicht gilt § 42 Abs. 2 VwGO für die Fortsetzungsfeststellungsklage entsprechend.[21] A muss daher klagebefugt sein, d. h. er muss einen Sachverhalt vortragen können, nach dem es nicht von vornherein auszuschließen ist, dass die Ablehnung der Zulassung ihn in subjektiv-öffentlichen Rechten verletzt. Art. 21 BayGO, der hier auf Begründetheitsebene als Anspruchsgrundlage zu prüfen ist, vermittelt den Berechtigten ein subjektiv-öffentliches Recht.[22] Durch die Ablehnung seitens der N kann insofern ein subjektives Recht des A verletzt worden sein. A ist folglich klagebefugt.

4. Besonderes Feststellungsinteresse

Nach § 113 Abs. 1 Satz 4 letzter HS VwGO unterliegt die Fortsetzungsfeststellungsklage einer besonderen Zulässigkeitsvoraussetzung (qualifiziertes Rechtsschutzbedürfnis): Der Kläger (hier A) muss ein berechtigtes Interesse an der begehrten Feststellung haben (Fortsetzungsfeststellungsinteresse). Anerkannt sind insofern das sog. Rehabilitationsinteresse, die Präjudizität zur Vorbereitung eines Amtshaftungsprozesses sowie die Wiederholungsgefahr.

a) Rehabilitationsinteresse

Ein Rehabilitationsinteresse als besonderes Feststellungsinteresse nimmt die Rechtsprechung an bei Diskriminierungen resp. bei nachhaltigen Grundrechtsverletzungen. Gemeint sind Fälle objektiv erheblicher Beeinträchtigungen der Menschenwürde, des Persönlichkeitsrechts oder des beruflichen bzw. gesellschaftlichen Ansehens mit besonders abträglichen Nachwir-

---

[17] *BVerwGE* 52, 313 (316); *VGH Mannheim* NVwZ 1990, 1090; *Hufen*, Verwaltungsprozessrecht, § 18, Rn. 65; *Stern*, Verwaltungsprozessuale Probleme, Rn. 258; *Schmitt Glaeser/Horn*, Verwaltungsprozessrecht, Rn. 359.

[18] *BVerwGE* 12, 87 (90); 49, 36 (39); *Kopp/Schenke*, VwGO, § 113, Rn. 99; *Hufen*, Verwaltungsprozessrecht, § 18, Rn. 64; *Stern*, Verwaltungsprozessuale Probleme, Rn. 157; *Schmitt Glaeser/Horn*, Verwaltungsprozessrecht, Rn. 361. Nach a.A. soll in dieser Situation auf die allgemeine Feststellungsklage nach § 43 VwGO zurückgegriffen werden, vgl. die Nachweise bei *Schmitt Glaeser/Horn*, a. a.O.

[19] In derselben prozessualen Situation auch *BayVGH* NVwZ 1999, 1122 (1123).

[20] *Aufgabe 7 der Ersten Juristischen Staatsprüfung 1996/1*, BayVBl. 1998, 159 und (ausführliche Lösungsskizze) 188. Zur Problematik auch *Wernsmann*, Die Verwaltung 36 (2003), 67 (74 f.).

[21] *Kopp/Schenke*, VwGO, § 113, Rn. 125; *Schmitt Glaeser/Horn*, Verwaltungsprozessrecht, Rn. 364.

[22] *Vollmer*, DVBl. 1989, 1087 (1088); *Lissack*, Bayerisches Kommunalrecht, § 2, Rn. 79; *Becker*, in: ders./Heckmann/Kempen/Manssen, Öffentliches Recht in Bayern, 2. Aufl. 2001, 2. Teil, Rn. 448.

kungen, die nur durch gerichtliche Sachentscheidung ausgeglichen werden können.[23] Hier mag zwar ggf. eine Verletzung des Art. 12 GG im Raume stehen, von einem wirklich nachhaltigen Diskriminierungseffekt dürfte aber nicht auszugehen sein (a.A. ggf. vertretbar).

b) Präjudizität zur Vorbereitung eines Schadensersatzanspruchs

Das Feststellungsinteresse kann sich vorliegend ggf. auch daraus ergeben, dass A im Anschluss einen Amtshaftungsprozess führen will.[24] Nach § 121 VwGO wäre ein Feststellungsurteil über die Rechtswidrigkeit einer Maßnahme bindend für das Zivilgericht in einem anschließenden Zivilprozess über einen Amtshaftungsanspruch des A nach Art. 34 GG i.V.m. § 839 BGB (zur Zuständigkeit der Zivilgerichte: § 40 Abs. 2 VwGO, Art. 34 Satz 3 GG). Das dort befasste Gericht müsste also ohne weitere Prüfung von der Rechtswidrigkeit ausgehen und hierüber eine Amtspflichtverletzung der N begründen.

Ein Feststellungsinteresse ist in diesen Fällen aber nur zu bejahen, wenn der angekündigte Amtshaftungsprozess nicht von vornherein aussichtslos ist.[25] Bereits insofern kann man mit guten Gründen ein derartiges Feststellungsinteresse verneinen: Bei Kapazitätserschöpfung wandelt sich die an sich gebundene Zulassungsentscheidung nach Art. 21 BayGO in eine Ermessensentscheidung um *(im einzelnen unten II 2 a bb))*. Unabhängig von der Ermessensfehlerhaftigkeit der Ablehnung wäre also dann eine ermessensfehlerfreie Ablehnung mit anderer Begründung durchaus denkbar. In einem solchen Fall steht dann aber die Kausalität zwischen Amtspflichtverletzung und Schaden in Frage und ist nur (als hypothetische Kausalität) zu bejahen, wenn *„der Amtswalter bei pflichtgemäßer Handhabung des Ermessens anders entschieden hätte."*[26] Ein wirklich eindeutiges Ergebnis ließe sich hier wohl nur im Falle einer Ermessensreduzierung bejahen. In diesem Fall wäre A aber ein Rechtsmittelversäumnis i.S.v. § 839 Abs. 3 BGB vorzuwerfen, das den Amtshaftungsanspruch entfallen ließe: Denn A hätte dann vorläufigen Rechtsschutz über § 123 VwGO suchen können[27], über den nach dem Gedanken effektiven Rechtsschutzes auch ausnahmsweise eine Vorwegnahme der Hauptsache hätte erstritten werden können, weil aufgrund der Termingebundenheit des Volksfestes eine erst im Anschluss hieran ergehende Hauptsacheentscheidung über die Zulassung zu spät käme.[28]

Selbst wenn man in summarischer Prüfung die Anspruchsvoraussetzungen des § 839 BGB i.V.m. Art. 34 GG bejahte, so sprechen vorliegend gegen ein Feststellungsinteresse unter dem Gesichtspunkt der Präjudizität folgende Gesichtspunkte: Hinter der Ableitung eines Feststellungsinteresses zur Vorbereitung eines Amtshaftungsprozesses steht maßgeblich auch der Gedanke der Prozessökonomie. Diesem Gedanken entspricht eine Situation, in der zunächst zulässigerweise eine Anfechtungs- oder Verpflichtungsklage erhoben wurde, die erst im Nachhinein wegen Erledigung nach Klageerhebung unzulässig wird. Hier wäre es unökonomisch, dem angerufenen Verwaltungsgericht trotz Umstellung des Klageantrags auf ein Feststellungsbegehren die Befassungskompetenz zu entziehen, nachdem es ggf. schon sein Fachwissen in den Fall eingebracht hat und eine Entscheidung über die Rechtswidrigkeit bald zu treffen wäre.[29] Anderes gilt aber grundsätzlich bei vorprozessualer Erledigung. Hier widerspräche die Zulässigkeit einer Fortsetzungsfeststellungsklage dem Gedanken der Verfahrensökonomie. Es würden letztlich zwei Gerichtsprozesse provoziert, obwohl auch das Zivilgericht von Anfang an in die Rechtmäßigkeitsprüfung

---

[23] Zusammenfassend: *VGH Mannheim* NVwZ 1990, 378; ebenso: *BVerwG* DVBl. 1991, 51; BayVBl. 1991, 26; BayVBl. 1992, 596f.; *VGH Mannheim* DVBl. 1991, 60 (62). Großzügiger für die Zulässigkeit einer Verfassungsbeschwerde: *BVerfG* NJW 2002, 3691.

[24] Allgemein hierzu: *Schmitt Glaeser/Horn*, Verwaltungsprozessrecht, Rn. 356; *BVerfG* NVwZ 1999, 1105 (1106) – erledigter Antrag auf Baugenehmigung.

[25] Vgl. *BVerwGE* 100, 83 (92); *BVerwG* NVwZ 1989, 158 (159); NVwZ 1989, 1156 (1157); DVBl. 1992, 1230f.; NVwZ 1999, 1105 (1106); *VGH Mannheim* NVwZ-RR 1992, 132; *BayVGH* BayVBl. 1996, 599f.

[26] *Maurer*, Allgemeines Verwaltungsrecht, § 26, Rn. 26, unter Rekurs auf *BGH* NJW 1959, 1316f.

[27] Vgl. *BayVGH* BayVBl. 1988, 497ff.; *VGH Kassel* NJW 1987, 145ff.; *OVG Münster* NJW 1976, 820ff.; *OVG Lüneburg* NJW 1985, 2347ff.

[28] *OVG Lüneburg* NJW 1985, 2347 (2348).

[29] Vgl. auch *BVerfG* NVwZ 1999, 1105 (1106).

kraft eigener Prüfkompetenz einsteigen könnte. Im Falle der – auch hier vorliegenden – vorprozessualen Erledigung im analogen Anwendungsbereich des § 113 Abs. 1 Satz 4 VwGO scheidet daher ein Feststellungsinteresse unter dem Gesichtspunkt der Präjudizität für einen Amtshaftungsanspruch aus.[30]

c) Wiederholungsgefahr

Ein Feststellungsinteresse wegen Wiederholungsgefahr ist zu bejahen, wenn (in der Anfechtungssituation) mit dem Erlass eines ähnlichen belastenden Verwaltungsakts bzw. (in der Verpflichtungssituation) mit der Versagung eines begehrten Verwaltungsakts in einer vergleichbaren Situation mit entsprechenden Erwägungen zu rechnen ist.[31] Im vorliegenden Fall beabsichtigt A, im nächsten Jahr sich erneut für das Frühjahrsfest zu bewerben. Das Fortsetzungsfeststellungsinteresse ergibt sich daher im Fall aus der Wiederholungsgefahr, weil A damit rechnen muss, künftig mit gleichen Ermessenserwägungen („bekannt und bewährt") abgelehnt zu werden.

5. Widerspruchsverfahren

Vorliegend erhebt A Klage, ohne dass eine Widerspruchsentscheidung vorliegt. Dies wäre unzulässig, wenn auch bei Erledigung ein sog. Fortsetzungsfeststellungswiderspruch nach § 68 VwGO statthaft und ein hierauf ergehender (für den Widerspruchsführer negativer) Widerspruchsbescheid Zulässigkeitsvoraussetzung für eine Fortsetzungsfeststellungsklage wäre. Eine Mindermeinung geht insofern von der Statthaftigkeit eines Fortsetzungsfeststellungswiderspruchs aus, nicht nur weil die Fortsetzungsfeststellungsklage als verlängerte Anfechtungs- oder Verpflichtungsklage anzusehen sei, sondern auch weil das Widerspruchsverfahren zudem der Selbstkontrolle der Verwaltung diene und unter dem Gesichtspunkt der Gerichtsentlastung ein weiterer verwaltungsgerichtlicher Fortsetzungsfeststellungsprozess vermieden werden könne.[32] Überwiegend wird dies zu Recht abgelehnt.[33] § 68 Abs. 1 und 2 VwGO bezieht sich ausdrücklich nur auf Anfechtungs- und Verpflichtungsklage, die Fortsetzungsfeststellungsklage ist aber der Sache nach bloße Feststellungsklage. §§ 72, 73 VwGO zeigen, dass das Widerspruchsverfahren auf Abhilfe, d.h. auf Kassation einer Belastung bzw. auf Erlass eines begünstigenden Verwaltungsakts ausgerichtet ist. Das Widerspruchsverfahren zielt damit nur auf eine gestaltende Entscheidung, nicht aber auf bloße Feststellung. Im übrigen kann eine behördliche Feststellung über die Rechtswidrigkeit eines abgeschlossenen Vorganges in ihrer Bedeutung nicht mit einer rechtskräftigen gerichtlichen Feststellungsentscheidung verglichen werden. Mangels Statthaftigkeit des Fortsetzungsfeststellungswiderspruchs ist ein abgeschlossenes Widerspruchsverfahren nicht Zulässigkeitsvoraussetzung im Falle einer vorprozessualen Erledigung.

6. Fristen

Eine besondere Frist muss mangels besonderer ausdrücklicher Regelung entgegen vereinzelten Entscheidungen[34] für die Fortsetzungsfeststellungsklage im Falle einer vorprozessualen Erledigung nicht eingehalten werden. Insbesondere ist die Klage nicht an die Fristen

[30] Vgl. *BVerwGE* 81, 226; *BVerwG* BayVBl. 1983, 121 (122); NJW 1989, 2486; NVwZ 1992, 1092ff.; *VGH Mannheim* NVwZ 1987, 253 (255); *BayVGH* BayVBl. 1983, 473; *Hufen*, Verwalungsprozessrecht, § 18, Rn. 78; *Kopp/Schenke*, VwGO, § 113, Rn. 136. Im Einzelfall kann sich aber aus Erwägungen der Prozessökonomie – etwa bei Klageerweiterung – etwas anderes ergeben, vgl. etwa für einen Sonderfall: *BVerfG* NVwZ 1999, 1105 (1106). Krit. *Schmitt Glaeser/Horn*, Verwaltungsprozessrecht, Rn. 356.

[31] *Kopp/Schenke*, VwGO, § 113, Rn. 141, mit zahlreichen Nachweisen. Exemplarische Einzelfälle: *BVerwG* NVwZ 2000, 63 (64) – Beschlagnahme von Fotonegativen eines Journalisten durch die Polizei; *VGH Mannheim* NVwZ-RR 1992, 132 – Ablehnung der Zulassung eines Marktbewerbers.

[32] *Kopp/Schenke*, VwGO, § 68, Rn. 34; *Schenke*, Jura 1980, 133 (140f.).

[33] *BVerwGE* 26, 161 (165ff.); *BVerwG* DVBl. 1981, 502 (503); *OVG Bremen* NVwZ 1990, 1188; *VG Neustadt* NVwZ 1985, 371 (372).

[34] Vgl. *VGH Mannheim* DVBl. 1998, 835; *OVG Koblenz* NJW 1982, 1301 (1302).*VG Frankfurt* NVwZ 1988, 381 – analoge Anwendung des § 74 Abs. 1 Satz 2 VwGO.

der §§ 74 bzw. 58 Abs. 2 VwGO gebunden. Auch eine entsprechende Anwendung scheidet aus.[35] Die Fortsetzungsfeststellungsklage ist auf Feststellung ausgerichtet und damit trotz thematischer Nähe von einer anderen Interessenlage im Vergleich zur Anfechtungs- und Verpflichtungsklage gekennzeichnet. Interessen der Verwaltung unter dem Gesichtspunkt der Rechtssicherheit können bei der Fortsetzungsfeststellungsklage maßgeblich auch unter dem Gesichtspunkt des Feststellungsinteresses berücksichtigt werden.[36]

Es darf allerdings der angegriffene belastende Verwaltungsakt bzw. (hier) die Ablehnung des begünstigenden Verwaltungsakts durch vorprozessuales Verstreichenlassen der Widerspruchsfrist gem. § 70 VwGO vor dem Zeitpunkt der Erledigung nicht formell bestandskräftig geworden sein.[37] Denn dann wäre auch die an sich zunächst statthafte Anfechtungs- oder Verpflichtungsklage unzulässig geworden. Dies ergibt sich überdies aus dem Rechtsgedanken des § 43 Abs. 2 Satz 1 VwGO („oder hätte verfolgen können").[38] Keinerlei Fristbindung (bis zur Verwirkungsgrenze) besteht demnach nur, wenn die Erledigung schon vor Ablauf der Widerspruchsfrist eingetreten ist.[39] Bei späterer Erledigung muss also zumindest rechtzeitig Widerspruch erhoben worden sein, um den Eintritt der Bestandskraft zu verhindern. Hiervon ist nach den Sachverhaltsangaben auszugehen.

II. Begründetheit

Die Klage des A ist analog §§ 113 Abs. 5, 78 Abs. 1 Nr. 1 VwGO begründet, wenn sie (1) sich gegen den richtigen Beklagten richtet und (2) die Versagung der Zulassung als rechtswidrig zu bewerten ist und A hierdurch in subjektiv-öffentlichen Rechten verletzt worden ist.

1. Passivlegitimation

Im vorliegenden Fall hat die Stadt N die Zulassung versagt. Richtiger Klagegegner ist damit die N selbst als Gebietskörperschaft und damit juristische Person des öffentlichen Rechts (§ 78 Abs. 1 Nr. 1 VwGO).

2. Rechtswidrigkeit und subjektive Rechtsverletzung

a) Rechtswidrigkeit der Versagung

aa) §§ 60b Abs. 2, 70 GewO als Rechtmäßigkeitsmaßstab

Die Versagung der Zulassung des A könnte gegen gesetzliche Maßstäbe aus § 60b Abs. 2 i.V.m. § 70 GewO verstoßen. Nach diesen Normen kann A einen Zulassungsanspruch gegenüber der N als Veranstalterin haben.[40] Das Frühjahrsfest erfüllt zwar die Voraussetzungen eines Volksfestes nach § 60b Abs. 1 GewO. § 70 GewO setzt aber eine Festsetzungsentscheidung nach § 69 GewO voraus, an der es hier fehlt. Das Festsetzungserfordernis nach § 69 Abs. 1 und 2 GewO gilt nach der Verweisung in § 60b Abs. 2 GewO auch für Volksfeste. §§ 60b Abs. 2, 70 GewO bilden nicht die Anspruchsgrundlage auf Zulassung und sind folglich nicht Rechtmäßigkeitsmaßstab für die Versagungsentscheidung gegenüber A.

bb) Art. 21 BayGO als Rechtmäßigkeitsmaßstab

Die Frage eines öffentlich-rechtlichen Anspruchs des A auf Zulassung und damit der Recht-

[35] Ausdrücklich nunmehr *BVerwG* NVwZ 2000, 63 (64). **Achtung:** Anderes gilt für die Erledigung nach Klageerhebung, da hier zunächst die Anfechtungs- oder Verpflichtungsklage zulässigerweise erhoben sein muss!
[36] *BVerwG* NVwZ 2000, 63 (64).
[37] *BVerwGE* 26, 161 (167); *BVerwG* NVwZ 2000, 63 (64); *BayVGH* BayVBl. 1992, 51; *Kopp/Schenke*, VwGO, § 113, Rn. 126.
[38] *BVerwG* NVwZ 2000, 63 (64).
[39] *BVerwGE* 26, 161 (167f.).
[40] Vgl. z.B. *VGH Mannheim* NVwZ-RR 1992, 132ff.

mäßigkeit der Versagungsentscheidung der N ist aber ggf. an Art. 21 BayGO[41] zu messen. Dann müsste es zunächst um die Benutzung einer öffentlichen Einrichtung der Stadt N durch einen Einwohner – hier A – gehen. Maßgeblich ist, ob der Festplatz der Stadt N die Voraussetzungen einer *öffentlichen Einrichtung* erfüllt. Allgemein kann man öffentliche Einrichtungen definieren als Einrichtungen, die von einer Gebietskörperschaft durch Widmungsakt der allgemeinen Benutzung durch ihre Angehörigen (Einwohner) und in ihrem Gebiet niedergelassenen juristischen Personen des Privatrechts zugänglich gemacht und die im öffentlichen Interesse unterhalten werden.[42] *Einrichtung* ist dabei jede Sache oder Sachgesamtheit, die durch Dritte benutzbar ist. Diese Anforderungen erfüllt bereits der Festplatz als Grundstück.[43] Abgestellt werden kann aber auch auf das Volksfest als Sachgesamtheit.[44] *Öffentlich* ist eine Einrichtung, wenn – im Rahmen des (pflichtigen oder freiwilligen) Wirkungskreises der kommunalen Körperschaft[45] – eine *Widmung* erfolgt ist, die als sachbezogene Allgemeinverfügung i.S.v. Art. 35 Satz 2 3. Alt. BayVwVfG bestimmt, zu welchem (öffentlichen) Zweck und in welchem konkreten Umfang die Einrichtung der allgemeinen Benutzung zur Verfügung steht.[46] Weil es – anders als im Straßenrecht, wo die Widmung sachenrechtliche Auswirkungen hat – nur um die Festlegung des Leistungszwecks (insbesondere zur sog. Daseinsvorsorge) geht, werden allgemein im Zusammenhang mit öffentlichen Einrichtungen nur geringe Anforderungen an den Widmungsakt gestellt. Neben ausdrücklichen und förmlichen Widmungsakten – wie z.B. Ratsbeschluss, Satzung oder Verwaltungsakt – erfolgt die Widmung häufig konkludent durch tatsächliche Eröffnung des Einrichtungsgebrauchs, durch faktische Einweihung oder durch indirekte, eine öffentliche Einrichtung voraussetzende Regelung (Gebührensatzung, haushaltsrechtliche Behandlung etc.).[47] Im übrigen gehen Praxis und Literatur von der – widerlegbaren – Vermutung aus, dass kommunale Leistungseinrichtungen, die seit Jahren durch die Öffentlichkeit benutzt werden, tatsächlich im Rahmen des bislang genutzten Umfangs gewidmet sind.[48]

Im vorliegenden Fall ist mangels Sachverhaltsangaben von einer konkludenten Widmung durch Verwaltungspraxis, zumindest aber von einer Widmung kraft tatsächlicher Vermutung auszugehen: Die Stadt N ist jährlich wiederkehrend Veranstalter des Volksfestes und macht dabei im Bereich der örtlichen Kulturpflege von ihrem Selbstverwaltungsrecht gem. Art. 28 Abs. 2 GG bzw. 11 Abs. 2 Satz 2 BV Gebrauch. Die Schaffung und Unterhaltung von Plätzen, die der Kultur und Unterhaltung dienen, sowie die Organisierung von Volksfesten o.ä. zählen als freiwillige Selbstverwaltungsaufgaben ohne weiteres zum gemeindlichen Aufgabenkreis nach Art. 7 BayGO (eigene Angelegenheiten der örtlichen Gemeinschaft).[49] Der Festplatz (bzw. das Volksfest als solches) stellt damit eine öffentliche Einrichtung dar.

Nach Art. 21 Abs. 1 Satz 1 BayGO erfolgt die Zulassung zu einer öffentlichen Einrichtung aber nur *„nach den bestehenden allgemeinen Vorschriften“*. Der Zugangsanspruch findet also rechtliche Grenzen. Eine Begrenzung nach den bestehenden allgemeinen Vorschriften bietet zunächst der Widmungsakt selbst.[50] Denn gerade die Widmung setzt ja Art

[41] Vergleichbare Regelungen: § 10 Abs. 2 GO BW, § 14 Abs. 1 GO Bbg, § 20 HGO, § 14 Abs. 2 KV MV, § 22 Abs. 1 NdsGO, § 8 Abs. 2 GO NW, § 14 Abs. 2 GO Rh-Pf, § 10 Abs. 2 SächsGemO, § 22 Abs. 1 GO LSA, § 19 KSVG Saarl., § 18 Abs. 1 SchlHGO, § 14 Abs. 1 ThürKO.

[42] *BayVGH* BayVBl. 1969, 102; *Becker/Sichert*, JuS 2000, 144 (145).

[43] *OVG Münster* NJW 1976, 820 (821).

[44] So *BayVGH* NVwZ 1982, 120 (121); GewArch 1988, 245; NVwZ 1999, 1122 (1123); *Becker/Sichert*, JuS 2000, 144 (145).

[45] *OVG Münster* DVBl. 1971, 218; *VGH Mannheim* DVBl. 1981, 220 (221).

[46] *BayVGH* BayVBl. 1988, 497 (498); *OVG Münster* DVBl. 1971, 218; NJW 1976, 820 (821); *VGH Mannheim* DVBl. 1981, 220 (221).

[47] *BayVGH* BayVBl. 1988, 497 (498); *VGH Kassel* NJW 1987, 145 (146); *OVG Münster* DVBl. 1971, 218; NJW 1976, 820 (821); *OVG Lüneburg* NJW 1985, 2347ff.

[48] *BayVGH* GewArch 1988, 245; *OVG Münster* NJW 1976, 820 (821); *März*, BayVBl. 1992, 97; *Vollmer*, DVBl. 1989, 1087 (1088); *Ossenbühl*, DVBl. 1973, 289 (290).

[49] Vgl. *OVG Münster* NJW 1976, 820 (821).

[50] *BayVGH* GewArch 1988, 245; BayVBl. 1988, 497 (498); *VGH Kassel* NJW 1987, 145 (146); *OVG Münster* NJW 1976, 820 (822).

und Umfang des Leistungszwecks fest. In den Grenzen des Willkürverbots (Art. 3 GG) kann daher durch den Widmungsakt die allgemeine Benutzbarkeit zulässigerweise eingeschränkt werden.[51] Ein Gemeindeeinwohner kann also den Zugang nur im Rahmen der durch die Widmung erfolgten Zweckbestimmung verlangen. Im vorliegenden Fall hält sich das Vorhaben des A im Rahmen des Widmungszwecks: Warenverlosungsgeschäfte sind kraft konkludenten Widmungsakts bzw. – bei Abstellen auf o.g. Vermutungsregel[52] – seit jeher für das Volksfest zugelassen.

Zur Vertiefung: Eine Zugangsbeschränkung nach den bestehenden allgemeinen Vorschriften kann sich auch aus sicherheitsrechtlichen Aspekten[53] resp. aus der Überlegung ergeben, dass im eigenen Zuständigkeitsbereich jeder Verwaltungsträger für die Aufrechterhaltung des Ordnungsrechts selbst zu sorgen hat. Praxis- und klausurrelevant ist dies vor allem, wenn eine extremistische Partei nach Art. 21 BayGO oder § 5 PartG i.V.m. Art. 3 Abs. 1 GG Zugang zu einer Gemeindehalle begehrt, um dort z.B. einen Parteitag o.ä. abzuhalten.[54] Einem Träger öffentlicher Gewalt ist es nicht zumutbar, durch Bereitstellung einer öffentlichen Einrichtung dazu beizutragen, dass die Rechtsordnung verletzt wird.[55] Der Zugang kann jedenfalls ohne Verstoß gegen Art. 21 BayGO verwehrt werden, wenn konkrete Anhaltspunkte dafür vorliegen, dass es im Rahmen der Benutzung der Halle zu Rechtsbrüchen in Form der Begehung von Straftaten oder Ordnungswidrigkeiten kommt, die den Organisatoren zuzurechnen sind.[56] Die Versagung kann auch gerechtfertigt sein, wenn die konkrete Gefahr besteht, dass die Veranstalter oder ihre Gäste das Mobiliar oder sonstige Teile der öffentlichen Einrichtung willentlich beschädigen.[57] Fehlen hierfür Anhaltspunkte, ist es allenfalls zulässig, die Benutzung vom Abschluss einer entsprechenden Sachversicherung abhängig zu machen.[58] Ansonsten ist die Versagung des Zugangs aber nur unter eingeschränkten Voraussetzungen möglich: Allein der Umstand, dass die antragstellende Partei als extrem zu beurteilen ist und ggf. verfassungsfeindliche Tendenzen verfolgt oder im Verfassungsschutzbericht genannt wird, rechtfertigt die Ablehnung zumindest so lange nicht, als die Partei nicht ausdrücklich vom *BVerfG* verboten wurde. Das folgt aus dem Parteienprivileg des Art. 21 Abs. 2 GG.[59] Auch die durch Tatsachen erhärtete Befürchtung, dass es zu (ggf. gewalttätigen) Gegendemonstrationen kommen kann, genügt selbst unter Berücksichtigung grundrechtlicher Schutzpflichten aus Art. 2 Abs. 1 und Art. 14 GG im Hinblick auf die Bedeutung der gegenläufigen Interessen aus Art. 8, 21 GG[60] nicht ohne weiteres für eine rechtmäßige Zugangsversagung. Es ist primär Aufgabe der Polizei, für die Aufrechterhaltung der Sicherheit und Ordnung zu sorgen. Nur wenn zu befürchten ist, dass polizeiliche Mittel hierzu nicht ausreichen, kann eine Versagung aus diesem Grund gerechtfertigt sein.[61] Insbesondere rechtfertigen denkbare negative Auswirkungen auf den guten Ruf der Gemeinde oder Stadt nicht die Ablehnung.[62]

[51] Zur Beachtung des Gleichheitssatzes bei Einengung des Nutzungszwecks: *März*, BayVBl. 1992, 97 (98).

[52] Maßgeblich ist hiernach, wozu die Einrichtung bisher zur Verfügung gestellt worden ist, *OVG Münster* NJW 1976, 820 (822). Auch ansonsten kann die tatsächliche Vergabepraxis gegenüber dem ursprünglichen Widmungsakt zweckerweiternd wirken: *VGH Kassel* NJW 1987, 145 (146); *Ossenbühl*, DVBl. 1973, 289 (296).

[53] *Vollmer*, DVBl. 1989, 1087 (1091).

[54] Vgl. *BVerwG* NJW 1990, 134ff.; *OVG Lüneburg*, NJW 1985, 2347ff.; *BayVGH* BayVBl. 1988, 497ff.; zusammenfassend: *März*, BayVBl. 1992, 97ff.; *Lissack*, Bayerisches Kommunalrecht, § 2, Rn. 93ff.

[55] *BayVGH* BayVBl. 1988, 497 (498).

[56] *BayVGH* BayVBl. 1988, 497 (498).

[57] *BVerwGE* 32, 333 (337f.); *BayVGH* BayVBl. 1988, 497 (498); *OVG Lüneburg* NJW 1985, 2347 (2348).

[58] *BayVGH* BayVBl. 1988, 497 (498).

[59] *BVerwG* NJW 1990, 134 (135); *BayVGH* BayVBl. 1988, 497 (498); *OVG Lüneburg* NJW 1985, 2347 (2348).

[60] Vgl. *Vollmer*, DVBl. 1989, 1087 (1091).

[61] *BayVGH* BayVBl. 1988, 497 (498); *OVG Lüneburg* NJW 1985, 2347 (2348).

[62] *BayVGH* BayVBl. 1988, 497 (498).

Nach allgemeiner Ansicht kann ferner die Zulassung *nur im Rahmen der Kapazität* der Einrichtung verlangt werden.[63] Es besteht also kein Anspruch auf räumliche Erweiterung öffentlicher Einrichtungen, damit jeder Einwohner uneingeschränkt die Leistung in vollem Umfang erhalten kann.[64] Dahinter steht der Grundsatz, dass niemand – auch nicht eine Körperschaft des öffentlichen Rechts – zu etwas Unmöglichem verpflichtet werden kann.[65] Bei Kapazitätserschöpfung wandelt sich die grundsätzlich gebundene Zulassungsentscheidung nach Art. 21 BayGO i.V.m. Art. 3 Abs. 1 GG in eine Auswahlentscheidung mit entsprechendem Auswahlermessen um.[66] Dogmatisch kann man dies entweder als über den engeren Wortlaut hinausgehende ungeschriebene Anspruchsbegrenzung des Art. 21 BayGO[67], als besonderen Fall der Anspruchsbegrenzung „nach den allgemeinen Vorschriften" oder als konkludente Widmungsbegrenzung verstehen.

Zur Vertiefung: Nach *BayVGH* BayVBl. 1988, 497 (499) ist es auch nicht rechtsmissbräuchlich und verletzt daher den Zugangsanspruch nicht, wenn der Zugang an einem Tag begehrt wird, an dem die Einrichtung wegen Jahresurlaubs des Personals geschlossen ist. Jede Gemeinde kann nach ihrem Direktionsrecht die Benutzung je nach Art der Einrichtung für gewisse Tagesstunden, gewisse Wochentage und für gewisse Zeiträume im Jahresablauf ausschließen.

Vorliegend ist von Kapazitätserschöpfung auszugehen. N hatte damit eine Auswahlentscheidung nach Ermessen zu treffen, d.h. der Zulassungsanspruch des A nach Art. 21 BayGO reduziert sich damit auf einen Anspruch auf ermessensfehlerfreie Ausübung der Auswahlentscheidung.[68] Maßgeblich ist daher, ob dieses Auswahlermessen tatsächlich ermessensfehlerfrei gehandhabt wurde. Nach der Ermessensfehlerlehre[69] steht der Behörde im Falle einer Ermessensentscheidung, wenn der Tatbestand einer Norm erfüllt ist, zwar ein Zweckmäßigkeitsspielraum auf Rechtsfolgenseite zu. Nach § 40 VwVfG bzw. Art. 40 BayVwVfG handelt es sich jedoch nicht um freies, sondern um rechtlich gebundenes Ermessen: Die Entscheidung kann also ermessensfehlerhaft und damit rechtswidrig sein, wenn das Ermessen nicht entsprechend dem Zweck der Ermächtigung ausgeübt wird und sich die Entscheidung nicht in den Grenzen des Ermessens hält. Korrespondierend bestimmt hierzu die prozessuale Norm des § 114 Satz 1 VwGO (letztlich als Konsequenz aus Art. 19 Abs. 4 GG), dass das angerufene Verwaltungsgericht die Entscheidung zwar nicht auf Zweckmäßigkeit zu überprüfen hat (nach der legislativen Entscheidung und dem Gewaltenteilungsprinzip ist dies der Behörde vorbehalten), wohl aber auf sog. Ermessensfehler, die wie folgt kategorisiert werden können: **(1) Ermessensausfall (Ermessensunterschreitung, Ermessensnichtgebrauch):** Die Behörde hat ihr Ermessen überhaupt nicht ausgeübt, etwa weil sie verkannt hat, dass ihr ein Entscheidungsspielraum zusteht und sie sich deshalb für verpflichtet ansah, die Entscheidung so und nicht anders zu treffen. **(2) Ermessensüberschreitung:** Die Behörde wählt eine gesetzlich nicht zulässige Rechtsfolge. Ermessensgrenzen können schon ausdrücklich normativ vorgegeben sein, etwa im Falle eines formulierten Ermessensrahmens (z.B. Gebührensätze). Ermessensgrenzen können sich aber auch aus höherrangigen Rechtsvorschriften (z.B. aus Grundrechten und dem

[63] Z.B. *BayVGH* NVwZ 1982, 120 (121); BayVBl. 1983, 336 (339); GewArch 1988, 245 (246); NVwZ 1999, 1122 (1123); *Vollmer*, DVBl. 1989, 1087 (1089); *Becker*, in: ders./Heckmann/Kempen/Manssen, Öffentliches Recht in Bayern, 2. Aufl. 2001, 2. Teil, Rn. 458; *Knemeyer*, Bayerisches Kommunalrecht, 10. Aufl. 2000, Rn. 316.

[64] *BayVGH* GewArch 1988, 245 (246).

[65] *VGH Kassel* NJW 1987, 145 (146).

[66] *BayVGH* NVwZ 1982, 120 (121); BayVBl. 1983, 336 (339); GewArch 1988, 245 (246); NVwZ 1999, 1122 (1123); *Becker*, in: ders./Heckmann/Kempen/Manssen, Öffentliches Recht in Bayern, 2. Aufl. 2001, 2. Teil, Rn. 461 ff.; für den Zugangsanspruch nach § 70 GewO: *VGH Mannheim* NVwZ-RR 1992, 132 ff.

[67] So wohl *VGH Kassel* NJW 1987, 145 (146).

[68] *Becker*, in: ders./Heckmann/Kempen/Manssen, Öffentliches Recht in Bayern, 2. Aufl. 2001, 2. Teil, Rn. 461.

[69] Z.B.: *Zuleeg*, Fälle zum Allgemeinen Verwaltungsrecht, 3. Aufl. 2001, S. 81 ff.; *Schwerdtfeger*, Öffentliches Recht, Rn. 84 ff.; *Maurer*, Allgemeines Verwaltungsrecht, § 7, Rn. 19 ff.

Grundsatz der Verhältnismäßigkeit) ergeben. (3) **Ermessensfehlgebrauch:** Die Behörde stützt ihr Handeln auf Erwägungen, die mit dem Zweck der Ermessensvorschrift und allgemeinen Grundsätzen des Rechtsgebiets, die bei der Entscheidung zu berücksichtigen sind, nicht vereinbar sind. Hierunter fallen zum einen sog. sachfremde Erwägungen (die Begründung der getroffenen Entscheidung steht dann im Widerspruch zu Sinn und Zweck der Ermessensnorm bzw. der Eigenart des betroffenen Rechtsgebiets). Daneben werden hierzu auch formelle Begründungsmängel gerechnet (widersprüchliche Argumentation; Widersprüche zu den Gesetzen der Logik; Nichtberücksichtigung wesentlicher Aspekte; der Ermessenserwägung liegen unzutreffende, unvollständige oder nicht sachgerecht ermittelte Tatsachen zugrunde). Auch Verletzungen des Gleichbehandlungsgrundsatzes (Art. 3 Abs. 1 GG) mit dem Sonderfall der Selbstbindung (insbesondere mittels Verwaltungsvorschriften) werden z.T. dieser Kategorie zugeordnet (nach a.A. Ermessensüberschreitung bzw. eigene Kategorie).

Als Auswahlkriterium weitgehend unproblematisch ist das Prioritätsprinzip, wonach bei Kapazitätserschöpfung diejenigen Bewerber bevorzugt werden, deren Anträge zuerst eingehen.[70] Hiernach ging die N allerdings nicht vor. Im vorliegenden Fall könnte die Handhabung des Auswahlkriteriums „bekannt und bewährt" ermessensfehlerhaft sein. Es könnte sich eventuell um ein sachfremdes Kriterium handeln, denn bei einer Auswahlentscheidung wegen Platzmangels muss – insbesondere unter Berücksichtigung des Art. 3 Abs. 1 GG – auch der angelegte Verteilungsmaßstab sachlich gerechtfertigt sein.[71] Sachlich ungerechtfertigte Ausschließungsgründe würden insofern einen Ermessensfehlgebrauch begründen. Als Veranstalter ist die Stadt N in besonderem Maße für einen ordnungsgemäßen Verlauf des Volksfestes verantwortlich (z. B. auch in rechtlicher Hinsicht: ggf. wird sie bei unzumutbaren Lärmeinwirkungen auf Unterlassung in Anspruch genommen). Grundsätzlich ist gegen den Verteilungsmaßstab „bekannt und bewährt" nichts einzuwenden, denn hiernach wird im Hinblick auf die Erfahrungen der Vergangenheit die Zuverlässigkeit der Zugelassenen messbar. Neben einem geringeren Verwaltungsaufwand hinsichtlich der Handhabung des Auswahlverfahrens und dem Interesse der Besucher an einem traditionellen Bild des Festes wird insbesondere hervorgehoben, dass die erforderliche Sicherheit und ein technisch störungsfreier Betriebsablauf bei bewährten Schaustellern eher gewährleistet ist als bei unbekannten Neubewerbern.[72] Die Verwaltung entspricht daher dem Gleichbehandlungsgebot unter Verwendung eines sachlichen Differenzierungskriteriums und handelt nicht ermessensfehlerhaft, wenn sie erprobten Veranstaltern zumindest einen tendenziellen Vorrang gibt.[73]

Problematisch ist die ermessensfehlerfreie Auswahl aber dann, wenn das Vergabekriterium „bekannt und bewährt" zum *alleinigen* Verteilungsmaßstab erhoben wird, m. a.W. neue Bewerber auf Jahre hinweg faktisch keinerlei Chance auf Zulassung haben. Der *VGH Mannheim*[74] hat für den Fall eines festgesetzten Marktes, bei dem sich der Zugangsanspruch nach der Spezialregelung des § 70 GewO richtet, eine solche Vergabepraxis als sachwidrig und daher ermessensfehlerhaft angesehen. Eine solche Praxis sei mit der grundsätzlich in § 70 Abs. 1 GewO garantierten Marktfreiheit nicht vereinbar. Nach dem Grundsatz der Marktfreiheit besteht – wie bei Art. 21 BayGO – zumindest für den Regelfall ein Zulassungsanspruch, der nur bei Kapazitätserschöpfung nach § 70 Abs. 3 GewO in eine Auswahlentscheidung mutiert. Hierdurch wird aber der Grundsatz der Marktfreiheit nicht aufgehoben, sondern nur modifiziert, d. h. auch bei der Auswahlentscheidung ist insbesondere die wettbewerbliche Chancengleichheit der Bewerber grundsätzlich zu respektieren. Hieraus folgt: Allen Bewerbern muss eine reale Zulassungschance einge-

[70] Im Einzelnen *Vollmer*, DVBl. 1989, 1087 (1089 f.).
[71] *BVerwG* NVwZ 1984, 585; *VGH Mannheim* NVwZ-RR 1992, 132.
[72] *BayVGH* NVwZ 1982, 120 (121).
[73] Im Ausgangspunkt auch *VGH Mannheim* NVwZ-RR 1992, 132 (133).
[74] *VGH Mannheim* NVwZ-RR 1992, 132 (133). In dieser Tendenz bereits: *BVerwG* NVwZ 1984, 585; *VGH Mannheim* GewArch 1983, 159 (160).

räumt werden. Eine an der Marktfreiheit und am Gleichbehandlungsgrundsatz orientierte Praxis muss alle Altbeschicker mit dem Risiko verminderter Zulassungschancen durch Neuzulassungen belasten. Ein Auswahlsystem, das Neubewerbern weder im Jahr der Antragstellung noch in einem erkennbaren zeitlichen Turnus eine Zulassungschance einräumt, liegt außerhalb des mit der Marktfreiheit Vereinbaren. Zumindest ein Teil der Plätze muss daher – bei grundsätzlich möglicher sonstiger Privilegierung von Altanbietern – auch Neubewerbern offen sein, wobei die diesbezügliche Auswahl bei Kapazitätserschöpfung u.a. unter Attraktivitätsgesichtspunkten, durch Los oder Rotationsprinzip erfolgen kann.

Diese Grundsätze können auf Art. 21 BayGO übertragen werden, denn insofern besteht eine zu § 70 GewO vergleichbare normative Struktur: prinzipieller Zulassungsanspruch (Freiheit der Inanspruchnahme einer öffentlichen Einrichtung durch den Einwohner), der erst bei Kapazitätserschöpfung in eine Auswahlermessensentscheidung mutiert, die sich aber am Grundsatz der Chancengleichheit (aus der Grundaussage des Art. 21 Abs. 1 BayGO und Art. 3 Abs. 1 GG, aber auch unter Berücksichtigung der Ausstrahlungswirkung des Art. 12 GG) messen lassen muss. Der Marktfreiheit nach § 70 Abs. 1 GewO entspricht auf Ebene des kommunalrechtlichen Anspruchs auf Zugang zu einer öffentlichen Einrichtung eine Neutralitätspflicht der Gemeinde als Ausdruck des Prinzips widmungsgemäßer, gleicher Nutzungsgewährung.[75] Die Vergabepraxis der N ist hier zu einseitig auf den Grundsatz „bekannt und bewährt" ausgerichtet und führt dazu, dass der Gruppe der generell bevorzugten Dauerteilnehmer die generell zurückstehende Gruppe der Neubewerber gegenüber gestellt wird. Die Ablehnung der Zulassung des A durch N war damit als ermessensfehlerhafte Auswahlentscheidung rechtswidrig (a.A. mit dem tendenziell etwas großzügigeren Ansatz nach *BayVGH* NVwZ 1982, 120 [121] aber durchaus vertretbar).

b) Subjektive Rechtsverletzung

Art. 21 BayGO begründet ein subjektiv-öffentliches Recht des Einwohners A gegenüber der Stadt N auf Zulassung bzw. (hier) auf ermessensfehlerfreie Auswahlentscheidung.[76] Es liegt damit auch eine subjektive Rechtsverletzung vor.

Ergebnis:

Die Fortsetzungsfeststellungsklage ist damit begründet. Das Gericht wird entsprechend § 113 Abs. 1 Satz 4 VwGO die Feststellung aussprechen, dass die Ablehnung der Zulassung rechtswidrig gewesen ist und den A in subjektiven Rechten verletzt hat.

> **Zum Verständnis:** Wäre noch keine Erledigung eingetreten und deshalb der Weg der Verpflichtungsklage eingeschlagen worden, so fehlte dieser Klage mangels Ermessensreduzierung auf Null die Spruchreife i.S.v. § 113 Abs. 5 Satz 1 VwGO (nach § 114 VwGO und dem Gewaltenteilungsgrundsatz darf das Verwaltungsgericht die Entscheidung nur auf Ermessensfehler überprüfen, jedoch keine eigenen Ermessenserwägungen einstellen). Es kann dann nur ein Bescheidungsurteil nach § 113 Abs. 5 Satz 2 VwGO ergehen, d.h. die Stadt wird durch das Gericht verpflichtet, das Zulassungsbegehren des A unter Berücksichtigung der Rechtsauffassung des Gerichts (Ermessensfehlerhaftigkeit des bisherigen Auswahlsystems) erneut zu bescheiden.

B. Abwandlung – Problematik BayVGH NVwZ 1999, 1122ff.

An der prozessualen Situation ändert sich im Vergleich zum Ausgangsfall nichts. A begehrt die Feststellung, dass die Nichtzulassung rechtswidrig war und ihn in subjektiven Rechten

[75] *Vollmer*, DVBl. 1989, 1087 (1090).
[76] S.o. sub A I 3. (Klagebefugnis).

verletzt hat. Da Erledigung (der ursprünglichen Verpflichtungssituation) eingetreten ist, ist die verwaltungsgerichtliche Klage als Fortsetzungsfeststellungsklage analog § 113 Abs. 1 Satz 4 VwGO statthaft.[77] Hinsichtlich der übrigen (hier erfüllten) Zulässigkeitsvoraussetzungen wird auf die Begutachtung des Ausgangsfalls verwiesen. Richtiger Klagegegner nach § 78 Abs. 1 Nr. 1 VwGO und damit passivlegitimiert ist auch hier die Stadt N als Anspruchsgegner eines Zulassungsbegehrens nach Art. 21 BayGO. Im übrigen muss sich N die Entscheidungen des Arbeits- und des Vergabeausschusses, die zur Nichtzulassung des A geführt haben, zurechnen lassen, da N den Zulassungsantrag des A an diese Gremien verwiesen hat (der Vergabeausschuss sollte nach den Vorgaben des Arbeitsausschusses hierüber abschließend entscheiden) und sich ferner deren Entscheidung zu eigen macht und verteidigt, indem sie den A auf die geänderte Entscheidungsorganisation hinsichtlich des Zulassungsverfahren hinweist.[78] Wie im Ausgangsfall geht es bei der Frage der Rechtswidrigkeit der Nichtzulassung und der subjektiven Rechtsverletzung des A um die Frage, ob A ein Anspruch nach Art. 21 BayGO zusteht bzw. ein Anspruch auf ermessensfehlerfreie Auswahl.

Vorliegend besteht die Besonderheit darin, dass sich die Stadt N selbst und ihre originären Organe aus der (zumindest alleinigen) Verantwortung der eigentlichen Zulassungsentscheidung zurückziehen und diese Entscheidung zwei Ausschüssen überlassen, die sich nur zum Teil aus Vertretern der Stadt, zum anderen (größeren) Teil aber aus Mitgliedern der Gesellschaftssphäre zusammensetzen. Die eigentliche Zulassungsentscheidung wird dem Vergabeausschuss übertragen, der nach Maßgabe genereller (wohl widmungsergänzender) Kriterien, die im vorhinein der Arbeitsausschuss selbst aufgestellt hat, vorzugehen hat. Anders als im Ausgangsfall könnte diese Entscheidungsstruktur schon verfahrensfehlerhaft sein und folglich an formellen Mängeln leiden, weil ggf. Arbeits- und Vermittlungsausschuss keine Organe sind, die nach der BayGO eigenverantwortliche Entscheidungen treffen dürfen. Die Verantwortung für gemeindebezogene Verwaltungsentscheidungen ist nach der bayerischen Gemeindeordnung wie folgt festgelegt[79]: Nach Art. 29 BayGO[80] ist grundsätzlich der Gemeinde- bzw. Stadtrat (Art. 30 Abs. 1 BayGO) für Verwaltungsentscheidungen der Gemeinde/Stadt zuständig, vorbehaltlich der Zuständigkeit des Bürgermeisters nach Art. 37 BayGO[81]. Der Arbeits- und der Vermittlungsausschuss stehen außerhalb dieser Entscheidungsträger. Insbesondere handelt es sich nicht um angestellte Fachkräfte i.S.d. Art. 42 BayGO, deren Handeln dem Bürgermeister zuzurechnen wäre. Eine echte Entscheidungsdelegation vom Gemeinderat auf beschließende Ausschüsse ist nur in Art. 32 Abs. 2 BayGO vorgesehen. Ausschüsse i.S.d. Art. 32 BayGO setzen sich aber gem. Art. 33, 45 BayGO aus Gemeinde- bzw. Stadtratsmitgliedern zusammen. Im übrigen sieht die Bayerische Gemeindeordnung in Art. 18a BayGO den Bürgerentscheid als direktdemokratische Entscheidungsform vor.

„Diese gesetzliche Auflistung der für die Gemeinde Handlungsberechtigten ist abschließend.“[82] Die Integration Privater in verwaltungsrechtliche Entscheidungsvorgänge ist ohne weiteres nur in Form der sog. Verwaltungshilfe[83] zulässig, die dadurch gekennzeichnet ist, dass der Private lediglich nach Art eines Erfüllungsgehilfen (Vorbild § 278 BGB) von der Verwaltung genutzt wird, die Behörde dabei aber weiterhin die Federführung behält. In diesen Fällen kann der Beitrag des Hinzugezogenen der die Schlüsselstellung behaltenden Behörde zugerechnet werden, die Zuständigkeits- und Verantwortlichkeitsstruktur bleibt aufrechterhalten. Deswegen – auch wenn Grenzfälle des sog. selbstständigen Verwaltungs-

[77] So auch *BayVGH* NVwZ 1999, 1122 (1123).
[78] *BayVGH* NVwZ 1999, 1122 (1123).
[79] *BayVGH* NVwZ 1999, 1122 (1124).
[80] Vergleichbare Regelungen: § 32 Abs. 2 GO Bbg, § 50 HGO, § 22 KV MV, § 40 GO NW, § 1 Abs. 4 SächsGemO, § 35 Abs. 1 GO LSA, § 7 SchlHGO, § 22 ThürKO.
[81] Vergleichbare Regelungen: § 44 Abs. 2 GO BW, § 38 KV MV, § 47 GO Rh-Pf, § 59 KSVG Saarl., § 63 GO LSA, § 29 ThürKO.
[82] *BayVGH* NVwZ 1999, 1122 (1124).
[83] Vgl. *Seidel*, Privater Sachverstand und staatliche Garantenstellung im Verwaltungsrecht, 2000, S. 30f.

helfers[84] verbleiben – soll nach überwiegender Ansicht hier eine gesetzliche Regelung als Zulässigkeitsvoraussetzung entbehrlich sein.[85] Um eine solche untergeordnete, lediglich technisch unterstützende Zuarbeit geht es aber bei der Nutzung des Arbeits- und des Vergabeausschusses nicht. Denn die Gremien sollen ja gerade eigenverantwortliche und letztverbindliche Entscheidungen treffen.[86] Diese echte Übertragung von öffentlich-rechtlichen Handlungs- oder Entscheidungsbefugnissen zur eigenverantwortlichen Erledigung auf außerhalb der Verwaltungsorganisation stehende private Subjekte ist kennzeichnend für die *Beleihung*. Eine eigenverantwortliche Beteiligung privater Dritter an verwaltungsrechtlichen Entscheidungen außerhalb der gesetzlichen Zuständigkeiten ist rechtlich problematisch, weil derartige Entscheidungsträger keine demokratische Legitimation besitzen.[87] Allgemein wird daher für die Rechtmäßigkeit der Beleihung eine gesetzliche Grundlage gefordert, d.h. die Beleihung ist nur durch oder aufgrund eines Gesetzes zulässig.[88] Dogmatisch kann dies einmal damit begründet werden, dass vorhandene Zuständigkeitsnormen (wie hier Art. 18 a, 29, 32 Abs. 2, 37 BayGO, s.o.), die bestimmten Entscheidungsträgern die Entscheidungsbefugnisse verbindlich zuschreiben, nicht durch die Verwaltungspraxis missachtet werden dürfen. Insofern verlangt Art. 20 Abs. 3 GG[89] von der Verwaltung die Respektierung des Grundsatzes vom *Vorrang des Gesetzes*. Abweichungen von der bisherigen Gesetzeslage sind also nur durch eine neue Grundentscheidung des Gesetzgebers selbst möglich.[90] Im übrigen wird das Erfordernis einer gesetzlichen Grundlage allgemein aufgrund des Demokratieprinzips mit dem sog. *institutionellen Gesetzesvorbehalt* begründet: Die Übertragung von Verwaltungsaufgaben auf Private zur eigenständigen Erfüllung lockert die regelmäßig über das Hierarchieprinzip gewährleistete demokratische Legitimation des Handelnden und seiner Entscheidung und betrifft damit die Grundordnung des Gemeinwesens, also die Verfassung im materiellen Sinne. Dieser Aspekt ist eine wesentliche[91] Frage, die ein Handeln des Gesetzgebers verlangt. Nach den Vorgaben des Demokratieprinzips muss die aufgrund der Durchbrechung des hierarchischen Behördensystems eintretende Verdünnung an demokratischer Legitimation dadurch kompensiert werden, dass der Gesetzgeber als unmittelbar demokratisch legitimiertes Organ entweder die Beleihung selbst vornimmt oder die Exekutive durch hinreichend bestimmte Gesetze zu einer Beleihung Privater ermächtigt.[92] Die Art und Weise der Nutzung des Arbeits- und des Vergabeausschusses als eigenverantwortliche Entscheidungsträger durch N war damit rechtswidrig. Demgemäß ist auch die Ablehnung der Zulassung unter Verweis auf die Entscheidungen dieser Ausschüsse als rechtswidrig einzustufen.

Zum Verständnis: Nach den insofern irreführenden Ausführungen des *BayVGH* könne schon mangels gesetzlicher Grundlage begrifflich nicht von Beleihung gesprochen werden.[93] Hier werden aber m.E. Definitionsmerkmale des Beliehenenbegriffs mit Recht-

[84] Gedacht ist an Fälle, in denen Private aufgrund ihres Sachverstandes etwa im Rahmen von Planungsentscheidungen – als Planentwurfsverfasser, als Helfer bei der Standortsuche oder als sog. Mediatoren in der Konfliktvermittlung – systematisch und auf Dauer eingeschaltet werden, weil die Behörde sich selbst als fachinkompetent einstuft. Zu diesen problematischen Formen der sog. funktionalen Privatisierung: *Seidel*, Privater Sachverstand, S. 31, 117ff., m.w.N.

[85] Z.B.: *Brohm*, DVBl. 1990, 321 (326); *Bauer*, VVDStRL 54 (1995), 243 (267); *Peine*, DÖV 1997, 353 (357).

[86] *BayVGH* NVwZ 1999, 1122 (1124).

[87] *BayVGH* NVwZ 1999, 1122 (1124).

[88] Vgl. jüngst: *BremStGH* NVwZ 2003, 81 (82). S. bereits: *BVerwGE* 29, 166 (170); 35, 334 (337); 97, 117 (119); 98, 280 (297f.); *BVerwG* NVwZ 1985, 48; NJW 1981, 2482f.; NJW 1987, 2501 (2502); DVBl. 1970, 735f.; DVBl. 1989, 517; NVwZ-RR 1991, 330; VerwRspr. 28, 214 (221); *OVG Münster* NVwZ 1997, 806; DÖV 1980, 528ff.; *BayVGH* NVwZ 1999, 1122 (1124). Aus der Literatur: *Di Fabio*, VVDStRL 56 (1997), 235 (271); *Ossenbühl*, VVDStRL 29 (1971), 137 (169ff.); *Bauer*, VVDStRL 54 (1995), 243 (267); *Reinhardt*, AöR 118 (1993), 616 (625); *Steiner*, Öffentliche Verwaltung durch Private, 1975, S. 301; *Seidel*, Privater Sachverstand, S. 113ff.

[89] Vgl. insofern auch *BayVGH* NVwZ 1999, 1122 (1124).

[90] Zu diesem Begründungsansatz auch: *Seidel*, Privater Sachverstand, S. 120f.

[91] Allgemein zur sog. „Wesentlichkeitstheorie": *BVerfGE* 83, 130 (142); *BremStGH* NVwZ 2003, 81 (82).

[92] *BremStGH* NVwZ 2003, 81 (82); *OVG Münster* DÖV 1980, 528 (529).

[93] *BayVGH* NVwZ 1999, 1122 (1124); ähnlich: *BVerwG* NJW 1981, 2482; *OVG Lüneburg* GewArch 1977, 222 (223).

mäßigkeitsanforderungen vermischt. Der Schluss von einer fehlenden gesetzlichen Grundlage auf die Verneinung einer Beliehenenstellung stellt einen verfehlten Zirkelschluss dar[94]: Der institutionelle Gesetzesvorbehalt – als verfassungsrechtliche Ausprägung einer staatlichen resp. gesetzgeberischen Garantenstellung – ist Rechtmäßigkeitsschranke für die Beleihung, nicht aber Definitionsmerkmal des Beliehenenbegriffs. Im Falle eines Verstoßes gegen den institutionellen Gesetzesvorbehalt liegt – so auch hier – eine „faktische Beleihung" vor[95], die infolge der Überschreitung von Rechtmäßigkeitsschranken als rechtswidrig einzustufen ist.[96]

Dieser formelle Mangel ist auch erheblich. Unabhängig von der Frage, ob Art. 46 BayVwVfG überhaupt auf die Situation der Versagung eines begünstigenden Verwaltungsakts anwendbar ist, ist jedenfalls nicht unwahrscheinlich, dass N bei eigenverantwortlicher Tätigkeit andere Zulassungskriterien für die Auswahl getroffen und hiernach ggf. A zugelassen hätte. Es ist damit nicht offensichtlich, dass der oben festgestellte Rechtsverstoß die Entscheidung in der Sache nicht beeinflusst hat.[97] Unabhängig davon, dass Art. 45 BayVwVfG keinen Heilungstatbestand für den vorliegenden Fehler bereitstellt[98], hat N bislang keinerlei „Heilung" in Form einer nachträglichen eigenverantwortlichen Zulassungsentscheidung getroffen, sondern verweist nach wie vor auf die Entscheidung der beiden Ausschüsse. Die Nichtzulassung des A im vorliegenden Verfahrensweg war damit rechtswidrig und verletzte A in subjektiven Rechten aus Art. 21 BayGO.

Ergebnis zur Abwandlung:
Die Fortsetzungsfeststellungsklage ist auch in der Abwandlung begründet. Das Gericht wird die Rechtswidrigkeit der Entscheidung über die Nichtzulassung des A feststellen.

Rechtsprechungsvorlagen: *VGH Mannheim* NVwZ-RR 1992, 132; *BayVGH* NVwZ 1982, 120; NVwZ 1999, 1122 (vereinfacht); GewArch 1988, 245; *BVerfG* NJW 2002, 3691; zur Klageart und zu den Zulässigkeitsvoraussetzungen bei vorprozessual erledigtem Verwaltungsakt: *BVerwG* NVwZ 2000, 63; speziell zur Beleihung: *BremStGH* NVwZ 2003, 81.

Leseempfehlung: *Aufgabe 7 der Ersten Juristischen Staatsprüfung 1996/1*, BayVBl. 1998, 159 sowie (Lösungsskizze) 188; *v. Danwitz*, Die Benutzung kommunaler öffentlicher Einrichtungen – Rechtsformenwahl und gerichtliche Kontrolle, JuS 1995, 1; *März*, Überlassen von Räumen durch Körperschaften des öffentlichen Rechts an Parteien oder politische Gruppierungen, BayVBl. 1992, 97; *Ossenbühl*, Rechtliche Probleme der Zulassung zu öffentlichen Stadthallen, DVBl. 1973, 289; *Vollmer*, Inhalt und Umfang des Zulassungsanspruchs politischer Parteien zu den kommunalen öffentlichen Einrichtungen, DVBl. 1989, 1087

[94] *Di Fabio*, VVDStRL 56, (1997), 235 (272 f.); *Seidel*, Privater Sachverstand, S. 32.

[95] Zu dieser Terminologie: *Seidel*, Privater Sachverstand, S. 32, 50, 89, 241 ff., 252 ff.; *Hoppe/Bleicher*, NVwZ 1996, 421 (423); *Steiner*, DAR 1996, 272 (274).

[96] In diesem Sinne auch *BremStGH* NVwZ 2003, 81 (82). Weitere Beispiele einer rechtswidrigen faktischen Beleihung: *BayObLG* DÖV 1997, 601 f.; *OLG Frankfurt/Main* DAR 1995, 335 f.; *AG Alsfeld* NJW 1995, 1503 (1505 f.); *KG* NZV 1997, 48 ff.; *AG Berlin Tiergarten* NStZ-RR 1996, 277 f.; *Scholz*, NJW 1997, 14 (16 f.); *Steiner*, DAR 1996, 272 (274) – Übertragung von hoheitlichen Überwachungsaufgaben bzgl. des fließenden und ruhenden Verkehrs auf private Unternehmen; *OVG Münster* NVwZ 1997, 806 (807) – Verordnung, die ohne gesetzliche Ermächtigung Prüfaufgaben auf einen privaten Verband überträgt; *BayVGH* BayVBl. 1992, 374 f. – Ermächtigung an einen Privaten, im Einzelfall nach eigenem Ermessen Verkehrszeichen aufzustellen.

[97] Zum entsprechenden Ergebnis nach Maßgabe des Art. 46 BayVwVfG a.F.: *BayVGH* NVwZ 1999, 1122 (1124).

[98] Vgl. *BayVGH* NVwZ 1999, 1122 (1124).

Fall 12: Kommunale Wirtschaftsbetätigung und private Konkurrenz (Seidel)

Sachverhalt (fiktiv)

Die bayerische Stadt S plant, gegen angemessene Gebühr im Rahmen ihres Volkshochschulprogramms Nachhilfeunterricht für Schüler der Klassen 5 bis 10 in den Fächern Deutsch, Englisch und Mathematik anzubieten. Nachhilfeunterricht zu adäquaten Tarifen wird in S auch von diversen privaten Anbietern erteilt. Die Kapazitäten dieser Anbieter, an deren fachlicher und pädagogischer Eignung nicht zu zweifeln ist, sind bislang – auch in den betroffenen Fächern und zugunsten der betroffenen Zielgruppe – noch nicht erschöpft. Der Bürgermeister von S fragt Sie, ob die geplante entgeltliche Nachhilfetätigkeit der S im Hinblick auf Art. 87 Abs. 1 Satz 1 Nrn. 1 und 4 BayGO rechtmäßig ist. Nach den zugrundeliegenden Ratsdebatten geht es der S nicht primär um Gewinnerzielung, sondern um eine Hilfe zugunsten von Kindern, die im normalen schulischen Lehrbetrieb Schwächen zeigen und daher Gefahr laufen, den erstrebten Schulabschluss nicht zu erreichen. Die Notwendigkeit eines parallelen städtischen Nachhilfeangebots ergebe sich daraus, dass angesichts des betriebswirtschaftlichen Erfolgszwangs privater Konkurrenten nur ein kommunaler Träger ein dauerhaftes und nachhaltiges Nachhilfeangebot sowie dauerhaft besondere Preisnachlässe für soziale Härtefälle garantieren könne.

Vermerk für die Bearbeiter: In einem Rechtsgutachten ist zu klären, ob die Einführung eines derartigen gemeindlichen Nachhilfeunterrichts im Einklang mit den Vorschriften der bayerischen Gemeindeordnung steht!

Abwandlung:
Die Stadt S hat allem Widerspruch konkurrierender Privater zum Trotz das geplante Nachhilfekonzept umgesetzt. Unterstellen Sie hierbei (unabhängig von Ihrem Ergebnis zum Ausgangsfall) einen Verstoß gegen Art. 87 Abs. 1 Satz 1 Nrn. 1 und 4 BayGO, weil S keine stichhaltigen Gründe für ein paralleles Tätigwerden im Verhältnis zu privaten Konkurrenten anführen und der verfolgte Zweck ohne weiteres ebenso gut und ebenso wirtschaftlich durch private Akteure erfüllt werden kann. Konrad (K) ist freiberuflich als Diplom-Pädagoge in S tätig. Er erzielt sein Einkommen durch Erteilung von Nachhilfeunterricht in den Fächern Deutsch, Englisch und Mathematik. Aufgrund der Nachhilfetätigkeit der S hat er Gewinnverluste in Höhe von 15% zu verzeichnen. Es ist davon auszugehen, dass sich die Gewinnverluste durch die Konkurrenz seitens der S bei K auf höchstens 20% einpendeln werden. K verlangt von der S die Einstellung des gemeindlichen Nachhilfeunterrichts. Die Rechtmäßigkeitsvoraussetzungen für eine unternehmerische Betätigung der S seien nicht erfüllt, zudem greife die Gemeinde durch ihr Konkurrenzangebot in grundrechtlich geschützte Freiräume ein.

Vermerk für die Bearbeiter: Nachdem die S nicht reagiert und ihre Nachhilfetätigkeit fortsetzt, will K von Ihnen wissen, ob er in materieller Hinsicht einen Unterlassungsanspruch gegenüber S hat und ob er sein Begehren auf dem Verwaltungsrechtsweg verfolgen kann. In einem Gutachten sind die Rechtsfragen des K zu beantworten!

Zusatzfragen: Ist Art. 87 Abs. 1 Satz 1 BayGO wegen Verletzung verfassungsrechtlich gewährleisteter gemeindlicher Rechte verfassungswidrig? In welchem Verfahren kann S dies überprüfen lassen?

Lösung

A. Ausgangsfall

Nach dem rechtsstaatlichen Grundsatz vom Vorrang des Gesetzes (Art. 20 Abs. 3 GG) darf die Gemeinde jedenfalls nicht gegen Gesetzesrecht verstoßen. Bei unternehmerischer Betätigung setzt Art. 87 BayGO[1] der Gemeinde Grenzen, m.a.W. die Stadt S darf ein Unternehmen nur errichten, wenn sie die rechtlichen Vorgaben des Art. 87 Abs. 1 BayGO einhält. Hier erbringt die S Dienstleistungen in Form von entgeltlichem Nachhilfeunterricht und führt damit eine Tätigkeit aus, die auch von privaten Anbietern mit der Absicht der Gewinnerzielung angeboten werden kann und in S auch tatsächlich angeboten wird.[2] Weil auch von einer fortgesetzten und planmäßigen Teilnahme am Wirtschaftsleben gesprochen werden kann, handelt es sich um ein Unternehmen i.S.v. Art. 86, 87 BayGO.[3] Der Anwendungsbereich der rechtlichen Schranken aus Art. 87 Abs. 1 BayGO ist damit eröffnet.

Nach Art. 87 Abs. 1 Satz 1 Nr. 1 BayGO muss ein *öffentlicher Zweck* das Unternehmen *erfordern*. Eine Konkretisierung im negativen Sinne trifft insofern zunächst Art. 87 Abs. 1 Satz 2 BayGO. Ein öffentlicher Zweck i.d.S. scheidet von vornherein aus, wenn S am Wirtschaftsleben teilnimmt, „um Gewinn zu erzielen". Die Vorschrift enthält aber kein allgemeines Verbot der Gewinnerzielung, sie verbietet lediglich eine gemeindliche unternehmerische Betätigung, die *ausschließlich* der Gewinnerzielung dient.[4] Hiervon kann im Fall nicht gesprochen werden, denn S geht es mit der Förderung schwacher Schüler durch Nachhilfeunterricht zumindest vorrangig um die Förderung des Wohls von Teilen der Einwohnerschaft. S verfolgt damit einen öffentlichen Zweck. Dies gilt zunächst unabhängig davon, ob hier von Daseinsvorsorge i.e.S. gesprochen werden kann.[5]

Nach der aktuellen Gesetzesfassung genügt es aber nicht, dass das Unternehmen durch den öffentlichen Zweck irgendwie gerechtfertigt wird, sondern gem. Art. 87 Abs. 1 Satz 1 Nr. 1 BayGO muss der öffentliche Zweck das Unternehmen „erfordern". Auch insofern gibt Art. 87 Abs. 1 Satz 1 Nr. 1 BayGO eine Konkretisierungshilfe: Die Voraussetzung gilt als erfüllt, wenn die Gemeinde / Stadt mit dem Unternehmen und den hier angebotenen Leistungen klassische Aufgaben der Daseinsvorsorge i.S.v. Art. 87 Abs. 1 BV und Art. 57 BayGO erfüllen will. Insofern wäre es gut vertretbar, die angebotene Nachhilfe als soziale Förderung des Gemeinschaftslebens der Einwohner in Form des öffentlichen Unterrichts anzusehen, also als eine Betätigung, die in Art. 57 BayGO als Sollaufgabe des eigenen Wirkungskreises expressis verbis aufgezählt ist.[6] Die unternehmerische Tätigkeit wäre dann ohne weiteres mit Art. 87 Abs. 1 Satz 1 Nr. 1 BayGO vereinbar.

Das *OLG Düsseldorf* geht – allerdings bei nicht ganz paralleler gesetzlicher Struktur im nordrhein-westfälischen Recht[7] – tendenziell in eine andere Richtung: In Bildungsfragen ist hiernach der Begriff der „sozialen Förderung" ggf. enger zu fassen und hat sich auf klas-

---

[1] Vergleichbare Regelungen: § 102 GO BW, § 100 GO Bbg, § 121 HGO, § 68 KV MV, § 108 NdsGO, § 107 GO NW, § 85 RhPfGO, § 108 KSVG Saarl., § 97 SächsGemO, § 116 GO LSA, § 101 SchlHGO, § 71 ThürKO.

[2] So die Definition des wirtschaftlichen Unternehmens nach *BVerwGE* 39, 329 (333); *Badura*, DÖV 1998, 818 (820).

[3] Vgl. *Widtmann/Grasser*, Bayerische Gemeindeordnung, Art. 87, Rn. 4.

[4] *Bauer/Böhle/Masson/Samper*, Bayerische Kommunalgesetze, zu Art. 87 BayGO, Rn. 28.

[5] *BVerwGE* 39, 329 (333).

[6] So *Ehlers*, Jura 1999, 212 (216).

[7] § 107 Abs. 2 GO NW bestimmt, dass öffentliche Einrichtungen, die für soziale und kulturelle Betreuung der Einwohner erforderlich sind, insbesondere u.a. Einrichtungen auf den Gebieten Erziehung, Bildung, Kultur (Schulen, Volkshochschulen etc.) nicht als wirtschaftliche Betätigung, die den Einschränkungen nach § 107 Abs. 1 GO NW unterliegen, anzusehen sind.

sische, in Art. 57 BayGO und Art. 83 Abs. 1 BV expressis verbis aufgezählte Materien zu beschränken. Schulische Förderung, insbesondere das Volks- und Berufsschulwesen erfasst den herkömmlichen Schulbetrieb resp. Veranstaltungen im Rahmen des Lehrplans. „*Der hier zu beurteilende Nachhilfeunterricht in der Volkshochschule (...) ist (...) schulunabhängig, für ihn wird ein Entgelt erhoben, und die Teilnehmer können von der Schule, die sie jeweils besuchen, nicht zu einer Teilnahme an diesem Unterricht verpflichtet werden.*“[8] Es handelt sich damit nicht um öffentlichen Unterricht i.e.S. (vgl. Art. 57 BayGO) bzw. um „Volks- und Berufsschulwesen“ (Art. 83 Abs. 1 BV). Auch eine Form der Erwachsenenbildung i.S.v. Art. 57 BayGO, Art. 83 Abs. 1 BV, Art. 1, 2 Bay. Gesetz zur Förderung der Erwachsenenbildung liegt nicht vor. Selbst wenn in Volkshochschulen herkömmlicherweise Erwachsenenbildung stattfindet, gilt dies jedenfalls für den Sonderfall der Nachhilfe für schlechte Schüler nicht. Die Privilegierung in Art. 57 BayGO, Art. 83 Abs. 1 BV könne sich insofern nur auf Einrichtungen beziehen, die sich im Rahmen des für derartige Einrichtungen geltenden Gesetzes bewegen. Denn nach Art. 1 Satz 3 des Bayerischen Gesetzes zur Erwachsenenbildung geht es bei Erwachsenenbildung um Vertiefung, Erneuerung und Erweiterung von Wissen nach Abschluss der schulischen Bildungsphase, nicht aber um parallele Ergänzung von Lehrinhalten der ersten Bildungsphase, an der aufgrund der allgemeinen Schulpflicht jedermann teilnehmen muss. Weil damit die S außerhalb herkömmlicher Strukturen auf dem Gebiet des Bildungssektors agiere, kann nach dieser Ansicht nicht von einer öffentlichen Einrichtung gesprochen werden, die der sozialen und kulturellen Betreuung der Einwohner dient.[9]

Folgt man dem, ergibt sich als Zwischenergebnis, dass das Unternehmen der S außerhalb der privilegierten Betätigungsformen gemäß Art. 83 Abs. 1 BV bzw. Art. 57 BayGO liegt. Es kommt folglich entscheidend darauf an, ob der allgemeinere, außerhalb der Daseinsvorsorge i.e.S. liegende öffentliche Zweck (Förderung schwacher Schüler) eine unternehmerische Betätigung der S im vorliegenden Einzelfall tatsächlich *erfordert*. Das bedeutet, dass das öffentliche Interesse geschädigt werden müsste, wenn die Errichtung des Unternehmens unterbliebe.[10]

Insofern mag für eine Erforderlichkeit angeführt werden, dass bei einem nicht geringen Anteil von Schülern die Gefahr bestehet, allein aufgrund der in der Schule besuchten Unterrichtsfächer den erwünschten Schulabschluss nicht zu bestehen. Andererseits könnte die Erforderlichkeit einer speziell gemeindlichen Aktivität daran scheitern, dass bereits genügend private Anbieter vorhanden sind. Ein Teil der Literatur ist bezüglich der Berücksichtigung derartiger Subsidiaritätsüberlegungen einerseits mit Blick auf Art. 28 Abs. 2 GG, andererseits aus systematischen Erwägungen (in Bayern z.B. Verhältnis zur – engeren – ausdrücklichen Subsidiaritätsklausel in Art. 87 Abs. 1 Satz 1 Nr. 4 BayGO) zurückhaltend.[11] Doch der Wortlaut lässt nunmal nicht allein das Bestehen eines jeden öffentlichen Zwecks für die Rechtmäßigkeit gemeindlichen Handelns ausreichen, sondern verlangt mit dem Kriterium des Erforderns ein Mehr. Es ist damit konsequent, wenn bei der Auslegung des Begriffs der Erforderlichkeit schon auf Ebene der Prüfung des Art. 87 Abs. 1 Satz Nr. 1 BayGO – und nicht erst bei Nr. 2 („Bedarf“) oder Nr. 4 (ausdrückliche Subsidiaritätsklausel), die insofern rein deklaratorischen oder präzisierenden Charakter haben[12] – danach gefragt wird, ob den Zweck unterstützende Kapazitäten bereits ausreichend auf privater Seite vorhanden sind.

Nach der Ansicht des *OLG Düsseldorf* scheitert die Erforderlichkeit schon allein dann, wenn in dem Gemeindegebiet „*eine hinreichende Zahl privater Anbieter vorhanden ist, die das genannte Bedürfnis zu befriedigen in der Lage sind (...).*“[13] Dies ist nach den Sach-

[8] *OLG Düsseldorf* NWVBl. 1997, 353 (354).
[9] *OLG Düsseldorf* NWVBl. 1997, 353 (354).
[10] *Widtmann/Grasser*, Bayerische Gemeindeordnung, Art. 87, Rn. 7.
[11] *Moraing*, NWVBl. 1997, 355 (356f.).
[12] *Badura*, DÖV 1998, 818 (821); *Hösch*, DÖV 2000, 393 (402f.).
[13] *OLG Düsseldorf* NWVBl. 1997, 353 (355). Ebenso *Hösch*, DÖV 2000, 393 (400).

verhaltsvorgaben zu bejahen. Nachhilfeunterricht wird in S für die betroffene Zielgruppe und in den betroffenen Fächern bislang in ausreichender Menge von privater Seite angeboten. Die Kapazitäten sind nicht erschöpft. Zudem sprechen nach Ansicht des *OLG Düsseldorf* auch sonstige Gründe gegen die Erforderlichkeit für ein gemeindliches Unternehmen: Es werden von den privaten Anbietern adäquate Gegenleistungen gefordert, die auch von sozial schwächeren Bevölkerungskreisen gezahlt werden können. Zudem ist von der fachlichen und pädagogisch-didaktischen Befähigung der privaten Anbieter auszugehen, sodass auch von der Zielerreichung durch die bestehende private Nachhilfe auszugehen ist. Dass gerade ein gemeindlicher Nachhilfeunterricht qualitativ besser wäre, ist nicht auszumachen.[14] In dieser Auslegung scheitert damit die Rechtmäßigkeit eines Nachhilfeunterrichts der S bereits an Art. 87 Abs. 1 Satz 1 Nr. 1 BayGO (vorbehaltlich der Verfassungsmäßigkeit dieser Vorschrift, hierzu unten C.).

Überwiegend wird zum Schutz des gemeindlichen Selbstverwaltungsrechts (hierzu auch unten sub C.) jeder Gemeinde im Hinblick auf die Erforderlichkeit in Art. 87 Abs. 1 Satz 1 Nr. 1 BayGO hingegen ein gewisser Beurteilungsspielraum, also eine Einschätzungsprärogative zuerkannt.[15] Ähnliche Grundsätze gelten für die Voraussetzungen des Art. 87 Abs. 1 Satz 1 Nrn. 2 und 4 BayGO (Bedarfs- und Subsidiaritätsklausel)[16], die sich mit denen der Nr. 1 teilweise überschneiden. Art. 87 Abs. 1 Satz 1 Nr. 4 BayGO enthält eine ausdrückliche Subsidiaritätsklausel zugunsten der Privatwirtschaft im Hinblick auf Tätigkeiten außerhalb der kommunalen Daseinsvorsorge. Allgemein erfasst der Begriff „Daseinsvorsorge" Bereiche der Bedürfnisbefriedigung der Bevölkerung, auf die eine gewisse soziale Angewiesenheit besteht, insbes.: Energieversorgung, Infrastrukturvorsorge, Wasserversorgung und öffentlicher Personennahverkehr.[17] Es soll im wesentlichen Deckung mit den von Art. 83 BV, Art. 57 BayGO erfassten Bereichen bestehen.[18] Sieht man mit der obigen (nicht zwingenden) Argumentation die Erteilung von Nachhilfeunterricht als nicht der Daseinsvorsorge zugehörig an, ist der Anwendungsbereich des Art. 87 Abs. 1 Satz 1 Nr. 4 BayGO eröffnet (a.A. gut vertretbar). Untersagt ist der S damit das betreffende wirtschaftliche Engagement allenfalls dann, wenn die privaten Anbieter den öffentlichen Zweck mindestens ebenso gut und ebenso wirtschaftlich erfüllen können. Dies scheint hier gegeben, weil immerhin genügend Anbieter vorhanden sind. Aber auch bei derartigen Subsidiaritätsklauseln ist wegen der Grundbedeutung der Selbstverwaltungsgarantie von einem Beurteilungsspielraum der Gemeinde auszugehen.[19] Entsprechendes gilt für die Frage, ob – obwohl genügend private Anbieter vorhanden sind – auch ein Bedarf i.S.v. Art. 87 Abs. 1 Satz 1 Nr. 2 BayGO vorhanden ist.[20]

Hiernach ist der Gemeinde in Anwendung der Voraussetzungen aus Art. 87 Abs. 1 Satz 1 Nrn. 1, 2 und 4 BayGO eine unternehmerische Betätigung auch dann nicht ausnahmslos von vornherein verboten, wenn eine hinreichende Zahl von privaten Anbietern existiert, die zu günstigen Preisen qualitativ vergleichbare Leistungen anbieten. Es könne vielmehr legitime Gründe für ein paralleles Tätigwerden geben, z.B.: Sicherstellung einer dauerhaften Versorgung, Umsetzung eigener qualitativer Vorstellungen, Bereicherung des Angebots, Gewährleistung eines bestimmten Qualitätsstandards, Hilfe für Personen, die mit Privaten nicht kontrahieren wollen, Preisnachlässe bei besonderen sozialen Härtefällen usw.[21] Die S

---

[14] Zu diesen Argumenten auch: *OLG Düsseldorf* NWVBl. 1997, 353 (355).
[15] *Schink*, NVwZ 2002, 129 (132); *Schoch*, DÖV 1993, 377 (380); *Badura*, DÖV 1998, 818 (821); *Ehlers*, Jura 1999, 212 (216).
[16] Ähnlich (wenngleich nicht überall deckungsgleich) z.B.: § 102 Abs. 1 Nr. 2 und 3 GO BW, § 100 Abs. 2 Nr. 2 GO Bbg, § 121 Abs. 1 Nr. 2 HGO, § 68 Abs. 1 Nr. 2 und 3 KV MV, § 108 Abs. 1 S. 2 Nr. 2 und 3 NdsGO, § 107 Abs. 1 Nr. 2 und 3 GO NW, § 85 Abs. 1 Nr. 2 und 3 GO Rh-Pf, § 108 Abs. 1 Nr. 2 und 3 KSVG Saarl., § 97 Abs. 1 S. 1 Nr. 2 und 3 SächsGemO, § 116 Abs. 1 Nr. 2 und 3 GO LSA, § 101 Abs. 1 Nr. 2 und 3 SchlHGO, § 71 Abs. Nr. 2 – 4 ThürKO.
[17] *Hösch*, DÖV 2000, 393 (404).
[18] *Hösch*, DÖV 2000, 393 (404); *Widtmann/Grasser*, Bayerische Gemeindeordnung, Art. 87, Rn. 11.
[19] *VerfGH Rh.-Pf.* DVBl. 2000, 992 (995).
[20] Vgl. *LG Wuppertal* DVBl. 1999, 939.
[21] *Ehlers*, Jura 1999, 212 (216).

muss also besondere Gründe für ein paralleles Tätigwerden vortragen. Erst wenn derartige Gründe nicht vorgetragen werden können oder nur vorgeschoben werden oder wenn Gründe genannt werden, die unter keinem Gesichtspunkt stichhaltig sind, hat die S ihren Spielraum überschritten.[22] Von diesem Beurteilungsspielraum sind insbesondere auch Erwägungen umfasst hinsichtlich der Nachhaltigkeit, d.h. der Sicherung der Dauerhaftigkeit eines kontinuierlichen und aufeinander aufbauenden Nachhilfeunterrichts, der hinsichtlich des größeren Insolvenzrisikos oder sonstiger wirtschaftlicher Zwänge zur Betriebseinstellung bei privaten Anbietern nicht im gleichen Umfang gewährleistet ist.[23]

Die von der S angestellten Erwägungen halten sich im Rahmen dieses Beurteilungsspielraumes. Damit ergibt sich: Wenn man einen Verstoß gegen Art. 87 Abs. 1 Nrn. 1 und 4 BayGO nicht schon deshalb ablehnt, weil es sich vorliegend um eine Betätigung im Rahmen der Daseinsvorsorge i.S.v. Art. 83 Abs. 1 BV bzw. Art. 57 BayGO handelt, ist nach dem der Gemeinde eröffneten Beurteilungsspielraum jedenfalls davon auszugehen, dass ein öffentlicher Zweck, nämlich die Förderung schwacher Schüler, das Unternehmen erfordert (Art. 87 Abs. 1 Satz 1 Nr. 1 BayGO), dass beurteilungsfehlerfrei von einem Bedarf ausgegangen werden kann (Art. 87 Abs. 1 Satz 1 Nr. 2 BayGO) bzw. dass der Zweck nicht ebenso gut und wirtschaftlich durch einen anderen erfüllt werden kann (Art. 87 Abs. 1 Satz 1 Nr. 4 BayGO). Weil sich S im Rahmen des Beurteilungsspielraums i.S.v. Art. 87 Abs. 1 Satz 1 Nrn. 1, 2 und 4 BayGO hält, ist in dieser Argumentation ein Verstoß gegen die genannten Vorgaben nicht auszumachen.

B. Abwandlung

I. Abwehranspruch unter dem Gesichtspunkt des öffentlich-rechtlichen Unterlassungsanspruchs

Ein Anspruch des K auf Unterlassen unternehmerischer Tätigkeit gegenüber S könnte sich unter dem Gesichtspunkt des öffentlich-rechtlichen Unterlassungs- bzw. Folgenbeseitigungsanspruchs ergeben. Diese Rechtsinstitute gehen davon aus, dass der Staat rechtswidrige und daher vom Betroffenen nicht duldungspflichtige Eingriffe in subjektive Rechtspositionen künftig zu unterlassen und eingetretene Folgen eines bereits geschehenen rechtswidrigen Eingriffs zu beseitigen hat, sodass im Ergebnis Störungen zukunftsgerichtet unterbleiben. Die Anspruchsgrundlagen sind nicht ausdrücklich gesetzlich fixiert, ihre Existenz ist aber unbestritten. Zur dogmatischen Fundierung wird auf § 1004 BGB analog, auf das Rechtsstaatsprinzip und Art. 20 Abs. 3 GG, auf Art. 19 Abs. 4 GG sowie auf die grundrechtlichen Freiheitsrechte und sonstige (ggf. einfachgesetzliche) Schutznormen verwiesen. Letztlich kann man den öffentlich-rechtlichen Abwehranspruch in Form des Unterlassungs- oder Folgenbeseitigungsanspruchs auch als Institut richterrechtlicher Rechtsfortbildung ansehen. Eine Streitentscheidung über die dogmatische Herleitung kann dahinstehen, weil jedenfalls Einigkeit über die tatbestandlichen Voraussetzungen besteht.[24] Da es dem K um die schlichte Einstellung der unternehmerischen Tätigkeit der S geht, ist vorliegend der öffentlich-rechtliche Unterlassungsanspruch zu prüfen. In der besonderen Konstellation der Abwehr einer staatlichen Wirtschaftstätigkeit durch einen privaten Konkurrenten ist auch vom sog. Fiskusabwehranspruchs[25] die Rede.

[22] *Ehlers*, Jura 1999, 212 (216).
[23] *VerfGH Rh.-Pf.* DVBl. 2000, 992 (995).
[24] Zum Ganzen bereits oben *Fälle 5* und *11*.
[25] *VGH Mannheim* NJW 1995, 274; *Huber*, Konkurrenzschutz im Verwaltungsrecht, 1991, S. 312ff.; *Tettinger*, NJW 1998, 3473 (3474).

1. Öffentlich-rechtlicher Unterlassungsanspruch aufgrund rechtswidrigen hoheitlichen Eingriffs in Grundrechte des K

Ein öffentlich-rechtlicher Unterlassungsanspruch kann sich zum einen unter dem Gesichtspunkt eines rechtswidrigen Grundrechtseingriffs ergeben. Hiernach kann K Unterlassen verlangen, wenn in der konkurrierenden Wirtschaftstätigkeit der S ein rechtswidriger Eingriff in den Schutzbereich eines Grundrechts des K zu sehen ist und K keiner besonderen Duldungspflicht unterliegt.

K befürchtet durch die unternehmerische Tätigkeit der S Umsatzverluste also eine Minderung seiner Erwerbschancen. Thematisch ist daher jedenfalls Art. 12 GG einschlägig[26], ggf. wäre unter dem Gesichtspunkt der Wettbewerbsfreiheit an Art. 2 Abs. 1 GG oder unter dem Gesichtspunkt des eingerichteten und ausgeübten Gewerbebetriebes an Art. 14 Abs. 1 GG zu denken.[27] Insofern lässt sich etwa argumentieren, dass jedes staatliche Handeln – auch auf Ebene der Leistungsverwaltung[28] –, das dem Bürger ein vom Schutzbereich des Art. 12 GG geschütztes Verhalten erschwert, einen rechtfertigungsbedürftigen Eingriff darstellt.[29] Allerdings ist zu bedenken, dass es sich weder um eine regelnde Maßnahme, noch um eine finale und unmittelbare Belastung handelt. Es liegt jedenfalls kein klassischer Eingriff vor: Wirtschaftliche Betätigung durch eine Kommune ist Realakt, aber keine rechtsförmliche Maßnahme mit Befehlswirkung.[30] Die Belastungswirkung tritt bei K erst über Umwege ein, nämlich über die Auswirkungen im Konsumentenverhalten. Es ist ferner auch nicht das Ziel der S, den K erwerbswirtschaftlich schlechter zu stellen. Ob eine derartige mittelbare Belastungswirkung als Grundrechtseingriff durch die konkurrierende Gemeinde/Stadt anzusehen ist, ist umstritten.[31]

Eine Meinung verweist darauf, dass faktische Belastungen des privaten Konkurrenten das Ergebnis einer gemeindlichen Tätigkeit ist, die trotz ihrer wirtschaftlichen Ausrichtung als besondere Form der vollziehenden Gewalt anzusehen ist.[32] Der Staat und seine Einrichtungen dürften sich daher nicht der Grundrechtsbindung nach Art. 1 Abs. 3 GG entziehen. Die unternehmerische Betätigung einer Gemeinde zur Verfolgung öffentlicher Zwecke stellt sich hiernach bei spürbarer Beeinträchtigung generell als Eingriff in Grundrechte der privaten Konkurrenten aus Art. 12 GG (ggf. auch aus Art. 2 Abs. 1 und Art. 14 Abs. 1 GG) dar – Stichwort: „Eingriff durch Konkurrenz“.[33] Art. 87 BayGO ist hiernach eine besondere *Ermächtigungsgrundlage* zur Rechtfertigung derartiger mittelbarer Grundrechtseingriffe. Für die Frage des Bestehens eines öffentlich-rechtlichen Unterlassungsanspruchs des K ist dann entscheidend, ob alle Rechtmäßigkeitsvoraussetzungen des Art. 87 BayGO erfüllt sind. Im Gegensatz zu Prüfung A. ist dies laut Vorgaben des Sachverhalts zu verneinen. Mangels Rechtfertigung – der vermeintliche Eingriff ist nicht durch eine Ermächtigungsgrundlage gedeckt – wäre dann ein Unterlassungsanspruch aufgrund rechtswidrigen Grundrechtseingriffs zu bejahen.

Überwiegend wird diese Konstruktion aber mit überzeugenden Gründen abgelehnt. Die unternehmerische Tätigkeit von Gemeinden zur Verfolgung öffentlicher Zwecke zählt seit jeher zum Aufgabenbereich der Kommune. Die Väter der bayerischen Verfassung und des Grundgesetzes fanden diese Form der Erledigung von Aufgaben der örtlichen Gemeinschaft bereits als festen Bestandteil kommunaler Tätigkeit vor. Es ist daher davon aus-

---

[26] *Ehlers*, Jura 1999, 212 (217); *Hösch*, DÖV 2000, 393 (396ff.); *Jarass*, DÖV 2002,489 (492).

[27] Vgl. *BVerwGE* 39, 329 (336f.); *BVerwG* DVBl. 1978, 639f.; DVBl. 1996, 152f.; *BayVGH* BayVBl. 1976, 628 (630); *VGH Mannheim* NJW 1995, 274f.; *Cosson*, DVBl. 1999, 891 (896); *Pieroth/Hartmann*, DVBl. 2002, 421ff.

[28] So etwa hier die Tätigkeit der S, die mit der Erteilung von Nachhilfeunterricht nicht rein erwerbswirtschaftliche Ziele verfolgt, sondern in unternehmerischer Form öffentliche Zwecke (Wirtschaftsförderung) fördern will.

[29] *Hösch*, DÖV 2000, 393 (397).

[30] *Jarass*, DÖV 2002,489 (492); *Hösch*, DÖV 2000, 393 (398).

[31] Ausführlich zum Streitand: *Pieroth/Hartmann*, DVBl. 2002, 421ff.

[32] Insofern auch *VerfGH Rh.-Pf.* DVBl. 2000, 992.

[33] *Tettinger*, NJW 1998, 3473 (3474); ebenso: *Pielow*, NWVBl. 1999, 369 (375); *Hösch*, DÖV 2000, 393 (398f.).

zugehen, dass derartige kommunale Wirtschaftstätigkeit, soweit sie mit der Verfolgung öffentlicher Zwecke verbunden ist[34], die in der örtlichen Gemeinschaft wurzeln, zu den originären Aufgaben der Kommunen rechnet und daher vom verfassungsrechtlich garantierten Selbstverwaltungsrecht nach Art. 28 Abs. 2 Satz 1 GG, Art. 11 Abs. 2 Satz 2 BV[35] abgedeckt ist (im einzelnen unten C I.) und damit auch ohne besonderen Kompetenztitel von der Gemeinde wahrgenommen werden darf.[36] M.a.W.: Sofern die Gemeinde derartige Wirtschaftstätigkeit betreibt, macht sie von ihrem Selbstverwaltungsrecht Gebrauch. Art. 87 BayGO stellt sich insofern nicht als Ermächtigungsgrundlage für ein wegen Grundrechtseingriffs gegenüber Dritten ausnahmsweise zulässiges Wirtschaftshandeln dar, sondern als eine Rechtsnorm, die ihrerseits in Rechte der Gemeinde aus Art. 28 Abs. 2 Satz 1 GG, Art. 11 Abs. 2 Satz 2 BV eingreift und daher ihrerseits an den genannten Verfassungsnormen zu messen ist.[37] Grundrechte (Art. 2 Abs. 1, 12 Abs. 1, 14 Abs. 1 GG) gewähren in einer auf Wettbewerb ausgerichteten freien Marktwirtschaft kein subjektives Recht auf Erhaltung des bisherigen Geschäftsumfangs. Ebensowenig wie Art. 12 GG vor privater Konkurrenz schützt (z.B. bei behördlicher Zulassung eines Konkurrenten), so schützt dieses Grundrecht auch nicht generell vor Konkurrenz durch die öffentliche Hand.[38] Die bloß mittelbare Beeinträchtigung des K (Verschärfung des marktwirtschaftlichen Konkurrenzdrucks) kann daher der S, die sich ihrerseits auf Art. 28 Abs. 2 GG bzw. Art. 11 Abs. 2 Satz 2 BV berufen kann, nicht ohne weiteres als Grundrechtseingriff zugerechnet werden. Ein grundsätzlicher verfassungsrechtlicher Anspruch eines privaten Unternehmers auf Unterlassung konkurrierender wirtschaftlicher Tätigkeit der öffentlichen Hand wird also durch die hier thematisierten Grundrechte nicht begründet.

Im Einzelfall kann jedoch eine andere Bewertung veranlasst sein, insbesondere dann, wenn sich die öffentliche Hand (also etwa eine Gemeinde) nicht marktkonform verhält und sich aufgrund ihrer Sonderstellung derartige Wettbewerbsvorteile verschafft, dass bei privaten Konkurrenten die Schwelle besonders schwerer und nachhaltiger Betroffenheit überschritten wird. Dies ist zu bejahen, wenn die öffentliche Hand ein Monopol beansprucht oder zumindest über einen unerträgliche Verdrängungswettbewerb die private Konkurrenz auszehrt und damit echten Wettbewerb praktisch unmöglich macht.[39] Ein derartiger Verdrängungswettbewerb ist aber nicht zu befürchten, weil die Einbußen bei K sich auf maximal 20% einpendeln werden.[40] Aus dem gleichen Grund geht es im Fall auch nicht um die Ausbildung eines (faktischen) Monopols.

Zwischenergebnis:
Im vorliegenden Fall erreicht die konkurrierende Tätigkeit der S nicht die Schwelle eines Grundrechtseingriffs. Ein öffentlich-rechtlicher Unterlassungsanspruch des K ist daher in dieser Hinsicht nicht gegeben.

---

[34] Nicht geschützt vom kommunalen Selbstverwaltungsrecht ist hingegen das reine Erwerbsstreben ohne Verfolgung öffentlicher Zwecke: *Schink*, NVwZ 2002, 129 (134), in Auseinandersetzung mit abweichenden Ansätzen.

[35] Zur landesverfassungsrechtlichen Garantie der kommunalen Selbstverwaltung z.B.: Art. 71 Abs. 1 LVerf BW, Art. 97 Abs. 1 BbgVerf, Art. 137 Abs. 1-2 HV, Art. 72 Abs. 1 Verf MV, Art. 87 Abs. 1 Verf LSA, Art. 91 Abs. 1 VerfThür, Art. 78 Abs. 1 Verf NW.

[36] So nunmehr ausdrücklich: *VerfGH Rh.-Pf.* DVBl. 2000, 992. Differenzierend, i.E. aber ebenso: *Schink*, NVwZ 2002, 129 (132ff.).

[37] *VerfGH Rh.-Pf.* DVBl. 2000, 992 (993); *Jarass*, DÖV 2002,489 (497). Hierzu im Detail unten C I 2.

[38] *VerfGH Rh.-Pf.* DVBl. 2000, 992 (993); *BVerwGE* 39, 329 (336f.); *BVerwG* DVBl. 1978, 639f.; DVBl. 1996, 152 (153); *BayVGH* BayVBl. 1976, 628 (630); *VGH Mannheim* NJW 1995, 274; *Jarass*, DÖV 2002,489 (492); *Pieroth/Hartmann*, DVBl. 2002, 421ff.

[39] *VerfGH Rh.-Pf.* DVBl. 2000, 992 (993); *BVerwG* DVBl. 1978, 639f.; DVBl. 1996, 152 (153); *BayVGH* BayVBl. 1976, 628 (630); *VGH Mannheim* NJW 1995, 274. S. auch: *Meyer*, NVwZ 2002, 1075 (1076); *Pieroth/Hartmann*, DVBl. 2002, 421 (426); *Ehlers*, Jura 1999, 212 (214); *Cosson*, DVBl. 1999, 891 (896); *Jarass*, DÖV 2002,489 (493f.).

[40] Vgl. insofern auch die Argumentation nach *VGH Mannheim* NJW 1995, 274.

2. Öffentlich-rechtlicher Unterlassungsanspruch aufgrund einfachgesetzlichen Rechtsverstoßes gegen Art. 87 BayGO

Ein öffentlich-rechtlicher Unterlassungsanspruch könnte sich aber allein aus dem Verstoß gegen Art. 87 Abs. 1 Satz 1 Nrn. 1 und 4 BayGO ergeben, von dem nach den Sachverhaltsvorgaben auszugehen ist. Ein öffentlich-rechtlicher Unterlassungsanspruch kann sich auch aus dem Verstoß gegen eine einfachgesetzliche öffentlich-rechtliche Norm ergeben, wenn diese Rechtsvorschrift – im Sinne des § 42 Abs. 2 VwGO – als Schutznorm zugunsten des Anspruchstellers zu verstehen ist. Voraussetzung für den Drittschutz aus Art. 87 BayGO zugunsten des K ist, dass diese hier verletzte Norm zumindest auch den Interessen des K als privatem Konkurrenten zu dienen bestimmt ist.[41]

Bislang nimmt nur eine Mindermeinung eine grundsätzlich drittschützende Wirkung der landesrechtlichen Vorschriften über die Einschränkung der gemeindlichen Wirtschaftsbetätigung an. Schon allgemeine Zweckklauseln – in Bayern Art. 87 Abs. 1 Satz 1 Nr. 1 BayGO – sollen hiernach auf den verhältnismäßigen Ausgleich zwischen den Grundrechten der privaten Konkurrenz und den Interessen der Gemeinde abzielen und deswegen als drittschützende Normen zugunsten privater Konkurrenten zu bewerten sein.[42]

Die wohl herrschende Ansicht ist demgegenüber mit der Zuerkennung von Drittschutz aus Art. 87 BayGO und vergleichbaren Regelungen in anderen Bundesländern zurückhaltend. Auch wenn es derartigen Normen abstrakt um die Konfliktvermeidung im Verhältnis zur Privatwirtschaft insgesamt geht, so könne hieraus kein individualisierbarer geschützter Personenkreis abgrenzbar sein, dessen Schutz eine derart allgemeine Norm konkret im Blick hat.[43] Dem Normzweck nach gehe es primär um die Sicherung der eigentlichen gemeindlichen Verwaltungsaufgaben, also um den Selbstschutz der Gemeinde vor Gefahren überdehnter unternehmerischer Betätigung.[44] Als Nebenzweck gehe es zwar auch um wirtschaftliche Aspekte, nämlich um die Verhinderung abstrakter Konfliktsituationen, wie sie aus einem ungehemmten Wettbewerb mit der Privatwirtschaft insgesamt entstehen könnten.[45] Insofern sei aber allenfalls die Privatwirtschaft schlechthin geschützt, mangels Individualisierbarkeit aber nicht der einzelne betroffene Konkurrent. Derartige Normen enthalten hiernach lediglich objektiv-rechtliche Programmsätze, deren Beschränkungen für private Konkurrenten lediglich faktische Vorteile im Sinne eines Rechtsreflexes bringen. Dies soll für Art. 87 Abs. 1 BayGO insgesamt, also für alle Fälle der Nrn. 1–4 gelten.[46] Eine rechtswidrige gemeindliche Wirtschaftsbetätigung kann nach dieser herrschenden Ansicht also u.U. Maßnahmen der Rechtsaufsicht, aber keinen einklagbaren Unterlassungsanspruch des Konkurrenten aus der kommunalrechtlichen Norm selbst begründen.

Eine überzeugende vermittelnde Position nimmt neuerdings der *rheinland-pfälzische Verfassungsgerichtshof* ein. Unabhängig von der Streitfrage, ob Beschränkungsregeln hinsichtlich der gemeindlichen Wirtschaftstätigkeit *generell* zugunsten privater Konkurrenten als drittschützend einzustufen sind, so muss dies jedenfalls für ausdrückliche Subsidiaritätsklauseln gelten, nach denen – wie in Art. 87 Abs. 1 Satz 1 Nr. 4 BayGO – eine Gemeinde wirtschaftliche Unternehmen nur errichten darf, wenn „der öffentliche Zweck

---

[41] Vgl. *VerfGH Rh.-Pf.* DVBl. 2000, 992 (995); *Erichsen*, Kommunalrecht des Landes Nordrhein-Westfalen, 2. Aufl. 1997, S. 292; *Hösch*, DÖV 2000, 393 (402).

[42] *Erichsen*, Kommunalrecht, S. 292f.; *Hösch*, DÖV 2000, 393 (402); wohl auch *Becker*, in: ders./Heckmann/Kempen/Manssen, Öffentliches Recht in Bayern, 2. Aufl. 2001, 2. Teil, Rn. 511.

[43] *BVerwGE* 39, 329 (336); *BVerwG* DVBl. 1978, 639f.; *BayVGH* BayVBl. 1976, 628 (629); *VGH Mannheim* NJW 1995, 274; *Schoch*, DÖV 1993, 377 (380); *Badura*, DÖV 1998, 818 (821); *Tettinger*, NJW 1998, 3473 (3474).

[44] *BayVGH* BayVBl. 1976, 628 (629); *Tettinger*, NJW 1998, 3473 (3474); jüngst auch *BGH* NVwZ 2002, 1141f.

[45] *VGH Mannheim* NJW 1995, 274; *BayVGH* BayVBl. 1976, 628 (629).

[46] *BayVGH* BayVBl. 1976, 628 (629); *OLG München* NVwZ 2000, 835; *Meyer*, NVwZ 2002, 1075 (1076); *Widtmann/Grasser*, Bayerische Gemeindeordnung, Art. 87, Rn. 3; *Bauer/Böhle/Masson/Samper*, Bayerische Kommunalgesetze, zu Art. 87 BayGO, Rn. 7 und 12.

nicht ebenso gut und wirtschaftlich durch einen anderen erfüllt wird oder werden kann." Hier sind nach ausdrücklichem Wortlaut und teleologischer Ausrichtung die Privatwirtschaft und insbesondere die einzelnen Inhaber konkreter Konkurrenzbetriebe vor einer Beeinträchtigung ihrer Interessen geschützt.[47] Auf letztere ist die für die Schutznormtheorie erforderliche Individualisierbarkeit zu beziehen. Hiernach ist zumindest Art. 87 Abs. 1 Satz 1 Nr. 4 BayGO zugunsten des K drittschützend. Da hier (vgl. insofern auch die Sachverhaltsvorgabe) kein klassischer Fall der Daseinsvorsorge einschlägig ist und der von S verfolgte Zweck (Förderung schwacher Schüler durch Nachhilfeunterricht) ebenso gut und ebenso wirtschaftlich durch private Akteure erfüllt wird, kann K vorliegend als bereits agierender Konkurrent einen öffentlich-rechtlichen Unterlassungsanspruch unmittelbar aus Art. 87 Abs. 1 Satz 1 Nr. 4 BayGO geltend machen. Art. 87 Abs. 1 Satz 1 Nr. 4 BayGO geht dann also nicht vollkommen in Art. 87 Abs. 1 Satz 1 Nr. 1 BayGO auf[48], sondern seine eigenständige Bedeutung ergibt sich dann gerade aus der Perspektive des Drittschutzes.

Zwischenergebnis:
K hat zumindest aus Art. 87 Abs. 1 Satz 1 Nr. 4 BayGO einen öffentlich-rechtlichen Unterlassungsanspruch gegen S, der auf Einstellung des Nachhilfeunterrichts gerichtet ist (**Achtung:** a.A. die noch herrschende Ansicht).

3. Abwehranspruch aus § 1 UWG

Denkbar ist daneben auch ein Unterlassungsanspruch aus § 1 UWG. Das wäre dann zu bejahen, wenn S gegenüber K zu Zwecken des Wettbewerbs Handlungen vornimmt, die gegen die guten Sitten verstoßen. Da S mit dem Angebot von Nachhilfeunterricht den eigenen Absatz zum Nachteil privater Konkurrenten fördert, ist von einer Handlung zu Zwecken des Wettbewerbs auszugehen. § 1 UWG ist (nach nicht gänzlich unumstrittener Ansicht) auch auf gemeindliche Wirtschaftstätigkeit anwendbar, denn auch der öffentlichen Hand kann keine Sonderrolle zugebilligt werden, wenn sie sich konkurrenzwirtschaftlich betätigt.[49]

Des Weiteren muss ein Verstoß gegen die guten Sitten vorliegen. Das *OLG Düsseldorf* sowie das *OLG München* sind insofern bei der Zuerkennung eines derartigen Unterlassungsanspruchs des privaten Konkurrenten gegen die öffentliche Hand großzügig[50]: Allein die gegen die kommunalen Vorschriften über gemeindliche Unternehmen verstoßende wirtschaftliche Betätigung einer Gemeinde begründe gegenüber dem privaten Konkurrenten einen Verstoß gegen die guten Sitten im Wettbewerb. Begründet wird dies damit, dass kommunale Vorschriften wie Art. 87 BayGO zumindest *„auch dem Schutz der privaten Wirtschaft gegenüber nicht durch einen besonderen öffentlichen Zweck gerechtfertigter Wirtschaftstätigkeit der Gemeinde"* diene.[51] Bei Verstoß gegen derartige „wertbezogene" Normen[52] verschaffe sich die Gemeinde einen *„ungerechtfertigten Vorsprung vor den gesetzestreuen Mitbewerbern"*, was bereits für sich einen Widerspruch zu den guten Sitten im Wettbewerb begründe.[53]

Hiergegen wird nicht zu Unrecht vorgebracht, dass es einerseits widersprüchlich sei, die generelle drittschützende Wirkung des Art. 87 Abs. 1 BayGO im Hinblick auf den öffentlich-rechtlichen Abwehranspruch zu verneinen, diese Wertung aber andererseits über die

[47] *VerfGH Rh.-Pf.* DVBl. 2000, 992 (995); zustimmend: *OLG Düsseldorf*, NVwZ 2002, 248 (249); *Schink*, NVwZ 2002, 129 (138). Die Grundsatzentscheidung des Bundesverwaltungsgerichts – vgl. *BVerwGE* 39, 329 (336) – ließ die Frage offen, ob derartige Subsidiaritätsklauseln Drittschutz vermitteln.
[48] So aber *Hösch*, DÖV 2000, 393 (402f.).
[49] *Cosson*, DVBl. 1999, 891 (896).
[50] *OLG Düsseldorf* NWVBl. 1997, 353 (354ff.); DVBl. 2000, 157 (158); NVwZ 2002, 248; *OLG München* NVwZ 2000, 835.
[51] *Badura*, DÖV 1998, 818 (822).
[52] Vgl. auch *BGHZ* 110, 278 (291).
[53] *Badura*, DÖV 1998, 818 (822); vgl. auch *OLG München* NVwZ 2000, 835f.

privatrechtliche Norm des § 1 UWG zu unterlaufen.[54] Die Annahme eines Sittenverstoßes verlangt hiernach zusätzliche Wertungen. Sittenwidrigkeit gehe über die reine Rechtswidrigkeit hinaus.[55] Genau auf dieser restriktiven Linie befindet sich die aktuelle Rechtsprechung des *Bundesgerichtshofs*, der hervorhebt, dass der Begriff der Sittenwidrigkeit in § 1 UWG wettbewerbsbezogen auszulegen sei, mithin ein schlichter Gesetzesverstoß aus sich heraus nur dann den Tatbestand erfülle, wenn die verletzte Norm zumindest auch eine auf die Lauterkeit des Wettbewerbs bezogene Schutzfunktion hat.[56] Diese teleologische Zielrichtung spricht der *BGH* Art. 87 BayGO zur Gänze ab, weil nach seiner Auslegung diese Vorschrift ausschließlich den Schutz der Kommunen vor den Gefahren überdehnter unternehmerischer Betätigung im Blick habe.[57] Spricht man mit der (s.o.) wohl herrschenden Ansicht Art. 87 Abs. 1 BayGO eine drittschützende Wirkung gänzlich ab und verneint man mangels Anhaltspunkten im Sachverhalt auch eine einzelfallbezogene Sittenwidrigkeit der Gemeinde[58], scheidet ein Unterlassungsanspruch nach § 1 UWG aus.[59]

Vorzugswürdig ist demgegenüber auch hier ein vermittelnder Standpunkt. Im Sinne einer Harmonisierung zwischen § 1 UWG und dem öffentlich-rechtlichen Unterlassungsanspruch ist von einem Sittenverstoß i.S.v. § 1 UWG allein wegen eines Verstoßes gegen eine öffentlich-rechtliche Norm jedenfalls dann, aber auch nur dann, auszugehen, sofern die verletzte Norm im Sinne der Schutznormtheorie zumindest auch den Individualinteressen des anspruchstellenden Konkurrenten zu dienen bestimmt ist. Geht man mit der hier vertretenen – freilich umstrittenen – Ansicht davon aus, dass der hier missachtete Art. 87 Abs. 1 Satz 1 Nr. 4 BayGO als drittschützend einzustufen ist, besteht konsequenterweise auch ein Unterlassungsanspruch aus § 1 UWG.[60]

4. Quasinegatorischer Unterlassungsanspruch (§ 1004 BGB analog i.V. mit § 823 Abs. 2 BGB)

Je nachdem, ob man Art. 87 BayGO als Schutzgesetz einordnet oder nicht, scheint auch das Ergebnis für die Einschlägigkeit des Abwehranspruchs analog § 1004 BGB i.V. mit § 823 Abs. 2 BGB und Art. 87 BayGO vorprogrammiert zu sein. Der restriktiven Linie des *BGH* entspricht es, die Schutzgesetzqualität des Art. 87 BayGO pauschal zu verneinen und aus diesem Grund auch den quasinegatorischen Abwehranspruch abzulehnen.[61] Geht man mit der hier vertretenen Ansicht vom drittschützenden Gehalt des Art. 87 Abs. 1 Satz 1 Nr. 4 BayGO aus, könnte demgegenüber eine Schutzgesetzverletzung i.S. von § 823 Abs. 2 BGB und damit auch ein Unterlassungsanspruch analog § 823 Abs. 2 BGB begründet werden. Allerdings ließe dieses Ergebnis das Konkurrenzverhältnis zwischen dem zivilrechtlichen Abwehranspruch aus § 1004 BGB (hier analog) und dem öffentlich-rechtlichen Unterlassungsanspruch wegen Verletzung des Art. 87 BayGO außer Betracht. Der insofern auf einen Hoheitsträger als Anspruchsgegner zugeschnittene und deswegen speziellere öffentlich-rechtliche Abwehranspruch verdrängt hier den generelleren § 1004 BGB. Aus diesem Grund scheidet ein zusätzlich auf den quasinegatorischen Abwehranspruch gestützter Unterlassungsanspruch m.E. aus.

---

[54] *Ehlers*, Jura 1999, 212 (215 f.); *Tettinger*, NJW 1998, 3473 (3474); *Moraing*, NWVBl. 1997, 355; vgl. auch *Schink*, NVwZ 2002, 129 (138 ff.); *VGH Mannheim* NJW 1995, 274 f.; *OLG Karlsruhe* DÖV 2001, 431 f.

[55] *Schink*, NVwZ 2002, 129 (139).

[56] *BGH* NVwZ 2002, 1141 f.

[57] *BGH* NVwZ 2002, 1141 (1142).

[58] Denkbar etwa im Fall der Verschaffung eines Marktvorsprungs durch Missbrauch amtlicher Autorität: *BGH* NVwZ 2002, 1141 (1142); *OLG Karlsruhe* DÖV 2001, 431 (432).

[59] *BGH* NVwZ 2002, 1141 ff., unter Aufhebung von *OLG München* NVwZ 2000, 835; Zustimmend *Meyer*, NVwZ 2002, 1075 ff.; ebenso bereits *Tettinger*, NJW 1998, 3473 (3474). Vgl. auch *Ehlers*, Jura 1999, 212 (216).

[60] *OLG Düsseldorf*, NVwZ 2002, 248 (249). A.A. aber gut vertretbar, vgl. etwa *OLG Karlsruhe* DÖV 2001, 431 f. oder die Argumentation bei *Schink*, NVwZ 2002, 129 (139 f.).

[61] *BGH* NVwZ 2002, 1141 (1143).

Ergebnis:
K kann unmittelbar nach der öffentlich-rechtlichen Vorschrift des Art. 87 Abs. 1 Satz 1 Nr. 4 BayGO, aber auch nach § 1 UWG von S verlangen, die konkurrierende Nachhilfe einzustellen.[62]

II. Rechtswegfragen – Kann K sein Begehren (vollumfänglich) auf dem Verwaltungsrechtsweg verfolgen?

Nach § 40 Abs. 1 Satz 1 VwGO ist der Verwaltungsrechtsweg eröffnet, wenn es sich um eine öffentlich-rechtliche Streitigkeit nichtverfassungsrechtlicher Art handelt. Der vorliegende Fiskusabwehranspruch eines privaten Konkurrenzunternehmens bzw. die zu prüfenden Anspruchsgrundlagen müssen hiernach also zunächst dem öffentlichen Recht zuzuordnen sein.

Dies ist zumindest im Hinblick auf den zu prüfenden öffentlich-rechtlichen Unterlassungsanspruch (wegen denkbaren Grundrechtseingriffs bzw. wegen denkbaren Verstoßes gegen Art. 87 Abs. 1 Satz 1 Nr. 4 BayGO) zu bejahen. Insofern ist die Streitigkeit auch nichtverfassungsrechtlicher Natur. Im Hinblick auf die Prüfung des öffentlich-rechtlichen Unterlassungsanspruchs ist der Verwaltungsrechtsweg eröffnet.[63]

Fraglich ist aber, ob das angerufene Verwaltungsgericht auch Anspruchsgrundlagen aus § 1 UWG prüfen kann. Nach überwiegender Ansicht wird der hier parallel einschlägige § 1 UWG als privatrechtlicher Anspruch angesehen, für dessen Geltendmachung nach § 13 GVG an sich der ordentliche Rechtsweg eröffnet ist, auch wenn Anspruchsgegner eine Gemeinde ist[64]: Die Vorschriften des UWG erhalten wie im Normalfall eines Streitverhältnisses zwischen privaten Konkurrenten auch dann keinen öffentlich-rechtlichen Charakter, nur weil Anspruchsgegner die öffentliche Hand ist.[65] Die Lösung ist hier aber nach § 17 Abs. 2 GVG zu suchen. Sowohl hinsichtlich des öffentlich-rechtlichen Unterlassungsanspruchs als auch hinsichtlich § 1 UWG geht es um einen einheitlichen Streitgegenstand, nämlich um die Frage, ob K von S die Einstellung der konkurrierenden Nachhilfetätigkeit beanspruchen kann. Nach § 17 Abs. 2 GVG muss das angerufene Verwaltungsgericht den Rechtsstreit umfassend entscheiden, sofern der zu ihm beschrittene Rechtsweg auch nur für einen Klagegrund des geltend gemachten Anspruchs gegeben ist. Sollte also etwa das angerufene Verwaltungsgericht der Meinung sein, dass Art. 87 BayGO unter keinem Gesichtspunkt eigenständige Abwehrrechte vermittelt, darf es nicht § 1 UWG ungeprüft lassen und insofern den Rechtsstreit bzgl. dieser Anspruchsgrundlage an die ordentlichen Gerichte verweisen, sondern es hat in eigener Verantwortung das Bestehen eines Unterlassungsanspruchs aus § 1 UWG zu prüfen.[66]

---

[62] Zum Problemkreis, ob auch ein *gemischtwirtschaftlicher* Betrieb an die Vorschriften der Kommunalgesetze über die wirtschaftliche Betätigung gebunden ist und inwiefern Abwehransprüche des Konkurrenten bestehen: *OLG Düsseldorf*, NVwZ 2002, 248 (249f.) – Differenzierung danach, ob das Unternehmen von der Gemeinde beherrscht wird oder nicht. Hierzu auch *Jarass*, DÖV 2002, 489 (495).

[63] *BayVGH* BayVBl. 1976, 628 (629); *BVerwGE* 39, 329 (330f.).

[64] A.A. unter Rekurs auf die Zwei-Stufen-Theorie: *Schink*, NVwZ 2002, 129 (139): Bei einem geltend gemachten Unterlassungsanspruch sei das „Ob“ der wirtschaftlichen Betätigung der Kommunen betroffen. Hierfür sei der Maßstab der kommunalen Wirtschaftsregelungen vorrangig. In der Rechtswegfrage ergebe *„es eine dogmatisch »saubere« Lösung nur über die Konkurrenten- bzw. Unterlassungsklage vor dem VG.“*

[65] *BGHZ* 66, 229ff.; 67, 81ff.; 82, 375ff.; 102, 280ff.; *OLG Düsseldorf*, NWVBl. 1997, 353 (354); *Tettinger*, NJW 1998, 3473; *Bauer/Böhle/Masson/Samper*, Bayerische Kommunalgesetze, zu Art. 87 BayGO, Rn. 13. Zum Streitstand auch: *Ehlers*, Jura 1999, 212 (215); *Moraing*, NWVBl. 1997, 355.

[66] *BVerwG* DVBl. 1996, 152 (153); *VGH Mannheim* NJW 1995, 274f.; *Ehlers*, Jura 1999, 212 (214f.). Anders noch nach früherer Rechtslage: *BVerwGE* 39, 329 (337).

C. Zusatzfragen

I. Verfassungsmäßigkeit des Art. 87 Abs. 1 BayGO im Hinblick auf die verfassungsrechtliche Stellung der Gemeinden

Art. 87 Abs. 1 BayGO kann der S nur dann für eine wirtschaftliche Betätigung Schranken setzen, wenn diese Norm überhaupt verfassungsgemäß ist und damit Gültigkeit beanspruchen kann.

1. Vereinbarkeit mit Art. 12 GG / Art. 166 BV

Vorliegend wäre an Art. 12 GG als Maßstab zu denken, ggf. auch an Art. 166 BV, weil Art. 87 Abs. 1 Satz 1 Nr. 4 BayGO die Möglichkeiten erwerbswirtschaftlicher Tätigkeit von Gemeinden einschränkt. Gemeinden als Institutionen des Staates genießen aber – abgesehen von prozessualen Grundrechten[67] und besonderen Schutzlagen[68] – grundsätzlich keinen Grundrechtsschutz, insbesondere wenn sie öffentliche Aufgaben erledigen.[69] Denn die Grundrechte schützen vor Eingriffen der staatlichen Gewalt, nicht aber umgekehrt den nach Art. 1 Abs. 3 GG grundrechtsverpflichteten Staat und seine Einrichtungen, der als Handelnder gerade regelmäßig von hoheitlichen Kompetenzen Gebrauch macht.[70] Nach h.A. soll das auch dort gelten, wo keine spezifisch öffentlichen Aufgaben erfüllt werden.[71] Letzteres kann hier dahinstehen, da S mit der Erteilung von Nachhilfeunterricht jedenfalls öffentliche Zwecke (Förderung schwacher Schüler) zu verfolgen sucht. Grundrechte – insbesondere Art. 12 GG – sind damit nicht verfassungsrechtlicher Maßstab für den ausschließlich zu Lasten kommunaler Gebietskörperschaften gehenden Art. 87 Abs. 1 BayGO.[72]

2. Vereinbarkeit mit Art. 28 Abs. 2 Satz 1 GG / Art. 11 Abs. 2 Satz 2 BV

Die Einschränkungen aus Art. 87 Abs. 1 BayGO hinsichtlich der wirtschaftlichen Betätigung von Gemeinden könnten gegen die verfassungsrechtliche Gewährleistung der kommunalen Selbstverwaltung in Art. 28 Abs. 2 Satz 1 GG bzw. Art. 11 Abs. 2 Satz 2 BV verstoßen und damit nichtig sein.

Bayern hat in seiner Verfassung entsprechend dem bundesrechtlichen Standard des Art. 28 Abs. 2 Satz 1 GG die verfassungsrechtliche Selbstverwaltungsgarantie mit unmittelbarer Wirkung für die gesamte Landesstaatsgewalt eingeführt. Damit ist jedenfalls Art. 11 Abs. 2 Satz 2 BV unmittelbar verfassungsrechtlicher Prüfmaßstab für den landesrechtlichen Art. 87 Abs. 1 BayGO. Die Frage, ob der insoweit inhaltlich identische Art. 28 Abs. 2 Satz 1 GG daneben selbst eine selbstständige Durchgriffsnorm gegenüber Landesstaatsgewalt darstellt (so die wohl h.L.[73]) oder lediglich den Bundesgesetzgeber und den Landesverfassungsgeber zur Umsetzung verpflichtet[74], kann vorliegend dahinstehen.

[67] Jüngst etwa *VerfG Bbg.* DVBl. 1999, 1722ff.

[68] Grundrechtlich geschützt sind etwa juristische Personen des öffentlichen Rechts im Bereich bestimmter Grundrechte, wenn sie – wie Universitäten und Forschungsinstitute im Bereich der Wissenschaftsfreiheit – unmittelbar dem durch das betreffende Grundrecht geschützten Lebensbereich zuzuordnen sind und von der Schutzrichtung des Grundrechts her gesehen auch diesen Lebensbereich autonom ausfüllen sollen: *BVerfGE* 15, 256 (262); 68, 193 (207); 70, 138 (161).

[69] *BVerfGE* 15, 256 (262); 21, 362 (369f.); 61, 82 (100f.); 68, 193 (205f.); *Widtmann/Grasser*, Bayerische Gemeindeordnung, Art. 87, Rn. 2.

[70] Hierzu auch: *Di Fabio*, Der Ausstieg aus der wirtschaftlichen Nutzung der Kernenergie, 1999, S. 85f.; *Hösch*, DÖV 2000, 393f.

[71] *BVerfGE* 61, 82 (105ff.); *BVerwG* DVBl. 1984, 679 (682). A.A. *BayVerfGH* 29, 1 (5); 29, 105 (119), wenn sich die juristische Person des öffentlichen Rechts in einer grundrechtstypischen Gefährdungslage befindet, die der Schutzsituation des Grundrechts entspricht (z.B. Enteignung von Grundstücken, die im Eigentum einer Gemeinde stehen). Zum Streitstand: *Krebs*, in: v. Münch/Kunig (Hrsg.), Grundgesetz-Kommentar, Bd. 1, 5. Aufl. 2000, Art. 19, Rn. 41ff.

[72] So auch zusammenfassend *Hösch*, DÖV 2000, 393f.

[73] Hiervon geht auch die grundlegende Rastede-Entscheidung aus: *BVerfGE* 79, 127ff.

Art. 11 Abs. 2 Satz 2 BV gewährleistet ebenso wie Art. 28 Abs. 2 Satz 1 GG den Gemeinden das Recht, alle Angelegenheiten der örtlichen Gemeinschaft im Rahmen der Gesetze in eigener Verantwortung zu regeln. Art. 87 Abs. 1 BayGO verstößt mithin nur dann gegen die gemeindliche Selbstverwaltungsgarantie, wenn und soweit die unternehmerische Betätigung von Gemeinden überhaupt zum gegenständlichen Bereich der geschützten Selbstverwaltungsgarantie rechnet und (bejahendenfalls) sich die aus Art. 87 Abs. 1 BayGO ergebende Beschränkung nicht im Rahmen der verfassungsrechtlichen Schranken resp. „im Rahmen der Gesetze" hält.[75]

a) Eingriff in den Schutzbereich der gemeindlichen Selbstverwaltungsgarantie – Wirtschaftliche Betätigung als Ausfluss des gemeindlichen Selbstverwaltungsrechts

Von der Selbstverwaltungsgarantie gegenständlich erfasst sind alle Angelegenheiten der örtlichen Gemeinschaft. Dieser Begriff umfasst

> *„diejenigen Bedürfnisse und Interessen, die in der örtlichen Gemeinschaft wurzeln oder auf sie einen spezifischen Bezug haben (...), die also den Gemeindeeinwohnern gerade als solchen gemeinsam sind, indem sie das Zusammenleben und -wohnen der Menschen in der (politischen) Gemeinde betreffen."*[76]

Bedürfnisse und Interessen wurzeln in der örtlichen Gemeinschaft, wenn *„sie das Zusammenleben in der Gemeinde und so die Gemeindeeinwohner in ihrer Gesamtheit betreffen."*[77] In diesen Bereichen gilt der Grundsatz der Universalität / Allzuständigkeit: Die Gemeinden können diese Aufgaben grundsätzlich ohne spezielle Kompetenzzuweisung wahrnehmen.[78] Im Übrigen gilt der Grundsatz der Eigenverantwortlichkeit, d.h. Art. 11 Abs. 2 Satz 2 BV und Art. 28 Abs. 2 Satz 1 GG schützen vor staatlichen Weisungen und damit die Freiheit zu Entscheidungen nach eigenen politischen Vorstellungen.[79] Zusammengefasst handelt es sich um eine institutionelle Garantie zugunsten der Gemeinden im Sinne der Sicherung eines Aufgabenbereiches, der alle Angelegenheiten der örtlichen Gemeinschaft und die Befugnis zu eigenverantwortlicher Führung der Geschäfte in diesem Bereich umfasst.[80] Hierzu rechnen z.B. die Gebietshoheit (= Befugnis, im Gemeindegebiet Hoheitsgewalt auszuüben), die Satzungshoheit (= Recht der Gemeinde, ihre Angelegenheiten durch Satzung zu regeln), die Personalhoheit (= Befugnis, eigenes Personal auszuwählen, anzustellen, zu befördern und zu entlassen), die Planungshoheit (= Befugnis, die eigenen Angelegenheiten aufgrund eigener Konzeption und Schwerpunktsetzung zu erledigen), die Finanzhoheit (= Befugnis zu einer eigenverantwortlichen Einnahmen- und Ausgabenwirtschaft, Art. 28 Abs. 2 Satz 3 GG)[81] sowie – mit Abstrichen hinsichtlich der Universalzuständigkeit – die sog. Organisationshoheit (= Befugnis der Gemeinden, die Abläufe und Entscheidungszuständigkeiten für die Wahrnehmung ihrer Aufgaben festzulegen und damit über Gewichtung, Qualität und Inhalt ihrer Entscheidungen zu bestimmen).[82]

Zur Vertiefung: Typische Sachverhalte, die wegen Eingriffs in das gemeindliche Selbstverwaltungsrecht an Art. 11 Abs. 2 Satz 2 BV und Art. 28 Abs. 2 Satz 1 GG zu messen

[74] Zum Streitstand: *Knemeyer*, Bayerisches Kommunalrecht, Rn. 11; *Löwer*, in: v. Münch /Kunig (Hrsg.), Grundgesetz-Kommentar, Bd. 2, 3. Aufl. 1995, Art. 28, Rn. 33ff.

[75] Allgemein hierzu: *Becker*, in: ders./Heckmann/Kempen/Manssen, Öffentliches Recht in Bayern, 2. Aufl. 2001, 2. Teil, Rn. 44ff.; *Schwerdtfeger*, Öffentliches Recht, Rn. 737ff.

[76] *BVerfGE* 79, 127 (151f.).

[77] *VerfGH Rh.-Pf.* DVBl. 2000, 992 – Vereinbarkeit des § 85 Abs. 1 Nr. 3 GemO Rh.-Pf. mit Art. 49 Abs. 1 und 3 LV bzw. Art. 28 Abs. 2 GG.

[78] *BVerfGE* 79, 127 (143, 146); *VerfGH Rh.-Pf.* DVBl. 2000, 992.

[79] *Knemeyer*, Bayerisches Kommunalrecht, Rn. 17.

[80] *Leidinger*, DÖV 1999, 861 (862), m.w.N., mit aktuellen Bezügen. Jüngst auch *BayVerfGH* BayVBl. 2000, 79 – Entlassung einer Gemeinde aus einer Verwaltungsgemeinschaft.

[81] Zusammenfassend *Knemeyer*, Bayerisches Kommunalrecht, Rn. 17. Siehe auch *BVerfG* DVBl. 1999, 697ff.

[82] *BVerfGE* 91, 228ff.; *SachsAnh. VerfG* NVwZ 1999, 760ff.

sind, betreffen daher z. B.: (1) die gesetzliche Beschränkung von Aufgabenfeldern, die thematisch vom Selbstverwaltungsrecht erfasst sind (wie hier etwa die unternehmerische Betätigung zu öffentlichen Zwecken); (2) die sog. Hochzonung, d. h. die gesetzliche Übertragung von bisherigen Selbstverwaltungsaufgaben auf einen höheren Gemeindeverband (z. B. Landkreis)[83]; (3) Bestands- und Gebietsänderung von Gemeinden[84] bzw. Entlassung einer Gemeinde aus einer Verwaltungsgemeinschaft[85]; (4) die gesetzliche Bestimmung einer bisher freiwilligen Selbstverwaltungsangelegenheit zu einer pflichtigen Selbstverwaltungsangelegenheit; (5) unter dem Gesichtspunkt der sog. Finanzhoheit[86]: die Verpflichtung einer Gemeinde zur Zahlung einer sog. Kreisumlage[87] bzw. eines Solidarbeitrags[88] – Stichwort: Garantie der finanziellen Mindestausstattung bzw. der finanziellen Eigenverantwortung (vgl. nunmehr auch Art. 28 Abs. 2 Satz 3 GG)[89]; (6) im Hinblick auf die sog. Organisationshoheit der Gemeinden gesetzliche Verpflichtungen hinsichtlich der Organisation der kommunalen Aufgabenwahrnehmung[90]

Fraglich ist, ob zu den Angelegenheiten der örtlichen Gemeinschaft auch die wirtschaftliche Betätigung der Gemeinden zählt. Hierfür sprechen bereits historische Gesichtspunkte. Kommunale Wirtschaftstätigkeit insbesondere in Form der sog. Daseinsvorsorge (z. B.: Wasser- und Energieversorgung) gehört zum

> *„überkommenen, typusgeprägten Bild der kommunalen Selbstverwaltung. Die Verfassungsgeber in Bund und Ländern fanden bereits eine entfaltete kommunale Wirtschaftstätigkeit vor und nahmen sie in den – für Entwicklungen offenen – Aufgabenbereich der Kommunen auf.“*[91]

Gegenständlich ergibt sich aber eine Einschränkung: Die Selbst*verwaltungs*garantie bezieht sich nur auf gemeindliche Verwaltungstätigkeit. Die wirtschaftliche Betätigung von Kommunen ist damit nur dann von Art. 11 Abs. 2 Satz 2 BV / Art. 28 Abs. 2 Satz 1 GG geschützt, wenn es um eine in wirtschaftlichen Formen ausgeübte Verwaltungstätigkeit geht, wenn also die wirtschaftliche Betätigung durch ein kommunales öffentliches Interesse gerechtfertigt ist. Das privatautonome, von öffentlichen Aufgaben gelöste und daher rein fiskalische Handeln schlechthin, bei dem das Gewinnstreben Selbstzweck ist, genießt den Schutz der verfassungsrechtlichen Selbstverwaltungsgarantie nicht.[92]

Das bedeutet für Art. 87 Abs. 1 BayGO: Soweit Art. 87 BayGO – etwa im Rahmen von Art. 87 Abs. 1 Satz 1 Nr. 1 und Satz 2 – den Gemeinden die wirtschaftliche Tätigkeit mit reiner Gewinnerzielungsabsicht untersagt, ohne dass ein wirklicher öffentlicher Zweck die unternehmerische Betätigung rechtfertigt, ist bereits der Schutzbereich von Art. 11 Abs. 2 Satz 2 BV / Art. 28 Abs. 2 Satz 1 GG nicht eröffnet. Vom Schutz des Art. 11 Abs. 2 Satz 2 BV bzw. des Art. 28 Abs. 2 Satz 1 GG hingegen erfasst ist die wirtschaftliche Betätigung, soweit die Gemeinde hiermit öffentliche Zwecke verfolgt und daher in privatrechtlicher Form auf Ebene der Leistungsverwaltung agiert. Soweit also Art. 87 Abs. 1 BayGO die gemeindliche Wirtschaftstätigkeit auch einschränkt, wenn ein öffentlicher Zweck verfolgt wird, ist der Schutzbereich von Art. 11 Abs. 2 Satz 2 BV / Art. 28 Abs. 2 Satz 1 GG be-

[83] *BVerfGE* 79, 127 ff. – Rastede (Abfallentsorgung).
[84] Siehe die Nachweise bei *Erlenkämper*, NVwZ 1998, 354 (355).
[85] *BayVerfGH* BayVBl. 2000, 79 ff.
[86] Hierzu auch: *BayVerfGH* BayVBl. 1997, 303 ff.
[87] *HessVGH* DVBl. 1999, 840 ff.
[88] *BVerwG* NVwZ 1999, 883 ff.
[89] Hierzu auch *Mückl*, DÖV 1999, 841 ff.; *Schmitt Glaeser/Horn*, BayVBl. 1999, 353 ff.
[90] *BVerfGE* 91, 228 ff. sowie *SachsAnh. VerfG* NVwZ 1999, 760 – gesetzliche Regelungen über kommunale Gleichstellungsbeauftragte; hierzu *Böhm*, NVwZ 1999, 721 ff. sowie *Erlenkämper*, NVwZ 1998, 354 (356).
[91] *VerfGH Rh.-Pf.* DVBl. 2000, 992.
[92] *VerfGH Rh.-Pf.* DVBl. 2000, 992; *Jarass*, DÖV 2002,489 (492), jeweils m.w.N.

troffen.[93] Art. 87 Abs. 1 BayGO begrenzt insofern Rechte der Gemeinden aus Art. 11 Abs. 2 Satz 2 BV / Art. 28 Abs. 2 Satz 1 GG und greift folglich in die genannten Positionen ein.[94]

Zum Verständnis: Ein Eingriff in das gemeindliche Selbstverwaltungsrecht allein deshalb, weil das Gesetz Privaten eine wirtschaftliche Betätigung ermöglicht, die auch von der Gemeinde im Rahmen ihrer Daseinsvorsorge wahrgenommen werden kann, ist grundsätzlich abzulehnen. Insofern mag zwar der Schutzbereich des Art. 11 Abs. 2 Satz 2 BV / Art. 28 Abs. 2 Satz 1 GG betroffen sein, ein Eingriff scheitert aber daran, dass das gemeinschaftliche Selbstverwaltungsrecht auf Seiten der Kommunen ebensowenig wie Grundrechte aus Art. 2 Abs. 1, 12 und 14 GG auf Seiten privater Anbieter (s.o.) vor Konkurrenz schützt.[95]

b) Verfassungsrechtliche Rechtfertigung

Die Garantie der Einrichtung gemeindlicher Selbstverwaltung bedarf der gesetzlichen Ausgestaltung und Formung. Nach Art. 11 Abs. 2 Satz 2 BV / Art. 28 Abs. 2 Satz 1 GG ist daher das gemeindliche Selbstverwaltungsrecht nur „im Rahmen der Gesetze" gewährleistet. Nach überwiegender Ansicht handelt es sich hierbei rechtstechnisch um einen Gesetzesvorbehalt, d.h. der Gesetzgeber kann Eingriffe nach Maßgabe von gesetzlichen Vorschriften rechtfertigen[96], nach a.A. um die tatbestandsmäßige Festsetzung der Reichweite des Schutzbereichs[97]. Unabhängig von diesem rein theoretischen Streit überlässt der Vorbehalt „im Rahmen der Gesetze" dem Gesetzgeber keine absolute Freiheit, sonst drohte die verfassungsrechtliche Gewährleistung aus Art. 11 Abs. 2 Satz 2 BV / Art. 28 Abs. 2 Satz 1 GG leerzulaufen. Es besteht zwar ein legislatorischer Ausgestaltungsspielraum, der aber seinerseits im Lichte der Grundbedeutung der verfassungsrechtlichen Selbstverwaltungsgarantie auf Schranken stößt.[98] Ausgehend von der Leitidee des Übermaßverbots – wobei aber wohl aus Gründen der Abgrenzung zu Grundrechtseingriffen die Rechtsprechung des *BVerfG* die Verwendung der Terminologie „Verhältnismäßigkeit" zu vermeiden sucht – hat die Praxis eine differenzierte Schrankensystematik entwickelt. Die wesentliche Grenze wird zunächst durch den sog. Kernbereich der Selbstverwaltungsgarantie gezogen, der eine Aushöhlung des Wesensgehalts der gemeindlichen Selbstverwaltung verbietet (hierzu im folgenden Prüfung aa); außerhalb dessen liegt der sog. Randbereich, in dem der Gesetzgeber auch nicht von verfassungsrechtlichen Bindungen frei ist, wenn die Gemeinden insofern auch nur einem relativen Schutz unterliegen (hierzu unten bb)).[99]

aa) Der Kernbereich der Selbstverwaltungsgarantie

Die Schranke „im Rahmen der Gesetze" darf im Hinblick auf die Wechselwirkung zur grundsätzlich geschützten Selbstverwaltungsgarantie aus Art. 11 Abs. 2 Satz 2 BV / Art. 28 Abs. 2 Satz 1 GG nicht dazu führen, dass das Selbstverwaltungsrecht in wesentlichen Teilen beseitigt oder ausgehöhlt wird (Kernbereichsschutz).[100] Es kann insofern nicht auf einen feststehenden, bestimmbaren Aufgabenkatalog rekurriert werden, der im Hinblick auf Art. 11 Abs. 2 Satz 2 BV / Art. 28 Abs. 2 Satz 1 GG vor jeder Beeinträchtigung absolut geschützt wird. Speziell für die Verfassungslage Bayerns wird aufgrund der ausdrücklich geregelten Materien des eigenen Wirkungskreises davon ausgegangen, dass die voll-

[93] Vgl. *BVerwGE* 98, 273 (275) – örtliche Energieversorgung; *VerfGH Rh.-Pf.* DVBl. 2000, 992; *Widtmann/Grasser*, Bayerische Gemeindeordnung, Art. 87, Rn. 2.

[94] *VerfGH Rh.-Pf.* DVBl. 2000, 992f.

[95] *BayVerfGH* BayVBl. 1996, 590ff.

[96] *Knemeyer*, Bayerisches Kommunalrecht, Rn. 19; *BVerfGE* 79, 127 (143ff.).

[97] So *Schmidt-Jortzig*, Kommunalrecht, 1982, Rn. 486. Ähnlich *Becker*, in: ders./Heckmann/Kempen/Manssen, Öffentliches Recht in Bayern, 2. Aufl. 2001, 2. Teil, Rn. 80: *„Vielmehr ist der Gesetzgeber dazu aufgerufen, den Inhalt der Selbstverwaltungsgarantie näher zu umschreiben."*

[98] *BVerfGE* 79, 127 (143); *VerfGH Rh.-Pf.* DVBl. 2000, 992 (993).

[99] Zu diesem Rechtfertigungsmodell: *BVerfGE* 79, 127 (143ff.); *VerfGH Rh.-Pf.* DVBl. 2000, 992 (993ff.).

[100] *BVerfGE* 79, 127 (143, 146f., 155); 91, 228 (238); *BayVerfGH* BayVBl. 1996, 590 (591); *VerfGH Rh.-Pf.* DVBl. 2000, 992 (993); *BayVGH* DVBl. 1999, 866 (869); *Leidinger*, DÖV 1999, 861 (865f.).

ständige Entziehung auch nur einer in Art. 83 Abs. 1 BV erwähnten Aufgabe mit der Kernbereichsgarantie unvereinbar und deshalb ohne weiteres verfassungswidrig ist.[101] Um einen solchen Fall handelt es sich in Bezug auf Art. 87 Abs. 1 BayGO jedenfalls nicht. Ansonsten geht es bei der Kernbereichs- bzw. Wesensgehaltsgarantie um eine jeweils im Einzelfall zu treffende bilanzierende Wertung, ob das grundlegende Prinzip der Universalität als solches unter Berücksichtigung der einschränkenden gesetzlichen Regelung im Ganzen noch gewahrt bleibt. Dieses Prinzip darf weder aufgehoben sein noch durch schleichenden Aufgabenentzug derart ausgehöhlt werden, dass die Gemeinden die Möglichkeit kraftvoller Betätigung verlieren.

Eine Aushöhlung der Selbstverwaltungsgarantie in diesem Sinne ist nicht anzunehmen. Soweit Art. 87 BayGO Beschränkungen für die rein wirtschaftliche, nicht auf einen öffentlichen Zweck ausgerichtete Tätigkeit ausspricht, ist insofern bereits der Schutzbereich der gemeindlichen Selbstverwaltungsgarantie nicht eröffnet (s.o.). Ansonsten ergeben sich weiterhin bedeutsame Aktionsfelder für die Gemeinden: Zum einen betreffen die Einschränkungen, die sich aus Art. 87 Abs. 1 Nrn. 1 und 4 BayGO ergeben, von vornherein nicht die typischen Aufgaben, die als sog. Daseinsvorsorge i.S.v. Art. 83 Abs. 1 BV, Art. 57 BayGO zum traditionellen Bestand gemeindlicher Tätigkeit rechnen. Die (für Daseinsvorsorgebetriebe) verbleibenden Einschränkungen aus Art. 87 Abs. 1 Nrn. 2 und 3 BayGO sind jedenfalls ohnehin einzelfallbezogen auf den Schutz der Gemeinde vor unvertretbaren wirtschaftlichen Risiken ausgerichtet und entziehen jedenfalls nicht grundsätzlich jegliche Möglichkeiten unternehmerischer Betätigung zu öffentlichen Zwecken. Darüber hinaus verbleibt den Gemeinden außerhalb des Bereichs der klassischen Daseinsvorsorge im Hinblick auf die „Universalität" ihres Wirkungskreises und damit aufgrund der norminternen Bedeutung von Art. 11 Abs. 2 Satz 2 BV / Art. 28 Abs. 2 Satz 1 GG (als Auslegungsmaßstab) ein Beurteilungsspielraum hinsichtlich der tatbestandlichen Maßstäbe aus Art. 87 Abs. 1 Nrn. 1 und 4 BayGO.[102] Im Übrigen ist zu berücksichtigen, dass gemeindliche Altbetriebe, die nach früherem Kommunalrecht ordnungsgemäß betrieben wurden, weitgehend keine Einschränkung erfahren und insofern Bestandsschutz genießen. Die Einschränkungen aus Art. 87 Abs. 1 Satz 1 BayGO erfassen nur die Errichtung, die Übernahme und wesentliche Erweiterungen gemeindlicher Unternehmen. Für seit Jahrzehnten bestehende Unternehmen, die nach altem Recht ordnungsgemäß errichtet, übernommen oder erweitert worden sind, ergeben sich keine Beschränkungen. Insofern sind auch Modernisierungs- und Rationalisierungsmaßnahmen in beschränktem Umfang möglich, sofern diese Maßnahmen nicht die Grenze der wesentlichen Erweiterung übersteigen.[103] In der Gesamtschau belässt damit Art. 87 Abs. 1 BayGO den Kommunen einen wirtschaftlichen Handlungsspielraum, der die Selbstverwaltungsgarantie im Kernbereich wahrt. Was diesen Handlungsspielraum

> *„in seinen historischen und regionalen Erscheinungsformen durchlaufend und entscheidend prägt, wird durch die strittige Norm weder rechtlich noch faktisch beseitigt oder ausgehöhlt. Vielmehr bietet deren unternehmensbezogener Ansatz zusammen mit dem kommunalen Beurteilungsspielraum die Gewähr, dass sich die Gemeinden gerade auf ihren angestammten, die Selbstverwaltung traditionell prägenden Betätigungsfeldern auch weiterhin in angemessenem Umfang wirtschaftlich betätigen können."*[104]

Der absolut geschützte Kernbereich als Schranken-Schranke von Art. 11 Abs. 2 Satz 2 BV / Art. 28 Abs. 2 Satz 1 GG ist daher nicht betroffen.

---

[101] *Knemeyer*, Bayerisches Kommunalrecht, Rn. 23, unter Rekurs auf *BayVerfGH* 10, 113 (121); 40, 53 (56).
[102] Vgl. insofern für die Rechtslage in Rheinland-Pfalz: *VerfGH Rh.-Pf.* DVBl. 2000, 992 (994 f.). Siehe auch oben A.
[103] Für die Rechtslage in Rheinland-Pfalz: *VerfGH Rh.-Pf.* DVBl. 2000, 992 (994).
[104] Für die Rechtslage in Rheinland-Pfalz: *VerfGH Rh.-Pf.* DVBl. 2000, 992 (996).

bb) Der relative Schutz der Gemeinden im Randbereich
Auch außerhalb des Kernbereiches ist der Gesetzgeber nicht vollkommen frei. Er hat vielmehr zu berücksichtigen, dass der Bundes- und Landesverfassungsgeber mit Art. 11 Abs. 2 Satz 2 BV bzw. Art. 28 Abs. 2 Satz 1 GG eine Systementscheidung zugunsten einer dezentralisierten Aufgabenansiedlung getroffen hat.[105] Soweit der Gesetzgeber die Gemeinden in ihren geschützten Aufgabenbereichen aus Art. 11 Abs. 2 Satz 2 BV / Art. 28 Abs. 2 Satz 1 GG beschneidet, weicht er von einem verfassungsrechtlichen Aufgabenverteilungsprinzip ab. Wenn der Gesetzgeber insofern auch einen weiten Gestaltungsspielraum hat, so bedarf er doch zur Rechtfertigung des Eingriffs am Gemeinwohl orientierter, hinreichend gewichtiger Gründe.[106] Auch im Randbereich darf in das gemeindliche Selbstverwaltungsrecht nur insoweit eingegriffen werden, als dies durch das Gemeinwohl geboten ist. Die fragliche Regelung muss insbesondere von sachgerechten Erwägungen getragen werden, geeignet sein, den mit ihr verfolgten Zweck zu erreichen, und darf nicht willkürlich sein.[107] Der Sache nach geht es um nicht anderes als um die Frage, ob der gesetzgeberische Eingriff in das gemeindliche Selbstverwaltungsrecht mit dem Verhältnismäßigkeitsgrundsatz vereinbar ist.[108] Kommunalen Regelungen über die Beschränkung der unternehmerischen Gemeindetätigkeit geht es um zwei sachgerechte Regelungszwecke: einerseits um den Schutz der Privatwirtschaft (Schutz privater Konkurrenten und des freien Wettbewerbs, indem der Privatinitiative dort Vorrang gegeben werden soll, wo das gemeinsame Wohl der Einwohnerschaft eine eigene Wirtschaftstätigkeit der Gemeinde nicht erfordert), andererseits um die Bewahrung der Gemeinden vor unvertretbaren wirtschaftlichen Risiken.[109] Im Hinblick auf diesen Zweck ist Art. 87 Abs. 1 BayGO geeignet sowie mangels gleich effektivem milderen Mittel auch erforderlich. Aufgrund der Überlegung, dass den Gemeinden insbesondere im Bereich der Daseinsvorsorge vielfache Betätigungsmöglichkeiten im unternehmerischen Bereich verbleiben und es in Bezug auf wirtschaftliche Risiken (insbesondere gem. Art. 87 Abs. 1 Satz 1 Nrn. 2 und 3 BayGO) auch um den Schutz der Gemeinde vor sich selbst geht, ist die Regelung auch ausgewogen, also verhältnismäßig und berücksichtigt damit hinreichend die in Art. 11 Abs. 2 Satz 2 BV / Art. 28 Abs. 2 Satz 1 GG zum Ausdruck kommenden Grundentscheidungen. Die Auslegungsbedürftigkeit der Vorschrift führt auch nicht dazu, dass das rechtsstaatliche Bestimmtheitsgebot verletzt ist und Art. 87 Abs. 1 GG insofern den verfassungsrechtlichen Anforderungen für ein die gemeindliche Selbstverwaltung einschränkendes Gesetz nicht genügt.[110]

Ergebnis:
Das gemeindliche Selbstverwaltungsrecht aus Art. 28 Abs. 2 Satz 1 GG bzw. Art. 11 Abs. 2 Satz 2 BV wird durch Art. 87 Abs. 1 BayGO nicht verletzt.

II. Prozessuale Möglichkeiten der S zur Klärung der Frage

Eine Individualverfassungsbeschwerde gem. Art. 93 Abs. 1 Nr. 4a i.V.m. §§ 13 Nr. 8a, 90ff. BVerfGG scheitert mangels Grundrechtsträgerschaft der S bereits an der Antrags- sowie an der Beschwerdebefugnis. Mangels Grundrechtsfähigkeit ist eine Gemeinde/Stadt nicht „Jedermann" i.S.v. § 90 Abs. 1 BVerfGG, zudem besteht aus demselben Grund keine Möglichkeit einer Grundrechtsverletzung. Selbst wenn man der großzügigen Ansicht des

[105] *BVerfGE* 79, 127 (150); *VerfGH Rh.-Pf.* DVBl. 2000, 992 (996); *Knemeyer*, Bayerisches Kommunalrecht, Rn. 25.
[106] *BVerfGE* 79, 127 (154); *VerfGH Rh.-Pf.* DVBl. 2000, 992 (996); *Knemeyer*, Bayerisches Kommunalrecht, Rn. 26.
[107] *VerfGH Rh.-Pf.* DVBl. 2000, 992 (996).
[108] *BayVerfGH* BayVBl. 1996, 590 (591); *Leidinger*, DÖV 1999, 861 (867); *Knemeyer*, Bayerisches Kommunalrecht, Rn. 27, m.w.N.
[109] *VerfGH Rh.-Pf.* DVBl. 2000, 992 (996). Siehe auch oben B I 1 b).
[110] Vgl. *VerfGH Rh.-Pf.* DVBl. 2000, 992 (997).

Bayerischen Verfassungsgerichtshofs folgt, wonach eine Kommune sich ausnahmsweise dann (z.B. im Hinblick auf den Eigentumsschutz aus Art. 103 Abs. 1 BV) auf Grundrechte berufen kann, wenn sie sich in einer von der betreffenden Grundrechtsnorm erfassten typischen Schutzsituation befindet[111], scheidet ein diesbezüglicher Anknüpfungspunkt für eine Grundrechtsverletzung i.S.v. Art. 1 – 19, 20 Abs. 4, 33, 38, 101, 103 oder 104 GG für die hier zu begutachtende Fallgestaltung aus. In Betracht kommt für die S aber die Erhebung einer Kommunalverfassungsbeschwerde nach Art. 93 Abs. 1 Nr. 4b GG i.V.m. §§ 13 Nr. 8a, 91 BVerfGG als grundsätzlich statthafter Rechtsbehelf gegen Gesetze, die das gemeindliche Selbstverwaltungsrecht potenziell verletzen. Die Statthaftigkeit der Kommunalverfassungsbeschwerde vor dem Bundesverfassungsgericht steht aber gem. Art. 93 Abs. 1 Nr. 4b GG i.V.m. § 91 BVerfGG unter dem Vorbehalt einer landesverfassungsgerichtlichen Beschwerdemöglichkeit.

Die Kommunalverfassungsbeschwerde ist damit subsidiär, sofern S über die Popularklage gem. Art. 98 Satz 4 BV i.V.m. Art. 2 Nr. 7, 55 BayVerfGHG eine Beschwerde wegen Verletzung des Rechts auf Selbstverwaltung erheben kann. Dies scheint daran zu scheitern, dass es bei Art. 98 Satz 4 BV dem Wortlaut nach nur um die Überprüfung eines Grundrechtsverstoßes geht. Der *Bayerische Verfassungsgerichtshof* betont jedoch den subjektivrechtlichen Gehalt und wertet daher das gemeindliche Selbstverwaltungsrecht aus Art. 11 Abs. 2 Satz 2 BV als grundrechtsähnliches Recht, das zur Erhebung der Popularklage berechtigt.[112] In dieser – nicht unumstrittenen[113] – über den engeren Wortlaut hinausgehenden großzügigeren Auslegung ist die Popularklage einer Gemeinde mit der Behauptung, eine landesgesetzliche Regelung verletze das Selbstverwaltungsrecht aus Art. 11 Abs. 2 Satz 2 BV, statthaft. Auch die übrigen Zulässigkeitsvoraussetzungen sind erfüllt: Antragsberechtigter „Jedermann" i.S.v. Art. 55 Abs. 1 Satz 1 BayVerfGHG kann auch eine juristische Person des öffentlichen Rechts, also auch eine Gemeinde oder Stadt (wie hier S) sein.[114] Zulässiger Gegenstand der Popularklage ist ein Gesetz, auch das ist hinsichtlich Art. 87 Abs. 1 BayGO zu bejahen. Nach Art. 55 Abs. 1 Satz 2 BayVerfGHG muss S ferner nach Maßgabe der Möglichkeitstheorie rügen können, dass das gemeindliche Selbstverwaltungsrecht verfassungswidrig eingeschränkt wird. Eine Verletzung des Art. 11 Abs. 2 Satz 2 BV ist jedenfalls nicht von vornherein ausgeschlossen. Anders als in den sonstigen Fällen der Popularklage verlangt der *Bayerische Verfassungsgerichtshof* in den Fällen, in denen es um die Frage der Verletzung des gemeindlichen Selbstverwaltungsrechts aus Art. 11 Abs. 2 BV geht, ausnahmsweise eine echte Klagebefugnis, also eine echte Selbstbetroffenheit. Nur die von der angefochtenen gesetzlichen Regelung betroffenen Gemeinden sollen hiernach – letztlich wohl aus Gründen der Kompensation der großzügigen Anwendung der Popularklage auf Art. 11 Abs. 2 BV als Prüfungsmaßstab – antragsbefugt sein.[115] Das kann jedenfalls für S festgestellt werden, die – wie jede andere Gemeinde oder Stadt – Adressat der Einschränkungen aus Art. 87 Abs. 1 BayGO ist. Eine Popularklage der S wäre damit zulässig, aber unbegründet, weil (siehe vorher Prüfung I.) Art. 87 Abs. 1 BayGO im Ergebnis Art. 11 Abs. 2 Satz 2 BV nicht verletzt. Aufgrund der Subsidiarität scheidet eine Kommunalverfassungsbeschwerde beim *Bundesverfassungsgericht* gem. Art. 93 Abs. 1 Nr. 4b GG i.V.m. §§ 13 Nr. 8a, 91 BVerfGG aus (s.o.).

[111] S. die Nachweise bei *Becker*, in: ders./Heckmann/Kempen/Manssen, Öffentliches Recht in Bayern, 2. Aufl. 2001, 2. Teil, Rn. 102ff.

[112] *BayVerfGH* 29, 105 (122ff.); 36, 65 (72); 37, 59 (66); 39, 17 (24); 40, 53 (56); *Pestalozza*, Verfassungsprozessrecht, 3. Aufl. 1991, § 23, Rn. 99; *Becker*, in: ders./Heckmann/Kempen/Manssen, Öffentliches Recht in Bayern, 2. Aufl. 2001, 2. Teil, Rn. 96f.; *Knemeyer*, Bayerisches Kommunalrecht, Rn. 13, 30 und 32.

[113] Vgl. *Kratzer*, BayVBl. 1967, 309.

[114] *Knemeyer*, Bayerisches Kommunalrecht, Rn. 32; *Pestalozza*, Verfassungsprozessrecht, § 23, Rn. 92, m.w.N.

[115] *BayVerfGH* 29, 191 (200); 31, 44 (54); 36, 162 (167); 37, 59 (66); 39, 17 (22ff.); 40, 154 (158); BayVBl. 1988, 622; *Pestalozza*, Verfassungsprozessecht, § 23, Rn. 108.

Rechtsprechungsvorlagen: *VerfGH Rh.-Pf.* DVBl. 2000, 992; *BGH* NVwZ 2002, 1141; *BVerwGE* 39, 329; *BVerwG* DVBl. 1978, 639 = BayVBl. 1978, 375; DVBl. 1996, 152; *BayVGH* BayVBl. 1976, 628; *VGH Mannheim* NJW 1995, 274; *OLG Düsseldorf* NWVBl. 1997, 353; DVBl. 2000, 157; NVwZ 2002, 248; *OLG Karlsruhe* DÖV 2001, 431

Leseempfehlung: *Badura*, Wirtschaftliche Betätigung der Gemeinde zur Erledigung von Angelegenheiten der örtlichen Gemeinschaft im Rahmen der Gesetze, DÖV 1998, 818; *Ehlers*, Die Zulässigkeit einer erwerbswirtschaftlichen Betätigung der öffentlichen Hand, Jura 1999, 212; *Hösch*, Öffentlicher Zweck und wirtschaftliche Betätigung von Kommunen, DÖV 2000, 393; *Jarass*, Kommunale Wirtschaftsunternehmen und Verfassungsrecht, DÖV 2002, 489 ff.; *Meyer*, Wettbewerbsrecht und wirtschaftliche Betätigung der Kommunen, NVwZ 2002, 1075; *Pieroth/Hartmann*, Grundrechtsschutz gegen wirtschaftliche Betätigung der öffentlichen Hand, DVBl. 2002, 421; *Schink*, Wirtschaftliche Betätigung kommunaler Unternehmen, NVwZ 2002, 129; *Tettinger*, Rechtsschutz gegen kommunale Wettbewerbsteilnahme, NJW 1998, 3473

Fall 13: Aufruhr im Gemeinderat (Seidel)

Sachverhalt (fiktiv)

Am 20. November 2000 finden sich die ordnungsgemäß geladenen Gemeinderatsmitglieder der bayerischen Gemeinde G zur Gemeinderatssitzung zusammen. Nach TOP 1 soll zunächst über eine Änderung der Geschäftsordnung debattiert und abgestimmt werden. Nach hitziger Diskussion ergreift Gemeinderatsmitglied Albert (A) von der Fraktion der L-Partei das Wort, um seinen Unmut gegenüber der R-Partei, die im Gemeinderat seit Jahrzehnten die Mehrheit hat, zu entladen. Wörtlich äußert er:

> *„Die R-Mehrheit und der von ihr getragene Bürgermeister B verfahren nach Maßstäben wie im Dritten Reich. Notwendige Sondersitzungen werden einfach ignoriert. Ziel der undemokratischen R-Partei und des faschistisch regierenden B ist es, die lokale Presse fest in ihre Hand zu bringen. Schon jetzt druckt der von Politikern der R-Partei geschmierte Lokalanzeiger sowie die örtlich erscheinende Tageszeitung ‚Oberbayerischer Volksfreund' nur das, was der R-Partei passt. Die R-Partei hat Demokratie nie gelernt. Die L-Fraktion wird daher alles tun, um zu ihrem Recht zu kommen."*

Der sitzungsvorsitzende Bürgermeister B verwarnt daraufhin den A und weist ihn darauf hin, dass er bei weiteren Störungen nicht nur mit strafrechtlichen Konsequenzen (§ 185 StGB), sondern auch mit einem Ausschluss von der weiteren Sitzung zu rechnen habe. Die Sitzung verläuft im Anschluss in äußerst gereizter Atmosphäre, insbesondere zwischen Mitgliedern der L- und der R-Fraktion. Wenn A das Wort (auch zur sachlichen Auseinandersetzung) ergreift, sieht er sich immer wieder mit Zwischenrufen konfrontiert, die ihn als „Lügner" oder „Spinner" betiteln. Bei Befassung des Rates mit TOP 13 („Anfragen") reagiert A auf einen erneuten Zwischenruf von Seiten eines R-Fraktionsmitglieds mit folgender Äußerung: *„Wie blöd seid's ihr denn eigentlich?"*

Auf Antrag eines Gemeinderatmitglieds beschließt der Gemeinderat, den A aus dem Sitzungssaal zu verweisen, und zwar mit 16 : 3 Stimmen. Vorher hatte der Gemeinderat mehrheitlich beschlossen, dass A an dieser Abstimmung wegen persönlicher Beteiligung nicht mit abstimmen dürfe. Hierauf schließt B den A von der weiteren Sitzung aus. A verlässt unter Protest den Sitzungssaal mit der Bemerkung, sich rechtliche Schritte vorzubehalten.

A fragt Sie nach Möglichkeiten, die Rechtmäßigkeit der Sitzungsverweisung verwaltungsgerichtlich überprüfen zu lassen. Ihm gehe es nur darum, dass durch einen Richterspruch sein Recht wiederhergestellt und hinsichtlich der Möglichkeit vergleichbarer hitziger Ratsdebatten die Grenzen der Ordnungsbefugnisse des ersten Bürgermeisters klargestellt werden. Demgegenüber komme es ihm nicht auf die Aufhebung in der weiteren Sitzung womöglich ohne ihn gefasster Beschlüsse an.

Vermerk für die Bearbeiter: In einem umfassenden Gutachten ist die Rechtsfrage des A zu beantworten!

Lösung

In Betracht kommt eine verwaltungsgerichtliche Klage des A gegen die Gemeinde G oder gegen den Bürgermeister als handelndes Organ selbst. Eine solche Klage verspricht Erfolg, wenn sie zulässig und begründet ist.

A. Zulässigkeit

I. Verwaltungsrechtsweg, § 40 Abs. 1 Satz 1 VwGO

Damit der Verwaltungsrechtsweg nach § 40 Abs. 1 Satz 1 VwGO eröffnet ist, muss es sich um eine öffentlich-rechtliche Streitigkeit handeln. Dem Streitgegenstand nach liegt eine sog. *Kommunalverfassungsrechtsstreitigkeit*[1] vor, also eine kompetenzrechtliche Streitigkeit zwischen Organen bzw. Organteilen derselben Gemeinde über innerorganisatorische Funktionsabläufe[2], hier über nach der BayGO zustehende organschaftliche Rechte (konkret: Mitwirkungsrecht des einzelnen Gemeinderatsmitglieds in Ratssitzungen). Im Streit stehen hierbei die Normen der bayerischen Gemeindeordnung – hier konkret: Widerstreit zwischen dem Teilnahmerecht des A gem. Art. 48 BayGO[3] einerseits und den Möglichkeiten des Bürgermeisters auf Sitzungsausschluss nach Art. 53 Abs. 1 Satz 3 BayGO[4] andererseits. Eine Kommunalverfassungsstreitigkeit beinhaltet damit einen Streitgegenstand des öffentlichen Rechts. Trotz der Bezeichnung „Kommunal*verfassungs*streit" ist dieser Konflikt i.S.v. § 40 Abs. 1 Satz 1 VwGO nicht verfassungsrechtlicher Art, da es nicht um einen Streit von Verfassungsorganen des Staates (oder Teilen von diesen) hinsichtlich ihrer staatsverfassungsrechtlichen Stellung geht. Der Verwaltungsrechtsweg ist deshalb bei einem derartigen Streitgegenstand regelmäßig gem. § 40 Abs. 1 Satz 1 VwGO eröffnet.[5]

Zur Vertiefung: Typische Fallkonstellationen einer Kommunalverfassungsstreitigkeit: Konflikte zwischen Gemeinderatsmitglied und Gemeinderat (*BayVGH* BayVBl. 1976, 753 ff. – Ausschluss von der Abstimmung im Gemeinderat wegen persönlicher Beteiligung; *BayVGH* BayVBl. 1985, 339 ff. – Verhängung eines Ordnungsgeldes nach Art. 48 Abs. 2 BayGO); Konflikte zwischen Rat und Bürgermeister (Beispiel: Aufgabe 7 der Ersten Juristischen Staatsprüfung 1997/2, abgedruckt in BayVBl. 1999, 670 [Text] sowie 700 [703] – Weigerung des Bürgermeisters, einen Beschluss des Gemeinderats über die Schließung eines Jugendzentrums zu vollziehen) sowie zwischen einem einzelnen Gemeinderatsmitglied und dem Bürgermeister (*BayVGH* BayVBl. 1980, 656 ff. – Einschränkungen des Antragsrechts; *BayVGH* BayVBl. 1987, 239 ff. – Nichtaufnahme

[1] Hierzu aus der Lit.: *Martensen*, JuS 1995, 989 ff. und 1077 ff.; *Ehlers*, NVwZ 1990, 105 ff.; *Schoch*, NVwZ 1985, 283, JuS 1987, 783 ff.; *Stumpf*, BayVBl. 2000, 103 ff.; *Preusche*, NVwZ 1987, 854 ff.; *Hufen*, Verwaltungsprozessrecht, § 21; *Stern*, Verwaltungsprozessuale Probleme, Rn. 263 ff.

[2] Hieran anschließend kann weiter zwischen *Inter*organstreitigkeiten (= Kommunalverfassungsstreitigkeiten zwischen verschiedenen kommunalen Organen) und *Intra*organstreitigkeiten (= Kommunalverfassungsstreitigkeiten zwischen Organteilen innerhalb eines kommunalen Organs) differenziert werden: *Schoch*, JuS 1987, 783 (784); *Martensen*, JuS 1995, 989.

[3] Vergleichbare Regelungen z.B.: § 33 Abs. 1 KSVG Saarl., § 37 Abs. 1 ThürKO, § 38 GO Bbg, § 52 Abs. 1 GO LSA.

[4] Vergleichbare Regelungen z.B.: § 43 Abs. 2 KSVG Saarl., § 41 Abs. 1 S. 2 ThürKO, § 45 Abs. 2 GO Bbg, § 51 Abs. 2 GO NW (dort abhängig von der Geschäftsordnung), § 55 Abs. 2 GO LSA, § 42 S. 2 u. 3 SchlHGO.

[5] *BayVGH* BayVBl. 1976, 753 (754); *Schoch*, JuS 1987, 783 (785); *Martensen*, JuS 1995, 989 (991); *Hufen*, Verwaltungsprozessrecht, § 21, Rn. 3 und 5; *Knemeyer*, Bayerisches Kommunalrecht, Rn. 282; *Lissack*, Bayerisches Kommunalrecht, § 4, Rn. 149. Sonderproblem: Streitigkeiten um die Mitgliedschaft in einer Fraktion: *Hufen*, Verwaltungsprozessrecht, § 21, Rn. 7 sowie (dort einstweiliger Rechtsschutz): *VGH Kassel* NVwZ 1999, 1369.

eines Antrags in die Tagesordnung der Stadtratssitzung; *BayVGH* BayVBl. 1988, 16f. – Sitzungsausschluss nach Art. 53 BayGO [hierzu auch *Knemeyer*, Bayerisches Verwaltungsrecht, S. 54ff.]; *OVG Münster* NVwZ 1999, 1252f. – Akteneinsichtsverlangen); Streitigkeiten hinsichtlich Bildung und Besetzung von Ausschüssen (Beispiel bei *Knemeyer*, Bayerisches Kommunalrecht, Rn. 282ff.); Streitigkeiten zwischen dem Ersten und dem Zweiten Bürgermeister (Beispiel bei *Knemeyer*, Bayerisches Kommunalrecht, Rn. 281); Konflikte zwischen einer Fraktion und dem Rat hinsichtlich der Besetzung eines Ausschusses (*BayVGH* BayVBl. 1989, 177ff.; für die Bezirkstagsebene: *BayVGH* BayVBl. 1984, 77ff.) bzw. eines Aufsichtsrats einer in der Hand der Gemeinde/Stadt befindlichen GmbH (*BayVGH* BayVBl. 2000, 309ff.); Streitigkeiten einer Fraktion in der Stadtverordnetenversammlung gegen den Stadtverordnetenvorsteher, weil letzterer einen beantragten Gegenstand nicht auf die Tagesordnung der anstehenden Sitzung gesetzt hat (*BVerwG* BayVBl. 1989, 378). Weitere typische (auch examensrelevante) Fallgestaltungen: Martensen, JuS 1995, 1077 (1078ff.).

II. Statthafte Klageart

Die Frage der statthaften Klageart ist im Falle kommunalverfassungsrechtlicher Streitigkeiten umstritten.[6]

1. Klage sui generis

Zum Teil wird für den nicht in der VwGO geregelten Kommunalverfassungsstreit als Sonderfall einer Organstreitigkeit, die sich von den auf subjektiven Rechtsschutz ausgerichteten sonstigen Streitigkeiten der VwGO sachlich unterscheidet, von einer – in der Nähe des Insichprozesses angesiedelten[7] – *Klage sui generis*[8] ausgegangen, die z.T. auch als (an die Anfechtungsklage angenäherte) allgemeine Gestaltungsklage bzw. rechtsgestaltende Aufhebungsklage mit Kassationswirkung[9] betitelt wird. Die Notwendigkeit der Annahme einer Klage sui generis besteht allerdings nicht, wenn man die Zulässigkeitsvoraussetzungen der herkömmlichen Klagearten an die Besonderheiten der Kommunalverfassungsstreitigkeit interpretatorisch anpasst, d.h. insbesondere berücksichtigt, dass es nicht um herkömmliche subjektive Rechte im Staat – Bürgerverhältnis, sondern um die Geltendmachung organschaftlicher Mitwirkungsrechte im kommunalen Innenbereich geht (s.u. Klagebefugnis). Kommunalverfassungsstreitigkeiten sind daher mit der wohl überwiegenden Ansicht in die herkömmlichen Klagearten der VwGO einzuordnen.[10]

2. Anfechtungsklage

Als statthafte Klageart kommt ggf. die Anfechtungsklage nach § 42 Abs. 1 1. Alt. VwGO bzw. im Falle der Erledigung die Fortsetzungsfeststellungsklage nach § 113 Abs. 1 Satz 4 VwGO in Betracht. Dann müsste der Sitzungsausschluss nach Art. 53 Abs. 1 Satz 3 BayGO als Verwaltungsakt einzustufen sein. Die Entscheidungen sind zumindest als Maßnahmen auf dem Gebiet des öffentlichen Rechts mit dem Inhalt einer Einzelfallregelung anzusehen. Problematisch hinsichtlich der Voraussetzungen des § 35 Satz 1 BayVwVfG bzw. Art. 35 Satz 1 BayVwVfG ist aber, ob es sich auch um eine Maßnahme mit Außenwirkung handelt. Hierfür darf die Maßnahme kein bloßes Verwaltungsinternum sein, A müßte vielmehr in seiner persönlichen Rechtsstellung als Bürger betroffen sein.

---

[6] Vgl. bereits *Fall 10*.

[7] Vgl. *Hufen*, Verwaltungsprozessrecht, § 21, Rn. 1.

[8] Vgl. die Nachweise bei: *Stumpf*, BayVBl. 2000, 103 (104); *Hufen*, Verwaltungsprozessrecht, § 21, Rn. 16.

[9] *Stumpf*, BayVBl. 2000, 103ff., m.w.N.; vgl. auch die Nachweise bei *Knemeyer*, Bayerisches Kommunalrecht, Rn. 285 (Fn. 179).

[10] *Preusche*, NVwZ 1987, 854 (858); *Lissack*, Bayerisches Kommunalrecht, § 4, Rn. 155ff.; *Hufen*, Verwaltungsprozessrecht, § 21, Rn. 11.

Dies wird zum Teil für den hier vorliegenden Sitzungsausschluss wegen ungebührlichen Verhaltens bejaht.[11] Der Ausschluss entziehe dem Gemeinderatsmitglied das in Art. 48 BayGO vorausgesetzte Teilnahme- und Abstimmungsrecht, das Gemeinderatsmitglied wird durch eine Sanktionsmaßnahme partiell aus dem reinen Innenbereich des Gemeinderats ausgeschlossen. Die Maßnahme des Bürgermeisters betreffe daher den subjektiven Rechtskreis des Gemeinderatsmitglieds. Dem ist aber entgegenzuhalten, dass sich die Auswirkungen der Maßnahme gerade auf die rein organschaftliche Stellung des A als Gemeinderatsmitglied beschränken. Der Ausschluss von der Debatte und der Abstimmung betrifft nicht die persönliche Rechtsstellung, sondern allein die Rechtsstellung als kommunaler Funktionsträger. Die Maßnahme entfaltet rechtliche Wirkungen nur im Innenbereich des Gemeinderats. Mangels Außenwirkung stellt damit die Ausschließungsentscheidung keinen Verwaltungsakt dar. Eine Anfechtungsklage scheidet damit aus.[12] Da es A zudem nicht um den Erlass eines begünstigenden Verwaltungsakts geht, kommt auch eine Verpflichtungsklage nach Art. 42 Abs. 1, 2. Alt. VwGO nicht in Betracht.

3. Die allgemeine Leistungsklage bzw. die Feststellungsklage je nach Fallgestaltung

Es verbleiben somit zwei Möglichkeiten: Die allgemeine Leistungsklage oder die Feststellungsklage.[13] Während zum Teil pauschal auf die Feststellungsklage verwiesen wird[14], ist vorzugsweise zu differenzieren:

a) Die allgemeine Leistungsklage bei Möglichkeit der Rückgängigmachung des vom Kläger angegriffenen Akts – str.: kassatorische Leistungsklage

Soweit es dem Kläger um die Rückgängigmachung einer bestimmten Handlung des Klagegegners oder um die Vornahme einer sonstigen Handlung geht, ist statthafte Klageart die allgemeine Leistungsklage.[15] Diese ist in der VwGO zwar nicht ausdrücklich als statthafte Klageart aufgeführt, allerdings wird sie in einigen Vorschriften als selbstverständlich vorausgesetzt, z. B. §§ 43 Abs. 2, 111, 113 Abs. 4 VwGO. Zudem ergibt sich ihre Statthaftigkeit letztlich in Konsequenz aus der Rechtsschutzgarantie des Art. 19 Abs. 4 GG sowie aus § 40 Abs. 1 Satz 1 VwGO, der den Verwaltungsrechtsweg für alle öffentlich-rechtlichen Streitigkeiten als eröffnet erklärt und damit nicht von einem Numerus clausus der expressis verbis geregelten Klagearten ausgeht.[16]

Zum Verständnis: Ein Beispiel für die Einschlägigkeit der allgemeinen Leistungsklage im Falle einer Kommunalverfassungsstreitigkeit bietet insofern die Konstellation nach *BayVGH* BayVBl. 1976, 753 ff. Hier wurde ein Gemeinderatsmitglied zu Unrecht vom Rat wegen vermeintlicher persönlicher Beteiligung nach Art. 49 BayGO von der Beschlussfassung über einen Flächennutzungsplan ausgeschlossen. Dem Kläger ging es dabei nicht nur um die bloße Feststellung der Rechtswidrigkeit des (an sich mit Sitzungsablauf erledigten) Ausschlusses, sondern ihm ging es zudem um die Rückgängigmachung des ohne ihn gefassten Beschlusses über den Flächennutzungsplan. Insbesondere zur Klagebefugnis führt das Gericht hier aus: „Die Verletzung des Mitgliedschaftsrechts eines Gemeinderats, der zu Unrecht von einer Abstimmung ausgeschlossen wird, liegt nicht allein in dem – abstrakten – Ausschluss (und in der diesen unmittelbar

[11] *Hufen*, Verwaltungsprozessrecht, § 21, Rn. 12; *Knemeyer*, Bayerisches Verwaltungsrecht, 4. Aufl. 1995, S. 57; zum Streitstand: *Martensen*, JuS 1995, 1077 f.

[12] *BayVGH* BayVBl. 1988, 16. Siehe auch die Lösung der Examensklausur in BayVBl. 1999, 700 (703).

[13] Zu den folgenden Alternativen: *BayVGH* BayVBl. 1976, 753 (754); *Becker*, in: ders./Heckmann/Kempen/Manssen, Öffentliches Recht in Bayern, 2. Aufl. 2001, 2. Teil, Rn. 276 f.

[14] Siehe die Nachweise bei *Schoch*, JuS 1987, 783 (788) sowie *Preusche*, NVwZ 1987, 854 (856).

[15] Speziell im Zusammenhang mit Kommunalverfassungsstreitigkeiten: *BayVGH* BayVBl. 1976, 753 (754); BayVBl. 1980, 656 (657); BayVBl. 1985, 339; BayVBl. 1987, 239 (240); *OVG Münster* NVwZ 1999, 1252 f.; *VGH Mannheim* NVwZ 1984, 664; *Schoch*, JuS 1987, 783 (788); *Preusche*, NVwZ 1987, 854 (855). Generell zur allgemeinen Leistungsklage: *Steiner*, JuS 1984, 853 ff. sowie oben *Fälle 5, 7* und 9.

[16] *BayVGH* BayVBl. 1976, 753 (754); *BVerwGE* 31, 301 (303); 36, 192 (199).

aussprechenden Entscheidung), sondern auch und gerade darin, dass das Gemeinderatsmitglied gehindert wird, an der Sachentscheidung des Kommunalorgans mitzuwirken. Es wäre eine nicht hinzunehmende Verkürzung des Individualrechtsschutzes eines in seinem Mitgliedschaftsrecht verletzten Gemeinderates, würde ihm lediglich die Möglichkeit eingeräumt, den ihn unmittelbar ansprechenden Beschluss über seinen Ausschluss von der Abstimmung im Klagewege zu beanstanden, von der Beanstandung der incident ohne seine Mitwirkung ergangenen Sachentscheidung aber auszuschließen."[17]

Nach einer Ansicht bleibt es dabei bei der herkömmlichen Ausrichtung der allgemeinen Leistungsklage, also beim Klageziel (und einer entsprechenden Tenorierung im Erfolgsfall), den Klagegegner zu einer bestimmten Leistungshandlung (resp. Aufhebung eines gegebenenfalls rechtswidrigen Beschlusses) zu verurteilen.[18] Der *Bayerische VGH* lässt unter Berufung auf Art. 19 Abs. 4 GG im Rahmen einer kommunalverfassungsrechtlichen Leistungsklage sogar ausnahmsweise die gerichtliche Kassation der angegriffenen Maßnahme (z.B. eines rechtswidrigen Gemeinderatsbeschlusses) zu, wenn das Ziel des Klägers darauf hinausläuft, eine ihn belastende Entscheidung aufzuheben – sog. *kassatorische Leistungsklage*.[19] Dieser Ansatz ist nicht unbedenklich.[20] Der Sache nach gelangt der *Bayerische VGH* zwar zu pragmatischen Ergebnissen. Berücksichtigt man allerdings den Umstand, dass die allgemeine Leistungsklage, anders als die Anfechtungsklage, typischerweise nicht auf Kassation sondern auf Verurteilung zu einer Leistung ausgerichtet ist, rückt diese Ansicht der Sache nach ganz in die Nähe einer Klage sui generis in Form der rechtsgestaltenden Aufhebungsklage (s.o.), zumal die richterliche Rechtsfortbildung durch den *Bayerischen VGH* in Form der Anerkennung einer gerichtlichen Kassation einer Verwaltungsmaßnahme außerhalb von § 113 Abs. 1 VwGO mit dem Gewaltenteilungsgrundsatz in Konflikt tritt. Zudem erscheint die Argumentation des *BayVGH* mit Art. 19 Abs. 4 GG wenig stichhaltig im Hinblick auf die Möglichkeit, anstelle des Ausspruchs der Kassation den Klagegegner zu verurteilen, den Akt selbst rückgängig zu machen.[21]

Ist hingegen – insbesondere aufgrund Erledigung – die Rückgängigmachung der Belastung sinnlos, entfällt die Möglichkeit einer allgemeinen Leistungsklage. Es kommt dann allenfalls eine Feststellungsklage in Betracht. So hier: Dem A kommt es nicht auf die Rückgängigmachung etwaiger Beschlüsse an, die nach seinem Ausschluss ohne ihn in der Sitzung getroffen worden sind. Ihm geht es allein darum, dass die Maßnahme des Ausschlusses, die gegen ihn in der Sitzung vom 20. November 2000 verhängt worden ist, gerichtlich als rechtswidrig festgestellt wird. Ein Rückgängigmachen wäre hier sinnlos, weil die Sitzung als solche in der Vergangenheit abgeschlossen wurde; die Ausschließung als solche weist keine aktuelle Beschwer mehr auf und ist damit erledigt. Eine allgemeine Leistungsklage – gerichtet auf Verurteilung zur Rückgängigmachung der Ausschließung oder nach a.A. auf gerichtliche Kassation – scheidet dann aus.

b) Allgemeine Feststellungsklage im Falle erledigter Maßnahmen – feststellungsbedürftiges Rechtsverhältnis

Als statthafte Klageart kommt damit nur noch die Feststellungsklage in Betracht. Entgegen einer vereinzelt vertretenen Ansicht[22] handelt es sich nicht um eine Fortsetzungsfest-

---

[17] *BayVGH* BayVBl. 1976, 753 (755).

[18] *Becker*, in: ders./Heckmann/Kempen/Manssen, Öffentliches Recht in Bayern, 2. Aufl. 2001, 2. Teil, Rn. 277. Vgl. auch die Nachweise bei *Lange*, BayVBl. 1976, 755f.

[19] *BayVGH* BayVBl. 1976, 753 (754); BayVBl. 1980, 656 (657); BayVBl. 1985, 339. Vgl. auch *BayVGH* BayVBl. 1988, 16. Hierzu auch: *Hufen*, Verwaltungsprozessrecht, § 21, Rn. 13; *Knemeyer*, Bayerisches Kommunalrecht, Rn. 285 (Fn. 180).

[20] *Becker*, in: ders./Heckmann/Kempen/Manssen, Öffentliches Recht in Bayern, 2. Aufl. 2001, 2. Teil, Rn. 277.

[21] Aus kritischer Perspektive hierzu z.B.: *Schoch*, JuS 1987, 783 (788f.); *Ehlers*, NVwZ 1990, 105 (106). Zum Streitstand ferner *Lange*, BayVBl. 1976, 755f.; *Lissack*, Bayerisches Kommunalrecht, § 4, Rn. 155.

[22] *Stumpf*, BayVBl. 2000, 103 (107); *Hufen*, Verwaltungsprozessrecht, § 18, Rn. 66ff. sowie § 21, Rn. 14. So auch noch *BayVGH* BayVBl. 1980, 656 (657).

stellungsklage analog § 113 Abs. 1 Satz 4 VwGO. Denn der (auch analoge) Anwendungsbereich des § 113 Abs. 1 Satz 4 VwGO beschränkt sich auf erledigte Anfechtungs- oder Verpflichtungsbegehren i.S.v. § 42 Abs. 1 VwGO, erfasst aber nicht die Situation der erledigten allgemeinen Leistungsklage. Richtigerweise ist daher die allgemeine Feststellungsklage nach § 43 VwGO statthafte Klageart[23], allerdings nur, wenn es dem Streitgegenstand nach tatsächlich um die Feststellung des Bestehens oder Nichtbestehens eines *Rechtsverhältnisses* i.S.v. § 43 Abs. 1 VwGO geht. Allgemein versteht man darunter

> *„rechtliche Beziehungen (...), die sich aus einem konkreten Sachverhalt aufgrund einer öffentlich-rechtlichen Norm für das Verhältnis von (natürlichen oder juristischen) Personen untereinander oder einer Person zu einer Sache ergeben, kraft deren eine der beteiligten Personen etwas Bestimmtes tun muss, kann oder darf oder nicht zu tun braucht.“*[24]

Feststellungsfähige Rechtsverhältnisse können in dem Sinne auch Innenrechtsbeziehungen sein, also auch die durch organschaftliche Befugnisse und Verpflichtungen gekennzeichneten Rechtsbeziehungen zwischen Organen oder Organteilen juristischer Personen des öffentlichen Rechts. Feststellungsfähig nach § 43 Abs. 1 VwGO sind dann auch einzelne, sich hieraus ergebende Berechtigungen und Rechtsstellungen[25], hier also etwa die Frage nach rechtlichen Grenzen eines Übergriffs des Bürgermeisters in organschaftliche Mitwirkungsrechte des einzelnen Gemeinderatsmitglieds. Es geht damit also um die Feststellung des Nichtbestehens eines Rechtsverhältnisses, nämlich, dass der Bürgermeister nicht berechtigt war, den A von der weiteren Gemeinderatssitzung vom 20. November 2000 auszuschließen. Die Feststellungsklage (gerichtet auf die Feststellung, dass die Ausschließung von der Gemeinderatssitzung am 20. November 2000 rechtswidrig gewesen ist) ist damit statthafte Klageart.

III. Subsidiarität

Die in § 43 Abs. 2 VwGO vorgesehene Subsidiarität steht der allgemeinen Feststellungsklage[26] schon deshalb nicht entgegen, weil die als einzige Alternative in Betracht kommende allgemeine Leistungsklage in der vorliegenden, von Erledigung geprägten Situation nicht möglich ist. Die Klärung der Streitfrage, inwiefern die Subsidiarität gegenüber der allgemeinen Leistungsklage überhaupt zum Tragen kommt[27], erübrigt sich damit.

IV. Feststellungsinteresse

A muss gem. § 43 Abs. 1 VwGO „ein berechtigtes Interesse an der baldigen Feststellung“ haben. Da die Möglichkeit nicht ganz fernliegt, dass sich – wohl auch angesichts der zwischen den Parteien bestehenden persönlichen Dissonanzen – ein vergleichbarer Sachver-

[23] *BayVGH* BayVBl. 1987, 239 (240); BayVBl. 1988, 16; BayVBl. 1989, 177 (178).

[24] *BVerwGE* 100, 262 (264f.); siehe auch: *BayVGH* BayVBl. 1987, 239 (240); *Schmitt Glaeser/Horn*, Verwaltungsprozessrecht, Rn. 328; *Stern*, Verwaltungsprozessuale Probleme, Rn. 252.

[25] *BayVGH* BayVBl. 1987, 239 (240); *Stern*, Verwaltungsprozessuale Probleme, Rn. 252.

[26] Hierzu z.B. *BVerwG* DÖV 2001, 297f.

[27] Nach der Rechtsprechung des Bundesverwaltungsgerichts soll die in § 43 Abs. 2 VwGO normierte Subsidiarität vom Sinn und Zweck her nur dann einer Feststellungsklage entgegenstehen, wenn die Gefahr eines Doppelprozesses besteht bzw. wenn über die Feststellungsklage die besonderen Sachurteilsvoraussetzungen speziellerer Klagearten (insbes.: Notwendigkeit des Widerspruchsverfahrens, Einhaltung der Fristen gem. §§ 70, 74 VwGO) umgangen werden. Diese Gefahr soll etwa im Konkurrenzverhältnis zwischen Feststellungsklage und vorbeugender Unterlassungsklage (als besondere Form der allgemeinen Leistungsklage) nicht bestehen: *BVerwGE* 40, 323 (327f.); *Seidel*, Nachbarschutz, Rn. 727. A.A. (auch hier generelle Subsidiarität gem. Wortlaut): *Schenke*, AöR 95 (1970), 223 (255); *Stern*, Verwaltungsprozessuale Probleme, Rn. 422; *Kopp/Schenke*, VwGO, § 43, Rn. 24 und 26.

halt in naher Zukunft wiederholt, ist das Feststellungsinteresse des A jedenfalls mit Wiederholungsgefahr zu begründen.[28] Zudem kann auch ein Rehabilitationsinteresse angenommen werden.[29] Denn in gewisser Weise ist ein Ausschluss von einer Gemeinderatssitzung wegen ungebührlichen, störenden Verhaltens mit diskriminierenden Fortwirkungen für das betroffene Organ verbunden. Insbesondere kann das persönliche Ansehen des A in der Kommune nachteilig betroffen sein.

V. Klagebefugnis, § 42 Abs. 2 VwGO analog

Im Kommunalverfassungsstreit muss der Kläger jedenfalls bei der allgemeinen Leistungsklage analog § 42 Abs. 2 VwGO klagebefugt sein.[30] Nach nicht unumstrittener Ansicht soll dies zum Ausschluss der sog. Popularklage auch im Fall der kommunalverfassungsrechtlichen Feststellungsklage gelten.[31] Die Streitfrage kann dahinstehen, sofern A im einschlägigen Fall tatsächlich die Anforderungen analog § 42 Abs. 2 VwGO erfüllt. Für die Klagebefugnis gilt im Spezialfall einer kommunalverfassungsrechtlichen Streitigkeit folgende Besonderheit: Der Kläger muss eine (mögliche) Verletzung eines organschaftlichen Mitgliedschaftsrechts – also einer eigenen Mitwirkungsposition, die er durch Wahl oder Bestellung erworben hat[32] – geltend machen können. Auch hier muss bedacht werden, dass es der Sache nach nicht um die Geltendmachung echter individualrechtlicher Positionen, sondern um die Geltendmachung von an sich kommunalverwaltungsinternen, organschaftlichen Mitwirkungsrechten geht. Es muss sich um eine Rechtsposition handeln, die dem Kläger in seiner organschaftlichen Stellung als „Kontrastorgan" ein Mitwirkungsrecht gegenüber anderen Organen und Organteilen zuordnet und die seinem Träger vom Sinn und Zweck her die Befugnis vermittelt, sie gegen Übergriffe eines anderen Organs oder Organteils gerichtlich verteidigen zu dürfen.[33]

Für den Fall: Dem gewählten Gemeinderatsmitglied steht grundsätzlich ein volles Beratungs- und Stimmrecht zu (vgl. Art. 30, Art. 48 Abs. 1 Satz 1, 51 BayGO, Umkehrschluss aus Art. 49, 53 Abs. 1 Satz 3 BayGO). Durch einen Ausschluss, der von Art. 53 Abs. 1 Satz 3 BayGO nicht gedeckt ist, werden diese kompetenziellen Rechte eines betroffenen Gemeinderatsmitglieds in einer Weise verletzt, die er analog § 42 Abs. 2 VwGO gerichtlich geltend machen können muss.[34] Da möglicherweise die Ausschließungsmaßnahme des Bürgermeisters rechtswidrig war, ist eine Verletzung des organschaftlichen Mitwirkungsrechts des A in seiner Eigenschaft als Gemeinderatsmitglied nicht von vornherein ausgeschlossen.[35] A ist damit klagebefugt und genügt den Anforderungen des § 42 Abs. 2 VwGO.

[28] Vgl. auch: *BayVGH* BayVBl. 1980, 656 (657); BayVBl. 1987, 239 (240); *Stumpf*, BayVBl. 2000, 103 (109 f.).

[29] Gemeint sind Fälle objektiv erheblicher Beeinträchtigungen der Menschenwürde, des Persönlichkeitsrechts oder des beruflichen bzw. gesellschaftlichen Ansehens mit besonders abträglichen Nachwirkungen, die nur durch gerichtliche Sachentscheidung ausgeglichen werden können: *BVerwG* DVBl. 1991, 51; BayVBl. 1991, 26; BayVBl. 1992, 596 f.; *VGH Mannheim* NVwZ 1990, 378; DVBl. 1991, 60 (62).

[30] *BayVGH* BayVBl. 1976, 753 (754 f.); *Ehlers*, NVwZ 1990, 105 (109 f.). Krit. *Schoch*, JuS 1987, 783 (789 f.).

[31] *BVerwG* BayVBl. 1989, 378; BayVBl. 1989, 177 (178); BayVBl. 2000, 309 (310). Zustimmend: *Ehlers*, NVwZ 1990, 105 (111); *Lissack*, Bayerisches Kommunalrecht, § 4, Rn. 162; *Stern*, Verwaltungsprozessuale Probleme, Rn. 467. Ablehnend: *Schoch*, JuS 1987, 783 (790), der dem Erfordernis des Feststellungsinteresses nach § 43 Abs. 1 VwGO ausreichende Filterfunktion zuschreibt. Das *Bundesverwaltungsgericht* tendiert z.T. sogar allgemein zur analogen Anwendung des § 42 Abs. 2 VwGO für jedes Feststellungsbegehren: *BVerwG* BayVBl. 1990, 728.

[32] *Hufen*, Verwaltungsprozessrecht, § 21, Rn. 20.

[33] Vgl. z. B. *Martensen*, JuS 1995, 989 (990); *Lissack*, Bayerisches Kommunalrecht, § 4, Rn. 164.

[34] Für den Fall eines Ausschlusses wegen vermeintlich persönlicher Beteiligung nach Art. 49 BayGO: *BayVGH* BayVBl. 1976, 753 (755).

[35] Zur Geltung der sog. Möglichkeitstheorie im Rahmen der Klagebefugnis bei Kommunalverfassungsstreitigkeiten: *Hufen*, Verwaltungsprozessrecht, § 21, Rn. 24.

VI. Vorverfahren

Da die §§ 68ff. VwGO nur auf Anfechtungs- und Verpflichtungsklagen zugeschnitten sind, ist ein erfolgloses Widerspruchsverfahren nicht Sachurteilsvoraussetzung für die vorliegende Feststellungsklage.[36]

Zur Vertiefung: Im Originalfall – *BayVGH* BayVBl. 1988, 16f. – gingen die Beteiligten zunächst fälschlicherweise davon aus, dass es sich bei dem Sitzungsausschluss um einen anfechtbaren Verwaltungsakt handele. Demgemäß wurde nicht nur der Sitzungsausschluss nach § 80 Abs. 2 Nr. 4 VwGO für sofort vollziehbar erklärt, das betroffene Gemeinderatsmitglied legte zudem mit dem Ziel der verwaltungsmäßigen Aufhebung der Maßnahme Widerspruch ein, der per Widerspruchsbescheid als unbegründet abgewiesen wurde. In seiner Entscheidung hebt der *BayVGH* hervor, dass es mangels VA-Charakter keiner Anordnung der sofortigen Vollziehbarkeit bedurft hätte und dass zudem der Widerspruchsbescheid mangels Statthaftigkeit des Widerspruchsverfahrens in unkorrekter Weise ergangen sei. Unter Verweis auf *BayVGH* BayVBl. 1976, 755 sah sich der *VGH* aber im Rahmen der kommunalverfassungsrechtlichen Feststellungsklage berechtigt, im Wege einer kassatorischen Entscheidung diesen inkorrekten Widerspruch aufzuheben.[37]

VII. Klagefrist

Eine spezielle Klagefrist ist bei der kommunalverfassungsrechtlichen Feststellungsklage (wie auch bei der kommunalverfassungsrechtlichen Leistungsklage) nicht einzuhalten.[38] Auch eine Verwirkung des Klagerechts kommt nicht in Betracht.

VIII. Beteiligtenfähigkeit

A als Kläger müsste beteiligtenfähig sein. Problematisch erscheint die Beteiligtenfähigkeit, wenn ein Organ bzw. Organteil klagt, das – wie hier der Kläger A – aus einer einzelnen Person besteht. Denn A tritt hier nicht in seiner Stellung als natürliche Person, sondern als Repräsentant eines bestimmten kommunalen Organs auf (keine Außenrechtsbeziehung). Da es im Kommunalverfassungsstreit nicht um Individualrechte einer natürlichen Person, sondern um mitgliedschaftsrechtliche Beteiligungsrechte der Gemeindeordnung geht, ist § 61 Nr. 1 VwGO nicht anwendbar.[39] Aber: Sofern man einzelnen Personen im Grundsatz in ihrer organschaftlichen Stellung eigene einklagbare organschaftliche Rechte zuerkennt, müssen sie ebenso wie Kollegialorgane im Kommunalverfassungsstreit beteiligtenfähig sein. Die Beteiligtenfähigkeit ergibt sich hier aus einer analogen Anwendung des § 61 Nr. 2 VwGO[40], nach a.A. aus richterlicher Rechtsfortbildung.[41] Hiernach sind einzelne Organwalter, soweit ihnen eigene organschaftliche Rechte zustehen, beteiligtenfähig. Dies trifft auch für A in seiner Stellung als Ratsmitglied zu. Sieht man die Gemeinde G als richtigen Beklagten an (hierzu unten Passivlegitimation), folgt deren Beteiligtenfähigkeit als juristische Person i.S.v. Art. 1 BayGO unmittelbar aus § 61 Nr. 1 VwGO. Bei Abstellen auf den Bürgermeister als alternativem Klagegegner ist auch insofern § 61 Nr. 2

[36] *BayVGH* BayVBl. 1980, 656 (657); *Stumpf*, BayVBl. 2000, 103 (110).
[37] *BayVGH* BayVBl. 1988, 16f.
[38] *Hufen*, Verwaltungsprozessrecht, § 21, Rn. 26.
[39] *Schoch*, JuS 1987, 783 (786); *Martensen*, JuS 1995, 989 (991).
[40] *Becker*, in: ders./Heckmann/Kempen/Manssen, Öffentliches Recht in Bayern, 2. Aufl. 2001, 2. Teil, Rn. 275; *Stumpf*, BayVBl. 2000, 103 (109); zum Streitstand: *Martensen*, JuS 1995, 989 (991f.).
[41] *Schoch*, JuS 1987, 783 (786).

VwGO (ggf. auch § 61 Nr. 1 VwGO) analog anzuwenden. Für beide denkbaren Klagegegner (entweder Gemeinde oder Bürgermeister) wäre jedenfalls die Beteiligungsfähigkeit zu bejahen.

Zwischenergebnis:
Da am Vorliegen sonstiger Zulässigkeitsvoraussetzungen nicht zu zweifeln ist, ist die kommunalverfassungsrechtliche Feststellungsklage zulässig.

Zur Vertiefung: Im Einzelfall kann das Rechtsschutzbedürfnis fehlen. Klausurrelevant ist etwa der Fall, dass der Bürgermeister sich weigert, einen rechtswidrigen Gemeinderatsbeschluss gem. Art. 36 BayGO[42] zu vollziehen. Hier fehlt das Rechtsschutzinteresse und damit das Feststellungsinteresse für eine Klage des Bürgermeisters auf Feststellung, dass er wegen Rechtswidrigkeit bzw. Nichtigkeit des Beschlusses nicht zum Vollzug verpflichtet ist. Zwar mag über ein entsprechendes Feststellungsurteil eine bestehende Ungewissheit über die Verpflichtung nach Art. 36 BayGO beseitigt und damit einem möglichen späteren Rechtsstreit vorgebeugt werden.[43] Andererseits ist zu bedenken, dass in Art. 59 Abs. 2 BayGO[44] ein eigenständiges Beanstandungsverfahren vorgesehen ist[45], also ein gemeindeinternes Verfahren, mit dessen Hilfe der Bürgermeister die Möglichkeit erhält, in eigener Kompetenz rechtswidrige Gemeinderatsbeschlüsse zu beanstanden und hierüber zunächst unter Einschaltung der Rechtsaufsichtsbehörde deren Vollzug auszusetzen. Hierdurch ist dem Bürgermeister als klagendem Organ eine andere, zunächst einfachere Möglichkeit an die Hand gegeben, um eine Maßnahme des Gemeinderats zu Fall bringen zu können. Solange er diese Möglichkeiten nicht ausgeschöpft hat, sind ihm ein Rechtsschutzbedürfnis und dementsprechend ein Feststellungsinteresse für eine Feststellungsklage abzusprechen[46] (anderes gilt u.U., sofern nach Beanstandung der Gemeinderat an dem beanstandeten Beschluss festhält und auch die vom Bürgermeister eingeschaltete Kommunalaufsicht keine Anstalten macht, ihrerseits den Beschluss zu beanstanden). Auch im umgekehrten Fall, dass der Gemeinderat Klage im Kommunalverfassungsstreit erhebt, mit dem Ziel, dass der Bürgermeister zum Vollzug eines Gemeinderatsbeschlusses verurteilt wird, soll ein Rechtsschutzbedürfnis während der normalen Dauer des eingeleiteten Verfahrens nach Art. 59 Abs. 2 BayGO entfallen.[47] Nach a.A. (h.L. ?) soll in dieser Konstellation zunächst sogar die Klagebefugnis zu verneinen sein: Nach den Vorschriften der Art. 29, 30, 36 BayGO sei der Bürgermeister gegenüber dem Gemeinderat grundsätzlich verpflichtet, Gemeinderatsbeschlüsse zu vollziehen. Die Verletzung des Rats durch eine Beanstandung eines Beschlusses durch den Bürgermeister gekoppelt mit der Androhung, den Beschluss nicht zu vollziehen, erscheint an sich nicht von vornherein unmöglich. Aber: Aus Art. 36 BayGO könne der Gemeinderat die Beachtung und Vollziehung des Gemeinderatsbeschlusses nur insoweit beanspruchen, als der Bürgermeister nicht den Beschluss für rechtswidrig einstuft und deswegen im Rahmen von Art. 59 Abs. 2 BayGO von seinem Beanstandungsrecht Gebrauch macht.[48] M.a.W.: Eine eigene Rechtsstellung des Ge-

[42] Vergleichbare Regelungen: § 62 Abs. 1 Nr. 2 NdsGO, § 43 Abs. 1 GO BW, § 63 Abs. 1b GO Bbg, § 38 Abs. 3 KV MV, § 47 Abs. 1 Nr. 2 GO Rh-Pf, § 59 Abs. 2 S. 2 KSVG Saarl., § 52 Abs. 1 SächsGemO, § 62 Abs. 1 GO LSA, § 55 Abs. 1 S. 4 Nr. 2 SchlHGO, § 29 Abs. 1 ThürKO, § 62 Abs. 2 GO NW.

[43] Allgemein zum Feststellungsinteresse bei unklarer Rechtslage: *Kopp/Schenke*, VwGO, § 43, Rn. 24.

[44] Vergleichbare Regelungen: § 43 Abs. 2 GO BW, § 65 GO Bbg, §§ 63, 74 HGO, § 33 KV MV, § 65 Abs. 1 NdsGO, § 54 GO NW, § 42 GO Rh-Pf, § 52 Abs. 2 SächsGemO, § 62 Abs. 3 GO LSA, § 43 SchlHGO, § 44 ThürKO.

[45] Hierzu: *Riedl*, BayVBl. 1995, 198ff.; *Knemeyer*, BayVBl. 1999, 193 (196f.); *Becker*, in: ders./Heckmann/Kempen/Manssen, Öffentliches Recht in Bayern, 2. Aufl. 2001, 2. Teil, Rn. 144ff.

[46] *Martensen*, JuS 1995, 1077 (1078); *Preusche*, NVwZ 1987, 854 (857); *Riedl*, BayVBl. 1995, 198 (200). Vgl. auch die Lösung von Aufgabe 7 der Ersten Juristischen Staatsprüfung 1997/2, in: BayVBl. 1999, 700 (703).

[47] Zum Streitstand aus krit. Perspektive: *Riedl*, BayVBl. 1995, 198 (200).

[48] Vgl. auch *Lösung von Aufgabe 7 der Ersten Juristischen Staatsprüfung 1997/2*, in: BayVBl. 1999, 700 (703), m.w.N.

meinderats aus Art. 29, 30, 36 BayGO kann für den Fall, dass der Bürgermeister einen Gemeinderatsbeschluss angreift und vereitelt resp. den Vollzug verweigert, nur dann betroffen sein, wenn der Bürgermeister außerhalb seiner Rechte aus Art. 59 Abs. 2 BayGO agiert, also seiner Verpflichtung zum Vollzug aus Art. 36 BayGO nicht nachkommt, ohne eine förmliche Beanstandung auszusprechen, den Vollzug auszusetzen und die Rechtsaufsicht anzurufen.[49] Aber: Das Entfallen des Rechtsschutzbedürfnisses wegen Möglichkeit der Anrufung der Rechtsaufsichtsbehörde ist auf die Sonderfälle des Art. 59 Abs. 2 BayGO beschränkt. Da im übrigen kein Organ einen Anspruch auf rechtsaufsichtliches Einschreiten hat, ist eine Verallgemeinerung dahingehend, die Zulässigkeit einer kommunalverfassungsrechtlichen Streitigkeit von einem vorherigen Versuch, die Rechtsaufsichtsbehörde zu einem Einschreiten zu veranlassen, nicht möglich.

B. Begründetheit

Die Feststellungsklage ist begründet, wenn sie gegen den richtigen Klagegegner gerichtet ist und die vom Bürgermeister B ausgesprochene Ausschließung des A von der Sitzung des Gemeinderats vom 20. November 2000 rechtswidrig war.

I. Passivlegitimation

Die Passivlegitimation im Falle des Kommunalverfassungsstreits ist nicht unumstritten.[50] Nach einer Ansicht – die gute Argumente für sich verbuchen kann – passe das Rechtsträgerprinzip aus § 78 Abs. 1 Nr. 1 VwGO nicht auf Organklagen wie den Kommunalverfassungsstreit. Es handele sich der Sache nach nicht um einen Konflikt eines Organs mit seinem Rechtsträger, sondern um einen Streit zwischen zwei Funktionsträgern desselben Rechtsträgers. Es sei hiernach nur konsequent, die Klage gegen den Funktionsträger zu richten, *„dem gegenüber die mit der Organklage beanspruchte Innenrechtsposition bestehen soll“*[51], m. a.W.: der die vom Kläger behauptete Rechts- bzw. Kompetenzverletzung begangen hat (bzw. haben soll).[52] Nach diesem Ansatz wäre richtiger Beklagter der Bürgermeister (B) selbst.

Demgegenüber versucht der *BayVGH*, das Rechtsträgerprinzip des § 78 Abs. 1 Nr. 1 VwGO auf Kommunalverfassungsstreitigkeiten zu übertragen. Richtiger Beklagter ist hiernach der Rechtsträger, dem das Organ oder Organteil, der den zu prüfenden Kompetenzverstoß begangen hat, angehört.[53] Richtiger Beklagter ist im zu begutachtenden Fall dann die Gemeinde G, weil eine Maßnahme des B in seiner Funktion als Bürgermeister und damit als Organ der G der Gemeinde als kommunaler Körperschaft zuzurechnen ist. Für diesen Ansatz spricht der Gedanke, die Anforderungen der VwGO nach Möglichkeit auf den expressis verbis nicht geregelten Kommunalverfassungsstreit zu übertragen und hierüber klarzustellen, dass es sich nicht um eine Klageart sui generis handelt. Nach diesem Ansatz muss A seine Feststellungsklage gegen die G als Beklagte richten.

---

[49] *Widtmann/Grasser*, Bayerische Gemeindeordnung, Art. 59, Rn. 13 d).

[50] Zusammenfassend: *Becker*, in: ders./Heckmann/Kempen/Manssen, Öffentliches Recht in Bayern, 2. Aufl. 2001, 2. Teil, Rn. 280; *Lissack*, Bayerisches Kommunalrecht, § 4, Rn. 170f.

[51] *Hufen*, Verwaltungsprozessrecht, § 21, Rn. 10, m.w.N.

[52] *VGH Mannheim* DÖV 1990, 627; *Becker*, in: ders./Heckmann/Kempen/Manssen, Öffentliches Recht in Bayern, 2. Aufl. 2001, 2. Teil, Rn. 280; *Martensen*, JuS 1995, 1077 (1078); *Ehlers*, NVwZ 1990, 105 (112). Vgl. auch *BVerwG* BayVBl. 1989, 378 sowie *OVG Münster* NVwZ 1999, 1252f.

[53] *BayVGH* BayVBl. 1984, 77; BayVBl. 1985, 339; ebenso *Stumpf*, BayVBl. 2000, 103 (108).

II. Rechtswidrigkeit des Sitzungsausschlusses

Die Frage der Rechtmäßigkeit oder Rechtswidrigkeit der Ausschließung aus der Gemeinderatssitzung ist an der Ermächtigungsgrundlage des Art. 53 Abs. 1 Satz 3 BayGO[54] zu messen. Für die Begründetheit der Feststellungsklage müsste die Ausschließungsentscheidung des Bürgermeisters insofern formell und/oder materiell rechtswidrig sein.

1. Formelle Rechtmäßigkeit der Ausschließungsentscheidung

Der Bürgermeister ist nach Art. 53 Abs. 1 Satz 3 BayGO als Vorsitzender (Art. 36 Satz 1 BayGO[55]) für die Entscheidung über die Ausschließung eines Gemeinderatsmitglieds wegen Sitzungsstörung zuständig. In verfahrensrechtlicher Hinsicht bedarf er hierzu der (vorherigen oder nachträglichen) Zustimmung des Gemeinderats. Diese Zustimmung ist hier mit 16 : 3 Stimmen erteilt worden (Mehrheitsprinzip, Art. 51 Abs. 1 BayGO). Der Zustimmungsbeschluss ist auch verfahrensmäßig nicht zu beanstanden, insbesondere ist A zu Recht als persönlich Beteiligter von der Abstimmung nach den (materiellen und formellen) Vorgaben des Art. 49 BayGO ausgeschlossen worden.[56] Die Ausschließungsentscheidung ist damit in formeller Hinsicht rechtmäßig durch den ersten Bürgermeister B ausgesprochen worden.

2. Materielle Rechtmäßigkeit der Ausschließungsentscheidung

Der durch B ausgesprochene Sitzungsausschluss des A ist materiell nur gerechtfertigt, wenn A in der Sitzung am 20. November 2000 die Ordnung fortgesetzt erheblich gestört hat. *„Eine erhebliche Störung ist anzunehmen, wenn durch das Verhalten des Gemeinderatsmitglieds der Fortgang der Beratungen unmöglich gemacht oder jedenfalls wesentlich erschwert wird.“*[57] Auch wenn kommunalpolitische Debatten im Gemeinderat in schärferen Tönen ablaufen können, ohne dass hierdurch die Sitzung als gestört anzusehen ist, so sind jedenfalls vorliegend durch die Aussagen des A im Zusammenhang mit TOP 1 der Sitzung die Grenzen überschritten. A hat durch Äußerungen, die sogar den Tatbestand des § 185 StGB erfüllen, die Stimmung derart negativ angeheizt, dass ein geordneter Sitzungsablauf erheblich gestört wurde.[58] Dies genügt aber noch nicht für einen Sitzungsausschluss. Es muss vielmehr eine *fortgesetzte*, also wiederholte erhebliche Störung vorliegen. Demgemäß hat der Bürgermeister den A noch nicht anläßlich der Äußerungen zu TOP 1 ausgeschlossen, sondern ihn hier zunächst verwarnt. Eine fortgesetzte erhebliche Störung könnte aber in der beleidigenden Äußerung des A im Zusammenhang der Befassung mit TOP 13 zu sehen sein („Wie blöd seid`s ihr denn eigentlich?“). In der Tat ist an sich naheliegend, dass in dieser wiederholten Beleidigung ein weiterer Umstand zu sehen ist, der den Fortgang der Beratung wesentlich erschwert. Es ist aber zu bedenken, dass zwischen der Äußerung des A zu TOP 13 und der Sitzungsstörung ein Kausalzusammenhang bestehen muss, m.a.W. die Störung der Sitzung muss insofern gerade dem A anzulasten sein. Das Verhalten des A, das für die Ausschließung Anlass gab, *„muss also für die Erschwerung des Ablaufs der Sitzung ursächlich gewesen sein.“*[59] Die Erheblichkeit der Störung und die Ursächlichkeit des Beitrags des A ist maßgeblich anhand der vorherigen Sitzungsatmosphäre zu beurteilen. Eine Ursächlichkeit zwischen Sitzungsstörung und der

[54] Vergleichbare Regelungen: § 43 Abs. 2 KSVG Saarl., § 41 Abs. 1 S. 2 ThürKO, § 45 Abs. 2 GO Bbg, § 51 Abs. 2 GO NW (i.V. mit Geschäftsordnung), § 55 Abs. 2 GO LSA.

[55] Parallel § 40 Abs. 2 Satz 3 GO NW.

[56] *Lissack*, Bayerisches Kommunalrecht, § 5, Rn. 95. Wegen der Eindeutigkeit des Abstimmungsergebnisses wäre es aber im Hinblick auf Art. 49 Abs. 4 BayGO im Ergebnis unschädlich gewesen, wenn A sich als persönlich Beteiligter an der Abstimmung über seine Ausschließung beteiligt hätte.

[57] *BayVGH* BayVBl. 1988, 16 (17).

[58] Vgl. für einen ähnlichen Fall *Knemeyer*, Bayerisches Verwaltungsrecht, S. 60. Für die vorliegende Fallgestaltung letztlich offenlassend: *BayVGH* BayVBl. 1988, 16 (17).

[59] *BayVGH* BayVBl. 1988, 16 (17).

wiederholten beleidigenden Äußerung des A ist also nicht anzunehmen, wenn der Sitzungsverlauf bereits durch andere Umstände derart beeinflusst war, dass eine weitere gedeihliche Zusammenarbeit nicht erwartet werden konnte.[60]

Insofern ist hier nach den Gesamtumständen zu berücksichtigen, dass A seine beleidigende Äußerung in Reaktion auf Provokationen der Gegenseite („Spinner", „Lügner") gemacht hat. Diese vorherigen (und vom Sitzungsvorsitzenden nicht beanstandeten) Provokationen sind wegen ihres ehrverletzenden Charakters ebenso geeignet, erhebliche Störungen hervorzurufen. Von diesen Äußerungen unterscheidet sich die Reaktion des A, für die er ausgeschlossen worden ist, nicht grundsätzlich. Weil die Äußerung des A zu TOP 13 in ihrem Störungspotential nicht wesentlich über die vorangegangenen Äußerungen der politischen Gegner hinausgegangen ist, demnach im Gesamtzusammenhang das ohnehin giftige Klima des Sitzungsverlaufes nicht gravierend verschlimmert hat, ist eine Kausalität im obigen Sinne abzulehnen. Der – wenngleich unqualifizierte und beleidigende – Beitrag des A im Zusammenhang mit TOP 13 hat damit keine weitere erhebliche Störung des Sitzungsablaufs verursacht. Deswegen ist eine fortgesetzte (wiederholte) erhebliche Sitzungsstörung i.S.v. Art. 53 Abs. 1 Satz 3 BayGO zu verneinen.[61] Die materiellen Voraussetzungen für einen Sitzungsausschluss nach Art. 53 Abs. 1 Satz 3 BayGO lagen damit nicht vor. Die Ausschließung des A von der Sitzung des Gemeinderats am 20. November 2000 war damit materiell rechtswidrig.

C. Ergebnis

Eine kommunalverfassungsrechtliche Klage des A vor dem Verwaltungsgericht wäre zulässig und begründet und hätte folglich gute Erfolgschancen. Das angerufene Verwaltungsgericht wird feststellen, dass der Ausschluss des A von der Gemeinderatssitzung am 20. November 2000 rechtswidrig war.

Rechtsprechungsvorlage: *BayVGH BayVBl.* 1988, 16; siehe auch BayVBl. 1976, 753

Leseempfehlung: *Ehlers*, Die Klagearten und besonderen Sachentscheidungsvoraussetzungen im Kommunalverfassungsstreitverfahren, NVwZ 1990, 105; *Martensen*, Grundfälle zum Kommunalverfassungsstreit, JuS 1995, 989 und 1077; *Preusche*, Zu den Klagearten für kommunalverfassungsrechtliche Organstreitigkeiten, NVwZ 1987, 854; *Schoch*, Der Kommunalverfassungsstreit im System des verwaltungsgerichtlichen Rechtsschutzes – *OVG Koblenz*, NVwZ 1985, 283, JuS 1987, 783; *Stumpf*, Die allgemeine Gestaltungsklage im Kommunalverfassungsstreit, BayVBl. 2000, 103

---

[60] *BayVGH* BayVBl. 1988, 16 (17).
[61] So auch i.E. *BayVGH* BayVBl. 1988, 16 (17).

Fall 14: Fraktionsquerelen (Reimer)

Sachverhalt

Die 140.000 Einwohner zählende kreisfreie Stadt Regensburg leidet seit Jahren unter erheblichen wirtschaftlichen Schwierigkeiten. Dem Niedergang alter Industriezweige, einer zunehmenden Dominanz des Großraumes München und der rückläufigen Gesamtkonjunktur will die Stadt aber weiterhin offensiv entgegentreten.

1. Die A-Fraktion im Regensburger Stadtrat, die 25 Stadtratsmitglieder stellt, setzt sich deshalb für die Gründung einer Wirtschaftsförderungs-AG (W-AG) ein. Die W-AG soll – überwiegend mit öffentlichen Mitteln – Infrastrukturmaßnahmen wie die Erschließung neuer Gewerbegebiete, den Bau schneller Datennetze und die Errichtung eines zentralen Bildungszentrums für Unternehmensgründer übernehmen. In einer Sitzung des vollständig erschienenen Stadtrats am 8. November 2002 kommt es zur Aussprache über dieses Vorhaben. Dabei spricht sich das ehrenamtliche Stadtratsmitglied Dagobert Dörfler, das der A-Fraktion angehört, vehement gegen die Gründung der W-AG aus. Die Gründung der W-AG nütze der örtlichen Wirtschaft nicht, sondern schade ihr eher. Durch die Aktivitäten der W-AG drohten bestehende private Unternehmen, die in der Vergangenheit in großem Stil erfolgreiche Schulungskurse für Existenzgründer angeboten haben, vom Markt verdrängt oder jedenfalls in ihren Verdienstmöglichkeiten erheblich behindert zu werden. Seine Fraktionskollegen quittieren die Äußerungen des D mit Unverständnis; aus den anderen Fraktionen sind im Laufe seiner Rede laute „Hört, hört!"-Rufe zu vernehmen.

   Bei der anschließenden Abstimmung ergeben sich folgende Besonderheiten: 24 der 25 Angehörigen der A-Fraktion stimmen für den Antrag auf Gründung der W-AG. Allein D weicht von der fraktionsintern beschlossenen Zustimmung zur Gründung der W-AG ab und enthält sich der Stimme. Der Oberbürgermeister, der ebenfalls der A-Partei angehört, stimmt für den Antrag. Auch das ehrenamtliche Stadtratsmitglied Franz Frei, das den Freien Wählern angehört, stimmt überraschend für den Antrag. Daraufhin stellt der Oberbürgermeister als Sitzungsleiter die Annahme des Antrags fest. In der allgemeinen Aufregung vergisst der Protokollführer, die Stimmen des Oberbürgermeisters und des F zu Protokoll zu nehmen.

   Dessen ungeachtet kommt es noch am selben Tag zur notariellen Beurkundung der Satzung der W-AG. Die Stadt Regensburg übernimmt 50% der Aktien. Die übrigen 50% der Aktien übernehmen gleichmäßig der Landkreis Regensburg (25%) und eine Vielzahl kleiner und mittlerer Unternehmen aus der Region (25%). Zum Vorstandsvorsitzenden wird wenig später – wie von Anfang an geplant – der ehrenamtliche Stadtrat Egon Erzig bestellt, der der A-Fraktion im Stadtrat angehört und dort auch der Errichtung der W-AG zugestimmt hatte.

2. Da sich D der Fraktionsdisziplin nicht zum ersten Mal entzogen hat, mehren sich die Stimmen, die seinen Ausschluss aus der A-Fraktion fordern. Daraufhin wird für den 12. November 2002 eine Fraktionssitzung anberaumt. Unter Angabe des Beratungsgegenstandes werden alle Fraktionsmitglieder ordnungsgemäß geladen. Als D trotzdem nicht erscheint, findet sich eine Mehrheit für den Fraktionsausschluss. Die Entscheidung wird dem D unter Angabe des Grundes mitgeteilt.

D ist nun doppelt empört. Er hält die interventionistische Wirtschaftspolitik der A-Fraktion für sachlich verfehlt und rechtlich bedenklich. Es sei auch nicht akzeptabel, dass sich an der Abstimmung im Stadtrat mit Egon Erzig ein in hohem Maße persönlich betroffenes Mitglied der A-Fraktion beteiligt habe. Vor allem wendet sich D gegen seinen Ausschluss aus der A-Fraktion und verweist darauf, dass er von der A-Partei für den Stadtrat nominiert und „als bunter Vogel" von den Wählern auch mit dem Auftrag ausgestattet worden sei, zur Meinungsbildung und zum Binnenpluralismus innerhalb der A-Fraktion beizutragen. Daher fehle ihm jedes Verständnis für den Fraktionsausschluss. Er lasse befürchten, dass die Mandatsträger der A-Partei ihr vorkonstitutionelles Verfassungsverständnis bis heute nicht abgelegt hätten.

D begibt sich B zu dem mit ihm befreundeten Rechtsanwalt R und bittet um ein Gutachten darüber, inwieweit die Beschlüsse vom 8. und 12. November 2002 überhaupt wirksam sind. Außerdem möchte D wissen, ob eine gerichtliche Klärung der Beschlüsse möglich ist.

Bei seinen Nachforschungen bemerkt R noch, dass die den Stadtratsmitgliedern fristgemäß per Rundfax übermittelte Ladung zur Stadtratssitzung vom 8. November 2002 nur eine unvollständige Angabe der Tagesordnung enthalten hat. In der Tagesordnung war zwar vermerkt:

(...)

TOP 2: Förderung der regionalen Wirtschaft

(...)

Aus der Tagesordnung ergab sich aber nicht, dass sogleich über die Gründung der W-AG abgestimmt werden sollte.

Vermerk für die Bearbeiter: Das Gutachten des R ist zu erstellen. Dabei ist – notfalls hilfsgutachtlich – auf alle aufgeworfenen Rechtsfragen einzugehen.

Lösung

A. Rechtslage in der Sache

I. Beschluss vom 8.11.2002: Die Vorgänge um die W-AG

Der Beschluss des Stadtrats vom 8.11.2002 wäre wirksam, wenn er formell und materiell rechtmäßig wäre.

1. Formelle Rechtmäßigkeit des Gründungsbeschlusses

a) Zuständigkeit

aa) Verbandskompetenz der Stadt
Als kreisfreie Stadt ist Regensburg eine Gemeinde (Art. 3 Abs. 1 BayGO) und hat als solche das Recht, ihre eigenen Angelegenheiten grundsätzlich selbst zu ordnen und zu verwalten (Art. 28 Abs. 2 Satz 1 GG, Art. 11 Abs. 2 Satz 2 BV, Art. 1 Satz 1 BayGO).

Die Selbstverwaltungsgarantie umfasst grundsätzlich alle öffentlichen Aufgaben (Art. 6 BayGO). Die hier verfolgten Ziele, die i.w.S. der Wirtschaftsförderung zuzurechnen sind, fallen sogar in den eigenen Wirkungskreis der Gemeinde (Art. 7 Abs. 1, 57 Abs. 1 BayGO[1]). Für die Infrastrukturmaßnahmen und die Errichtung eines Schulungszentrums ergibt sich dies zudem aus Art. 83 Abs. 1 BV.

Daran würde sich auch dann nichts ändern, wenn die Maßnahmen – was der Sachverhalt nicht abschließend erkennen lässt – außer der Stadt Regensburg auch den Landkreis Regensburg und weitere Teile der Region mitumfasste. Denn ausreichend ist, dass das Stadtgebiet mitbetroffen ist. Eine „örtliche" Angelegenheit ist also lediglich gegen Angelegenheiten allgemein-politischen Inhalts abzugrenzen, die keinerlei gesteigerten Gebietsbezug aufweisen[2]. Das ergibt sich gerade für den hier vorliegenden Fall eines gemeindlichen Unternehmens auch aus Art. 87 Abs. 2, Abs. 3 Satz 2 BayGO.

Außerdem ist es unschädlich, dass – originär oder infolge sog. kompetenzieller Wanderungsprozesse – **neben** der gemeindlichen Zuständigkeit für Fragen der Wirtschaftsförderung auch eine parallele staatliche Kompetenz besteht.

bb) Organkompetenz des Stadtrats
Innerhalb der Gemeinde obliegen alle Angelegenheiten dem Gemeinderat (hier: „Stadtrat", Art. 30 Abs. 1 Satz 2 BayGO), soweit nicht der erste Bürgermeister (hier: „Oberbürgermeister", Art. 34 Abs. 1 Satz 2 BayGO) selbstständig entscheidet (Art. 29 BayGO[3]). Eine solche selbstständige Entscheidung des ersten Bürgermeisters kommt im wesentlichen für die laufenden Angelegenheiten der Gemeinde ohne grundsätzliche Bedeutung und erhebliche Verpflichtungen in Betracht (Art. 37 Abs. 1 Satz 1 Nr. 1 BayGO[4]).

> Sie betrifft außerdem – hier offensichtlich nicht einschlägig – dringliche Angelegenheiten nach Art. 37 Abs. 3 Satz 1 BayGO. Ferner steht dem ersten Bürgermeister eine Eilkompetenz für den Erlass sicherheitsrechtlicher Verordnungen zu (Art. 42 Abs. 2 LStVG).

---

[1] § 2 Abs. 1 GO BW; § 2 GO NW.
[2] *Schröder*, in: Achterberg/Püttner/Würtenberger (Hrsg.), Besonderes Verwaltungsrecht, Bd. II, § 16, Rn. 15 m.w.N.
[3] § 24 Abs. 1 GO BW; § 41 Abs. 1 Satz 1 GO NW.
[4] Ähnlich (aber knapper) § 24 Abs. 2 Satz 3 GO BW.

Im vorliegenden Fall fehlt es schon an einer laufenden Angelegenheit. Die Stadt trifft hier gerade keine Einzelentscheidung im Rahmen eines umfassenden Wirtschaftsförderprogramms, sondern beschließt hier vielmehr die institutionellen Grundlagen ihrer gesamten Aktivitäten auf diesem Gebiet. Derartige Maßnahmen sind auf lange Sicht projektiert und bedürfen nachhaltiger Umsetzung. Aus dem selben Grund kommt der Angelegenheit zugleich grundsätzliche Bedeutung zu.

Außerdem geht die Stadt mit der Gründung einer Aktiengesellschaft schon wegen des aufzubringenden Grundkapitals (hier: 50% von € 50.000, vgl. § 7 AktG) erhebliche finanzielle Verpflichtungen ein. Auch wegen der darüber hinaus erforderlichen städtischen Zuschüsse, wegen der Bedeutung der Wirtschaftsförderung und angesichts der in diesem Zusammenhang zu treffenden Einzelentscheidungen für viele Bereiche des städtischen Lebens (Arbeitslosigkeit, Kaufkraft, Immobilienmarkt, Bildungswesen) und des städtischen Haushalts (Gewerbesteueraufkommen) handelt es sich nicht mehr um eine laufende Angelegenheit ohne grundsätzliche Bedeutung (Art. 37 Abs. 1 Satz 1 Nr. 1 BayGO).

Nach allem bleibt es daher beim Grundsatz des Art. 29 (Organkompetenz des Stadtrates).

Zur Vertiefung:

Laufende Angelegenheiten sind Angelegenheiten, die bei der Verwaltung der Gemeinde in mehr oder minder regelmäßiger Wiederkehr anfallen und zur ungestörten und ununterbrochenen Fortführung der Verwaltung notwendig sind[5]. Der Begriff ist aber – schon seinem Wortlaut nach – weiter als die in Art. 38 Abs. 2 Satz 1 genannten „ständig wiederkehrenden Geschäfte des täglichen Lebens, die finanziell von unerheblicher Bedeutung sind".

Beispiele:

- Erlass von Verwaltungsakten im üblichen Rahmen,
- kleinere privatrechtliche Rechtsgeschäfte,
- bei größeren Gemeinden auch: Erheben von Klagen, Einlegen von Rechtsbehelfen, Abhilfeentscheidung über Widersprüche,
- Realakte wie die mündliche Unterrichtung der Öffentlichkeit über Angelegenheiten der Gemeinde.

Nicht zu den laufenden Angelegenheiten gehören demgegenüber:

- Rechtsbehelfe gegen aufsichtliche Maßnahmen,
- Erlass von Rechtsnormen,
- Verkauf von Grundstücken (außer kleine Grundstücke bei großen Gemeinden),
- Ausübung des Vorkaufsrechts nach BauGB,
- VAe von großer Bedeutung. z.B. bau- oder gewerberechtliche Genehmigung einer Müllverbrennungsanlage,
- bei kleineren Gemeinden: Erheben von Klagen, Einlegen von Rechtsbehelfen, Abhilfeentscheidung über Widersprüche; Kauf einer Pumpanlage für das gemeindliche Wasserwerk; Herausgabe einer Informationsbroschüre über die Gemeinde.

Die weiteren Merkmale (**grundsätzliche Bedeutung/erhebliche Verpflichtung**) entziehen sich demgegenüber einer allgemeinen Definition. Hier kommt es entscheidend auf die **Größe und Leistungsfähigkeit der Gemeinde** an.

Maßgeblicher Zeitpunkt ist die Vornahme der Maßnahme durch den Bürgermeister (arg. „erwarten lassen"). Stellt sich später heraus, dass der Angelegenheit unerwartet große Bedeutung zukommt, entfällt die vom Bürgermeister beanspruchte Kompetenz nicht ex tunc, sondern nur ex nunc.

[5] *BayObLG* BayVBl. 1974, 706; *Widtmann/Grasser*, Bayerische Gemeindeordnung, Art. 37, Rn. 3 a).

Hinweis: Für bestimmte Rechtshandlungen sieht das kommunale Wirtschaftsrecht (Art. 86ff. BayGO) außerdem ausdrücklich weitere Kompetenzen des Gemeinderats vor. Dies gilt insbesondere für die Rechtsform des gemeindlichen Eigenbetriebes (Art. 88 BayGO). Auf sie kommt es hier aber nicht an.

b) Verfahren

aa) Beschlussfähigkeit des Gemeinderats
Die Beschlussfähigkeit des Gemeinderats bestimmt sich nach Art. 47 BayGO[6].

(1) Ladung
Nach Art. 47 Abs. 2 BayGO ist zunächst eine formell und materiell ordnungsgemäße Ladung sämtlicher Mitglieder erforderlich.

(a) Formelle Anforderungen
Nach Art. 46 Abs. 2 Satz 2 BayGO ist die Ladung Sache des ersten Bürgermeisters. Sie muss in angemessener Frist vor der Sitzung ergehen (Art. 46 Abs. 2 Satz 2 BayGO); die nähere Konkretisierung dieser Frist und der Form der Ladungen ist eine Sache der Geschäftsordnung des Gemeinderates (vgl. Art. 45 Abs. 2 BayGO)[7]. Mangels entgegenstehender Angaben ist davon auszugehen, dass die hier gewählte Form – Ladung per Rundfax – ausreichend ist.

Zur Vertiefung: Ein persönlicher Zugang ist nicht erforderlich. Vielmehr genügt es, wenn die Ladung in den **Machtbereich** der Gemeinderatsmitglieder gelangt ist und ihnen unter regelmäßigen Umständen die **Möglichkeit der Kenntnisnahme** eröffnet ist. Ausreichend daher: Übergabe an Ehegatten oder Hausgehilfen.

Nach Art. 47 Abs. 2 BayGO müssen sämtliche Mitglieder ordnungsgemäß geladen sein. Das soll selbst dann gelten, wenn das Gemeinderatsmitglied auf eine Ladung verzichtet hat, sich für eine Sitzung bereits entschuldigt hat oder nach Art. 49 BayGO von der Mitwirkung ausgeschlossen ist[8]. **Wichtige Einschränkung:** Berufsmäßige Gemeinderatsmitglieder sind nur dann zu laden, wenn auf der Tagesordnung Gegenstände ihres Geschäftsbereichs (Art. 40 BayGO) enthalten sind[9].

Heilung von Ladungsfehlern: Formelle Ladungsfehler werden durch rechtzeitiges Erscheinen **aller Gemeinderatsmitglieder, die zu dem betreffenden Tagesordnungspunkt abstimmungsberechtigt sind (Art. 49 BayGO)**[10], und rügelose Einlassung[11] geheilt[12] (Gleiches gilt für materielle Fehler; s. dazu sogleich (b)). Streitig ist, ob die Heilung auch bewirkt wird, wenn nicht alle Gemeinderatsmitglieder erscheinen, der Ladungsmangel aber nicht kausal für das Fehlen der Nichterschienenen gewesen sein konnte[13].

(b) Materielle Anforderungen
Gesetzlich vorgeschrieben ist die Angabe der Tagesordnung (Art. 46 Abs. 2 Satz 2 BayGO; für Wahlen vgl. auch Art. 51 Abs. 3 Satz 2 BayGO: „Angabe des Gegenstands“).

---

[6] § 37 GO BW; § 49 GO NW.
[7] Nach *Widtmann/Grasser*, Bayerische Gemeindeordnung, Art. 47, Rn. 6, **muss** die Geschäftsordnung sogar einschlägige Bestimmungen enthalten. Ebenso § 47 Abs. 2 Satz 1 GO NW.
[8] *Becker*, in: Becker/Heckmann/Kempen/Manssen, Öffentliches Recht in Bayern, 2. Aufl. 2001, 2. Teil, Rn. D 243.
[9] *Widtmann/Grasser*, Bayerische Gemeindeordnung, Art. 47, Rn. 6.
[10] *Widtmann/Grasser*, Bayerische Gemeindeordnung, Art. 47, Rn. 4 lit. b).
[11] Hierzu *BayVGH* BayVBl. 1988, 83.
[12] *Becker*, in: Becker/Heckmann/Kempen/Manssen, Öffentliches Recht in Bayern, 2. Teil, Rn. D 244.
[13] *Hölzl/Hien*, BayGO, Art. 47, Anm. 3.

> Ein besonderes Inhaltserfordernis für die Ladung ergibt sich darüber hinaus aus Art. 47 Abs. 3 BayGO: Hinweis auf Beschlussfähigkeit ohne Quorum, wenn der Gemeinderat zum zweiten Mal zu einer Verhandlung über denselben Gegenstand zusammengerufen wird, weil er beim ersten Mal beschlussunfähig gewesen ist.

Auf die vorherige Angabe der Tagesordnung kann nur verzichtet werden, soweit die Geschäftsordnung es zulässt, dass ein dringlicher Antrag spontan gestellt werden kann[14]. Vorliegend ergeben sich aber keine Anhaltspunkte für eine besondere Dringlichkeit der Abstimmung. Da die Tagesordnung lediglich die „Förderung der regionalen Wirtschaft" als Tagungsordnungspunkt aufführt, aber keine Angabe über die anstehende Abstimmung enthält, ist deshalb die Ordnungsmäßigkeit der Ladung zumindest zweifelhaft.

Zu berücksichtigen ist aber, dass das Gesetz den Inhalt der Ladung nicht weiter präzisiert. Daraus lässt sich ableiten, dass die „Angabe des Gegenstands" (vgl. Art. 51 Abs. 3 Satz 2 BayGO) nur erfordert, dass die Ladung den Tagesordnungspunkt in seinen groben Umrissen und ohne positive Fehler nennt. Das ist hier geschehen. Tagesordnungen sind niemals vollständige Beschlussvorlagen. Erst recht brauchen sie nicht bereits den Tenor der zu behandelnden Anträge zu enthalten. Typischerweise ändern sich die Beschlussanträge, Beschlussformulierungen, Wahlkandidaten und auch die Kenntnis der Mitglieder des Gemeinderats noch in der laufenden Sitzung. Gleichwohl würde man nicht von einem „anderen" Gegenstand sprechen. Daher muss es den Anforderungen der BayGO genügen, wenn die Tagesordnung eine grobe Orientierung über die zu behandelnden Fragen bietet.

Alle diese Fragen können aber letztlich dahinstehen. Denn jedenfalls würde auch ein evtl. materieller Mangel der Ladung durch die **rügelose Einlassung** des B (und aller anderen Mitglieder) **zur Sache** geheilt[15].

(2) Anwesenheit der Mehrheit der Gemeinderatsmitglieder
Die Beschlussfähigkeit setzt grundsätzlich die Anwesenheit der Mehrheit der Mitglieder voraus (Art. 47 Abs. 2; Ausnahme: Abs. 3). Im vorliegenden Fall war der Stadtrat vollzählig versammelt.

(3) Stimmberechtigung i.S.d. Art. 49 BayGO
Weiter müsste die Mehrheit der Mitglieder stimmberechtigt sein. Auch daran ergeben sich hier keine Zweifel.

> **Zum Aufbau:** Mangels einer Entscheidungserheblichkeit sollte insbesondere auf den möglichen Ausschluss des E nach Art. 49 BayGO erst unten (A.I.1.b.bb.(2)) eingegangen werden.

bb) Beschlussfassung

(1) Anforderungen an die Mehrheit
Nach Art. 51 Abs. 1 Satz 1 BayGO werden Beschlüsse des Gemeinderats in offener Abstimmung mit Mehrheit der Abstimmenden gefasst. Ist die Zahl der Abstimmenden gerade, ist „Mehrheit" eine Stimme mehr als die Hälfte (Art. 51 Abs. 1 Satz 2). Regensburg hat wegen seiner Einwohnerzahl **50 Stadtratsmitglieder** (Art. 31 Abs. 2 Satz 2 BayGO). **Zusätzlich** (Formulierung des Art. 31 Abs. 1 BayGO!) gehört auch der **Oberbürgermeister** dem Stadtrat an. Damit gibt es **51 Mitglieder** i.S.d. Art. 47 Abs. 2, 48 Abs. 1 Satz 2, 51 Abs. 2 etc. BayGO.

Im vorliegenden Fall ist damit eine Mehrheit erreicht, wenn 26 Mitglieder für den Antrag stimmen. Hier haben 24 Mitgliedern der A-Fraktion **und** der Oberbürgermeister **und** der F, also insgesamt 26 Mitglieder des Stadtrats für den Antrag gestimmt.

[14] *Widtmann/Grasser*, Bayerische Gemeindeordnung, Art. 47, Rn. 6.
[15] Auch insoweit gilt das oben A.I.1.b.aa.(1)(a) Gesagte. Vgl. hierzu ferner *BayVGH* BayVBl. 1988, 83; *Widtmann/Grasser*, Bayerische Gemeindeordnung, Art. 47, Rn. 6.

(2) Stimmberechtigung des E
Allerdings ist fraglich, ob auch der E zur Stimmabgabe berechtigt war. Maßgeblicher Ausschlusstatbestand ist Art. 49 Abs. 1 BayGO.

(a) Negativkatalog des Art. 49 Abs. 2
Die Anwendung von Art. 49 Abs. 1 BayGO schiede aber von vornherein aus (E bliebe also unproblematisch mitwirkungsberechtigt), wenn ein Fall des Art. 49 Abs. 2 BayGO (lesen!) vorgelegen hätte. Als „Einrichtung“ im Sinne dieser Vorschrift sind auch Kapitalgesellschaften anzusehen, an denen die Gemeinde beteiligt ist[16]. Allerdings betrifft der Beschluss des Stadtrats zunächst nur die Gründung der W-AG, noch nicht die Bestellung des E zu ihrem Vorstandsvorsitzenden. Zumindest seinem Wortlaut nach sind die Voraussetzungen des Art. 49 Abs. 2 BayGO daher nicht erfüllt.

(b) Art. 49 Abs. 2 analog
Möglicherweise kommt aber eine analoge Anwendung des Art. 49 Abs. 2 BayGO in Betracht. Eine Analogie ließe sich mit folgender Überlegung begründen: Wenn aber schon der Beschluss, durch den eine Person unmittelbar (hier im wörtlichen Sinne!) in einem neuen Amt installiert wird, nicht unter Abs. 1 fällt (Art. 49 Abs. 2 Nr. 2, hier: „andere Einrichtung“; Grundsatz: „Jeder kann sich selbst wählen“; vgl. auch Art. 51 Abs. 3 Satz 1: über Wahlen wird geheim abgestimmt), so kann der Umstand, dass E später ein solches Amt übernimmt, jetzt auch keine Vorwirkungen auf die Gründung der Einrichtung entfalten. A fortiori („erst recht“) könnte daher hier die persönliche Beteiligung des E in Analogie zu Art. 49 Abs. 2 BayGO zu verneinen sein.

Diese Auffassung müsste freilich dartun, dass eine Regelungslücke vorliegt; nur dann ist die Analogie zulässig. Darüber hinaus ergeben sich Zweifel an einer Anwendbarkeit des Art. 49 Abs. 2 Nr. 2 auch daraus, dass der E nicht „zur Wahrnehmung von Interessen der Gemeinde“ in den Vorstand der W-AG entsandt werden soll. Anders als der Aufsichtsrat (in dem die Vertreter der Anteilseigner *deren* Interessen zu wahren haben) handelt der Vorstand auf eigene Verantwortung (§ 76 Abs. 1 AktG) und ist allein der AG verpflichtet, gerade nicht einer bestimmten Gruppe von Anteilseignern (hier: der Stadt Regensburg; vgl. auch § 93 AktG). Alles dies spricht gegen die analoge Heranziehung von Art. 49 Abs. 2 Nr. 2 BayGO auf den vorliegenden Fall.

(c) Art. 49 Abs. 1 BayGO
Daher kommt es entscheidend darauf an, ob der Ausschlusstatbestand des Art. 49 Abs. 1 Satz 1 BayGO eingreift, weil E als designierter Vorstandsvorsitzender in hohem Maße persönlich in die Gründung und den laufenden Betrieb der W-AG involviert sein würde.

Anforderungen des Art. 49 Abs. 1 BayGO. Dabei setzt Art. 49 Abs. 1 Satz 1 BayGO voraus, dass der Beschluss dem **Mitglied** (auch: erster Bürgermeister; arg. Wortlaut – es heißt nicht „Gemeinderatsmitglied“) oder einer ihm nahestehenden Person (s.u.) einen **unmittelbaren Vorteil oder Nachteil** bringen kann.

Entscheidend soll hier nach klassischer Rspr. sein, ob einem Mitglied ein rechtlicher, wirtschaftlicher oder auch nur ideeller sog. **Sondervor- oder -nachteil** entsteht; die bloße Möglichkeit genügt. Ein Ausschluss kommt also nicht in Betracht, wenn die Konsequenzen der Entscheidung viele oder alle Mitglieder oder eine ganze Berufs- oder Bevölkerungsgruppe betreffen (Beispiel: Erhöhung der kommunalen Hundesteuer).

Regelmäßig ist die Konkretisierung der Voraussetzungen aber erst Sache des zusätzlichen **Unmittelbarkeitserfordernisses.** Nach heute herrschender Ansicht ist es **nicht wörtlich** zu verstehen (etwa im Sinne von: „keine zusätzlichen Rechtsakte erforderlich“). Die Unmittelbarkeit soll vielmehr immer schon dann vorliegen, wenn der Be-

[16] *Widtmann/Grasser,* Bayerische Gemeindeordnung, Art. 47, Rn. 3 Buchst. c).

schluss **notwendige Bedingung** für den Vor- oder Nachteil ist **und** die **Kausalkette kurz** und überschaubar bleibt (Beispiel: Abstimmung über Bebauungsplan nach § 30 BauGB; teilweise abweichend dagegen: Abstimmung über Flächennutzungsplan, insbes. wenn er das gesamte Gemeindegebiet betrifft).

Nahestehende Personen sind der Ehegatte (bis zum Tod oder zur Rechtskraft der Scheidung, § 1584 BGB), außerdem die Verwandten und Verschwägerten bis zum 3. Grad (= angeheirateter Onkel ja, verwandte Cousine nein). Wichtig: Auch nach Ehescheidung entfällt die Schwägerschaft nicht (§ 1590 BGB); beliebtes Klausurproblem. Außerdem gehören Prinzipale (natürliche und juristische Personen; Vertretung kraft Gesetzes oder kraft Rechtsgeschäfts) zu den nahestehenden Personen.

Im vorliegenden Fall bedeutet die Übernahme des Vorstandsvorsitzes für E zwar nicht das Ende seiner ehrenamtlichen Mitgliedschaft im Stadtrat (die Voraussetzungen des Art. 31 Abs. 4 Nr. 3 BayGO liegen bei einer **exakt** 50%igen Beteiligung der Stadt an der W-AG noch nicht vor). Der Vorstandsvorsitz bringt dem E aber eine Reihe von Vorteilen (nach der Lebenserfahrung sind diese Vorteile v. a. finanzieller Art). Die Kausalkette ist aber nicht so kurz, dass das Unmittelbarkeitserfordernis hier erfüllt ist. Mit ihrer nur hälftigen Beteiligung an der W-AG kann die Stadt Regensburg zwar die Bestellung eines Vorstandsvorsitzenden verhindern, sie kann aber nicht aus eigener Kraft einen bestimmten Vorstandsvorsitzen installieren. Angesichts der Vielzahl aktienrechtlich erforderlicher Zwischenschritte (Gründung, Übernahme der Anteile, Zusammentritt des vorläufigen Aufsichtsrats, erste Hauptversammlung, Wahl des endgültigen Aufsichtsrats) bis zur Bestellung eines Vorstandes ist die Einsetzung des E als Vorstandsvorsitzenden noch keineswegs sicher, jedenfalls – bei wertender Betrachtung – nicht „unmittelbar". Daher war E im vorliegenden Fall nicht persönlich beteiligt, durfte also mitabstimmen.

Selbstverständlich ist eine a.A. hier gut vertretbar.

(d) Unbeachtlichkeitsregel des Art. 49 Abs. 4 BayGO

Auf die Erheblichkeit der Stimmabgabe des E (hier zu bejahen) kommt es daher nicht mehr an.

Exkurs: Befangenheit des Bürgermeisters.

Ob und wann der erste Bürgermeister wegen persönlicher Beteiligung bestimmte Rechtshandlungen nicht vornehmen darf, bestimmt sich **für Amtshandlungen im Außenverhältnis** (insbesondere im Falle des Art. 37 BayGO: Amtshandlungen, die in die eigene Zuständigkeit des ersten Bürgermeisters fallen) nicht – wie bei den Gemeinderatsmitgliedern – nach Art. 49 BayGO, sondern nach **Art. 38 und 39 KWBG**[17]. Die Rechtsfolgen eines Verstoßes regelt Art. 44 BayVwVfG.

Für das **Handeln des Bürgermeisters im Gemeinderat** und sein Handeln **in Vollzug der Beschlüsse des Gemeinderats** gelten dagegen auch für ihn die Regeln des Art. 49 BayGO; bei persönlicher Beteiligung handelt sein Vertreter (Art. 36 Satz 2 BayGO)[18].

(3) Enthaltung des D

Die Stimmenthaltung des D verstößt gegen Art. 48 Abs. 1 Satz 2 BayGO.

Zum Verständnis: Die Vorschrift will verhindern, dass sich Mitglieder des Gemeinderats in schwierigen Situationen vor einer Entscheidung drücken und damit diejenigen Mit-

[17] *Widtmann/Grasser*, Bayerische Gemeindeordnung, Art. 37, Rn. 1 c) m.w.N.
[18] *Widtmann/Grasser*, Bayerische Gemeindeordnung, Art. 38, Rn. 2 b).

glieder in Bedrängnis bringen, die bereit sind, eine unangenehme Entscheidung mitzutragen. Wer zu einer Sachentscheidung (noch) nicht in der Lage ist, kann die Vertagung der Abstimmung beantragen. – Nach seiner systematischen Stellung gilt Art. 48 Abs. 1 Satz 2 BayGO an sich auch für Wahlen; wegen des Wahlgeheimnisses (Art. 51 Abs. 3) läuft die Anordnung hier aber faktisch leer, so dass insoweit eine Enthaltung „möglich" ist[19].

Dieser Verstoß schlägt aber nicht auf die Wirksamkeit der Abstimmung insgesamt durch. Ansonsten hätte jedes Mitglied des Gemeinderats es in der Hand, Abstimmungen, die verloren zu gehen drohen, durch das Mittel der Stimmenthaltung zu torpedieren. Einzige Sanktionen des Verbots der Stimmenthaltung sind die in Art. 48 Abs. 2 und Abs. 3 vorgesehenen Disziplinarmaßnahmen.

Zur Vertiefung: Wenn der erste Bürgermeister an einer Wahl oder Abstimmung nicht teilnimmt, liegt darin liegt kein Verstoß gegen Art. 48 Abs. 1, der nur für „Gemeinderatsmitglieder" i.S.d. Art. 31 **Abs. 2** gilt. Allerdings ist der erste Bürgermeister als kommunaler Wahlbeamter zur vollen Hingabe an sein Amt verpflichtet (Art. 35 Abs. 1 Satz 1 KWBG); schon das umfasst die Pflicht zur Teilnahme an Sitzungen und Abstimmungen des Gemeinderates[20]. Ein Verstoß kann disziplinarrechtlich geahndet werden[21]. Daneben ergibt sich aus Art. 36 Satz 1 die Teilnahmepflicht des ersten Bürgermeisters an Sitzungen, aus Art. 48 Abs. 1 Satz 2 („Mitglieder", nicht „Gemeinderatsmitglieder"!) auch für ihn das Verbot der Stimmenthaltung[22]. In beiden Fällen schlägt ein Verstoß aber nicht auf die („dingliche") Wirksamkeit der Abstimmungen und Wahlen durch, die ohne den Oberbürgermeister getroffen worden sind.

(4) Zwischenergebnis

Damit entspricht die Beschlussfassung den Anforderungen der BayGO.

c) Form des Beschlusses

Beschlüsse sind zu protokollieren (Art. 54 Abs. 1 BayGO). Hier hat der Protokollführer es unterlassen, die Zustimmung des Oberbürgermeisters und des F zu Protokoll zu nehmen. Die Niederschrift hat aber ohnehin nur Beweisfunktion. Fehlt sie oder ist sie mangelhaft, bleibt der Beschluss doch formell rechtmäßig[23].

d) Weiteres Verfahren: Anzeige an die Rechtsaufsichtsbehörde

Die Gemeinde hat allerdings eine Vorlage an die Rechtsaufsichtsbehörde (Regierung der Oberpfalz) unterlassen, obwohl sie dazu verpflichtet gewesen wäre (Art. 96 Satz 1 Nr. 1 BayGO[24]). Dieser Umstand berührt aber die Rechtmäßigkeit des Beschlusses nicht, denn die Anzeige ist regulär erst *nach* der Entscheidung der Gemeinde zu erstatten.

Zur Vertiefung: Rechtswidrig war aber der Vollzug des Beschlusses noch am selben Tage. Dieser Umstand bleibt allerdings zivilrechtlich folgenlos. Denn der Bürgermeister hat gem. Art. 38 Abs. 1 BayGO grundsätzlich die Vertretungsmacht für die Gemeinde. Diese Vertretungsmacht ist zwar – auch im Außenverhältnis – durch die Kompetenznormen der BayGO beschränkt; wenn der Bürgermeister daher z. B. seine Kompetenzen aus Art. 37 Abs. 1 BayGO überschreitet, soll sein Handeln auch im Außenverhältnis unwirksam sein (Argument: Kompetenznormen müssen auch dem Erklärungsempfänger bekannt sein). Etwas anderes gilt aber für Verstöße gegen Verfahrensvorschriften (hier:

[19] *Widtmann/Grasser*, Bayerische Gemeindeordnung, Art. 48, Rn. 10.
[20] *Widtmann/Grasser*, Bayerische Gemeindeordnung, Art. 48, Rn. 3.
[21] *Widtmann/Grasser*, Bayerische Gemeindeordnung, Art. 48, Rn. 3.
[22] So ausdrücklich *Widtmann/Grasser*, Bayerische Gemeindeordnung, Art. 48, Rn. 10.
[23] *Widtmann/Grasser*, Bayerische Gemeindeordnung, Art. 54, Rn. 7 b), m.w.N. aus der Rspr.
[24] Vgl. § 108 GO BW; § 115 GO NW.

> Art. 96 BayGO[25]). Ihre Kenntnis wird vom Erklärungsempfänger nicht erwartet. Sie bleiben daher im Außenverhältnis unbeachtlich. Folglich ist der Gesellschaftsvertrag mit der Stadt Regensburg zivilrechtlich wirksam zustandegekommen.

e) Zwischenergebnis
Der Beschluss zur Gründung der W-AG ist formell rechtmäßig.

2. Materielle Rechtmäßigkeit des Gründungsbeschlusses

Der Beschluss zur Gründung der W-AG wäre materiell rechtmäßig, wenn er mit höherrangigem Recht in Einklang stünde. Zu denken ist hier an folgende Prüfungsmaßstäbe:

- einfachgesetzliche Vorschriften über die Zulässigkeit gemeindlicher Unternehmen (Art. 86 ff. BayGO[26]),
- Grundrechte betroffener Wettbewerber (Art. 12 Abs. 1, 2 Abs. 1 GG),
- Vorschriften der Art. 87 ff. EGV (grundsätzliches Verbot wettbewerbsverzerrender staatlicher Beihilfen).

a) Allgemeine Voraussetzungen für gemeindliche Unternehmen (Art. 87 BayGO)
Die Art. 86 ff. BayGO erfassen alle drei Arten gemeindlicher Unternehmen, also

- den Eigenbetrieb (keine eigene Rechtspersönlichkeit: Art. 88 Abs. 1 BayGO),
- das selbstständige (rechtsfähige) Kommunalunternehmen des öffentlichen Rechts und
- ein privatrechtlich verfasstes Unternehmen.

Hier ist allein die dritte Alternative von Bedeutung. Formal geht es dabei nicht um dessen Gründung durch die Gemeinde im Alleingang (Art. 87 Abs. 1 unmittelbar), sondern um die 50%ige Beteiligung der Gemeinde an der Gründung (Abs. 3 i.V.m. Abs. 1).

> **Hinweis zum weiteren Vorgehen:** Die einzelnen Voraussetzungen des Art. 87 BayGO sind schwer zu strukturieren und gegeneinander abzugrenzen. Ein zentrales Problem besteht darin, dass der Gesetzestext des Art. 87 Abs. 1 BayGO nicht sagt, ob die in Nrn. 1 bis 4 genannten Voraussetzungen **alternativ** oder **kumulativ** vorliegen müssen. Weiter verdient das Verhältnis des Art. 87 Abs. 1 zu Art. 92 Abs. 1 Nr. 1 Beachtung.
>
> Nachfolgend wird **ein** möglicher Weg gewählt, der m.E. der Systematik des gesamten Normkomplexes am besten gerecht wird. Das schließt nicht aus, dass andere Auslegungen ebenfalls gut möglich sind; ohnehin ist die Ergebnisrelevanz der unterschiedlichen Auslegungen marginal.

Im Hinblick auf die verfassungsrechtliche Grundentscheidung für die Staatsfinanzierung aus Steuern (Art. 14 Abs. 1, Art. 104a ff. GG; **Steuerstaatsprinzip**) und damit notwendig gegen eine eigenwirtschaftliche Betätigung des Staates (Art. 15 GG ist verfassungsgewohnheitsrechtlich außer Kraft gesetzt; str.), vor allem aber im Hinblick auf die Grundrechte konkurrierender Privater (Art. 12 Abs. 1, 2 Abs. 1 GG) sind dem kommunalen Unternehmertum von Verfassungs wegen enge Grenzen gesetzt. Die Konkretisierung dieser Grenzen obliegt dem Gesetzgeber als Erstinterpreten der Verfassung. Dieser Aufgabe hat sich der Landesgesetzgeber mit Art. 87 BayGO und einigen flankierenden Vorschriften (hier insbes. Art. 92 BayGO) gestellt. Die Auslegung dieser einfachgesetzlichen Bestimmungen hat stets ihrem Charakter als verfassungskonkretisierenden Normen Rechnung zu tragen.

---

[25] Vgl. *Widtmann/Grasser*, Bayerische Gemeindeordnung, Art. 96, Rn. 9.
[26] §§ 102 ff. GO BW; §§ 107 ff. GO NW.

In Ermangelung eindeutiger („digitaler“, „binärer“) Totalverbote im Bereich kommunalen Wirtschaftens am Markt ist der entscheidende verfassungsrechtliche Prüfungsmaßstab das Prinzip der Verhältnismäßigkeit. Dessen Konkretisierung leistet Art. 87 Abs. 1 BayGO[27].

Unter dieser Prämisse müssen die einzelnen Tatbestände der Nrn. 1 bis 4 **kumulativ** vorliegen. Danach ergibt sich im groben folgende Zuordnung zu den Elementen des Prinzips der Verhältnismäßigkeit:

Verfassungsrechtliches Gebot der Verhältnismäßigkeit i.w.S.	**Art. 87 Abs. 1 ...**
verfassungslegitimer Zweck	Nr. 1, „öffentlicher Zweck“
Eignung	besondere Ausprägung in Nr. 3: keine Übertragung geseztlicher Pflichtaufgaben, i.d.R. auch keine Übertragung von Aufgaben des übertragenen Wirkungskreises (Schlagwort: Gemeinde darf nicht zur bloßen „Holding“ verkommen)[28].
Erforderlichkeit	Nr. 4
Angemessenheit (Verhältnismäßigkeit i.e.S.)	vgl. Nr. 2

Konsequenz für die Dogmatik des Art. 87 BayGO: Aus dieser Gegenüberstellung folgt, dass das – in der Literatur oft besonders hervorgehobene – Merkmal „erfordert“ in Art. 87 Abs. 1 Nr. 1 BayGO gerade keine eigenständige Bedeutung hat. Andernfalls wäre die viel detaillierter formulierte Regel in Nr. 4 überflüssig.

Zweifel ergeben sich im vorliegenden Fall vor allem an der Erforderlichkeit (Art. 87 Abs. 1 Nr. 4 BayGO) der Gründung der W-AG für den erstrebten Zweck. Laut Sv. sind offenbar auch private Schulungsanbieter in der Lage, Veranstaltungen für Existenzgründer abzuhalten. Sie tun dies sogar „erfolgreich“. Ein milderes Mittel zum Erreichen des angestrebten Zweckes könnte insbesondere in der öffentlichen Förderung privater Anbieter liegen. Damit ist nicht einzusehen, warum eine mehrheitlich von der öffentlichen Hand getragene Gesellschaft erforderlich ist. Mithin erweist sich die Gründung der W-AG schon aus diesem Grunde als rechtswidrig.

Zwar verfolgt die W-AG auch weitere Zwecke, die außerhalb des Bereiches der Schulung von Existenzgründern liegen. Nach dem Rechtsgedanken der §§ 139 BGB, 44 Abs. 4 VwVfG (Teilnichtigkeit zieht im Zweifel Gesamtnichtigkeit nach sich) wird aber das gesamte Vorhaben rechtswidrig, sobald ein wesentlicher Baustein rechtswidrig ist. Im Grunde zeigt bereits die Gründung einer einheitlichen Gesellschaft, dass ein personeller und finanzieller Austausch („Quersubventionierung“) zwischen den verschiedenen Geschäftszweigen geplant und erwünscht ist. Daher ist die Gründung der W-AG als ingesamt rechtswidrig anzusehen.

Auf die Frage, ob die Rechtmäßigkeit an einer möglichen **Gewinnerzielungsabsicht** der Gemeinde scheitert, kommt es daher nicht mehr an. Nach Art. 87 Abs. 1 Satz 2 BayGO entfällt der öffentliche Zweck (Art. 87 Abs. 1 Nr. 1 BayGO), wenn die Gemeinde das Unternehmen gründet oder erweitert, „um“ Gewinn zu erzielen. Die Vorschrift verbie-

[27] Ähnlich § 102 Abs. 1 GO BW; § 107 Abs. 1 GO NW.
[28] Vgl. *Widtmann/Grasser*, Bayerische Gemeindeordnung, Art. 87, Rn. 10, m.w.N. zur Gesetzesbegründung.

tet allerdings weder das objektive Erwirtschaften von Gewinnen noch jede Gewinnerzielungsabsicht. Sie filtert nur die Fälle heraus, in denen der auf Gewinnerzielungsabsicht ausgerichtete Vorsatz conditio sine qua non (notwendige Bedingung) für die unternehmerische Betätigung war.

Im vorliegenden Fall wäre dies aber angesichts der erforderlichen öffentlichen Zuschüsse eindeutig zu verneinen gewesen.

b) Besondere Voraussetzungen für gemeindliche Gesellschaften (Art. 92 ff. BayGO)
Auf das Vorliegen der zusätzlichen Voraussetzungen in Art. 92 ff. BayGO kommt es danach vorliegend nicht mehr an; insofern fehlen auch nähere Angaben im Sachverhalt.

Hinweis zu Art. 92 Abs. 1 Nr. 1 BayGO[29]: Die Vorschrift ist keine Wiederholung des Art. 87 Abs. 1 Satz 1 Nr. 1 (mit der Folge, dass Art. 87 Abs. 1 Satz 1 Nrn. 2 bis 4 e contrario für die privatrechtlich verfassten Unternehmen nicht gelten würden), sondern hat einen eigenständigen Regelungsgehalt. Während nämlich Art. 87 Abs. 1 Nr. 1 die materiellen Voraussetzungen an den Zweck regelt, enthält Art. 92 Abs. 1 Nr. 1 lediglich ein formales Erfordernis (ausdrückliche Aufnahme dieses Zweckes in das Gründungsstatut).

Insbesondere liegt keine Verletzung des Art. 93 Abs. 1 vor, wonach grundsätzlich der Bürgermeister die Gemeinde in der Gesellschafterversammlung vertritt (Ausnahmen bedürften seiner Zustimmung **und** der Zustimmung der weiteren Bürgermeister, die vorliegend nicht ersichtlich ist). Denn die Entsendung von E betrifft den **Vorstand** der W-AG, nicht deren Gesellschafterversammlung („**Hauptversammlung**").

II. Beschluss vom 12.11.2002: Der Ausschluss des D aus der A-Fraktion

Fraglich ist sodann, ob der Ausschluss des D aus der A-Fraktion rechtens war.

1. Rechtliche Qualifizierung der Fraktionsmitgliedschaft

Zum Aufbau: Da sowohl die formelle als auch die materielle Rechtmäßigkeit eines derartigen Fraktionsausschlusses von der Qualifizierung des Fraktionsrechtsverhältnisses abhängen, empfiehlt sich dessen vorgezogene Klärung.

Die rechtliche Einordnung der Mitgliedschaft in einer Fraktion des Gemeinderates ist im Anwendungsbereich der BayGO umstritten. Der Begriff der Fraktion kommt in der BayGO nicht vor[30]; das Gesetz kennt nur „Parteien" und „Wählergruppen" (Art. 33 Abs. 1). Unstreitig ist nur, dass die Bildung von Fraktionen als einem freiwilligen Zusammenschluss von Gemeinderatsmitgliedern zulässig ist.

a) Maßgeblichkeit des Zivilrechts
Nach einer Entscheidung des *BayVGH* ist das Verhältnis zwischen Fraktion und ihren Mitgliedern zivilrechtlicher Natur, weil Fraktionen den Status eines (zunächst) nichtrechtsfähigen Vereins bürgerlichen Rechts (§ 54 BGB) haben[31].

---

[29] Klarer insoweit die Parallelvorschriften anderer Bundesländer, v. a. § 103 GO BW; § 108 GO NW.
[30] Ebensowenig in der GO BW; anders dagegen § 56 GO NW.
[31] *BayVGH* BayVBl. 1989, 433 = NVwZ 1989, 494 ff.; hinsichtlich des zivilrechtlichen Status von Fraktionen bekräftigt in *BayVGH* NVwZ-RR 1999, 602 f. = BayVBl. 1999, 502 f.

Falls es zu einer Eintragung in das Vereinsregister kommt, werden sie juristische Person des Privatrechts (§ 21 BGB). Vorliegend ist aber keine Eintragung ersichtlich.

Die Auffassung des *BayVGH* ist allerdings nur für das **Innenverhältnis** zwischen den Fraktionsmitgliedern und zwischen Fraktionsmitglied und Fraktion als solcher von Bedeutung: Streitigkeiten hieraus sind grundsätzlich keine öffentlich-rechtlichen Streitigkeiten i.S.d. § 40 VwGO. Das **Außenverhältnis** der Fraktion zum Gemeinderat insgesamt, zur Gemeinde oder zum ersten Bürgermeister (der keiner Fraktion angehört; s.u.) unterliegt dagegen auch nach Auffassung des *BayVGH* öffentlichem Recht. Dies gilt insbesondere für Streitigkeiten um die Ausschussbesetzung (Art. 33 Abs. 1 Satz 1 BayGO).

Nach dem Wortlaut der Vorschrift würden Fraktionen deshalb den Regeln über die BGB-Gesellschaft (§§ 705ff. BGB) unterliegen. Im Zivilrecht ist allerdings die Unzulänglichkeit dieser Verweisung allgemein anerkannt. Historisch erklärt sie sich aus dem Bestreben des Gesetzgebers, Vereine in die Rechtsfähigkeit zu drängen und sie damit möglichst weitgehend staatlicher Kontrolle („Konzession") zu unterwerfen. Im Wege einer verfassungskonformen Auslegung (Art. 9 Abs. 1 GG) ist heute anerkannt, dass auch auf den nichtrechtsfähigen Verein die Regeln der §§ 21ff. BGB anzuwenden sind, soweit das Fehlen der Rechtsfähigkeit nicht zwingend eine abweichende Regelung erfordert (dann §§ 705ff. BGB).

Danach ergibt sich das Recht eines nichtrechtsfähigen Vereins zum Ausschluss von Mitgliedern primär aus der Vereinssatzung; in Ermangelung einer Regelung aus den allgemeinen Grundsätzen von Treu und Glauben (§ 242 BGB), wonach Dauerrechtsverhältnisse aus wichtigem Grund einseitig beendet werden können.

b) Maßgeblichkeit des öffentlichen Rechts

Nach herrschender Lehre[32] und außerbayerischer Rechtsprechung[33] haben Fraktionen dagegen als Untergliederungen des Gemeinderats und mithin als Organteil oder Teilorgan einen öffentlich-rechtlichen Status. Danach ist auch das Verhältnis zwischen Fraktion und Fraktionsmitglied öffentlich-rechtlich geregelt.

So auch die Regelung über die Fraktionen im Deutschen Bundestag nach § 46 Abs. 1 AbgG: „Die Fraktionen sind rechtsfähige Vereinigungen von Abgeordneten im Deutschen Bundestag."

Auch außerhalb Bayerns macht die Rechtsprechung die Wirksamkeit eines Fraktionsausschlusses materiell vom Vorliegen eines wichtigen Grunds abhängig.

c) Stellungnahme

In der Sache führen beide Auffassungen daher – soweit ersichtlich – nicht zu unterschiedlichen Ergebnissen. Wegen der Wahl des richtigen Rechtsweges bedarf der Streit aber einer Klärung.

Für die Auffassung des *BayVGH* könnte dabei sprechen, dass Körperschaften des öffentlichen Rechts ihren Status nur durch Gesetz oder durch einen Hoheitsakt aufgrund eines Gesetzes erlangen können[34]. Daran fehlt es – jedenfalls in Bayern und Baden-Württemberg – bei Fraktionen im Gemeinderat. Dass dieser Obersatz allerdings – über den Bereich von Anstalten und Kammern hinaus – auch für Untergliederungen von Verfassungs- und Gemeindeorganen gilt, versteht sich nicht von selbst. Das Bundesverfassungsgericht hat – auch vor Inkrafttreten des § 46 Abs. 1 AbgG – allein aus der funktionalen Stellung

[32] Vgl. statt aller *Erdmann,* DÖV 1988, 907 (908f.); *Aulehner,* JA 1989, 478ff.; *Schmidt-Jortzig/Hansen,* NVwZ 1994, 116ff.; jeweils m.w.N.

[33] *VGH Kassel* NVwZ 1990, 391 (392); *OVG Münster* NVwZ 1993, 399; *OVG Lüneburg* NVwZ 1994, 506; *OVG Berlin* NVwZ 1998, 197ff.

[34] Hierzu näher *Aulehner,* JA 1989, 478 (480).

von Fraktionen eine Teilrechtsfähigkeit und v.a. eine Prozessfähigkeit der Fraktionen als solcher (und ebenso von Parteien etc.) im Organstreitverfahren (Art. 93 Abs. 1 Nr. 1 BVerfGG) abgeleitet. Maßgeblicher Gedanke ist dabei die gesetzliche oder geschäftsordnungsmäßige Ausstattung von Fraktionen mit eigenen Rechten. Insoweit könnte man von einer öffentlich-rechtlichen Teilrechtsfähigkeit der Fraktion sprechen; sie wird auch vom *BayVGH* anerkannt.

Für das Innenverhältnis der Fraktion zu ihren Mitgliedern, um das es hier geht, hält die BayGO zwar keine Regelungen bereit. Anders als für Parteien und *Parlaments*fraktionen sperrt sich auch das Vereinsgesetz nicht dagegen, dass Fraktionen im Gemeinderat als „Vereine" angesehen werden (vgl. § 2 Abs. 2 Nrn. 1 und 2 PartG). Letztlich muss aber entscheidend sein, ob die Fraktion öffentlichen oder privaten Zwecken dient. Da eine Fraktion öffentliche Aufgaben erfüllt – sie dient insbesondere der Bündelung von Interessen und Sachverstand im Gemeinderat – und sich zudem als Teil der Vertretungskörperschaft „Gemeinderat" darstellt, werden eine Reihe spezifisch privatrechtlicher Vorschriften (in der Literatur werden vor allem die §§ 29, 43, 56 und 61ff. BGB genannt[35]) der funktionalen Stellung von Fraktionen nicht gerecht. Alles das spricht dafür, sie als „innenrechtsfähige Unterorgane" anzusehen[36] und auch die Rechtsbeziehungen der Fraktion zu ihren Mitgliedern einem öffentlich-rechtlichen Régime zu unterwerfen[37].

2. Formelle Rechtmäßigkeit

Da Fraktionen aber nicht Teil der öffentlichen Verwaltung sind (Art. 1 Abs. 1 und Abs. 4 BayVwVfG), soll sich allerdings – jedenfalls für Parlamentsfraktionen[38] – die formelle Rechtmäßigkeit des Fraktionsausschlusses nicht nach den allgemeinen Vorschriften der VwVfGe richten. Maßgeblich sind vielmehr die allgemeinen Anforderungen des Rechtsstaatsprinzips[39].

a) Zuständigkeit

Daraus wird zunächst abgeleitet, dass ein Fraktionsausschluss nicht eigenmächtig vom Fraktionsvorsitzenden oder -vorstand ausgesprochen werden kann, sondern nur von der Fraktion insgesamt[40]. Dem ist hier Genüge getan.

b) Verfahren

aa) Ordnungsgemäße Ladung

Alle Fraktionsmitglieder müssen ordnungsgemäß und unter Angabe der Tagesordnung geladen sein[41]; das ist vorliegend geschehen.

bb) Rechtliches Gehör

Dem Betroffenen ist ferner rechtliches Gehör zu gewähren (Rechtsstaatsprinzip; vgl. Art. 103 Abs. 1 GG)[42]. Vorliegend ist D zu der entscheidenden Fraktionssitzung geladen worden. Dass er sich einer Teilnahme entzogen hat, ist unschädlich; es genügt die Gelegenheit zur Gegenäußerung. D kann seinen Fraktionsausschluss nicht durch eigene Abwesenheit vereiteln.

cc) Qualifizierte Mehrheit

Ferner wird in der Literatur eine qualifizierte Mehrheit für die Beschlussfassung gefordert. Die nähere Ausgestaltung der Anforderungen ist Sache der Fraktionssatzung oder -ge-

---

35 *Aulehner*, JA 1989, 478 (480).
36 Dies vertritt überzeugend *Aulehner*, JA 1989, 478 (481).
37 *Aulehner*, JA 1989, 478 (480f.) m.w.N.
38 Vgl. *Stelkens/Schmitz*, in: Stelkens/Bonk/Sachs, VwVfG, § 1, Rn. 155.
39 *Aulehner*, JA 1989, 478 (483).
40 *Aulehner*, JA 1989, 478 (483).
41 *Aulehner*, JA 1989, 478 (483).
42 *VGH Kassel* NVwZ 1999, 1369 = DVBl. 1998, 783.

schäftsordnung. Mangels entgegenstehender Angaben im Sachverhalt ist davon auszugehen, dass auch dieses Erfordernis erfüllt ist.

dd) Zwischenergebnis
Der Ausschluss des D aus der Fraktion ist mithin in einem ordnungsgemäßen Verfahren beschlossen worden.

c) Form
Die Entscheidung der Fraktion ist dem ausgeschlossenen Mitglied unter Angabe von Gründen mitzuteilen[43]. Auch daran fehlt es nicht. Nach allem ist der Fraktionsausschluss damit formell rechtmäßig.

3. Materielle Rechtmäßigkeit

Fraglich ist damit allein die materielle Rechtmäßigkeit des Fraktionsausschlusses. Die Rechtsprechung verlangt hier – unabhängig von der Frage, ob öffentliches oder bürgerliches Recht anwendbar ist – das Vorliegen eines wichtigen Grundes[44]. Zwar ist jedes Gemeinderatsmitglied nach außen (kommunalverfassungsrechtlich) in seinen Abstimmungsentscheidungen vollständig frei und darf seinen persönlichen Überzeugungen folgen. Im Innenverhältnis zur Fraktion hat es aber gemeinsam erarbeitete zentrale Grundentscheidungen und Leitlinien zu beachten[45]. Ob ein wichtiger Grund vorliegt, ist deshalb unter Berücksichtigung des Verhältnismäßigkeitsprinzips durch Abwägung zwischen dem Status des Gemeinderatsmitglieds (freies Mandat; Demokratieprinzip) und dem Zweck der praktischen Arbeitsfähigkeit der Fraktion im Kollegialorgan Gemeinderat zu ermitteln[46]. Ein wichtiger Grund liegt nach der Rechtsprechung vor, wenn ein Fraktionsmitglied durch seine Abweichung in zentralen Fragen, auf die sich der politische Konsens bezieht, das Vertrauensverhältnis nachhaltig stört und damit einer weiteren Zusammenarbeit den Boden entzieht[47].

> **Zur Vertiefung:** Weitere wichtige Gründe können sein: Vereitelung oder erhebliche Erschwerung der Gremienarbeit; ständige Verletzung des Vertraulichkeitsprinzips; nachhaltige persönliche Beleidigungen und Herabsetzungen; **nicht dagegen:** Begehren des Mitglieds einer CDU-Fraktion, das Kreuz im Fraktionszimmer möge abgenommen werden[48]; Kandidatur eines Fraktionsmitglieds zum Bürgermeister in Konkurrenz zum offiziellen Parteikandidaten[49].

Vorliegend hat D in einer Frage der kommunalen Wirtschaftsförderung eine von der Fraktion abweichende Auffassung offensiv vertreten. Dies ist zum wiederholten Male geschehen. Er hat sich dabei nicht nur durch sein Abstimmungsverhalten als illoyal erwiesen, sondern hat der Fraktion auch in der öffentlichen Meinung Schaden zugefügt und sie dem Spott der politischen Gegner preisgegeben. Ein solches Vorgehen braucht die Fraktion insbesondere dann nicht hinzunehmen, wenn D seine Absicht nicht zuvor fraktionsintern angekündigt und zur Diskussion gestellt hat[50]. Als ultima ratio ist sie berechtigt, den D aus der Fraktion auszuschließen.

---

[43] *BayVGH* BayVBl. 1989, 433 = NVwZ 1989, 494ff.; *Aulehner,* JA 1989, 478 (483) m.w.N.
[44] St. Rspr.; vgl. statt aller *OVG Berlin* NVwZ 1998, 197ff.; ebenso *VGH Kassel* NVwZ 1999, 1369 = DVBl. 1998, 783.
[45] *VGH Kassel* NVwZ 1999, 1369 = DVBl. 1998, 783.
[46] *OVG Lüneburg* NVwZ 1994, 506 (507); *OVG Berlin* NVwZ 1998, 197ff.
[47] *VGH Kassel* NVwZ 1999, 1369 = DVBl. 1998, 783.
[48] *OVG Berlin* NVwZ 1998, 197ff.
[49] *OVG Saarlouis* NVwZ-RR 1996, 462f. = DÖV 1996, 133 (Ls.).
[50] *VGH Kassel* NVwZ 1999, 1369 = DVBl. 1998, 783.

4. Ergebnis

Damit erweist sich der Fraktionsausschluss als formell und materiell rechtmäßig.

Auch hier ist eine a.A. gut vertretbar. Sie müsste darauf abstellen, dass der Sachverhalt das Gewicht der konkreten Entscheidung zur Gründung der W-AG (und ihren Charakter als „zentrale Frage, auf die sich der politische Konsens bezieht") nicht hinreichend erkennen lässt.

Weitere Hinweise zu Rechtsstellung von Fraktionen und ihren Mitgliedern im Gemeinderat:

- Die Mitglieder einer Fraktion müssen durch ein Mindestmaß an **gemeinsamen politischen Vorstellungen** miteinander verbunden sein. Regelmäßig ist das unproblematisch, wenn sie aus ein und derselben Liste bei den Kommunalwahlen hervorgegangen sind. Denkbar sind aber auch listenübergreifende Fraktionszusammenschlüsse. Ein **Fraktionswechsel** in der laufenden Wahlperiode wird von der Rspr. nur anerkannt, wenn damit eine „Abkehr von bisherigen Positionen und Wählerschaften" und eine „Hinwendung zu der neuen Gruppierung" verbunden ist[51].
- Als gesetzliche **Mindeststärke** sind zwei Mitglieder anerkannt; die Geschäftsautonomie des Gemeinderates erlaubt aber auch eine höhere Schwelle[52]. So hat die Rspr. für einen aus 40 Gemeinderatsmitgliedern bestehenden Gemeinderat eine von der Geschäftsordnung vorgegebene Mindestzahl von 4 Mitgliedern (= 10%) als mit höherrangigem Recht vereinbar angesehen.
- Der **erste Bürgermeister** und die anderen **berufsmäßigen Mitglieder des Gemeinderats** (Art. 40, 41 BayGO) dürfen wegen ihrer Pflicht zu parteipolitischer Neutralität (Art. 33 Abs. 5 GG gilt gemäß §§ 35 Abs. 1, 95 Abs. 2 BRRG auch für kommunale Wahlbeamte) keiner Fraktion angehören. Sie dürfen aber mit beratender Stimme an ihren Sitzungen teilnehmen[53].
- In einer neuen Entscheidung hatte der *VGH Mannheim* über einen Unterlassungsanspruch des Vereins „Universelles Leben" gegen die CDU-Fraktion im Stuttgarter Stadtrat zu entscheiden. Die Fraktion hatte vor Aktivitäten dieses Vereins gewarnt; dagegen richtete sich eine verwaltungsgerichtliche Klage des Vereins. Übereinstimmend sahen *VG* und *VGH* den Verwaltungsrechtsweg als nicht eröffnet an. Der *VGH* hat dies überzeugend begründet[54]:

  „Die Gemeindeordnung Baden-Württemberg enthält keine Regelungen über die Gemeinderatsfraktionen, insbesondere gibt es keine Vorschriften, die den Fraktionen besondere Aufgaben oder Befugnisse zuweisen. Die Fraktion als solche hat somit keine hoheitlichen Sonderrechte. Ihre Rechtsstellung ist, wie das Verwaltungsgericht Stuttgart zu Recht ausgeführt hat, allein in der Geschäftsordnung geregelt, die nach § 36 Abs. 2 GemO erlassen wird und insoweit keine Außenwirkung entfaltet[55]. Werden die Fraktionen als solche gegenüber Dritten tätig, tun sie dies daher grundsätzlich auf Grund jedermann zustehenden Rechts; ihre Rechtsbeziehungen zu diesen sind somit privatrechtlicher Natur. Dementsprechend ist die Rechtsprechung in einem ähnlich gelagerten Fall bei einem Unterlassungsanspruch wegen Äußerungen in der Pressemitteilung einer Landtagsfraktion von einer zivil-

[51] *BayVGH* BayVBl. 1993, 81 m.w.N.
[52] *Bauer/Böhle/Masson/Samper*, BayGO, Art. 29, Rn. 7.
[53] *BVerwG* BayVBl. 1992, 565ff.
[54] *VGH Mannheim* NVwZ-RR 2002, 525f.
[55] Vgl. *Kuntze/Brunner/Katz*, Gemeindeordnung für Baden-Württemberg, § 6, Rn. 9.

rechtlichen Streitigkeit ausgegangen[56]; Gleiches muss für Äußerungen einer Gemeinderatsfraktion in der Rubrik des nichtamtlichen Teils eines Amtsblattes gelten, die Fraktionen des Gemeinderats vorbehalten ist."

B. Mögliche Rechtsbehelfe

I. Gemeinderatsbeschluss vom 8.11.2002

Als Rechtsbehelfe gegen den materiell rechtswidrigen Beschluss zur Gründung der W-AG kommen in Betracht:

1. Verwaltungsgerichtliche Rechtsbehelfe

a) Verwaltungsrechtsweg

Die sog. Kommunalverfassungsstreitigkeit ist eine Auseinandersetzung zwischen Organen und Organteilen. Sie überschreitet den rechtsfreien Raum reiner innerdienstlicher Differenzen; insofern handelt es sich um eine Rechtsstreitigkeit. Streitentscheidend sind mit den Vorschriften der BayGO Normen, die dem öffentlichen Recht zuzuordnen sind. Da es an der sog. doppelten Verfassungsunmittelbarkeit fehlt (beiderseits Subjekte des unmittelbaren Verfassungslebens; unmittelbare Maßgeblichkeit verfassungsrechtlicher Normen für die Streitentscheidung), ist die Streitigkeit auch nichtverfassungsrechtlicher Art. Sonderzuweisungen sind nicht ersichtlich. Damit ist der Verwaltungsrechtsweg eröffnet (§ 40 Abs. 1 Satz 1 VwGO).

b) Anfechtungsklage

Eine Anfechtungsklage (§ 42 Abs. 1 VwGO) scheidet schon mangels VA-Qualität des Beschlusses aus. Denn der Beschluss entfaltet per se noch keine Regelungswirkung nach außen. Er ermächtigt lediglich im Innenverhältnis den Ersten Bürgermeister zum Abschluss des Gesellschaftsvertrages.

c) Allgemeine Leistungsklage

Eine allgemeine Leistungsklage (vgl. § 43 Abs. 2 Satz 1 VwGO) ist hier zunächst denkbar als kommunalverfassungsrechtliche Unterlassungsklage gegen den Bürgermeister, gerichtet auf Unterlassung des Abschlusses des Gesellschaftsvertrages. Daneben ist – jedenfalls nach vereinzelten Entscheidungen des *BayVGH* – die allgemeine Leistungsklage auch als Klage mit kassatorischer Wirkung denkbar[57].

In jedem Fall setzt die allgemeine Leistungsklage aber eine Beeinträchtigung des B oder seiner Fraktion in eigenen Rechten voraus (§ 42 Abs. 2 VwGO analog; Prinzip der Verletztenklage). Daran fehlt es hier. Weder B noch seine Fraktion haben einen allgemeinen gerichtlich durchsetzbaren Anspruch auf rechtsfehlerfreies Handeln der Gemeinde und ihrer Organe[58].

d) Feststellungsklage

Mit dem Erfordernis eines bloßen „Feststellungsinteresses" (§ 43 Abs. 1 VwGO) sind die persönlichen Anforderungen an eine Klage auf Feststellung der Rechtswidrigkeit des Beschlusses gegenüber § 42 Abs. 2 VwGO leicht zurückgenommen, sinken aber nicht auf das

---

[56] Vgl. *OLG München* NJW 1989, 910ff.; vgl. ferner *OLG Köln* NVwZ 2000, 351f.; *OLG Karlsruhe*, Urteil vom 23.11.994, JURIS.

[57] *BayVGH* BayVBl. 1976, 753 (754) u.ö.; vgl. die Nachweise in Fall 13, unter A.II.3.a. Zutr. Kritik an der Figur einer allgemeinen Leistungsklage mit kassatorischen Wirkung bei *Becker,* in: Becker/Heckmann/Kempen/Manssen, Öffentliches Recht in Bayern, 2. Teil, Rn. D 277.

[58] So zuletzt *BayVGH* BayVBl. 2001, 665.

Niveau einer Popularklage herab. B kann aber weder persönlich noch als Teil des Gemeindeorgans „Stadtrat" irgendein gesteigertes persönliches Interesse an der Feststellung der Rechtswidrigkeit darlegen. Damit scheidet auch eine Feststellungsklage aus.

2. Verfassungsgerichtliche Rechtsbehelfe

sind nicht ersichtlich.

3. Anspruch auf Einschreiten der Kommunalaufsicht

Während der erste Bürgermeister Entscheidungen des Gemeinderats oder eines seiner Ausschüsse, die er für rechtswidrig hält, formell beanstanden und sie der Rechtsaufsichtsbehörde zur Prüfung vorlegen kann (Art. 59 Abs. 2 BayGO[59]), steht dem B oder seiner Fraktion keine entsprechende Kompetenz zu.

Auch ohne Kompetenz kann B aber eine spontane Überprüfung durch die Rechtsaufsichtsbehörde anregen. Der Rechtsaufsichtsbehörde (hier: Regierung der Oberpfalz, Art. 110 Satz 2 BayGO) steht ein Beanstandungsrecht zu (Art. 112 Satz 1 BayGO[60]).

II. Fraktionsausschluss vom 12.11.2002

1. Verwaltungsrechtsweg

Nach dem oben (A.II.1.) Gesagten ist eine Fraktion ein freiwilliger Zusammenschluss von Gemeinderatsmitgliedern; es fehlt an einem Über-Unter-Ordnungsverhältnis. Da die Fraktion aber öffentliche Aufgaben erfüllt und als Untergliederung des Organs Gemeinderat anzusehen ist, ist die Rechtsgrundlage für diesen Zusammenschluss nach hier vertretener Auffassung im öffentlichen Recht zu suchen. Damit richtet sich auch der Streit um den Fraktionsausschluss (und nicht nur das Außenrechtsverhältnis der Fraktion zum Gemeinderat, zur Gemeinde oder zu Dritten) nach öffentlichem Recht. Es handelt sich daher um eine öffentlich-rechtliche Streitigkeit i.S.v. § 40 Abs. 1 VwGO. Sie ist nichtverfassungsrechtlicher Art. Damit ist der Verwaltungsrechtsweg eröffnet.

2. Statthafte Klageart

Wenn der Fraktionsausschluss gegen formelles oder materielles Recht verstieße, wäre er unwirksam. Daher ist eine Kassation (etwa durch die sog. kassatorische Leistungsklage[61]) nicht statthaft; vielmehr genügt die Feststellungsklage (§ 43 Abs. 1 VwGO).

3. Feststellungsinteresse

Da D in seiner Vereinigungsfreiheit (Art. 9 Abs. 1 GG) betroffen sein könnte und ferner Nachteile bei seiner Entsendung in Ausschüsse des Stadtrats befürchten muss (Art. 33 Abs. 1 BayGO), hat er ein Feststellungsinteresse i.S.v. § 43 Abs. 1 VwGO.

4. Ergebnis

Die weiteren Sachurteilsvoraussetzungen sind gegeben. Die verwaltungsgerichtliche Feststellungsklage des D wäre daher zulässig, hätte nach hier vertretener Auffassung aber aus den oben (A.II.) genannten Gründen in der Sache keinen Erfolg.

---

[59] § 54 Abs. 2 und 3 GO NW; ein gestuftes Verfahren sieht § 43 Abs. 2 und 3 GO BW vor.
[60] § 121 Abs. 1 GO BW; differenziert demgegenüber § 119 Abs. 1 GO NW.
[61] Vgl. oben Fn. 57.

Fall 15: Die aufgezwungene Biotonne (Seidel)

Sachverhalt (fiktiv)

Nach Tagesordnungspunkt Nr. 3 der anstehenden Gemeinderatssitzung der kreisfreien bayerischen Gemeinde G am 1. Oktober soll eine Satzung über die Entsorgung kompostierbarer Abfälle (EkA-Satzung) beschlossen werden. Die anwesenden Gemeinderatsmitglieder stimmen mehrheitlich für die EkA-Satzung. Von der Beschlussfähigkeit des Rats (Art. 47 Abs. 2 BayGO) ist auszugehen. Nach dem Satzungsinhalt übernimmt die G die zentrale Entsorgung und Verwertung organischer Haushaltsabfälle, die im Einzelnen in hinreichend bestimmter Weise in § 1 EkA-Satzung aufgelistet sind. Die Haushalte können bzw. sollen nach einzelnen Bestimmungen der EkA-Satzung in Zukunft gegen Gebühr derartige Organabfälle in speziellen, braunen Biotonnen mit einem Mindestvolumen von 120 l entsorgen. Diese sollen von städtischen Bediensteten turnusgemäß abgeholt und einer zentralen Großkompostieranlage zugeführt werden. Die Größe der Biotonne ist so bemessen, dass sie bis zur nächsten Entleerung den gesamten anfallenden kompostierbaren Hausmüll einer vier- bis fünfköpfigen Familie aufzunehmen imstande ist. Der Entwurf der EkA-Satzung enthält folgende Bestimmung:

*§ 4 **Anschluss- und Benutzungszwang***

(1) Alle Eigentümer von bebauten Grundstücken im Gemeindegebiet von G, sowie Mieter bzw. Pächter derselben sind ausnahmslos verpflichtet, diese Grundstücke an das in dieser Satzung beschriebene Kompostierungssystem der G anzuschließen resp. das Aufstellen der braunen Biotonnen und den turnusmäßigen Abtransport des hierin gesammelten kompostierbaren Abfalls zu dulden (Anschlusszwang).

(2) Der gesamte auf diesen Grundstücken anfallende organische Haushaltsabfall im Sinne von § 1 dieser Satzung muss dem gemeindlichen Entsorgungssystem für kompostierbare Abfälle zugeführt werden, sofern keine ordnungsgemäße Eigenverwertung im Wege der Selbstkompostierung erfolgt. Ausnahmslos sind in jedem Falle Fleisch- und Fischreste als schwer kompostierbarer Problemabfall über das gemeindliche Entsorgungssystem abzuführen (eingeschränkter Benutzungszwang).

Nach massiven Beschwerden der vielen Selbstkompostierer im Gemeindegebiet von G beanstandet die örtlich zuständige Regierung von Oberbayern mit schriftlichem Bescheid gegenüber der G die EkA-Satzung als rechtswidrig und verlangt deren Änderung oder Aufhebung, nachdem sie zuvor der G Gelegenheit zur Stellungnahme gegeben hatte. § 4 der EkA-Satzung sei nicht nur für Selbstkompostierer, für die nur minimale Mengen an problematischen Fleisch- und Fischabfall anfallen, unverhältnismäßig, sondern überdies mit wesentlichen Grundgedanken des KrW-/AbfG unvereinbar. Gegen diese Beanstandungsverfügung legt die G fristgemäß, im Ergebnis aber erfolglos Widerspruch ein. G erhebt nunmehr form- und fristgemäß vor dem örtlich zuständigen Verwaltungsgericht Klage gegen den Freistaat Bayern mit dem Ziel der Kassation der Beanstandungsverfügung.

Vermerk für die Bearbeiter: In einem Gutachten, das auf alle aufgeworfenen Rechtsfragen eingeht, sind die die Erfolgsaussichten der Klage der G zu beurteilen! Es ist davon auszugehen, dass kompostierbarer Hausabfall dem Abfallbegriff des § 3 Abs. 1 Krw-/AbfG unterfällt. Ferner ist zu unterstellen, dass eine ordnungsgemäße, insbesondere umweltgerechte Verwertung von Fleisch- und Fischabfällen im Wege der Kompostierung nur über eine zentrale Entsorgung mit Andienungs- und Überlassungspflicht gewährleistet werden kann. Auf Ermessensfehler im Rahmen der Beanstandungsverfügung ist nicht einzugehen.

Zusatzfrage: Siggi (S) ist Eigentümer eines Grundstücks in G, das er selbst bewohnt, und fühlt sich als Eigenkompostierer durch § 4 EkA-Satzung zu Unrecht belastet. Welche prozessualen Möglichkeiten hat S, um die Rechtmäßigkeit und Wirksamkeit des § 4 EkA-Satzung bzw. seine (Nicht-) Verpflichtung auf Duldung des Anschlusses an das Entsorgungssystem gerichtlich überprüfen zu lassen? Unterstellen Sie dabei, dass S sich bislang beharrlich weigert, die Aufstellung einer braunen Tonne auf seinem Grundstück zu dulden und die G unter Berufung auf Art. 27 Abs. 1 BayGO sowie § 14 KrW-/AbfG entsprechende Duldungsverfügungen androht! Auf Eilrechtsbehelfe ist nicht einzugehen.

Lösung

A. Ausgangsfall: Erfolgsaussichten einer Klage der G gegen die Beanstandungsverfügung der Rechtsaufsichtsbehörde

Die Klage der G gegen den Freistaat Bayern vor dem Verwaltungsgericht hat Aussicht auf Erfolg, wenn diese zulässig und begründet ist.

I. Zulässigkeit

1. Verwaltungsrechtsweg, § 40 Abs. 1 Satz 1 VwGO

Streitgegenstand ist hier die Frage der Rechtmäßigkeit einer Beanstandungsverfügung der Rechtsaufsichtsbehörde. Dies richtet sich nach Art. 108 ff. BayGO, insbesondere Art. 112 BayGO. Im Streit stehen damit Vorschriften des öffentlichen Rechts (die Art. 108 ff. stellen Sonderrecht des Staates dar).[1] Es handelt sich demnach um eine öffentlich-rechtliche Streitigkeit, die mangels doppelter Verfassungsunmittelbarkeit – es streiten weder unmittelbar am Verfassungsleben beteiligte Organe, noch geht es materiell im Schwerpunkt um die Anwendung von Verfassungsrecht als Rechtmäßigkeitsmaßstab[2] – auch nicht verfassungsrechtlicher Art ist.[3] Nach § 40 Abs. 1 Satz 1 VwGO ist für die Klage der G, die auf Kassation der Beanstandungsverfügung abzielt, der Verwaltungsrechtsweg eröffnet.

2. Statthafte Klageart

Statthafte Klageart ist die Anfechtungsklage gem. § 42 Abs. 1 1. Alt. VwGO, wenn es sich bei der Beanstandung durch die Rechtsaufsicht gegenüber der G um einen Verwaltungsakt i.S.v. § 35 VwVfG handelt. Es geht jedenfalls um eine Maßnahme einer Behörde auf dem Gebiet des öffentlichen Rechts. Fraglich ist jedoch, ob eine bloße Beanstandung bereits eine *Regelung* enthält. Hierfür müsste diese Maßnahme unmittelbar auf die Setzung einer Rechtsfolge gerichtet sein.[4] Die Beanstandung ist nicht nur ein bloßer Hinweis auf die Rechtslage ohne eigenständige Regelungswirkung. Die Gemeinde soll mit der Beanstandung angehalten werden, die beanstandete Maßnahme nochmals zu bedenken und zu korrigieren. Hiermit bekundet die Aufsichtsbehörde, dass sie die gemeindliche Maßnahme als rechtswidrig bewertet und deswegen mit ihr nicht einverstanden ist. Mit der Beanstandung soll zwischen Aufsichtsbehörde und Gemeinde eine verbindliche Klärung über die Einschätzung der Aufsichtsbehörde herbeigeführt werden. Aufgrund dieser Feststellungswirkung enthält bereits die Beanstandung selbst einen eigenständigen Regelungsgehalt. Darüber hinaus hat die Aufsichtsbehörde überdies auch die Änderung bzw. Aufhebung der Satzung verlangt.[5] In diesem ausdrücklichen Gebot liegt jedenfalls eindeutig eine Regelung.

Zu diskutieren ist des weiteren, ob diese Regelung des Einzelfalles auch *Außenwirkung* entfaltet. Zum Teil wird im Falle von Aufsichtsmaßnahmen wie folgt differenziert[6]: Bei

[1] *Halbig*, JuS 1999, 468 (469).
[2] Vgl. *Stern*, Verwaltungsprozessuale Probleme, Rn. 115 ff.
[3] *Halbig*, JuS 1999, 468 (469).
[4] *Maurer*, Allgemeines Verwaltungsrecht, § 9, Rn. 6.
[5] Dies ist vom Beanstandungsrecht grundsätzlich mit abgedeckt: *Becker*, in: ders./Heckmann/Kempen/Manssen, Öffentliches Recht in Bayern, 2. Aufl. 2001, 2. Teil, Rn. 583.
[6] *BVerwG* BayVBl. 1995, 474 f.; *BayVGH* BayVBl. 1977, 152 f.; *Stern*, Verwaltungsprozessuale Probleme, Rn. 228; *Czermak*, BayVB. 1978, 310; zum Streitstand bereits: *Jesch*, DÖV 1960, 739 (742 ff.).

fachaufsichtlichen Weisungen, die also im sog. übertragenen Wirkungskreis ergehen (Art. 115f. BayGO[7]), soll Außenwirkung nur vorliegen, wenn die Gemeinde ausnahmsweise hierdurch in einer eigenen geschützten Rechtsstellung berührt werde. Ansonsten soll es sich um ein bloßes Verwaltungsinternum handeln. Bei einer Maßnahme der Rechtsaufsicht im eigenen Wirkungskreis sei demgegenüber stets von einer Maßnahme mit Außenwirkung auszugehen, denn hier sei die Gemeinde ohne weiteres in ihrem Selbstverwaltungsrecht betroffen und stehe insofern der beaufsichtigenden Behörde ähnlich wie ein Bürger mit eigener Rechtsstellung gegenüber. Dieser Ansicht wird – nicht zu Unrecht – vorgeworfen, Aspekte der Verwaltungsaktsdefinition und der Klagebefugnis zu vermischen. Entscheidend sei, dass die Aufsichtsmaßnahme gegenüber der Gemeinde als selbstständiger juristischer Person (Art. 1 BayGO[8]) ergehe, die ausweislich Art. 6 Abs. 2 BayGO auch im übertragenen Wirkungskreis keine Aufgaben als Behörde des Freistaats, sondern Gemeindeaufgaben in eigener Kompetenz erfüllt.[9] Damit kommen nach diesem Ansatz jeglichen Aufsichtsmaßnahmen gegenüber der Gemeinde – gleich ob Rechts- oder Fachaufsicht – Außenwirkung und damit Verwaltungsaktsqualität zu[10], ein Ergebnis, für das auch Art. 120 Abs. 1 Nr. 2 BayGO spricht.[11] Der Streit kann dahinstehen, wenn es sich vorliegend tatsächlich um Rechtsaufsicht im eigenen Wirkungskreis der Gemeinde handelt, denn dann ist nach allen Ansichten von einem Verwaltungsakt mit Außenwirkung auszugehen. Die Aufsichtsbehörde bemängelt hier einen Satzungsbeschluss des Gemeinderats über die Einführung eines kommunalen Entsorgungs- und Verwertungssystems für organische Haushaltsabfälle. Es geht damit um Problemaspekte, die in der örtlichen Gemeinschaft wurzeln und deshalb thematisch dem eigenen Wirkungskreis zuzurechnen sind, Art. 28 Abs. 2 Satz 1 GG / Art. 11 Abs. 2 Satz 2 BV, und als solche Gegenstand einer gemeindlichen Satzung nach Art. 23 Satz 1 BayGO[12] sein können. Es handelt sich also um eine Maßnahme im Rahmen der Rechtsaufsicht, konkret nach Art. 112 Satz 1 1. Alt. BayGO[13]. Auch nach der engsten Auffassung ist damit von einem Verwaltungsakt auszugehen. Die Anfechtungsklage ist statthafte Klageart.

3. Klagebefugnis

G muss nach § 42 Abs. 2 VwGO klagebefugt sein, also einen Sachverhalt vortragen können, nach dem die Verletzung eines eigenen Rechts nicht gänzlich ausgeschlossen ist. Da G im eigenen Wirkungskreis agiert, greift eine Aufsichtsmaßnahme in das gemeindliche Selbstverwaltungsrecht aus Art. 28 Abs. 2 Satz 1 GG / Art. 11 Abs. 2 Satz 2 BV ein.[14] Eine diesbezügliche Verletzung erscheint möglich. G kann damit eine Verletzung eigener Rechte geltend machen.

Zur Vertiefung: Nach überwiegender Ansicht stellt auch Art. 109 Abs. 2 Satz 2 BayGO (als bayerische Sonderregelung) im Bereich der Fachaufsicht nicht nur einen für die weisungsbetroffene Gemeinde günstigen Rechtsreflex dar, sondern räumt dieser einen (einfachgesetzlichen, d.h. nicht schon von Art. 28 Abs. 2 Satz 1 GG / Art. 11 Abs. 2 Satz 2 BV gewährleisteten) Rechtsanspruch darauf ein, Eingriffe in das Verwaltungsermessen

[7] Vergleichbare Regelungen z.B.: § 145 GO LSA, § 132 GO Bbg, § 117 Abs. 2 ThürKO, § 123 SächsGemO, § 129 GO BW, § 119 GO NW.

[8] Siehe auch: § 1 Abs. 4 GO BW, § 1 Abs. 2 GO Bbg, § 1 Abs. 2 HGO, § 1 Abs. 2 KV MV, § 1 Abs. 2 Nds GO, § 1 Abs. 2 NW BayGO, § 1 Abs. 2 GO Rh-Pf, § 1 Abs. 3 SächsGemO, § 1 Abs. 2 GO LSA, § 1 Abs. 2 ThürKO, § 1 Abs. 2 SchlHGO.

[9] Das kann hinsichtlich der Janusköpfigkeit beim Landratsamts anders sein, vgl. Art. 37 Abs. 1 LKrO.

[10] *Knemeyer*, JuS 2000, 521 (524f.); *ders.*, BayVBl. 1977, 129 (131); *Lissack*, Bayerisches Kommunalrecht, § 8, Rn. 44; *Dietlmeier*, BayVBl. 1973, 521; *Widtmann*, BayVBl. 1978, 723ff.

[11] *Knemeyer*, Bayerisches Verwaltungsrecht, S. 81; *Lissack*, Bayerisches Kommunalrecht, § 8, Rn. 44.

[12] Vergleichbare Regelungen: § 12 Abs. 1 KSVG Saarl., § 4 GO BW, § 5 Abs. 1 S. 1 KV MV, § 7 Abs. 1 S. 1 GO NW, § 4 SächsGemO.

[13] Vergleichbare Regelungen: § 121 GO BW, § 124 GO Bbg, § 138 HGO, § 81 KV MV, § 119 GO NW, § 121 GO Rh-Pf, § 130 KSVG, § 114 SächsGemO, § 136 GO LSA, § 120 Abs. 1 ThürKO.

[14] *Halbig*, JuS 1999, 468 (470).

auf die dort in den Nrn. 1 und 2 genannten Voraussetzungen zu beschränken.[15] Folgt man dieser herrschenden Ansicht, so sind im Ermessensbereich fachaufsichtliche Weisungen mit Widerspruch und Anfechtungsklage anfechtbar; die Klagebefugnis folgt (rein einfachgesetzlich) aus Art. 109 Abs. 2 BayGO. Im Rahmen der Begründetheit sind die Voraussetzungen des Art. 109 Abs. 2 Satz 2 BayGO im einzelnen zu prüfen.

4. Erfolgloses Widerspruchsverfahren

Nach den Sachverhaltsangaben ist das nach § 68 Abs. 1 VwGO erforderliche Widerspruchsverfahren erfolglos für G verlaufen.

5. Partei- und Prozessfähigkeit

Als Körperschaft und damit juristische Person (Art. 1 BayGO) ist die G nach § 61 Nr. 1 VwGO parteifähig. Nach § 62 Abs. 3 VwGO i.V.m. Art. 38 Abs. 1 BayGO wird sie durch den (ersten) Bürgermeister im Prozess vertreten.

Zwischenergebnis: Da ansonsten an den Sachurteilsvoraussetzungen der verwaltungsgerichtlichen Klage der G keine Bedenken bestehen (insbesondere ist von form- und fristgemäßer Klageerhebung auszugehen), ist die Klage zulässig.

II. Begründetheit

Die Klage ist begründet, wenn sie sich gegen den richtigen Gegner richtet (§ 78 Abs. 1 Nr. 1 VwGO), die Beanstandungsverfügung rechtswidrig und die G in subjektiven Rechten verletzt ist (§ 113 Abs. 1 Satz 1 VwGO).

1. Passivlegitimation

Die Beanstandungsverfügung wurde durch die Regierung von Oberbayern erlassen, also durch ein Organ des Freistaats. Nach dem Rechtsträgerprinzip des § 78 Abs. 1 Nr. 1 VwGO ist damit der hier von G verklagte Freistaat Bayern passivlegitimiert.

Zum Verständnis: Geht es um eine rechtsaufsichtliche Maßnahme des Landratsamts gegenüber einer kreisangehörigen Gemeinde (vgl. Art. 110 Satz 1 BayGO) kommt es für die Frage des richtigen Beklagten angesichts der „Janusköpfigkeit" des Landratsamtes[16] darauf an, ob dieses als Behörde des Landkreises oder als Staatsbehörde gehandelt hat. Schon Art. 37 Abs. 1 S. 2 LKrO zählt die staatliche Aufsicht über kreisangehörige Gemeinden zum Kanon staatlicher Aufgaben, die das Landratsamt als Staatsbehörde, also als Organ des Freistaats Bayern erfüllt. Darüber hinaus sprechen Art. 108 ff. BayGO[17] von staatlicher Aufsicht. Richtiger Antragsgegner – in Bayern fehlt es insofern an einer landesrechtlichen Regelung i.S.v. § 78 Abs. 1 Nr. 2 VwGO – ist damit nach § 78 Abs. 1 Nr. 1 VwGO auch in diesen Fällen nicht der Landkreis, sondern der Freistaat Bayern.[18]

[15] Grundlegend: *BayVGH* BayVBl. 1955, 25 f.

[16] Siehe ausdrücklich die beiden genannten Alternativen in Art. 37 Abs. 1 LKrO.

[17] Vergleichbare Regelungen: §§ 118 ff. GO BW, §§ 119 ff. GO Bbg, §§ 135 ff. HGO, §§ 78 ff. KV MV, §§ 127 ff. NdsGO, §§ 116 ff. GO NW, §§ 117 ff. GO Rh-Pf, §§ 116 ff. ThürKO, §§ 127 KSVG Saarl., §§ 111 ff. SächsGemO, §§ 133 ff. GO LSA, §§ 120 ff. SchlGO.

[18] *Becker*, in: ders./Heckmann/Kempen/Manssen, Öffentliches Recht in Bayern, 2. Aufl. 2001, 2. Teil, Rn. 601; *Knemeyer*, JuS 2000, 521 (524).

2. Rechtswidrigkeit der Beanstandungsverfügung

Als Maßnahme, die die G in ihrem Selbstverwaltungsrecht aus Art. 28 Abs. 2 Satz 1 GG / Art. 11 Abs. 2 Satz 2 BV belastet, bedarf die Beanstandungsverfügung nach dem rechtsstaatlich geprägten, auch aus Art. 20 Abs. 3 GG ableitbaren Grundsatz vom Vorbehalt des Gesetzes einer gesetzlichen Grundlage. Da es sich im zu begutachtenden Fall um eine Rechtsaufsichtsmaßnahme im eigenen Wirkungsbereich handelt, kommt für die Beanstandungsverfügung Art. 112 Satz 1 1. Alt. BayGO als Ermächtigungsgrundlage in Betracht.

a) Formelle Rechtmäßigkeit

Wegen Art. 110 Satz 2 BayGO ist gegenüber der kreisfreien Gemeinde G (Art. 5 BayGO) die hier handelnde Regierung (und nicht das Landratsamt wie im Normalfall, vgl. Art. 110 Satz 1 BayGO) sachlich zuständig. Eine Anhörung nach Art. 28 Abs. 1 BayVwVfG ist laut Sachverhaltsangaben erfolgt. Ansonsten bestehen hinsichtlich der formellen Rechtmäßigkeit der Beanstandungsverfügung keine Bedenken.

b) Materielle Rechtmäßigkeit

Die Beanstandungsverfügung ist rechtmäßig, wenn die beanstandete Satzung rechtswidrig, also durch ihren Erlass das Gebot der Gesetzmäßigkeit der Verwaltung (Art. 20 Abs. 3 GG, Art. 3 BV) verletzt ist (auf Ermessensfehler ist laut Bearbeitervermerk nicht einzugehen).

aa) Erfordernis einer speziellen Ermächtigungsgrundlage für die hier vorliegende Satzung mit Eingriffswirkung gegenüber den Gemeindeeinwohnern

Anders als Bund und Land verfügen Kommunen nur über abgeleitete Hoheitsgewalt. Schon deswegen haben sie keine originäre Rechtssetzungskompetenz, sondern bedürfen hierzu einer ausdrücklichen, vom Gesetzgeber übertragenen Kompetenz.[19] Im Allgemeinen ist dies für den übertragenen Wirkungskreis an sich bereits durch Art. 28 Abs. 2 Satz 1 GG / Art. 11 Abs. 2 Satz 2 BV auf Verfassungsebene sowie durch Art. 23 BayGO auf einfachgesetzlicher Ebene geschehen.[20] Zu bedenken ist aber, dass die EkA-Satzung in § 4 gegenüber den unterworfenen Gemeindeeinwohnern belastende Wirkungen entfaltet, also zumindest hinsichtlich Art. 2 Abs. 1 GG / Art. 101 BV Eingriffswirkung hat. Insofern bedarf die Satzung nach dem Grundsatz vom Vorbehalt des Gesetzes in dieser Hinsicht einer speziellen gesetzlichen Ermächtigung, die diesen Eingriff abdeckt. Auch wenn die Satzungshoheit zu dem aus Art. 28 Abs. 2 Satz 1 GG / Art. 11 Abs. 2 Satz 2 BV gewährleisteten Kernbereich der gemeindlichen Selbstverwaltungsgarantie zählt und Art. 23 Satz 1 BayGO insofern die prinzipielle Befugnis der Gemeinden zum Satzungserlass nochmals ausdrücklich hervorhebt, genügt Art. 23 Satz 1 BayGO allein als Ermächtigungsgrundlage für Satzungen mit Eingriffswirkung auch im eigenen Wirkungskreis nicht.[21] Rechtsstaats- und Demokratieprinzip (Stichwort: „Wesentlichkeitstheorie“[22]) verlangen insofern vielmehr eine besondere, konkrete Ermächtigung durch den unmittelbar demokratisch legitimierten Gesetzgeber, also in Form eines formellen Gesetzes.[23] Für dieses Ergebnis spricht auch die rechtsstaatlich geprägte Überlegung, dass hierdurch für den betroffenen Bürger die Vorhersehbarkeit einer zu erwartenden Belastung gewährleistet wird.[24] Belastende Satzungsregelungen sind demnach auf eine besondere gesetzliche Eingriffsnorm zu stützen und im einzelnen hieran zu messen. Neben besonderen gesetzlichen Regelungen wie etwa §§ 10 Abs. 1, 16, 25, 34 Abs. 4, 132, 135 c, 142, 172 BauGB oder Art. 2ff. (Bay)

[19] *Maurer*, DÖV 1993, 184 (187); *Becker/Sichert*, JuS 2000, 144 (147).
[20] *Maurer*, DÖV 1993, 184 (187 f).
[21] A.A. *Gallwas*, BayVBl. 1992, 644 (645); tendenziell ebenso *Maurer*, DÖV 1993, 184 (188f.), der im kommunalen Selbstverwaltungsrecht einen verfassungsrechtlichen Gegenpol zur Wesentlichkeitstheorie erblickt.
[22] *Maurer*, Allgemeines Verwaltungsrecht, § 6, Rn. 20, m.w.N.
[23] *BVerfGE* 98, 106 (117); *BayVGH* BayVBl. 1992, 337 (338); BayVBl. 1994, 272 (273); *Weber*, BayVBl. 1998, 327 (328f.); *Becker/Sichert*, JuS 2000, 144 (147); *Lissack*, Bayerisches Kommunalrecht, § 3, Rn. 20; *Knemeyer*, Bayerisches Kommunalrecht, Rn. 93.
[24] *BayVGH* BayVBl. 1992, 337 (338); BayVBl. 1994, 272 (273).

KAG[25] finden sich spezielle Ermächtigungsgrundlagen für Satzungen mit Eingriffswirkung auch in Art. 24 BayGO[26]. Allgemein ist für den Anschluss- und Benutzungszwang hinsichtlich gemeindlicher Einrichtungen Art. 24 Abs. 1 Nr. 2, ggf. auch Nr. 3 BayGO denkbare Ermächtigungsgrundlage.[27] Für die kommunale Abfallentsorgung hält aber Art. 7 BayAbfG eine spezielle Ermächtigungsgrundlage bereit, die allerdings ihrerseits z.T. auf Art. 24 BayGO verweist. Als gesetzliche Grundlage hinsichtlich des hier zu diskutierenden § 4 EkA-Satzung kommt daher Art. 7 Abs. 1 BayAbfG i.V.m. Art. 24 Abs. 1 Nr. 2 BayGO in Betracht.

bb) Formelle Rechtmäßigkeit der Satzung

Nach Art. 23 Satz 1 BayGO i.V.m. Art. 6 Abs. 1, 22 Abs. 1 BayGO ist die Gemeinde G für die vorliegende Selbstverwaltungsaufgabe „Abfallentsorgung" an sich ohne weiteres sachlich und örtlich zuständig (sog. Verbandskompetenz). Es ist aber zu bedenken, dass gerade die nach Art. 1ff. BayAbfG pflichtige Selbstverwaltungsaufgabe gem. Art. 3 Abs. 1 BayAbfG[28] „hochgezont" wurde, d.h. in die grundsätzliche Zuständigkeit der Landkreise gelegt wurde.[29] Allerdings ist auch hier wieder die Besonderheit zu betonen, dass G kreisfreie Gemeinde ist (Art. 5 BayGO). Nach Art. 3 Satz 1 2. Alt. BayAbfG verbleibt es daher bei der Verbandskompetenz der G. Mangels Einschlägigkeit des Art. 37 BayGO war nicht der Bürgermeister, sondern nach Art. 29 BayGO der Gemeinderat für den Satzungserlass funktionell zuständig (sog. Organkompetenz). Für einen Verfahrensfehler bei Beratung und Abstimmung nach Art. 45ff. BayGO bestehen keine Hinweise. An der formellen Rechtmäßigkeit der Satzung bestehen daher keine Bedenken.[30]

> **Zum Verständnis:** Im Falle einer kreisangehörigen Gemeinde wäre nach Art. 3 BayAbfG der Landkreis die entsorgungspflichtige Körperschaft. Die Verbandskompetenz für entsprechende Satzungen läge gem. Art. 3 BayAbfG i.V.m. Art. 5, 17 LKrO beim Landkreis, die Organkompetenz beim Kreistag, Art. 22, 23 LKrO. Als Ermächtigungsgrundlage für die Umsetzung eines belastenden Anschluss- und Benutzungszwangs wäre Art. 7 Abs. 1 BayAbfG i.V.m. Art. 18 Abs. 1 Nr. 2 LKrO zu prüfen. Zuständig für die Rechtsaufsicht wäre allerdings auch hier gem. Art. 96 Satz 1 LKrO die Regierung. Als Ermächtigungsgrundlage für die Beanstandung wäre in dieser Konstellation Art. 98 Satz 1 LKrO zu prüfen. Der Sache nach würde sich in der rechtlichen Argumentation wenig ändern.

cc) Materielle Einschlägigkeit der Ermächtigungsnorm – hier: Grundsatz der Verhältnismäßigkeit und Prinzip der Widerspruchsfreiheit zu höherrangigem Bundesrecht

Satzungen als Form exekutiver Rechtssetzung müssen mit dem aus dem Rechtsstaatsprinzip (Art. 20 Abs. 3 GG) abzuleitenden Grundsatz vom Vorrang des Gesetzes übereinstimmen.[31] Die Satzung darf daher nicht gegen höherrangiges Recht resp. bundes- oder lan-

[25] Bzw. den entsprechenden Vorschriften in den Kommunalabgabengesetzen der sonstigen Länder, hierzu z.B.: *BVerwG* NVwZ 2000, 929; *OVG Schleswig* NVwZ 2000, 102ff.; *ThürOVG* DÖV 2000, 512f.; *BayVGH*, BayVBl. 1973, 129ff.; BayVBl. 1995, 278f.; *Lissack*, Bayerisches Kommunalrecht, § 6; Aufgabe 9 der Zweiten Juristischen Staatsprüfung 1996/1, abgedruckt in: BayVBl. 1999, 222ff. (Text) und 253ff. (Lösung).

[26] Parallelvorschriften: § 11 GO BW, § 15 GO Bbg, § 19 Abs. 2 HGO, § 15 KV MV, § 8 Nr. 2 NdsGO, § 9 GO NW, § 26 GO Rh-Pf, § 14 SächsGemO, § 8 S. 1 Nr. 2 GO LSA, § 17 Abs. 2, 3 SchlHGO, § 20 Abs. 2 ThürKO, § 22 KSVG Saarl.

[27] *BayVGH* BayVBl. 1975, 619, *BayVerwGHE* 19, 163ff. sowie *BayObLG* BayVBl. 1999, 636f. – gemeindliche Wasserversorgungsanlage; BayVBl. 1982, 370 (371) sowie *BayVerwGHE* 28, 41ff. – Fernheizwerk; siehe auch *OVG Lüneburg* NVwZ 1999, 567ff. sowie DÖV 2000, 643f. – Anschluss- und Benutzungszwang bei der Abwasserbeseitigung.

[28] Ähnlich z.B.: § 5 LAbfG NW, § 3 Abs. 1 AbfAlG MV, § 3 Abs. 1 SächsABG, § 2 Abs. 1 ThAbfAG, § 2 Abs. 1 BbgAbfG.

[29] Zur Verfassungsmäßigkeit im Hinblick auf Art. 28 Abs. 2 Satz 1 GG: *BVerfGE* 79, 127ff. – Rastede.

[30] Vgl. (mit einigen Beispielen möglicher Verfahrensfehler): *Halbig*, JuS 1999, 468 (471f).

[31] Allgemein *Maurer*, Allgemeines Verwaltungsrecht, § 6, Rn. 2; speziell im Zusammenhang mit der kommunalen Satzungsautonomie: *Weber*, BayVBl. 1998, 327 (329ff.).

desrechtliche formelle Gesetze verstoßen. Art. 24 Abs. 1 Nr. 2 BayGO bestätigt dies deklaratorisch hinsichtlich des Benutzungszwangs („vorbehaltlich anderweitiger gesetzlicher Vorschriften"). Nach Art. 7 Abs. 1 BayAbfG[32] i.V.m. Art. 24 Abs. 1 Nr. 2 BayGO können die Gemeinden aus Gründen des öffentlichen Wohls Anschlusszwang und Abfallüberlassungspflicht vorschreiben und vorbehaltlich anderweitiger gesetzlicher Vorschriften die Benutzung eines öffentlichen Entsorgungssystems zur Pflicht machen. Dabei sind kommunale Regelungen weiterhin neben dem gesetzlich angeordneten Anschlusszwang nach § 14 KrW-/AbfG zulässig, ggf. haben derartige Normen dann aber nur deklaratorischen Charakter.[33] Allerdings spricht § 14 KrW-/AbfG nur einen allgemeinen Anschlusszwang aus. Insbesondere die Frage, inwiefern eine zentrale Entsorgung auf ein Trennungssystem etwa hinsichtlich kompostierbarer Abfälle zurückgreift und welches die hierfür *erforderlichen* Behältnisse sind, die einem Anschluss- und Benutzungszwang unterliegen sollen, ist demgegenüber weiterhin einer näheren Ausgestaltung und Konkretisierung kommunaler satzungsrechtlicher Bestimmungen nach Art. 7 Abs. 1 AbfG i.V.m. Art. 24 Abs. 1 Nr. 2 BayGO zugänglich.[34] Da nach dem Bearbeitervermerk davon auszugehen ist, dass kompostierbarer, organischer Hausmüll den Abfallbegriff i.S.v. § 3 Abs. 1 KrW-/AbfG erfüllt[35], handelt es sich bei dem von der EkA-Satzung erfassten Entsorgungssystem um eine gemeindliche Einrichtung zur Abfallentsorgung i.S.v. Art. 7 Abs. 1 BayAbfG. Der grundsätzliche Anwendungsbereich der Ermächtigungsgrundlage gem. Art. 7 Abs. 1 BayAbfG ist damit eröffnet. Ansonsten kommen für eine denkbare materielle Rechtswidrigkeit der Satzung wegen Verstößen gegen höherrangiges einfaches Recht bzw. höherrangige Rechtsgrundsätze verschiedene Anknüpfungspunkte in Betracht:

(1) Der Anschluss- und Benutzungszwang darf nicht so konzipiert sein, dass Pflichten bestehen, die unmittelbar gegen höherrangige einfachgesetzliche Bestimmungen verstoßen. Insofern ist zu bedenken, dass der Bundesgesetzgeber gestützt auf Art. 74 Nr. 24 GG im KrW-/AbfG (früher: AbfG) gesetzliche Regelungen für die Abfallbeseitigung umgesetzt hat, die insofern von den Kommunen bei der satzungsrechtlichen Regelung der Abfallentsorgung beachtet werden müssen und die demgemäß unmittelbare Schranken für die kommunale Satzungshoheit setzen. In dieser Hinsicht ist zunächst festzuhalten, dass die spezielle Ermächtigungsnorm des Art. 7 Abs. 1 Satz 1 BayAbfG hinsichtlich der Überlassungspflicht ausdrücklich auf § 13 Abs. 1 KrW-/AbfG verweist. Daher gilt: Es dürfen über eine satzungsmäßige Regelung keine Pflichten geregelt werden, die über die Überlassungspflichten des § 13 KrW-/AbfG hinausgehen![36] Es ist zu berücksichtigen, dass § 13 Abs. 1 KrW-/AbfG zwar von der grundsätzlichen Verwertungspflicht des Abfallerzeugers und Abfallbesitzers nach § 5 Abs. 2 KrW-/AbfG für Abfälle aus privaten Haushalten absieht, den Vorrang der Eigenverwertung aber nur modifiziert, indem die grundsätzliche Abfallüberlassungspflicht in § 13 Abs. 1 KrW-/AbfG unter den ausdrücklichen Vorbehalt gestellt wird, dass die Erzeuger und Besitzer von Haushaltsabfällen nicht zu einer Verwertung in der Lage sind oder diese nicht beabsichtigen. *„Für häuslichen Abfall besteht somit (...) keine Überlassungspflicht, wenn kumulativ zwei Voraussetzungen gegeben sind: Der Abfallerzeuger (oder Besitzer) muss in der Lage sein, die Abfälle zu verwerten – und zwar ordnungsgemäß und schadlos i.S. des § 5 Abs. 3 KrW-/AbfG – und er muss hierzu auch willens sein."*[37] Aus höherrangigem Bundesrecht, nämlich § 13 Abs. 1 KrW-/AbfG folgt damit (und dies ist für den örtlichen Satzungsgeber nach dem Grundsatz vom Vorrang des Gesetzes bindend): Sofern die privaten Haushalte zu einer Verwertung in der Lage sind, sind sie entgegen § 5 Abs. 2 KrW-/AbfG hierzu zwar nicht verpflichtet, sofern sie aber hierzu willens sind, unterliegen sie nicht der Überlassungspflicht des § 13 KrW-/AbfG. Nur

---

[32] Vgl. auch: § 9 AbfG NW, § 6 Abs. 1 AbfAlG MV, § 4 Abs. 1 ThAbfAG, § 8 Abs. 1 BbgAbfG.
[33] *Schink*, in: Brandt/Ruchay/Weidemann, Krw-/AbfG, Loseblatt, Stand: 1. August 2000, § 14 KrW-/AbfG, Rn. 52.
[34] *Schink*, in: Brandt/Ruchay/Weidemann, Krw-/AbfG, § 14 KrW-/AbfG, Rn. 27.
[35] Zur Subsumtion: *OVG Münster* NVwZ 1999, 91. Siehe auch Nr. 5.4 TA SiedlAbf.
[36] *OVG Münster* NVwZ 1999, 91.
[37] *OVG Münster* NVwZ 1999, 91.

im Rahmen von § 13 Abs. 4 KrW-/AbfG ist es zulässig, dass der Landesgesetzgeber (also auf Ermächtigungsgrundlage des Art. 7 Abs. 1 BayAbfG auch der kommunale Satzungsgeber) absolute Überlassungspflichten für besonders problematische und daher überwachungsbedürftige Abfälle ohne Vorbehalt der Eigenverwertung normiert. In der Grundkonzeption ist der kommunale Satzungsgeber von den gesetzlichen Vorgaben gem. Art. 7 Abs. 1 BayAbfG, § 13 KrW-/AbfG durch § 4 EkA-Satzung zunächst nicht abgewichen: Er hat zwar gem. Art. 7 Abs. 1 BayAbfG einen umfassenden Anschlusszwang angeordnet (vgl. § 4 Abs. 1 EkA-Satzung), andererseits hat er die generelle Überlassungspflicht hinsichtlich herkömmlicher kompostierbarer Abfälle nur für den Fall vorgesehen, dass keine ordnungsgemäße Eigenverwertung im Wege der Selbstkompostierung durch die Haushalte erfolgt. Der oben angesprochene Vorbehalt zugunsten der Eigenverwertung ist also insofern beachtet worden.[38] Lediglich hinsichtlich Fleisch- und Fischresten als problematische, schwer kompostierbare Abfälle sieht § 4 Abs. 2 EkA-Satzung eine absolute Überlassungspflicht vor. Hält man diese Überlassungspflicht nicht schon deshalb für gerechtfertigt, weil diesbezüglich eine ordnungsgemäße Verwertung nach den Vorgaben des § 5 Abs. 3 KrW-/AbfG womöglich ausgeschlossen ist, greift jedenfalls insofern nach den Sachverhaltsvorgaben § 13 Abs. 4 Satz 2 KrW-/AbfG ein, der hinsichtlich besonders überwachungsbedürftiger Abfälle wie (laut Bearbeitervermerk) auch Fleisch- und Fischreste landesgesetzlichen und satzungsrechtlichen Regelungen Raum für die Anordnung einer zwingenden Überlassungspflicht lässt. Insoweit steht also die satzungsmäßige Regelung mit bundesgesetzlichen Vorgaben aus § 13 Abs. 1 und Abs. 4 KrW-/AbfG im Einklang.

(2) Zu höherrangigen Rechtsgrundsätzen, an die der kommunale Satzungsgeber bei Schaffung einer den Bürger belastenden Regelung gebunden ist, zählt ferner der *Grundsatz der Verhältnismäßigkeit*, den man letztlich aus dem Zusammenspiel von Rechtsstaatsprinzip und betroffenen Grundrechtsnormen (hier die allgemeine Handlungsfreiheit, Art. 2 Abs. 1 GG / Art. 101 BV[39]) ableiten kann. Die Belastung der Normadressaten durch die hier normierte Anschluss- und Benutzungspflicht (= Abfallüberlassungspflicht) darf also nicht außer Verhältnis zum Regelungszweck (öffentliches Wohl im Sinne von § 1 KrW-/AbfG, insbes. Sicherung hygienischer Zustände durch ordnungsgemäße zentrale Entsorgung) stehen. Die Regelung muss im Hinblick auf diesen Zweck geeignet, erforderlich und verhältnismäßig im engeren Sinne (= zumutbar) sein. An der Geeignetheit des § 4 EkA-Satzung (= Förderung des o.g. Zwecks) ist nicht zu zweifeln. Bedenken bestehen aber hinsichtlich der Erforderlichkeit. Danach darf es kein milderes Mittel geben, das den vorgenannten Zweck in ebenso effizienter Weise erfüllt. Insofern wird man bei einer Regelung, die in genereller Weise eine Anschluss- und Überlassungspflicht anordnet, ggf. Ausnahmetatbestände fordern müssen im Hinblick auf Personen, die einerseits als Selbstkompostierer den anfallenden herkömmlichen organischen Hausmüll in eigener Verantwortung einer ordnungsgemäßen Verwertung zuführen und die andererseits nachgewiesenermaßen keine problematischen Bioabfälle wie Fleisch- oder Fischreste produzieren. Diesbezüglich läuft schon die Überlassungspflicht für Bioabfall gem. § 13 Abs. 1 und 4 KrW-/AbfG i.V.m. § 4 EkA-Satzung von vornherein leer. Für diese Fälle macht darüber hinaus eine Aufstellungspflicht der braunen Biotonnen keinen Sinn. *„Es widerspräche allgemeinen rechtsstaatlichen Grundsätzen (Art. 2 Abs. 1, 20 Abs. 3 GG), den Bürger zu zwingen, ein bestimmtes Abfallgefäß entgegenzunehmen (Anschlusszwang) und für eine Entleerung durch einen öffentlichrechtlichen Entsorgungsträger bereit zu stellen (Benutzungszwang), obwohl feststeht, dass er dieses Gefäß nicht zu benutzen braucht und auch nicht benutzen will.*“[40] Aber auch für den viel häufigeren Fall des selbstkompostierenden Haushalts, bei dem hin und wieder Problemabfall in Form von Fleisch- und Fischresten produziert wird, steht die Erforderlichkeit der vorliegenden Regelung des § 4 EkA-Satzung im Ganzen in Frage. Die Regelung führt dazu, dass auch Haushalte, bei denen wegen

[38] Insofern unterscheidet sich die hier vorliegende Fallgestaltung von *OVG Münster* NVwZ 1999, 91.
[39] Vgl. *OVG Münster* NVwZ 1999, 91.
[40] *OVG Münster* NVwZ 1999, 91.

Eigenkompostierung nur minimale Mengen an problematischem Fleisch- und Fischabfall anfallen, eine große braune Tonne mit 120 l-Volumen aufzustellen und zu benutzen haben. Bei dieser nicht seltenen Zielgruppe wäre es genauso effizient und weniger belastend, auf platzsparendere und billigere Alternativen, wie etwa besondere Abfalltüten oder zentral bereitgestellte Container, zurückzugreifen[41], die etwa in Form einer Ausnahmeregelung in den Regelungskomplex des § 4 EkA-Satzung zu implementieren wäre. Selbst wenn man die Erforderlichkeit der Regelung mit der Argumentation rettete, dass unter Respektierung einer Einschätzungsprärogative die genannten Alternativen ggf. geringere Effizienz gewährleisteten, weil ein entfernt gelegener Container durch betroffene Bürger nicht in gleichem Umfang genutzt würde und eine Abfalltüte im Vergleich zu einer Tonne eher Zerstörungsprozessen ausgesetzt und deshalb womöglich mit umweltbelastenden Folgewirkungen verbunden ist, wird man jedenfalls im Ergebnis die Verhältnismäßigkeit im engeren Sinne (Zumutbarkeit) verneinen müssen. Denn bei Selbstkompostierern, bei denen ausschließlich ein Minimalanteil über die braune Tonne zu entsorgen wäre, bietet sich bei Austarierung der individuellen Belastung einerseits und dem ökologischen Zweck der Kompostierung andererseits unter Übermaßkriterien die Einbeziehung der schwer kompostierbaren Bioabfälle in das herkömmliche Restmüllentsorgungsprogramm (herkömmlich: graue Tonne) an, wie es in vielen Gemeinden weiterhin bedenkenfrei geschieht.[42] Damit verstößt § 4 Abs. 1 und 2 EkA-Satzung bereits gegen den Grundsatz der Verhältnismäßigkeit und ist schon deshalb rechtswidrig (und nichtig).

(3) Darüber hinaus wäre zu prüfen, ob § 4 EkA-Satzung gegen den allgemeinen *Grundsatz widerspruchsfreier Normgebung* verstößt. Das *Bundesverfassungsgericht* hat im Fall der sog. Kasseler Verpackungssteuer den Grundsatz aufgestellt, dass dann, wenn eine kommunale Lenkungssteuer an sich als örtliche Verbrauchsteuer nach Art. 105 Abs. 2a GG der Gesetzgebungskompetenz der Länder unterfällt (die die Kommunen über kommunalabgabengesetzliche Ermächtigungsnormen ausüben können), der (kommunale) Gesetzgeber insoweit aber an höherrangiges Recht gebunden bleibt, als er mit einer derartigen Steuer keine Lenkungswirkung herbeiführen darf, die der Gesamtkonzeption einer Sachregelung des Bundesgesetzgebers zuwiderläuft.[43] Aus dem Rechtsstaatsprinzip (u.a. Art. 20 Abs. 3 GG) wie auch aus der bundesstaatlichen Kompetenzordnung ist abzuleiten, dass rechtsetzende Organe ihre normativen Regelungen in einer Weise aufeinander abzustimmen haben, sodass den Normadressaten keine widersprüchlichen Regelungen erreichen.[44] Das bedeutet: Ähnlich wie eine örtliche Verbrauchsteuer mit Lenkungswirkung zur Abfallvermeidung mit den Zielvorgaben des bundesrechtlichen Abfallrechts in Einklang stehen muss, so ist jede landesrechtliche und kommunale Norm, die den Normunterworfenen in Richtung eines bestimmten Tuns oder Unterlassens steuernd dirigiert, so zu konzipieren, dass die Lenkungswirkung nicht in Widerspruch zu Konzeption und Lenkungsstrategie eines Bundesgesetzes tritt.[45]

Insofern ist wiederum auf die gesetzliche Grundkonzeption aus §§ 13 Abs. 1 i.V.m. § 5

---

[41] *OVG Münster* NVwZ 1999, 91 (92). Siehe hierzu auch *VG Koblenz* NVwZ 2000, 1204 (1206), das hinsichtlich herkömmlichen Restabfalls ohne nähere Auseinandersetzung mit dem Grundsatz der Verhältnismäßigkeit die Abfalltonne dem Abfallsack vorzieht.

[42] *OVG Münster* NVwZ 1999, 91 (92).

[43] *BVerfGE* 98, 106 (118ff.) = NJW 1998, 2341 (2342ff.) – dort hinsichtlich widersprüchlicher Spannungen zwischen einer örtlichen Verbrauchsteuer mit Lenkungswirkung zur Konzeption des Bundes-Abfallrechts, das im früheren AbfG (wie auch heute im KrW-/AbfG) sowie in der Verpackungsverordnung verstärkt auf Kooperation mit den beteiligten Kreisen setzt, um die Ziele der Vermeidung und Verwertung von Abfällen (insbesondere von Warenverpackungen) zu verwirklichen.

[44] *BVerfGE* 98, 106 (118ff.) = NJW 1998, 2341 (2342ff.). Ebenso: *BVerfGE* 98, 83 (97ff.) = NJW 1998, 2346 (2347ff.) – Vereinbarkeit von abfallrechtlichen Landesabgabengesetzen mit dem Kooperationskonzept des Bundes-Immissionsschutzgesetzes; *OVG Münster* NVwZ 1999, 91 (92) – vorliegende Fallkonstellation; *VGH Kassel* NVwZ 2000, 92 (95) – kommunales Erfassungs- und Verwertungssystem für gebrauchte Verkaufsverpackungen in Konkurrenz zum Dualen System als Widerspruch zum Konzept der Verpackungsverordnung. Zum Grundsatz widerspruchsfreier Rechtsetzung aus der Literatur: *Bothe*, NJW 1999, 2333ff.; *Frenz*, DÖV 1999, 41ff.; *Kloepfer/Bröcker*, DÖV 2001, 1ff.; *Weidemann*, DVBl. 1999, 73ff.; *Konrad*, DÖV 1999, 12 (15ff.).

[45] *OVG Münster* NVwZ 1999, 91 (92).

Abs. 2 KrW-/AbfG zu rekurrieren. Wenn auch nach obiger Prüfung (1) § 4 EkA-Satzung nicht unmittelbar gegen die genannten Vorschriften verstößt, so ist aber zu überlegen, ob § 4 EkA-Satzung nicht eine objektive Lenkungswirkung enthält, die sich in Widerspruch setzt zu dem aus §§ 13, 5 Abs. 2 KrW-/AbfG abzuleitenden Konzept, das weiterhin den Vorrang der Selbstverwertung hervorhebt. Wenn § 13 Abs. 1 KrW-/AbfG die Überlassungspflicht nur für den Fall anordnet, dass der Einzelhaushalt zur Eigenverwertung nicht willens bzw. in der Lage ist, dann steht teleologisch dahinter der Gedanke, die Kreislaufwirtschaft dadurch zu fördern, dass der Gesetzgeber *„Motivationsanreize sowie Freiräume für Eigeninitiative schafft (...).“*[46] Selbst wenn § 4 EkA-Satzung zuverlässige Selbstkompostierer lediglich verpflichtet, problematische Fleisch- und Fischreste abzuliefern, so ist zu berücksichtigen, dass nach der Satzungskonzeption auch diese Haushalte verpflichtet sind, eine 120 l-Biotonne auf dem Grundstück aufzustellen und zumindest zum Zwecke der Entsorgung o.g. Problemabfälle zu benutzen. Da die Tonnengröße darauf zugeschnitten ist, sämtliche organische Bioabfälle aufnehmen zu können, führt der Umstand, dass bei bisherigen Selbstkompostierern die gewählte Tonnengröße zu dem bei ihnen anfallenden Bedarf völlig außer Verhältnis steht, dazu, dass sich diese Haushalte möglicherweise veranlasst sehen, in Zukunft nicht mehr selbst zu kompostieren, sondern alle anfallenden kompostierbaren Abfälle über das kommunale System zu entsorgen. Eine derartige „Appellwirkung“ der braunen Tonnen liegt nicht ganz fern. Hinzu tritt die Überlegung, dass Selbstkompostierer auch wegen anfallender Abfallgebühren herausgefordert werden, den bisherigen Arbeits- und Kostenaufwand, der mit einer ordnungsgemäßen Eigenkompostierung verbunden ist, aufzugeben und sich der bequemeren Zentralentsorgung anzuschließen. Aufgrund dieser objektiven Auswirkungen der EkA-Satzung werden Motivation und Eigeninitiative zur Abfallverwertung entgegen dem bundesrechtlichen Konzept *„nicht nur nicht gefördert, sondern im Gegenteil unterdrückt.“*[47]

Die satzungsmäßige Organisation der G für die Verwertung organischen Bioabfalls tritt damit der bundesrechtlichen Konzeption der Förderung von Eigeninitiative bei der Abfallverwertung entgegen. Sie führt sogar dazu, das bundesrechtliche Ziel zu konterkarieren, indem Anreizmechanismen gerade für eine zentrale Entsorgung in kommunaler Verantwortung geschaffen werden.[48] Es besteht daher hinsichtlich kompostierbarer Abfälle ein Zielkonflikt zwischen den Verwertungsvorgaben des KrW-/AbfG und der Organisation des Systems der braunen Tonne, wie sie vorliegend die G vorgenommen hat. Unerheblich ist dabei, ob der kommunale Satzungsgeber subjektiv eine derartige Lenkungswirkung beabsichtigt hat. Es genügt für einen Verstoß gegen den Grundsatz widerspruchsfreier Normgebung, dass die Zielvorgaben des Bundesrechts allein aufgrund der faktischen Auswirkungen einer landesrechtlichen resp. kommunalen Norm objektiv in Frage gestellt werden.[49] § 4 EkA-Satzung ist also auch unter diesem Gesichtspunkt als nicht von Art. 7 Abs. 1 BayAbfG i.V.m. Art. 23 Satz 1, 24 Abs. 1 Satz 2 BayGO abgedeckt und daher als rechtswidrig (und nichtig) zu bewerten. Der materielle Tatbestand für ein rechtsaufsichtliches Handeln in Form einer Beanstandung nach Art. 112 Satz 1 BayGO ist daher erfüllt. Da laut Sachverhalt auf Ermessensfehler nicht einzugehen ist,

Zur Vertiefung: Bis 1997 galt in Bayern im Rahmen der Rechtsaufsicht das Legalitätsprinzip, d.h. die Rechtsaufsichtsbehörde war zu entsprechenden Beanstandungsverfügungen verpflichtet. Durch die Neufassung wurde Ermessen („kann“) eingeführt, folglich nunmehr vom Gesetzgeber das sog. Opportunitätsprinzip bevorzugt, um Möglichkeiten der Kooperation zwischen Kommune und Aufsichtsbehörden zu eröffnen.[50] Es ist allerdings zu berücksichtigen, dass die Rechtsaufsicht weiterhin dem Grundsatz

[46] *OVG Münster* NVwZ 1999, 91 (92), unter Rekurs auf die Gesetzesmaterialen in BT-Drs. 12/7284, S. 17.
[47] *OVG Münster* NVwZ 1999, 91 (92).
[48] *OVG Münster* NVwZ 1999, 91 (92).
[49] *OVG Münster* NVwZ 1999, 91 (92).
[50] Vgl. *Knemeyer*, BayVBl. 1999, 193 (195f.).

der Gesetzmäßigkeit der Verwaltung (Art. 20 Abs. 3 GG) verpflichtet ist. Opportunität ist damit nicht mit Beliebigkeit gleichzusetzen. Da die Rechtsaufsichtsbehörde damit weiterhin eine Garantenstellung für die rechtmäßige Gesetzesanwendung durch die überwachte Kommune (auch in Fragen des eigenen Wirkungskreises) innehat, sind an die Ermessensentscheidung der Aufsichtsbehörde im Falle eines Eingreifens nach Art. 111 ff. BayGO keine überzogenen Anforderungen zu stellen. Es dürften die Grundsätze des intendierten Ermessens[51] gelten, d.h. im Normalfall genügt die Rechtsaufsichtsbehörde den Anforderungen aus Art. 40 BayVwVfG, wenn sie zur Begründung ihres Einschreitens auf die Rechtswidrigkeit des beanstandeten Beschlusses oder der beanstandeten Verfügung verweist und ihr Handeln damit begründet, rechtmäßige Zustände herstellen zu wollen.

ist von der Rechtmäßigkeit der Beanstandungsverfügung durch die Rechtsaufsichtsbehörde auszugehen.

Ergebnis zum Ausgangsfall:
Aufgrund der Rechtswidrigkeit (und Nichtigkeit) von § 4 EkA-Satzung ist die Beanstandungsverfügung der Regierung rechtmäßig. Aus dem gleichen Grund kommt eine Verletzung des Selbstverwaltungsrechts der G nicht in Betracht. Die Anfechtungsklage der G ist daher nicht nach § 113 Abs. 1 Satz 1 VwGO begründet und hat demnach keine Aussicht auf Erfolg.

Zur Vertiefung: Besondere Probleme im Zusammenhang mit dem Satzungserlass im Allgemeinen, die hier nicht vertieft angesprochen werden können: Rückwirkungsproblematik bei belastenden Satzungsregelungen[52]; kommunale Steuerhoheit durch Satzung[53]. Besondere Probleme im Zusammenhang mit der Anordnung eines Anschluss- und Benutzungszwangs: Abgrenzung von Enteignung und Inhaltsbestimmung, z.B. bei eigener Brunnenanlage (mit Wasserbenutzungsrecht) und Zwang zu Benutzung einer gemeindlichen Wasserversorgungsanlage[54]; unverhältnismäßige Belastungen[55]; Anspruch auf Befreiung[56].

B. Zusatzfrage: Mögliche gerichtliche Rechtsbehelfe des S gegen § 4 EkA-Satzung

I. Verpflichtungsklage gegen den Freistaat Bayern auf Durchführung rechtsaufsichtlicher Maßnahmen

Verweigert die Rechtsaufsichtsbehörde auf Initiative eines Betroffenen (hier etwa S) ein Einschreiten wie im Ausgangssachverhalt, so ist jedenfalls eine Verpflichtungsklage mit dem Ziel, dass der Freistaat Bayern als Rechtsträger der Rechtsaufsichtsbehörde verurteilt wird, entsprechende rechtsaufsichtliche Maßnahmen durchzuführen, unzulässig. Eine

[51] Hierzu oben *Fall 3*.
[52] *BVerwG* NVwZ 2000, 929 (930, gegen die Vorinstanz *OVG Magdeburg* NVwZ 1999, 321 ff.) – Kampfhundesteuer; *Lissack*, Bayerisches Kommunalrecht, § 3, Rn. 29; Aufgabe 9 der Zweiten Juristischen Staatsprüfung 1996/1, abgedruckt in: BayVBl. 1999, 222 ff. (Text) und 253 ff. (Lösung).
[53] *BVerfGE* 98, 106 ff. = NJW 1998, 2341 ff. – kommunale Verpackungssteuer (mit Lenkungswirkung); *BVerwG* NVwZ 2000, 929 ff. (gegen die Vorinstanz *OVG Magdeburg* NVwZ 1999, 321 ff.) – Kampfhundesteuer (mit Lenkungswirkung), hierzu: *Karst*, NVwZ 1999, 244 ff.; *Hamann*, NVwZ 2000, 894 f; *Hebrank*, NVwZ 1999, 268 ff.
[54] *BayVGH* BayVBl. 1975, 619 f.
[55] *OVG Lüneburg* DÖV 2000, 643 f.
[56] *BayVGH* BayVBl. 1982, 370 (372).

solche Klage wäre zwar nach § 42 Abs. 1 2. Alt VwGO statthaft (rechtsaufsichtliche Maßnahmen wie Beanstandungen etc. sind Verwaltungsakte, s.o.), es fehlt jedoch mangels Möglichkeit einer subjektiven Rechtsverletzung bereits die Klagebefugnis (§42 Abs. 2 VwGO): Die Art. 108 ff. BayGO enthalten zwar Ermächtigungsgrundlagen gegenüber betroffenen Gemeinden, ihnen kommt aber kein Schutznormcharakter zugunsten des Bürgers zu, der von rechtswidrigen gemeindlichen Maßnahmen betroffen ist.[57]

II. Feststellungsklage

Sofern S nicht entsprechende Duldungsverfügungen abwarten mag[58], könnte er eine entsprechende Klage nach § 43 VwGO erheben, gerichtet auf die gerichtliche Feststellung, entgegen § 4 EkA-Satzung nicht zur Aufstellung einer braunen Biotonne und dementsprechend nicht zum Anschluss an das gemeindliche Entsorgungssystem für Bioabfall verpflichtet zu sein.[59]

1. Zulässigkeit

a) Verwaltungsrechtsweg

Der Streitgegenstand (Rechtmäßigeit der satzungsmäßigen Verpflichtung zum Anschluss und zur Benutzung in Bezug auf das gemeindliche System der braunen Biotonnen) richtet sich zum einen nach einer öffentlich-rechtlichen Satzung (EkA-Satzung), zum anderen (hinsichtlich der Rechtmäßigkeit dieser Satzung) nach Art. 7 Abs. 1 BayAbfG i.V.m. Art. 24 Abs. 1 Nr. 2 BayGO i.V.m. § 13 KrW-/AbfG (siehe Ausgangsfall). Der Streitgegenstand bestimmt sich damit nach öffentlichem Recht. Da auch keine verfassungsrechtliche Streitigkeit vorliegt, ist der Verwaltungsrechtsweg nach § 40 Abs. 1 Satz 1 VwGO eröffnet.

b) Statthaftigkeit der Feststellungsklage

Statthaft ist eine Feststellungsklage nach § 43 Abs. 1 VwGO, wenn der Streitgegenstand die Feststellung des Bestehens oder Nichtbestehens eines Rechtsverhältnisses betrifft. Abstrakte Rechtsfragen, wie etwa die schlichte Frage, ob eine satzungsrechtliche Regelung (wie hier § 4 EkA-Satzung) wirksam ist oder nicht, können hierunter nicht subsumiert werden, insbesondere ist für derartige Fragen das Verfahren nach § 47 VwGO gesetzlich vorgesehen.[60] Demgegenüber kann für die vorliegende Fallgestaltung S seinen Feststellungsantrag konkreter formulieren, nämlich dahingehend, dass ihm gegenüber kein Anschluss- und Benutzungszwang besteht. Es geht S dann um die Klärung, dass zwischen ihm als Grundstückseigentümer und Bewohner einerseits und der Gemeinde G andererseits kein Rechtsverhältnis besteht, kraft dessen er verpflichtet ist, die Aufstellung entsprechender brauner Tonnen zu dulden und sich auf diesem Weg an das für rechtswidrig gehaltene gemeindliche Entsorgungssystem anzuschließen. Für diese Feststellung des Nichtbestehens eines konkreten Rechtsverhältnisses[61] ist dann die Wirksamkeit des § 4 EkA-Satzung bloße Vorfrage. Ein Spannungsverhältnis zur Normenkontrolle besteht dann nicht, denn § 47 VwGO ist nur lex specialis, wenn die Rechtsnormüberprüfung selbst und unmittelbar

[57] *Becker*, in: ders./Heckmann/Kempen/Manssen, Öffentliches Recht in Bayern, 2. Aufl. 2001, 2. Teil, Rn. 559; *Knemeyer*, Bayerisches Kommunalrecht, Rn. 417; *Bauer/Böhle/Masson/Samper*, Bayerische Kommunalgesetze, zu Art. 112 BayGO, Rn. 11.

[58] Die er dann im Wege des Widerspruchs und der Anfechtungsklage bekämpfen kann – die Rechtmäßigkeit der satzungsmäßigen Verpflichtung aus § 4 EkA-Satzung wäre dann über die Inzidentkontrolle vom angerufenen Gericht zu prüfen, vgl. *Lissack*, Bayerisches Kommunalrecht, § 3, Rn. 47 ff.

[59] Vgl. auch: *BayVGH* BayVBl. 1982, 370 ff. – Feststellungsklage auf Feststellen des Nichtbestehens eines Anschluss- und Benutzungszwangs für ein Grundstück an ein Fernheizwerk.

[60] Z.B. *Stern*, Verwaltungsprozessuale Probleme, Rn. 253. Zum Streitstand, ob im Hinblick auf Art. 19 Abs. 4 GG eine Ausnahme für die Überprüfung von Rechtsnormen anzuerkennen ist, die mangels landesgesetzlicher Regelung nicht im Normenkontrollverfahren überprüfbar sind: *Schmitt Glaeser/Horn*, Verwaltungsprozessrecht, Rn. 331.

[61] Siehe auch *BayVGH* BayVBl. 1982, 370.

Gegenstand des Antrags ist. Eine Inzidentkontrolle einer untergesetzlichen Rechtsnorm ist hierdurch nicht verwehrt.

c) Feststellungsinteresse

S muss ein berechtigtes Interesse an der baldigen Feststellung haben. Dies ergibt sich hier aus einer zwischen den Beteiligten umstrittenen Rechtslage, aus der heraus S Gefahr läuft, demnächst mit einer belastenden Duldungsverfügung überzogen zu werden. S ist vorliegend der Meinung, sich rechtstreu zu verhalten, weil die in § 4 EkA-Satzung ausgesprochene Verpflichtung seiner Meinung nach unwirksam ist. Insbesondere bei unklarer Rechtslage, also in Situationen, in denen Kläger und Beklagter über mögliche Rechtsfolgen unterschiedlicher Ansicht sind und der Kläger sein künftiges Verhalten an der Feststellung orientieren will, ist ein berechtigtes Interesse i.S.v. § 43 Abs. 1 VwGO anzunehmen.[62] Da S Gefahr läuft, auf Basis einer von ihm für rechtswidrig eingestuften Satzung mit einer Duldungsverfügung belastet zu werden, ist auch von einem Interesse an einer *baldigen* Feststellung auszugehen.

d) Subsidiarität

Nach § 43 Abs. 2 VwGO ist die Feststellungsklage gegenüber denkbaren Gestaltungs- und Leistungsklagen subsidiär.[63] Danach scheitert die Zulässigkeit einer Feststellungsklage jedenfalls nicht, weil S die Möglichkeit hat, einen Normenkontrollantrag zu stellen (hierzu im Anschluss), weil es sich bei § 47 VwGO weder um eine Gestaltungs- noch um eine Leistungsklage handelt, zumal Feststellungsklage und Normenkontrollantrag auf divergierende Ziele hinauslaufen.[64] Ansonsten wäre allenfalls denkbar, den Feststellungsantrag als subsidiär gegenüber einer möglichen vorbeugenden Unterlassungsklage des S (gerichtet auf Verurteilung zur Unterlassung einer Duldungsverfügung) anzusehen. Hier ist aber zu bedenken: Weil der Gesetzgeber in § 80 VwGO hinreichende Sicherungsinstrumente vorgesehen hat (aufschiebende Wirkung von Widerspruch und Anfechtungsklage, im Fall der Anordnung des Sofortvollzugs Eilrechtsschutz nach § 80 Abs. 5 VwGO), ist es dem Betroffenen im Regelfall zumutbar, zunächst die Entscheidung der Verwaltung abzuwarten, wenn nicht besondere Umstände (nach Marge des Art. 19 Abs. 4 GG) des Einzelfalles die Möglichkeit vorbeugenden Rechtsschutzes erfordern. Die Zulässigkeit der vorbeugenden Unterlassungsklage steht daher stets unter dem Vorbehalt eines im Einzelfall positiv festzustellenden, gerade auf die Inanspruchnahme vorbeugenden Rechtsschutzes gerichteten Rechtsschutzinteresses.[65] Mangels derartiger besonderer Umstände, wäre eine vorbeugende Unterlassungsklage des S im Fall unzulässig. Schon deshalb stünde unter dem Blickwinkel der Subsidiarität die vorbeugende Unterlassungsklage als theoretische Alternative einer Feststellungsklage nicht entgegen. Darüber hinaus soll nach der Rechtsprechung des *Bundesverwaltungsgerichts* § 43 Abs. 2 VwGO vom Sinn und Zweck her nur dann einer Feststellungsklage entgegenstehen, wenn die Gefahr eines Doppelprozesses besteht bzw. wenn über die Feststellungsklage die besonderen Sachurteilsvoraussetzungen speziellerer Klagearten (insbes.: Notwendigkeit des Vorverfahrens, Einhaltung der Fristen gem. §§ 70, 74 VwGO) umgangen würden.[66] Diese Gefahr besteht aber im Konkurrenzverhältnis zwischen Feststellungsklage und vorbeugender Unterlassungsklage (als besondere Form der allgemeinen Leistungsklage) nicht. Daher wäre nach diesem Ansatz die Feststellungsklage selbst dann nicht unzulässig, wenn man entgegen den vorherigen Ausführungen die vorbeugende Unterlassungsklage als zulässig ansähe. Ansonsten bestehen an der Zulässigkeit der Feststellungsklage keine Bedenken.

[62] *Kopp/Schenke*, VwGO, § 43, Rn. 24; *BVerwG* NJW 1983, 2584; NJW 1988, 1534.
[63] Hierzu z.B. *BVerwG* DÖV 2001, 297f.
[64] *BayVGH* BayVBl. 1982, 370; *Kopp/Schenke*, VwGO, § 43, Rn. 31.
[65] *BVerwGE* 40, 323 (327).
[66] *BVerwGE* 40, 323 (327f.). A.A. (auch hier generelle Subsidiarität gem. Wortlaut): *Schenke*, AöR 95 (1970), 223 (255); *Kopp/Schenke*, VwGO, § 43, Rn. 24 und 26.

2. Begründetheit

Die Feststellungsklage ist begründet, wenn S nicht zur Aufstellung einer braunen Biotonne und dementsprechend nicht zum Anschluss an das gemeindliche Entsorgungssystem für Bioabfall verpflichtet ist. Weil § 4 EkA-Satzung nichtig ist (s.o. Prüfung des Ausgangsfalles), besteht hieraus keine Verpflichtung zur Duldung des Anschlusses an das Entsorgungssystem resp. zur Duldung der Aufstellung brauner Biotonnen auf seinem Grundstück. Da das Abfallwirtschaftskonzept hinsichtlich § 4 EkA-Satzung rechtswidrig ist (siehe Prüfung des Ausgangsfalles), ergibt sich eine entsprechende Duldungspflicht des S hinsichtlich der Aufstellung der braunen Biotonnen auch nicht aus § 14 KrW-/AbfG, insbesondere handelt es sich nicht um *notwendige Behältnisse* in diesem Sinne. Eine Klage des S gegen G (§ 78 Abs. 1 Nr. 1 VwGO), gerichtet auf die Feststellung, nicht verpflichtet zu sein, sich nach Maßgabe des § 4 EkA-Satzung an das gemeindliche Entsorgungssystem anzuschließen, wäre daher nicht nur zulässig, sondern auch begründet.

III. Prinzipale Normenkontrolle, § 47 VwGO i.V.m. Art. 5 AGVwGO

Unmittelbar gegen die Rechtsnorm selbst kann S Antrag auf Normenkontrolle stellen.[67]

1. Zulässigkeit

Der in Bayern gem. § 47 VwGO i.V.m § 184 VwGO, Art. 1 Abs. 1 BayAGVwGO sachlich zuständige *Bayerische VGH* entscheidet auch hier nur über Normen „im Rahmen seiner Gerichtsbarkeit". Hinsichtlich des Gegenstands der zu überprüfenden Norm muss also der Verwaltungsrechtsweg eröffnet sein.[68] Das ist regelmäßig dann der Fall, wenn Streitigkeiten hinsichtlich des Vollzugs der zu überprüfenden Rechtsnorm (insbesondere nach der Grundregel des § 40 Abs. 1 Satz 1 VwGO) dem öffentlichen Recht zuzuordnen sind.[69] Das ist hinsichtlich des in § 4 EkA-Satzung geregelten Anschluss- und Benutzungszwanges zu bejahen: Vollzugsstreitigkeiten nach Maßgabe von Art. 27 Abs. 1 BayGO sowie § 14 KrW-/AbfG wären nach § 40 Abs. 1 Satz 1 VwGO im Verwaltungsrechtsweg auszutragen. Die Überprüfung der Wirksamkeit des § 4 EkA-Satzung hält sich damit „im Rahmen der Gerichtsbarkeit" des *VGH*. § 4 EkA-Satzung ist als Satzung gemäß § 47 Abs. 1 Nr. 2 VwGO i.V.m. Art. 5 (Bay) AGVwGO zulässiger Überprüfungsgegenstand im Normenkontrollverfahren. Die Normenkontrolle ist also statthaft. Da § 4 EkA-Satzung eine unmittelbare Verpflichtung des S begründet, demnach also zumindest in die allgemeine Handlungsfreiheit des S aus Art. 2 Abs. 1 GG eingreift, kann er geltend machen, möglicherweise durch die Rechtsvorschrift selbst in eigenen Rechten verletzt zu sein. S ist damit antragsbefugt nach § 47 Abs. 2 Satz 1 VwGO. Sofern S die Zweijahresfrist des § 47 Abs. 2 Satz 1 VwGO einhält, ist sein Antrag auf Normenkontrolle zulässig. Dies gilt auch, wenn man die Einschränkung des Prüfungsmaßstabs nach § 47 Abs. 3 VwGO (Vorrang der Popularklage nach Art. 98 Satz 4 BV) bereits über das Rechtsschutzbedürfnis als Zulässigkeitskriterium wertet.[70] Denn es geht vorliegend S nicht nur darum, sich hinsichtlich der Unwirksamkeit der Norm ausschließlich auf bayerisches Landesverfassungsrecht zu berufen.

[67] Beispiel für eine Normenkontrolle nach § 47 VwGO hinsichtlich einer gemeindlichen Satzung: *BayVerwGHE* 28, 41 ff.; vgl. auch *Stern*, Verwaltungsprozessuale Probleme, Rn. 283.

[68] *Hufen*, Verwaltungsprozessrecht, § 19, Rn. 7; *Stern*, Verwaltungsprozessuale Probleme, Rn. 277.

[69] *Kopp/Schenke*, VwGO, § 47, Rn. 17. Dies ist bei Rechtsverordnungen und Satzungen als typischen öffentlich-rechtlichen Normen regelmäßig, aber nicht immer der Fall. Gegenbeispiele nach *Kopp/Schenke*, a.a.O., Rn. 18: Verordnungen über die Zuständigkeit des Amtsgerichts für Familiensachen und über die Abgrenzung von Gerichtsbezirken; Verordnung über Tätigkeiten der Notare; Verordnungen mit Ordnungswidrigkeitsbestimmungen.

[70] Zum Streitstand: *BayVerfGH* BayVBl. 1984, 460 ff. und 493 ff. (Sondervotum).

2. Begründetheit

Da § 4 EkA-Satzung rechtswidrig und damit nichtig ist (Prüfung des Ausgangsfalles), wäre der Normenkontrollantrag auch begründet. Der *BayVGH* wird dann § 4 EkA-Satzung für nichtig erklären (§ 47 Abs. 5 VwGO).

IV. Verfassungsbeschwerde nach Art. 93 Abs. 1 Nr. 4a GG, §§ 13 Nr. 8a, 90 ff. BVerfGG

Im Rahmen der Zulässigkeit einer Verfassungsbeschwerde nach Art. 93 Abs. 1 Nr. 4a GG, §§ 13 Nr. 8a, 90 ff. BVerfGG ist bereits die Beschwerdebefugnis zu diskutieren (Behauptung einer Grundrechtsverletzung: Art. 93 Abs. 1 Nr. 8a GG, § 90 Abs. 1 BVerfGG). Zwar erscheint aufgrund der auferlegten normativen Belastung (Anschluss- und Benutzungszwang) eine Beeinträchtigung zumindest des Art. 2 Abs. 1 GG möglich. Andererseits steht hinsichtlich der behördlichen Vollzugsmöglichkeiten gem. Art. 27 Abs. 1 BayGO sowie § 14 KrW-/AbfG die Unmittelbarkeit der Beschwer des § 4 EkA-Satzung in Frage. Immerhin kann hier ggf. darauf verwiesen werden, dass die Satzung den Normadressaten unabhängig von einer konkretisierenden Duldungsverfügung schon als solche in die Pflicht nimmt. Insoweit kann die Unmittelbarkeit und damit die Beschwerdebefugnis zumindest noch vertretbar bejaht werden. Die Zulässigkeit der Verfassungsbeschwerde scheitert jedenfalls derzeit an der mangelnden Rechtswegerschöpfung (§ 90 Abs. 2 BVerfGG). Denn vorrangig steht insofern die prinzipale Normenkontrolle beim *VGH* nach § 47 VwGO zur Verfügung (s.o.), in dessen Rahmen auch Grundrechte Prüfmaßstab sein können.[71] Deswegen muss vor Erhebung einer Verfassungsbeschwerde nach Art. 93 Abs. 1 Nr. 4a GG, §§ 13 Nr. 8a, 90 ff. BVerfGG zunächst das Verfahren des § 47 VwGO erfolglos beschritten worden sein.

V. Verfassungsbeschwerde nach Art. 120 BV

Statthafter Gegenstand einer Verfassungsbeschwerde nach Art. 120 BV, Art. 51 BayVerfGHG ist nach dem großzügigen Wortlaut jede Maßnahme einer bayerischen Behörde. Dies ist aber funktionell zu verstehen. Gemeint sind typische Verwaltungsmaßnahmen mit Einzelfallcharakter (etwa Verwaltungsakte) sowie Gerichtsentscheidungen. Vom Sinn und Zweck sowie im systematischen Vergleich zu Art. 98 Satz 4 BV können Gesetze im materiellen Sinne – auch wenn sie von Exekutivstellen erlassen worden sind – nicht Gegenstand eines Verfahrens nach Art. 120 BV sein.[72] Eine solche Verfassungsbeschwerde gegen § 4 EkA-Satzung als materielle Rechtsnorm wäre also unstatthaft und damit unzulässig.

VI. Popularklage, Art. 98 Satz 4 BV i.V.m. Art. 2 Nr. 7, 55 BayVerfGHG

Gegen belastende Satzungen kommt ferner die Popularklage beim *Bayerischen Verfassungsgerichtshof* in Betracht.[73]

1. Zulässigkeit

Entgegen dem Wortlaut („Gesetze und Verordnungen“) sind statthafter Verfahrensgegenstand nach Art. 98 Satz 4 BV alle Normen des bayerischen Landesrechts im materiellen

[71] *Lissack*, Bayerisches Kommunalrecht, § 3, Rn. 52.
[72] *Lissack*, Bayerisches Kommunalrecht, § 3, Rn. 53.
[73] *Lissack*, Bayerisches Kommunalrecht, § 3, Rn. 44 f. Beispiel: *BayVerfGHE* 20, 183 ff. – Anschluss- und Benutzungszwang hinsichtlich Müllabfuhr. **Hinweis für Benutzer außerhalb Bayerns:** Die Popularklage stellt eine bayerische Besonderheit dar. In sonstigen Bundesländern wäre zu prüfen ob nach Landesverfassungsrecht und Landesverfassungsprozessrecht eine Verfassungsbeschwerde oder Grundrechtsklage unmittelbar gegen die Satzung als Rechtsnorm möglich wäre (Zulässigkeitsproblem: unmittelbare Beschwer).

Sinne, also auch kommunale Satzungen.[74] Gegen die Regelung des § 4 EkA-Satzung wäre als normative Regelung eine Popularklage nach Art. 98 Satz 4 BV i.V.m. Art. 2 Nr. 7, 55 BayVerfGHG statthaft. Als Jedermann i.S.v. Art. 55 BayVerfGHG wäre S auch antragsberechtigt. Für die Antragsbefugnis nach Art. 55 Abs. 1 Satz 2 BayVerfGHG genügt, dass der Kläger (S) vortragen kann, dass möglicherweise ein Grundrecht der BV verletzt ist. Im Rahmen der Popularklage genügt dabei die Geltendmachung eines rein objektiven Grundrechtsverstoßes, eine Selbstbetroffenheit des Klägers ist für die Zulässigkeit also grundsätzlich entbehrlich.[75] Im vorliegenden Fall erscheint sogar eine eigene Verletzung des S aus Art. 101 BV (allgemeine Handlungsfreiheit) nicht fernliegend, S ist also antragsbefugt. Für die formgemäße Erhebung der Popularklage ist auf die Schriftform zu achten, Art. 14 Abs. 1 BayVerfGHG. Eine Frist ist nicht einzuhalten. Die Erhebung der Popularklage ist demnach zulässig.

2. Begründetheit

Die Popularklage ist nach Art. 98 Satz 4 BV, Art. 55 BayVerfGHG begründet, wenn ein Grundrecht verletzt ist. § 4 EkA-Satzung legt den Normadressaten eine Verpflichtung auf (Anschluss- und Benutzungszwang), die in den Schutzbereich der allgemeinen Handlungsfreiheit aus Art. 101 BV eingreift.[76] Da die Norm gegen den Grundsatz der Verhältnismäßigkeit und den Grundsatz widerspruchsfreier Normgebung verstößt, ist dieser Eingriff nicht gerechtfertigt. Art. 101 BV ist damit verletzt. Eine Popularklage nach Art. 98 Satz 4 BV, Art. 55 BayVerfGHG wäre zulässig und begründet. Der *BayVerfGH* würde auf entsprechenden Klageantrag § 4 EkA-Satzung nach Art. 25 Abs. 7 BayVerfGHG für nichtig erklären.

Rechtsprechungsvorlagen: *OVG Münster* NVwZ 1999, 91; *BVerfGE* 98, 83 und 106

Leseempfehlung: *Halbig*, Der praktische Fall – Öffentliches Recht: Das kommunale Frauenhaus, JuS 1999, 468; *Knemeyer*, Staatsaufsicht über Kommunen, JuS 2000, 521

---

[74] *BayVerfGHE* 20, 183 (186); *Knemeyer*, Bayerisches Kommunalrecht, Rn. 122; *Lissack*, Bayerisches Kommunalrecht, § 3, Rn. 44.

[75] *Lissack*, Bayerisches Kommunalrecht, § 3, Rn. 45. Besonderheiten bestehen, wenn eine Gemeinde wegen Verletzung des Selbstverwaltungsrechts Popularklage erhebt.

[76] Vgl. insofern auch *BayVerfGHE* 20, 183 (187) – Anschluss- und Benutzungszwang hinsichtlich Müllabfuhr – sowie *OVG Münster* NVwZ 1999, 91 (vorliegende Fallgestaltung). Der Schutzbereich der Eigentumsfreiheit ist hingegen nicht tangiert, vgl. insofern auch *BayVerfGHE* 20, 183 (188).

Fall 16: Bürgerbegehren (Seidel)

Sachverhalt (fiktiv)

Die bayerische Gemeinde G zählt 9.500 Einwohner, von denen 6.000 nach Art. 1 GLKrWG wahlberechtigt sind. Aufgrund gestiegenen Wasserverbrauchs sieht sich G gehalten, für die Sicherung einer ausreichenden Wasserversorgung neue Quellen zu erschließen. Im Gemeinderat werden zwei Modelle diskutiert: Entweder soll das bisherige, ausschließlich über Oberflächenquellen gewährleistete Versorgungssystem bei Erweiterung auf zwei Zusatzquellen beibehalten oder aber der Zusatzbedarf erstmals über eine Grundwasserförderung mit speziell zu errichtenden Brunnenanlagen gedeckt werden. Es ist davon auszugehen, dass der Realisierung beider Varianten keine unbehebbaren umwelt- resp. wasserrechtlichen Hindernisse entgegenstehen. Im Gemeinderat entscheidet man sich schließlich 1997 für die zweite Variante, weil das Grundwasser mikrobiologisch geringer belastet ist und weil nach dem Ergebnis eines Sachverständigengutachtens zu prognostizieren ist, dass durch die Einbeziehung zweier weiterer Oberflächenquellen der Wasserbedarf in G allenfalls in den nächsten 20 Jahren gedeckt werden könne. In der Folgezeit entwickelt sich in G eine lebhafte umweltpolitische Diskussion über die Entscheidung des Gemeinderats. Trotz lebhafter Proteste in der Presse und Demonstrationen wird mit Beschluss des Gemeinderats vom 22. Juli 2001 und Auftrag vom 27. August 2001 die Errichtung von zunächst zwei Brunnenanlagen zur Förderung des Grundwassers an ein privates Unternehmen vergeben.

Nachdem auch Proteste hiergegen den Gemeinderat nicht zu einem Umdenken bewegen, lässt die Bürgerinitiative „Sichert das Grundwasser!" ab Mai 2002 in G eine Unterschriftenliste kursieren. Auf den Listen sind jeweils die Gemeindebürger A, B und C benannt als Personen, die berechtigt sind, die Unterzeichnenden zu vertreten. Die Listen sind jeweils als Bürgerbegehren betitelt und enthalten einen Antrag auf Durchführung eines Bürgerentscheids mit folgendem Inhalt:

„Sollen zur Wasserversorgung in G weiterhin die Oberflächenquellen unter Verzicht auf eine Grundwasserförderung genutzt werden?"

In der den gesetzlichen Anforderungen genügenden Begründung des Begehrens wird auf die Notwendigkeit des Schutzes der Grundwasservorräte verwiesen. Die Bürgerinitiative sammelt insgesamt 602 Ja-Unterschriften von Gemeindebürgern aus G, die als solche im Bürgerverzeichnis enthalten sind. Neben A, B und C haben auch vier Gemeindebürger mit (ausschließlich) italienischer Staatsbürgerschaft unterschrieben.

Am 22. August 2002 – zu einem Zeitpunkt, in dem bereits die zwei bislang in Auftrag gegebenen Brunnenanlagen für die Grundwassergewinnung nahezu fertiggestellt worden sind – übergeben A, B und C die Unterschriftenlisten der G. Der Gemeinderat verweigert durch Beschluss vom 15. September 2002 die Zulassung des Bürgerbegehrens, mit folgenden Argumenten: Wenn auch Eingriffe in den Grundwasserhaushalt aus ökologischer Sicht nicht gänzlich unbedenklich seien, so stelle das vom Gemeinderat favorisierte Grundwassermodell aufs Ganze gesehen die zweckmäßigste und auf lange Sicht auch billigste Lösung dar. Im übrigen sei das nach Art. 18a Abs. 6 BayGO erforderliche Quorum nicht erreicht, weil die Stimmen der italienischen Gemeindeeinwohner nicht mitgezählt werden dürften. Zudem sei ein Umschwenken auf die Konzeption der verstärkten Nutzung der Oberflächenquellen zu Lasten des ursprünglich favorisierten Grundwassermodells mit Mehrkosten verbunden, die nach Maßgabe der auf Art. 5, 8

KAG basierenden Satzungsregelungen letztlich von den Bürgern von G getragen werden müssten. Die Bürgerinitiative habe daher ein unwirtschaftliches und deshalb auch rechtswidriges Ziel. Die Gemeindeverwaltung von G kann diesbezüglich in einer Kalkulation Mehrkosten in Höhe von 1.000.000,– € nachweisen, weil zum einen auch für die verstärkte Oberflächenwassernutzung Baumaßnahmen erforderlich sind und zum anderen die nahezu fertiggestellten Brunnen zur Grundwasserförderung dann nutzlos werden, aber dennoch bezahlt werden müssen.

Vermerk für die Bearbeiter: Am 18. September 2002 suchen A, B und C den Rechtsanwalt R auf und fragen nach den Erfolgsaussichten einer verwaltungsgerichtlichen Klagemöglichkeit, mit der G zur Zulassung des Bürgerbegehrens verpflichtet werden soll. Fertigen Sie für R ein entsprechendes Rechtsgutachten an!

Abwandlung: Während des laufenden Verwaltungsgerichtsprozesses beschließt der Gemeinderat, den Bau einer dritten und vierten Brunnenanlage zur Grundwasserförderung in Auftrag zu geben. Die Kosten hierfür sind mit 750.000,– € zu veranschlagen. Die Bürgerinitiative befürchtet, dass hierdurch der Erfolg des späteren Bürgerentscheids in Frage gestellt wird, weil die Bürger nach weiteren anfallenden Kosten für das vom Rat bevorzugte Lösungsmodell ein ökologischeres Alternativkonzept dann womöglich nicht mehr mittragen werden. Auf einen von A, B und C im Namen des Bürgerbegehrens erhobenen schriftlichen Protest mit dem Ziel, die Auftragsvergabe sowie die Tätigung weiterer Aufwendungen hinsichtlich des gemeindlichen Grundwasserkonzepts zu unterbinden, reagiert die Gemeinde abweisend: Gemäß Art. 11 Abs. 2 Satz 2 BV und Art. 28 Abs. 2 Satz 1 GG könne dem Gemeinderat nicht untersagt werden, für notwendig empfundene Schritte einzuleiten und umzusetzen.

Vermerk für die Bearbeiter: Gehen Sie im Rahmen eines Rechtsgutachtens auf die Frage ein, was seitens der Bürgerinitiative getan werden kann. Es ist dabei davon auszugehen, dass das gegenwärtige Versorgungssystem (auch ohne Rückgriff auf zusätzliche Ressourcen) die ausreichende Wasserversorgung zumindest noch für die nächsten vier Jahre garantiert.

Lösung

Eine Klage beim Verwaltungsgericht gegen die Gemeinde G verspricht Erfolg, wenn diese zulässig und begründet ist.

A. Zulässigkeit

I. Verwaltungsrechtsweg

Mangels sondergesetzlicher Regelung richtet sich die Frage der Eröffnung des Verwaltungsrechtswegs nach § 40 Abs. 1 Satz 1 VwGO. Der Streitgegenstand betrifft die Frage, inwiefern die Gemeinde als Trägerin öffentlicher Gewalt nach Art. 18a Abs. 8 BayGO[1] zur Zulassung des Bürgerbegehrens verpflichtet ist. Die genannte streitentscheidende Norm ist öffentlich-rechtlicher Natur. Da es auch nicht um einen materiell nach Verfassungsrecht zu entscheidenden Konflikt von Verfassungsorganen geht (sog. doppelte Verfassungsunmittelbarkeit), handelt es sich um eine Streitigkeit nicht verfassungsrechtlicher Art. Der Verwaltungsrechtsweg ergibt sich somit aus § 40 Abs. 1 Satz 1 VwGO.[2]

II. Statthafte Klageart

Für die Bestimmung der statthaften Klageart ist zunächst das Klagebegehren zu klären. Wird dieses nicht an der nach Art. 18a Abs. 8 Satz 1 BayGO zu treffenden Zulassungsentscheidung festgemacht, sondern mit einer sporadisch vertretenen Ansicht[3] am eigentlichen Fernziel des späteren Referendums, ist die Klage auf Durchführung eines Bürgerentscheids gerichtet, also auf ein nicht regelndes, sondern ein reales Handeln der G. Statthafte Klageart wäre dann die allgemeine Leistungsklage. Gegen diese Betrachtung spricht aber die gesetzlich vorgegebene Zweiteilung des Verfahrens nach Art. 18a BayGO[4] hinsichtlich Bürgerbegehren und Bürgerentscheid, dessen „Schaltstelle" der Zulassungsbeschluss nach Art. 18a Abs. 8 BayGO darstellt.[5] Richtigerweise ist daher das Klageziel von A, B und C auf die Zulassung des Bürgerbegehrens durch den Gemeinderat nach Art. 18a Abs. 8 Satz 1 BayGO (als unverzichtbare Zwischenentscheidung für die Einleitung der Durchführung des Bürgerentscheids) gerichtet. Entscheidend ist daher, ob es sich bei dieser Zulassungsentscheidung um einen Verwaltungsakt handelt. Bejahendenfalls ist von einer Verpflichtungsklage nach § 42 Abs. 1 2. Alt. VwGO auszugehen. Eine Regelungswirkung ist jedenfalls in der verbindlichen Feststellung der Zulässigkeit des Bürgerbegehrens als notwendige Zwischenentscheidung und Voraussetzung für die Durchführung des Bürgerentscheides zu sehen.[6] Fraglich ist hingegen die Außenwirkung. Entscheidend ist, ob

---

[1] Vergleichbare Regelungen, z.B.: § 26 Abs. 6 GO NW, § 25 Abs. 3 SächsGemO, § 17 Abs. 3 Satz 4 ThürKO, § 21a Abs. 5 KSVG Saarl., § 8b Abs. 4 HGO.

[2] Siehe auch: *Jaroschek*, JuS 2000, 53 (54); *Meyer*, NVwZ 2003, 183.

[3] *Heimlich*, DÖV 1999, 1029 (1033ff.).

[4] Zu Bürgerbegehren und Bürgerentscheid in anderen Bundesländern, z.B.: § 8b HGO, § 21a KSVG Saarl., § 25 SächsGemO, §§ 25, 26 GO LSA, § 26 GO NW, § 17a GO Rh-Pf, § 17 ThürKO, § 21 GO BW, § 20 GO Bbg., § 16 g SchlHGO.

[5] Insofern auch *Heimlich*, DÖV 1999, 1029 (1030); siehe auch: *Fischer*, DÖV 1996, 181 (182).

[6] *OVG Greifswald* DVBl. 1997, 1282; *Schliesky*, DVBl. 1998, 169 (173); auch *Fischer*, DÖV 1996, 181 (183).

die Regelungswirkung der Zulassungsentscheidung lediglich den Innenbereich der Gemeinde oder ob sie den (Außen-) Rechtskreis der Bürger betrifft.[7]

Zum Teil wird die Außenwirkung abgelehnt und dann (konsequentermaßen) die Auffassung vertreten, der Streit um die Zulassung eines Bürgerbegehrens stelle einen Innenrechtsstreit in Form eines sog. Kommunalverfassungsstreits dar.[8] Hierfür soll vor allem Art. 18a Abs. 13 Satz 1 BayGO[9] sprechen: Wenn der nach Zulassung des Bürgerbegehrens ergehende Bürgerentscheid die Wirkung eines Gemeinderatsbeschlusses hat, dann komme der Bürgerschaft eine Quasi-Organstellung zu, die dem Gemeinderat insofern gleichstehe. Zwischen Bürgerinitiative und Gemeinderat gehe es der Sache nach um ein Konkurrenzverhältnis, wie es für Organstreitverfahren typisch sei. Mangels Außenwirkung der Zulassungsentscheidung ziele die Klage also nicht auf Verurteilung zum Erlass eines begünstigenden Verwaltungsakts, sondern es handelt sich um eine gemeindeinterne Auseinandersetzung. Statthafte Klageart wäre dann je nach Antragsziel (bzw. je nach Grundauffassung über den Kommunalverfassungsstreit)[10] die allgemeine Leistungsklage, die Feststellungsklage[11] oder eine Klage sui generis.

Demgegenüber bejaht ein anderer – wohl (zumindest in Bayern) herrschender – Ansatz mit überzeugenden Argumenten die Verwaltungsaktsqualität der Zulassungsentscheidung nach Art. 18a Abs. 8 Satz 1 BayGO. Für die Bejahung der Außenwirkung der Zulassungsentscheidung ist entscheidend, dass es um die Entscheidung eines Antrags der Bürger und damit nicht um ein Begehren eines Kontrastorgans geht. Die Kontroverse über die Zulassung bzw. Nichtzulassung stellt damit entgegen der vorgenannten Ansicht keinen Innenrechtsstreit dar. Die Teilnahme des Volkes an einem Bürgerbegehren stellt im Sinne einer Abstimmung eine unmittelbare Ausübung von Staatsgewalt i.S.v. Art. 20 Abs. 2 Satz 2 GG dar, die wie ein Wahlakt zu bewerten ist. Es handelt sich um einen Fall der unmittelbaren Demokratie, der vom Fall, dass vom Volk besonders legitimierte Organe Staatsgewalt ausüben (Normalfall der repräsentativen Demokratie), zu unterscheiden ist.[12] In derartigen Fällen stellt die Teilnahme an der Abstimmung oder Wahl nicht die Wahrnehmung einer Organstellung, sondern Ausübung eines allgemeinen (staats-) bürgerlichen Rechts dar. Gegen eine Organstellung der Bürgerschaft im Verfahren des Bürgerbegehrens und des Bürgerentscheids spricht zudem Art. 29 BayGO[13], der die Bürgerschaft oder das Bürgerbegehren als solches nicht als Gemeindeorgan nennt. Weil die Zulassungsentscheidung im Verhältnis der Gemeinde zur antragstellenden Bürgerschaft getroffen wird, ist auch Außenwirkung zu bejahen. Es geht vom Antragsziel somit um die Verpflichtung zum Erlass eines begünstigenden Verwaltungsakts. Nach vorzugswürdiger Ansicht ist daher die Verpflichtungsklage statthafte Klageart.[14] Hierfür spricht überdies Art. 18a Abs. 8 Satz 2 BayGO, der ein Vorverfahren ausnahmsweise für entbehrlich erklärt. Der bayerische Gesetzgeber ging also davon aus, dass nach allgemeinem Prozess-

---

[7] *Jaroschek*, JuS 2000, 53 (54).

[8] *OVG Koblenz* NVwZ-RR 1995, 411 (412); NVwZ-RR 1997, 241; *OVG Bautzen* NVwZ-RR 1998, 253 (254); *VG Darmstadt* NVwZ-RR 1995, 156 (157); *Jaroschek*, BayVBl. 1997, 39 (40); *ders.*, JuS 2000, 53 (54 f.); *Fischer*, DÖV 1996, 181 (183); *Bauer/Böhle/Masson/Samper*, Bayerische Kommunalgesetze, Art. 18 a, Rn. 19.

[9] Vgl. auch: § 21 Abs. 7 GO BW, § 21a Abs. 7 KSVG, § 17 Abs. 5 ThürKO, § 8b Abs. 7 HGO, § 20 Abs. 5 GO Bbg, § 16 g Abs. 8 SchlHGO.

[10] Vgl. *Seckler*, BayVBl. 1997, 232 (233); *Fischer*, DÖV 1996, 181 (183); *Jaroschek*, BayVBl. 1997, 39 (40); *ders.*, JuS 2000, 53 (55).

[11] So z.B. *OVG Koblenz* NVwZ-RR 1997, 241.

[12] So deutlich *BayVGH* NVwZ-RR 1998, 256 (257).

[13] Siehe auch z.B.: § 23 GO BW, § 29 Abs. 1 KSVG Saarl., § 40 Abs. 2 GO NW.

[14] *BayVGH* BayVBl. 1998, 402 (403); *OVG Greifswald* DVBl. 1997, 1282; *VG Düsseldorf* NVwZ 1999, 684 (685); *Meyer*, NVwZ 2003, 183 f.; *v. Danwitz*, DVBl. 1996, 134 (141); *Oebbecke*, DÖV 1995, 701 (705); *Wehr*, BayVBl. 1996, 549 (553); *Hofmann-Hoeppel/Weible*, BayVBl. 2000, 577 (583); *Schliesky*, DVBl. 1998, 169 (173); *Lissack*, Bayerisches Kommunalrecht, § 4, Rn. 131 b; *Becker*, Bayerisches Kommunalrecht, in: Becker/Heckmann/Kempen/Manssen, Öffentliches Recht in Bayern, 2. Aufl. 2001, 2. Teil, Rn. 321 und 331; *Knemeyer*, Bayerisches Kommunalrecht, Rn. 191. Wenig überzeugend *Stumpf*, BayVBl. 2000, 103 (109) sowie *Hölzl/Hien*, Gemeindeordnung mit Verwaltungsgemeinschaftsordnung, Landkreisordnung und Bezirksordnung für den Freistaat Bayern, Art. 18a BayGO, Anm. 8, die von einer isolierten Anfechtungsklage ausgehen.

recht nach § 68 Abs. 1 Satz 1 oder Abs. 2 VwGO an sich ein Widerspruchsverfahren notwendig wäre. Das ist aber bei der Alternative der kommunalverfassungsrechtlichen Feststellungs- oder allgemeinen Leistungsklage von vornherein nicht der Fall.[15]

III. Klagebefugnis, Beteiligten- und Prozessfähigkeit

Der in Betracht kommende Kläger müsste nach § 42 Abs. 2 BayGO klagebefugt sowie nach §§ 61, 62 VwGO beteiligten- und prozessfähig sein.[16] Vereinzelt wird vertreten, dass jeder unterzeichnende Bürger nach § 42 Abs. 2 VwGO klagebefugt sei.[17] Hierfür wird angeführt, dass Bürgerentscheid und Bürgerbegehren in den Gemeindeordnungen als bürgerrechtliche Mitwirkungsrechte bzw. verfahrensrechtliche Teilhabepositionen normiert seien, vgl. auch Art. 7 Abs. 2, 12 Abs. 3 BV. Allerdings überlässt Art. 12 Abs. 3 BV das Nähere der gesetzgeberischen Ausgestaltung. Gegen ein eigenes Klagerecht jedes einzelnen unterzeichnenden Bürgers spricht vor allem, dass Art. 18a Abs. 6 BayGO[18] die entsprechenden Rechte nur einem bestimmten Quorum von Gemeindebürgern in ihrer Verbindung zubilligt.[19] Außerdem sieht Art. 18a Abs. 8 Satz 2 BayGO eine Klagemöglichkeit ausdrücklich nur für die „vertretungsberechtigten Personen des Bürgerbegehrens“ vor.

Hiernach verbleiben zwei Auslegungsmöglichkeiten[20]: Man kann die vertretungsberechtigten Personen A, B und C selbst als klagebefugt ansehen, weil Art. 18a Abs. 8 Satz 2 BayGO entweder ein eigenes materielles Recht i.S.v. § 42 Abs. 2 VwGO oder in Abweichung von § 42 Abs. 2 VwGO („soweit gesetzlich nichts anderes bestimmt ist“) ein eigenes prozessstandschaftliches Klagerecht begründet. A, B und C könnten in der zuletzt genannten Deutung des Art. 18a Abs. 8 Satz 2 BayGO dann selbst im eigenen Namen das materiell dem Quorum zustehende Recht klageweise geltend machen (Prozessstandschaft für das Abstimmungsquorum als eigentlichem materiellen Rechtsinhaber).[21] Gegen ein echtes eigenes Klage- und Prozessführungsrecht von A, B und C spricht aber der Wortlaut des Art. 18a Abs. 8 Satz 2 BayGO, der nur von „vertretungsberechtigten Personen des Bürgerbegehrens“ ausgeht. Vorzugswürdig ist daher die Ansicht, die als klagebefugt nach § 42 Abs. 2 VwGO ausschließlich das Abstimmungsquorum selbst als Trägerin des materiellen Rechts auf Zulassung des Bürgerbegehrens ansieht, wobei sich der Zulassungsanspruch aus Art. 18a Abs. 8, Abs. 10 BayGO i.V.m. Art. 12 Abs. 3 BV ergibt.[22] Da vorliegend nicht ausgeschlossen erscheint, dass die notwendige Stimmenanzahl nach Art. 18a Abs. 6 BayGO erreicht ist[23], ist die Klagebefugnis des Bürgerquorums zu bejahen.[24] Das Abstimmungsquorum als Gesamtheit der Unterzeichner tritt dann selbst als Klägerin auf. Ihre Beteiligtenfähigkeit ergibt sich aus § 61 Nr. 2 VwGO.[25] Da dieses Quorum aber selbst nicht handlungsfähig ist, muss es sich gem. § 62 Abs. 3 VwGO vertreten lassen. Art. 18a Abs.

[15] S. auch die Argumentation (nicht aber das Ergebnis!) bei: *VGH Kassel* DVBl. 2000, 928 (929); *Heimlich*, DÖV 1999, 1029 (1031 ff.).

[16] Zu den im folgenden vorzustellenden, denkbaren Konstellationen bereits *Wehr*, BayVBl. 1996, 549 (551 f.).

[17] *VGH Kassel* NVwZ 1997, 310; DVBl. 2000, 928 (930); *Schliesky*, DVBl. 1998, 169 (173).

[18] Zu vergleichbaren Quoren: § 25 Abs. 3 GO LSA, § 8b Abs. 3 HGO, § 17 Abs. 3 ThürKO, § 21a Abs. 3 KSVG, § 16 g Abs. 4 SchlHGO.

[19] *Jaroschek*, BayVBl. 1997, 39 (41); *ders.*, JuS 2000, 53 (55).

[20] Grundlegend *Fischer*, DÖV 1996, 181 (184).

[21] So ausdrücklich: *Hölzl/Hien*, Gemeindeordnung, Art. 18 a, Anm. 8; im Ergebnis ebenso (unter Darlegung des Streitstandes): *Becker*, in: ders./Heckmann/Kempen/Manssen, Öffentliches Recht in Bayern, 2. Aufl. 2001, 2. Teil, Rn. 331. In diese Richtung (aber nicht eindeutig): *BayVGH* BayVBl. 1996, 597; BayVBl. 1998, 23; Vgl. etwa auch *BayVGH* BayVBl. 1998, 402 (403), der von einer „Verpflichtungsklage (...) der Vertreter des Bürgerbegehrens“ spricht. Siehe auch *BayVGH* NVwZ-RR 1998, 256 (257): *„Den Vertretern des Bürgerbegehrens sind wehrfähige Rechtspositionen in Art. 18a BayGO zugestanden.“*

[22] *Hofmann-Hoeppel/Weible*, BayVBl. 2000, 577 (584); *Jaroschek*, BayVBl. 1997, 39 (41); *ders.*, JuS 2000, 53 (55); *Wehr*, BayVBl. 1996, 549 (551 f.); *Fischer*, DÖV 1996, 181 (184).

[23] Im einzelnen unten B II 1 b i.). Vertretbar erscheint es aber, bereits auf Ebene der Klagebefugnis zu klären, ob im Hinblick auf die Teilnahme der EU-Bürger das Quorum erfüllt ist.

[24] *Jaroschek*, JuS 2000, 53 (55).

[25] *Hofmann-Hoeppel/Weible*, BayVBl. 2000, 577 (584); *Jaroschek*, BayVBl. 1997, 39 (41); *ders.*, JuS 2000, 53 (56); *Wehr*, BayVBl. 1996, 549 (551); *Fischer*, DÖV 1996, 181 (184).

8 Satz 2 BayGO kommt insofern die Bedeutung zu, eine gesetzliche Vertretungsmacht für das Abstimmungsquorum zu begründen.[26] Nach § 63 Abs. 3 VwGO i.V.m. Art. 18a Abs. 8 Satz 2 BayGO können A, B und C in gesetzlicher Vertretung für das klagebefugte Abstimmungsquorum (also für die Gesamtheit der Unterzeichner) und damit in fremdem Namen Klage erheben. Die umstrittene Frage, ob es sich dabei um einen Fall der Gesamtvertretung (§§ 54, 709 BGB) handelt, der Antrag also von den Vertretern nur gemeinschaftlich gestellt werden kann[27], oder aber ob einfache Beschlussmehrheit innerhalb der Vertreter ausreicht[28] bzw. die Vertreter auch einzeln auftreten können[29], muss hier nicht entschieden werden, da sich A, B und C über die Erhebung einer Klage einig sind.

IV. Sonstige Sachurteilsvoraussetzungen

Am Vorliegen der sonstigen Sachurteilsvoraussetzungen bestehen keine Zweifel. Insbesondere bedarf es nach Art. 18a Abs. 8 Satz 2 BayGO i.V.m. § 68 Abs. 1 Satz 2, 1. HS VwGO keines vorherigen Widerspruchsverfahrens.[30] Die Klagefrist gem. § 74 Abs. 1 Satz 2 VwGO ist am 18. September 2002 noch nicht abgelaufen.

Zwischenergebnis:
Eine Klage des Abstimmungsquorums in gesetzlicher Vertretung durch A, B und C gegen die Gemeinde G, gerichtet auf die Verpflichtung zur Zulassung des Bürgerbegehrens, wäre als Verpflichtungsklage zulässig.

B. Begründetheit

Die Klage ist begründet, wenn sie gegen den richtigen Beklagten gerichtet wird (§ 78 VwGO, im Folgenden sub I.), die Ablehnung der Zulassung des Bürgerbegehrens durch den Gemeinderat rechtswidrig war und das Antragsquorum hierdurch eine Rechtsverletzung erlitten hat (§ 113 Abs. 5 Satz 1 VwGO, im Folgenden sub II.).

I. Passivlegitimation

A, B und C müssen nach § 78 Abs. 1 Nr. 1 VwGO in Vertretung für das Abstimmungsquorum ihre Klage gegen den Rechtsträger des Organs richten, das den Erlass des begehrten Verwaltungsakts (in ihrer Meinung nach rechtswidriger Weise) unterlassen hat. Die Verweigerung der Zulassung sprach der Gemeinderat aus, der im übrigen gem. Art. 18a Abs. 8 Satz 1 BayGO für derartige Entscheidungen die Organkompetenz innehat. Richtiger Klagegegner ist daher die Gemeinde G als dessen Rechtsträger.[31]

II. Rechtswidrigkeit der Zulassungsversagung und subjektive Rechtsverletzung

Die Versagung der Zulassung muss als rechtswidrig zu qualifizieren und das Antragsquorum hierdurch in subjektiven Rechten verletzt worden sein, § 113 Abs. 5 Satz 1 VwGO.

---

[26] *Jaroschek*, JuS 2000, 53 (56); *Fischer*, DÖV 1996, 181 (185); *Wehr*, BayVBl. 1996, 549 (552).
[27] Vgl. *BayVGH* BayVBl. 1999, 182; *VG Ansbach* BayVBl. 1996, 411.
[28] *Jaroschek*, JuS 2000, 53 (56).
[29] *Fischer*, DÖV 1996, 181 (185).
[30] Zur Rechtslage in anderen Bundesländern: *Hofmann-Hoeppel/Weible*, BayVBl. 2000, 577 (583).
[31] *OVG Greifswald* DVBl. 1997, 1282.

1. Rechtswidrigkeit/Rechtmäßigkeit der Versagungsentscheidung des Gemeinderats

Die Entscheidung des Gemeinderats über die Zulassung eines Bürgerbegehrens stellt eine gebundene Entscheidung dar, die von den Gerichten uneingeschränkt nachprüfbar ist.[32] Die Versagung der Zulassung des Bürgerbegehrens ist daher nur rechtmäßig, wenn sich der Gemeinderat bei der Entscheidung über die Nichtzulassung im Rahmen seiner nach Art. 18a Abs. 8 Satz 1 BayGO eingeräumten Prüfkompetenz hielt und insofern einen legitimen Grund für die Ablehnung hatte. In Betracht kommt eine gerechtfertigte Zulassungsablehnung aus formellen und materiellen Gründen.[33]

a) Formelle Rechtmäßigkeit des Bürgerbegehrens

Unumstrittenerweise hat der Gemeinderat hinsichtlich der formellen Rechtmäßigkeit des Bürgerbegehrens ein umfassendes Prüfungsrecht, d.h. die Verweigerung der Zulassung eines Bürgerbegehrens, das nicht den formellen Anforderungen des Art. 18a Abs. 1 bis 6 BayGO entspricht, ist nicht rechtswidrig.[34] Die Zulassung eines Bürgerbegehrens findet nach Art. 18a Abs. 1 BayGO nur auf Antrag statt.[35] Dieser Antrag wird durch die Unterschriftenliste verkörpert, die ihrerseits als Bürgerbegehren betitelt ist und ausdrücklich einen Antrag auf Durchführung eines Bürgerentscheids enthält. Dieser Antrag, also das Bürgerbegehren, ist auch ordnungsgemäß bei der Gemeinde nach Art. 18a Abs. 4 Satz 1 BayGO[36] eingereicht worden.

Die Anzahl der Unterschriften (602) erreicht des Weiteren das nach Art. 18a Abs. 6 BayGO für eine 9.500 Einwohner und 6.000 wahlberechtigte Gemeindebürger zählende Gemeinde erforderliche 10%-Quorum.[37] Allerdings ist zu bedenken, dass ohne die vier Stimmen der italienischen Gemeindebürger das Quorum scheitern würde. Entscheidend ist daher, ob Stimmen ausländischer Mitbürger mitgezählt werden. Nach Art. 18a Abs. 5 Satz 1, 15 Abs. 2 BayGO ist allein entscheidend, dass das Bürgerbegehren von Gemeindebürgern unterzeichnet wird, die wahlberechtigt sind und in das Bürgerverzeichnis eingetragen sind. Nach vorzugswürdiger Ansicht zählen hierzu wegen Art. 17 EGV, Art. 28 Abs. 1 Satz 3 GG und Art. 1 Abs. 1 (Bay) GLKrWG auch Unionsbürger[38], zumal die heutige Fassung des Art. 18a Abs. 5 BayGO gerade durch die Streichung der früheren Tatbestandsvoraussetzung, wonach der Eintrag im sog. Wählerverzeichnis maßgeblich war, klarstellen wollte, dass Unionsbürger nunmehr ohne weiteres (insbesondere ohne Beantragung der Aufnahme ins Wählerverzeichnis) bei Bürgerbegehren und Bürgerentscheid mitwirken können.[39] Allerdings werden gegen dieses Ergebnis vereinzelt im Hinblick auf Art. 20 Abs. 2, 28 Abs. 1 Satz 3, 116 GG verfassungsrechtliche Bedenken erhoben.[40] Wenn sich auch Art. 28 Abs. 1 Satz 3 GG vom Wortlaut nur auf Wahlen bezieht, so ist hierdurch nicht der Umkehrschluss zwingend, das Grundgesetz verbiete wegen Art. 20 Abs. 2 GG (Volk = Summe aller Deutschen i.S.v. Art. 116 GG) die Teilnahme von EU-Ausländern an Bürgerbegehren und Bürgerentscheiden. Wenn Art. 28 Abs. 1 Satz 3 GG den Unionsbürger sogar zu Wahlen zulässt, dann muss dies für einen Bürgerentscheid als qualitatives Minus der Ausübung von Staatsgewalt erst recht gelten.[41] Im übrigen ist Art. 28 Abs. 1 GG bloße

---

[32] *BayVGH* BayVBl. 1999, 729.
[33] Vgl. *BayVGH* BayVBl. 1999, 729.
[34] *Hofmann-Hoeppel/Weible*, BayVBl. 2000, 617.
[35] Siehe auch z.B.: § 22b Abs. 1 Nds GO, § 26 Abs. 1 GO NW, § 8b Abs. 1 HGO, § 21 Abs. 3 GO BW, § 17 Abs. 1 S. 1 ThürKO.
[36] Siehe auch z.B.: § 26 Abs. 2 GO NW, § 21a Abs. 2 KSVG Saarl., § 25 Abs. 1 und 2 SächsGemO, § 20 Abs. 1 GO Bbg, § 8b Abs. 3 HGO, § 16 g Abs. 3 SchlHGO.
[37] Vgl. auch: § 25 Abs. 3 GO LSA, § 8b Abs. 3 HGO, § 17 Abs. 3 ThürKO, § 21a Abs. 3 KSVG, § 16 g Abs. 4 SchlHGO.
[38] *Hofmann-Hoeppel/Weible*, BayVBl. 2000, 617 (618f.); *Jaroschek*, JuS 2000, 53 (57f.); *Bauer/Böhle/Masson/Samper*, Bayerische Kommunalgesetze, Art. 18 a, Rn. 14; *Widtmann/Grasser u.a.*, Bayerische Gemeindeordnung, Art. 18 a, Rn. 6.
[39] *Hofmann-Hoeppel/Weible*, BayVBl. 2000, 617 (619), unter Rekurs auf die Gesetzesbegründung.
[40] *Wehr*, BayVBl. 1996, 549f.
[41] *Hölzl/Hien*, Gemeindeordnung, Art. 18a BayGO, Anm. 2.

Homogenitätsklausel, die gewisse Abweichungen vom Prinzip der Volkssouveränität zulässt. Das Quorum ist daher unter zulässiger Hinzuzählung der vier Unterschriften italienischer Staatsbürger ordnungsgemäß zustande gekommen.

Nach Art. 18 Abs. 4 Satz 1 BayGO muss das Bürgerbegehren derart bestimmt sein, dass die für den späteren Bürgerentscheid vorformulierte Frage mit Ja oder Nein zu entscheiden ist. Hieran sind zugunsten des regelmäßig verwaltungsunerfahrenen Bürgers keine all zu strengen formalen Anforderungen zu stellen.[42] Ausscheiden sollen hiernach vor allem abstrakte Fragen. Ansonsten genügt es, wenn sich aus der Auslegung des Bürgerbegehrens ergibt, dass die Fragestellung auf eine konkrete, unzweideutige Fragestellung hinausläuft. Im vorliegenden Fall ist die Fragestellung *„Sollen zur Wasserversorgung in G weiterhin die Oberflächenquellen unter Verzicht auf eine Grundwasserförderung genutzt werden?"* eindeutig und bestimmt so formuliert, dass eine Antwort mit Ja oder Nein ermöglicht wird. Es handelt sich demnach um ein im Sinne von Art. 18a Abs. 4 Satz 1 BayGO bestimmtes Begehren. Im übrigen wird das Bürgerbegehren gem. Art. 18a Abs. 4 Satz 1 BayGO mit der Notwendigkeit des Schutzes der Grundwasservorräte ausreichend begründet. Schließlich werden im Antrag auf Bürgerentscheid (also im Bürgerbegehren) mit A, B und C drei vertretungsberechtigte Personen gemäß den Anforderungen des Art. 18a Abs. 4 BayGO benannt. Das Bürgerbegehren ist damit formell rechtmäßig.

Zur Vertiefung: Unzulässig ist ein Begehren auch, wenn es nicht auf eine echte Entscheidung, auf rechtliche Auswirkungen gerichtet ist, d. h. lediglich dazu dient, ein Forum für unverbindliche Meinungsumfragen bereitzustellen. Ein Beispiel findet sich bei *BayVGH* BayVBl. 1999, 439f. Dieses Problem spielt im vorliegenden Fall keine Rolle.

b) Verweigerung der Zulässigkeit des Bürgerbegehrens aus materiellen Gründen

Der Gemeinderat kann zudem die Zulassung eines Bürgerbegehrens auch aus inhaltlichen Gründen gerechtfertigt verweigern. Insofern sind jedoch hinsichtlich der materiellen Prüfungskompetenz des Gemeinderats Ablehnungsgründe rechtspolitischer Natur (im folgenden sub aa)) und solche, die sich auf entgegenstehende Rechtsvorschriften stützen (Ablehnung wegen materieller Rechtswidrigkeit des Bürgerbegehrens, im Folgenden sub bb), cc) und dd)), voneinander abzugrenzen.

aa) Zweckmäßigkeitsprüfung durch den Gemeinderat?

Insofern ist zunächst zu fragen, ob der Gemeinderat die Zulassung allein deshalb verweigern darf, weil das von ihm favorisierte Modell im Vergleich zu den konträren Vorstellungen des Bürgerbegehrens nach seiner Bewertung die zweckmäßigste Lösung darstellt. Gegen ein derartiges politisches Prüfungsrecht[43] – die Frage der Zweckmäßigkeit wird regelmäßig nicht verobjektivierbar sein und läuft daher stets auf eine rein persönliche Bewertung hinaus, die sich einem Wahrheitsbeweis entzieht[44] – sprechen folgende Erwägungen[45]: Art. 29 BayGO sieht zwar den Gemeinderat als zentrales Willensbildungsorgan im Zusammenhang mit Fragen kommunaler Verwaltungsbefugnisse vor. Andererseits hat aber die im Jahr 1995 mit den Instrumentarien des Art. 18a BayGO geschaffene Einführung der Mitwirkungs- und Entscheidungsrechte der Bürgerinnen und Bürger eine echte politische Entscheidungskonkurrenz zwischen Gemeinderat und Bürgerbegehren in politischen Grundsatzfragen herbeigeführt. Die Verwaltungsbefugnis des Gemeinderats ist

[42] *BayVGH* BayVBl. 1997, 276 (277f.); BayVBl. 1998, 242; *OVG Koblenz* NVwZ-RR 1997, 241 (243); *v. Danwitz*, DVBl. 1996, 134 (137); *Hofmann-Hoeppel/Weible*, BayVBl. 2000, 617 (619); *Jaroschek*, JuS 2000, 53 (58). Zu Bestimmtheitsanforderungen im übrigen s. auch *BayVGH* BayVBl. 2002, 184. Vgl. z. B. auch: § 21a Abs. 2 KSVG Saarl., § 25 Abs. 2 SächsGemO, § 20 Abs. 1 GO Bbg, § 8b Abs. 3 HGO.

[43] Vgl. die Terminologie bei *Hofmann-Hoeppel/Weible*, BayVBl. 2000, 617 (622).

[44] Etwas anders wohl *VG Würzburg* BayVBl. 1999, 282 (283, sub Nr. 2.3.3.2).

[45] Siehe *VG Würzburg* BayVBl. 1999, 282f.

hierdurch bewusst und gewollt eingeschränkt worden. Es ist Sinn der gesetzlichen Regelung, dass die Bürger nunmehr selbst Entscheidungen treffen können sollen, die der Gemeinderat als Repräsentativorgan auf Zeit nicht zu treffen bereit ist. Die Frage der Zweckmäßigkeit ist nach dem gesetzlichen Konzept daher durch die Bürgerschaft im Ganzen zu beantworten. Diese hat erst in dem der Zulassungsentscheidung nachfolgenden Verfahrensabschnitt per Bürgerentscheid nach Art. 18a Abs. 10 Satz 1 und Abs. 13 Satz 1 BayGO mit der Wirkung, der sonst einem Gemeinderatsbeschluss zukommt, über das Begehren zu entscheiden.[46] Die Prüfungskompetenz des Gemeinderats im Rahmen der Entscheidung nach Art. 18a Abs. 8 Satz 1 BayGO erstreckt sich damit nicht auf Zweckmäßigkeitsfragen; ein politisches Prüfungsrecht eröffnet Art. 18a BayGO dem Gemeinderat nicht.[47] Allein der Umstand, dass das Konzept des Gemeinderats (Grundwassernutzung anstelle verstärkten Rückgriffs auf Oberflächenwasser) von ihm selbst als besser oder zweckmäßiger bewertet wird, rechtfertigt nicht die Ablehnung. Aus materieller Sicht kann eine Zulassungsablehnung vielmehr nur auf Rechtsverstöße gestützt werden. Soweit sich also in der folgenden Prüfung nicht dem Inhalt des Bürgerbegehrens rechtlich entgegenstehende Gründe finden, ist der ablehnende Gemeinderatsbeschluss fehlerhaft, d.h. rechtswidrig.

Zum Verständnis: Art. 18a BayGO ist seinerseits Produkt eines plebiszitären Gesetzgebungsakts nach Art. 74 BV. Er wurde als Bestandteil des „Gesetzes zur Einführung des kommunalen Bürgerentscheides“ vom 27.10.1995 (GVBl. S. 730) durch Volksentscheid vom 1. Oktober 1995 vom bayerischen Volk angenommen.[48]

bb) Angelegenheit des eigenen Wirkungskreises

Nach Art. 18a Abs. 1 BayGO muss das Bürgerbegehren eine Angelegenheit des eigenen Wirkungskreises i.S.v. Art. 7 Abs. 1 und 2, Art. 57 BayGO, Art. 28 Abs. 2 Satz 1 GG, Art. 11 Abs. 2 Satz 2, 83 Abs. 1 BV betreffen. Andernfalls darf es vom Gemeinderat aus Rechtsgründen nicht nach Art. 18a Abs. 8 BayGO zugelassen werden.[49] Hier geht es um die gemeindliche Wasserversorgung, also um typische Daseinsvorsorge i.S.v. Art. 57 Abs. 2 BayGO, Art. 83 Abs. 1 BV. Es handelt sich daher um Angelegenheiten des eigenen Wirkungskreises, die in der örtlichen Gemeinschaft wurzeln.

cc) Negativkatalog gem. Art. 18a Abs. 3 BayGO

Auch Angelegenheiten des eigenen Wirkungskreises dürfen nur dann zugelassen werden, wenn sie nicht thematisch dem Ausschlusskatalog des Art. 18a Abs. 3 BayGO[50] unterfallen. Von den dort aufgelisteten Themen wäre hier allenfalls an das Verbot von Abstimmungen zur Haushaltssatzung zu denken, wenn man die Bestimmung dahin auslegt, dass sie auch Maßnahmen erfasst, die sich materiell auf den Haushalt auswirken.[51] Für eine derart weite Auslegung kann man mit guten Gründen anführen, dass Art. 18a Abs. 3 letzte Alt. BayGO insofern (wie auch Art. 73 BV auf Ebene des Parlaments) das Budgetrecht des Gemeinderats schützt, damit diesem ein hinreichender politischer Gestaltungsspielraum

[46] *VG Würzburg* BayVBl. 1999, 282 (283).

[47] *VG Würzburg* BayVBl. 1999, 282f.; *Hofmann-Hoeppel/Weible*, BayVBl. 2000, 617 (622f.); *Hölzl/Hien*, Gemeindeordnung, Art. 18a BayGO, Anm. 8.

[48] Zur Entstehungsgeschichte: *Bauer/Böhle/Masson/Samper*, Bayerische Kommunalgesetze, Art. 18 a, Rn. 1; *Hölzl/Hien*, Gemeindeordnung, Art. 18a BayGO, Anm. 1; *Becker*, in: ders./Heckmann/Kempen/Manssen, Öffentliches Recht in Bayern, 2. Aufl. 2001, 2. Teil, Rn. 293f.

[49] Achtung: Aufgaben, die zwar an sich in den eigenen kommunalen Wirkungskreis fallen, aber auf einen Zweckverband übertragen worden sind, sind nicht mehr eigene Aufgaben der Gebietskörperschaft; zu den Konsequenzen für die Frage der Zulässigkeit eines Bürgerbegehrens: *BayVGH* BayVBl. 1999, 729f.; *Knemeyer*, Bayerisches Kommunalrecht, Rn. 187; *Hofmann-Hoeppel/Weible*, BayVBl. 2000, 617 (619), m.w.N.

[50] Vergleichbare Regelungen: § 22b Abs. 3 S. 2 Nds GO, § 26 Abs. 5 GO NW, § 21a Abs. 4 KSVG Saarl., § 17 Abs. 2 ThürKO, § 20 Abs. 3 GO Bbg, § 26 Abs. 3 GO LSA, § 16 g Abs. 2 SchlHGO. Zur Zulässigkeit eines Bürgerbegehrens mit dem Ziel, die Fortführung eines laufenden Bauleitplanverfahrens zu stoppen: *BayVGH* BayVBl. 2002, 184f.

[51] In diese Richtung *Ritgen*, NVwZ 2000, 129 (135).

verbleibt. Dieser steht womöglich in Frage , *„wenn der Rat gezwungen wird die verbleibenden freien Mittel für Projekte einzusetzen, die auf ein Bürgerbegehren zurückgehen.“*[52] Letztlich können Bürgerentscheide zu Mehrkosten führen, *„die den Haushalt aus dem Gleichgewicht bringen und zu einer Neuordnung seines Gesamtgefüges zwingen.“*[53] Gegen eine solche Auslegung des Art. 18a Abs. 3 BayGO spricht aber, dass hierdurch Bürgerbegehren und Bürgerentscheid als vom Gesetzgeber gewollte Handlungsinstrumentarien der direkten Demokratie auf kommunaler Ebene wenig Effizienz besäßen, obwohl sie gerade als Konkurrenzmodell zum Gemeinderatsbeschluss konzipiert sind. Denn fast jedes Bürgerbegehren hat im Falle seines Erfolges Auswirkungen auf die Gemeindefinanzen.[54] Während sich Art. 73 BV auf den Staatshaushalt im Ganzen (d. h. nicht nur auf das Haushaltsgesetz nach Art. 70 Abs. 2, 77 Abs. 3 BV) bezieht, nennt Art. 18a Abs. 3 BayGO ausschließlich die Haushaltssatzung als unzulässigen Gegenstand eines Bürgerentscheids. Art. 18a BayGO sollte für die Gemeindeebene eine über Art. 73 BV hinausgehende Möglichkeit plebiszitärer Entscheidungen schaffen. Art. 18a Abs. 3 BayGO erklärt daher nicht jede Initiative, weil sie sich materiell auf den Haushalt auswirkt, für unzulässig.[55] Kostenträchtige Maßnahmen unterliegen als solche nur der Prüfung anhand Art. 61 Abs. 2 BayGO (hierzu im Folgenden sub dd)).

dd) Rechtswidriges Ziel des Bürgerbegehrens?

Aus Art. 18a Abs. 1 und 3 BayGO könnte der Umkehrschluss gezogen werden, dass außer der thematischen Frage des eigenen Wirkungskreises und der Einschlägigkeit des vorgenannten Ausschlusskataloges keine weiteren materiellen Prüfmaßstäbe verbleiben, die dem Gemeinderat bei seiner Entscheidung nach Art. 18a Abs. 8 Satz 1 BayGO ein materielles Prüfungsrecht und damit eine Ablehnungsmöglichkeit eröffnen. Dennoch ist anerkannt, dass sich die materielle Zulässigkeitsprüfung auch auf die Frage erstreckt, ob die Maßnahmen und Ziele, die Gegenstand des Bürgerbegehrens sind bzw. mit dem Bürgerbegehren erreicht werden sollen, schlechthin mit der Rechtsordnung im Einklang stehen, also rechtmäßig sind.[56] Auch über das Mittel des Bürgerbegehrens und des Bürgerentscheids darf nicht zwingendes Recht außer Kraft gesetzt werden. Gerade weil diese direktdemokratischen Instrumente partiell an die Stelle eines Gemeinderatsbeschlusses treten, unterliegen sie den gleichen Bindungen wie die Organe der Gemeinde selbst. Neben dem Grundsatz der Gesetzesbindung gem. Art. 56 Abs. 1 BayGO[57] und Art. 20 Abs. 3 GG[58] sprechen für diese Auffassung, die sich vor allem in der Praxis durchgesetzt hat, pragmatische und teleologische Argumente: Denn durch eine frühzeitige umfassende Rechtmäßigkeitsprüfung wird sichergestellt, dass nicht mit hohem Verwaltungs- und Kostenaufwand das Verfahren in der zweiten Stufe bis hin zum Bürgerentscheid durchgeführt wird, obwohl bereits im Zeitpunkt der Zulassungsentscheidung des Gemeinderats feststellbar ist, dass sich ein entsprechender Bürgerentscheid dem Risiko aussetzt, durch die Rechtsaufsichtsbehörde beanstandet oder gar aufgehoben zu werden.[59] Entscheidend für die Frage der Rechtmäßigkeit der Ablehnung des Bürgerbegehrens im vorliegenden Fall ist also, ob die Maßnahmen und Ziele, die mit dem Antrag auf Durchführung des Bürgerentscheids erreicht werden sollen, mit der Rechtsordnung übereinstimmen oder nicht.

Als Anknüpfungspunkt für eine mögliche Rechtswidrigkeit kommt zunächst Art. 61

[52] *Ritgen*, NVwZ 2000, 129 (135).
[53] *Ritgen*, NVwZ 2000, 129 (135).
[54] *Knemeyer*, Bayerisches Kommunalrecht, Rn. 189.
[55] So auch *BayVerfGH* BayVBl. 1998, 622 (627 f.); *Widtmann/Grasser u.a.*, Bayerische Gemeindeordnung, Art. 18 a, Rn. 4; *Knemeyer*, Bayerisches Kommunalrecht, Rn. 189.
[56] *BayVGH* BayVBl. 1998, 209 (210 f.); BayVBl. 1998, 242; BayVBl. 1998, 402 (403); BayVBl. 1999, 408; BayVBl. 1999, 729; BayVBl. 2000, 564 (565); *VG Würzburg* BayVBl. 1999, 282; *Ritgen*, NVwZ 2000, 129 (134); *Hofmann-Hoeppel/Weible*, BayVBl. 2000, 617 (620).
[57] *VG Würzburg* BayVBl. 1999, 282 (284), m.w.N.
[58] *BayVGH* BayVBl. 1998, 209 (211); *Ritgen*, NVwZ 2000, 129 (134).
[59] *BayVGH* BayVBl. 1998, 209 (210 f.); BayVBl. 1998, 242 (243); *VG Würzburg* BayVBl. 1999, 282 (283); *Hofmann-Hoeppel/Weible*, BayVBl. 2000, 617 (619).

Abs. 2 Satz 1 BayGO[60] in Betracht. Hiernach ist nicht nur die gemeindliche Haushaltsplanung im Ganzen, sondern auch jede einzelne gemeindliche Maßnahme an die Grundsätze der Sparsamkeit (= Vermeidung unnötiger Ausgaben) und Wirtschaftlichkeit (= Vermeidung einer ungünstigen Relation von verfolgtem Zweck und einzusetzenden Mitteln) gebunden.[61] Eine Verletzung dieser Grundsätze im Falle der Umsetzung der Ziele des Bürgerbegehrens (verstärkter Rückgriff auf Oberflächenwasser statt auf Grundwasser) kommt hier insofern in Betracht, als Mehrkosten in Höhe von 1.000.000,– € im Vergleich zur Nutzung der bereits nahezu fertiggestellten Brunnen nachweisbar sind. Insofern sind die Anforderungen des Art. 61 Abs. 2 Satz 1 BayGO in systematischer Auslegung unter Berücksichtigung des gemeindlichen Selbstverwaltungsrechts zu bestimmen. Selbstverwaltung bedeutet notwendigerweise Raum für eigenes politisches Entscheiden. Damit gebietet Art. 61 Abs. 2 Satz 1 BayGO nicht in jedem Falle die billigste Maßnahme, es muss vielmehr auch bei Varianten, die mit divergierenden Kostenfolgen verbunden sind, ein rechtspolitischer Gestaltungsspielraum verbleiben. Ein Verstoß gegen Art. 61 Abs. 2 Satz 1 BayGO kann hiernach nicht schon dann angenommen werden, wenn das Ziel irgendwie wirtschaftlicher erreicht werden könnte. Im Falle einer Maßnahme des Gemeinderats ist insofern anerkannt, dass ein Verstoß gegen Art. 61 Abs. 2 Satz 1 BayGO, der die gemeindliche Maßnahme dem Verdikt der Rechtswidrigkeit aussetzt, erst anzunehmen ist, wenn die Maßnahme (auch unter Berücksichtigung der erwogenen Gründe gegen eine möglicherweise billigere Handlungsalternative) mit den Grundsätzen vernünftigen Wirtschaftens schlechthin unvereinbar ist.[62] Weil ein Bürgerentscheid nach Art. 18a Abs. 13 BayGO[63] einen Gemeinderatsbeschluss ersetzt, muss die Rechtmäßigkeit eines Bürgerbegehrens und eines Bürgerentscheids nach Art. 61 Abs. 2 BayGO nach den gleichen Maßstäben beurteilt werden. Insofern ist allein entscheidend, ob die mit dem Bürgerbegehren verfolgte Maßnahme (verstärkte Oberflächenwassernutzung unter Aufgabe des vom Gemeinderat favorisierten Grundwasserkonzepts) den eingeräumten Gestaltungsspielraum in nicht mehr vertretbarer Weise überschritten hat.[64]

Es ist zu berücksichtigen, dass der Vorschlag des Bürgerbegehrens dem Schutz der Grundwasservorräte dienen soll. Insofern bewertet das Bürgerbegehren einen Eingriff in den Grundwasserhaushalt aus ökologischer Sicht gravierender als einen weiteren Eingriff in den Oberflächenwasserhaushalt und nimmt insofern entstehende Mehrkosten aus Gründen eines rücksichtsvolleren Umgangs mit Natur und Umwelt in Kauf. Mit dieser Motivation sucht das Bürgerbegehren immerhin auch verfassungsrechtliche und einfachgesetzliche Schutzvorgaben – Art. 20a GG, Art. 141 Abs. 1 BV, § 1a Abs. 1 und Abs. 2 WHG – umzusetzen. Damit wird man die mit dem Bürgerbegehren letztlich verfolgte Maßnahme nicht als mit wirtschaftlichen Grundsätzen *schlechthin unvereinbar* ansehen können. Die mit dem Bürgerbegehren verfolgten Ziele setzen sich demnach – obwohl sie im Ergebnis zu deutlichen Mehrkosten führen – *„nicht dem Verdikt eines („gesteigerten") Verstoßes gegen die Grundsätze der Wirtschaftlichkeit und Sparsamkeit im o.a. Sinn"* aus (a.A. womöglich vertretbar).[65]

Da nach der vorliegenden Fallgestaltung nichts dafür spricht, dass das mit dem Bürgerbegehren verfolgte Konzept vollkommen ungeeignet ist, die Wasserversorgung in G in den nächsten Jahren zu sichern, scheidet des Weiteren eine denkbare Rechtswidrigkeit mit der Begründung aus, dass die Gemeinde dann ihren Daseinsvorsorgepflichten aus Art. 57 Abs.

[60] Ebenso z.B.: § 82 Abs. 2 S. 1 Nds GO, § 75 Abs. 2 GO NW, § 90 Abs. 2 GO LSA, § 77 Abs. 2 GO BW, § 72 Abs. 2 SächsGemO.

[61] *BayVGH* BayVBl. 1998, 402 (403); *VG Würzburg* BayVBl. 1999, 282 (284).

[62] *BayVGH* BayVBl. 1992, 628 (630); BayVBl. 1998, 402 (403); *OVG Münster* DÖV 1991, 611 (612); *VG Würzburg* BayVBl. 1999, 282 (284).

[63] Siehe auch: § 21 Abs. 7 GO BW, § 21a Abs. 7 KSVG, § 17 Abs. 5 ThürKO, § 8b Abs. 7 HGO, § 20 Abs. 5 GO Bbg, § 16 g Abs. 8 SchlHGO.

[64] *BayVGH* BayVBl. 1998, 402 (403); *VG Würzburg* BayVBl. 1999, 282 (284); *Ritgen*, NVwZ 2000, 129 (134).

[65] *VG Würzburg* BayVBl. 1999, 282 (284).

2 BayGO nicht hinreichend gerecht würde (zumal auch hier ein weiter, gerichtlich nur eingeschränkt überprüfbarer Entscheidungsspielraum anzuerkennen ist).[66] Da auch sonstige Rechtswidrigkeitsgründe nicht in Betracht kommen – insbesondere ist nach den Sachverhaltsangaben davon auszugehen, dass dem von dem Bürgerbegehren favorisierten Modell keine unbehebbaren umwelt- resp. wasserrechtlichen Hindernisse entgegenstehen[67] –, ist das Ziel des Bürgerbegehrens insgesamt als rechtmäßig zu beurteilen.

Zwischenergebnis:
Die Zulassung des Bürgerbegehrens durfte seitens des Gemeinderats nicht unter Berufung auf formelle oder materielle Rechtswidrigkeit bzw. auf inhaltliche Unzweckmäßigkeit verweigert werden.

c) Materielle Verwirkung des Zulassungsanspruchs
Unter Heranziehung des Gedankens unzulässiger Rechtsausübung (§ 242 BGB, Treu und Glauben) kann an eine (materielle) Verwirkung des Anspruchs des Quorums auf Zulassung des Bürgerbegehrens gedacht werden. Denn immerhin ist mit der Einreichung des Antrags so lange gewartet worden, bis die für die Grundwassernutzung erforderlichen Brunnenanlagen nahezu vollständig errichtet worden sind.

> **Zum Aufbau:** Es ist gut vertretbar, diese Frage bereits auf Ebene der Zulässigkeit der Klage als verfahrensrechtliche Verwirkung (= Verwirkung des Klagerechts) zu diskutieren.

Ungeachtet der Frage, ob das Institut der Verwirkung überhaupt auf die Konstellation des vorliegenden Falles passt, weil sowohl Gemeinderat als auch Bürgerquorum letztlich beide für die Gemeinde handeln wollen (wenn auch mit divergierenden Konzepten)[68], bedarf es für die Annahme einer Verwirkung neben dem Zeitmoment auch des sog. Umstandsmoments[69]: Es muss gerade infolge Zeitablaufs und des Gesamtverhaltens des Rechtsinhabers eine schutzwürdige Vertrauensgrundlage zugunsten des anderen Teils geschaffen worden sein, wonach dieser berechtigt darauf vertrauen durfte, dass das Recht (hier auf Zulassung des Bürgerbegehrens) nicht mehr ausgeübt wird, und sich deshalb auch hierauf eingerichtet hat. Gegen eine derartige Vertrauensgrundlage spricht aber, dass das Konzept des Gemeinderats seit Jahren in der Kommune bekämpft wird. Der Gemeinderat musste also damit rechnen, dass für den Fall, dass Proteste als herkömmliches Mittel des bürgerlichen Beitrags zur Meinungsbildung fruchtlos verlaufen, seitens der Gegner des Grundwasserkonzepts auf diese gesetzlich zustehenden direkt-demokratische Handlungsinstrumentarien übergegangen wird. Außerdem ist zu berücksichtigen, dass die Bayerische Gemeindeordnung davon abgesehen hat, eine Ausschlussfrist für ein Bürgerbegehren gegen ein schon lange geplantes gemeindliches Konzept zu normieren.[70] Diese Entscheidung des Gesetzgebers darf nicht über eine zu großzügige Anwendung von Verwirkungsgrundsätzen umgangen werden. Die Inanspruchnahme der Instrumentarien nach Art. 18a BayGO ist damit nicht verwirkt (a.A. ggf. vertretbar). Die Versagung der Zulassung durch den Gemeinderat ist mangels Einschlägigkeit eines Versagungsgrundes als rechtswidrig zu beurteilen.

[66] Hierzu auch *VG Würzburg* BayVBl. 1999, 282 (285).
[67] Zu dieser Frage als Versagensgrund im Rahmen der Zulassungsentscheidung nach Art. 18a Abs. 8 Satz 1 BayGO: *BayVGH* BayVBl. 2000, 564f.
[68] Vgl. die Überlegung bei *VG Würzburg* BayVBl. 1999, 282 (285).
[69] Siehe insofern auch *Bauer*, Die Verwaltung 1990, 211 (215f.). Speziell für die vorliegende Fallgestaltung: *VG Würzburg* BayVBl. 1999, 282 (285).
[70] *VG Würzburg* BayVBl. 1999, 282 (285).

2. Subjektive Rechtsverletzung

Weil sich aus Art. 7 Abs. 2, 12 Abs. 3 BV i.V.m. Art. 18a Abs. 8, Abs. 10 BayGO ein Anspruch auf Zulassung des Bürgerbegehrens für den Fall, dass keine Versagungsgründe einschlägig sind, ableiten lässt, ist in der rechtswidrigen Versagung der Zulassung durch den Gemeinderat zugleich eine subjektive Rechtsverletzung des klagenden Bürgerquorums zu sehen.

Ergebnis:
Die Verpflichtungsklage ist nicht nur zulässig, sondern auch begründet. Da Art. 18a Abs. 8 Satz 1 BayGO kein Ermessen eröffnet ist die Sache spruchreif, sodass nach § 113 Abs. 5 Satz 1 VwGO ein echtes Verpflichtungsurteil ergeht. Das Verwaltungsgericht wird die G verpflichten, das Bürgerbegehren zuzulassen.

C. Abwandlung

In Art. 12 Abs. 3 BV ist ein grundsätzlicher Anspruch auf Durchführung von Bürgerentscheid und Bürgerbegehren verfassungsrechtlich abgesichert. Dieses Recht ist nach erfolgter Zulassung des Bürgerbegehrens in Art. 18a Abs. 9 BayGO bis zum Bürgerentscheid verfahrensrechtlich durch eine Sperrwirkung gesichert: Die Gemeindeorgane dürfen bis zur Durchführung des Bürgerentscheids grundsätzlich keine Entscheidung mehr treffen, die dem Begehren entgegenstehen, oder eine derartige bereits getroffene Entscheidung vollziehen.[71] Eine Regelung zur Sicherung von Bürgerentscheid und Bürgerbegehren zwischen Einreichung des Bürgerbegehrens und der (positiven) Zulassungsentscheidung sieht Art. 18a BayGO hingegen nicht (mehr) vor. Der frühere Art. 18a Abs. 8 BayGO a.F., der eine generelle Sperrwirkung schon mit Abgabe von einem Drittel der nach Art. 18a Abs. 6 BayGO erforderlichen Unterschriften vorsah, wurde vom *Bayerischen Verfassungsgerichtshof* wegen Verstoßes gegen Art. 11 Abs. 2 Satz 2 BV für verfassungswidrig und ex tunc nichtig erklärt. Denn das kommunale Selbstverwaltungsrecht beinhaltet die Gewährleistung, dass kommunale Vertretungsorgane die eigenen kommunalen Angelegenheiten grundsätzlich eigenständig und selbstverantwortlich regeln können müssen. Dieses Recht der Gemeinde darf nicht einseitig ausgehöhlt werden, auch nicht zugunsten direkt-demokratischer Aspekte.[72]

Insofern besteht aber nunmehr die Gefahr, dass Gemeinderat und Gemeindeverwaltung Maßnahmen treffen (z.B. einen Ratsbeschluss fassen oder einen solchen vollziehen), die den Zielen des Bürgerbegehrens entgegenstehen. Die Erfolgschancen des Bürgerentscheides können dann durch die Schaffung vollendeter Tatsachen vermindert oder gar vereitelt werden. Sofern etwa in der hier begutachteten Fallgestaltung nach der Einreichung des Bürgerbegehrens (insbesondere während der laufenden Verpflichtungsklage auf Zulassung des Begehrens) noch weitere finanziell erhebliche Maßnahmen zur Fertigung von Brunnenanlagen zwecks Grundwassernutzung beschlossen und in Auftrag gegeben werden, steigt die finanzielle Mehrbelastung für die Gemeinde – die Erfolgschancen des Bürgerbegehrens sinken, weil die zum Bürgerentscheid aufgerufenen Bürger das ökologischere Modell des Begehrens, was sie ggf. sonst bevorzugen würden, dann womöglich aus wirtschaftlichen Erwägungen ablehnen. In einem solchen Fall kommt für das Quorum, vertreten durch A, B und C, in Betracht, einen verwaltungsgerichtlichen Antrag auf Erlass einer einstweiligen Anordnung nach § 123 VwGO zu stellen.[73] Insofern könnte etwa be-

[71] Vgl. auch *Knemeyer*, Bayerisches Kommunalrecht, Rn. 191.
[72] *BayVerfGH* BayVBl. 1997, 622 (625f.). Krit. *Becker*, in: ders./Heckmann/Kempen/Manssen, Öffentliches Recht in Bayern, 2. Aufl. 2001, 2. Teil, Rn. 294.
[73] Hierzu: *BayVGH* BayVBl. 1998, 209ff.; NVwZ-RR 1998, 252f.; *VGH Kassel* NVwZ-RR 1998, 255f.; *Meyer*, NVwZ 2003, 183 (184); *Hofmann-Hoeppel/Weible*, BayVBl. 2000, 577 (581f.); *Fischer*, DÖV 1996, 181 (185f.); *Schliesky*, DVBl. 1998, 169 (174ff.). Für den Fall der Annahme eines kommunalverfassungsrechtlichen Organstreits in der Hauptsache: *OVG Bautzen* NVwZ-RR 1998, 253ff.

antragt werden, der G vorläufig (bis zur rechtskräftigen Entscheidung über die Zulassung des Bürgerbegehrens) zu untersagen, mit der Umsetzung des Grundwasserkonzepts fortzuschreiten resp. weitere Baumaßnahmen in Auftrag zu geben oder sonstige Aufwendungen zu tätigen.

I. Zulässigkeit eines Antrags nach § 123 VwGO

1. Verwaltungsrechtsweg

A, B und C machen in Vertretung für das Quorum in der Hauptsache einen Zulassungsanspruch nach Art. 18a Abs. 8, Abs. 10 BayGO geltend. Wie im Ausgangsfall ist der Verwaltungsrechtsweg nach § 40 Abs. 1 Satz 1 VwGO gegeben.

2. Statthafte Antragsart

Die Statthaftigkeit eines Antrags auf einstweilige Anordnung grenzt sich von der Alternative des Eilrechtsschutzes nach §§ 80, 80a VwGO durch die Vorgaben des § 123 Abs. 5 VwGO ab.[74] Danach haben §§ 80, 80a VwGO Vorrang, wenn es in der Hauptsache um eine Anfechtungsklage geht. Hier zielen jedoch A, B und C in Vertretung für das Quorum auf die Zulassung eines Bürgerbegehrens durch den Gemeinderat. Hierbei handelt es sich um einen begünstigenden Verwaltungsakt; in der Hauptsache ist – s.o. A II. – die Verpflichtungsklage einschlägige Klageart. Damit ist für Fragen des Eilrechtsschutzes gem. § 123 Abs. 5 VwGO ein Antrag auf Erlass einer einstweiligen Anordnung statthaft.

3. Antragsbefugnis, § 42 Abs. 2 VwGO analog

§ 42 Abs. 2 VwGO gilt für Verfahren nach § 123 VwGO entsprechend.[75] Es ist vorliegend nicht ausgeschlossen, dass G durch weitere Maßnahmen hinsichtlich der Grundwasserbrunnen 3 und 4 einen Rechtsanspruch des Quorums/Bürgerbegehrens auf Sicherung der Durchführung des Bürgerentscheids aus Art. 7 Abs. 2, 12 Abs. 3 BV i.V.m. Art. 18a Abs. 8 und 10 BayGO verletzt. Das Quorum ist daher antragsbefugt. Es muss sich durch A, B und C vertreten lassen (s.o. A III).

4. Allgemeines Rechtsschutzbedürfnis

Ein Rechtsschutzbedürfnis für einen Eilantrag nach § 123 VwGO wird – sofern nicht ausnahmsweise Zeitdruck resp. die besonders nahe Gefahr der Schaffung vollendeter Tatsachen eine andere Bewertung rechtfertigen[76] – nach überwiegender Ansicht nur anerkannt, wenn sich der Antragsteller vorher erfolglos bezüglich des Sicherungsbegehrens mit der Behörde auseinandergesetzt hat.[77] Hiervon ist laut Sachverhaltsangaben auszugehen (erfolgloses Protestschreiben von A, B und C im Namen des Quorums). Ein Eilantrag nach § 123 VwGO wäre zulässig.

II. Begründetheit eines Antrags nach § 123 VwGO

Ein Antrag nach § 123 VwGO ist begründet, wenn gegenüber G als passivlegitimierter Körperschaft (s.o. B I) nach summarischer Prüfung ein Anordnungsanspruch und ein An-

[74] Hierzu *Finkelnburg/Jank*, Vorläufiger Rechtsschutz, Rn. 89ff.; *Hufen*, Verwaltungsprozessrecht, § 33, Rn. 7; *Stern*, Verwaltungsprozessuale Probleme, Rn. 334.
[75] *Finkelnburg/Jank*, Vorläufiger Rechtsschutz, Rn. 102f.; *Hufen*, Verwaltungsprozessrecht, § 33, Rn. 8.
[76] Vgl. *BayVGH* NVwZ 1997, 923.
[77] Vgl. *Kopp/Schenke*, VwGO, § 123, Rn. 22; *Hufen*, Verwaltungsprozessrecht, § 33, Rn. 9, jeweils m.w.N.

ordnungsgrund gemäß § 123 VwGO glaubhaft gemacht werden können.[78] Bezüglich der rechtlichen Anforderungen an Anordnungsanspruch und Anordnungsgrund differenziert § 123 Abs. 1 VwGO zwischen *Sicherungsanordnung* gemäß Satz 1 und *Regelungsanordnung* gemäß Satz 2. Während es der Sicherungsanordnung um die Sicherung einer bereits gegenwärtig bestehenden Rechtsposition geht (Sicherung des Status quo)[79], erfasst die (weitere) Regelungsanordnung sonstige zu sichernde Rechtsverhältnisse resp. die Situation einer vorläufigen Veränderung eines bestehenden Zustands zur Verhinderung von wesentlichen Nachteilen.[80] Die Differenzierung ist regelmäßig schwierig; die Grenzen sind fließend.[81] Da es in Fällen der vorliegenden Art in der Sache um die Sicherung eines gem. Art. 7 Abs. 2, 12 Abs. 3 BV i.V.m. Art. 18a Abs. 8 und 10 BayGO bereits mit der Einreichung eines zulässigen Bürgerbegehrens entstehenden Anspruchs auf Durchführung des Bürgerentscheids geht, stellt der *Bayerische Verwaltungsgerichtshof* auf die Sicherungsanordnung ab (a.A. vertretbar).[82] Insofern müssen A, B und C als Vertreter des Bürgerbegehrens Sicherungsanspruch und Sicherungsgrund nach § 123 Abs. 1 Satz 1 VwGO glaubhaft machen können.

1. Sicherungsanspruch

Dem Quorum muss (nach den im Eilverfahren gebotenen Grundsätzen einer summarischen Prüfung der Sach- und Rechtslage[83]) zunächst einen Sicherungsanspruch, d.h. ein bestehendes Recht, das es zu sichern gilt, glaubhaft machen können. Aus Art. 7 Abs. 2, 12 Abs. 3 BV i.V.m. Art. 18a BayGO wird insofern bereits ab Einreichung des Bürgerbegehrens bei der Gemeinde ein sicherungsfähiges Recht auf Durchführung des Bürgerentscheids anerkannt, sofern das Bürgerbegehren als zulässig zu qualifizieren ist, bzw. für das Eilverfahren: soweit sich die Zulässigkeit aus der summarischen Prüfung der Sach- und Rechtslage ergibt.[84] Insofern kann auf die Prüfung des Ausgangsfalles sub B II 1 b) verwiesen werden, wo die Zulässigkeit des Antrags auf Durchführung des Bürgerentscheids bereits geprüft und bejaht wurde. Ein solcher bereits frühzeitiger Anspruch auf Sicherung des Rechts auf Durchführung des Bürgerentscheids steht aber unter dem verfassungsrechtlichen Vorbehalt, dass das kommunale Selbstverwaltungsrecht nach Art. 28 Abs. 2 Satz 1 GG, Art. 11 Abs. 2 Satz 2 BV nicht ein anderes Ergebnis gebietet. Das Selbstverwaltungsrecht beinhaltet die Garantie, dass die Kommunen und insbesondere ihre eigenen verfassungsmäßigen Organe funktionsfähig bleiben und vor allem eigenständig und selbstverantwortlich über die eigenen kommunalen Angelegenheiten entscheiden können. Insofern bedarf es einer Abwägung zwischen dem Recht auf Absicherung des Bürgerentscheids und dem Selbstverwaltungsrecht der Gemeinde.[85] Hier setzt sich das Interesse des Quorums auf Sicherung der Durchführung des Bürgerbegehrens durch, einerseits weil die Zulässigkeit des Bürgerbegehrens bereits zum jetzigen Zeitpunkt sicher beurteilt werden kann, andererseits weil die Erstellung der neuen Grundwasserbrunnenanlagen nicht wirklich eilbe-

[78] Die Geltung der Maßstäbe der Glaubhaftmachung im Verfahren der einstweiligen Anordnungen folgt aus der Verweisung in § 123 Abs. 3 VwGO auf § 920 Abs. 2 ZPO. In einer Klausur im Referendarexamen ist aber regelmäßig – so auch hier – der feststehende Sachverhalt vorgegeben, sodass es auf diesbezügliche Probleme verfahrensrechtlicher Art dann nicht ankommt.

[79] *Hufen*, Verwaltungsprozessrecht, § 33, Rn. 13.

[80] *Hufen*, Verwaltungsprozessrecht, § 33, Rn. 14.

[81] Im Hinblick auf die fließenden Grenzen zwischen Sicherungs- und Regelungsanordnung verzichtet die Praxis häufig auf eine genaue Abgrenzung, vgl. *VG Meiningen* NVwZ 1997, 926 (928).

[82] *BayVGH* BayVBl. 2002, 184; BayVBl. 1998, 209 (210); NVwZ-RR 1998, 252 (253); *OVG Bautzen* NVwZ-RR 1998, 253; *Schliesky*, DVBl. 1998, 169 (176).

[83] Z.B.: *BayVGH* BayVBl. 1998, 209 (211); *OVG Bautzen* NVwZ-RR 1998, 253 (254).

[84] *BayVGH* BayVBl. 1998, 209 (210); NVwZ-RR 1998, 252 (253).

[85] *BayVGH* BayVBl. 1998, 209 (210); NVwZ-RR 1998, 252 (253) – jeweils unter Rekurs auf *BayVerfGH* BayVBl. 1997, 622 ff. Bei einem Rückgriff auf § 123 VwGO anstelle der früheren (verfassungswidrigen) Sperrwirkung nach Art. 18a Abs. 8 BayGO a.F. muss also auf Rechtsanwendungsebene über die erforderliche Abwägung dafür Sorge getragen werden, dass die Befugnisse der gewählten kommunalen Vertretungsorgane nicht so beschnitten werden, dass dadurch das Selbstverwaltungsrecht ausgehöhlt wird. Hierzu auch *BayVerfGH* BayVBl. 1999, 624.

dürftig ist: Das gegenwärtige Versorgungssystem garantiert auch ohne Rückgriff auf zusätzliche Ressourcen eine ausreichende Wasserversorgung noch für die nächsten vier Jahre.

Zum Aufbau: Gut vertretbar dürfte sein, im Rahmen des Sicherungsanspruchs allein auf das grundsätzliche Recht auf Durchführung eines beantragten Bürgerentscheids aus Art. 7 Abs. 2, 12 Abs. 3 BV i.V.m. Art. 18a BayGO abzustellen und die Abwägung mit konfligierenden Aspekten aus Art. 11 Abs. 2 Satz 2 BV erst auf die Ebene der abschließenden Interessenbewertung (unten 3.) zu verlegen.

2. Sicherungsgrund

Darüber hinaus ist ein Sicherungsgrund glaubhaft zu machen. Hiervon ist auszugehen, wenn aufgrund einer anstehenden Veränderung des bestehenden Zustandes eine unmittelbar bevorstehende Gefahr für die Rechtsverwirklichung, insbesondere die Gefahr der Rechtsvereitelung besteht.[86] Insofern kann auf obige Überlegungen verwiesen werden: Das Recht auf Durchführung des Bürgerentscheides droht vereitelt zu werden, weil es nicht fernliegt, dass die zum Bürgerentscheid aufgerufenen Bürger das vom Bürgerbegehren verfolgte Konzept nur deshalb ablehnen werden, weil zwischenzeitlich weitere erhebliche Aufwendungen zugunsten des vom Gemeinderat bevorzugten Projekts getätigt worden sind.

3. Interessenabwägung?

Während nach einer Ansicht die Entscheidung nach § 123 Abs. 1 Satz 1 VwGO eine Rechtsentscheidung ist, wonach allein aufgrund der Annahme von Sicherungsanspruch und Sicherungsgrund die einstweilige Anordnung ohne weitere Erwägung zu erlassen ist[87], geht eine andere Auffassung davon aus, dass es sich hierbei nicht nur hinsichtlich des Inhalts, sondern auch hinsichtlich der Frage des Ob um eine Ermessensentscheidung handelt, die eine abschließende Interessenabwägung erfordert.[88] Bevorzugt man Ersteres, ist der Antrag auf Erlass einer einstweiligen Anordnung ohne weiteres begründet. Aber auch wenn man von dem zweiten Ansatz ausgeht, wird man im Rahmen der durchzuführenden Interessenabwägung mit entsprechenden Argumenten wie oben sub 1. zu dem Ergebnis kommen müssen, dass das Interesse des Bürgerquorums auf Durchführung des Bürgerentscheids gegenüber dem Interesse der Gemeinde aus Art. 28 Abs. 2 Satz 1 GG, Art. 11 Abs. 2 Satz 2 BV auf Aufrechterhaltung der Funktionalität der gewählten kommunalen Organe überwiegt.

Ergebnis zur Abwandlung:
Der Antrag auf Erlass einer einstweiligen Anordnung nach § 123 Abs. 1 Satz 1 VwGO ist nicht nur zulässig, sondern auch begründet. Das angerufene Verwaltungsgericht wird die G verurteilen, es vorläufig, bis zur rechtskräftigen Entscheidung über die Zulassung des Bürgerbegehrens (also über die Durchführung des Bürgerentscheids) zu unterlassen, mit der Umsetzung des Grundwasserkonzepts fortzuschreiten resp. weitere Baumaßnahmen in Auftrag zu geben oder sonstige Aufwendungen zu tätigen.

Rechtsprechungsvorlage: *VG Würzburg* BayVBl. 1999, 282

Leseempfehlung: *Jaroschek,* Der praktische Fall – Öffentliches Recht: Eine Ortsumgehung mit Hindernissen, JuS 2000, 53; *Hofmann-Hoeppel/Weible*, Bürgerbegehren und Bürgerentscheid – Rechtstradition und Rechtspraxis eines plebiszitären Elements und besonderer Berücksichtigung der Rechtslage in Bayern, BayVBl. 2000, 577 und 617; *Meyer*, Rechtsschutz bei kommunalen Bürgerbegehren und -entscheiden, NVwZ 2003, 183.

[86] *OVG Bautzen* NVwZ-RR 1998, 253 (255); *Finkelnburg/Jank*, Vorläufiger Rechtsschutz, Rn. 181.
[87] *Finkelnburg/Jank*, Vorläufiger Rechtsschutz, Rn. 192.
[88] *BayVGH* BayVBl. 1998, 209 (210); weitere Nachweise bei *Finkelnburg/Jank*, Vorläufiger Rechtsschutz, Rn. 193.

Fall 17: Kein Kinderkram (Reimer)

Sachverhalt

In der mittelfränkischen Gemeinde Grafengripf, die zur Verwaltungsgemeinschaft Vocklareuth (Landkreis L) gehört, besteht seit Jahren ein Kindergarten für 36 Kinder (zwei Gruppen). Träger des Kindergartens ist die Verwaltungsgemeinschaft. Das Einzugsgebiet des Kindergartens erstreckt sich bislang im wesentlichen auf Grafengripf. Damit in den nächsten Jahren allen Kindern Kindergartenplätze angeboten werden können, soll der Kindergarten nach den Vorstellungen des ersten Bürgermeisters, Gerhard Großkopf (CSU), um eine drittte Gruppe erweitert werden. Zugleich soll das Einzugsgebiet des Kindergartens auf das Gebiet der benachbarten Gemeinde Huckenrupf erstreckt werden, die ebenfalls zur Verwaltungsgemeinschaft gehört und in der es bislang keinen Kindergarten gibt.

Der erste Bürgermeister von Huckenrupf, Heinrich Hartkopf (SPD), hält diese Ausdehnung für falsch. Er plädiert stattdessen für die Gründung eines eigenen Kindergartens in Huckenrupf. Es gehe nicht an, dass die Huckenrupfer Kinder künftig nach Grafengripf in den Kindergarten gefahren werden müssten. Schon der Umstand, dass sich die einzige Grundschule der Gegend in Grafengripf befinde, sei schlimm genug. Nun müsse Huckenrupf wenigstens einen Kindergarten erhalten. Das sehe auch das Bayerische Kindergartengesetz zwingend vor. Dafür spreche auch, dass Huckenrupf mit einer Kinderbücherei, einem Kinderarzt und einem Schwimmbad viele wichtige Einrichtungen des täglichen Lebens beherberge.

Nach erfolgreicher Lobbyarbeit des G beschließt die zuständige Regierung von Mittelfranken in einem ordnungsgemäßen Verfahren am 25. Juli 2002 einen neuen Bedarfsplan, der das Einzugsgebiet des bestehenden Grafengripfer Kindergartens nunmehr auf Huckenrupf erstreckt. Ein eigener Huckenrupfer Kindergarten ist nicht vorgesehen. Dieser Bedarfsplan wird – ohne jedes Anschreiben und weitere Bemerkungen – auch den beiden Gemeinden zugesandt.

Daraufhin kommt es bei einer Sitzung der Vocklareuther Gemeinschaftsversammlung am 27. Juli 2002 zu verbalen Auseinandersetzungen zwischen G und H. Sie steigern sich zu heftigen gegenseitigen Attacken, die darin gipfeln, dass H dem G unzulässige Kungelei mit der Aufsichtsbehörde und ein vorkonstitutionelles Demokratieverständnis vorwirft, das faschistische Züge aufweise. H fügt an: „Großkopf, Sie machen Ihrem Namen alle Ehre und benehmen sich genauso, wie Ihr Vater es als NS-Bonze auch getan hat!“ Nach dieser Bemerkung schließt der Gemeinschaftsvorsitzende den H für den Rest der Sitzung von der Teilnahme aus. Unter betretenem Schweigen aller verlässt H den Raum. In den sich anschließenden Abstimmungen über die Kindergartenfrage findet der Antrag des G, den bestehenden Kindergarten in Grafengripf zu erweitern, eine Mehrheit von acht gegen sieben Stimmen. Erwiesenermaßen hat G dabei mit „Ja“ gestimmt. Ein Gegenantrag auf Einrichtung eines neuen Kindergartens in Huckenrupf wird mit entsprechender Stimmenzahl abgelehnt.

Als H von dem Beschluss erfährt, legt er für die Gemeinde Huckenrupf fristgemäß „Widerspruch“ gegen die Entscheidung der Verwaltungsgemeinschaft ein. Mit Übergabeeinschreiben vom 12. Oktober 2002 weist das Landratsamt L den Widerspruch als unbegründet ab. Eine ordnungsgemäße Rechtsbehelfsbelehrung ist beigefügt.

Vermerk für die Bearbeiter: Anfang November 2002 erscheint H bei Rechtsanwalt Rolf Rempler und erkundigt sich nach den der Gemeinde Huckenrupf zustehenden Möglichkeiten gerichtlichen und außergerichtlichen Rechtsschutzes. Was wird R dem H empfehlen?

Lösung

Rechtsanwalt R wird dem ersten Bürgermeister wunschgemäß nur Maßnahmen empfehlen, die die Gemeinde treffen kann; jede Form des Individualrechtsschutzes des H scheidet aus. Die Gemeinde könnte ihrerseits gegen die Maßnahme der Verwaltungsgemeinschaft, aber auch gegen Maßnahmen des Freistaats Bayern vorgehen.

A. Anfechtungsklage gegen den Beschluss der Gemeinschaftsversammlung

In Betracht kommt zunächst eine verwaltungsgerichtliche Anfechtung des Beschlusses der Gemeinschaftsversammlung vom 27. Juli 2002.

I. Zulässigkeit

1. Verwaltungsrechtsweg

Da der Rechtsstreit das Verhältnis zwischen zwei Hoheitsträgern (Gemeinde und Verwaltungsgemeinschaft) betrifft, die über Rechtspositionen im Rahmen einer Verwaltungsgemeinschaft streiten und da in der Sache vor allem die Normen des Bay. Kindergartengesetzes (BayKiG[1]) in Streit stehen, liegt eine öffentlich-rechtliche Streitigkeit vor. Da keine Beteiligten des Verfassungsrechtskreises um unmittelbar verfassungsrechtlich gewährte Rechtspositionen streiten, keine Normenkontrolle eines Gesetzes im formellen Sinne begehrt wird und auch kein sonstiger Anhaltspunkt für einen exklusiven Verfassungsbezug des Rechtsstreits ersichtlich ist, fehlt es an einer verfassungsrechtlichen Streitigkeit[2]. Auch eine Sonderzuweisung ist nicht ersichtlich. Damit ist der Verwaltungsrechtsweg nach § 40 Abs. 1 Satz 1 VwGO eröffnet.

2. Statthafte Verfahrensart

Die Anfechtungsklage wäre statthaft, wenn der Beschluss der Gemeinschaftsversammlung vom 27. Juli 2002 ein Verwaltungsakt wäre. Maßgeblich ist Art. 35 Satz 1 BayVwVfG.

a) VA-Qualität des Beschlusses in seiner ursprünglichen Gestalt

aa) hoheitliche Maßnahme
Die Erweiterung eines kommunalen Kindergartens ist eine hoheitliche (Organisations-) Maßnahme.

bb) Behörde
Vorliegend hat die Gemeinschaftsversammlung der Verwaltungsgemeinschaft Vocklareuth gehandelt. Fraglich ist, ob die Gemeinschaftsversammlung „Behörde" i.S.d. Art. 35 Satz 1 BayVwVfG ist. Nach Art. 1 Abs. 2 BayVwVfG ist „Behörde" jede Stelle, die Aufgaben der öffentlichen Verwaltung wahrnimmt. „Stelle" ist jeder Träger der öffentlichen Verwaltung;

---

1 Auf das Recht anderer Bundesländer ist der materiell-rechtliche Teil des Falles nur begrenzt übertragbar. Maßstabsnormen sind für den ersten Teil wären z. B. in Baden-Württemberg: §§ 1 ff. Kindergartengesetz BW, in Nordrhein-Westfalen: §§ 1 ff., 10 ff. GTK NW.

2 Zu diesem Erfordernis *Bethge,* JuS 2001, 1100-1102, der das Schlagwort „doppelte Verfassungsunmittelbarkeit" für unzulänglich hält. Insbesondere decke es Fälle der abstrakten Normenkontrolle (Art. 93 Abs. 1 Nr. 2 GG), der (seltenen) Normerlassklagen und anderer Klagen im Vorfeld formeller Gesetzgebung nicht ab. *Bethge* schlägt daher eine Formulierung vor, die der hier verwendeten sehr ähnlich ist.

auf eine (Außen-)Rechtssubjektivität kommt es nicht an. Damit können insbesondere auch Organe öffentlich-rechtlicher Körperschaften „Behörde" i.S.d. VA-Definition sein.

Teilweise wird allerdings gefordert, dass die Stelle mit Außenzuständigkeit zu konkreten Rechtshandlungen ausgestattet sein muss[3]. Unter welchen Voraussetzungen dies für die Gemeinschaftsversammlung – oder für einen Gemeinderat[4] – angenommen werden kann, hängt dann von den gesetzlichen Grundlagen der jeweiligen Entscheidung ab.

So statten beispielsweise die Vorschriften der BayGO über die Zulässigkeit kommunaler Bürgerbegehren den Gemeinderat als solchen mit einer Außenentscheidungskompetenz aus (insbes. Art. 18a Abs. 8 BayGO).

Dieses zusätzliche Kriterium entspricht aber nicht der Definition des Art. 1 Abs. 2 BayVwVfG und entfaltet gegenüber dem Merkmal der Außenwirkung (unten v.) auch keinerlei zusätzliche Filterfunktion. Es ist daher abzulehnen. Da die Gemeinschaftsversammlung Aufgaben der öffentlichen Verwaltung nach Maßgabe der VGemO wahrnimmt, hat hier eine Behörde gehandelt.

cc) Regelung eines Einzelfalles

Ob der Beschluss unmittelbar Regelungswirkung entfaltet, ist dem Sachverhalt nicht mit letzter Sicherheit zu entnehmen. Üblicherweise sind aber Beschlüsse zur Erweiterung bestehender öffentlicher Einrichtungen mehr als politische Richtungsentscheidungen. Sie enthalten regelmäßig eine Beauftragung des Gemeinschaftsvorsitzenden, unmittelbar die nötigen baulichen und personalwirtschaftlichen Maßnahmen zu treffen. Damit liegt eine Regelung vor[5].

Zur Vertiefung im Hinblick auf das bayerische Landesrecht: Zweifel an der Regelungswirkung könnten sich aber auch ergeben, wenn die Verwaltungsgemeinschaft hier nur die Festsetzungen des Bedarfsplans vollzöge. In der Tat trifft der Bedarfsplan nach Art. 4 Abs. 1 BayKiG eine verbindliche Festsetzung über Ort, Art, Zahl und Größe von Kindergärten. Auch ist die Verwaltungsgemeinschaft taugliche kommunale Trägerin eines Kindergartens (Art. 2 Abs. 2 BayKiG i.V.m. Art. 1 Abs. 1 Satz 1 VGemO[6]). Der Bedarfsplan schreibt aber kein Tätigwerden gerade der Verwaltungsgemeinschaft vor. Vielmehr wird gerade die Frage, welche Körperschaft(en) die vorgeschriebenen Kindergärten errichten, im Sinne des Subsidiaritätsprinzips offengelassen (Art. 5 BayKiG). Insofern bleibt gerade in dieser Frage ein Spielraum für Entscheidungen der Verwaltungsgemeinschaft.

dd) auf dem Gebiet des öffentlichen Rechts

Die von der Verwaltungsgemeinschaft getroffene Regelung ergeht auf der Grundlage der VGemO und des BayKiG; beide Gesetze sind dem öffentlichen Recht zuzuordnen (vgl. oben 1.).

ee) auf unmittelbare Rechtswirkung nach außen gerichtet

Fraglich ist aber, ob die Regelung auf unmittelbare Rechtswirkung nach außen gerichtet ist. Hier beschließt die Verwaltungsgemeinschaft die Erweiterung eines Kindergartens, deren Trägerin sie selber ist. Die Außenwirkung setzt aber voraus, dass die Regelung außerhalb der Behörde für Bürger oder juristische Personen Rechte oder Pflichten begründet oder aufhebt[7]. Im vorliegenden Fall ist die Vergrößerung des bestehenden Kindergartens dagegen ein reiner Organisationsakt, der sich als Verwaltungsinternum (hier: als innere Angelegenheit der Verwaltungsgemeinschaft) darstellt.

---

[3] *BVerfGE* 9, 182; 17, 41; ferner *Kopp/Ramsauer*, VwVfG, § 35, Rn. 26 mit Fn. 38.
[4] *OVG Münster* DVBl. 1981, 874; *VGH Mannheim* DÖV 1988, 476; *Kopp/Ramsauer*, VwVfG, § 35, Rn. 27.
[5] Eine a.A. ist hier gut vertretbar.
[6] In Baden-Württemberg kommt nur ein Zweckverband als Träger in Betracht: § 1 Abs. 2 KiG BW.

Durch den Beschluss der Gemeinschaftsversammlung erwirbt insbesondere die Gemeinde G keinen Anspruch auf Vollzug dieser Standortentscheidung. Ebensowenig verliert die Gemeinde H oder eine der weiteren beteiligten Gemeinden das ihr aus der Selbstverwaltungsgarantie (Art. 28 Abs. 2 Satz 1 GG, 11 Abs. 2 Satz 2, 83 Abs. 1 BV, 7 Abs. 1, 57 Abs. 1 Satz 1 BayGO) erwachsende Recht zur Gründung eines eigenen gemeindlichen Kindergartens (Art. 2 Abs. 2 BayKiG[8]) und den Anspruch auf dessen staatlichen Anerkennung (Art. 8 Abs. 1 BayKiG). Zwar kann die Gründung konkurrierender Kindergärten zu Abstrichen im Bereich der staatlichen Bauförderung führen (vgl. Art. 23 Abs. 4 Nr. 1 BayKiG; dazu näher unten E.I.3.). Diese Folgen treten aber kraft Gesetzes ein; sie sind nicht Bestandteil der Regelungswirkung des hier angegriffenen Beschlusses der Verwaltungsgemeinschaft. Damit scheidet auch unter diesem Gesichtspunkt eine Außenwirkung aus.

ff) Zwischenergebnis

Jedenfalls in seiner ursprünglichen Gestalt ist der Beschluss der Gemeinschaftsversammlung kein Verwaltungsakt.

b) Nachträgliche Transformation des Beschlusses in einen VA durch den Widerspruchsbescheid (§ 79 Abs. 1 Nr. 1 VwGO)?

Möglicherweise wird der Beschluss der Gemeinschaftsversammlung aber dadurch – nachträglich – zum VA, dass die Widerspruchsbehörde über ihn in der Sache entscheidet (der Widerspruch ist nach dem Sachverhalt nicht als unzulässig verworfen, sondern lediglich als unbegründet abgewiesen worden). Dafür spricht, dass der Widerspruchsbescheid jedenfalls dann, wenn die Ausgangsmaßnahme bereits VA-Qualität hatte, ihre „Gestalt" noch ändern könnte (§ 79 Abs. 1 Nr. 1 VwGO). Die Frage, ob diese Vorschrift auch die quasi dingliche Überführung eines Nicht-VA in einen VA ermöglicht, hat das Bundesverwaltungsgericht allerdings offen gelassen[9].

c) Anfechtbarkeit wegen Rechtsscheins eines Verwaltungsakts?

Denn jedenfalls müsse das subjektive Vertrauen des Widerspruchsführers in die Richtigkeit des Widerspruchsbescheids (d. h. in die darin konkludent enthaltene Feststellung, die Ausgangsmaßnahme sei ein VA gewesen) geschützt werden. Der Widerspruchsführer (nunmehr: Kläger) müsse sich auf die Richtigkeit der Rechtsbehelfsbelehrung verlassen können und dürfe nicht von der Widerspruchsbehörde, die in der Sache eine falsche Entscheidung getroffen hat, in die Kostenfalle des § 154 Abs. 1 VwGO gelockt werden[10]. Daher begründe allein der durch den Widerspruchsbescheid hervorgerufene Rechtsschein einer Verwaltungsaktqualität des Ausgangsbeschlusses nach der bisherigen Rechtsprechung die Statthaftigkeit der Anfechtungsklage nach § 79 Abs. 1 Nr. 1 VwGO.

Zwingend ist diese Lösung allerdings nicht. Fraglich ist sogar, ob das *BVerwG* nochmals so entscheiden würde. Denn durch die 6. VwGO-Novelle hat sich der Wortlaut des § 79 Abs. 1 Nr. 2 VwGO geändert. Bis 1996 betraf die Vorschrift nur den Fall, dass „ein Dritter" durch den Widerspruchsbescheid erstmalig beschwert war; dadurch kam in dem vom *BVerwG* entschiedenen Fall die Vorschrift nicht in Betracht. Nach seiner Ausdehnung durch das 6. VwGOÄndG erfasst § 79 Abs. 1 Nr. 2 VwGO heute aber auch den Fall, dass der Widerspruchsführer (hier: die Gemeinde H) durch den Widerspruchsbescheid erstmalig beschwert ist. Eine auf den Widerspruchsbescheid als solchen beschränkte Anfechtungsklage hat gegenüber der sog. Einheitsklage (§ 79 Abs. 1 Nr. 1 VwGO) den Vorteil, dass sie einen schonenden Ausgleich zwischen dem Schutz des Klägers (er würde so gestellt wie er stand, bevor er den – eigentlich unzulässigen – Widerspruch erhoben hatte) und dem Schutz der Verwaltungsgemeinschaft ermöglicht (der damit kein „Kuckucksei" ins Nest gelegt würde).

[7] Vgl. statt aller *Peine,* Allgemeines Verwaltungsrecht, 5. Aufl. 2000, § 7, Rn. 125.
[8] § 1 Abs. 2 KiG BW.
[9] *BVerwG* NVwZ 1988, 51 (52).
[10] *BVerwG* NVwZ 1988, 51 (52); *OVG Magdeburg* DVBl. 2000, 283; vgl. auch *BFH* NVwZ 1987, 1118.

d) Ergebnis

Daher spricht vieles dafür, die Statthaftigkeit der Anfechtungsklage auf den Widerspruchsbescheid zu beschränken. Es gibt keinen Grund, warum der Widerspruchsführer hier im Ergebnis einen Vorteil daraus soll ziehen können, dass er gegen einen Nicht-VA Widerspruch eingelegt hat.

Daher ist der Beschluss der Gemeinschaftsversammlung trotz des zur Sache ergangenen Widerspruchsbescheides nicht mit der Anfechtungsklage angreifbar. Die Anfechtungsklage gegen diesen Beschluss ist nicht statthaft[11]. (Zur Anfechtung des Widerspruchsbescheides s. unten D.)

Zur Vertiefung: Die mangelnde Statthaftigkeit führt allerdings nicht notwendig zur Klageabweisung. In Betracht käme eine Umdeutung (vgl. § 140 BGB) des Begehrens der Gemeinde H in eine allgemeine Leistungsklage auf Kassation des angegriffenen Beschlusses (hierzu sogleich B.) oder auch in eine Klage auf Feststellung seiner Rechtswidrigkeit (hierzu unten C.).

B. Allgemeine Leistungsklage gegen die Verwaltungsgemeinschaft auf Aufhebung des Beschlusses

I. Zulässigkeit

1. Verwaltungsrechtsweg

Der Verwaltungsrechtsweg ist eröffnet (oben A.I.1.).

2. Statthaftigkeit

Mit der allgemeinen Leistungsklage kann die Verurteilung zu einem bestimmten Verhalten (Tun oder Unterlassen) begehrt werden, das nicht im Wege einer besonderen Leistungsklage (hierzu gehört insbesondere die Verpflichtungsklage, § 42 Abs. 1 2. Alt. VwGO) eingeklagt werden kann (vgl. §§ 40 i.V.m. 43 Abs. 2 Satz 1 VwGO). Begehrtes Verhalten ist hier die Aufhebung des am 27. Juli 2002 gefassten Beschlusses der Gemeinschaftsversammlung durch die Gemeinschaftsversammlung selber, also die Vornahme eines actus contrarius.

Zur Vertiefung: Ob sich die allgemeine Leistungsklage auch unmittelbar auf die Kassation des Beschlusses der Gemeinschaftsversammlung durch das Verwaltungsgericht richten kann, ist umstritten. Zwar hat der BayVGH eine solche **allgemeine Leistungsklage mit kassatorischer Wirkung** in seiner früheren Rechtsprechung gelegentlich angenommen[12]. Eine derartige Klage ist aber streng genommen keine Leistungsklage mehr, weil die Beklagte zu keinem Tun oder Unterlassen verurteilt wird (und die Klägerin folgerichtig auch keinen Vollstreckungstitel erlangt). Ein Kassationsurteil wäre vielmehr „self executing". In der Sache besteht auch kein Bedürfnis nach einer derartigen Gerichtsentscheidung: Denn anders als Verwaltungsakte erwachsen Regelungen ohne Außenwirkung (hier: der Beschluss der Gemeinschaftsversammlung) in keinem Falle in Bestandskraft. Hier schlägt eine mögliche Rechtswidrigkeit vielmehr automatisch auf die Wirksamkeit durch. Rechtswidrige Beschlüsse ohne VA-Qualität sind ipso iure nich-

[11] Wie hier *Schenke*, Verwaltungsprozessrecht, § 18, Rn. 651: Bei unzulässigem Widerspruch, über den die Widerspruchsbehörde gleichwohl in der Sache entschieden hat, sei der Widerspruchsbescheid aufzuheben und die Anfechtungsklage gegen die Ausgangsmaßnahme als unzulässig abzuweisen.

[12] Hierzu vgl. die ausführliche Erörterung mit Nachweisen in Fall 13 unter A.II.3.a.

tig. Daher ginge eine Kassation ohnehin ins Leere. Nach allem braucht die allgemeine Leistungsklage mit kassatorischer Wirkung daher hier nicht näher in Betracht gezogen zu werden.

3. Klagebefugnis

Ob die allgemeine Leistungsklage eine besondere Klagebefugnis verlangt, ist umstritten. Während eine Mindermeinung diese Frage verneint[13], gehen Rspr. und h.L. in Analogie zu § 42 Abs. 2 VwGO auch hier vom Prinzip der Verletztenklage aus. Es sei nicht ersichtlich, warum der Gesetzgeber außerhalb der Anfechtungs- und Verpflichtungsklage Popularklagen hätte zulassen sollen; für eine solche Differenzierung fehle jeder rechtfertigende Grund. Die h.M. verweist weiter darauf, dass neuere Prozessordnungen, die die besonderen Verwaltungsgerichtsbarkeiten betreffen, entsprechende Klarstellungen enthalten (§§ 40 Abs. 2 FGO, 54 Abs. 5 SGG)[14].

Folgt man der h.M., so gilt für die Klagebefugnis hier folgendes: Die Klägerin könnte durch die Unterlassung der eingeklagten Handlung (Aufhebungsbeschluss) nur dann in ihren Rechten verletzt sein, wenn sie einen entsprechenden Aufhebungsanspruch geltend machen könnte. Das Bestehen eines solchen Anspruchs ist zwar eine Frage der Begründetheit. Im Rahmen der Zulässigkeit ist aber zumindest zu prüfen, ob eine Anspruchsgrundlage ersichtlich ist. Aus den oben (A.I.2.a.ee.) dargelegten Gründen ist die Selbstverwaltungsgarantie der Gemeinde hier nicht betroffen. In Betracht kommen aber die mitgliedschaftlichen Rechte, die der Gemeinde H aus ihrer Mitgliedschaft in der Verwaltungsgemeinschaft V erwachsen, und die organschaftlichen Rechte, die ihr für ihren Vertreter in der Gemeinschaftsversammlung zustehen (Art. 6 Abs. 2 VGemO). Ob diese Rechte/Kompetenzen einen Aufhebungsanspruch zur Folge haben, ist allerdings fraglich. Denn da der Beschluss der Gemeinschaftsversammlung kein Verwaltungsakt ist, hat er – falls er, wie von der Klägerin vorgetragen, rechtswidrig ist – ohnehin keinen Bestand. Die Entkoppelung von Rechtmäßigkeit und Wirksamkeit durch das Institut der Bestandskraft ist ein spezielles Charakteristikum von Verwaltungsakten, das weder auf andere Regelungen noch auf Normen übertragbar ist. Daher ginge der eingeklagte Aufhebungsbeschluss der Verwaltungsgemeinschaft (oder ein gleichlautendes rechtsgestaltendes Urteil des VG als Surrogat eines solchen Beschlusses) ins Leere. Das spricht dafür, dass man in den Kreis mitgliedschaftlicher und/oder organschaftlicher Rechte der Gemeinde H schon keinen derartigen materiellen Aufhebungsanspruch hineinprojiziert. Damit entfällt auch die Klagebefugnis.

4. Rechtsschutzbedürfnis

Alternativ lassen sich diese Bedenken auch auf der Ebene des Rechtsschutzbedürfnisses anführen. Dabei kann insbesondere auf das Verhältnis der allgemeinen Leistungsklage zur Feststellungsklage eingegangen werden[15]. Das Rechtsschutzbedürfnis lebt auch nicht dadurch wieder auf, dass der Ausgangsbeschluss der Gemeinschaftsversammlung einen Rechtsschein entfaltet. Denn ein solcher Rechtsschein wäre – wenn er überhaupt jemals bestand – jedenfalls mit Rechtskraft eines verwaltungsgerichtlichen Feststellungsurteils beseitigt.

II. Zwischenergebnis

Daher wäre auch eine allgemeine Leistungsklage unzulässig.

[13] *Erichsen*, Verwaltungsrecht und Verwaltungsgerichtsbarkeit, Bd. 1, 2. Aufl. 1984, S. 47, mit dem Argument, es fehle an einer Regelungslücke.
[14] Hierzu *BVerwGE* 36, 192 (199); 60, 144 (150); *Ehlers*, NVwZ 1990, 109 ff.; *Schenke*, Verwaltungsprozessrecht, § 14, Rn. 491 f.
[15] Hierzu s.u. C.I.4.

C. Feststellungsklage gegen die Verwaltungsgemeinschaft auf Feststellung der Rechtswidrigkeit des Beschlusses

Denkbar ist aber eine Klage der Gemeinde H gegen die Verwaltungsgemeinschaft auf Feststellung der Rechtswidrigkeit (und Nichtigkeit) des Beschlusses vom 27.7.2002.

I. Zulässigkeit

1. Verwaltungsrechtsweg

Der Verwaltungsrechtsweg ist eröffnet (oben A.I.1.).

2. Statthaftigkeit

Nach § 43 Abs. 1 VwGO ist die Feststellungsklage i.e.S. aber auf die Feststellung des Bestehens oder Nichtbestehens eines Rechtsverhältnisses gerichtet. Sähe man als „Rechtsverhältnis" nicht die (sc. absolute) Rechtmäßigkeit eines Beschlusses an, sondern nur relative Rechte und rechtlich verfasste Beziehungen zwischen zwei oder mehreren Rechtsträgern, schiede eine direkte Anwendung von § 43 Abs. 1 VwGO aus.

Unstreitig ist der Anwendungsbereich der Feststellungsklage aber weiter (Art. 19 Abs. 4 GG); in zumindest analoger Anwendung des § 43 Abs. 1 VwGO kann auch die absolute Wirksamkeit eines Beschlusses als solche zum Gegenstand einer Feststellungsklage gemacht werden.

3. Feststellungsinteresse

Nach § 43 Abs. 1 Halbs. 2 VwGO (evtl. analog; s.o. 2.) müsste die Klägerin ein berechtigtes Interesse an der baldigen Feststellung der Rechtswidrigkeit des angegriffenen Beschlusses haben. Nach umstrittener, aber wegen der Systematik der §§ 42, 43 VwGO weiterhin überzeugender Auffassung setzt die Erhebung einer Feststellungsklage nicht die Möglichkeit einer Rechtsverletzung voraus[16]. Vielmehr genügt nunmehr das kommunalpolitische Interesse der Gemeinde an einer objektiv rechtmäßigen Standortentscheidung. Da eine nicht unerhebliche Zahl von Gemeindebürgern (Eltern und Kinder) unter den täglichen Fahrten zu leiden hätten, besteht hier ein allgemeines Klärungsinteresse. Das genügt den Anforderungen des § 43 Abs. 1 Halbs. 2 VwGO.

4. Subsidiarität der Feststellungsklage

Nach § 43 Abs. 2 Satz 1 VwGO ist die Feststellungsklage grundsätzlich subsidiär gegenüber der allgemeinen Leistungsklage. Ob dieses Subsidiaritätserfordernis auch auf den vorliegenden Fall anwendbar ist, erscheint als zweifelhaft. Die Rechtsprechung verzichtet bei Klagen gegen öffentlich-rechtliche Träger durchgehend auf das Subsidiaritätserfordernis[17]. Die darin liegende teleologische Reduktion wird mit der Erwägung begründet, dass das Subsidiaritätserfordernis für den Fall, dass sich an die Feststellung des Rechtsverhältnisses später die Vollstreckung eines materiellen Anspruchs anschließen könnte, die doppelte Inanspruchnahme von Gerichten unterbinden solle[18]. Gegen die öffentliche Hand braucht aber – wie axiomatisch angenommen wird – niemals vollstreckt zu werden;

---

[16] So die weiterhin h.L., etwa bei *Schenke*, Verwaltungsprozessrecht, § 10, Rn. 410 und § 14, Rn. 492; *Ramsauer,* Die Assessorprüfung im öffentlichen Recht, 4. Aufl. 1997, Rn. 16.06a; **a.A.** allerdings *BVerwGE* NVwZ 1991, 470f. und DVBl. 1995, 1250.

[17] Vgl. *Becker*, in: Becker/Heckmann/Kempen/Manssen, Öffentliches Recht in Bayern, 2. Teil, Rn. 276.

[18] Zur Wahl der jeweils weitestreichenden Rechtsschutzmöglichkeit aus Gründen der Prozessökonomie *Würtenberger,* Verwaltungsprozessrecht, 1998, Rn. 412.

hier genügt daher die Feststellung des Rechtsverhältnisses. In ähnliche Richtung geht das Argument der Homogenität des Prozessrechts (Anpassung der VwGO an reichsgerichtliche Rechtsprechung zur ZPO)[19]. Ob dieser Argumentation zu folgen ist, kann aber offen bleiben.

Denn jedenfalls greift das Subsidiaritätserfordernis dann nicht ein, wenn schon nach dem Inhalt des geltend gemachten (prozessualen) Anspruchs eine Vollstreckung von vornherein ausgeschlossen ist. So liegen die Dinge hier. Wenn sich der Beschluss der Gemeinschaftsversammlung als rechtswidrig erweist, ist er ex tunc nichtig, hat also nie bestanden. Für eine Vollstreckung ist daher kein Raum mehr. Schon aus diesem Grund greift das Subsidiaritätserfordernis hier nicht ein.

Dieses Ergebnis lässt sich zusätzlich damit untermauern, dass die bloße Feststellung der Nichtigkeit eines Rechtsakts stets möglich sein soll, wie die Regelung des Satzes 2 zeigt. Nach allem entfaltet § 43 Abs. 2 Satz 1 VwGO hier keine Sperrwirkung.

5. Zuständigkeit des Gerichts

a) Sachlich

Die sachliche Zuständigkeit liegt für Feststellungsklagen im ersten Rechtszug beim Verwaltungsgericht (§ 45 VwGO).

b) Örtlich

Die örtliche Zuständigkeit des VG ergibt sich aus § 52 Nr. 1 VwGO (Belegenheitsprinzip); nach Art. 1 Abs. 2 Nr. 4 BayAGVwGO liegt sie beim Verwaltungsgericht Ansbach[20].

6. Beteiligtenfähigkeit

Nach § 61 Nr. 1 VwGO ist die Gemeinde H als juristische Person des öffentlichen Rechts ein möglicher Kläger. Die Verwaltungsgemeinschaft V ist als Körperschaft des öffentlichen Rechts (Art. 1 Abs. 2 Satz 1 VGemO) ebenfalls eine juristische Person und damit ein möglicher Beklagter.

Zur Vertiefung: Die Verwaltungsgemeinschaft ist keine Gebiets-, sondern eine Verbandskörperschaft[21]. Denn sie ist weder Gemeinde noch Gemeindeverband i.S.d. Art. 10 und 11 BV, 28 Abs. 2 Satz 1 GG und bildet auch keine zusätzliche kommunale Ebene (zwischen Gemeinde und Landkreis). Sie ist vielmehr ein Zweckgebilde, ein mit eigener Rechtspersönlichkeit ausgestattetes Vehikel der kommunalen Zusammenarbeit.

Vom Zweckverband (Art. 17ff. KommZG), der ebenfalls eine eigene Rechtspersönlichkeit hat (Art. 2 Abs. 3 Satz 1 KommZG) unterscheidet sich die Verwaltungsgemeinschaft durch die Universalität ihrer Aufgaben (vgl. Art. 4 VGemO). Der Zweckverband ist stets nur Träger einzelner Aufgaben oder der mit einem bestimmten Zweck zusammenhängenden Aufgaben (Art. 17 Abs. 1 KommZG). Insofern ist die Verwaltungsgemeinschaft eine Steigerung der im KommZG vorgesehenen Formen kommunaler Zusammenarbeit. Nach Art. 1 Abs. 1 Satz 1 VGemO können nur kreisangehörige Gemeinden Mitglieder einer Verwaltungsgemeinschaft sein.

7. Prozessfähigkeit, Prozessvertretung, Postulationsfähigkeit

Für die Gemeinde handelt der erste Bürgermeister als gesetzlicher Vertreter (§ 62 Abs. 3 VwGO, Art. 38 Abs. 1 BayGO), für die beklagte Verwaltungsgemeinschaft der Gemein-

[19] Hierzu kritisch *Würtenberger,* Verwaltungsprozessrecht, Rn. 416.
[20] Parallelvorschriften: § 1 Abs. 2 AGVwGO BW, § 1 Abs. 2 HessAGVwGO, § 1 AGVwGO NW.
[21] *Hölzl/Hien,* VGemO, Art. 1, Rn. 2.

schaftsvorsitzende (Art. 6 Abs. 4 Satz 1 VGemO i.V.m. Art. 36, 37 KommZG). Anwaltszwang besteht vor dem Verwaltungsgericht nicht (vgl. § 67 Abs. 2 Satz 1 VwGO).

8. Form

Die Feststellungsklage ist schriftlich (§ 81 Abs. 1 Satz 1 VwGO) oder zur Niederschrift des Urkundsbeamten der Geschäftsstelle (§ 81 Abs. 1 Satz 2 VwGO) zu erheben. Außerdem müsste die Klägerin die Formvorschriften des § 82 VwGO beachten.

9. Frist

Eine Frist besteht nicht.

10. Zwischenergebnis

Die Feststellungsklage der Gemeinde H ist zulässig.

II. Begründetheit

Die Feststellungsklage wäre begründet, wenn sie sich gegen die richtige Beklagte richtete und das Rechtsverhältnis (§ 43 Abs. 1 VwGO; s. zu diesem Begriff oben C.I.2.), dessen Bestehen die Klägerin bestreitet, wirklich nicht bestünde.

1. Passivlegitimation

Die Feststellungsklage muss sich gegen den Träger der Stelle richten, auf deren Handlung sich die begehrte Feststellung bezieht. Das ist hier die Verwaltungsgemeinschaft als juristische Person des öffentlichen Rechts (Art. 1 Abs. 2 Satz 1 VGemO).

2. Formelle Rechtmäßigkeit des Beschlusses der Verwaltungsgemeinschaft

Der geltend gemachte prozessuale Anspruch der Gemeinde H bestünde bereits dann, wenn der angegriffene Beschluss der Gemeinschaftsversammlung formell rechtswidrig wäre.

a) Zuständigkeiten

aa) Verbandskompetenz
Zwar ist die Verwaltungsgemeinschaft faktisch Trägerin des Kindergartens in G. Jede auf den Kindergarten bezogene Handlung wäre aber nur dann rechtmäßig, wenn die Verwaltungsgemeinschaft auch eine Verbandskompetenz zu Errichtung und Betrieb des Kindergartens hätte.

Nach Art. 4 Abs. 1 VGemO wäre dies jedenfalls dann zu bejahen, wenn Errichtung und Betrieb von Kindergärten Aufgaben des übertragenen Wirkungskreises der Mitgliedsgemeinden wären. Fiele das Kindergartenwesen dagegen in den eigenen Wirkungskreis der Gemeinden, so wäre für eine Übertragung dieser Aufgabe auf die Verwaltungsgemeinschaft nach Art. 4 Abs. 3 VGemO eine Zweckvereinbarung (Art. 7ff. KommZG) erforderlich.

> **Zur Vertiefung:** Parteien dieser Zweckvereinbarung sind einerseits mindestens eine Gemeinde, andererseits die Verwaltungsgemeinschaft als solche.

Für die Einbeziehung des Kindergartenwesens in den übertragenen Wirkungskreis könnten die Regelungen des Art. 5 BayKiG sprechen, die es den Gemeinden auferlegen, für eine ausreichende Zahl von Kindergärten zu sorgen und diese unter Umständen selber zu gründen.

Allerdings zeigt Art. 57 Abs. 1 Satz 2 BayGO, dass das Bestehen einer gesetzlichen Pflicht eine gemeindliche Aufgabe nicht notwendig zu einer Aufgabe des übertragenen Wirkungskreises macht. Vielmehr können gerade auch Aufgaben des eigenen Wirkungskreises durch gesetzliches Gebot verstärkt werden, ohne dass sich dadurch ihr Status änderte. Daher lässt sich aus den Vorschriften des BayKiG nicht ableiten, ob es sich um eine Aufgabe des eigenen oder des übertragenen Wirkungskreises der Gemeinde handelt.

Nach Art. 83 Abs. 1 BV und Art. 57 Abs. 1 Satz 1 BayGO fallen in den eigenen Wirkungskreis insbesondere die Einrichtungen der öffentlichen Wohlfahrtspflege. Hierzu gehört an sich auch das Kindergartenwesen[22].

Zur Vertiefung: Die Zugehörigkeit des Kindergartenwesens zu den Aufgaben des eigenen Wirkungskreises lässt sich auch nicht unter Hinweis darauf verneinen, dass die Kindergärten in den genannten Vorschriften nicht ausdrücklich erwähnt sind; denn dies hat primär historische Gründe. Da Kindergärten üblicherweise deutlich kleiner sind als allgemeinbildende Schulen, wird man die Einbeziehung von Kindergärten in den eigenen Wirkungskreis sogar im Wege eines Erst-recht-Schlusses (e maiore ad minus) aus der ausdrücklichen Erwähnung der Schulen in Art. 83 Abs. 1 BV, Art. 57 Abs. 1 Satz 1 BayGO ableiten können.

Im vorliegenden Fall ordnet allerdings der Bedarfsplan der Regierung von Mittelfranken an, dass sich das Einzugsgebiet des Kindergartens über das Gemeindegebiet von G hinaus auch auf das Gebiet von H erstreckt. Ob der Kindergarten dadurch seine örtliche Radizierung (als „Angelegenheit der örtlichen Gemeinschaft" i.S.d. Art. 7, 57 Abs. 1 BayGO) verliert, ist aber zweifelhaft. Nach richtiger Auffassung liegt eine Angelegenheit der örtlichen Gemeinschaft vor, solange noch ein spezifischer Bezug zum Gemeindegebiet besteht. Das ist hier allein wegen des Standortes des Kindergartens im Gebiet von G zu bejahen; etwas anderes gilt nur für Angelegenheiten allgemein-politischen Inhalts, die keinerlei gesteigerten Gebietsbezug aufweisen[23].

Mangels entgegenstehender Angaben im Sachverhalt kann hier vom Vorliegen einer wirksamen Zweckvereinbarung ausgegangen werden.

In einer Examensklausur können hier nähere Angaben im Sachverhalt erwartet werden. Gut denkbar ist auch der Einbau weiterer Rechtsfragen, die z.B. die formelle Rechtmäßigkeit einer solchen Zweckvereinbarung (Anzeige- und Genehmigungserfordernis: Art. 12 KommZG; Erfordernis amtlicher Bekanntmachung: Art. 13 KommZG) betreffen könnten.

Damit besteht hier eine Verbandskompetenz der Verwaltungsgemeinschaft.

aa) Organkompetenz

Innerhalb der Verwaltungsgemeinschaft ist die Gemeinschaftsversammlung zur Entscheidung berufen (Art. 6 Abs. 1 VGemO), da es sich nicht um eine laufende Angelegenheit ohne grundsätzliche Bedeutung i.S.d. Art. 6 Abs. 4 Satz 1 VGemO i.V.m. Art. 36 Abs. 2 KommZG und Art. 37 Abs. 1 Nr. 1 BayGO handelt. Etwas anderes ergibt sich auch nicht daraus, dass die Verwaltungsgemeinschaft hier kraft des Bedarfsplanes zur Errichtung/ Erweiterung des Kindergartens verpflichtet sein könnte. Denn selbst bei Wirksamkeit des Bedarfsplanes verbleiben substanzielle Entscheidungen bei der Verwaltungsgemeinschaft. Insbesondere stellt sich die Frage, wer Träger des Kindergartens sein soll (vgl. Art. 5 Abs. 1 und 2 BayKiG). Gerade dies ist keine Frage der laufenden Angelegenheiten.

[22] *Widtmann/Grasser,* BayGO, Art. 57, Rn. 8.

[23] *Schröder,* in: Achterberg/Püttner/Würtenberger (Hrsg.), Besonderes Verwaltungsrecht, Bd. II, § 16, Rn. 15 m.w.N.

b) Verfahren

aa) Beschlussfähigkeit der Gemeinschaftsversammlung

Fraglich ist bereits die Beschlussfähigkeit der Gemeinschaftsversammlung. Die Beschlussfähigkeit setzt nach Art. 10 Abs. 1 VGemO i.V.m. Art. 33 Abs. 1 Satz 1 KommZG voraus, dass sämtliche Mitglieder der Gemeinschaftsversammlung ordnungsgemäß geladen sind und mehr als die Hälfte der Mitglieder anwesend und stimmberechtigt sind. Daran besteht vorliegend kein Zweifel.

Die Beschlussfähigkeit könnte aber nachträglich entfallen, falls der Ausschluss des H von der Sitzung rechtswidrig gewesen wäre[24].

(1) Ausschlussgrund

Die Äußerung des H war eine Formalbeleidigung, die als Schmähkritik auch von der Meinungsfreiheit (Art. 5 Abs. 1 GG, 110 Abs. 1 BV) nicht gedeckt ist und sogar den Tatbestand des § 185 StGB erfüllt. Mangels spezieller Regelungen der VGemO zum Ausschluss störender Mitglieder der Gemeinschaftsversammlung richtet sich der Ausschluss zunächst wegen Art. 10 Abs. 2 VGemO nach den Vorschriften des KommZG, das aber seinerseits keine einschlägigen Normen enthält. Daher greift wegen Art. 26 Abs. 1 Satz 1 KommZG (a.A.: ohne eine solche Verweisung, nur analog[25]) subsidiär Art. 53 Abs. 1 BayGO ein.

Nach Art. 53 Abs. 1 Satz 2 BayGO ist ein Sitzungsausschluss nur zulässig, wenn die Ordnung fortgesetzt erheblich gestört ist. Art. 53 Abs. 1 Satz 2 BayGO dient nicht dazu, temperamentvollen Äußerungen oder einzelnen Ordnungswidrigkeiten von Gemeinderatsmitgliedern entgegenzutreten; hierzu reichen i.d.R. die normalen Mittel der Verhandlungsleitung (Rüge, Ordnungsruf, Wortentzug) aus. Der erste Bürgermeister kann deshalb ein Gemeinderatsmitglied (außer in Fällen grober Ungebühr i.S.d. Rechtsprechung zu § 178 GVG) grundsätzlich erst bei wiederholten Verstößen gegen die Ordnung aus dem Beratungsraum verweisen. Das ist dann anzunehmen, wenn der Fortgang der Beratungen unmöglich gemacht oder wesentlich erschwert wird[26]. Eine einzige beleidigende Äußerung soll den Ausschluss eines Mitgliedes noch nicht rechtfertigen[27]; das Demokratieprinzip und das Prinzip der Verhältnismäßigkeit verlangen die Beschränkung des Sitzungsausschlusses als einer ultima ratio auf die Fälle, in denen jedes andere Ordnungsmittel erwiesenermaßen oder mit an Sicherheit grenzender Wahrscheinlichkeit wirkungslos bleibt. Diese Voraussetzungen fehlen im vorliegenden Fall. Daher bestand kein Ausschlussgrund.

> a.A. mit guter Begründung vertretbar.

(2) Ausschlussverfahren

Außerdem wäre zum Ausschluss des H die Zustimmung der gesamten Gemeinschaftsversammlung erforderlich gewesen (Art. 10 Abs. 2 VGemO i.V.m. Art. 26 Abs. 1 Satz 1 KommZG, Art. 53 Abs. 1 Satz 3 BayGO). Die Zustimmung wird durch Beschluss erteilt (Art. 51 Abs. 1 Satz 1 BayGO); der Störer selber ist wegen persönlicher Beteiligung von der Beschlussfassung ausgeschlossen (Art. 49 Abs. 1; vgl. auch Abs. 3 BayGO).

> **Zur Vertiefung:** Diese Vorschriften werden auch durch Art. 33 Abs. 4 Satz 2 KommZG nicht eingeschränkt, da der Beschluss keine unmittelbaren Vor- oder Nachteile eines Verbandsmitglieds (= einer Gemeinde!) nach sich zieht.

[24] Zur Begründung dieser Rechtsfolge näher nachfolgend (3).
[25] So wohl *Widtmann/Grasser,* BayGO, Art. 6 VGemO, Rn. 7 a.E.
[26] *Widtmann/Grasser,* BayGO, Art. 53, Rn. 7 m.w.N.
[27] *Widtmann/Grasser,* BayGO, Art. 53, Rn. 7.

Ob das Schweigen der Gemeinderatsmitglieder hier ausreicht, ist zweifelhaft. Gerade wegen der allgemeinen Betroffenheit über die Äußerung des H dürfte schon ein entsprechender Erklärungswille gefehlt haben. Wegen der strengen Formvorschriften für die Beschlussfassung (Art. 51 Abs. 1 Satz 1 BayGO, „offene Abstimmung") kann dem allgemeinen Schweigen hier auch objektiv nicht der Erklärungswert allgemeiner Zustimmung zur Ausschlussentscheidung beigemessen werden.

Hier ist wiederum eine a.A. mit guter Begründung vertretbar.

(3) Rechtsfolgen des rechtswidrigen Ausschlusses von der Sitzung

Damit war der Ausschluss des H von der Sitzung der Gemeinschaftsversammlung formell und materiell rechtswidrig. Der rechtswidrige Ausschluss eines Gemeinderatsmitgliedes (und hier: eines Mitglieds der Gemeinschaftsversammlung) führt denselben Zustand herbei, der besteht, wenn ein Mitglied von vornherein nicht erscheint, weil es nicht ordnungsgemäß geladen war[28]: In diesem Fall wird die Versammlung nach Art. 10 Abs. 2 VGemO i.V.m. Art. 26 Abs. 1 Satz 1 KommZG, Art. 47 Abs. 2 BayGO beschlussunfähig[29]. Weil eine dem Art. 49 Abs. 4 BayGO entsprechende Heilungsvorschrift fehlt und diese Heilungsvorschrift auch nicht – etwa im Wege der Analogie – auf den vorliegenden Fall ausgedehnt werden kann, sind gleichwohl gefasste Beschlüsse nach Art. 47 Abs. 2 BayGO auch dann unwirksam, wenn sie mit überwältigender Mehrheit zustande gekommen sind. Die Beschlussunfähigkeit hat der erste Bürgermeister auch von Amts wegen zu beachten, sie bedarf also keiner ausdrücklichen Rüge[30].

(4) Zwischenergebnis

Die Gemeinschaftsversammlung war nicht beschlussfähig. Der gleichwohl gefasste Beschluss ist mithin formell rechtswidrig, also nichtig.

Zur Vertiefung: Ein beliebtes verfassungsprozessuales Thema ist die Frage, wie sich ein Mitglied des Gemeinderates gegen einen als rechtswidrig erachteten Ausschluss zur Wehr setzen kann (**Kommunalverfassungsstreit**). Hier stellt sich insbesondere die Frage nach der VA-Qualität des Ausschlusses (zu verneinen, da es an der Außenwirkung fehlt: Der Ausschluss erfolgt nicht einem Bürger, sondern einem Organteil gegenüber). Abzulehnen ist auch die Ansicht, für den Kommunalverfassungsstreit bedürfe es einer verwaltungsgerichtlichen Klageart sui generis. Des weiteren ist zur Abwehr eines rechtswidrigen Ausschlusses eine allgemeine Leistungsklage (hier: Aufhebungs- oder Kassationsanspruch) unzulässig, weil keine Handlung begehrt wird (vgl. die Argumente oben B.I.4.; anders die frühere Rspr. des *BayVGH*[31]). Für die bloße Überprüfung der Rechtmäßigkeit einer Handlung genügt vielmehr eine allgemeine Feststellungsklage (§ 43 VwGO)[32]. Dabei wird bei Klagen gegen die öffentliche Hand auf das Erfordernis der Subsidiarität der Feststellungsklage verzichtet[33].

bb) Hilfsweise: Mitwirkung des ersten Bürgermeisters von G

Hilfsweise ist fraglich, ob sich Zweifel an der Wirksamkeit des Beschlusses daraus ergeben, dass G mitgestimmt und – als Ja-Stimme – das Ergebnis auch entscheidend beeinflusst hat, obwohl er als Bürgermeister der von dem Beschluss unmittelbar betroffenen Gemeinde G – in untechnischem Sinne – „befangen" gewesen sein könnte.

[28] *Widtmann/Grasser*, BayGO, Art. 51, Rn. 5 d).
[29] *Widtmann/Grasser*, BayGO, Art. 49, Rn. 11 c) m.w.N. aus der Rspr.
[30] *Widtmann/Grasser*, BayGO, Art. 47, Rn. 4 a).
[31] Hierzu ausführlich Fall 13, unter A.II.3.a. m.w.N.
[32] *BayVGH* BayVBl. 1987, 239 (240); BayVBl. 1993, 81 f.; *Becker*, in: Becker/Heckmann/Kempen/Manssen, Öffentliches Recht in Bayern, 2. Teil, Rn. 276.
[33] Vgl. oben C.I.4.

In Betracht kommt ein Ausschluss des G wegen persönlicher Beteiligung. Art. 49 Abs. 1 BayGO untersagt die Mitwirkung von Mitgliedern des Gemeinderats an Beschlüssen für den Fall, dass diese an dem zu entscheidenden Sachverhalt „persönlich beteiligt" sind. Eine entsprechende Vorschrift fehlt aber in der VGemO.

Art. 10 Abs. 2 VGemO verweist allgemein auf die Vorschriften des KommZG, hier insbesondere auf die Vorschriften über den Zweckverband (Art. 17ff. KommZG). Zwar findet sich in Art. 33 Abs. 4 Satz 1 KommZG ein grundsätzlicher Verweis auf die Vorschriften des Art. 49 BayGO. Dieser Verweis gilt aber nach Satz 2 ausdrücklich nicht für die persönliche Beteiligung wegen eines unmittelbaren Vor- oder Nachteils. Das erklärt sich aus dem grundsätzlich (Ausnahme: Art. 6 Abs. 3 Satz 2 VGemO) imperativen Mandat der Mitglieder der Gemeinschaftsversammlung.

Daher begründet die Mitwirkung des G keinen Verstoß gegen gesetzliche Vorschriften.

c) Form
Äußere (formale) Mängel des Beschlusses sind nicht ersichtlich.

d) Zwischenergebnis
Der Beschluss ist formell rechtswidrig und schon aus diesem Grunde nichtig.

3. Materielle Rechtmäßigkeit des Beschlusses der Verwaltungsgemeinschaft

In der Sache entfaltet der Bedarfsplan, soweit er reicht, Bindungswirkung für den Beschluss der Verwaltungsgemeinschaft (Art. 5 Abs. 1 Satz 1 i.V.m. Abs. 2 BayKiG). Da der Bedarfsplan ein Verwaltungsakt i.S.d. Art. 35 Satz 1 BayVwVfG ist, der weder nichtig (Art. 44 BayVwVfG) noch angefochten ist (dazu unten E.), bleibt er wirksam und damit für die Verwaltungsgemeinschaft ebenso bindend wie für das Verwaltungsgericht im Rahmen der Feststellungsklage.

Damit beschränkt sich die gerichtliche Kontrolle der materiellen Rechtmäßigkeit des Beschlusses der Verwaltungsgemeinschaft auf den verbleibenden Gestaltungsspielraum im Hinblick auf die Trägerschaft des Kindergartens (Art. 5 Abs. 1 und 2 BayKiG). Insoweit sind aber keine Rechtsverstöße erkennbar. Daher ist derzeit – d.h. solange der Bedarfsplan nicht wirksam angefochten ist – keine materielle Rechtswidrigkeit des Beschlusses der Verwaltungsgemeinschaft erkennbar.

III. Ergebnis

Die Feststellungsklage der Gemeinde H ist zulässig und begründet.

D. Anfechtungsklage gegen den Widerspruchsbescheid des Landratsamts

Wegen der drohenden Bestandskraft des Widerspruchsbescheides ist weiter zu überlegen, ob der Gemeinde H alternativ oder kumulativ zu ihrer Feststellungsklage gegen die Verwaltungsgemeinschaft auch eine (isolierte; vgl. oben A.I.2.c., d.) Anfechtung des Widerspruchsbescheides des Landratsamtes zu empfehlen wäre. Wegen § 68 Abs. 1 Satz 2 Nr. 2 VwGO ist für eine solche Anfechtung ihrerseits kein Widerspruch erforderlich und wohl auch nicht statthaft; vielmehr müsste die Gemeinde nunmehr Anfechtungsklage gegen den Freistaat Bayern als Träger der Widerspruchsbehörde erheben.

I. Zulässigkeit

1. Verwaltungsrechtsweg

Der Streit um die Rechtmäßigkeit eines Widerspruchsbescheides ist dem öffentlichen Recht zuzuordnen; er bemisst sich nach §§ 68ff. VwGO und den oben (A.I.1.) genannten Sachnormen. Auch im übrigen sind die Voraussetzungen von § 40 Abs. 1 VwGO erfüllt.

2. Statthaftigkeit

Anders als der Beschluss der Gemeinschaftsversammlung erfüllt der Widerspruchsbescheid jedenfalls als solcher unproblematisch die Voraussetzungen des Art. 35 Abs. 1 Satz 1 BayVwVfG. Er ist daher ein Verwaltungsakt. Schon daher liegen die allgemeinen Voraussetzungen des § 42 Abs. 1 VwGO vor. Der Widerspruchsbescheid kann auch isoliert angegriffen werden, wenn die Ausgangsmaßnahme – wie hier – mangels Außenwirkung noch keine Beschwer enthielt (§ 79 Abs. 1 Nr. 2 VwGO; vgl. oben A.I.2.c., d.). Damit ist die Anfechtungsklage nach § 79 Abs. 1 Nr. 1 VwGO statthaft.

3. Klagebefugnis

Die Zulässigkeit einer Anfechtungsklage gegen einen Widerspruchsbescheid setzt weiter voraus, dass der Widerspruchsbescheid erstmalig eine Beschwer enthält (§ 79 Abs. 1 Satz 2 VwGO). Rein formell ist die H als Widerspruchsführerin durch die Ablehnung ihres Widerspruchs beschwert.

> **Zur Vertiefung:** Den (ohnehin wenig aussagekräftigen) Ausdruck **„Adressatentheorie"** sollte man hier besser nicht erwähnen. Denn die Adressatentheorie hat sich allgemein als Bezeichnung dafür eingebürgert, dass Private (natürliche; über Art. 19 Abs. 3 GG auch juristische) Personen dann, wenn gegen sie ein belastender VA ergeht, jedenfalls in ihrer allgemeinen Handlungsfreiheit (Art. 2 Abs. 1 GG) beeinträchtigt sein können. Vorliegend klagt hingegen eine Gemeinde; sie kann sich gerade nicht auf die (Bundes-) Grundrechte berufen, sondern lediglich auf Art. 28 Abs. 2 GG. Insoweit findet die klassische „Adressatentheorie" keine Verwendung.

Ob eine solche formale Beschwer genügt, ist allerdings umstritten[34]. § 42 Abs. 2 VwGO verlangt zumindest die Möglichkeit einer Verletzung in subjektiven öffentlichen Rechten des Klägers. Ob das lediglich prozessuale Ergebnis der Abweisung des Widerspruchs dann, wenn sich aus ihr keinerlei Rechte oder Pflichten des unterlegenen Widerspruchsführers ergeben, schon die Verkürzung einer subjektiven Rechtsposition darstellt, ist zweifelhaft. Insbesondere genügt es nicht, dass der Widerspruchsführer – will er sein Anliegen weiter verfolgen – nunmehr eine Entscheidungsinstanz weniger hat als zuvor. Denn erstens stand ihm ja gegen einen Nicht-VA ohnehin nach §§ 68ff. VwGO nicht der Rechtsbehelf des Widerspruchs zu; und zweitens gewährt Art. 19 Abs. 4 GG kein subjektives öffentliches Recht i.S.v. § 42 Abs. 2 VwGO, sondern setzt es voraus[35].

Hier könnte sich aber eine materielle Beschwer der Gemeinde H daraus ergeben, dass sie für den Fall, dass sie den Widerspruchsbescheid nicht anficht, dessen materielle Bestandskraft gegen sich gelten lassen muss. Möglicherweise umfasst diese Bestandskraft auch die Feststellung der Rechtmäßigkeit des Ausgangsbeschlusses der Gemeinschaftsversammlung. Darin läge in der Tat eine erhebliche Beschwer der Gemeinde H, die sich auch auf Verfahren in anderen Klagearten (hier insbesondere auf den Erfolg ihrer verwaltungsgerichtlichen Feststellungsklage; oben C.) auswirken könnte. Ob eine solche Beschwer im

[34] Dafür *Hufen,* Verwaltungsprozessrecht, § 14, Rn. 80; dagegen *Kopp/Schenke,* VwGO, § 42, Rn. 69 m.w.N.
[35] So jedenfalls *Würtenberger,* Verwaltungsprozessrecht, 1998, Rn. 277.

Ergebnis wirklich besteht, ist eine Frage der Begründetheit (dazu unten II.). Da eine Rechtsverletzung zumindest nicht von vornherein als ausgeschlossen erscheint, ist die Gemeinde H jedenfalls klagebefugt[36].

a.A. vertretbar.

4. Rechtsschutzbedürfnis

In der Sache stützt sich die Klage der Gemeinde H im Wesentlichen darauf, dass der Beschluss der Gemeinschaftsversammlung kein VA war. Gegen den Beschluss hat allerdings die Gemeinde H selber den Rechtsbehelf des Widerspruchs eingelegt. Damit könnte sie konkludent erklärt haben, dass sie den Beschluss der Gemeinschaftsversammlung für einen VA hielt. Gleichwohl entfällt ihr Rechtsschutzbedürfnis nicht. Anders als ein zu später *Tatsachenvortrag* unterliegt der Vorgang der *Rechtsanwendung* keiner Präklusion; die Gemeinde muss sich an ihren eigenen Rechtsirrtümern nicht festhalten lassen. Insbesondere hat sie die Erhebung der Anfechtungsklage nicht verwirkt. Es liegt auch kein Fall des venire contra factum proprium vor. Die Rechtsprechung hat gerade für die hier vorliegende Konstellation (Zurückweisung eines Widerspruchs gegen einen Nicht-VA als unbegründet) das Rechtsschutzbedürfnis bejaht[37] und darauf hingewiesen, dass sich der Adressat eines Widerspruchsbescheides auf die Richtigkeit einer Rechtsbehelfsbelehrung verlassen dürfe[38].

5. Zuständigkeit des Gerichts

a) Sachlich

Die sachliche Zuständigkeit liegt für Anfechtungsklagen im ersten Rechtszug beim Verwaltungsgericht (§ 45 VwGO).

b) Örtlich

Die örtliche Zuständigkeit des VG ergibt sich wiederum aus § 52 Nr. 1 VwGO (Belegenheitsprinzip); nach Art. 1 Abs. 2 Nr. 4 BayAGVwGO liegt sie beim Verwaltungsgericht Ansbach.

6. Beteiligtenfähigkeit

Nach § 61 Nr. 1 VwGO ist die Gemeinde H als juristische Person des öffentlichen Rechts ein möglicher Kläger, der Freistaat Bayern als juristische Person ein möglicher Beklagter.

7. Prozessfähigkeit, Prozessvertretung, Postulationsfähigkeit

Für die Gemeinde handelt der erste Bürgermeister als gesetzlicher Vertreter (§ 62 Abs. 3 VwGO, Art. 38 Abs. 1 BayGO), für den beklagten Freistaat Bayern die Widerspruchsbehörde oder der Regierung von Mittelfranken (§ 5 Abs. 1 Satz 1, evtl. i.V.m. § 1 Abs. 1 Satz 1 Nr. 1 LABV). Anwaltszwang besteht vor dem Verwaltungsgericht nicht (vgl. § 67 Abs. 2 Satz 1 VwGO).

8. Form

Die Anfechtungsklage ist schriftlich (§ 81 Abs. 1 Satz 1 VwGO) oder zur Niederschrift des Urkundsbeamten der Geschäftsstelle (§ 81 Abs. 1 Satz 2 VwGO) zu erheben. Außerdem müsste die Klägerin die Formvorschriften des § 82 VwGO beachten.

---

[36] *BVerwG* NVwZ 1988, 51 (52); *OVG Magdeburg* DVBl. 2000, 283; vgl. auch *BFH* NVwZ 1987, 1118.
[37] *BVerwG* NVwZ 1988, 51 (52).
[38] *OVG Magdeburg* DVBl. 2000, 283.

9. Frist

Nachdem der angegriffene Widerspruchsbescheid mit einer ordnungsgemäßen Rechtsbehelfsbelehrung versehen war (so dass kein Fall des § 58 Abs. 2 Satz 1 VwGO vorliegt), beginnt die Frist wegen der Drei-Tages-Fiktion des § 56 Abs. 2 VwGO i.V.m. § 4 Abs. 1 VwZG am 16.10.2002, 0 Uhr zu laufen; sie beträgt einen Monat (§ 74 Abs. 1 Satz 1 VwGO) und endet mithin am 15.11.2002, 24 Uhr. Eine Klage wäre daher noch fristgemäß.

10. Zwischenergebnis

Die Anfechtungsklage gegen den Widerspruchsbescheid wäre zulässig.

II. Begründetheit

1. Passivlegitimation

An sich ist eine Anfechtungsklage gegen den Träger der Ausgangsbehörde zu richten (§ 78 Abs. 1 Nr. 1 VwGO); dies wäre hier die Verwaltungsgemeinschaft als kommunale Verbandskörperschaft (nicht: Gebietskörperschaft). Da hier aber der Widerspruchsbescheid erstmalig eine Beschwer enthält (s.o. I.3.), ist nach § 78 Abs. 2 VwGO auf die Widerspruchsbehörde abzustellen. Ihr Träger (Abs. 1 Nr. 1) ist der Freistaat Bayern. Er ist daher der richtige Beklagte.

2. Rechtsgrundlage (Befugnisnorm)

Als belastende Maßnahme bedarf der Widerspruchsbescheid nach der Lehre vom Vorbehalt des Gesetzes einer Rechtsgrundlage. Rechtsgrundlage für den Erlass des Widerspruchsbescheides ist § 73 Abs. 1 Satz 1 VwGO.

3. Formelle Rechtmäßigkeit des Widerspruchsbescheides

Mangels entgegenstehender Angaben ist von der formellen Rechtmäßigkeit des Widerspruchsbescheides auszugehen.

4. Materielle Rechtmäßigkeit des Widerspruchsbescheides

In der Sache enthält der Widerspruchsbescheid eine Entscheidung über Zulässigkeit und Begründetheit des Widerspruchs, den die Gemeinde H gegen den Beschluss der Gemeinschaftsversammlung erhoben hat. Daher wäre der Widerspruchsbescheid materiell rechtmäßig, wenn der Widerspruch der Gemeinde H unzulässig oder unbegründet gewesen wäre.

Da der Beschluss der Gemeinschaftsversammlung – wie gesehen (A.I.2.) – kein Verwaltungsakt war, war der Widerspruch der Gemeinde H schon nicht statthaft. Richtigerweise hätte die Widerspruchsbehörde ihn daher als unzulässig zurückweisen müssen[39]. Dass sie stattdessen in der Sache über den Widerspruchsbescheid entschieden und ihn dann als unbegründet abgewiesen hat, macht den Widerspruchsbescheid nicht nur in seiner Begründung unrichtig, sondern führt auch zu seiner materiellen Rechtswidrigkeit.

---

[39] *BVerwG* Buchholz 310, § 73 Nr. 33; *Kopp/Schenke,* VwGO, § 68, Rn. 2 m.w.N.; *Schenke*, Verwaltungsprozessrecht, § 18, Rn. 696. Umstritten ist allerdings die Kompetenz der Widerspruchsbehörde zur sachlichen Verbescheidung eines *verfristeten* Widerspruchs. Die Unzulässigkeit wegen Fristversäumung ist aber ein Spezialfall, weil eine Entscheidungskompetenz der Widerspruchsbehörde in der Sache ja zunächst durchaus bestanden hatte. Gerade daran fehlt es aber, wenn – wie hier – von Anfang an kein VA vorlag. Der Streit zur Sachentscheidung bei Fristversäumung lässt sich daher nicht auf die hier vorliegende Konstellation übertragen.

5. Verletzung der Gemeinde H in eigenen Rechten

Fraglich ist, ob die Gemeinde H durch den angegriffenen Widerspruchsbescheid auch in eigenen Rechten verletzt ist (§ 113 Abs. 1 Satz 1 VwGO). Sie könnte sich dann, wenn der angegriffene Widerspruchsbescheid unanfechtbar würde, wegen der in ihm enthaltenen Sachentscheidung der Widerspruchsbehörde nicht mehr auf eine mögliche Rechtswidrigkeit des Beschlusses der Gemeinschaftsversammlung vom 27. Juli 2002 berufen. Das ergibt sich aus dem Gedanken der materiellen Bestandskraft von Verwaltungsakten. Die materielle Bestandskraft kann die Rechtslage (relativ, d.h. nur für und gegen die Adressatin des Widerspruchsbescheides) umgestalten; ihr gegenüber gälte der Beschluss der Gemeinschaftsversammlung dann als formell und materiell rechtmäßig, obwohl er es (bei objektiv-absoluter Betrachtung, die erga omnes weiterhin gilt) nicht ist. Eine solche Umgestaltung der materiellen Rechtslage speziell zum Nachteil der H muss vorliegend als Verletzung in eigenen Rechten angesehen werden.

Etwas anderes ist hier aber gut vertretbar. Insbesondere könnte die Frage aufgeworfen werden, mit welcher Begründung die Widerspruchsbehörde den Widerspruch als unbegründet zurückgewiesen hat (hierzu fehlen nähere Angaben im Sachverhalt). Für den Fall, dass die Zurückweisung z.B. allein darauf gestützt war, dass der angegriffene Beschluss der Gemeinschaftsversammlung die H nicht in eigenen Rechten verletzte (§ 113 Abs. 1 Satz 1 VwGO analog), enthielte er keinerlei Aussage zu dessen Rechtmäßigkeit. In diesem Fall wäre der hier vorgestellten Argumentation (materielle Bestandskraft als Grund für die Rechtsbeeinträchtigung) der Boden entzogen. Die Anfechtungsklage müsste dann als zulässig, aber unbegründet abgewiesen werden. Für die Gemeinde H entstünden dadurch – abgesehen von den Kosten – keine Nachteile.

6. Ergebnis

Nach hier vertretener Ansicht wäre eine Anfechtungsklage der Gemeinde H, die sich isoliert gegen den Widerspruchsbescheid richtet (§ 79 Abs. 1 Nr. 2 VwGO), zulässig und begründet.

E. Widerspruch gegen den Bedarfsplan

I. Zulässigkeit

Die Zulässigkeit des Widerspruchs richtet sich gem. Art. 79 BayVwVfG vorrangig nach den Vorschriften der VwGO.

1. Verwaltungsrechtsweg

Analog zu § 40 VwGO ist der Verwaltungsrechtsweg eröffnet.

2. Statthafte Verfahrensart

Der Bedarfsplan ist eine hoheitliche Maßnahme, die eine Behörde auf dem Gebiet des öffentlichen Rechts erlässt. Wegen seiner gesetzlich angeordneten Bindungswirkung im Rahmen der Kindergartenerrichtung (Art. 5 Abs. 1 BayKiG) entfaltet er auch Außenwirkung. Damit liegt jedenfalls ein Verwaltungsakt i.S.d. Art. 35 Satz 1 BayVwVfG vor.

Da der Bedarfsplan aber regelmäßig den gesamten Regierungsbezirk, also eine Mehrzahl von Adressaten, und überdies die Gründung oder Erweiterung öffentliche Einrichtungen betrifft, könnte er auch als konkret-generelle Regelung, d.h. als Allgemeinverfügung i.S.d. Art. 35 Satz 2 BayVwVfG angesehen werden.

3. Widerspruchsbefugnis

Die Vorschriften über das Widerspruchsverfahren enthalten keinen Verweis auf die Klagebefugnis (§ 42 Abs. 2 VwGO). Das ist konsequent, da im Widerspruchsverfahren nicht nur die Rechtmäßigkeit, sondern grundsätzlich auch die Zweckmäßigkeit des angegriffenen VA nachgeprüft wird. Soweit der Widerspruchsführer allerdings Rechtsverletzungen geltend macht, gilt § 42 Abs. 2 VwGO analog[40]. Denn auch das Widerspruchsverfahren ist nicht als Popularrechtsbehelf konzipiert, sondern dient – wie die Klage – dem Individualschutz.

Zur Vertiefung: Gelegentlich finden sich allerdings gesetzliche Ausnahmen. Beispiel: Widerspruchsbefugnis des Leiters des Kreiswehrersatzamtes nach § 33 Abs. 2 Satz 2 WPflG. Gerade ihre Existenz bestätigt aber die o.g. Regel, wonach grundsätzlich auch für das Widerspruchsverfahren eine Selbstbetroffenheit erforderlich ist.

Fraglich ist also, ob die Gemeinde H durch den erlassenen Verwaltungsakt in eigenen Rechten verletzt ist (vgl. § 42 Abs. 2 VwGO). Durch den angegriffenen Bedarfsplan wird die Gemeinde zu nichts verpflichtet; insofern handelt es sich nicht um einen belastenden VA. Anders als im Rahmen der Feststellungsklage (oben C.I.3.) genügt hier auch ein allgemeines politisches Interesse der Gemeinde an vorteilhaften Standortentscheidungen nicht. Insbesondere ist dieses Interesse nicht automatisch Teil des Rechts auf kommunale Selbstverwaltung (Art. 28 Abs. 2 Satz 1 GG, 11 Abs. 2 Satz 2, 83 Abs. 1 BV, 7 Abs. 1, 57 Abs. 1 Satz 1 BayGO).

Das politische Interesse wird aber durch Art. 15 Satz 2 BayKiG (Pflicht zur Errichtung der Kindergärten in der Nähe des Wohnbezirks der Eltern) rechtlich unterfangen. Mit dieser Pflicht korrespondiert zwar nicht notwendig auch ein subjektives Recht der Gemeinde. Zweifel am drittschützenden Charakter der Norm ergeben sich vor allem daraus, dass der Art. 15 Satz 2 in aller Regel die Gemeinden gerade als Verpflichtete adressiert (arg. Art. 5 Abs. 1 BayKiG). Vieles spricht aber dafür, dass in den Fällen des Art. 5 Abs. 2 BayKiG etwas anderes gilt. Im Lichte der Selbstverwaltungsautonomie (Art. 28 Abs. 2 Satz 1 GG, 11 Abs. 2 Satz 2, 83 Abs. 1 BV, 7 Abs. 1, 57 Abs. 1 Satz 1 BayGO) muss Art. 15 Satz 2 BayKiG dann, wenn die Trägerschaft des Kindergartens bei der Verwaltungsgemeinschaft liegt, als ein subjektives Recht der Gemeinde auf eine optimierte Standortentscheidung anerkannt werden. Letztlich kann diese Frage aber offenbleiben.

Denn jedenfalls ergibt sich eine Selbstbetroffenheit der Gemeinde H daraus, dass mit der Nichtaufnahme in den Bedarfsplan jeder Anspruch auf staatliche Baukostenzuschüsse entfällt (Art. 23 Abs. 4 Nr. 1 BayKiG). Daher wird der Gemeinde H (und übrigens auch anderen Trägern) die (freiwillige) Errichtung eines eigenen Kindergartens auf Gemeindegebiet erheblich erschwert. Damit greift der Bedarfsplan jedenfalls in den der Gemeinde durch den Grundtatbestand der Baukostenzuschüsse (Art. 23 Abs. 2 BayKiG) gewährten Geldleistungsanspruch ein.

Mithin ist sie widerspruchsbefugt (§ 42 Abs. 2 VwGO analog).

4. Rechtsschutzbedürfnis

Zweifel am Rechtsschutzbedürfnis der Klägerin bestehen nicht.

[40] Vgl. statt aller *Kopp/Schenke,* VwGO, Vor § 68, Rn. 12 und § 69, Rn. 6 m.w.N., auch aus der Rspr.

5. Zuständigkeit

Der Widerspruch ist nach § 70 Abs. 1 Satz 1 VwGO bei der Ausgangsbehörde einzulegen, hier also bei der Regierung von Mittelfranken in Ansbach. Sie wird auch abschließend über den Widerspruch entscheiden (kein Devolutiveffekt, da die nächsthöhere Behörde eine oberste Landesbehörde wäre: § 73 Abs. 1 Satz 2 Nr. 2 VwGO).

6. Form

Der Widerspruch bedarf der Schriftform oder ist zur Niederschrift zu erklären (§ 70 Abs. 1 Satz 1 VwGO).

7. Frist

Da der Bedarfsplan der Gemeinde H ohne Rechtsbehelfsbelehrung zugesandt worden ist, läuft die Widerspruchsfrist des § 70 Abs. 1 Satz 1 VwGO bislang nicht; vielmehr gilt die Jahresfrist des § 58 Abs. 1 Satz 1 VwGO. Danach wäre die Erhebung des Widerspruchs noch nicht verfristet.

8. Zwischenergebnis

Der Widerspruch ist zulässig.

II. Begründetheit

Der Widerspruch wäre begründet, wenn der angegriffene Bedarfsplan formell oder materiell rechtswidrig wäre und die Widerspruchsführerin (die Gemeinde H) in ihrem Recht auf gemeindliche Selbstverwaltung verletzte.

1. Vorbehalt des Gesetzes

Als in die gemeindliche Selbstverwaltungsautonomie eingreifende Regelung bedarf der Erlass eines Bedarfsplans einer gesetzlichen Grundlage. Sie liegt mit Art. 4 Abs. 1 BayKiG vor.

2. Formelle Rechtmäßigkeit

a) Zuständigkeit der Regierung von Mittelfranken

Die sachliche Zuständigkeit der Regierung von Mittelfranken ergibt sich aus Art. 28 Abs. 2 BayKiG i.V.m. § 1 Abs. 2 Nr. 1 der 1. DVBayKiG, BayRS 2231-1-1, die örtliche Zuständigkeit aus § 2 Abs. 1 derselben DV.

b) Verfahren, Form

Mängel in Verfahren oder Form sind nicht ersichtlich. Der Bedarfsplan ist daher formell rechtmäßig. Insbesondere führt das Fehlen einer Rechtsbehelfsbelehrung nicht zur formellen Rechtswidrigkeit des angegriffenen Verwaltungsakts. Das lässt sich damit begründen, dass die Rechtsbehelfsbelehrung nicht integraler Bestandteil dieses Verwaltungsakts ist, sondern ein diesem lediglich beigefügter Hinweis auf die Gesetzeslage, streng genommen also ein aliud (hilfsweise damit, dass die Fehlerfolgen insoweit abschließend in § 58 Abs. 2 i.V.m. § 70 Abs. 1 Satz 1 VwGO geregelt sind).

3. Materielle Rechtmäßigkeit des Bedarfsplanes

Die materielle Rechtmäßigkeit des Bedarfsplanes richtet sich nach den Vorschriften des Bayerischen Kindergartengesetzes (KiG). Nach Art. 15 Satz 2 BayKiG sollen die Kindergärten in räumlicher Nähe des Wohnbezirks der Eltern und womöglich in der Nähe einer Grundschule errichtet werden. Im vorliegenden Fall ergibt sich aber gerade ein Zielkonflikt zwischen diesen beiden Belangen. Dann soll nach der Rechtsprechung des *BayVGH* maßgeblich sein, „dass der Kindergarten (...) in einer solchen räumlichen Beziehung zur jeweiligen Gemeinde stehen muss (...). Kindergärten haben nach Art. 7 BayKiG u.a. die Aufgabe, die familiäre Erziehung zu unterstützen und zu ergänzen, die Persönlichkeitsentwicklung sowie soziale Verhaltensweisen zu fördern und den Kindern entsprechend ihrer Entwicklung den Zugang zur Schule zu erleichtern. Diese Aufgaben kann ein Kindergarten nur erfüllen, wenn der Kindergarten soweit wie möglich in das vertraute Umfeld der Kinder eingebettet ist und nicht das Kind zum Zwecke des Kindergartenbesuches aus diesem herausgerissen werden muss“[41].

Der Gerichtshof hat diese Rechtsprechung später präzisiert: „Die Forderung in Art. 15 Satz 2 BayKiG, dass Kindergärten möglichst in der Nähe einer Grundschule errichtet werden sollen, steht unabhängig neben dem Erfordernis, Kindergärten in der Nähe des Wohnbezirks der Eltern zu errichten. Dem Wortlaut (womöglich) und dem Sinn und Zweck der Vorschrift ist unter Berücksichtigung des gemeindlichen Selbstverwaltungsrechts zu entnehmen, dass dann, wenn nicht beide Forderungen erfüllt werden können, der wohnbezirksnahen Betreuung der Kinder der Vorzug zu geben ist“[42].

Danach ist der Bedarfsplan materiell rechtswidrig.

4. Verletzung der H in eigenen Rechten

Aus den oben (I.3.) angeführten Gründen verletzt der rechtswidrige Bedarfsplan die Gemeinde H auch in ihrem Anspruch auf Gewährung eines Baukostenzuschusses nach Art. 23 Abs. 2 BayKiG.

III. Ergebnis

Ein Anfechtungswiderspruch der Gemeinde H gegen den Bedarfsplan wäre daher zulässig und begründet.

F. Gesamtergebnis

Die Gemeinde H sollte

- eine Feststellungsklage gegen die Verwaltungsgemeinschaft (auf Feststellung der Nichtigkeit des Beschlusses der Gemeinschaftsversammlung vom 27. Juli 2002),
- eine Anfechtungsklage gegen den Freistaat Bayern auf Kassation des Widerspruchsbescheids v. 12. Oktober 2002 und
- einen Anfechtungswiderspruch zur Kassation des Bedarfsplanes vom 25. Juli 2002 erheben.

Damit können auf beiden Ebenen (Staat und Verwaltungsgemeinschaft) neue und nunmehr rechtmäßige Sachentscheidungen getroffen werden.

[41] *BayVGH* BayVBl. 1995, 341 ff.
[42] *BayVGH* BayVBl. 1996, 595 ff.

Fall 18: Die Parabolantennensteuer (Möstl)

Sachverhalt

Die zunehmende Anzahl hässlicher Parabolantennen („Satellitenschüsseln") zum Empfang von über Satellit ausgestrahlten Rundfunkprogrammen ist der kreisfreien Stadt S ein Dorn im Auge. Sie beschließt daher, den Gebrauch von Parabolantennen im Stadtgebiet mit einer jährlichen Steuer von 360 Euro zu belegen und erhofft sich damit – neben einer Stärkung der angegriffenen städtischen Finanzen – insbesondere, dass die Gemeindeeinwohner für den Rundfunkempfang vermehrt Kabelanschlüsse statt Parabolantennen wählen. Die erforderliche Genehmigung dieser in Bayern erstmalig erhobenen kommunalen Steuer wird der Stadt S von der zuständigen Regierung allerdings verweigert, nachdem diese dem Staatsministerium des Innern gemäß Art. 2 Abs. 3 S.2 BayKAG die Frage vorgelegt hatte, ob es seine Zustimmung zu der neuartigen Parabolantennensteuer erteile, und hierauf eine ablehnende Antwort erhalten hatte.

In sachlicher Übereinstimmung mit der ministeriellen Entscheidung gibt die Regierung folgende Gründe für die Ablehnung der Genehmigung an: Die Genehmigung neuer kommunaler Steuern stehe im politischen Ermessen des Staates; von diesem Ermessen werde, da die Einführung neuer Steuern gegenwärtig als unzweckmäßig erscheine, dahingehend Gebrauch gemacht, dass die Einführung abgelehnt wird. Unabhängig davon sei die Steuer in mehrerer Hinsicht rechtswidrig und daher nicht genehmigungsfähig: Die Parabolantennensteuer stelle keine örtliche Aufwandsteuer i.S.v. Art. 3 Abs. 1 BayKAG dar, da in dem Gebrauch einer Parabolantenne ein besonderer Aufwand, der erhöhte wirtschaftliche Leistungsfähigkeit zum Ausdruck bringe, nicht erblickt werden könne. Die Stadt S dürfe ihre Steuerkompetenz des weiteren nicht zu einer gegen Parabolantennen gerichteten Sachpolitik missbrauchen; jedenfalls eine Steuer, die so hoch sei, dass sie das besteuerte Verhalten praktisch unmöglich mache, könne nicht auf die Steuerkompetenz gestützt werden. Rechtsstaatswidrig sei die Steuer außerdem darin, dass sie in sachlichem Widerspruch zu Wertungen des Baurechts stehe, nach denen Parabolantennen grundsätzlich erlaubt und sogar genehmigungsfrei seien. Vor allem aber bedeute die pauschale Belegung von Parabolantennen mit einem Steuersatz in der beträchtlichen Höhe von 360 Euro jährlich einen unverhältnismäßigen Eingriff sowohl in die grundrechtlich gewährleistete Informationsfreiheit als auch in die gemeinschaftsrechtlich gewährleistete Freiheit, grenzüberschreitend Rundfunkdienstleistungen in Anspruch nehmen zu dürfen. Die Steuer sei insbesondere zu undifferenziert, da sie in keiner Weise darauf Rücksicht nehme, ob der Steuerschuldner – z. B. als Ausländer, der ein nur über Satellit ausgestrahltes Heimatprogramm empfangen möchte – ein gesteigertes Informationsinteresse geltend machen könne und ob im Einzelfall die Parabolantenne nach Art der Anbringung (einsehbar oder verdeckt) und Umgebung (historischer Stadtkern, Außenbezirke etc.) wirklich in der Weise verunstaltend sei, dass sie eine prohibitive Steuererhebung rechtfertige.

Die Stadt S will diese Entscheidung der Rechtsaufsichtsbehörde nicht hinnehmen. Die Garantie der kommunalen Selbstverwaltung gewährleiste den Kommunen im Bereich der örtlichen Verbrauch- und Aufwandsteuern ein „Steuererfindungsrecht", so dass sie einen – jegliches Ermessen ausschließenden – Anspruch auf Zustimmung des Staatsministeriums und Genehmigung der Rechtsaufsichtsbehörde habe, soweit die Steuer rechtmäßig sei. Die Steuer aber sei rechtmäßig: Dass das Halten von Gegenständen für den privaten Gebrauch, soweit es über den engeren Kreis des zur Lebensführung Notwendigen hinausreiche, mit Aufwandsteuern belegt werden könne, sei seit jeher anerkannt; die Aufwandsteuer sei nicht allein auf Luxusgüter anwendbar. Von einer den Gebrauch von Parabolantennen unmöglich machenden, „erdrosselnden" Steuer könne keine Rede sein; die monatliche Steuerlast von 30 Euro sei nur etwa doppelt so hoch wie die Kosten für einen Kabelanschluss. Baurechtlich seien jedenfalls verunstaltende Parabolantennen keineswegs erlaubt, so dass insoweit auch kein Widerspruch der Steuer zu Wertungen des Baurechts erkennbar sei. Überdies habe die Gemeinde das Recht, Parabolantennen durch örtliche Bauvorschriften zu verbieten; dann aber müsse es ihr erst recht erlaubt sein, diese zu besteuern. Sowohl die Informationsfreiheit als auch die europäische Dienstleistungsfreiheit schließlich seien aus Gründen des öffentlichen Wohls einschränkbar; ein derartiges, den Eingriff rechtfertigendes öffentliches Interesse liege hier in der Verhinderung von Verunstaltungen des Ortsbildes durch hässliche Parabolantennen. Es sei den Nutzern von Parabolantennen durchaus zumutbar, auf einen Kabelanschluss umzusteigen, auch wenn im Kabelnetz zugegebenermaßen nur in geringerem Maße ausländische Programme angeboten werden.

Von Rechtsanwalt R möchte die Stadt S wissen, ob eine Klage gegen die rechtsaufsichtliche Ablehnung der Genehmigung der Steuer Aussicht auf Erfolg hätte. Hierbei interessiert es die Stadt S auch, ob es notwendig ist, neben der von ihr ins Auge gefassten Klage auf Erteilung der rechtsaufsichtlichen Genehmigung auch noch eine Klage auf Erteilung der ministeriellen Zustimmung zu erheben.

Vermerk für die Bearbeiter: Das Gutachten des R ist zu erstellen.

Lösung

Eine auf Genehmigung der Steuer gerichtete Klage der Stadt S hat Aussicht auf Erfolg, wenn sie zulässig und begründet ist.

A. Zulässigkeit

I. Verwaltungsrechtsweg, § 40 Abs. 1 VwGO

Der Verwaltungsrechtsweg ist nach § 40 Abs. 1 VwGO in allen öffentlich-rechtlichen Streitigkeiten nichtverfassungsrechtlicher Art zulässig.

Das streitentscheidende Rechtsverhältnis zwischen der klagenden Stadt S und dem beklagten Freistaat Bayern richtet sich hier nach Normen des Kommunalabgabengesetzes (v.a. Art. 2, 3 BayKAG)[1] sowie mittelbar der Verfassung und des Gemeinschaftsrechts, die allesamt Träger öffentlicher Gewalt als solche berechtigen oder verpflichten und daher nach der herrschenden Sonderrechtslehre als öffentlich-rechtlich einzustufen sind. Die Streitigkeit ist demnach öffentlich-rechtlicher Natur.

Die Streitigkeit ist auch nichtverfassungsrechtlicher Art, da nicht etwa zwei unmittelbar am Verfassungsleben Beteiligte sich um gegenseitige Rechte und Pflichten streiten, die unmittelbar in der Verfassung geregelt sind. Im Kern geht es statt dessen um das in Art. 2 Abs. 3, 4 BayKAG geregelte Rechtsverhältnis zwischen Gemeinde und Staat als Träger der Kommunalaufsicht. Dass für dieses kommunalaufsichtliche Rechtsverhältnis auch Normen des Verfassungsrechts Bedeutung erlangen können, genügt nicht, um die Streitigkeit als von verfassungsrechtlicher Art zu qualifizieren.

II. Statthaftigkeit der Klage

Zu bestimmen ist die richtige Klageart. Die Klage zielt auf Verpflichtung des Freistaats Bayern, die Genehmigung der kommunalen Steuer zu erteilen, sowie auf Aufhebung ihrer bereits erfolgten Ablehnung. Bei der Genehmigung bzw. deren Ablehnung handelt es sich um aufsichtliche Verwaltungsakte i.S.v. Art. 35 BayVwVfG, die der Stadt gegenüber insbesondere eine verbindliche Regelung treffen und ihr gegenüber Außenwirkung entfalten, da Freistaat Bayern und Stadt ja zwei verschiedene Rechtsträger darstellen. Statthaft ist deswegen eine Verpflichtungsklage in Gestalt der Versagungsgegenklage (§ 42 Abs. 1 VwGO)[2].

Kein eigenständiger Klagegegenstand ist die Erteilung der Zustimmung durch das Staatsministerium gemäß Art. 2 Abs. 3 Satz 2 KAG[3]. Diese Zustimmung bzw. ihre Verweigerung nämlich ergehen – richtig betrachtet – nicht etwa als eigenständige Verwaltungsakte im Außenverhältnis der Gemeinde gegenüber; vielmehr stellt das Zustimmungserfordernis nur einen verwaltungsinternen Vorbehalt der Rechtsaufsichtsbehörde gegenüber dar, die die

---

[1] In Nordrhein-Westfalen: §§ 2, 3 KAG NW ; entsprechende Normen in anderen Ländern. Je nach Ausgestaltung dieser Normen müsste der Sachverhalt und die Lösung in anderen Ländern etwas anders ausfallen: In Nordrhein-Westfalen beispielsweise gibt es bei neuartigen Steuern allein eine Genehmigung des Innenministeriums und des Finanzministeriums, nicht jedoch – wie in Bayern – eine Genehmigung der Rechtsaufsichtsbehörde (hier: Regierung) mit vorherigem internen Zustimmungsvorbehalt des Innenministeriums. Die spezifischen Probleme, die sich in Bayern aus diesem Neben- und Nacheinander von ministerieller Zustimmung und rechtsaufsichtlicher Genehmigung ergeben (unten A.II., B. II.1.), entfallen in diesen Ländern natürlich.

[2] *Lissack*, Bayerisches Kommmunalrecht, § 6, Rn. 29.

[3] Vgl. Fn. 1.

Genehmigung im Außenverhältnis erst erteilen darf, nachdem sie intern die Zustimmung des Ministeriums eingeholt hat. Dass die Zustimmung kein eigener Verwaltungsakt im Außenverhältnis ist (keine zweite, eigenständige Genehmigung), sondern nur eine interne, verfahrensrechtliche Voraussetzung für die Genehmigung durch die Rechtsaufsichtsbehörde (die Zustimmung zur Genehmigung), lässt sich gesetzessystematisch daran ablesen, dass die Zustimmungsregelung (Art. 2 Abs. 3 Satz 2 BayKAG) voll und ganz in die Regelung der rechtsaufsichtlichen Genehmigung (Art. 2 Abs. 3, 4 BayKAG) eingebettet ist; diese Einbettung in das Genehmigungsverfahren, zusammen mit der Bestimmung, die Zustimmung sei „einzuholen", sprechen ganz dafür, dass es die Rechtsaufsichtsbehörde ist, die im Rahmen des Genehmigungsverfahrens intern die Zustimmung einholt[4], nicht aber, dass etwa die Gemeinde in einem eigenständigen Verwaltungsverfahren die Zustimmung beantragen müsste und die Zustimmung etwa unmittelbar ihr gegenüber im Außenverhältnis ergehen würde. Erhärtet wird diese Sichtweise, wenn man bedenkt, dass bereits vor Einfügung des Art. 2 Abs. 3 Satz 2 BayKAG im Jahre 1989 eine durch Verwaltungsvorschrift (Vollzugsbekanntmachung 3.4. zu Art. 3) angeordnete Pflicht der Rechtsaufsichtsbehörde bestand, vor der Erteilung einer Genehmigung für neue Steuern die Zustimmung des Ministeriums einzuholen[5]. Die ausdrückliche Verankerung dieser Pflicht im Gesetz wollte an dieser verfahrensrechtlichen Ausgestaltung nichts ändern, vielmehr hat sie allein zur Folge, dass nunmehr das Zustimmungserfordernis als eigenständiges Rechtmäßigkeits- und Wirksamkeitserfordernis der Steuersatzung neben die Genehmigung tritt, so dass auch das Fehlen der Zustimmung allein schon zur Unwirksamkeit der Satzung führt[6]. Dafür, dass die einzuholende Zustimmung darüber hinaus zu einem eigenständigen Verwaltungsverfahren im Außenverhältnis der Gemeinde gegenüber ausgestaltet werden sollte, spricht nichts, zumal diese Verdoppelung der Verwaltungsverfahren auch deswegen ganz unnötig wäre, weil in beiden Fällen ja ein und derselbe Prüfungsmaßstab einschlägig ist (Art. 2 Abs. 3 Satz 3, Abs. 4 BayKAG). Strukturell ähnelt die Situation damit der traditionellen Sichtweise zum gemeindlichen Einvernehmen nach § 36 BauGB[7], wo seit langem (nicht erst seit Einführung der Ersetzungsmöglichkeiten nach § 36 Abs. 2 Satz 3 BauGB, Art. 74 BayBO) anerkannt ist, dass das gemeindliche Einvernehmen, obwohl es eigenständige Rechtmäßigkeitsvoraussetzung der Baugenehmigung ist, ein bloßes Verwaltungsinternum darstellt, das nicht etwa selbstständig im Wege einer Verpflichtungsklage eingeklagt werden kann; die Verpflichtungsklage ist vielmehr unmittelbar auf Erteilung der Baugenehmigung zu richten, zu der das Gericht trotz Fehlens des Einvernehmens verurteilen darf, wenn die materiellen Genehmigungs- (und damit auch Einvernehmens-)Voraussetzungen gegeben sind. Wie im Parallelfall der vom gemeindlichen Einvernehmen abhängigen Baugenehmigung handelt es sich auch bei der hier interessierenden, von der ministeriellen Zustimmung abhängigen rechtsaufsichtlichen Genehmigung um einen *mehrstufigen Verwaltungsakt*, bei dem es die Regelung des § 44a VwGO ausschließt, eine von der Klage gegen den Verwaltungsakt (die Sachentscheidung) unabhängige eigenständige Klage gegen die als bloßes Verwaltungsinternum vorgelagerte behördliche Mitwirkungshandlung oder ihre Ablehnung zu erheben[8].

Folglich ist unmittelbar Klage auf rechtsaufsichtliche Genehmigung, nicht aber Klage auf die vorgelagerte Zustimmung des Ministeriums zu erheben.

III. Klagebefugnis, § 42 Abs. 2 VwGO

Die Stadt muss gemäß § 42 Abs. 2 VwGO geltend machen, durch die Ablehnung des begehrten Verwaltungsakts in ihren Rechten verletzt zu sein; eine Rechtsverletzung muss hierbei zumindest als möglich erscheinen.

[4] So im Ergebnis: *Lissack*, Bayerisches Kommunalrecht, § 6, Rn. 28; *Oehler*, in: Praxis der Kommunalverwaltung, Landesausgabe Bayern, E 4 a Bay, Art. 2, 5.1.1.
[5] *Schieder/Happ u.a.*, Bayerisches Kommunalabgabengesetz, 3. Aufl., Stand 2000, C KAG Erl. Art. 2, 4.3.
[6] Vgl. *BayVerfGH* BayVBl. 1992, 365/368.
[7] *Söfker*, in: Ernst-Zinkahn-Bielenberg, BauGB, Stand 2001, § 36, Rn. 46; *BVerwGE* 28, 145.
[8] *Kopp/Schenke*, VwGO, § 44 a, Rn. 6.

Da nicht von vornherein ausgeschlossen werden kann, dass sich aus Art. 2 Abs. 3, 4, Art. 3 Abs. 1 BayKAG – jedenfalls in Verbindung mit Art. 28 Abs. 2 Satz 3 GG, der den Gemeinden die Grundlagen der finanziellen Eigenverantwortung gewährleistet, und mit Art. 83 Abs. 2 Satz 2 BV, der den Gemeinden das Recht gewährleistet, ihren Bedarf durch öffentliche Abgaben zu decken – ein Anspruch auf Genehmigung neuer Gemeindesteuern ergibt, sofern diese die Voraussetzungen des Art. 2 Abs. 4 KAG erfüllen, ist die Klagebefugnis der Stadt S zu bejahen.

IV. Vorverfahren

Ein Vorverfahren entfällt gemäß § 68 Abs. 1 Satz 2 VwGO, Art. 15 Nr. 14 BayAGVwGO[9] (aufsichtlicher Verwaltungsakt gegenüber kreisfreier Gemeinde).

V. Klagefrist

Die Klagefrist des § 74 Abs. 1 Satz 2 VwGO muss eingehalten werden. Eine Klage wäre danach zulässig.

Zum Verständnis: Grob falsch wäre es, eine notwendige Beiladung „des Ministeriums" gemäß § 65 Abs. 2 VwGO anzunehmen. Der beklagte Freistaat Bayern ist Rechtsträger sowohl der Regierung als auch des Staatsministeriums, so dass es an einer vom Beklagten verschiedenen beiladungsfähigen Rechtsperson fehlt.

B. Begründetheit

Die Klage ist begründet, wenn sie sich gegen den richtigen Beklagten richtet, die Ablehnung der Genehmigung rechtswidrig war, die Stadt S dadurch in ihren Rechten verletzt ist und die Sache spruchreif ist (§ 113 Abs. 5 Satz 1 VwGO).

Richtiger Beklagter ist der Freistaat Bayern als Träger der handelnden Regierung (§ 78 Abs. 1 Nr.1 VwGO).

Die Voraussetzungen des § 113 Abs. 5 Satz 1 VwGO (Rechtswidrigkeit der Ablehnung, Rechtsverletzung des Klägers, Spruchreife) sind gegeben, wenn die Stadt S einen Anspruch auf Genehmigung der Parabolantennensteuer durch den Freistaat Bayern hat.

I. Die Anspruchsgrundlage: Gewähren Art. 2 Abs. 3, 4, Art. 3 BayKAG[10] (ggf. i.V.m. der verfassungsrechtlichen Garantie der kommunalen Selbstverwaltung) einen Anspruch auf Genehmigung?

Zu fragen ist zunächst, auf welche Rechtsgrundlage die Stadt S ihren Anspruch stützen kann, zu prüfen ist dabei insbesondere, ob der Regelungskomplex der Art. 2 Abs. 3, 4, Art. 3 BayKAG überhaupt als Anspruchsnorm, d.h. als Normkomplex, der der Stadt unter bestimmten Voraussetzungen einen *Anspruch* auf Genehmigung einräumt, ausgestaltet ist, oder ob er die Frage der Genehmigung nicht vielmehr von vornherein ins Ermessen des Staates stellt.

[9] In den AGVwGO anderer Länder (z.B. in NW) gibt es diese Regelung nicht.

[10] In Nordrhein-Westfalen etwa wäre auf § 2 Abs. 2 i.V.m. § 3 KAG NW abzustellen. Die Argumentation wäre diesen im einzelnen anders formulierten Normen freilich anzupassen. Die wesentlichen Grundgedanken dürften indes übertragbar sein.

Wortlaut, Systematik und Zweck der Art. 2 Abs. 3, 4, Art. 3 BayKAG beantworten diese Frage nicht eindeutig:

Im Ausgangspunkt kann nicht daran vorbeigesehen werden, dass v.a. Art. 2 Abs. 4 BayKAG nicht als Anspruchsnorm formuliert ist: Normiert sind dort nämlich nicht Voraussetzungen, bei deren Vorliegen die Genehmigung zu erteilen ist, sondern im Gegenteil Voraussetzungen, bei deren Vorliegen die Genehmigung zu versagen ist – eine Regelungstechnik, die durchaus den Schluss zulässt, dass selbst wenn die Steuersatzung nach den in Art. 2 Abs. 4 KAG niedergelegten Kriterien einwandfrei ist, die Genehmigung eben nur erteilt werden *kann*, nicht aber erteilt werden *muss*. Schwer einzuordnen ist auch die Voraussetzung, die Steuer dürfe öffentliche Belange, insbesondere volkswirtschaftliche oder steuerliche Interessen des Staates nicht beeinträchtigen. Zwar ist es nicht ausgeschlossen, diese Voraussetzungen als richterlich voll überprüfbare Tatbestandsvoraussetzungen eines Genehmigungsanspruches aufzufassen, andererseits drängt die Offenheit, Interpretations- und Wertungsbedürftigkeit dieser Voraussetzungen geradezu danach, entweder einen beträchtlichen (tatbestandlichen) Beurteilungsspielraum des Staates anzunehmen oder aber sogar den Schluss zu ziehen, die Frage der Genehmigung solle offensichtlich überhaupt ins politische Ermessen des Staates (wie im Fall behauptet) gestellt werden. Ganz in diesem Sinne hat die früher herrschende Auffassung in der Tat angenommen, einen Anspruch auf Genehmigung neuer kommunaler Steuern könne es nicht geben, vielmehr sei, was die Zulassung neuer Steuern anbelangt, von einem „Kondominialrecht" des Staates, d.h. von einem echten Mitwirkungsrecht des Staates zur Entscheidung nach eigenem politischem Ermessen auszugehen[11]. Die aufsichtliche Genehmigung bedeutet nach dieser Ansicht eine Zweckmäßigkeits-, nicht eine bloße Rechtmäßigkeitskontrolle der gemeindlichen Steuersatzung[12].

Die Art. 2 Abs. 3, 4, Art. 3 BayKAG sind andererseits aber auch nicht so konzipiert, dass sie einer Auslegung als Anspruchsnorm von vornherein entgegenstünden. Die Versagungsnorm des Art. 2 Abs. 4 BayKAG darf insbesondere nicht isoliert ausgelegt, sondern muss im Lichte des Art. 3 Abs. 1 BayKAG gesehen werden, der den Gemeinden immerhin ein grundsätzliches Steuerfindungsrecht im Bereich der örtlichen Verbrauch- und Aufwandsteuern einräumt – ein Recht, das nicht dadurch völlig konterkariert werden darf, dass man es sogleich wieder unter den Vorbehalt einer staatlichen Zweckmäßigkeitskontrolle stellt. Auch die Tatsache, dass Art. 2 Abs. 3 BayKAG die Genehmigung als Fall der Rechtsaufsicht im eigenen Wirkungskreis ausgestaltet („Genehmigung durch die Rechtsaufsichtsbehörde"), spricht dafür, dass diese auch der besonderen Eigenart der Rechtsaufsicht im eigenen Wirkungskreis zu entsprechen hat, eben reine Rechtskontrolle und nicht auch Zweckmäßigkeitskontrolle zu sein (Art. 109 Abs. 1 BayGO)[13].

Da die Auslegung der Art. 2, 3 BayKAG aus sich heraus demnach zu keinem eindeutigen Ergebnis führt, stellt sich die Frage nach einer verfassungskonformen Auslegung. Erfordert insbesondere die verfassungsrechtliche Garantie der kommunalen Selbstverwaltung eine Auslegung der Art. 2, 3 BayKAG dahingehend, dass der Gemeinde, sofern die die dort normierten Rechtmäßigkeitsvoraussetzungen einer Steuererhebung (v.a. Art. 2 Abs. 4, Art. 3 Abs. 1 BayKAG) erfüllt sind, auch ein Anspruch auf Genehmigung ihrer Steuersatzung zusteht? Aufgeworfen ist die Frage eines verfassungsrechtlich verbürgten Steuererfindungsrechts der Gemeinde[14].

Im Ausgangspunkt ist hierbei festzuhalten, dass weder Art. 28 Abs. 2 GG noch Art. 11

[11] *Schieder/Happ u.a.*, Bayerisches Kommunalabgabenrecht, C Erl. Art. 2 KAG, 4.3.

[12] *Winands*, JuS 1986, 942 (949).

[13] In Ländern, die nicht zwischen Rechtsaufsicht im eigenen und Fachaufsicht im übertragenen Wirkungskreis unterscheiden, v.a. in Ländern mit Aufgabenmonismus, lägen die Dinge etwas anders (z.B. § 116 GO NW „Allgemeine Aufsicht" und „Sonderaufsicht"). Auch hier gilt freilich, dass grundsätzlich keine Zweckmäßigkeitskontrolle stattfindet.

[14] Dazu im Überblick: *Winands*, JuS 1986, 942ff.; *Lissack*, Bayerisches Kommunalrecht ,§ 6, Rn. 12-15.

Abs. 2 Satz 2, Art. 83 Abs. 2 BV[15] den Kommunen ein „Steuererfindungsrecht" im Sinne einer originären Kompetenz zur Einführung ganz bestimmter Steuern einräumt[16]. Gewährleistet ist den Gemeinden zwar die Finanzhoheit; diese aber meint nur die grundsätzliche Befugnis zu einer eigenverantwortlichen Regelung ihrer Finanzen im Rahmen eines gesetzlich geordneten Haushaltswesens und gewährt keinen Anspruch auf bestimmte Einnahmearten. Art. 28 Abs. 2 Satz 3 GG geht darüber zwar hinaus, indem er klarstellt, dass die gemeindliche Selbstverwaltung auch die Grundlagen der finanziellen Eigenverantwortung umfasse; mit seiner (einschränkenden) Präzisierung, dass hierzu auch eine wirtschaftskraftbezogene Steuerquelle mit Hebesatzrecht gehöre, macht Art. 28 Abs. 2 Satz 3 GG freilich sogleich deutlich, dass ein generelles Steuererfindungsrecht im Bereich der örtlichen Verbrauch- und Aufwandsteuern nicht zum Mindestgehalt der verfassungsrechtlichen Gewährleistung gehört. Etwas anderes ergibt sich auch nicht aus Art. 105 Abs. 2a GG, der im Bereich der örtlichen Verbrauch- und Aufwandsteuern zwar die Gesetzgebungskompetenz den Ländern zuweist, diese jedoch nicht verpflichtet, diese Kompetenz an die Gemeinden weiterzureichen. Und auch Art. 106 Abs. 6 Satz 1 GG sichert den Gemeinden im Bereich der örtlichen Verbrauch- und Aufwandsteuern nur die Ertragshoheit, nicht aber ein eigenes Steuererfindungsrecht. Nichts anderes folgt im Ergebnis auch aus Art. 83 Abs. 2 BV, der den Gemeinden keine unbeschränkte Befugnis zur Einnahmendeckung durch öffentliche Abgaben nach eigener Definitionsmacht einräumt, sondern in Verbindung mit dem Gesetzesvorbehalt des Art. 11 Abs. 2 Satz 2 BV („im Rahmen der Gesetze") zu lesen ist (so auch Art. 22 Abs. 2 BayGO).

Dennoch ist der BayVerfGH aufgrund der verfassungsrechtlichen Garantie der kommunalen Selbstverwaltung zum Ergebnis gelangt, dass den Gemeinden, sofern die gesetzlich normierten Rechtmäßigkeitsvoraussetzungen einer Steuererhebung im Bereich der örtlichen Verbrauch- und Aufwandsteuern erfüllt sind, auch ein Anspruch auf Genehmigung ihrer Steuersatzungen durch den Staat zustehen müsse, der jegliches politisches Ermessen des Staates, d. h. jegliche Befugnis zu einer über eine bloße Rechtmäßigkeitskontrolle hinausgehenden Zweckmäßigkeitskontrolle ausschließt[17]. Hinter diesem Ergebnis steht folgender Gedankengang: Den Gemeinden sei zwar verfassungsrechtlich nicht etwa ein Recht auf Erhebung ganz bestimmter Steuern eingeräumt, zum Kernbereich der Selbstverwaltung gehöre aber doch, dass den Gemeinden überhaupt – und zwar auch auf dem Felde der Steuern – *ein Bereich eigenverantwortlicher Abgabenerhebung* zustehen müsse. Konkreter noch sei der Gesetzgeber bei Erlass des BayKAG sogar davon ausgegangen, dass gerade das grundsätzliche Steuerfindungsrecht im Bereich örtlicher Verbrauch- und Aufwandsteuern zu diesem historisch gewachsenen Kernbereich gehöre. Art. 2, 3 BayKAG, insbesondere das in Art. 3 Abs. 1 BayKAG normierte und in Art. 2 Abs. 3, 4, Art. 3 Abs. 3 eingegrenzte Steuerfindungsrecht der Gemeinde, dienten der näheren gesetzlichen Ausgestaltung dieses von der Verfassung verbürgten Bereichs eigenverantwortlicher Abgabenerhebung im Bereich örtlicher Verbrauch- und Aufwandsteuern. Bei dieser gesetzlichen Ausgestaltung sei der Gesetzgeber zwar nicht daran gehindert, den Gemeinden bestimmte örtliche Verbrauch- und Aufwandsteuern vorzuenthalten (vgl. Art. 3 Abs. 3 BayKAG), denn ein verfassungsrechtliches Recht auf bestimmte Steuern gibt es ja nicht; den den Gemeinden verbleibenden Bereich eigenständiger Steuerfindung müsse er aber in einer Weise ausgestalten, die dem verfassungsrechtlichen Postulat eines Bereichs *eigenverantwortlicher* Abgabenerhebung entspricht. Zu dieser verfassungsrechtlich verbürgten Eigenverantwortlichkeit gehöre aber, dass das Gepräge der Selbstverwaltung, ein Bereich autonomer, allein unter staatlicher Rechtskontrolle, nicht aber unter staatlicher Zweckmäßigkeitskontrolle stehender Entscheidungsgewalt zu sein, respektiert wird. Der Gesetzgeber dürfe den Kom-

[15] Oder entsprechende Normierungen anderer Landesverfassungen, z. B. Art. 71 BaWüVerf. Die folgenden Ausführungen sind, soweit sie auf die Besonderheiten der Bayerischen Verfassung abstellen, freilich nicht ohne weiteres auf die Rechtslage in anderen Ländern übertragbar.

[16] *BayVerfGH* BayVBl. 1989, 237 (239).

[17] *BayVerfGH* BayVBl. 1989, 237 (239f.); BayVBl. 1992, 365 (367f.).

munen also zwar bestimmte Steuern vorenthalten (Art. 3 Abs. 3 BayKAG), das verbleibende eigenverantwortliche Steuerfindungsrecht (Art. 3 Abs. 1 BayKAG) aber dürfe er nicht dadurch konterkarieren und entwerten, dass er es unter den generellen Vorbehalt einer exekutivischen Zweckmäßigkeitskontrolle stelle, die der verfassungsrechtlichen Eigenverantwortlichkeit widerspreche. Art. 2 Abs. 3, 4 BayKAG seien deswegen verfassungsrechtlich zwingend so auszulegen, dass den Gemeinden bei Vorliegen der v. a. in Art. 2 Abs. 4 BayKAG normierten Rechtmäßigkeitsvoraussetzungen ein Anspruch auf Genehmigung zustehe. Art. 2 Abs. 4 BayKAG räume dem Staat kein (politisches) Ermessen ein. Die Genehmigungsentscheidung sei eine richterlich überprüfbare gebundene Entscheidung.

Die Stadt S hat nach alledem einen Anspruch auf Genehmigung ihrer Parabolantennensteuer, sofern deren in Art. 2, 3 BayKAG normierte Rechtmäßigkeitsvoraussetzungen gegeben sind.

II. Die tatbestandlichen Voraussetzungen des Genehmigungsanspruchs

Ein Anspruch auf Genehmigung besteht, soweit die Parabolantennensteuer genehmigungspflichtig und genehmigungsfähig ist. Die Steuer ist gemäß Art. 2 Abs. 3 Nr. 1 BayKAG genehmigungspflichtig, da für die neuartige Parabolantennensteuer eine Mustersatzung nach Art. 3 Abs. 2 BayKAG sicherlich nicht vorliegt. Sie ist genehmigungsfähig, wenn keine Versagungsgründe nach Art. 2 Abs. 4 BayKAG gegeben sind[18].

1. Das Fehlen der ministeriellen Zustimmung nach Art. 2 Abs. 3 Satz 2 BayKAG[19]

Das Fehlen der ministeriellen Zustimmung i.S.v. Art. 2 Abs. 3 Satz 2 BayKAG ist zwar in Art. 2 Abs. 4 nicht als eigenständiger Versagungsgrund ausgestaltet; dass die Rechtsaufsichtsbehörde im Falle neuartiger Steuern ohne vorherige Zustimmung des Ministeriums keine Genehmigung erteilen darf, ergibt sich indes zwingend aus dem Zustimmungserfordernis des Art. 2 Abs. 3 Satz 2 selbst. Fraglich ist, welche Konsequenzen sich daraus, dass die Zustimmung für die Rechtsausichtsbehörde eine formelle Genehmigungsvoraussetzung darstellt, für die Entscheidung des Gerichts über die Verpflichtungsklage auf Genehmigungserteilung ergeben. Darf das Gericht die Rechtsaufsichtsbehörde zur Genehmigungserteilung verpflichten, obwohl es an der formellen Genehmigungsvoraussetzung der Zustimmung fehlt?

Die Frage ist letztlich zu bejahen. Zu bedenken ist dabei zum einen das oben zur Statthaftigkeit der Klage Ausgeführte, dass nämlich die Zustimmung innerhalb eines gestuften Verwaltungsverfahrens ein bloßes Verwaltungsinternum (kein eigenständiger VA) ist, das die Gemeinde nicht etwa selbstständig im Klagewege einfordern kann; die Gemeinde ist vielmehr darauf verwiesen, unmittelbar Verpflichtungsklage auf Genehmigung zu erheben (§ 44a VwGO). Zu bedenken ist zum anderen, dass der Gemeinde nach dem unter 1. Ausgeführten ggf. ein materieller Anspruch auf Genehmigung zusteht, ein materieller Anspruch, den die Gemeinde nach der Garantie effektiven Rechtsschutzes (Art. 19 Abs. 4 GG) auch gerichtlich durchzusetzen in der Lage sein muss – dessen Durchsetzung insbesondere nicht von dem Vorliegen einer formellen Voraussetzung abhängen darf, die die Gemeinde nicht selbstständig erstreiten kann.

Dem Gericht das Recht zuzubilligen, in der Frage der Genehmigungspflicht des Staates unmittelbar durchzuentscheiden, ohne es auf die formelle Voraussetzung der Zustimmung ankommen zu lassen, ist insbesondere auch deswegen angezeigt, weil die Zustimmung ja unter den gleichen Voraussetzungen zu erteilen ist wie die Genehmigung (Art. 2 Abs. 3 Satz

[18] In NW: Genehmigungspflicht: § 2 Abs. 2; die Genehmigungsvoraussetzungen sind im einzelnen anders ausgestaltet (§ 3 KAG NW).
[19] Zur Rechtslage in anderen Ländern vgl. Fn. 1.

4 BayKAG). Der BayVerfGH hat insbesondere herausgearbeitet, dass dem Ministerium bei der Zustimmung zu neuen Steuern ebensowenig ein Ermessensspielraum zustehe wie der Rechsaufsichtsbehörde bei der Genehmigung[20]. Wenn das Gericht demnach einen materiellen Genehmigungsanspruch bejaht und den Freistaat Bayern deswegen zur Genehmigungserteilung verpflichtet, hat es implizit auch darüber entschieden, dass eine Zustimmung hätte erteilt werden müssen. Die Klage wegen allein fehlender Zustimmung abzuweisen, müsste insofern als reine Förmelei erscheinen.

Insgesamt gleicht die Situation der traditionellen Sichtweise zu § 36 BauGB, wo seit langem (unabhängig von den behördlichen Ersetzungsmöglichkeiten nach § 36 Abs. 2 Satz 3 BauGB, Art. 74 BayBO) anerkannt ist, dass das Gericht bei Vorliegen eines materiellen Baugenehmigungsanspruches zum Erlass der Baugenehmigung verpflichten kann, auch wenn es an einem gemeindlichen Einvernehmen (das in der Sache hätte erteilt werden müssen) fehlt[21].

Im Rahmen der gerichtlichen Entscheidung steht das Fehlen der ministeriellen Zustimmung der Annahme eines Genehmigungsanspruchs folglich nicht entgegen.

2. Widerspricht die Parabolantennensteuer Bundes- oder Landesrecht?

Ein etwaiger Widerspruch der Steuersatzung gegen Bundes- oder Landesrecht ist der zentrale Versagungsgrund des Art. 2 Abs. 4 BayKAG. Zu prüfen sind sowohl die Rechtmäßigkeitsanforderungen des KAG selbst als auch sonstige, insbesondere verfassungsrechtliche Anforderungen an eine rechtmäßige Steuererhebung.

a) Ist die Parabolantennensteuer eine nicht gleichartige örtliche Aufwandsteuer und deswegen von der Rechtsgrundlage des Art. 3 Abs. 1 BayKAG gedeckt?

Zu prüfen ist zuallererst, ob die Parabolantennensteuer überhaupt unter Art. 3 Abs. 1 BayKAG als Rechtsgrundlage der Steuererhebung subsumiert werden kann. Hierzu müsste sie eine örtliche Verbrauch- oder Aufwandsteuer sein, die bundesrechtlich geregelten Steuern nicht gleichartig ist.

Fraglich ist, ob es sich bei der Parabolantennensteuer um eine (örtliche) *Aufwandsteuer* handelt. Aufwandsteuern knüpfen an das Halten oder den Gebrauch von nicht verbrauchsfähigen Gütern, Dienstleistungen oder Rechten für den persönlichen Bedarf an, sie besteuern den damit verbundenen besonderen Aufwand, d.h. eine über das zur Befriedigung des allgemeinen Lebensbedarfs Notwendige hinausgehende Verwendung von Einkommen oder Vermögen, und zielen darauf ab, die darin zum Ausdruck kommende wirtschaftliche Leistungsfähigkeit zu treffen[22]. Unproblematisch ist eine Subsumtion der Parabolantennensteuer unter diese Voraussetzungen noch insofern, als sie auf den *Gebrauch* nicht verbrauchsfähiger Güter (der Parabolantennen) abstellt und deswegen jedenfalls keine *Ver*brauchsteuer darstellt, die durch den baldigen Verzehr oder die sonstige eliminierende Nutzung gekennzeichnet ist. Problematisch dagegen könnte bei der Parabolantennensteuer sein, ob sie an einen besonderen Aufwand, eine gesteigerte wirtschaftliche Leistungsfähigkeit anknüpfen kann, denn der Erwerb und die Installation von Parabolantennen ist heutzutage ja nicht übermäßig teuer und erst recht verursacht die Antenne, wenn sie einmal installiert ist, abgesehen von etwaigen Reparaturen keinen Aufwand mehr. Die Aufwandsteuer indes ist nach der Rspr. nicht etwa eine Steuer, die allein auf das Halten von Luxusgütern, d.h. auf einen ganz außergewöhnlichen, gehobenen Aufwand erhoben werden dürfte; es genügt vielmehr schon, wenn eine besondere, d.h. über das zur Lebensführung Notwendige hinausgehende Einkommensverwendung getroffen wird; auch ein aus einem durchschnittlichen Einkommen durchaus bestreitbarer Aufwand (vgl. z.B. die Hundesteuer) kann demnach mit Aufwandsteuer belegt werden, solange es sich nur nicht um etwas schlechthin zur Lebensführung Unerlässliches (wie z.B. das Innehaben einer [Erst-]-

[20] *BayVerfGH* BayVBl. 1992, 365 (368f.).
[21] *BVerwGE* 28, 145.

Wohnung) und insofern immerhin um einen „besonderen“ Aufwand handelt[23]. Auch dass eine Parabolantenne – einmal erworben und installiert – kaum einen Kostenaufwand verursacht, dürfte letztlich nicht schaden, denn zwar knüpfen Aufwandsteuern typischerweise daran an, dass gerade das dauerhafte Halten (die Unterhaltung) eines Gegenstandes einen Aufwand verursacht (z.B. Hundesteuer)[24]; auch die im Erwerb eines Gegenstandes zum Ausdruck kommende Leistungsfähigkeit kann indes mit der Aufwandsteuer abgeschöpft werden[25] (ob für den Erwerb tatsächlich Geld aufgewendet wurde oder die Sache z.B. unentgeltlich erworben wurde, ist bei zulässiger typisierender Betrachtung ohne Belang[26]). Die Aufwandsteuer entpuppt sich nach diesen Kriterien als eine potentiell ungeahnt weitreichende Steuerquelle (man denke etwa an die beispielhafte Aufzählung denkbarer Gegenstände durch das *BVerwG*: das Halten von Haustieren, Musikinstrumenten, Motorbooten, Fahrrädern, Garagen, Schaufenstern etc.[27]), und auch der Gebrauch von Parabolantennen kann nach diesen Kriterien zulässiger Anknüpfungspunkt einer Aufwandsteuer sein. Dieses Ergebnis wird auch nicht mit der Überlegung angegriffen werden können, Fernsehempfang sei im Lichte der Informationsfreiheit (Art. 5 Abs. 1 Satz 1 GG) etwas zur Lebensführung Unerlässliches, das nicht durch Aufwandsteuer besteuert werden dürfe; denn selbst wenn man unterstellt, dass im Lichte der Informationsfreiheit ein der Aufwandsteuer entzogener Kernbereich zugänglicher Information anzunehmen ist, dürfte der Empfang ganz bestimmter Sender über Satellit doch nicht zu diesem Kernbereich gehören; zu bedenken ist außerdem, dass die Parabolantennensteuer selbstverständlich an der Informationsfreiheit wird gemessen werden müssen (unten d.), dass die Informationsfreiheit also in jedem Fall einen zentralen Rechtsmaßstab für die materielle Rechtmäßigkeit der Steuer darstellt, so dass es unnötig erscheint, die Informationsfreiheit bereits bei der hier zu erörternden Frage, was überhaupt unter den Begriff einer Aufwandsteuer fällt, zu berücksichtigen. Nicht zu vertiefen ist an dieser Stelle schließlich auch das Problem, dass durch die Höhe der Parabolantennensteuer (360 Euro jährlich) über den tatsächlichen Aufwand hinaus Wirtschaftskraft abgeschöpft werden dürfte; diese Frage nämlich fällt mit der sogleich zu vertiefenden Problematik zusammen, inwieweit mit der Steuer Lenkungszwecke dergestalt verfolgt werden dürfen, dass durch eine abschreckend bemessene Höhe der Steuer ein bestimmtes Verhalten eingedämmt werden soll. Eine derartige prohibitive Bemessung der Steuer wirft sicherlich die Frage nach den Grenzen der Steuerkompetenz auf, stellt dem vorgelagert aber nicht in Frage, dass der Kompetenzraum einer Aufwandsteuer überhaupt eröffnet ist.

Bei der Parabolantennensteuer handelt es sich auch um eine *örtliche* Aufwandsteuer, da sie an die örtliche Belegenheit – dies ist ein ausreichendes Kriterium – der Antenne anknüpft[28].

Auch eine *Gleichartigkeit* mit bundesrechtlich geregelten Steuern ist nicht ersichtlich. Das Merkmal der Gleichartigkeit ist in seiner Auslegung strittig[29]. Insbesondere eine Gleichartigkeit örtlicher Verbrauch- und Aufwandsteuer mit der auch hier in Betracht kommenden Umsatzsteuer ist von der Rspr. bislang jedenfalls nicht angenommen worden[30]. Die Rundfunkgebühr schließlich ist weder Steuer, noch bundesrechtlich geregelt.

Einer der in Art. 3 Abs. 3 BayKAG vorgesehenen Ausnahmen vom Steuerfindungsrecht nach Art. 3 Abs. 1 BayKAG liegt nicht vor.

[22] *Jachmann*, in: v.Mangoldt/Klein/Starck, Bonner Grundgesetz, Bd. 3, 4. Aufl. 2001, Art. 105, Rn. 51; *Lissack*, Bayerisches Kommunalrecht, § 6, Rn. 19; *Tipke/Lang*, Steuerrecht, 17. Aufl. 2002, § 3, Rn. 32, § 8, Rn. 107; *BVerfGE* 65, 325 (345 ff.).

[23] *BVerwG* DÖV 1992, 489 (490); *BVerwG* KomStZ 1999, 36 f.; *Hürholz/Peters*, Kommunalabgabenrecht in Bayern, Stand April 2001, Art. 3, S. 2.

[24] *Eschenbach*, KomStZ 1990, 121 (124).

[25] *Tipke*, Die Steuerrechtsordnung, Bd. 3, 1993, S. 1102.

[26] *Eschenbach*, KomStZ 1990, 121 (125).

[27] *BVerwGE* 6, 247 (256).

[28] *Bayer*, in: Püttner (Hrsg.), Handbuch der kommunalen Wissenschaft und Praxis, Bd. 6, 2. Aufl. 1985, § 116, S. 167.

[29] *Tipke*, Die Steuerrechtsordnung, Bd. 3, S. 1096 ff.

[30] *Jachmann*, in: v. Mangoldt/Klein/Stark, Das Bonner Gundgesetz, Bd. 3, Art. 105, Rn. 55.

Eine Parabolantennensteuer kann somit grundsätzlich auf die Rechtsgrundlage des Art. 3 Abs. 1 BayKAG gestützt werden.

b) Inwieweit dürfen auf der Basis steuerlicher Kompetenzen Lenkungszwecke verfolgt werden?

Die Besteuerung von Parabolantennen durch die Stadt S verfolgt nicht allein den Zweck, Erträge für den Gemeindehaushalt zu erzielen, vielmehr verfolgt sie – sogar in erster Linie – einen sachlichen Lenkungszweck, wie insbesondere aus der Höhe der Steuer ersichtlich ist, die im Laufe der Jahre weit über die Abschöpfung der im Innehaben einer Parabolantenne zum Ausdruck kommenden wirtschaftlichen Leistungsfähigkeit hinausgeht und hauptsächlich abschreckend wirken, d.h. vom Anbringen verunstaltender Parabolantennen abhalten soll. Fraglich ist, inwieweit die Verfolgung derartiger prohibitiver Lenkungszwecke auf der Basis der Steuerkompetenz des Art. 3 Abs. 1 BayKAG möglich ist, oder ob hierfür nicht vielmehr (auch) eine entsprechende sachliche (z.B. baurechtliche) Befugnis der Gemeinde zum Verbot von Antennen zu fordern ist.

Auszugehen ist dabei vom überkommenen und in § 3 Abs. 1 AO niedergelegten Steuerbegriff: Steuern sind demnach „Geldleistungen, die nicht eine Gegenleistung für eine besondere Leistung darstellen und von einem Gemeinwesen zur Erzielung von Einnahmen allen auferlegt werden, bei denen der Tatbestand zutrifft, an den das Gesetz die Leistungspflicht knüpft; die Erzielung von Einnahmen kann Nebenzweck sein". Bereits nach diesem – nach hM auch verfassungsrechtlich maßgeblichen[31] – Steuerbegriff muss eine Steuer nicht allein fiskalische, sondern kann sogar im Hauptzweck außerfiskalische Lenkungszwecke verfolgen. Zu bedenken ist dabei, dass der moderne Staat nicht allein durch rechtsverbindliche Weisung verwaltet, sondern ebenso durch mittelbare Verhaltenssteuerung, und dass sich die Steuer hierzu in besonderer Weise eignet. Ein unzulässiger Formenmissbrauch liegt hierin nach st. Rspr. nicht, solange nur überhaupt eine Einnahmeabsicht besteht und solange die lenkende Wirkung nach Gewicht und Auswirkung einer verbindlichen Verhaltensregel nicht gleichkommt, indem sie (etwa aufgrund der immensen Höhe der Steuer) ersichtlich darauf gerichtet ist, das besteuerte Verhalten praktisch unmöglich zu machen (sog. „erdrosselnde Steuer")[32]. Erst bei erdrosselnder Wirkung der Steuer stellt die Besteuerungskompetenz (hier Art. 3 Abs. 1 BayKAG) keine ausreichende Rechtsgrundlage der Steuer mehr dar. Eine derartige erdrosselnde Wirkung wird im hiesigen Fall indes noch nicht angenommen werden können: Freilich erschwert die Steuer – ihrem Zweck gemäß – die Entscheidung zugunsten einer Parabolantenne; praktisch unmöglich macht sie sie – bei monatlichen Kosten von 30 Euro, also etwa doppelten Kosten im Vergleich zu einem Kabelanschluss – dagegen noch nicht. Art. 3 Abs. 1 BayKAG ist deswegen eine ausreichende Rechtsgrundlage für die Parabolantennensteuer.

c) Das rechtsstaatliche Gebot der Widerspruchsfreiheit der Rechtsordnung – besteht insbesondere ein Widerspruch zu Wertungen des Baurechts?

Wenn demnach Lenkungszwecke auf der Basis der Steuerkompetenz des Art. 3 Abs. 1 KAG verfolgt werden können und für die Einführung einer Parabolantennensteuer nicht etwa eine hinzutretende sachliche (z.B. baurechtliche) Befugnis der Gemeinde zum Verbot von Parabolantennen gefordert werden kann, so hat das *BVerfG* in einem kürzlich entschiedenen Fall zur Zulässigkeit kommunaler Verpackungssteuern[33] doch herausgearbeitet, dass die Lenkungswirkungen der Steuererhebung nicht in einem sachlichen Widerspruch zur Gesamtkonzeption oder zu konkreten Einzelregelungen des vom zuständigen Sachgesetzgesetzgeber gesetzten Rechts stehen dürfen. Abgeleitet hat es dieses Erfordernis aus dem Rechtsstaatsprinzip, welches verlange, dass den Normadressaten nicht gegenläufige Regelungen erreichen dürften, die die Rechtsordnung widersprüchlich machen. Im hiesigen Fall ist deswegen zu prüfen, ob die durch die Steuer bewirkte Ein-

[31] *Tipke/Lang*, Steuerrecht, § 3, Rn. 10.
[32] *BVerfGE* 98, 106 (117f.); *BVerwG* BayVBl. 1995, 23f.
[33] *BVerfGE* 98, 106 (118f.).

dämmung von Parabolantennen im Widerspruch zum Baurecht, also zu demjenigen sachlichen Recht steht, das durch unmittelbare Verhaltensgebote und -verbote den Konflikt zwischen dem Interesse des einzelnen an einem Rundfunkempfang mittels Parabolantenne und der Allgemeinheit an einem nicht durch Parabolantennen verunstalteten Ortsbild regelt.

Betrachtet man die Bestimmungen des Baurechts betreffend Parabolantennen, so ist zunächst festzuhalten, dass allein die Genehmigungsfreiheit von Antennen – hierzu rechnen auch Parabolantennen[34] – gemäß Art. 63 Abs. 1 Nr. 4a BayBO[35] für die Frage eines etwaigen Widerspruchs der Steuer mit Wertungen des Baurechts nichts aussagt, denn nach Art. 63 Abs. 6 BayBO[36] sind ja auch genehmigungsfreie bauliche Anlagen voll und ganz an die materiellen Anforderungen des Baurechts gebunden; d.h. diejenigen Normen, die darüber entscheiden, ob Parabolantennen nach Baurecht erlaubt oder verboten sind, und die für die Frage eines etwaigen Widerspruchs zwischen Steuer und materiellem Baurecht allein relevant sind, bleiben von der Genehmigungsfreiheit völlig unberührt. Durchsucht man aber die Normen des materiellen Baurechts, so stellt man fest, dass ausdrückliche Regelungen zur Zulässigkeit von Parabolantennen fehlen – die BayBO hat insofern keine spezifische „Gesamtkonzeption" betreffend Parabolantennen, zu der die Steuer in Widerspruch treten könnte. Freilich nehmen auch Parabolantennen aufgrund der Baufreiheit (Art. 14 GG) an der Vermutung zugunsten einer baurechtlichen Zulässigkeit teil. Andererseits sind Parabolantennen jedenfalls dann verboten, wenn sie im Blick auf das Ortsbild „verunstaltend" wirken (Art. 11 BayBO)[37]; darüber hinaus ist ein Verbot von Parabolantennen zur Erhaltung und Gestaltung von Ortsbildern durch örtliche Bauvorschrift gemäß Art. 91 Abs. 1 Nr. 1 BayBO möglich[38]. In welchem Maße genau Parabolantennen baurechtlich verboten sind bzw. verboten werden können, braucht hier nicht im einzelnen ermittelt werden. Klar ist jedenfalls, dass alle baurechtlichen Verbote nur so weit reichen können, wie dies insbesondere die Grundrechte, allen voran die Informationsfreiheit (Art. 5 Abs. 1 GG), gestatten[39]. Vergleicht man diese Regelungen mit der Parabolantennensteuer, so kann ein Widerspruch nicht festgestellt werden: Ganz gleichlaufend sind im Gegenteil sowohl baurechtliche Verbote von Parabolantennen aus Gründen des Ortsbildes als auch die aus selbigem Grunde vorgenommene Besteuerung von Parabolantennen grundsätzlich möglich – beide Male allerdings allein in den Grenzen, die durch die Informationsfreiheit (an der ja auch die Parabolantennensteuer noch gemessen werden muss) gezogen werden. Falsch wäre es schließlich, im Einzelfall einen Widerspruch zwischen Steuer und Baurecht darin zu sehen, dass eine bestimmte Antenne der Steuerpflicht unterliegt, obwohl sie im konkreten Fall baurechtlich erlaubt ist, insbesondere, weil die Gemeinde von einer sie verbietenden Bauvorschrift bislang abgesehen hat. Denn wenn die Gemeinde sowohl zum baurechtlichen Verbot als auch zur Steuererhebung berechtigt ist, ist es auch Teil ihres Selbstverwaltungsrechts, zwischen diesen beiden Alternativen zu wählen. Überdies konnte auch im Parallelfall einer prohibitiven Kampfhundesteuer deren Rechtmäßigkeit nicht etwa mit dem Argument in Frage gestellt werden, dass naturgemäß gerade solche Kampfhunde von der Steuer erfasst wurden, deren Haltung nicht bereits sicherheitsrechtlich verboten war; im Gegenteil hat man sich damit begnügt, einen Gleichklang zwischen den präventiven Erlaubnisvorbehalten der Art. 37, 37a LStVG einerseits und der Kampfhundesteuer andererseits zu konstatieren, die beide auf ihre Weise das Ziel einer Zurückdrängung gefährlicher Kampfhundehaltung verfolgen und einen Wertungswiderspruch insofern nicht erkennen lassen[40].

[34] *Lechner,* in: Simon (Hsrg.), Bayerische Bauordnung, Stand 2001, Art. 63, Rn. 259.
[35] § 65 Abs. 1 Nr. 18 BauO NW.
[36] § 65 Abs. 5 BauO NW.
[37] *Simon,* in: ders. (Hrsg.), Bayerische Bauordnung 1994, Art. 11, Rn. 30; in: NW: § 12 Abs. 1 BauO.
[38] *Decker,* in: Simon (Hsrg.), Bayerische Bauordnung, Art. 91, Rn. 21, 136. in NW: § 86 Abs. 1 BauO.
[39] Vgl. vorige Fn. und *BayVerfGH* BayVBl. 1986, 14 (zu Außenantennen, nicht speziell zu Parabolantennen).
[40] *Seitz,* JZ 2000, 949 (951); zur Rechtmäßigkeit der Kampfhundesteuer: *BVerwG* JZ 2000, 946; wie hier auch: *BVerwG* GewArch 2000, 242 (erhöhte Besteuerung nicht verbotener Gewaltspielautomaten).

Ein rechtsstaatswidriger Widerspruch zu Wertungen des Baurechts liegt nach alledem nicht vor.

d) Verstoß gegen die Informationsfreiheit (Art. 5 Abs. 1 Satz 1 GG)
Zu prüfen ist, ob die Parabolantennensteuer gegen die in Art. 5 Abs. 1 Satz 1 GG gewährleistete Informationsfreiheit verstößt.

Ihrem *Schutzbereich*[41] nach gewährleistet die Informationsfreiheit das Recht, sich aus allgemein zugänglichen Quellen ungehindert zu unterrichten. Eine von vornherein bestehende Einschränkung auf bestimmte Arten von Information, die allein geschützt wären, existiert nicht. Allgemein zugänglich sind solche Informationsquellen, die technisch geeignet und dazu bestimmt sind, der Allgemeinheit, also einem individuell nicht bestimmbaren Personenkreis Informationen zu verschaffen. Massenkommunikationsmittel wie Rundfunk gehören danach von vornherein zu den Informationsquellen, die den Schutz der Informationsfreiheit genießen. Dies gilt insbesondere auch für ausländische Rundfunkprogramme. Soweit der Empfang von technischen Voraussetzungen (wie z.B. einer Parabolantenne abhängt), stellt dies den Schutz des Grundrechts nicht in Frage, im Gegenteil erstreckt sich dieser Schutz, da sonst das Grundrecht leerlaufen würde, auch auf die Beschaffung und Nutzung dieser Anlagen.

Die Parabolantennensteuer behindert und erschwert den solchermaßen grundrechtlich geschützten Gebrauch von Parabolantennen und stellt deswegen einen *Eingriff* in die Informationsfreiheit dar. Dass die Steuer kein imperatives Verbot von Parabolantennen darstellt, sondern allein eine mittelbar-faktische Erschwerung des Gebrauchs bewirkt, schadet nicht, da sich der Eingriffsbegriff nicht allein auf imperative Eingriffe im klassischen Sinne beschränkt, sondern auch mittelbar-faktische Beeinträchtigungen jedenfalls dann erfasst, wenn diese gezielt (final) bewirkt werden, wie dies bei der bewusst einen prohibitiven Lenkungszweck verfolgenden Parabolantennensteuer ja der Fall ist.

Die Informationsfreiheit ist nicht schrankenlos gewährleistet, sondern findet ihre *Schranke* in den allgemeinen Gesetzen (Art. 5 Abs. 2 GG). Allgemeine Gesetze sind Gesetze, die die gewährte Freiheit nicht als solche verbieten oder beschränken, sondern dem Schutz eines schlechthin zu schützenden Rechtsguts dienen. Die Steuersatzung der Stadt S ist ein allgemeines Gesetz, denn sie richtet sich nicht gegen den Rundfunkempfang oder gegen bestimmte Informationen als solche, sondern dient schlechthin zu verfolgenden Zielen: Sowohl der Schutz des Ortsbildes gegen Verunstaltungen (für den engeren Bereich des Denkmalschutzes: Art. 141 Abs. 2 BV) als auch das Ziel der Einnahmebeschaffung stellen derartige Ziele dar[42].

Wie weit die durch allgemeine Gesetze bewirkten Einschränkungen des Art. 5 Abs. 1 GG letztlich reichen dürfen, ist allerdings wiederum im Lichte der hohen Bedeutung der Informationsfreiheit zu ermitteln (*Schranken-Schranken*). Die Informationsfreiheit und die für seine Einschränkung sprechenden Gemeinwohlbelange sind zu einem angemessenen Ausgleich zu bringen, die Einschränkung muss insbesondere *verhältnismäßig*, d.h. geeignet, erforderlich und zumutbar sein.

Zur Frage des Verbots von Antennen, insbesondere Parabolantennen, aus Gründen des Schutzes des Ortsbildes und des Erscheinungsbildes des Hauses liegen eine Reihe von gerichtlichen Entscheidungen vor[43], die Anhaltspunkte dafür liefern können, wie der Ausgleich von Informationsfreiheit und Abwehr von Verunstaltungen vorzunehmen ist. Bei aller Unterschiedlichkeit der in diesen Entscheidungen behandelten Konstellationen lässt sich doch eine gemeinsame Linie in folgenden Punkten erkennen: Beschränkungen der In-

---

[41] *BVerfGE* 90, 27 (31ff.); *Lerche*, Jura 1995, 561ff.; *Starck*, in: v. Mangoldt/Klein/Starck (Hrsg.), Das Bonner Grundgesetz, Bd. 1, 4. Aufl. 1999, Art. 5 I, II, Rn. 39ff.

[42] *BayVerfGH* BayVBl. 1986, 14 (16).

[43] *BayVerfGH* BayVBl. 1986, 14; *BVerfG* NVwZ 1992, 463; *BVerwG* NVwZ 1992, 475; *BVerfGE* 90, 27; *Ricker*, NJW 1991, 602; *Ricker/Schiwy*, Rundfunkverfassungsrecht, 1997, G 33; *Decker*, in: Simon (Hrsg.), Bayerische Bauordnung, Art. 91, Rn. 21.

formationsfreiheit aus Gründen des Verunstaltungsschutzes werden zwar für grundsätzlich möglich gehalten, dies allerdings nicht in einer pauschalen und undifferenzierten Weise (in dem Sinne, dass der Verunstaltungsschutz generell Vorrang vor dem Informationsinteresse beanspruchen könnte), sondern in der Weise, dass differenziert zu ermitteln ist, ob in den betroffenen Fällen dem Verunstaltungsschutz wirklich Vorrang vor dem hohen Gut der Informationsfreiheit zukommen kann. Insbesondere die Fragen, wie verunstaltend die Antenne im Einzelfall tatsächlich ist und ob gleichwertige Alternativen wie Kabelanschluss, Gemeinschaftsantenne etc. möglich sind, sind hierbei zu berücksichtigen; ins Gewicht fällt auf der anderen Seite auch, wie hoch das jeweilige Informationsinteresse des Betroffenen ist; gerade Ausländern, die über Kabel nicht empfangbare Heimatsender sehen wollen, hat das *BVerfG* einen hohen Schutz zugebilligt, der den Verweis auf das Kabel als unzumutbar erscheinen lässt.

Eine Übertragung dieser Grundsätze auf den Fall der Parabolantennensteuer ist nicht ohne Abstriche möglich, weil eine (nicht erdrosselnde) lenkende Steuer ja weniger scharf wirkt als ein imperatives Verbot. Dennoch wird man die Parabolantennensteuer in der von S gewählten Ausgestaltung zumindest in zwei Punkten als unverhältnismäßig ansehen können: erstens weil sie keinerlei Ausnahmen für solche Fälle zulässt, in denen eine Verunstaltung schlichtweg nicht vorliegt (z.B. weil die Parabolantenne gar nicht einsehbar ist) und jegliche Rechtfertigung für eine prohibitive Steuererhebung daher wegfällt (zumindest müsste der Steuersatz in solchen Fällen auf ein Maß reduziert werden, das sich als bloße Abschöpfung der im Parabolantennengebrauch zum Ausdruck kommenden wirtschaftlichen Leistungsfähigkeit verstehen lässt; dieses Maß dürfte angesichts der geringen Kosten für Parabolantennen deutlich unterhalb von 360 Euro pro Jahr liegen); zweitens weil sie keinerlei Ausnahmen für solche Fälle vorsieht, in denen ein besonderes Informationsinteresse gegeben ist (z.B. bei einem sein Heimatprogramm empfangen wollenden Ausländer) und eine Steuer von 360 Euro jährlich daher als unzumutbar erscheint.

Die Parabolantennensteuer in ihrer von S gewählten Ausgestaltung verstößt daher gegen Art. 5 Abs. 1 GG.

e) Sonstige Grundrechte

Ein Verstoß dürfte auch gegen den allgemeinen Gleichheitssatz (Art. 3 Abs. 1 GG) vorliegen. Zwar lässt sich die Abweichung der prohibitiven Steuerhöhe vom üblichen Maßstab der wirtschaftlichen Leistungsfähigkeit noch als eine grundsätzlich durch den legitimen Lenkungszweck der Verunstaltungsverhinderung gerechtfertigte Abweichung von den Prinzipien der durch Art. 3 Abs. 1 GG geschützen Steuergerechtigkeit begreifen[44]. Freilich aber darf die Ausgestaltung der Lenkungsteuer nicht ihrerseits Ungleiches gleich behandeln[45]. Ungleiches wird indes unzulässigerweise gleich behandelt – hier trifft sich die Gleichheitsprüfung mit der oben angestellten Zumutbarkeitsprüfung –, soweit auch Parabolantennenbesitzer, deren Antennen im Einzelfall gar keine Verunstaltung bewirken oder die ein gesteigertes Informationsinteresse geltend machen können, in pauschaler und undifferenzierter Weise derselben Steuer unterworfen werden wie Besitzer von verunstaltenden Parabolantennen ohne besonderes Informationsinteresse.

Die Gewährleistungen des Art. 14 GG und des Art. 2 Abs. 1 GG reichen im Fall jedenfalls nicht weiter als diejenige des Art. 5 Abs. 1 GG.

f) Verstoß gegen die Dienstleistungsfreiheit (Art. 49, 50, 55 EGV)

Die Parabolantennensteuer könnte schließlich gegen die gemeinschaftsrechtliche Dienstleistungsfreiheit (Art. 49, 50, 55 EGV) verstoßen[46].

[44] Zur Rechtfertigung von Lenkungsteuern vor Art. 3 Abs. 1 GG: *Birk*, Steuerrecht, 4. Aufl. 2001, Rn. 176ff.

[45] Zur Ausgestaltung der Kampfhundesteuer: *BVerwG* JZ 2000, 946.

[46] Zum folgenden: EuGHE 2001, I-9445; Mitteilung der Kommission über die Anwendung der allgemeinen Grundsätze des freien Waren- und Dienstleistungsverkehrs – Artikel 28 und 49 EG Vertrag – auf dem Gebiet der Nutzung von Parabolantennen vom 27.6.2001, KOM (2001) 351 endg.

Die Parabolantennensteuer fällt nicht etwa deswegen aus dem *Anwendungsbereich* des Gemeinschaftsrechts, weil sie die Materie Rundfunk betrifft. Zwar wird die Regelung des Rundfunks in Deutschland als Teil der Kulturhoheit der Länder begriffen, indes existiert mittlerweile selbst auf dem Gebiet der Kultur kein genereller Vorbehalt zugunsten der Mitgliedstaaten mehr (Art. 151 EGV); vor allem aber ist seit langem anerkannt, dass Rundfunk, soweit er auch Wirtschaftstätigkeit darstellt und in Form grenzüberschreitender Dienstleistungen erbracht wird, den Schutz der EG-Grundfreiheiten genießt[47]. Aus dem Anwendungsbereich der Dienstleistungsfreiheit fällt die Parabolantennensteuer auch nicht deswegen, weil sie eine Steuer ist; denn zwar mag die EG selbst keine Kompetenz zur Regelung von direkten Steuern haben, dies jedoch ändert nicht daran, dass, soweit nationale Steuern die Grundfreiheiten beeinträchtigen können, sie auch an diesen Grundfreiheiten zu messen sind (dass mitgliedstaatliche Steuern gegen die Grundfreiheiten verstoßen können, ergibt sich auch aus einem Umkehrschluss aus Art. 95 Abs. 2 EGV).

Das Empfangen von Rundfunksendungen stellt einen Fall der sog. *passiven Dienstleistungsfreiheit* dar. Das erforderliche *grenzüberschreitende Moment* ist dann gegeben, wenn ein Bewohner der Stadt S ein Rundfunkprogramm aus einem anderen EG-Mitgliedstaat empfangen möchte. Da Rundfunksendungen keine Waren i.S.d. Warenverkehrsfreiheit sind und auch keine sonstige Grundfreiheit einschlägig ist, unterfällt Rundfunk der *subsidiären* Dienstleistungsfreiheit der Art. 49, 50 EGV. Dass das Rundfunkunternehmen regelmäßig vom Empfänger kein Entgelt erhalten wird, steht nicht entgegen; dem Erfordernis „in der Regel *gegen Entgelt*" des Art. 50 Abs. 1 EGV ist nämlich auch dann genügt, wenn zwar der Leistungsempfänger kein Entgelt entrichtet, die Leistung aber doch in anderer Weise mit einem Erwerbszweck erfolgt, z.B. indem die Einkünfte durch Werbeeinnahmen erzielt werden. Die Gewährleistung der Dienstleistungsfreiheit enthält nicht nur ein *Diskriminierungsverbot,* sondern schützt auch vor Beschränkungen grenzüberschreitender Dienstleistungen, die durch unterschiedslos anwendbare Vorschriften hervorgerufen werden (*Beschränkungsverbot*). Die Dienstleistungsfreiheit *bindet* nicht nur den Staat selbst, sondern auch die Gemeinden als Träger mittelbarer Staatsverwaltung[48].

Das Empfangen von ausländischen Programmen via Satellit wird durch die Parabolantennensteuer erschwert. Es lässt sich schon überlegen, ob insoweit nicht sogar ein Fall *mittelbarer Diskriminierung* vorliegt, da die Parabolantennensteuer – obwohl unterschiedslos anwendbar – ausländische Unionsbürger (die ihre Heimatprogramme sehen wollen) typischerweise härter treffen dürfte als Deutsche[49]; die Konsequenz wäre, dass eine Rechtfertigung nur unter den – hier sicher nicht einschlägigen – erschwerten Bedingungen des Art. 55 i.V.m. 46 EGV möglich wäre. Der EuGH hat die Parabolantennensteuer als *Beschränkung* der Dienstleistungsfreiheit aufgefasst, die obwohl unterschiedslos anwendbar, geeignet ist, gerade den Empfang von ausländischen Programmen zu behindern[50].

Eine *Rechtfertigung* von unterschiedslos anwendbaren Beschränkungen ist nach st. Rspr. – neben den in Art. 55 i.V.m. 46 EGV ausdrücklich genannten Gründen – auch aus sonstigen *zwingenden Gründen des Allgemeininteresses* möglich. Als solcher Grund kommt hier das öffentliche Interesse an einem ungestörten Ortsbild in Betracht. Ob ein derartiges Interesse gemeinschaftsrechtlich anerkannt ist, hat der EuGH offengelassen. In jedem Fall müsste die Beschränkung im Blick auf dieses öffentliche Interesse *verhältnismäßig* sein. Die Verhältnismäßigkeit einer pauschalen Parabolantennensteuer hat der EuGH indes abgelehnt und darauf verwiesen, dass das Ziel des Schutzes der städtischen Umwelt auch durch mildere Mittel (z.B. Bestimmungen zu Größe und Anbringung, über Gemeinschaftsantennen) erreicht werden könne und die Steuer insofern über das zur Erreichung des Ziels Notwendige hinausgehe. Ebenso wie die nationalen Grundrechte verlangen auch die euro-

47 *Oppermann*, Europarecht, 2. Aufl. 1999, Rn. 1598ff.

48 Zur Dienstleistungsfreiheit vgl. die Kommentierung von *Holoubek*, in: Schwarze (Hrsg.), EU-Kommentar, 2001, Art. 49 (v.a., Rn. 38f.; 45ff., 50f., 56ff.), Art. 50 (v.a., Rn. 7, 11ff.).

49 So der Generalanwalt und die Kommission aaO.

50 AaO.

päischen Grundfreiheiten nach differenzierten Regelungen, die die Umstände des Einzelfalls berücksichtigen, und stehen pauschalen Beschränkungen in der Art der Parabolantennensteuer entgegen.

Auch ein Verstoß gegen die Dienstleistungsfreiheit liegt demnach vor. Dieser Verstoß ist trotz des engen Wortlauts von Art. 2 Abs. 4 BayKAG („wenn die Satzung Bundes- oder Landesrecht widerspricht") auch ein nach Art. 2 Abs. 4 BayKAG beachtlicher Versagungsgrund einer Genehmigung. Art. 2 Abs. 4 BayKAG bedarf insoweit einer europarechtskonformen erweiternden Auslegung, die dem Umstand Rechnung trägt, dass sich in einem in die EG integrierten Rechtsstaat Rechtsaufsicht auch auf Verstöße gegen Gemeinschaftsrecht zu erstrecken hat.

g) Europäische Gewährleistungen der Informationsfreiheit

Nicht vertieft werden müssen etwaige Verstöße gegen Art. 10 EMRK oder gegen die Informationsfreiheit als ungeschriebenen Grundsatz des Gemeinschaftsrechts (Art. 6 Abs. EUV), da deren Gewährleistung nicht weiter geht als diejenige des Art. 5 Abs. 1 GG.

3. Beeinträchtigung öffentlicher Belange, insbesondere volkswirtschaftlicher oder steuerlicher Interessen des Staates (Art. 2 Abs. 4 BayKAG)?

Die in Art. 2 Abs. 4 BayKAG angeführten Versagungsgründe einer Beeinträchtigung öffentlicher Belange, insbesondere volkswirtschaftlicher und steuerlicher Interessen des Staates sind nach der Rspr. des BayVerfGH richterlich grundsätzlich überprüfbare Tatbestandsmerkmale im Rahmen einer gebundenen Entscheidung, wobei die Frage, inwieweit dem Staat ein Beurteilungsspielraum bezüglich dieser Merkmale zusteht, noch nicht ins letzte geklärt ist[51]. Der Sachverhalt gibt allerdings zu wenig her, um diese Merkmale im hiesigen Fall zu prüfen.

Teilergebnis:

Ein Anspruch auf Genehmigung der rechtswidrigen Steuersatzung steht der Stadt S nach alledem nicht zu. Eine Klage wäre somit unbegründet.

Gesamtergebnis:

Eine Klage wäre zulässig, aber unbegründet.

Rechtsprechungsvorlagen: EuGHE 2001, I-9445; *BVerfGE* 65, 325; 90, 27; 98, 106; BayVerfGH BayVBl. 1986, 14; 1989, 237; 1992, 365

Leseempfehlung:

- örtliche Verbrauch- und Aufwandsteuern, Steuerfindungsrecht: *Lissack*, Bayerisches Kommunalrecht, § 6, Rn. 12–31; *Winands*, Das Steuerfindungsrecht der Gemeinden, JuS 1986, 942;
- Informationsfreiheit und Antennen: *Ricker*, Die Freiheit des Fernseh-Direktempfangs und die rechtliche Zulässigkeit ihrer Beschränkung, NJW 1991, 602; *Lerche*, Aktuelle Grundfragen der Informationsfreiheit, Jura 1995, 561;
- Parabolantennen und EG-Recht: Mitteilung der Kommission über die Anwendung der allgemeinen Grundsätze des freien Waren- und Dienstleistungsverkehrs – Artikel 28 und 49 EG Vertrag – auf dem Gebiet der Nutzung von Parabolantennen vom 27.6.2001, KOM (2001) 351 endgültig.

[51] *BayVerfGH* BayVBl. 1989, 237 (239).

Fall 19: Einer für alle? (Reimer)

Sachverhalt

I.

In der kreisangehörigen Gemeinde Gupflmoos bestand seit Anfang 2001 eine Abwassersatzung, die einen Anschluss- und Benutzungszwang aller Haushalte und Betriebe für die örtliche Kläranlage vorsah, allerdings eine Härtefallklausel für Vollerwerbslandwirte enthielt. Daneben hatte die Gemeinde eine Abwassergebührensatzung erlassen. Sie ordnete eine jährliche Abwassergebühr von € 5,– pro m^2 Geschossfläche an. Ausnahmen waren nicht vorgesehen. Die Gebührensatzung ist aber bereits am 31.12.2001 außer Kraft getreten, weil die Gemeinde sich zu einer grundlegenden Umgestaltung ihres kommunalen Abgabenwesens entschlossen hatte.

Noch auf der Grundlage der bisherigen Gebührensatzung ergingen im Januar 2002 gegen den Nebenerwerbslandwirt N und weitere zehn Nebenerwerbslandwirte Gebührenbescheide für 2001, die mit einer ordnungsgemäßen Rechtsbehelfsbelehrung versehen waren. Wegen der großen Stall- und Speicherflächen waren die festgesetzten Gebühren dabei ungewöhnlich hoch. Gegen den an ihn gerichteten Bescheid hat N keinen Rechtsbehelf eingelegt; er hat die festgesetzte Gebühr aber auch noch nicht entrichtet. Andere Nebenerwerbslandwirte haben demgegenüber form- und fristgerecht Widersprüche eingelegt, über die noch nicht abschließend entschieden ist.

II.

Im Rahmen der Umgestaltung des kommunalen Abgabewesens beschließt der Gemeinderat im Juli 2002 rückwirkend auf den 1.1.2002 eine neue Stammsatzung und eine neue Gebührensatzung. Die Satzung wird anschließend durch den vom ersten Bürgermeister hierfür eigens schriftlich bevollmächtigten Gemeindebeamten B ausgefertigt, der Volljurist ist. Sodann wird sie von der Rechtsaufsichtsbehörde genehmigt und durch die Gemeinde ortsüblich bekanntgemacht. Die Satzung sieht nunmehr für Wohngebäude für jeden am 30.6. des Jahres in einem Haushalt in G gemeldeten Einwohner (Art. 13 BayMeldeG) eine pauschale Abwassergebühr von € 150,– pro Jahr vor. Für Gewerbebetriebe, Freiberufler und land- und forstwirtschaftliche Vollerwerbsbetriebe gelten gesonderte Regelungen. Abgabepflichtig sind die Hauseigentümer sowie die Erbpacht- und Nießbrauchberechtigten.

Auf der Grundlage dieser neuen Satzung wird N mit seiner fünfköpfigen Familie und fünf Erntearbeitern, die von Anfang Juni 2002 bis Ende September 2002 bei ihm zur Miete wohnen, für das Jahr 2002 zu einer Abwassergebühr von insgesamt € 1.500,– herangezogen.

III.

N hält die alte und die neue Satzung für rechtswidrig. Sie enthielten Gleichheitsverstöße. Die Anwendung beider Satzungen führe – insbesondere in seinem Fall – zu unbilligen Härten. Kollegen ermutigen den N, klare Verhältnisse zu schaffen und gerichtlich gegen die Missstände vorzugehen. N ist sich unsicher, was er tun soll, und bittet Rechtsreferendar R um Rat.

Vermerk für die Bearbeiter: Das Gutachten des R ist zu erstellen. Darin ist – notfalls hilfsgutachtlich – auf alle aufgeworfenen Rechtsfragen einzugehen.

Lösung

In Betracht kommen Normenkontrollanträge des N gegen die alte (unten A.) und die neue (unten B.) Gebührensatzung, aber auch eine Anfechtungsklage gegen den noch nicht bestandskräftigen Gebührenbescheid für 2002 (unten C.).

Daneben kommen im Hinblick auf die Gebühren für 2001 als Rechtsbehelfe weiter in Betracht:

- Antrag auf Feststellung der Nichtigkeit des Gebührenbescheides (vgl. Art. 44 Abs. 5 BayVwVfG; hier: Art. 13 Abs. 1 Nr. 3 Buchst. b KAG i.V.m. § 125 Abs. 5 AO); dieser Antrag ist aber unbegründet, da kein Nichtigkeitsgrund vorliegt. Insbesondere ist nicht zu beanstanden, dass die alte Satzung *im* Jahr 2002 noch angewandt wird (intransitive Anwendbarkeit, betrifft den Vorgang der Rechtsanwendung durch die Behörde[1]). Denn das Außerkrafttreten dieser Satzung führt nur dazu, dass sie *auf* das Jahr 2002 nicht mehr angewendet werden darf (transitive Anwendbarkeit, betrifft den der Rechtsanwendung zugrundeliegenden Sachverhalt). Damit ist die Anwendung der alten Satzung *auf* das Jahr 2001 unbedenklich – egal, wann der Rechtsanwendungsvorgang stattfindet.
- Anfechtung des Gebührenbescheides (§§ 68 ff. VwGO): scheidet wegen der formellen Bestandskraft des VA aus (einmonatige Widerspruchsfrist gem. § 70 Abs. 1 Satz 1 VwGO abgelaufen; wegen ordnungsgemäßer Rechtsbehelfsbelehrung kein Fall der §§ 70 Abs. 2 i.V.m. 58 Abs. 2 Satz 1 VwGO).
- Antrag auf Aufhebung des VA (Art. 13 Abs. 1 Nr. 3 Buchst. b i.V.m. §§ 130, 131 AO; die im wesentlichen den Art. 48, 49 BayVwVfG entsprechen). Rücknahme bzw. Widerruf von VAen sind zwar gerade auch nach Eintritt der Bestandskraft möglich. Ein entsprechender Antrag ist allerdings ein unsicherer Rechtsbehelf, weil das Gesetz der Behörde ein Aufhebungsermessen einräumt; und ob Gründe für eine Ermessensreduzierung auf null vorliegen, ist hier zweifelhaft. Insbesondere genügt für eine solche Ermessensreduzierung noch nicht, dass die Satzung evtl. nichtig ist: Denn das Fehlen einer Befugnisnorm führt regelmäßig nur zur einfachen Rechtswidrigkeit des Gebührenbescheides, also zum Normalfall des § 130 Abs. 1 AO (entspricht Art. 48 Abs. 1 Satz 1 BayVwVfG). An eine Ermessensreduzierung auf null sind aber zusätzliche Anforderungen zu stellen.
- Antrag auf Wiederaufnahme des Verfahrens (Art. 51 BayVwVfG; keine anwendbare Parallelvorschrift aus der AO): Aus den oben genannten Gründen führt das Außerkrafttreten der Satzung am 31.12.2001 nicht zu einer Änderung der Rechtslage für 2001. Daher liegt auch kein Wiederaufnahmegrund vor.
- Gegenvorstellung: ebenfalls ein unsicherer Rechtsbehelf („formlos, fristlos, folgenlos").

A. Normenkontrolle (§ 47 VwGO) der alten Gebührensatzung

Der Normenkontrollantrag des N zur Überprüfung der Gebührensatzung i.d.F. bis 31.12.2001 hätte Aussicht auf Erfolg, wenn er zulässig und begründet wäre.

[1] Zur Terminologie *Vogel*, Der räumliche Anwendungsbereich der Verwaltungsrechtsnorm. Eine Untersuchung über die Grundfragen des sog. Internationalen Verwaltungs- und Steuerrechts, 1965, S. 2.

I. Zulässigkeit des Antrags

1. Verwaltungsrechtsweg

Anträge nach § 47 VwGO sind nur „im Rahmen der Gerichtsbarkeit" des OVG (in Bayern: „*VGH*", § 184 VwGO i.V.m. Art. 1 Abs. 1 Satz 1 AGVwGO) zulässig. Danach müssen jedenfalls die allgemeinen Voraussetzungen des § 40 VwGO vorliegen[2].

Der Streit um die Wirksamkeit einer Norm (hier: der kommunalen Gebührensatzung) ist öffentlich-rechtlicher Natur. Streitentscheidend ist in erster Linie die Vereinbarkeit der Norm mit dem KAG, nicht mit der Verfassung. Schon daher fehlt es an einer doppelten Verfassungsunmittelbarkeit; es liegt also keine verfassungsrechtliche Streitigkeit vor. Auch eine Sonderzuweisung (etwa zur Finanzgerichtsbarkeit, § 33 Abs. 1 FGO) ist nicht ersichtlich. Damit ist der Verwaltungsrechtsweg eröffnet.

2. Statthafte Verfahrensart

Die Satzung ist eine Rechtsvorschrift, die im Rang unter dem (formellen) Landesgesetz steht (§ 47 Abs. 1 Nr. 2 VwGO) und deren Überprüfbarkeit durch das OVG (VGH) durch das bayerische Landesrecht angeordnet ist (Art. 5 AGVwGO)[3].

3. Antragsbefugnis

Nach § 47 Abs. 2 VwGO müsste N geltend machen, durch die Satzung oder ihre Anwendung in seinen Rechten verletzt zu sein oder in absehbarer Zeit verletzt zu werden. Als Adressat eines auf die Satzung gestützten Gebührenbescheides konnte N zunächst eine Verletzung in eigenen Rechten (hier: kommunalabgaben- und grundrechtlicher Abwehranspruch gegen rechtswidrig auferlegte Geldleistungspflichten) durch die Anwendung der Satzung (hier: Erlass des Gebührenbescheides) geltend machen (§ 47 Abs. 2 Satz 1 2. Alternative, „deren Anwendung").

> **Zur Vertiefung:** Dagegen liegt wohl kein Fall des § 47 Abs. 2 Satz 1 1. Alternative (Rechtsverletzung unmittelbar „durch die Rechtsvorschrift") vor: Denn allein aufgrund der Satzung brauchte N noch keine Zahlung zu leisten. Seine Zahlungspflicht entstand vielmehr erst durch die Gebührenanforderung im Wege eines VA.

Fraglich ist aber, ob N die behauptete Rechtsverletzung auch jetzt noch geltend machen kann. Zweifel ergeben sich hier daraus, dass (a.) die Gebührensatzung mittlerweile bereits außer Kraft getreten ist und (b.) der N überdies den gegen ihn ergangenen Gebührenbescheid nicht angefochten hat, so dass dieser mittlerweile in Bestandskraft erwachsen ist.

a) Außerkrafttreten der Satzung

Eine Satzung kann auch dann zulässiger Gegenstand eines Normenkontrollantrages nach § 47 VwGO sein, wenn sie zum Zeitpunkt des Antrages bereits außer Kraft getreten war. Allerdings gilt dies nur unter verschärften Voraussetzungen. Die Anforderungen, die dabei zu stellen sind, ähneln den Anforderungen an das besondere Feststellungsinteresse bei der Fortsetzungsfeststellungsklage.

Vor Inkrafttreten der 6. VwGO-Novelle (Gesetz v. 1.11.1996) bejahten das *BVerwG* und der *BayVGH* die Antragsbefugnis und das Rechtsschutzbedürfnis jedenfalls in den Fällen, in denen es noch *nicht bestandskräftige* Gebührenbescheide gab, die auf der Satzung beruhten und in denen der Betroffene durch die Normenkontrolle seine Rechtsstel-

---

2 Zu diesem Erfordernis näher *Kopp/Schenke*, VwGO, § 47, Rn. 17 m.w.N.

3 Ebenso in den meisten anderen Bundesländern. Für Berlin, Hamburg und Nordrhein-Westfalen fehlen dagegen entsprechende Regelungen. Vgl. Aufzählung bei *Kopp/Schenke*, VwGO, § 47, Rn. 23.

lung verbessern konnte[4]. Denn in diesen Fällen hingen die anstehenden Entscheidungen (der Widerspruchsbehörde oder des Verwaltungsgerichts) über die einzelnen VAe von einer „Anwendung“ der Satzung i.S.d. § 47 Abs. 2 Satz 1 VwGO ab. Die Wirksamkeit der Satzung war damit eine Vorfrage für die Entscheidungen in den Einzelfällen. Hier war eine einheitliche und gesonderte Entscheidung des *VGH* über die Wirksamkeit der Satzung prozessökonomisch sinnvoll und im Interesse einer einheitlichen Rechtsanwendung auch rechtsstaatlich geboten. In diesem Punkt dürfte sich auch durch die Erstreckung des Prinzips der Verletztenklage auf § 47 VwGO (Abs. 2 n.F.) nichts geändert haben[5].

Das Außerkrafttreten der Satzung beseitigt daher für sich allein die Antragsbefugnis des N noch nicht. Hier kommt aber erschwerend die zwischenzeitlich eingetretene Bestandskraft des Gebührenbescheides des N hinzu. Sie könnte – allein (unten b.) oder jedenfalls in der hier vorliegenden Kombination mit dem Umstand, dass die Satzung bereits außer Kraft getreten ist (unten c.) – seiner Antragsbefugnis (§ 47 Abs. 2 Satz 1) entgegenstehen.

b) Bestandskraft des Gebührenbescheides

Ob allein die Bestandskraft des Gebührenbescheides die Antragsbefugnis des N beseitigt, ist zweifelhaft. Das *BVerwG* stellt (in der Rechtsprechung zu § 47 Abs. 2 VwGO a.F., d.h. vor Einführung des sog. Prinzips der Verletztenklage durch die 6. VwGO-Novelle) darauf ab, ob sich die Rechtsposition des Antragstellers bei einem erfolgreichen Antrag verbessern würde[6]. Ob dies der Fall ist, hänge von den Umständen des Einzelfalles ab.

Richtigerweise ist dabei die Problematik wie folgt abzuschichten: Auf die Wirksamkeit und Bestandkraft des gegen N ergangenen Gebührenbescheides hätte selbst die Aufhebung der Satzung durch den *VGH* keinen Einfluss mehr. Das ergibt sich aus dem Gedanken der formellen und materiellen Bestandskraft des VA und aus dem ausdrücklichen Verweis des § 47 Abs. 5 Satz 3 auf § 183 Satz 1 VwGO. Mithin lässt sich eine Antragsbefugnis hier nicht schon daraus herleiten, dass N Adressat eines auf die Satzung gestützten belastenden VA ist.

Die Antragsbefugnis des N läge aber auch dann vor, wenn N durch den Antrag seine Rechtsstellung in anderer Weise verbessern könnte. Der *BayVGH* hat in einem ähnlichen Fall, der eine noch in Kraft befindliche Satzung betraf, die Antragsbefugnis mit der Begründung bejaht, der bis jetzt nicht eingezogene Betrag könne bei Feststellung der Unwirksamkeit der Satzung wegen §§ 47 Abs. 5 Satz 3 i.V.m. 183 Satz 2 VwGO jedenfalls nicht mehr vollstreckt werden[7].

c) Kombination von a. und b.

Fraglich ist aber, ob diese Argumentation auch noch für den hier vorliegenden Fall (VA schon bestandskräftig *und* Satzung bereits außer Kraft getreten) verfängt. Das *BVerwG* hat in einem solchen Fall die Antragsbefugnis verneint[8], weil die erhöhten Anforderungen bei der Normenkontrolle außer Kraft getretener Satzungen jedenfalls dann nicht vorlägen, wenn der gegen den Antragsteller ergangene VA bereits bestandskräftig geworden sei. Nach dieser Auffassung wäre der Antrag des N hier als unzulässig zurückzuweisen.

Für diese Auffassung sprechen zunächst wiederum der Gedanke der materiellen Bestandskraft (nach Eintritt der Unanfechtbarkeit gilt der VA als rechtmäßig, wirkt also rechtsgestaltend) und in zweiter Linie das Anliegen einer Entlastung der Oberverwaltungsgerichte um diejenigen Verfahren, bei denen der Aufwand aller Beteiligten den potenziellen Nutzen des Antragstellers oder der Allgemeinheit so deutlich überwiegt, dass sich das Verfahren selbst vor dem Hintergrund des Gebots effektiven Rechtsschutzes (Art. 19 Abs. 4 GG) als entbehrlich darstellt.

4 *BVerwGE* 78, 85ff. = DVBl. 1987, 1276ff.; *BayVGH* BayVBl. 1995,6 sowie 532ff.; st. Rspr.
5 Vgl. *Kopp/Schenke,* VwGO, § 47, Rn. 44ff.
6 *BVerwGE* 78, 85ff. = DVBl. 1987, 1276ff.
7 *BayVGH* BayVBl. 1994, 565f.
8 *BVerwGE* 56, 172 (175).

Diese Argumente sind aber unscharf und keineswegs zwingend. Sie stützen sich letztlich auf eine problematische Vermengung der Frage nach der Bestandskraft des VA einerseits (oben a.) und dem Außerkrafttreten der Satzung anderseits (oben b.). Jedenfalls dann, wenn weiterhin ein Allgemeininteresse an der Nichtigerklärung besteht, weil es – wie hier hinsichtlich der Kollegen des N – noch eine Reihe offener Bescheide gibt, greift insbesondere die Heranziehung der Zulässigkeitsvoraussetzungen der Fortsetzungsfeststellungsklage zu kurz. Denn sie beziehen zwar die diachrone Wiederholungsgefahr (erneute Anwendung der Satzung auf denselben Betroffenen) ein; es fehlt aber die Fallgruppe der synchronen Wiederholungsgefahr (gleichzeitige Anwendung der Satzung auf andere Betroffene). Im Hinblick auf die Fortsetzungsfeststellungsklage ist das konsequent (als konkret-individuelle Regelung entfaltet ein VA regelmäßig keine Breitenwirkung); für Satzungen (die Normen, d.h. abstrakt-generelle Regelungen sind) muss aber etwas anderes gelten.

Ist hier also kein Grund ersichtlich, warum für außer Kraft getretene Satzungen etwas anderes gelten soll als für noch in Kraft befindliche Satzungen, so spricht vieles für eine Übertragung der Rechtsprechung des *BayVGH* auch auf Fälle außer Kraft getretener Satzungen. Eine solche Übertragung lässt sich zudem positiv begründen. Denn der Abgabenpflichtige hat auch für unanfechtbare VA noch ein schützenswertes Interesse daran, dass nur diejenigen Ansprüche durchgesetzt werden, die mit dem Gesetz (im materiellen Sinne, also einschließlich der kommunalen Satzung) in Einklang stehen. Die sog. materielle Bestandskraft des VA (Annahme der materiellen Übereinstimmung mit höherrangigem Recht) ändert das Recht nicht, sondern ist letztlich nur ein Ausfluss des Prinzips der Rechtssicherheit. Gerade die Existenz des § 183 Satz 2 VwGO zeigt, dass der Gesetzgeber im vorliegenden Fall dem Interesse an der Rechtsrichtigkeit den Vorrang gegenüber der Rechtssicherheit einräumen wollte. Die VwGO enthält auch keinerlei Hinweise darauf, dass der Verweis des § 47 Abs. 5 Satz 3 nur für noch in Kraft befindliche Satzungen gelten solle.

Folgt man dieser Auffassung, so kann N den Normenkontrollantrag hier zulässig erheben. Ein Erfolg im Verfahren nach § 47 VwGO würde also seine Rechtsposition erheblich verbessern, da er in Ruhe den Eintritt der Zahlungsverjährung (die – wie immer im öffentlichen Recht – nicht nur eine peremptorische Einwendung begründet, sondern das materiell-rechtliche Erlöschen des Anspruchs zur Folge hat[9]) abwarten könnte.

Eine a.A. ist ebenfalls gut vertretbar.

4. Rechtsschutzbedürfnis

Aus den soeben (3.) erörterten Gründen entfällt auch das Rechtsschutzbedürfnis nicht.

5. Zuständigkeit des Gerichts

a) Sachlich

Abweichend von der grundsätzlichen sachlichen Zuständigkeit des Verwaltungsgerichts (§ 45 VwGO) ist für Normenkontrollanträge der *VGH* zur Entscheidung berufen (§ 47 Abs. 1 Nr. 2 VwGO, Art. 5 Satz 1 BayAGVwGO).

b) Örtlich

Die örtliche Zuständigkeit des *BayVGH* ergibt sich aus § 52 Nr. 1 VwGO (Belegenheit des Grundstücks des N), außerdem aus § 52 Nr. 5 VwGO (Sitz des Antragsgegners).

6. Beteiligtenfähigkeit

Antragsteller ist der N; nach § 61 Nr. 1 VwGO kann er als natürliche Person am Verfahren beteiligt sein. Obwohl es sich bei der prinzipalen Normenkontrolle nicht um ein strei-

[9] Art. 13 Abs. 1 Nr. 2 Buchst. a KAG i.V.m. § 47 AO.

tiges (kontradiktorisches) Verfahren handelt, gibt es auch einen Antragsgegner. Dies ist nach § 47 Abs. 2 Satz 2 VwGO die Körperschaft, die die angegriffene Rechtsvorschrift erlassen hat, hier: die Gemeinde G. Sie ist als kommunale Gebietskörperschaft (und damit als juristische Person) ebenfalls nach § 61 Nr. 1 VwGO beteiligtenfähig.

7. Prozessfähigkeit, Postulationsfähigkeit

N ist nach bürgerlichem Recht geschäftsfähig und daher nach § 62 Abs. 1 Nr. 1 auch prozessfähig. Vor dem *VGH* besteht für den Antragsteller Anwaltszwang (vgl. § 67 Abs. 1 Satz 1 VwGO); N ist also nicht postulationsfähig.

Zur Vertiefung: Die Gemeinde muss dagegen weder anwaltlich noch (nach § 67 Abs. 1 Satz 3) durch einen Volljuristen vertreten sein, solange sie keinen Sachantrag stellt. Den bloßen Prozessantrag auf Abweisung des Begehrens des N kann damit der erste Bürgermeister auch dann stellen, wenn er nicht Volljurist ist (Art. 38 Abs. 1 BayGO).

8. Form

N muss die allgemeinen Formvorschriften der §§ 81, 82 VwGO beachten. Vor dem OVG (VGH) kann er seinen Antrag – anders als vor dem Verwaltungsgericht – nicht zur Niederschrift des Urkundsbeamten der Geschäftstelle, sondern nur schriftlich stellen.

9. Frist

Die Zwei-Jahres-Frist des § 47 Abs. 2 Satz 1 VwGO ist hier eingehalten.

Zur Vertiefung: Umstritten ist, ob die Zwei-Jahres-Frist auch dann gilt, wenn eine zunächst rechtmäßig erlassene Satzung nachträglich rechtswidrig wird – sei es wegen sich wandelnder tatsächlicher Umstände, sei es wegen Veränderungen im höherrangigen Recht. Die h.M. bejaht die Geltung der Frist und stellt für deren Beginn auf den Zeitpunkt ab, in dem die Rechtswidrigkeit nachträglich eintritt. Ablehnend dagegen *Kopp/Schenke,* VwGO, § 47, Rn. 64 a.E. m.w.N.: in diesem Fall laufe keinerlei Frist.

10. Zwischenergebnis

Ein Antrag des N wäre daher zulässig.

II. Begründetheit

Der Normenkontrollantrag des N ist begründet, wenn die angegriffene alte Satzung nach Maßgabe ihrer Ermächtigungsgrundlage und sonstigen höherrangigen Rechts formell oder materiell rechtswidrig war.

1. Ermächtigungsgrundlage

Als Norm, die die Gemeinde zu belastenden Eingriffen in individuelle Rechte befugt, bedarf die Satzung einer gesetzlichen Ermächtigungsgrundlage. Dafür kommt vorliegend allein Art. 2 Abs. 1 KAG in Betracht.

Zum Verständnis: Die Vorschriften des KAG werden auch nicht durch das (Bundes-)Gesetz über Abgaben für das Einleiten von Abwasser in Gewässer (Abwasserabgabengesetz, AbwAG) verdrängt. Denn dieses Gesetz betrifft nach seinem § 1 Satz 1 nur das direkte Einleiten von Abwasser in ein Gewässer im Sinne des § 1 Abs. 1 des Wasserhaushaltsgesetzes, nicht das Einleiten in ein kommunales Kanalsystem.

2. Formelle Rechtmäßigkeit der Satzung

Hinweise auf eine formelle Rechtswidrigkeit der alten Gebührensatzung sind nicht ersichtlich.

Zur Vertiefung der Anforderungen an die formelle Rechtmäßigkeit kommunaler Satzungen vgl. die Prüfung unten B.II.2.

3. Materielle Rechtmäßigkeit der alten Gebührensatzung

Die Satzung wäre materiell rechtmäßig, wenn sie mit höherrangigem Recht in Einklang stünde. Prüfungsmaßstäbe sind hier in erster Linie die Vorschriften des KAG, in zweiter Linie verfassungsrechtliche Normen.

a) Trennungsgebot

Nach bayerischem Recht ist zunächst erforderlich, dass die Gebührensatzung von allen Primärregelungen über den Anschluss- und Benutzungszwang freigehalten wird[10]. Das ergibt sich aus dem Trennungsgebot des Art. 2 Abs. 1 Satz 1 KAG („auf Grund einer *besonderen* Abgabensatzung“). Dieses Trennungsgebot ist zwar – nach dem weitgehenden Wegfall rechtsaufsichtsrechtlicher Genehmigungserfordernisse in Art. 25 BayGO a.F. und Art. 3 Abs. 2 KAG a.F. – rechtspolitisch überholt[11]; kraft der gesetzlichen Anordnung ist es aber weiterhin strikt zu beachten. Verstöße machen die Gebührensatzung materiell rechtswidrig.

Vorliegend hat die Gemeinde G die Gebührensatzung klar von der Stammsatzung getrennt, die den Anschluss- und Benutzungszwang enthält; das Trennungsgebot ist damit eingehalten.

b) Pflichtangaben

Weiter müsste die Gebührensatzung die in Art. 2 Abs. 1 Satz 2 KAG genannten Pflichtangaben (Abgabenschuldner, Abgabengegenstand, Bemessungsgrundlage, Abgabensatz, Entstehung, Fälligkeit) enthalten. Mangels entgegenstehender Angaben im Sachverhalt ist davon auszugehen, dass diese formal-inhaltlichen Anforderungen erfüllt sind.

c) Kostenüberdeckungsverbot

Die Gebühren, die die Gemeinde insgesamt erhebt, dürfen den ihr entstehenden Aufwand nicht übersteigen (Kostendeckungsprinzip, genauer: Kostenüberdeckungsverbot, Art. 8 Abs. 2 Satz 2 KAG). Verstöße gegen dieses Verbot sind hier nicht ersichtlich.

d) Äquivalenzprinzip

Außerdem muss die Gemeinde die Gebühren auf die einzelnen Gebührenschuldner nach einem Maßstab verteilen, der sicherstellt, dass die einzelnen Gebührenschuldner nur in dem Umfange zur Gebühr herangezogen werden, in dem sie die öffentliche Einrichtung (hier: Abwasserableitung) nutzen (**Äquivalenzprinzip**, Art. 8 Abs. 4 KAG).

Nach Möglichkeit hat die Gemeinde dabei an den Umfang der wirklich in Anspruch ge-

[10] Kein entsprechendes Erfordernis enthalten die Parallelvorschriften zu Art. 2 Abs. 1 BayKAG in § 2 Abs. 1 KAG NW, § 2 Abs. 1 NdsKAG oder § 2 Abs. 1 KAG BW. Vgl. hierzu *Driehaus*, Kommunalabgabenrecht, Bd. 1 (Stand: September 2001), Teil III § 2, Rn. 1 ff.

[11] Zu seiner historischen Rechtfertigung vgl. die Gesetzesbegründung LT-Drs. 7/5197 zur Erstfassung des KAG v. 26.3.1974, GVBl. S. 109, abgedruckt in: *Donhhauser/Hürholz/Schwinghammer/Peters*, Kommunalabgabenrecht in Bayern, Bd. 1 (Stand: Juli 2002), Teil III S. 5 f.

nommenen Leistung anzuknüpfen (**Wirklichkeitsmaßstab**). Wo dies nicht möglich ist, genügt die Heranziehung eines **Wahrscheinlichkeitsmaßstabes.** Dabei reicht es nach der Rechtsprechung aus, dass mit der Gebührenerhebung dem Durchschnittsfall nach den Gesetzen der Wahrscheinlichkeit Rechnung getragen wird (sog. **Typengerechtigkeit**)[12]. Dem Satzungsgeber steht bei der Auswahl des Wahrscheinlichkeitsmaßstabs ein weiter Ermessensspielraum zu[13]. Er muß nicht den zweckmäßigsten, vernünftigsten, gerechtesten oder wirtschaftlichsten Maßstab wählen. Er kann sich auch von Gründen der Praktikabilität leiten lassen und gemäß Art. 8 Abs. 4 2. Halbs. KAG gewisse Merkmale als Steuerungskomponenten zusätzlich verwenden. Die gerichtlich nachprüfbaren Grenzen des Äquivalenzprinzips sind erst dort erreicht, wo ein grobes Missverhältnis zwischen Leistung und Gegenleistung besteht[14].

Ob die vorliegende Anknüpfung an die Geschossfläche diesen Anforderungen gerecht wird, ist zweifelhaft. Für Wohnräume lässt sich zwar nach der Lebenserfahrung sagen, dass umso mehr Abwasser anfällt, je mehr Menschen in einer Wohnung leben, und hier besteht in der Tat eine statistische Relation zur Größe der Wohnung. Allerdings gibt es auch andere wichtige Faktoren, die über die Menge der verursachten Wohnabwässer entscheiden. Dazu gehört z. B. der Lebensstandard der Bewohner.

Vor allem aber erweist sich der Geschossflächenmaßstab für die tatsächliche Verursachung von Abwasser für Gebäude, die nicht der Wohnnutzung dienen, als ungeeignet. Denn gerade hier ist Größe kein Indikator für die Abwasserverursachung. Gerade besonders große Gebäude wie Fabrik- und Lagerhallen, Supermärkte oder Parkhäuser kommen oftmals mit einem Minimum an Abwässern aus.

Damit erweist sich der hier gewählte Maßstab als zu ungenau; er verstößt gegen das Äquivalenzprinzip.

Zur Vertiefung: In der Praxis wird die Geschossfläche aber regelmäßig als Maßstab für die Bemessung von **Erschließungsbeiträgen** (Art. 5 Abs. 1 KAG[15]) der Anwohner zu Abwasserinvestitionen der Gemeinde herangezogen. Da Beiträge – anders als Gebühren – grundstücksbezogen, nicht nutzungsbezogen zu bemessen sind, ist die Geschossflächenzahl *dort* ein geeigneter Maßstab (Art. 5 Abs. 2 Satz 2 KAG)[16].

e) **Fehlen einer eigenständigen Härtefallklausel**

Fraglich ist weiter, ob die Gebührensatzung nicht auch mangels einer eigenständigen Härtefallklausel rechtswidrig wird. Wegen der Verweise des Art. 13 Abs. 1 Nr. 4 Buchst. b, Nr. 5 Buchst. a KAG auf die AO bestehen aber bereits von Gesetzes wegen sowohl für die Abgabenfestsetzungs- als auch für die Abgabenerhebungsphase Möglichkeiten zur Gebührenermäßigung und sogar zum völligen Gebührenerlass in Härtefällen (§§ 163 Abs. 1 S. 1, 227 Abs. 1 AO). Daher braucht die Gebührensatzung – anders als eine Stammsatzung, für deren Regelungen ein dem Art. 13 Abs. 1 Nr. 4 Buchst. b KAG entsprechender Verweis auf § 163 AO oder eine ähnliche Vorschrift fehlt – keine Härtefallklauseln mehr zu enthalten.

Zur Vertiefung: Auch der Gebührenbescheid braucht hierauf nicht hinzuweisen: *BayVGH* v. 9.11.1994, BayVBl. 1995, 278f.

[12] Vgl. *BVerwG* KStZ 1984, 9; *BVerwG* KStZ 1987, 11; *BayVGH* BayVBl. 1995, 628ff.; st. Rspr.; vgl. auch *Schieder/ Happ*, KAG, Anm. 8.1 zu Art. 8.

[13] Vgl. *BVerwG* NVwZ 1985, 496.

[14] *BVerwGE* 26, 305.

[15] Die Vorschrift des Art. 5a KAG betrifft nur diejenigen Erschließungsbeiträge, die sich auf Erschließungsanlagen i.S.d. §§ 127ff. BauGB beziehen; Wasser- und Abwasserleitungen gehören nicht dazu. Deshalb gilt die allgemeine Regel für Beiträge (Art. 5 KAG).

[16] Vgl. etwa *BayVGH* NVwZ-RR 1995, 216ff.; st. Rspr.

III. Ergebnis

Der Antrag des N ist damit zulässig und begründet. Damit ist die Gemeinde nicht mehr zur Vollstreckung aus dem bestandskräftigen Gebührenbescheid berechtigt (s. oben I.3.b.).

Zum Aufbau: Auf die Rechtmäßigkeit der Stammsatzung war hier nicht einzugehen. Denn die Gebührensatzung wäre als solche auch dann rechtmäßig, wenn die Stammsatzung rechtswidrig wäre. In diesem Falle ist allerdings die Anwendung der Gebührensatzung im Einzelfalle rechtswidrig: Denn die Gebührensatzung darf wegen Art. 2 Abs. 1 Satz 1 KAG keinerlei eigene Regelungen zur Bereitstellung und Nutzung der öffentlichen Einrichtung enthalten, sondern muss dynamisch auf die jeweilige Stammsatzung verweisen.

B. Normenkontrolle (§ 47 VwGO) der neuen Gebührensatzung

I. Zulässigkeit des Antrags

Auch hier ist der Verwaltungsrechtsweg eröffnet (wie oben A.I.1.). Statthafte Verfahrensart ist die prinzipale Normenkontrolle nach § 47 Abs. 1 VwGO. Als Adressat eines auf die neue Satzung gestützten Gebührenbescheides, der noch nicht bestandskräftig geworden ist, ist N im Hinblick auf diese Satzung unproblematisch antragsbefugt (§ 47 Abs. 2 Satz 1 VwGO). Gründe für einen Wegfall des Rechtsschutzbedürfnisses sind nicht ersichtlich. Im Hinblick auf die übrigen Zulässigkeitsvoraussetzungen ergeben sich ebenfalls keine Unterschiede zum oben (D.I.5.-9.) Gesagten. Der Antrag des N wäre daher zulässig.

II. Begründetheit

Der Normenkontrollantrag des N ist begründet, wenn die angegriffene Satzung formell oder materiell rechtswidrig ist.

1. Ermächtigungsgrundlage

ist wiederum Art. 2 Abs. 1 KAG (s.o. A.II.1.).

2. Formelle Rechtmäßigkeit der Satzung

a) Zuständigkeit

Die Verbandskompetenz für den Erlass von Abwassergebührensatzungen liegt bei der Gemeinde (Art. 23 Satz 1 BayGO, Art. 1, 8 Abs. 1 Satz 1 KAG), die Organkompetenz beim Gemeinderat (Art. 29, 30 Abs. 2 BayGO).

b) Verfahren

Allerdings ergeben sich in zweifacher Hinsicht Zweifel daran, dass die neue Gebührensatzung in einem ordnungsgemäßen Verfahren zustande gekommen ist.

aa) Ausfertigung durch den Gemeindebeamten

Erstens ist fraglich, ob der erste Bürgermeister die Ausfertigung der Satzung auf einen Gemeindebeamten delegieren konnte.

Ausfertigung ist die Herstellung einer Originalurkunde der Norm. Diese Urkunde
- macht den Willen des Normgebers erkennbar,
- bezeugt, dass der Inhalt der Urkunde mit dem Beschluss des Normgebers übereinstimmt (Authentizität), und
- erklärt, dass die für die Rechtswirksamkeit maßgebenden Verfahrensvorschriften beachtet sind (Legalität)[17].

Als Rechtsgrundlage für eine solche Delegation kommt allein Art. 39 Abs. 2 BayGO in Betracht. Danach kann der erste Bürgermeister Angelegenheiten der laufenden Verwaltung einem Gemeindebediensteten übertragen. Diese Voraussetzungen liegen hier aber nicht vor; die Ausfertigung einer Satzung ist keine laufende Angelegenheit im Sinne der Art. 37 Abs. 1 Nr. 1, 39 Abs. 2 Halbs. 1 BayGO[18]. In anderen Angelegenheiten scheidet eine Delegation auf einen Gemeindebediensteten zwar ebenfalls nicht aus, sie bedarf aber nach Art. 39 Abs. 2 Halbs. 1 BayGO der Zustimmung des Gemeinderats. Sie ist hier nicht ersichtlich. Insbesondere ist der Satzungsbeschluss des Gemeinderates nicht zugleich als konkludente Zustimmung zu einer Delegation der Ausfertigung zu sehen. Mithin liegt hier keine wirksame Ausfertigung vor.

bb) Genehmigung durch die Rechtsaufsichtsbehörde

Dass die Gemeinde eine rechtsaufsichtliche Genehmigung eingeholt hat, war nach bayerischem Recht[19] nicht erforderlich: Nach Art. 2 Abs. 3 Satz 1 KAG n.F. benötigen nur noch bestimmte Satzungen über örtliche Verbrauch- und Aufwandsteuern einer derartigen Genehmigung[20]. Andere Normen, aus denen sich ein Genehmigungserfordernis ergeben könnte, sind nicht ersichtlich. Die Tatsache, dass vorliegend eine rechtsaufsichtliche Genehmigung erteilt worden ist, stellt aber auch keinen Rechtsverstoß dar. Die Genehmigung bleibt mithin unschädlich.

Zur Vertiefung: Anders war die Rechtslage bis Juli 2002. Nach altem Recht bedurften sämtliche Abgabensatzungen i.S.d. Art. 2 KAG der rechtsaufsichtlichen Genehmigung. Danach hätte die Ausfertigung erst vorgenommen werden dürfen, **nachdem** die rechtsaufsichtliche Genehmigung erteilt worden war[21]. Wegen der dritten Hauptfunktion der Ausfertigung (Feststellung der Legalität des Verfahrens, s.o.) bildet die Ausfertigung nämlich grundsätzlich den Schlusspunkt des Normgebungsverfahrens; lediglich die Bekanntgabe der ausgefertigten Satzung braucht naturgemäß erst später zu erfolgen. Nach der Rechtsprechung des *BayVGH* darf die Satzung daher erst ausgefertigt werden, wenn etwa vorbehaltene staatliche Mitwirkungsrechte gewahrt und die dazu vorgesehene Genehmigung erteilt ist[22]. Diese Reihenfolge ist für Satzungen über örtliche Verbrauch- und Aufwandsteuern auch weiterhin verbindlich.

---

[17] Nach *Bauer/Böhle/Masson/Samper,* BayGO, Art. 26, Rn. 8.

[18] *BayVGH* v. 16.3.1990, 23 B 88.00568 (juris).

[19] Ebenso in Baden-Württemberg, Brandenburg, Hessen, Niedersachsen, Nordrhein-Westfalen (§ 2 Abs. 2 KAG NW), Rheinland-Pfalz, dem Saarland und Schleswig-Holstein; **anders** z.B. noch in Mecklenburg-Vorpommern für rückwirkende Satzungen (§ 2 Abs. 5 Satz 5 KAG MV; vgl. *OVG Greifswald*, Beschl. v. 4.4.2001, 1 M 21/00). Vgl. die Übersicht bei *Driehaus,* Kommunalabgabenrecht, Bd. 1 (Stand: März 2002), Teil III § 2, Rn. 19 ff.

[20] Vgl. etwa oben Fall 18: Satzung über eine kommunale Parabolantennensteuer.

[21] *BayVGH* v. 16.3.1990, 23 B 88.00568 (juris); *BayVGH* v. 16.3.1990, 23 B 88.00567; *OVG Koblenz* NVwZ-RR 1990, 61; *VGH Mannheim* NVwZ 1985, 206; *Bauer/Hub*, Kommunale Abgaben in Bayern, Teil I, Kap. 7 Tz. 5.3; *Wolff/Bachhof*, Verwaltungsrecht I, § 28 I Buchst. a 2, 10 b.; *Oehler*, KAG, Praxis der Gemeindeverwaltung, Anm. 6 zu Art. 2; a.A. wohl: *Hölzl/Hien*, BayGO, Anm. 6 b zu Art. 23.

[22] *BayVGH* v. 16.3.1990, 23 B 88.00568 (juris); *BayVGH* v. 16.3.1990, 23 B 88.00567; *OVG Koblenz* NVwZ-RR 1990, 61; *VGH Mannheim* NVwZ 1985, 206; *Bauer/ Hub*, Kommunale Abgaben in Bayern, Teil I, Kap. 7 Tz. 5.3; *Wolff/Bachhof*, Verwaltungsrecht I, § 28 I Buchst. a 2, 10 b.

c) **Form**
Hinsichtlich der Form der Satzung (amtliche Bekanntmachung im Amtsblatt der Gemeinde, hilfsweise im Amtsblatt der Verwaltungsgemeinschaft, äußerst hilfsweise im Amtsblatt des Landkreises, des Landratsamts oder in anderen regelmäßig erscheinenden Druckwerken; alternativ durch Niederlegung und öffentliche Bekanntmachung der Niederlegung: Art. 26 Abs. 2 BayGO) ergeben sich keine Besonderheiten.

d) **Zwischenergebnis**
Die neue Gebührensatzung ist formell rechtswidrig.

Zur Vertiefung: Die Gemeindeordnungen einiger Bundesländer[23] sehen Ausschlussfristen für das Geltendmachen der Verletzung von Verfahrens- und Formvorschriften beim Satzungserlass vor. Nach dem Recht dieser Länder wäre an dieser Stelle zusätzlich zu prüfen, ob die Ausschlussfrist in Gang gesetzt worden ist (setzt i.d.R. einen Hinweis auf die Rechtsfolgen der Präklusionsvorschriften voraus) und ob sie noch läuft (Dauer der Frist üblicherweise: 1 Jahr ab Verkündung der Satzung).

3. Materielle Rechtmäßigkeit der neuen Gebührensatzung

Die neue Gebührensatzung wäre materiell rechtmäßig, wenn sie mit höherrangigem Recht in Einklang stünde. Vorliegend stellt sich wiederum die Frage, ob (a.) das Äquivalenzprinzip beachtet ist und ob (b.) die Satzung mit Rückwirkung erlassen werden durfte.

a) **Äquivalenzprinzip**
Im Hinblick auf die Vereinbarkeit der Satzung mit dem Äquivalenzprinzip (Art. 8 Abs. 4 Satz 1 KAG) ergeben sich Bedenken, ob (aa)) der gewählte Maßstab (Gebühr pro Kopf) und (bb)) die Stichtagsregelung zulässige Typisierungen sind.

aa) **Pro-Kopf-Gebühr**
Auch mit der Pro-Kopf-Gebühr verzichtet die Gemeinde auf die Anwendung des Wirklichkeitsmaßstabes, der eine exakte Messung des Abwassers pro Haushalt erforderlich machen würde. Das Äquivalenzprinzip lässt es aber nach dem oben (A.II.3.d.) Gesagten auch zu, dass die Gemeinde einen Wahrscheinlichkeitsmaßstab zur Bemessung der Gebühren heranzieht. Sie kann sich dabei daran orientieren, wie hoch typischerweise der Abwasseranfall eines Haushalts ist.

Zur Vertiefung: In der Praxis wird dabei regelmäßig an die Frischwasserentnahme angeknüpft. Hinzugerechnet wird – in Abhängigkeit von der Gebäudegrundfläche oder der versiegelten Fläche – eine bestimmte Pauschale für in die öffentliche Kanalisation eingeleitetes Niederschlagswasser; abgezogen wird die Frischwassermenge, die der Betroffene (z.B. als Getränkehersteller oder Betrieb der chemischen Industrie) verbraucht hat, ohne sie anschließend in das öffentliche Abwassersystem einzuleiten.

Nach der Lebenserfahrung entfällt der ganz überwiegende Anteil privater Abwässer auf Körperpflege und Toilettenbenutzung; insoweit ist der Abwasseranfall eines Haushalts statistisch proportional zur Zahl der Bewohner. Allenfalls für Kleinkinder könnte sich ein geringerer eigener Wasserverbrauch ergeben, dem allerdings möglicherweise eine größere Menge an Waschwasser gegenübersteht.

Für Gewerbebetriebe, Freiberufler und land- und forstwirtschaftliche Betriebe gelten

[23] Hessen (§ 5 Abs. 4 HGO), Niedersachsen (§ 6 Abs. 4 NdsGO), Nordrhein-Westfalen (§ 7 Abs. 6 GO NW), Sachsen (§ 4 Abs. 4 SächsGO) und Sachsen-Anhalt (§ 6 Abs. 4 GO-LSA). **Keine entsprechende Regelung** enthält v.a. das bayerische Kommunalrecht.

Sonderregelungen, die hier nicht zu prüfen sind. Demgegenüber werden landwirtschaftliche Nebenerwerbsbetriebe in diese Sonderregelungen nicht einbezogen. Der Sachverhalt lässt aber nicht erkennen, inwieweit darin ein Verstoß gegen das Äquivalenzprinzip liegen könnte. Denn ihr tatsächlicher Wasserverbrauch dürfte deutlich über dem Wasserverbrauch eines vergleichbaren Haushaltes ohne Nebenerwerbslandwirtschaft liegen. Insgesamt erscheint der Pro-Kopf-Maßstab damit als zulässige Typisierung, die dem Wahrscheinlichkeitsmaßstab Rechnung trägt.

bb) Stichtagsregelung

Fraglich ist, ob dies auch für die Stichtagsregelung gilt. Der Satzungsgeber hat hier die Gebührenbemessung für die volle Jahresgebühr daran geknüpft, wer am 30.6. des Jahres als Einwohner gemeldet war. Dadurch kommt es gerade für Nebenerwerbslandwirtschaften, die nicht unter die Sonderregelung fallen, zu besonderen Härten. Denn hier gehören in den Sommermonaten üblicherweise Erntehelfer zum Haushalt. Durch die Stichtagsregelung werden sie gebührenrechtlich nicht anders behandelt als jemand, der das ganze Jahr über zum Haushalt gehört.

Nach der Rechtsprechung des *BayVGH* liegt in einer solchen Stichtagsregelung allerdings eine zulässige Typisierung. Das soll selbst dann noch gelten, wenn man das Risiko in Rechnung stellt, dass Personen gemeldet sind, die – mangels tatsächlichen Wohnsitzes – melderechtlich gar nicht als Einwohner gezählt werden dürften, oder umgekehrt Personen nicht gemeldet sind, die faktisch einen Wohnsitz begründet haben[24].

Auch sind landwirtschaftliche Nebenerwerbsbetriebe, die fünf Arbeiter für den ganzen Sommer (hier: vier Monate) einstellen, heute die Ausnahme. Üblicherweise sind die Margen in der Landwirtschaft so gering, dass anstelle externer Arbeitskräfte nach wie vor Familienangehörige zur Arbeitsleistung herangezogen werden. Insofern stellt die Situation des N einen echten Ausnahmefall dar, auf den jedenfalls der Satzungsgeber[25] im Rahmen der ihm möglichen Typisierung keine Rücksicht zu nehmen brauchte.

> Der zitierte Fall des *BayVGH* betraf allerdings nicht die besondere Situation von Saisonarbeitern. In jedem Fall besteht hier Argumentationsspielraum; jede gut begründete Lösung ist hier vertretbar.

b) Rückwirkung der Satzung auf den 1.1.2002

Rückwirkende Satzungen sind nicht von vornherein unzulässig. Das ergibt sich schon aus Art. 26 BayGO und – speziell für das Kommunalabgabenrecht – aus Art. 2 Abs. 3 Satz 1 Nr. 3 KAG. Allerdings sind die allgemeinen verfassungsrechtlichen Beschränkungen für den rückwirkenden Erlass von Normen zu beachten.

Rechtsquellen: Sie ergeben sich für Fälle der echten Rückwirkung (Rückbewirkung von Rechtsfolgen) primär aus dem Rechtsstaatsprinzip, für Fälle der unechten Rückwirkung (tatbestandliche Rückanknüpfung) primär aus den betroffenen Grundrechten.

Einordnung: Im vorliegenden Fall beschließt der kommunale Satzungsgeber im Juli 2002 für das gesamte Jahr eine Neuregelung des Abwassergebührenrechts. Hier ist fraglich (und zwischen den beiden Senaten des Bundesverfassungsgerichts bis heute nicht geklärt), ob der Gebührentatbestand normativ oder deskriptiv zu verstehen ist. Das normative Verständnis (Gebühr bezieht sich auf das ganze Jahr 2002, das noch nicht abgeschlossen ist) würde hier zur Annahme einer lediglich unechten Rückwirkung führen, während das deskriptive Verständnis (Anknüpfung an die tatsächlichen Abwassereinleitungsvorgänge; diese liegen partiell in der Vergangenheit) jedenfalls für die Gebühren, die auf die Zeit vom 1.1.2002 bis zur Bekanntmachung der Satzung entfallen, die Annahme einer echten Rückwirkung nahelegt.

[24] *BayVGH* BayVBl. 1994, 565f.

[25] Zur Berücksichtigung bei der Rechtsanwendung im Einzelfall unten C.II.3.

Zur Vertiefung: Dieser Streit wird besonders im Steuerrecht relevant, weil sich dort ausdrückliche Regelungen finden, wonach z. B. der Einkommensteueranspruch des Staates erst nach Ablauf des Kalenderjahres entsteht, auf das sich die Steuer bezieht. Daher betreffen auch alle wichtigen Entscheidungen des *BVerfG* zur Zulässigkeit belastender Rückwirkung in der Sache steuerrechtliche Regelungen[26].

Gerade angesichts der Stichtagsregelung spricht im vorliegenden Fall vieles für die Annahme einer echten Rückwirkung (Rückbewirkung von Rechtsfolgen). Der Streit bedarf vorliegend aber keiner Entscheidung.

Zulässigkeit der echten Rückwirkung? Grundsätzlich ist die unechte Rückwirkung zulässig, die echte Rückwirkung unzulässig. In beiden Richtungen gibt es aber Ausnahmen. Insbesondere im vorliegenden Fall könnte selbst eine echte Rückwirkung ausnahmsweise gerechtfertigt sein. Denn ein Vertrauen der Bürger in die Gebührenfreiheit der Abwassereinleitung verdient keinen Schutz. Die Bürger mussten mit dem Erlass einer neuen Gebührensatzung rechnen. Der Ersatz einer nichtigen Norm durch eine rechtmäßige ist eine der anerkannten Fallgruppen, in denen selbst die echte Rückwirkung (ausnahmsweise) zulässig ist[27]. Nach dem oben (A.III.) gefundenen Ergebnis war die alte Gebührensatzung rechtswidrig und daher nichtig. Auch zeigt das planmäßige Außerkrafttreten der alten Satzung zum 31. 12. 2001, dass sich der Gemeinderat bereits im Jahr 2001 zu einer Neuregelung entschlossen hatte. Angesichts dessen konnte niemand vernünftigerweise damit rechnen, dass die Abwassereinleitung in der Gemeinde künftig gebührenfrei möglich sein sollte. Insofern bestand kein schutzwürdiges Vertrauen. Die echte Rückwirkung war daher im vorliegenden Fall zulässig.

4. Zwischenergebnis

Die Satzung ist formell rechtswidrig; in der Sache hält sie der Nachprüfung aber stand. Die Gemeinde müsste sie daher – was hier bislang nicht ersichtlich ist – durch eine erneute, nunmehr ordnungsgemäße Ausfertigung und eine erneute amtliche Bekanntmachung in Kraft setzen.

III. Ergebnis

Die Normenkontrolle gegen die neue Gebührensatzung ist ebenfalls zulässig und (wegen der formellen Rechtswidrigkeit der Satzung) auch begründet.

C. Anfechtungsklage des N gegen den Gebührenbescheid 2002

I. Zulässigkeit

Auch hier fehlt es an einer Sonderzuweisung an die Finanzgerichte nach § 33 FGO; damit ist wiederum der Verwaltungsrechtsweg eröffnet (§ 40 Abs. 1 VwGO). Gegenstand der Klage ist ein Verwaltungsakt i.S.v. Art. 13 Abs. 1 Nr. 3 Buchst. b KAG i.V.m. § 118 Satz 1 AO; statthaft ist daher die Anfechtungsklage (§ 42 Abs. 1, 1. Alt. VwGO)[28].

[26] Vgl. etwa *BVerfGE* 13, 274 – Erhöhung des Körperschaftsteuersatzes von 50% auf 60%; *BVerfGE* 72, 200 – Wegzugsbesteuerung (erweiterte beschränkte Steuerpflicht); *BVerfGE* 97, 67 – Streichung von Schiffsbauabschreibungen. Zur verfassungsrechtlichen Zulässigkeit der Rückwirkung belastender Steuergesetze allgemein *Vogel/Waldhoff*, Vorbem. z. Art. 104a-115 GG, Rn. 490 ff., in: *Dolzer/Vogel* (Hrsg.), Bonner Kommentar zum Grundgesetz (= *dies.*, Grundlagen des Finanzverfassungsrechts (1999), S. 318 ff.); *Reimer*, DStZ 2001, 725 ff., jeweils m.w.N.

[27] *BVerfGE* 13, 261 (272); 30, 367 (388); vgl. auch *BVerfGE* 19, 187 (197).

[28] Jeder Hinweis auf Art. 35 Satz 1 VwVfG ist hier falsch: *Becker*, in: ders./Heckmann/Kempen/Manssen, Öffentliches Recht in Bayern, 2. Teil, Rn. 550, dessen Verweis auf § 155 Abs. 1 Satz 2 AO aber seinerseits nur Steuerbescheide, nicht aber sonstige Abgabenbescheide (hier: einen Gebührenbescheid) betrifft.

Zur Vertiefung: Die Anfechtungsklage – und nicht etwa die allgemeine Leistungsklage – ist auch dann die statthafte Klageart, wenn der Kläger im Ergebnis die Rückzahlung materiell rechtswidrig erhobener Abgaben begehrt. Denn auch in diesem Fall liegt der Zahlung ein Verwaltungsakt zugrunde. Wenn und solange er bestandskräftig ist, bildet er den Rechtsgrund für die Zahlung, so dass dem Kläger materiell kein Rückzahlungsanspruch zusteht. Wenn der Kläger die angeforderten Abgaben bereits entrichtet hat, kann die Anfechtungsklage aber mit einem Antrag auf Rückzahlung verbunden werden: § 113 Abs. 1 Satz 2 VwGO[29]. Materiellrechtliche Grundlage für diesen Antrag ist ein öffentlich-rechtlicher Erstattungsanspruch, der sich aus dem Prinzip der Gesetzmäßigkeit der Verwaltung (Art. 20 Abs. 3 GG), aber auch aus den Grundrechten (Art. 14 Abs. 1, nach a.A. nur Art. 2 Abs. 1; ferner evtl. Art. 12 Abs. 1 GG) ergibt.

Die Anfechtungsklage des N zum zuständigen Verwaltungsgericht ist erst nach Durchführung eines ordnungsgemäßen Widerspruchsverfahrens (§§ 68 ff. VwGO) zulässig. Die Anfechtungsklage kann auch neben einer Normenkontrolle gegen die Satzung, auf der der angegriffene VA beruht, erhoben werden. Das Verwaltungsgericht kann das Verfahren allerdings aussetzen (analog § 94 Satz 1 VwGO; vgl. auch § 148 ZPO), bis der *BayVGH* über die Wirksamkeit der neuen Gebührensatzung entschieden hat.

Zur Vertiefung: Eine *unmittelbare* Anwendung von § 94 Satz 1 VwGO scheidet aus, weil die Identität der zu entscheidenden Rechtsfrage für sich allein die Anwendung des § 94 Satz 1 VwGO noch nicht begründet. Denn im Verfahren nach § 47 VwGO geht es nicht um das „Bestehen oder Nichtbestehen eines Rechtsverhältnisses“, sondern lediglich um die Klärung einer abstrakten Rechtsfrage (Wirksamkeit einer Norm)[30].

II. Begründetheit

Die Anfechtungsklage gegen den Gebührenbescheid für 2002 wäre begründet, wenn sie sich gegen den richtigen Beklagten richtete, der angegriffene VA formell oder materiell rechtswidrig wäre und den N in seinen Rechten verletzte (§ 113 Abs. 1 Satz 1 VwGO).

1. Passivlegitimation

Richtiger Beklagter ist die Gemeinde Gupflmoos (§ 78 Abs. 1 Nr. 1 VwGO).

2. Rechtsgrundlage

Als freiheitsverkürzende Maßnahme steht die Gebührenanforderung unter dem grundrechtlichen Vorbehalt des Gesetzes. Wegen der (formellen) Rechtswidrigkeit der neuen Gebührensatzung fehlt hier eine Befugnisnorm. Schon daher ist auch der angegriffene VA objektiv rechtswidrig.

3. Hilfsgutachten: Rechtsanwendung im Einzelfall

Selbst wenn man von der Rechtmäßigkeit der neuen Gebührensatzung als solcher ausgeht, ergeben sich aber Bedenken hinsichtlich der Rechtmäßigkeit des Gebührenbescheides. Sie betreffen die Frage, ob die Gebührensatzung zutreffend angewandt worden ist.

[29] Hierzu näher *Kopp/Schenke*, VwGO, § 113, Rn. 80 ff.
[30] *VGH Mannheim* NVwZ RR 1993, 276 f. = VBlBW 1993, 10 f.

Zum Aufbau: Wegen des dynamischen Verweises der Gebührensatzung auf die Stammsatzung ist hier zu überlegen, ob eine zutreffende Anwendung der Gebührensatzung zunächst voraussetzt, dass auch eine wirksame Stammsatzung besteht und dass diese Stammsatzung im Einzelfall zutreffend angewandt worden ist. Versteht man aber das Trennungsprinzip (oben A.II.3.a.) auch als Schutz gegen ein Durchschlagen von Fehlern der Stammsatzung auf die Anwendung der Abgabensatzung, muss eine derartige Inzidentprüfung hier ausscheiden. In der Sache ergeben sich im vorliegenden Fall ohnehin keine Hinweise auf eine Rechtswidrigkeit (Nichtigkeit) der Stammsatzung oder auf eine Rechtswidrigkeit der Anwendung dieser Stammsatzung im Einzelfall.

Das setzt voraus, dass die Auslegung der Gebührensatzung mit höherrangigem Recht in Einklang steht. Fraglich ist dabei, ob die Gebührensatzung nicht restriktiv hätte ausgelegt werden müssen. Das Erfordernis einer restriktiven Auslegung der Gebührensatzung könnte sich aus dem grundrechtlichen und rechtsstaatlichen Prinzip der Verhältnismäßigkeit ergeben.

Danach sind im Einzelfall die Gebühren nur ermäßigt oder überhaupt nicht festzusetzen, wenn sich die Gebührenerhebung nach Lage der Dinge als grob unbillig darstellt. Die Unbilligkeit könnte sich hier daraus ergeben, dass N – was nach dem oben (B.II.3.a) bb)) Gesagten ganz untypisch ist – als Nebenerwerbslandwirt für längere Zeit mehrere Saisonarbeiter beschäftigt hat, die im Ergebnis zu einer Verdoppelung der Abwassergebühren führen, obwohl die Saisonarbeiter nachweislich nur ein Drittel des Jahres tatsächlich Wasser verbrauchen.

Zur Wahrung der Verhältnismäßigkeit kommt hier eine Gebührenermäßigung im Festsetzungsverfahren (Art. 13 Abs. 1 Nr. 4 Buchst. b KAG i.V.m. § 163 Abs. 1 S. 1 AO) in Betracht.

In der Sache ist hier jede Auffassung vertretbar.

4. Verletzung des N in eigenen Rechten

Da der angegriffene VA dem N eine Geldleistungspflicht auferlegt, greift er auch in subjektive Positionen des N (Art. 14 Abs. 1 GG, zumindest aber Art. 2 Abs. 1 GG) ein.

III. Ergebnis

Daher hätte – nach ordnungsgemäßem Widerspruchsverfahren – auch eine Anfechtungsklage Aussicht auf Erfolg.

Sachverzeichnis

Die Verweise beziehen sich auf die Seitenzahlen

Buchanzeigen